Josef Matzerath/Volkhard Nebrich

Produktküche –
Süßspeisen, Gebäck und Getränke

Europäische Kochkunst aus der feinen Küche
des Dresdner Hofes

Reihe: Land kulinarischer Tradition.
Ernährungsgeschichte in Sachsen.
Reihe A – Tradition für die Zukunft 2/II
Ostfildern 2016

Gefördert durch:

Josef Matzerath/Volkhard Nebrich
unter Mitarbeit von Paul Gildemeister, Christine Giersch und
Markus Paschel

Produktküche –
Süßspeisen, Gebäck und Getränke

Europäische Kochkunst aus der feinen Küche
des Dresdner Hofes

Für heute nachgekocht von Volkhard Nebrich, Paul Gildemeister,
Christine Giersch und Markus Paschel
aus Ernst Max Pötzsch: Vollständige Herrschaftsküche
des Kronprinzen von Sachsen (Dresden 1898–1899)

Jan Thorbecke Verlag

VERLAGSGRUPPE PATMOS

PATMOS
ESCHBACH
GRÜNEWALD
THORBECKE
SCHWABEN

Die Verlagsgruppe
mit Sinn für das Leben

Für die Schwabenverlag AG ist Nachhaltigkeit ein wichtiger Maßstab ihres Handelns. Wir achten daher auf den Einsatz umweltschonender Ressourcen und Materialien.

Bibliografische Information der Deutschen Nationalbibliothek
Die Deutsche Nationalbibliothek verzeichnet diese Publikation in der Deutschen Nationalbibliografie; detaillierte bibliografische Daten sind im Internet über http://dnb.d-nb.de abrufbar.

Alle Rechte vorbehalten
© 2016 Jan Thorbecke Verlag der Schwabenverlag AG, Ostfildern
www.thorbecke.de

Umschlaggestaltung: Finken & Bumiller, Stuttgart
Fotos: Volkhard Nebrich, Paul Gildemeister, Markus Paschel
Gestaltung, DOPPELPUNKT, Stuttgart
Druck: Grafisches Centrum Cuno GmbH & Co. KG, Calbe
Hergestellt in Deutschland
ISBN 978-3-7995-0507-9

Inhaltsverzeichnis

Vorwort	7
Einleitung: Kulinarische Erkenntnisse aus der Produktküche	9
Eis – Sorbet – Parfait	13
Kaffee – Punsch – Bowle	94
Dessert	123
Gebäck – Kuchen – Torte	185
Salziger und süßer Teig	381
Glassur – Füllung – Zutat	419
Register	454
Literatur	455

Vorwort

> Produktküche arbeitet mit regionalen und
> handwerklich hergestellten Produkten.

Alles selbst zu machen, ohne Vorgefertigtes zu backen, Getränke oder gar Eis zuzubereiten, ist aus den Haushalten noch mehr verschwunden als das Kochen. Wer heute einen Pudding zubereitet, bedient sich fast immer der „Zauberpülverchen" aus fabrikgefertigten Tütchen. Die Packungsanleitung erläutert in zwei, drei Schritten, wie der Verbraucher das Pulver aus Reagenzglasaroma, Farbstoff und Stärke selbst als Küchentölpel problemlos verwendet.

Bis zur Mitte des 20. Jahrhunderts war süßer Pudding noch ein Soufflé. Das Standardrezept hieß „Sächsischer Pudding" und wurde von der Hausfrau bis zum Spitzenkoch aus Milch, Zucker, Butter, Mehl und Eiern gekocht. Diese Zubereitung geschah ausschließlich mit Produkten vom Bauernhof und lieferte sensationell duftende Desserts. Was in einer Speise drin ist, verrät sich eben durch deren Geschmack. Das gilt nicht nur für Puddings. Eis mit Walderdbeeren oder mit echter Vanille, Brioche noch warm aus dem Ofen und auf traditionelle Weise hergestellt ohne Emulgatoren, Enzyme und Konservierungsmittel, dafür aber mit frisch geriebenem Parmesan verfeinert ¬ so etwas lässt sich mit Freude genießen. Die klassische Pâtisserie des Fin de Siècle arbeitete mit besten Zutaten aus natürlichem Anbau, um Desserts, Getränke und herzhaftes Gebäck zu aromatisieren. In seiner eleganten Schlichtheit überzeugt das auch heute noch.

Was die Küche Alteuropas zu bieten hatte, wird bislang allenfalls von professionellen Köchen gewürdigt, die Auguste Escoffier huldigen. Feine Pâtisserie, wie sie um 1900 in Paris, St. Petersburg, London und Wien, aber auch in München, Berlin oder Dresden bei herrschaftlichen Diners serviert wurde, betont die Qualität der zentralen Zutat, die frisch und aromatisch perfekt nur aus regionaler Produktion und aus einem Anbau kommen kann, der auf kulinarischen Genuss ausgerichtet ist.

Der vorliegende Band der Produktküche enthält Rezepte der klassischen Konditorei in einer Form, wie heute in Kochbüchern Zubereitungsweisen beschrieben werden. Dazu wurden von Köchen und Pâtissiers in einer kulinarischen Archäologie Zubereitungsmethoden der exquisiten Küche um 1900 erkundet. Beinahe alle Gerichte des vorliegenden Bandes basieren auf einer Rezeptsammlung vom Dresdner Hof, die Ernst Max Pötzsch in den Jahren 1898/99 notierte. Lediglich 30 Rezepte hat Pötzsch aus der Küche des Fürsten Ludwig-Joseph-Niklas Windisch-Graetz auf Schloss Sàrospatak, in die er Einblick erhielt, während er als Koch des Grafen Edgar Henckel von Donnersmarck und dessen Gemahlin Karoline, geb. Fürstin zu Windisch-Graetz, arbeitete.

Das in Deutschland erstmalige Experiment, Rezepte aus der exquisiten Küche um 1900 zu rekonstruieren, ergab so überzeugende Resultate, dass wir daraus ein eigenes Buch gemacht haben, obwohl dies zunächst gar nicht vorgesehen war.

Neben dem vorliegenden Konditoreiband der Produktküche gibt es einen weiteren Band für die pikanten Gerichte. Beide Bücher nutzen regional und handwerklich Hergestelltes, um Speisen von schlichter Eleganz und überragendem Aroma zu fertigen. Sie widersetzen sich dem zunehmend nivellierten Aroma von Fertigwaren und möchten darauf aufmerksam machen, wie das Original schmeckt und wie es so zubereitet wird, dass Konsistenz und Temperatur stimmen. Zwar sind derzeit die Sterneköche und die Gourmandise en vogue, aber das kulinarische Grundwissen schwindet dahin. Die edel-schlichte, auf den Eigengeschmack der Produkte ausgerichtete Spitzenküche aus der Hochzeit der klassischen Kochkultur um 1900 liefert einen Fundus von attraktiven Anregungen, wie man genussvoll speisen kann.

Pötzschs Handschrift mit dem Titel „Vollständige Herrschaftsküche des Kronprinzen von Sachsen" wurde ebenfalls ediert und begleitend ernährungshistorisch analysiert. Die Rezepte des vorliegenden Bandes verweisen in der Unterüberschrift auf ihre Herkunft aus dieser Quelle und zitieren den Namen, mit dem Pötzsch das jeweilige Gericht bezeichnet hat, in dessen Schreibweise.

Es gibt aber noch einen weiteren Kontext zum vorliegenden Buch. Es haben sich nämlich elf sächsische Köche und vier Pâtissiers dazu verstanden, für die Publikation „Hofmenüs für heute", die Wolfram Siebeck, Georg Schenk und Josef Matzerath herausgegeben haben, die tradierten Kochweisen in ihrem elaborierten Stil für die Gourmetküche weiterzuentwickeln. Darüber hinaus erklärt ein eigener Sammelband, „Tafelkultur – Dresden um 1900" die Regeln der avancierten Kochkunst, ihre kulinarische Ästhetik und die Tafelkultur der Zeit um 1900 am Beispiel Dresdens.

Beim Freistaat Sachsen, insbesondere dem Sächsischen Staatsministerium für Umwelt und Landwirtschaft, bedanken wir uns für die Hilfe und finanzielle Unterstützung zur Verwirklichung dieses Projektes. Unser besonderer Dank gilt Alexander Mielsch und René Czarnetzki. 30 Rezepte wurden in der Bildungseinrichtung des Bäckerinnungsverbandes Saxonia, der Akademie Deutsches Bäckerhandwerk Sachsen e.V., nachgebacken. Christine Giersch und Markus Paschel haben aufgrund dieser Erfahrungen die überlieferten Zubereitungsanweisungen vom Dresdner Hof in einer präzisierten Fassung neu formuliert. Schließlich hat Paul Gildemeister, der in Dresden die Konditorei erlernt hat und nach einer internationalen Karriere heute Küchenchef im Kalaboush ist, 34 Rezepte erprobt, analysiert und nach heutigem Stand so reformuliert, dass sie authentisch zubereitet werden können.

Als korrespondierende Teile möchten diese Bücher in die Ernährungssituation der Gegenwart intervenieren, die handwerkliche Herstellung von Nahrungsmitteln würdigen und für Speisen ohne künstliche Aromen oder Zusatzstoffe aus industrieller Fertigung plädieren. Auch der vorliegende Band ist ein Votum für den kulinarischen Genuss.

Dresden, den 9. August 2016 *Josef Matzerath* *Volkhard Nebrich*

Kulinarische Erkenntnisse aus der Produktküche

„Wir sind in der glücklichen Lage, zwischen
erstklassigen und miserablen Qualitäten wählen zu können.
Ob wir zu den Kulturvölkern gehören, hängt auch davon ab,
welche Entscheidung wir treffen."
Wolfram Siebeck

Für qualitätsvolle Süßspeisen, Gebäck und Getränke benötigt man kulinarisch hochwertige Zutaten. Früchte der Saison, die ohne Kunstdünger gereift sind, zum idealen Zeitpunkt geerntet und regional verarbeitet werden, ergeben mehr Aroma als rasch gewachsenes, en gros geerntetes und überregional vermarktetes Obst derselben Sorte. Auch Hühnereier oder Milch schmecken nach dem, was das Huhn zu picken oder die Kuh zu fressen bekam. Schon deshalb hat eine Küche aus regionalen Bioprodukten eine unbestreitbar höhere Qualität als jede Schnellfertigung aus Convenience Food und Backmischung.

Außerdem übertrifft die Produktküche durch das nuanciertere Aromenspektrum ihrer Zutaten die eher einseitig intensiven Aromastoffe aus industrieller Herstellung. Denn die Originalzutaten sind kulinarisch besser als ihre Imitate. So kommt eine herkömmliche Eiszubereitung ohne Emulgatoren, Stabilisatoren, pflanzliche Fette sowie Aroma- und Farbstoffe aus und braucht auch nicht den Lebensmittelzusatzstoff E 466 (Natriumcarboxymethylzellulose) zur Konsistenzoptimierung. Weich wird eine Eiscreme nämlich auch, wenn man schlicht Sahne mit 40 % Fett verwendet. Wer ein solches Eis mit dem Mark echter Vanille aromatisiert, dem wird sich zudem noch das sehr viel breitere Aromenspektrum erschließen, das die Gewürzschote gegenüber Vanillin zu bieten hat. Denn synthetisch hergestelltes Vanillearoma deckt nur die Hauptkomponente der fermentierten Gewürzschoten ab, die feinen Nuancen fehlen.

Die Kunst der feinen Küche liegt zu großen Teilen in der Auswahl der richtigen Zutaten, die aber auch angemessen verarbeitet werden müssen. Sortenreine Kaffeebohnen aus einer bestimmten Anbaulage können nur unvermischt und bei schonender Röstung ihr typisches Aroma entfalten. Großröstereien, die enorme Mengen Kaffee bei bis zu 550° C in Röstzeiten von nur einer bis acht Minuten verarbeiten, haben nicht das Potential, solche ausgewählten Aromenspektren zur Geltung zu bringen. Die rasche Röstmethode lässt darüber hinaus nur wenig Säure aus den Bohnen entweichen. Handwerklich arbeitende Kleinröstereien, die bei niedrigeren Temperaturen von 150 bis 220° C und 15 bis 20 Minuten lang rösten, reduzieren durch dieses herkömmliche Verfahren die Chlorogensäuren in den Kaffeebohnen und sind in der Lage, den besonderen Charakter von Sorten und Anbaugebieten zur Entfaltung zu bringen.

Die Qualität von Speisen und Getränken ergibt sich aber auch durch die Verarbeitung der Zutaten beim Backen oder Kochen. Auch Küchentechnik beeinflusst den Geschmack. Wer beispielsweise mit einem Schneebesen oder Handmixer statt mit dem heute in Konditoreien üblichen Sahnebläser arbeitet, wird keine so luftige Sahne erhalten. Die Gesamtmenge an Schlagsahne ist bei dieser Herstellung geringer, dafür aber ihr Aroma intensiver. Für die kulinarische Komposition von Aromaakkorden eines Kuchens oder einer Torte macht es einen gravierenden Unterschied, ob die Säure von Früchten oder die Süße eines Teigs mit mehr oder weniger Sahnegeschmack korreliert.

Rezepte der klassischen Kochkultur um 1900 konsequent mit den technischen Mitteln ihrer Epoche nachzuvollziehen, führt zu Erkenntnissen, die aus dem Alltagsbetrieb der heutigen Gastronomie und aus der Praxis im Haushalt nicht zu gewinnen sind. Schon deshalb ist kulinarische Archäologie unverzichtbar. Die Zubereitungsweise der exquisiten Küche um 1900 birgt allerdings noch weitere Chancen, die derzeitige Kultur des Speisens zu verbessern.

Seit Donuts und Schokoriegel, Snacks und Kekse, Eis am Stiel und Sprühsahne,

Soft- und Powerdrinks, Instantkaffee und Alkopops die Imbissstände, Schnellrestaurants und Supermärkte füllen, ist die Distanz vieler Alltagsesser zur Pâtisserie und zu exquisiten Getränken größer geworden als zu Zeiten, da in vielen Haushalten noch traditionell gebacken und Beeren oder Obst zu Getränken verarbeitet wurden. Denn die häusliche Küche wird heute von Fertiggerichten und Convenienceprodukten beherrscht und kommt deshalb weithin ohne Sachkenntnisse über kulinarische Produkte aus. Sie verlässt sich bestenfalls auf Markenartikel. Die Standardisierung des Angebotes durch industrielle Nahrungsmittelproduktion und durch rechtliche Rahmenbedingungen wird von den Verbrauchern weithin akzeptiert. Wer unterscheidet schon auf Anhieb das Originalerdbeeraroma vom künstlichen Erdbeergeschmack aus Pilzkultur oder Reagenzglas? Oft wird aus Gewohnheit das Imitat selbst dann bevorzugt, wenn der Preisunterschied – etwa bei Testverkostungen – keine Rolle spielt. Dabei bieten künstliche und naturidentische Aromastoffe immer nur schlichte und weniger nuancenreiche Annäherungen an das eigentliche Produkt, erst recht wenn dieses in optimaler Reife und Qualität zu haben ist.

Der Weg zum kulinarischen Genuss muss daher über eine Küche führen, die den Eigengeschmack der Zutaten präferiert. Eine solche Kochweise war in Europa um 1900 schon entwickelt. Während die Nationalküchen seit dem Einsetzen der Industrialisierung von Land zu Land unterschiedlich rasch, aber scheinbar unabänderlich unter den Einfluss von geschmacklich normierten Nahrungsmitteln gerieten, blieben die hohe Kochkunst und die Pâtisserie in den feinen Restaurants, in den Grandhotels und in den vermögenden herrschaftlichen Haushalten des alten Europa fast völlig frei von Nestlés Milchpulver und Dr. Oetkers Backin, Coca Cola und Sinalco. Im Vergleich zu heute setzte die Konditorei des Fin de Siècle weniger auf Zucker und mehr auf Eier und Butter, um ihrem Gebäck Aroma zu geben.

Diese Küche beziehungsweise Konditorei des Eigengeschmacks und der optimalen Produkte könnte im Gegensatz zu den längst aromatisch durchregulierten nationalen Küchen ein gemeinsamer Bezugspunkt für die europäische Koch- beziehungsweise Backkunst sein. Derzeit ist Europas feine kulinarische Tradition aber durch einen Wall von Vorurteilen umgeben und wird deshalb falsch zugeordnet oder gar vorschnell beiseite geschoben. So gilt vielen die exquisite Kochtradition als ausschließlich französisch. Die populäre Publizistik dekliniert unablässig die Geschichte der Gourmandise als Weg von Marie-Antoine Carême über Auguste Escoffier zu Paul Bocuse. Selbstverständlich reduziert sich die Kochkunst der letzten zwei Jahrhunderte nicht auf die Großtaten von nur drei Genies. Auch wenn viele den Mythos von Frankreichs Kochmagiern pflegen, so konkurrenzlos, wie zumeist behauptet, war deren Kreationen nicht. Denn die Tafeln von Europas Eliten füllten sich seit 1800 allenthalben mit ähnlichen Speisen, und die Menüs gestalteten sich nach vergleichbaren Mustern. Deshalb erscheint es fraglich, die Spitze der europäischen Küche nach Nationen zu unterteilen. Vermutlich überwog die Gemeinsamkeit die weitaus meisten Unterschiede, obwohl die Zeitgenossen des alten Europa sich sehr bemühten, ihren Nationalstolz zu betonen.

Deutschlands Köche beispielsweise reklamierten im späten Kaiserreich für sich, eine ambitionierte kulinarische Kunst auf Augenhöhe mit Frankreich und ganz Europa etabliert zu haben. Sie sahen sich selbst schon als sehr erfolgreich an, als der Erste Weltkrieg allem Erreichten ein Ende setzte. Denn er brachte Hunger und Nahrungsmittelknappheit nach Deutschland. Der gesellschaftliche Umbruch von der Monarchie zur Weimarer Republik fand unter den Bedingungen einer schlechten Wirtschaftslage statt. Danach verhinderten die Eintopf- und Schwarzbrotborniertheit der Nationalsozialisten und der Zweite Weltkrieg ein Aufblühen der Kochkunst. In der DDR stand die Kantinendominanz und Tonnenideologie der kulinarischen Qualität im Wege. Währenddessen stolperte die Bundesrepublik aus der Nachkriegsmentalität der „schwäbischen Hausfrau" zunächst in eine Fresswelle und dann in den diätetischen Taumel von Gesundheits- und Moralmaximen. Statt sich um Niveau und Qualität des Essens zu bemühen, standen andere durchaus sinnvolle, aber eben keine kulinarischen Ziele auf der Agenda: der Bodymassindex und ein verantwortungsvoller Umgang mit der Umwelt. Beides hat Schnittstellen zur hohen Kochkunst. Aber auf die Figur zu achten und gesunde Rohkost aus medizinischen oder ökologischen Gründen zu bevorzugen, macht noch keinen Feinschmecker. Zur Würdigung der Gourmandise braucht es einen eigenen ästhetischen Zugang. Von kulinarischem Genuss und Geschmack war deshalb in Westdeutschland lange Zeit kaum die Rede. Die Kochkunst erreichte erst seit den 1970er Jahren allmählich wieder hohes Niveau.

Zwar wirken im vereinigten Deutschland auch heute noch die Flurschäden der Vergangenheit in vielen Bereichen nach, es wird aber inzwischen die Kunstform der Gourmetküche wieder öffentlich beachtet und das nicht nur hierzulande. Gastronomiekritiker wie Jürgen Dollase betonen immer wieder, wie innovativ und kreativ beispielsweise deutsche, dänische oder spanische Köche arbeiten, während derselbe Autor häufig bei hoch dekorierten französischen Restaurants handwerkliche Mängel und eine wenig innovative kulinarische Konstruktion moniert. Frankreichs Küche genießt zwar den Status eines Weltkulturerbes; dennoch hat das Tafeln wie Gott in Frankreich europaweit mindestens gleichwertige Konkurrenz bekommen. Die Fassade des tradierten Mythos, Frankreichs Küche sei die beste der Welt, bröckelt auch aktuell. Man würde wohl besser auf solche Nationallegenden verzichten und davon ausgehen, dass die Haute cuisine im Kontext einer europäischen Kochkunst aufgehoben wird.

Außerdem zeigt die Beschäftigung mit der exquisiten europäischen Küche um 1900, dass eine der neuesten Entwicklungen in der kulinarischen Ästhetik, die Molekulare Küche, das Rad nicht neu erfunden, sondern nur weitergedreht hat, um auf den technischen Stand der eigenen Zeit zu kommen. Denn neben dem Aroma, das immer unbestritten ein zentrales Element feiner Speisen und Getränke war, fanden bereits in der klassischen Küche und Pâtisserie Europas auch die kulinarischen Aggregatzustände (Temperatur und Textur) Beachtung.

Köche und Konditoren nutzten Nahrungsmittel wie Obst und Beeren gekocht, gebacken oder auch ungegart. Beispielsweise wurden steif geschlagenes Eiweiß oder Eidotter in Eis, Sorbet oder Creme gegeben. Die Textur desselben Produkts galt als wandelbar. Johannisbeeren zum Beispiel konnten mit Gelatine zu einem schnittfesten Gelee oder mit Sahne zu einer cremigen Eismasse verarbeitet werden. Zitronen wurden zum Bestandteil eines Getränks oder eines Kuchens. Die krosse Konsistenz einer Hohlhippe kombinierte man mit schmelzendem Eis. Käsestangen oder Zwieback konnten zum Tee oder als Beilagen zu einem Gericht für Texturkontraste sorgen.

Grenzen fand die ältere Kochkunst eher an der Küchentechnik als am Gestaltungswillen. Sie achtete nämlich genau darauf, dass Farben, Zubereitungsweisen und Produkte sich bei den Speisen nicht wiederholten. Selbstverständlich wusste man auch, dass manche Speisen frisch aus dem Ofen serviert werden mussten, um die rechte Temperatur für optimalen Geschmack zu haben. Das Getränk, das Entremets de Douceur oder das Dessert kamen je nach Gericht in unterschiedlicher Temperatur zur Degustation. Grog oder Glühwein trank man erhitzt, Ananas-, Erdbeer- oder Waldmeisterbowle gekühlt. Punsch servierte man meist warm, Jagdpunsch hingegen konnte auch kalt getrunken werden. Neben verschiedenen Varianten für heißen Kaffee kredenzte man auch Eiskaffee, und neben Sorbets, Halbgefrorenem und Gefrorenem fertigte man Gebackenes Eis, das von allen Seiten mit Merenguemasse eingekleidet im Ofen überbacken wurde. In Zeiten geschlossener Kühlketten von der Fabrik bis in die häusliche Küche erscheint Speiseeis als ein stets verfügbarer und deshalb banaler Genuss; noch um 1900 musste dagegen ein erheblicher Aufwand getrieben werden, um im Sommer Eiscreme herzustellen. In kühlen Kellern bewahrte man bis in die warme Jahreszeit Eisblöcke auf, die im Winter aus zugefrorenen Teichen herausgeschnitten worden waren. Mit Salz wurde die Temperatur von zerhacktem Eis noch einmal abgesenkt, um dann beispielsweise mit Vanille aromatisierte Sahne zu Gefrorenem herabzukühlen. Wenn heute Spitzenköche mit Flüssigstickstoff arbeiten, um Obst und Gemüse gefrierzutrocknen, ist der Aufwand vielleicht ähnlich weit weg von der üblichen Haushaltstechnik unserer Tage wie damals das Eismachen von der Küche eines Arbeiterhaushaltes.

Ebenso selbstverständlich achtete die klassische europäische Küche auf die Temperatur von Getränken. Der Rotwein musste vor dem Genuss zwei, drei Stunden chambrieren und Weißwein servierte man gekühlt. Wie die Textur gehörte also auch die Temperatur seit jeher zum Repertoire der verfeinerten Tafelfreuden. Europas exquisite Küche hat die kulinarischen Aggregatzustände (Aroma, Textur und Temperatur) schon vor der modernen Hightech-Ausstattung der Gourmetküchen realisiert, wenn auch nicht in dem Umfang wie mancher heutige Starkoch.

Die Produktküche nutzt nuancierte Aromen regionaler Produkte im optimalen Reifezustand, sie spielt mit flüssigen, schmelzenden, festen und krossen Konsistenzen und temperiert vom heißen Punsch bis zum Schmelz des gefrorenen Speiseeis, aus dessen Kälte sich Aromen erst allmählich entfalten. Für die Gestaltung eines klassischen Menüs der exquisiten europäischen Kochkunst stellt der vorliegende Band gemeinsam mit dem Buch zu den pikanten Speisen (Produktküche. Europäische Kochkunst aus der feinen Küche des Dresdner Hofes) ein Kompendium von Rezepten zur Verfügung, deren kulinarische Komposition durch edle Schlichtheit besticht.

Eis – Sorbet – Parfait

Zitroneneis

VORLAGE: CITRONENEIS. (RÖSSLER), IN: PÖTZSCH, HERRSCHAFTSKÜCHE, S. 183

Saison: Das ganze Jahr

FÜR 4 PERSONEN
500 g Zucker
0,5 l Wasser
5 Bio-Zitronen
0,2 l Weißwein (Riesling trocken)
1 Eiweiß (Bio-Ei Größe M)

Zubereitung

1. Den Zucker mit dem Wasser fünf Minuten lang zu Läuterzucker kochen und danach kalt stellen.
2. Die Zitrone waschen, ihre gelbe Schale mit einer feinen Reibe abraspeln und in den bereits abgekühlten Läuterzucker geben.
3. Eine Zitrone quer halbieren und an jeder der Schnittstellen je zwei Scheiben für die Garnitur abschneiden.
4. Die restlichen Zitronen auspressen.
5. Den Zitronensaft und den Weißwein zum Läuterzucker dazugeben und zehn Minuten ins Tiefkühlfach stellen.
6. In einer Eismaschine die Zitronen-Weißwein-Läuterzucker-Masse frieren lassen, bis sie zähflüssig wird. Dies kann je nach Leistung des Gerätes 20 bis 50 Minuten dauern.
7. Das Eiweiß mit einem Schneebesen aufschlagen, in das zähflüssige Eis geben und nochmals fünf Minuten frieren lassen.

Anrichten

8. Das Zitroneneis mit einem warmen Esslöffel abstechen und auf einen kalten Teller oder in ein gekühltes Glas geben. Anschließend mit jeweils einer Zitronenscheibe garnieren und servieren.

Degustationsnotiz

Gleich mit der Kälte machen sich die Zitrustöne am Gaumen bemerkbar, bevor der Zucker die Säure ausgleicht. Das Eiweiß verleiht dem Zitroneneis eine harmonische Cremigkeit.

Kulinarik

Das Aroma von reifen Bio-Zitronen besitzt eine ausgewogenere Balance zwischen Säure und Süße als das von Früchten aus konventioneller Produktion. Von Bio-Zitronen lässt sich die Schale bedenkenlos verwenden, weil sie keine Rückstände von Pflanzenschutz- oder Konservierungsmitteln enthält.
Das Eis kann sehr gut mit Sekt oder Champagner aufgegossen werden, um als Sorbet zwischen den Gerichten eines Diners wieder den Appetit anzuregen. Falls die Eismaschine einen einsetzbaren Behälter besitzt, sollte dieser im Tiefkühler vorgekühlt werden, da dann das Eis schnell gefriert.

Himbeereis

VORLAGE: HIMBEER-EIS U[ND] ERDBEEREIS. (RÖSSLER), IN: PÖTZSCH, HERRSCHAFTS-KÜCHE, S. 183

Saison: Ende Mai bis Ende Juli

Zubereitung

1. Den Zucker mit dem Wasser fünf Minuten lang zu Läuterzucker kochen und danach kalt stellen.
2. Die Himbeeren kurz waschen, einige Beeren für die Garnitur zur Seite legen und die restlichen Himbeeren sofort durch ein feines Sieb streichen.
3. Die Zitronen auspressen und ihren Saft durch ein Küchenpapier filtern, damit er klar wird.
4. Den Zitronensaft, die Sahne und, das Himbeermark zum Läuterzucker dazugeben und das Ganze zehn Minuten ins Tiefkühlfach stellen.
5. Die Himbeermasse in einer Eismaschine frieren, bis sie zähflüssig wird. Dies kann je nach Leistung des Gerätes 20 bis 50 Minuten dauern.
6. Das Eiweiß mit einem Schneebesen steif schlagen, in das zähflüssige Eis geben und nochmals fünf Minuten frieren lassen.

Anrichten

7. Das Himbeereis mit einem warmen Esslöffel abstechen und auf einen kalten Teller oder in ein gekühltes Glas geben. Mit Himbeeren garnieren und servieren.

Degustationsnotiz

Sobald das Himbeeraroma sich aus der Kälte heraus entwickelt, wird es von der Säure der Zitrone und der Süße des Zuckers begleitet. Die Himbeere dominiert die Wahrnehmung und bestimmt auch den bleibenden Geschmack.

Kulinarik

Himbeeren sollten schon beim Kauf probiert werden. Denn sie müssen reif sein, damit das Eis eine harmonische Fruchtnote und zugleich eine schöne Säure bekommt. Zudem schafft die Säure der Zitronen einen Hintergrund, der die süße Frucht der Himbeere noch mehr zu Geltung kommen lässt. Das Aroma von reifen Bio-Zitronen besitzt eine ausgewogenere Balance zwischen Säure und Süße als das von Früchten aus konventioneller Produktion.
Falls die Eismaschine einen einsetzbaren Behälter besitzt, sollte dieser im Tiefkühler vorgekühlt werden, da dann das Eis schnell gefriert.

FÜR 1 L

500 g Zucker
0,5 l Wasser
1,1 kg reife süße Himbeeren
2 Bio-Zitronen
0,2 l Sahne (30 % Fett)
1 Eiweiß (Bio-Ei Größe M)

Walderdbeereis

VORLAGE: HIMBEER-EIS U[ND] ERDBEEREIS (RÖSSLER), IN: PÖTZSCH, HERRSCHAFTS-KÜCHE, S. 183

Saison: Ende Mai bis Ende Juli

FÜR 1 L
500 g Zucker
0,5 l Wasser
1 kg Walderdbeeren
2 Bio-Zitronen
0,2 l Sahne (30 % Fett)
1 Eiweiß (Bio-Ei Größe M)

Zubereitung

1. Den Zucker mit dem Wasser fünf Minuten lang zu Läuterzucker kochen und danach kalt stellen.
2. Die Walderdbeeren kurz waschen, einige Beeren für die Garnitur zur Seite legen und die restlichen Waldbeeren sofort durch ein feines Sieb streichen.
3. Die Zitronen auspressen und ihren Saft durch ein Küchenpapier filtern, damit er klar wird.
4. Den Zitronensaft, die Sahne und das Walderdbeermark zum Läuterzucker dazugeben und das Ganze zehn Minuten ins Tiefkühlfach stellen.
5. Jetzt die Walderdbeermasse in einer Eismaschine frieren, bis sie zähflüssig wird. Dies kann je nach Leistung des Gerätes 20 bis 50 Minuten dauern.
6. Das Eiweiß mit einem Schneebesen steif schlagen, in das zähflüssige Eis geben und nochmals fünf Minuten frieren lassen.

Anrichten

7. Das Walderdbeereis mit einem warmen Esslöffel abstechen und auf einen kalten Teller oder in ein gekühltes Glas geben. Mit Waldbeeren garnieren und servieren.

Degustationsnotiz

Schon der Duft von Walderdbeeren betört die Sinne. Die Früchte dominieren den Gaumen, je mehr das Eis im Mund seine Kälte verliert. Die Sahne gibt der Komposition ihren Schmelz und die Säure der Zitronen gleicht die Süße des Zuckers harmonisch aus.

Kulinarik

Walderdbeeren sind auf dem Markt sehr schwer zu bekommen, man sollte einen Fachhändler fragen, wann er sie anbieten kann. Alternativ können kleine, sehr reife Erdbeeren der Sorte „Mara des Bois", die von Juni bis Oktober auf dem Markt ist, verwendet werden. Da Erdbeeren nicht nachreifen, ist es wichtig, reife Früchte zu kaufen.
Zudem schafft die Säure der Zitronen einen Hintergrund, der die süße Frucht der Walderdbeeren noch mehr zu Geltung kommen lässt. Das Aroma von reifen Bio-Zitronen besitzt eine ausgewogenere Balance zwischen Säure und Süße als das von Früchten aus konventioneller Produktion.
Falls die Eismaschine einen einsetzbaren Behälter besitzt, sollte dieser im Tiefkühler vorgekühlt werden, da dann das Eis schnell gefriert.

Orangeneis

VORLAGE: APFELSINENEIS, IN: UNIVERSAL-LEXIKON DER KOCHKUNST, LEIPZIG 1878, S.87

Saison: Das ganze Jahr, jedoch je nach Saison der einzelnen Sorten

Zubereitung

1. Die Bio-Orangen waschen und mit einer feinen Reibe ihre orange Schale abraspeln.
2. Die Sahne mit der geriebenen Orangenschale aufkochen. Dann den Zucker dazugeben und einige Minuten unterrühren, um ihn aufzulösen.
3. Die Eigelbe in eine Metallschüssel geben und mit der warmen Sahne zur Orangencreme verrühren.
4. Die Orangencreme mit der Schüssel in ein 90°C heißes Wasserbad setzen und zur Rose abziehen. Dabei wird die Creme unter ständigem Rühren erhitzt, bis sie leicht andickt und auf einem Kochlöffel liegen bleibt. Beim Pusten auf den Löffel entstehen Wellen, die an eine Rose erinnern.
5. Die Orangencreme zehn Minuten zum Abkühlen in den Gefrierschrank stellen.
6. Dann die Orangencreme in einer Eismaschine frieren, bis sie zähflüssig wird. Dies kann je nach Leistung des Gerätes 20 bis 50 Minuten dauern.

Anrichten

7. Das Orangeneis mit einem warmen Esslöffel abstechen und auf einen kalten Teller oder in ein gekühltes Glas geben. Garnieren und servieren.

Degustationsnotiz

Deutliche Orangentöne beherrschen das besonders cremige Eis von Beginn der Verkostung an. Dann treten aus der Kälte die Süße des Zuckers und die Sahne hervor und vereinen sich mit den Zitrustönen zu einem Akkord. Die Orangenaromen bestimmen den bleibenden Geschmack.

Kulinarik

Das Aroma von reifen Bio-Orangen besitzt eine ausgewogenere Balance zwischen Säure und Süße als das von Früchten aus konventioneller Produktion. Von Bio-Orangen lässt sich die Schale bedenkenlos verwenden, weil sie keine Rückstände von Pflanzenschutz- oder Konservierungsmitteln enthält. Sollten keine aromatischen Orange zur Verfügung stehen, lässt sich ein Eis auch mit etwas Orangenblütenwasser verfeinern. Sahne, die aus Milch von biologisch gehaltenen Kühen hergestellt wird, ist aromatischer, weil die Fütterung der Tiere für den Geschmack ihrer Milch entscheidend ist. Während die Orangencreme im Wasserbad gerührt wird, muss man darauf achten, dass sie nicht zu heiß wird, da die Eigelbe bei 72°C gerinnen und sich von der Sahne absetzten.
Falls die Eismaschine einen einsetzbaren Behälter besitzt, sollte dieser im Gefrierschrank vorgekühlt werden, da dann das Eis schneller gefriert.

FÜR 1 L

6 Bio-Orangen
1 l Sahne (30 % Fett)
300 g Zucker
12 Eigelbe (Bio-Ei Größe M)

Vanilleeis

VORLAGE: VANILLEEIS. (RÖSSLER), IN: PÖTZSCH, HERRSCHAFTSKÜCHE, S. 183

Saison: Das ganze Jahr

FÜR 1 L
1 l Sahne (30 % Fett)
300 g Zucker
1 Vanilleschote (Bourbon)
12 Eigelbe (Bio-Ei Größe M)

Zubereitung

1. Die Sahne aufkochen, den Zucker dazugeben und alles einige Minuten rühren, sodass sich der Zucker auflöst.
2. Die halbe Vanilleschote längs halbieren. Das Mark mit einem Messerrücken herausschaben und in die Sahne geben.
3. Die Eigelbe in eine Metallschüssel geben und mit der warmen Sahne zur Vanillecreme verrühren.
4. Die Vanillecreme in ein 90° C heißes Wasserbad setzen und zur Rose abziehen. Dabei wird die Creme unter ständigem Rühren erhitzt, bis sie leicht andickt und auf einem Kochlöffel liegen bleibt. Beim Pusten auf den Löffel entstehen Wellen, die an eine Rose erinnern.
5. Die Vanillecreme zehn Minuten zur Abkühlung in den Tiefkühler stellen.
6. Danach die Creme in einer Eismaschine frieren, bis sie zähflüssig wird. Dies kann je nach Leistung des Gerätes 20 bis 50 Minuten dauern.

Anrichten

7. Das Vanilleeis mit einem warmen Esslöffel abstechen und auf einen kalten Teller oder in ein gekühltes Glas geben. Garnieren und servieren.

Degustationsnotiz

Sofort tritt der schöne Vanillegeschmack aus der Kälte des Eises hervor, bevor die Süße des Zuckers diesen noch verstärkt.

Kulinarik

Das Aroma von frischen Vanilleschoten ist wesentlich komplexer als das von Vanillezucker oder das von synthetisch hergestelltem Vanillin, das lediglich den zentralen Aromastoff der Vanille nachahmt. Vanilleschoten gibt es in drei aromatisch deutlich differierenden Varianten: Bourbon-, Mexiko- und Tahiti-Vanille. Alle drei Sorten eignen sich zur Herstellung von Eis. Während die Vanillecreme im Wasserbad gerührt wird, muss man darauf achten, dass sie nicht zu heiß wird, da die Eigelbe bei 72° C gerinnen und sich von der Sahne absetzen. Falls die Eismaschine einen einsetzbaren Behälter besitzt, sollte dieser im Tiefkühler vorgekühlt werden, da dann das Eis schnell gefriert.

Weißes Kaffeeeis

VORLAGE: KAFFEEEIS. (RÖSSLER), IN: PÖTZSCH, HERRSCHAFTSKÜCHE, S. 184

Saison: Das ganze Jahr

Zubereitung

1. Die Eigelbe mit 300 Gramm Zucker und der Sahne in einer Metallschüssel verrühren.
2. Die Vanilleschote längs halbieren und das Mark mit einem Messerrücken herausschaben. Das Mark in die Creme aus Eigelb, Zucker und Sahne geben.
3. Die Creme in ein 90°C heißes Wasserbad setzen und zur Rose abziehen. Dabei wird die Creme unter ständigem Rühren erhitzt, bis sie leicht andickt und auf einem Kochlöffel liegen bleibt. Beim Pusten auf den Löffel entstehen Wellen, die an eine Rose erinnern.
4. Die Kaffeebohnen in ein Leinentuch binden, in die warme Creme geben und die Masse im Kühlschrank zwei bis drei Stunden ziehen lassen.
5. Den Kaffeebeutel aus der Creme herausnehmen, die Bohnen entfernen und das Tuch in die Creme ausdrücken.
6. Die Kaffeecreme im Tiefkühler noch etwa zehn Minuten herunterkühlen und in einer Eismaschine frieren, bis sie zähflüssig wird. Dies kann je nach Leistung des Gerätes 20 bis 50 Minuten dauern.
7. Das Eiweiß während des Frierens mit 50 Gramm Zucker steif schlagen, bis es fest ist. Dieses zum Kaffeeeis dazugeben und alles nochmals drei bis fünf Minuten in der Eismaschine durchfrieren.

Anrichten

8. Das Kaffeeeis mit einem warmen Esslöffel abstechen und auf einen kalten Teller oder in ein gekühltes Glas geben. Mit Minze oder Früchten garnieren und servieren.

Degustationsnotiz

Das Kaffeeeis entfaltet sein Aroma sukzessive aus der Kälte heraus. Es wirkt durch die Röstnoten, die rauchigen Komponenten und die Bitterstoffe des Kaffees, die durch die Süße des Zuckers begleitet werden, sehr harmonisch. Die Sahne und das aufgeschlagene Eiweiß verleihen der Mischung den Schmelz. Die süßlichen Bitterstoffe bleiben haften und bestimmen den bleibenden Geschmack.

Kulinarik

Für ein harmonisches Kaffeeeis empfiehlt es sich, Hochlandkaffee zu verwenden, der nur wenig Säure aufweist. Wenn ein solcher Kaffee langsam geröstet wurde, entfaltet er ein intensives Aroma. Während die Kaffeecreme im Wasserbad gerührt wird, muss man darauf achten, dass sie nicht zu heiß wird, da die Eigelbe sonst gerinnen und sich von der Sahne absetzen. Falls die Eismaschine einen einsetzbaren Behälter besitzt, sollte dieser im Tiefkühler vorgekühlt werden, da dann das Eis schnell gefriert.

FÜR 1 L

12 Eigelbe (Bio-Ei Größe M)
350 g Zucker
1 l Sahne (30 % Fett)
1 Vanilleschote (Bourbon)
250 g Kaffeebohnen
1 Eiweiß (Bio-Ei Größe M)

Maroneneis

VORLAGE: MARONENEIS. (RÖSSLER), IN: PÖTZSCH, HERRSCHAFTSKÜCHE, S. 184

Saison: Ende September bis März

FÜR 1,5 L
300 g Maronen (ergibt etwa 180 g geschälte Maronen)
0,3 l Milch
6 Eigelbe (Bio-Ei Größe M)
210 g Zucker
0,5 l Sahne (30 % Fett)
½ Vanilleschote (Bourbon)

Zubereitung

1. Die Maronen auf der flachen Seite über Kreuz leicht einritzen und bei 200°C im heißen Backofen etwa 15 Minuten garen.
2. Danach die Maronen aus der Schale holen und in der Milch weitere 15 Minuten leicht köcheln, bis sie weich sind.
3. Die Maronen durch ein sehr feines Sieb streichen und mit den Eigelben, dem Zucker und der Sahne in einer Metallschüssel zu Creme verrühren.
4. Die halbe Vanilleschote längs halbieren, das Mark mit einem Messerrücken herausschaben und in die Creme geben.
5. Die Creme in ein heißes Wasserbad setzen und zur Rose abziehen. Dabei wird die Creme unter ständigem Rühren erhitzt, bis sie leicht andickt und auf einem Kochlöffel liegen bleibt. Beim Pusten auf den Löffel entstehen Wellen, die an eine Rose erinnern.
6. Die Maronencreme im Tiefkühler etwa zehn Minuten herunterkühlen und in einer Eismaschine frieren, bis die Masse zähflüssig wird. Dies kann je nach Leistung des Gerätes 20 bis 50 Minuten dauern.

Anrichten

7. Das Maroneneis mit einem warmen Esslöffel abstechen und auf einen kalten Teller oder in ein gekühltes Glas geben. Mit Minze oder auch geschlagener Sahne garnieren und servieren.

Degustationsnotiz

Das Maroneneis entfaltet aus der Kälte heraus Kastanienaromen mit einem schönen Schmelz, bevor die Vanille mit der Süße des Zuckers die Dominanz übernimmt.

Kulinarik

Maronen lassen sich auch einkochen und können somit das ganze Jahr über im Vorrat sein. Als Garnitur kann man auch einige Maronen zerhacken und sie dann in karamellisiertem Zucker wenden. Während die Maronencreme im Wasserbad gerührt wird, muss man darauf achten, dass sie nicht zu heiß wird, da die Eigelbe sonst gerinnen und sich von der Sahne absetzen. Falls die Eismaschine einen einsetzbaren Behälter besitzt, sollte dieser im Tiefkühler vorgekühlt werden, da dann das Eis schnell gefriert.

Maraschinoeis

VORLAGE: MARASCHINOEIS. (RÖSSLER), IN: PÖTZSCH, HERRSCHAFTSKÜCHE, S. 184

Saison: Ende September bis März

Zubereitung

1. Die Maronen auf der flachen Seite über Kreuz leicht einritzen und bei 200°C im heißen Backofen etwa 15 Minuten garen.
2. Danach die Maronen aus der Schale holen und in der Milch weitere 15 Minuten leicht köcheln, bis sie weich sind.
3. Die Maronen durch ein sehr feines Sieb streichen und mit den Eigelben, dem Zucker und der Sahne in einer Metallschüssel zur Creme verrühren.
4. Die halbe Vanilleschote längs halbieren, das Mark mit einem Messerrücken herausschaben und in die Creme geben.
5. Die Creme in ein heißes Wasserbad setzen und zur Rose abziehen. Dabei wird die Creme unter ständigem Rühren erhitzt, bis sie leicht andickt und auf einem Kochlöffel liegen bleibt. Beim Pusten auf den Löffel entstehen Wellen, die an eine Rose erinnern.
6. Die Maronencreme im Tiefkühler etwa zehn Minuten herunterkühlen und in einer Eismaschine frieren, bis die Masse zähflüssig wird. Dies kann je nach Leistung des Gerätes 20 bis 50 Minuten dauern.
7. Anschließend nach und nach dem fast fest gefrorenen Eis den Maraschino zugeben und nochmals drei bis fünf Minuten durchfrieren.

Anrichten

8. Das Maraschinoeis mit einem warmen Esslöffel abstechen und auf einen kalten Teller oder in ein gekühltes Glas geben. Mit Minze oder auch geschlagener Sahne garnieren und servieren.

Degustationsnotiz

Das Maraschinoeis entfaltet schon mit der Kälte leichte Bittermandeltöne, bevor die Vanille gemeinsam mit der Süße des Zuckers die Oberhand gewinnt. Leichte Bittertöne bestimmen den bleibenden Geschmack.

Kulinarik

Maronen lassen sich auch einkochen und können somit das ganze Jahr über im Vorrat sein. Für das Eis können auch bereits angebrühte Maronen verwendet werden. Während die Maronencreme im Wasserbad gerührt wird, muss man darauf achten, dass sie nicht zu heiß wird, da die Eigelbe sonst gerinnen und sich von der Sahne absetzen. Falls die Eismaschine einen einsetzbaren Behälter besitzt, sollte dieser im Tiefkühler vorgekühlt werden, da dann das Eis schnell gefriert.

FÜR 1,5 L

300 g Maronen (ergibt etwa 180 g geschälte Maronen)
0,3 l Milch
6 Eigelbe (Bio-Ei Größe M)
210 g Zucker
0,5 l Sahne (30 % Fett)
½ Vanilleschote (Bourbon)
50 ml Maraschino

Nesselrodeeis – Maroneneis mit kandierten Früchten

VORLAGE: NESSELRODEEIS (RÖSSLER, 4 LTR.), IN: PÖTZSCH, HERRSCHAFTSKÜCHE, S. 185

Saison: Ende September bis März

FÜR 1,5 L

300 g Maronen (ergibt etwa 180 g geschälte Maronen)
0,3 l Milch
6 Eigelbe (Bio-Ei Größe M)
210 g Zucker
0,5 l Sahne (30 % Fett)
½ Vanilleschote (Bourbon)
40 g Ananas
20 g Zitronat
20 g Orangeat
15 g Sultaninen

Zubereitung

1. Die Maronen auf der flachen Seite über Kreuz leicht einritzen und bei 200° C im heißen Backofen etwa 15 Minuten garen.
2. Danach die Maronen aus der Schale holen und in der Milch weitere 15 Minuten leicht köcheln, bis sie weich sind.
3. Die Maronen durch ein sehr feines Sieb streichen und mit den Eigelben, dem Zucker und der Sahne in einer Metallschüssel zur Creme verrühren.
4. Die halbe Vanilleschote längs halbieren, das Mark mit einem Messerrücken herausschaben und in die Creme geben.
5. Die Creme in ein heißes Wasserbad setzen und zur Rose abziehen. Dabei wird die Creme unter ständigem Rühren erhitzt, bis sie leicht andickt und auf einem Kochlöffel liegen bleibt. Beim Pusten auf den Löffel entstehen Wellen, die an eine Rose erinnern.
6. Die Maronencreme im Tiefkühler etwa zehn Minuten herunterkühlen.
7. Währenddessen die Ananas in ein Zentimeter große Stücke schneiden.
8. Die vorgekühlte Maronencreme in der Eismaschine frieren, bis die Masse leicht zähflüssig wird. Dies kann je nach Leistung des Gerätes 20 bis 50 Minuten dauern.
9. Nun das Zitronat, das Orangeat, die Sultaninen und die Ananasstücke dazugeben und das Eis nochmals fünf bis zehn Minuten in der Eismaschine frieren lassen.

Anrichten

10. Das Nesselrodeeis mit einem warmen Esslöffel abstechen und auf einen kalten Teller oder in ein gekühltes Glas geben. Mit ein wenig Ananas und Minze oder auch geschlagener Sahne garnieren und servieren.

Degustationsnotiz

Das Nesselrodeeis entfaltet einen schönen Schmelz. Zuerst hebt sich die Vanille aus der Kälte hervor. Danach beginnen die Früchte sich zu positionieren, um schließlich ganz den Gaumen zu beeinflussen.

Kulinarik

Zum Nesselrodeeis können auch andere Kompottfrüchte wie Birne, Quitte, Reneklode oder gar geröstete Mandelstifte verwendet werden.

Während die Maronencreme im Wasserbad gerührt wird, muss man darauf achten, dass sie nicht zu heiß wird, da die Eigelbe sonst gerinnen und sich von der Sahne absetzen.

Falls die Eismaschine einen einsetzbaren Behälter besitzt, sollte dieser im Tiefkühler vorgekühlt werden, da dann das Eis schnell gefriert.

Eine reife Ananas erkennt man am süßlichen Duft. Auch lassen sich bei ihr im Gegensatz zu noch nicht ausgereiften Früchten die inneren starren Blätter leicht herausziehen. Anders als Ananas aus Konserven, die vorwiegend nach Zucker schmecken, haben frische Früchte ein angenehmes Aromenspiel von Süße und Säure.

Die Qualität von Sultaninen ist desto höher, je größer und heller sie sind, es sei denn sie sind durch Schwefel gebleicht. Bio-Rosinen werden mit Pottasche getrocknet. Zitronat besteht aus den kandierten Schalen von Zitronatzitronen, denen mit Zuckersirup Wasser und Bitterstoffe entzogen wurden. Orangeat wird auf gleiche Weise aus Pomeranzenschalen gemacht. Biologisch hergestellte Produkte besitzen eine ausgewogenere Balance zwischen Säure und Süße.

Das Aroma von frischen Vanilleschoten ist wesentlich komplexer als das von Vanillezucker oder das von synthetisch hergestelltem Vanillin, das lediglich den zentralen Aromastoff der Vanille nachahmt. Vanilleschoten gibt es in drei aromatisch deutlich differierenden Varianten: Bourbon-, Mexiko- und Tahiti-Vanille.

Haselnusseis

VORLAGE: HASELNUSSEIS. (RÖSSLER.), IN: PÖTZSCH, HERRSCHAFTSKÜCHE, S. 185

Saison: Das ganze Jahr

FÜR 1,2 L
- 125 g Haselnüsse
- 1 l Sahne (30 % Fett)
- 300 g Zucker
- 12 Eigelbe (Bio-Ei Größe M)
- ½ Vanilleschote (Bourbon)

Zubereitung

1. Die Haselnüsse hobeln und anschließend leicht in der Pfanne rösten, bis sie goldgelb sind.
2. Die Sahne und den Zucker zugeben und vier bis fünf Minuten kochen. Anschließend noch weitere zehn Minuten bei kleiner Hitze ziehen lassen.
3. Die Mischung in eine Metallschüssel füllen und mit den Eigelben zur Creme verrühren.
4. Die halbe Vanilleschote längs halbieren, das Mark mit einem Messerrücken herausschaben und in die Creme geben.
5. Die Creme in ein heißes Wasserbad setzen und zur Rose abziehen. Dabei wird die Creme unter ständigem Rühren erhitzt, bis sie leicht andickt und auf einem Kochlöffel liegen bleibt. Beim Pusten auf den Löffel entstehen Wellen, die an eine Rose erinnern.
6. Die Haselnusscreme durch ein feines Sieb streichen.
7. Im Tiefkühler etwa zehn Minuten herunterkühlen.
8. Die vorgekühlte Haselnusscreme in der Eismaschine frieren, bis die Masse leicht zähflüssig wird. Dies kann je nach Leistung des Gerätes 20 bis 50 Minuten dauern.

Anrichten

9. Das Haselnusseis mit einem warmen Esslöffel abstechen und auf einen kalten Teller oder in ein gekühltes Glas geben. Mit ein wenig gehackten Haselnüssen oder Minze garnieren und servieren.

Degustationsnotiz

Das Haselnusseis zeigt sogleich deutlich seine feinen Nussaromen, die durch das Anrösten verstärkt wurden. Die Vanille, die Sahne und die Süße des Zuckers unterstützen die feinen Aromen der gerösteten Haselnüsse und lassen alles zu einem einheitlichen cremigen Akkord verschmelzen.

Kulinarik

Haselnüsse kann man im Ofen mit Oberhitze oder in der Pfanne auf dem Herd goldgelb anrösten, damit ihre typischen Aromen stärker zur Geltung kommen. Auf gar keinen Fall dürfen sie zu dunkel werden, da sonst starke Bitterstoffe entstehen. Haselnüsse sind frisch und besitzen das beste Aroma, wenn sie beim Schütteln nicht in der Schale klappern. In der Schale lassen sie sich bis zu einem Jahr, mit Haut bis zu einigen Monate und geschält nur einige Wochen lagern. In Folie eingeschweißt Haselnüsse schimmeln leicht.
Während die Haselnusscreme im Wasserbad gerührt wird, muss man darauf achten, dass sie nicht zu heiß wird, da die Eigelbe sonst gerinnen und sich von der Sahne absetzen.
Falls die Eismaschine einen einsetzbaren Behälter besitzt, sollte dieser im Tiefkühler vorgekühlt werden, da dann das Eis schnell gefriert.

Schokoladeneis

VORLAGE: CHOCOLADENEIS. (RÖSSLER., 4 LT[R].), IN: PÖTZSCH, HERRSCHAFTSKÜCHE, S. 185

Saison: Das ganze Jahr

FÜR 1,2 L
1 l Sahne (30 % Fett)
300 g Zucker
125 g Schokolade (70 % Kakaoanteil)
½ Vanilleschote (Bourbon)
12 Eigelbe (Bio-Ei Größe M)

Zubereitung
1. Die Sahne aufkochen, dann den Zucker dazugeben und alles nochmals einige Minuten rühren, sodass sich der Zucker auflöst.
2. Die Schokolade klein schneiden.
3. Die halbe Vanilleschote längs halbieren, das Mark mit einem Messerrücken herausschaben und in die Sahne geben.
4. Die Eigelbe in eine Metallschüssel geben und mit der warmen Sahne zur Vanillecreme verrühren.
5. Die Creme in ein heißes Wasserbad setzen und zur Rose abziehen. Dabei wird die Creme unter ständigem Rühren erhitzt, bis sie leicht andickt und auf einem Kochlöffel liegen bleibt. Beim Pusten auf den Löffel entstehen Wellen, die an eine Rose erinnern.
6. Dann die Schokolade darin auflösen und die Masse durchrühren.
7. Zum Abkühlen die Creme zehn Minuten in den Tiefkühler geben.
8. Anschließend in einer Eismaschine frieren, bis die Masse zähflüssig wird. Dies kann je nach Leistung des Gerätes 20 bis 50 Minuten dauern.

Anrichten
9. Das Schokoladeneis mit einem warmen Esslöffel abstechen und auf einen kalten Teller oder in ein gekühltes Glas geben. Mit ein wenig gehackter Schokolade garnieren und servieren.

Degustationsnotiz
Zuerst entfalten sich aus der Kälte schöne leichte bittere Schokoladenaromen. Später kommen feine Vanilletöne hinzu und verbinden sich mit der Süße des Zuckers sowie der cremigen Sahne zu einem immer noch durch die Schokolade dominierten Aromenakkord.

Kulinarik
Von der Qualität der Schokolade hängt bei diesem Eis das Aroma im Wesentlichen ab. Bitterschokolade mit einem Kakaoanteil von 70 % enthält in der Regel nur entölte Kakaomasse und Zucker. Da Kakaobohnen kein dominantes Schlüsselaroma besitzen, sondern sich ihr Duft aus vielen Komponenten zusammensetzt, variiert ihr Geschmack in Nuancen von holzig-nussigen bis zu blumig-warmen und honigartigen Noten. Das Aroma von Schokolade wird nicht nur durch die unterschiedlichen Bittertöne der verschiedenen Kakaobohnensorten und deren Wachstums-, Ernte- sowie Verarbeitungsbedingungen, sondern vor allem auch durch den Röstprozess bestimmt, der weitere erdig-würzige Aromen freisetzt. Während die Vanillecreme im Wasserbad gerührt wird, muss man darauf achten, dass sie nicht zu heiß wird, da die Eigelbe sonst gerinnen und sich von der Sahne absetzen. Falls die Eismaschine einen einsetzbaren Behälter besitzt, sollte dieser im Tiefkühler vorgekühlt werden, da dann das Eis schnell gefriert.

Pistazieneis

VORLAGE: PISTAZIENEIS. (RÖSSLER 4 LT[R].), IN: PÖTZSCH HERRSCHAFTSKÜCHE, S. 185

Saison: Das ganze Jahr

FÜR 1,3 L
1 l Sahne (30 % Fett)
300 g Zucker
40 g geschälte grüne Pistazien (ungesalzen)
5 g Mandeln
½ Vanilleschote (Bourbon)
12 Eigelbe (Bio-Ei Größe M)

Zubereitung

1. Die Sahne aufkochen, dann den Zucker dazugeben und alles nochmals einige Minuten rühren, sodass sich der Zucker auflöst.
2. 30 g Pistazien sehr fein hacken.
3. Die Mandeln in kochendes Wasser geben. Nach einer Minute herausnehmen und in kaltem Wasser abschrecken.
4. Die Haut von den Mandeln abziehen und die Mandelkerne mahlen.
5. Die halbe Vanilleschote längs halbieren, das Mark mit einem Messerrücken herausschaben und zusammen mit den gemahlenen Mandeln und Pistazien in die Sahne geben. Wiederum zwei Minuten erhitzen, aber nicht kochen lassen.
6. Die Eigelbe in eine Metallschüssel geben und mit der warmen Sahne zu einer Pistaziencreme verrühren.
7. Die Creme in ein heißes Wasserbad setzen und zur Rose abziehen. Dabei wird die Creme unter ständigem Rühren erhitzt, bis sie leicht andickt und auf einem Kochlöffel liegen bleibt. Beim Pusten auf den Löffel entstehen Wellen, die an eine Rose erinnern.
8. Die restlichen Pistazien hacken.
9. Die Pistaziencreme durch ein feines Haarsieb streichen. und diese zehn Minuten zur Abkühlung in den Tiefkühler geben.
10. Dann die Pistaziencreme in einer Eismaschine frieren, bis die Masse zähflüssig wird. Dies kann je nach Leistung des Gerätes 20 bis 50 Minuten dauern.
11. Während der letzten zwei Minuten des Frierens die restlich gehackten Pistazien dazugeben.

Anrichten

12. Das Pistazieneis mit einem warmen Esslöffel abstechen und auf einen kalten Teller oder in ein gekühltes Glas geben. Nach Wunsch mit ein wenig gehackten Pistazien oder Minze garnieren und servieren.

Degustationsnotiz
Leichte Nusstöne von Mandeln und die fruchtig-nussigen Aromen der Pistazien machen sich im Eis bemerkbar. Sie werden durch das Vanillearoma sowie einen Schmelz aus Sahne und Zucker begleitet.

Kulinarik
Bevor man die Pistazien im Eis verarbeitet, muss man ihren Geschmack überprüfen, weil sie auch in der Schale nur wenige Wochen frisch bleiben. Denn sie sollten nicht zu lange gelagert worden sein, da ansonsten ihr leicht ranziger Ton auf das Eis übergeht. Während die Pistaziencreme im Wasserbad gerührt wird, muss man darauf achten, dass sie nicht zu heiß wird, da die Eigelbe sonst gerinnen und sich von der Sahne absetzen.

Aprikoseneis

VORLAGE: APRIKOSENEIS, IN: UNIVERSAL-LEXIKON DER KOCHKUNST, LEIPZIG 1878, S.40

Saison: Ende Juli bis Oktober

Zubereitung

1. Die fast überreifen Aprikosen kurz waschen. Einige feste Aprikosen für die Garnitur zur Seite legen. Sodann die restlichen Aprikosen sofort durch ein feines Sieb streichen.
2. Die Aprikosenkerne in einem Mörser zerkleinern. Anschließend mit dem Zucker und mit dem Wasser zehn Minuten lang zu Läuterzucker kochen. Kalt stellen und danach durch ein feines Sieb geben.
3. Die Zitronen auspressen und ihren Saft durch ein Küchenpapier filtern, damit er klar wird.
4. Den Zitronensaft, die Sahne und das Aprikosenmark zum Läuterzucker dazugeben und das Ganze zehn Minuten in den Gefrierschrank stellen.
5. Die Aprikosenmasse in einer Eismaschine frieren, bis sie zähflüssig wird. Dies kann je nach Leistung des Gerätes 20 bis 50 Minuten dauern.
6. Das Eiweiß mit einem Schneebesen steif schlagen, in das zähflüssige Eis geben und nochmals fünf Minuten frieren lassen.

Anrichten

7. Das Aprikoseneis mit einem warmen Esslöffel abstechen und auf einen kalten Teller oder in ein gekühltes Glas geben. Mit den zurückgelegten Aprikosen garnieren und servieren.

Degustationsnotiz

Schon der Duft von überreifen Aprikosen betört die Sinne. Je mehr das Eis im Mund seine Kälte verliert, desto mehr dominieren die Früchte den Gaumen. Die Sahne gibt der Komposition ihren Schmelz und die Säure der Zitronen gleicht die Süße des Zuckers harmonisch aus. Die Aromen der Aprikosen bestimmen den bleibenden Geschmack.

Kulinarik

Überreife Aprikosen sind auf dem Markt sehr schwer zu bekommen. Daher empfiehlt es sich, einen Fachhändler fragen, ob er sie liefern kann. Da Aprikosen geschmacklich nicht nachreifen, ist beim Kauf ein Geschmackstest sehr wichtig.
Das Aroma von reifen Bio-Zitronen besitzt eine ausgewogenere Balance zwischen Säure und Süße als das von Früchten aus konventioneller Produktion.
Falls die Eismaschine einen einsetzbaren Behälter besitzt, sollte dieser im Gefrierschrank vorgekühlt werden, da dann das Eis schneller gefriert.

FÜR 1 L

1 kg Aprikosen
500 g Zucker
500 ml Wasser
2 Bio-Zitronen
200 ml Sahne (30 % Fett)
1 Eiweiß (Bio-Ei Größe M)

Schwedisches Punscheis

VORLAGE: SCHWEDISCH PUNSCH EIS, IN: PÖTZSCH, HERRSCHAFTSKÜCHE, S. 186

Saison: Das ganze Jahr

FÜR EINE EISBOMBE VON 1 L
0,125 l Punschessenz (Siehe S. 427
6 Eigelbe (Bio-Ei Größe M)
3 Bio-Eier (Größe M)
0,25 l Weißwein (Riesling trocken)
100 g Zucker
0,25 l Sahne (30 % Fett)
20 ml Cognac
10 ml Arak

Zubereitung
1. Zwei Tage im Voraus die Punschessenz herstellen.
2. Die Eigelbe und die Eier mit der Punschessenz, dem Weißwein und dem Zucker verrühren.
3. Sobald sich der Zucker aufgelöst hat, alles durch ein feines Sieb in eine Metallschüssel geben.
4. Die Schüssel in ein siedendes Wasserbad setzen und die Masse aufschlagen, bis sie zur Rose abgezogen ist. Dabei wird die Creme unter ständigem Rühren erhitzt, bis sie leicht andickt und auf einem Kochlöffel liegen bleibt. Beim Pusten auf den Löffel entstehen Wellen, die an eine Rose erinnern.
5. Die Schüssel aus dem Wasserbad herausnehmen und die Creme weiterschlagen, bis sie langsam kalt wird.
6. Die Sahne aufschlagen und unter die kalt geschlagene Creme heben.
7. Den Cognac und Arak vorsichtig unter die Creme heben. Die so parfümierte Masse in eine vorgekühlte Eisbombenform geben. Diese abdecken und im Tiefkühlfach über 24 Stunden bei −18° C frieren lassen.

Anrichten
8. Die Eisbombe aus dem Tiefkühler nehmen und mit einem heißen Tuch umwickeln, um das Punscheis aus der Form zu lösen.
9. Anschließend kleine Stücke abschneiden und auf einen kalten Teller legen. Nach Wunsch mit geschlagener Sahne garnieren und servieren.

Degustationsnotiz
Zuerst treten aus der Kälte die leichten Rum- und Cognactöne hervor sowie der Anis des Arak, bevor der Schmelz der Eiscreme alles zu einem harmonischen Aromenakkord verbindet.

Kulinarik
Eier von Hühnern aus artgerechter Haltung mit traditioneller Fütterung garantieren einen produkttypischen Geschmack und eine satte gelbe Farbe. Während die Creme im Wasserbad gerührt wird, muss man darauf achten, dass sie nicht zu heiß wird, da die Eigelbe sonst gerinnen und sich von der Sahne absetzen. Anschließend muss die Creme noch kalt geschlagen werden, weil sie ansonsten die Schlagsahne beim Unterheben verflüssigen würde.

Geeister Mokkaschaum

VORLAGEN: PARFAIT AU MOCCA; IN TASSE, IN: PÖTZSCH, HERRSCHAFTSKÜCHE, S. 186;
PARFAIT AU MOCCA; IN TASSE, IN: PÖTZSCH, HERRSCHAFTSKÜCHE, S. 337

Saison: Das ganze Jahr

FÜR 4 PERSONEN
125 g Kaffeebohnen (schonend geröstet)
0,37 l Wasser
140 g Puderzucker
½ Vanilleschote (Bourbon)
0,25 l Sahne (30 % Fett)

Zubereitung
1. Die Kaffeebohnen sehr fein mahlen und in einen Topf mit Deckel geben.
2. Das Wasser aufkochen und ein bis zwei Minuten stehen lassen. Anschließend die gemahlenen Kaffeebohnen langsam mit dem Wasser übergießen.
3. Den Kaffee mit 120 Gramm Puderzucker süßen.
4. Die halbe Vanilleschote längs halbieren, mit einem Messerrücken das Mark herausschaben und dieses in den Kaffee geben.
5. Den Topf mit einem Deckel schließen und den Mokkasud zehn bis zwölf Minuten erkalten lassen.
6. Anschließend das Ganze durch ein feines Tuch streichen und im Tiefkühler 15 Minuten anfrieren lassen.
7. Vier Gläser zum Servieren fünf Minuten in den Tiefkühler geben.
8. Währenddessen die kalte Sahne mit den restlichem 40 Gramm Puderzucker schlagen, bis sie fest wird.
9. Den angefrorenen Mokkasud grob zerkleinern und unter die Sahne heben.

Anrichten
10. Die kalten Gläser aus dem Tiefkühler nehmen und darin den geeisten Mokkaschaum servieren.

Degustationsnotiz
Zu Beginn bestimmen deutliche Kaffeeröstaromen mit ihren leichten Bittertönen den Geschmack des Mokkaschaums, kurz darauf machen sich die Vanilletöne und die Süße des Puderzuckers bemerkbar. Ein harmonischer Aromenakkord aus Süße und Bitterkeit bestimmt den bleibenden Geschmack.

Kulinarik
Um das Aroma eines guten Kaffees zur Geltung kommen zu lassen, muss man einen Qualitätskaffee verwenden, der schonend geröstet wurde. Auch dürfen Kaffeebohnen nicht zu lange gelagert werden, weil sie an Aroma verlieren. Der Mokkaschaum darf nicht durchgefroren sein. Er muss deshalb stets unmittelbar vor der Verkostung zubereitet werden, da er sonst die Leichtigkeit der frisch geschlagenen Sahne verlieren und an Aroma einbüßen würde.

Glace Chantilly mit Kaffee

VORLAGE: GLACE CHANTILLY; AU U.S.W. KAFFÉE U.S.W., IN: PÖTZSCH, HERRSCHAFTS-KÜCHE, S. 336; BRUNFAUT, GUSTAV: HANDBUCH DER MODERNEN KOCHKUNST, BERLIN 1891, S. 557

Saison: Das ganze Jahr

FÜR EIN EISFORM VON ½ L
180 g Kaffeebohnen (schonend geröstet)
400 ml Wasser
180 g Puderzucker
3 Eigelbe (Bio-Ei Größe M)
300 ml Sahne (30 % Fett)

Zubereitung

1. Die Kaffeebohnen sehr fein mahlen und in einen Topf mit Deckel geben.
2. Das Wasser aufkochen und ein bis zwei Minuten stehen lassen. Anschließend die gemahlenen Kaffeebohnen langsam mit dem Wasser übergießen.
3. Den Kaffee mit 140 Gramm Puderzucker süßen.
4. Den Topf mit einem Deckel schließen und den starken Kaffeesud zehn bis zwölf Minuten ziehen lassen.
5. Anschließend den Kaffeesud durch ein feines Tuch in einem Topf abseihen. Anschließend den Kaffee bei milder Hitze um die Hälfte reduzieren.
6. Die Eigelbe in eine Metallschüssel geben und den warmen reduzierten Kaffee hinzugießen.
7. Die Schüssel in ein 90° C heißes Wasserbad setzen und die Masse aufschlagen, bis sie zur Rose abgezogen ist. Dabei wird die Creme unter ständigem Rühren erhitzt, bis sie leicht andickt und auf einem Kochlöffel liegen bleibt. Beim Pusten auf den Löffel entstehen Wellen, die an eine Rose erinnern.
8. Die Schüssel aus dem Wasserbad herausnehmen und die Creme weiterschlagen, bis sie langsam kalt wird.
9. Die Sahne steif schlagen und unter die kalt geschlagene Creme heben.
10. Die Kaffeecreme in die Eisbombe füllen und im Gefrierschrank zwölf Stunden bei −18° C durchfrieren lassen.

Anrichten

11. Die Eisbombe aus dem Gefrierschrank nehmen und mit einem heißen Tuch umwickeln, um das Glace Chantilly mit Kaffee aus der Form zu lösen.
12. Anschließend auf einen kalten Teller legen. Nach Wunsch mit geschlagener Sahne garnieren und servieren.

Degustationsnotiz

Zu Beginn bestimmen deutliche Kaffeeröstaromen mit ihren leichten Bittertönen den Geschmack des Glace Chantilly, kurz darauf machen sich die Süße des Puderzuckers und die cremigen Töne aus Ei und Sahne bemerkbar. Ein harmonischer Aromenakkord aus Süße und Bitterkeit bestimmt den bleibenden Geschmack nachhaltig.

Kulinarik

Um das Aroma eines guten Kaffees zur Geltung kommen zu lassen, muss man einen Qualitätskaffee verwenden, der schonend geröstet wurde. Auch dürfen Kaffeebohnen nicht zu lange gelagert werden, weil sie an Aroma verlieren.
Sahne, die aus Milch von biologisch gehaltenen Kühen hergestellt wird, ist aromatischer, weil die Fütterung der Tiere für den Geschmack ihrer Milch entscheidend ist. Während die Creme im Wasserbad gerührt wird, muss man darauf achten, dass sie nicht zu heiß wird, da die Eigelbe bei 72° C gerinnen und sich von der Sahne absetzen. Anschließend muss die Creme noch kalt geschlagen werden, weil sie ansonsten die Schlagsahne beim Unterheben verflüssigen würde.

Fürst-Pückler-Eis

VORLAGE: FÜRST PÜCKLER. (LEHMANN.), IN: PÖTZSCH, HERRSCHAFTSKÜCHE, S. 187 UND CRÈME GLACÉ À LA PRINCE PÜCKLER, IN: PÖTZSCHE, HERRSCHAFTSKÜCHE, S. 335

Saison: Mai bis Oktober

Zubereitung

1. Die Schokolade mit einem Drittel der Sahne erhitzen, durchrühren und in einem Gefäß, in dem später die Schokoladensahne aufgeschlagen werden kann, im Kühlschrank erkalten lassen.
2. Anschließend die Erdbeeren waschen und abtrocknen, das Grün entfernen und die Erdbeeren zerkleinern.
3. Die zerkleinerten Erdbeeren durch ein feines Sieb streichen, damit das Erdbeermark frei von Kernen ist.
4. Die erkaltete Schokoladensahne aufschlagen, bis sie fest ist. Anschließend in eine große rechteckige Form geben, in der sie etwa zwei Zentimeter den Boden bedeckt.
5. Die Form in das Tiefkühlfach geben und die Schokoladensahne 15 Minuten anfrieren lassen.
6. Ein weiteres Drittel der Sahne aufschlagen. Das Erdbeermark leicht unterheben und in dieser Form als zweite Schicht auf die angefrorene Schokoladensahne geben.
7. Die Form wiederum für 15 Minuten in das Tiefkühlfach stellen.
8. Währenddessen die halbe Vanilleschote längs halbieren und das Mark mit einem Messerrücken herausschaben.
9. Das letzte Drittel der Sahne mit dem Zucker und dem Vanillemark aufschlagen.
10. Die Vanillesahne auf die angefrorene Erdbeersahne verteilen und alles zusammen im Tiefkühler vier Stunden frieren lassen.

Anrichten

11. Die Eisform aus dem Tiefkühler nehmen und mit einem heißen Tuch umwickeln, um das Fürst-Pückler-Eis aus der Form zu bekommen.
12. Das Eis in vier gleichmäßige Stücke schneiden und auf kalte Teller geben. Nach Wunsch mit geschlagener Sahne garnieren und servieren.

FÜR 1 L

125 g Schokolade (70 % Kakao)
¾ l Sahne (30 % Fett)
200 g reife süße Erdbeeren
½ Vanilleschote (Bourbon)
75 g Zucker

Degustationsnotiz

Der degustatorische Reiz dieses Eises besteht in der möglichen Kombination unterschiedlicher Aromen. Vanille-, Erdbeer- und Schokoladenaromen können sowohl separat als auch in Verbindung miteinander genossen werden.

Kulinarik

Das Aroma von frischen Vanilleschoten ist wesentlich komplexer als das von Vanillezucker oder das von synthetisch hergestelltem Vanillin, das lediglich den zentralen Aromastoff der Vanille nachahmt. Vanilleschoten gibt es in drei aromatisch deutlich differierenden Varianten: Bourbon-, Mexiko- und Tahiti-Vanille. Alle drei Sorten eignen sich zur Herstellung von Eis.

Das Aroma des Schokoladeneises hängt im Wesentlichen von der Qualität der Schokolade ab. Bitterschokolade mit einem Kakaoanteil von 70 % enthält in der Regel nur entölte Kakaomasse und Zucker. Da Kakaobohnen kein dominantes Schlüsselaroma besitzen, sondern sich ihr Duft aus vielen Komponenten zusammensetzt, variiert ihr Geschmack in Nuancen von holzig-nussigen bis zu blumig-warmen und honigartigen Noten. Das Aroma von Schokolade wird nicht nur durch die unterschiedlichen Bittertöne der verschiedenen Kakaobohnensorten und deren Wachstums-, Ernte- sowie Verarbeitungsbedingungen, sondern vor allem auch durch den Röstprozess bestimmt, der weitere erdig-würzige Aromen freisetzt. Erdbeersorten sind sehr unterschiedlich aromatisch. Die Sorten „Mara des Bois" und „Mieze Schindler" besitzen ein fruchtiges Walderdbeeraroma. Grundsätzlich empfiehlt sich, saisonale Früchte aus regionalem biologischen Anbau zu verwenden, weil sie frischer und aromatischer sind als andere. Erdbeeren aus Freilandhaltung entwickeln aufgrund der UV-Bestrahlung wesentlich mehr Aroma als Früchte, die nicht unter einer Folie bzw. im Gewächshaus gezogen wurden. Weil Erdbeeren nicht nachreifen, sollte man nur vollreife Früchte verwenden. Falls man genötigt ist, Erdbeeren zu verarbeiten, die nicht ausgereift sind, sollte man sie nicht nur mit Zucker süßen, sondern auch etwas Zitronensaft hinzufügen, weil die Früchte durch den Kontrast zur Säure süßer wahrgenommen werden als ohne diesen Hintergrund.

Halbgefrorenes von Früchten

VORLAGE: DEMI-GLACE ODER HALBGEFRORENES, IN: PÖTZSCH, HERRSCHAFTSKÜCHE, S. 335

Saison: Juni bis Oktober

FÜR EINE AUFLAUFFORM VON 1 L

- ¾ l Sahne (30 % Fett)
- 100 g reife süße Erdbeeren
- 100 g reife Aprikosen
- ½ Bio-Zitrone
- 100 g reife schwarze Johannisbeeren
- 140 g Puderzucker

Zubereitung

1. Die Eisterrine in den Gefrierschrank stellen und die Sahne zehn Minuten in den Kühlschrank geben.
2. Die Erdbeeren waschen und mit einem Tuch vorsichtig abtrocknen. Dann das Grün entfernen.
3. Die Erdbeeren zerkleinern und durch ein sehr feines Sieb streichen, um ein Fruchtmark ohne Kerne zu erhalten.
4. Die halbe Zitrone auspressen.
5. Die Aprikosen waschen, entkernen und durch ein Sieb streichen. Sogleich mit dem Zitronensaft vermischen, damit das Aprikosenmark nicht dunkel wird.
6. Die schwarzen Johannisbeeren waschen und durch ein Haarsieb streichen, damit die Schale und die Kernen entfernt werden.
7. Das saftige Mark der Johannisbeeren mit 40 Gramm Puderzucker süßen.
8. Die kalte Sahne steif schlagen und dabei nach und nach den restlichen Puderzucker unterrühren.
9. Die Sahne in drei Teile aufteilen und jeder Portion ein anderes Fruchtmark unterheben.

10. Die einzelnen Sahnemassen nacheinander in die eiskalte Eisform geben und jeweils 20 Minuten anfrieren lassen. Zunächst die Erdbeersahne einfüllen. Nachdem sie angefroren ist, die Aprikosensahne darauf streichen und zum Schluss die schwarze Johannisbeersahne darüber schichten.
11. Alles bei –18° C etwa fünf Stunden durchfrieren lassen.

Anrichten

12. Das Halbgefrorene von Früchten aus dem Gefrierschrank nehmen, mit einem heißen Tuch umwickeln und auf eine kalte Platte stürzen. Dann mit ein wenig Sahne und Früchten garnieren und servieren.

Degustationsnotiz

Sahnig und schmelzig zeigt sich das Eis. Das Aroma der Erdbeeren, Aprikosen und Johannisbeeren kommt erst zur Geltung, wenn das Halbgefrorene im Mund schmilzt. Bei der Verkostung wechselen die Säure und die Süße der drei Früchte immer wieder. Es entstehen auch Übergänge und unterschiedliche Aromenakkorde. Der Ton der schwarzen Johannisbeeren bestimmt den bleibenden Geschmack.

Kulinarik

Sahne, die aus Milch von biologisch gehaltenen Kühen hergestellt wird, ist aromatischer, weil die Fütterung der Tiere für den Geschmack ihrer Milch entscheidend ist. Um ein aromatisches Fruchteis herstellen zu können, sollte man schon beim Kauf der Früchte testen, wieviel Süße und Säure diese besitzen. Beeren aus regionaler und biologischer Produktion besitzen ein ausgewogeneres Aromenspektrum als konventionell erzeugte. Zu schwarzen Johannisbeeren mit einem säuerlichen Geschmack und wenig Süße sollte man viel Zucker zugeben.

Erdbeersorten sind sehr unterschiedlich aromatisch. Die Sorten „Mara des Bois" und „Mieze Schindler" besitzen ein fruchtiges Walderdbeeraroma. Grundsätzlich empfiehlt sich, saisonale Früchte aus regionalem biologischen Anbau zu verwenden, weil sie frischer und aromatischer sind als andere. Erdbeeren aus Freilandhaltung entwickeln aufgrund der UV-Bestrahlung wesentlich mehr Aroma als Früchte, die nicht unter einer Folie bzw. im Gewächshaus gezogen wurden. Weil Erdbeeren nicht nachreifen, sollte man nur vollreife Früchte verwenden. Falls man genötigt ist, Erdbeeren zu verarbeiten, die nicht ausgereift sind, sollte man sie nicht nur mit Zucker süßen, sondern auch etwas Zitronensaft hinzufügen, weil die Früchte durch den Kontrast zur Säure süßer wahrgenommen werden als ohne diesen Hintergrund.

Frische Aprikosen sind in Deutschland von Mitte Juli bis Ende August auf dem Markt. Man sollte keine Früchte kaufen, die in Folien verpackt sind, weil dadurch ihre Haltbarkeit künstlich verlängert wird.

Fürst-Pückler Halbgefrorenes mit Makronen

VORLAGE: DEMI-GLACE À LA PÜCKLER, - FÜRST, ODER PRINC PÜCKLER, IN: PÖTZSCH. HERRSCHAFTSKÜCHE, S. 335

Saison: Erdbeeren – Mai und Juni

FÜR EINE TERRINE VON 1 L
160 g Mandeln
1 Eiweiß (Bio-Ei Größe M)
160 g Zucker

Für das Eis
125 g Schokolade (70 % Kakao)
200 g reife süße Erdbeeren
¾ l Sahne (30 % Fett)
½ Vanilleschote (Bourbon)
75 g Zucker

Zubereitung

1. Die Mandeln in kochendes Wasser geben. Nach einer Minute herausnehmen und in kaltem Wasser abschrecken.
2. Die Haut von den Mandeln abziehen und die Mandelkerne mahlen.
3. Den Backofen auf 150° C vorheizen.
4. Das Eiweiß steif schlagen. Dann den Zucker nach und nach dazugeben.
5. Die gemahlenen Mandel mit einem Küchenlöffel unterheben.
6. Ein Backblech mit Backpapier auslegen. Darauf von der Masse aus Eiweiß, Zucker und Mandeln mit einem Esslöffel kleine Kugeln mit einem Durchmesser von drei Zentimetern aufsetzen.
7. Das Blech sofort in den Backofen schieben und die Teigkügelchen etwa 15 bis 20 Minuten zu Makronen backen.
8. Die Schokolade mit einem Drittel der Sahne erhitzen und durchrühren. Anschließend in einem Gefäß, in dem später die Schokoladensahne aufgeschlagen werden kann, im Kühlschrank erkalten lassen.
9. Die Erdbeeren waschen und abtrocknen. Dann das Grün entfernen.
10. Die Früchte zerkleinern und durch eine feines Sieb streichen, um ein Erdbeermark ohne Kerne zu erhalten.
11. Die erkaltete Schokoladensahne aufschlagen, bis sie fest ist, und in einer rechteckigen Form den Boden damit bedecken.
12. Die Makronen einzeln in die Sahnemasse hineingeben.
13. Die Form in den Gefrierschrank stellen und 20 Minuten anfrieren lassen.
14. Ein weiteres Drittel der Sahne steif schlagen und das Erdbeermark leicht unterheben. Dann als zweite Schicht auf die angefrorene Schokoladensahne streichen. Auch einige Makronen dazu geben.
15. Wiederum 20 Minuten in den Gefrierschrank geben.
16. Die halbe Vanilleschote längs halbieren und das Mark mit einem Messerrücken herausschaben.
17. Das letzte Drittel der Sahne mit dem Zucker und dem Vanillemark steif schlagen.
18. Die Vanillesahne auf die angefrorene Erdbeersahne verteilen und die restlichen Makronen dazugeben. Alles zusammen vier Stunden frieren lassen.

Anrichten

19. Das Fürst-Pückler-Halbgefrorene aus dem Gefrierschrank nehmen, mit einem heißen Tuch umwickeln und auf eine kalte Platte stürzen. Mit ein wenig Sahne und Früchten garnieren und servieren.

Degustationsnotiz

Die Kälte des Fürst-Pückler-Halbgefrorenen schmilzt im Mund sahnig dahin. Die Aromen der Erdbeeren, der Schokolade und der Vanille kommen erst allmählich zur Geltung. Beim Zerbeißen der krossen Makronen entfaltet sich ein zarter Mandelton. Doch überwiegen die Erdbeer-, Schokoladen- und Vanillearomen.

Kulinarik

Mandeln behalten in der Schale bis zu einem Jahr ihr Aroma, ohne ranzig zu werden. Wird eine Mandel nur noch von der Haut umgeben, sollte man sie aber nicht länger als sechs und ohne Haut nur vier Monate aufbewahren. Weiter verarbeitete Mandeln bleiben nur wenige Wochen frisch.

Bitterschokolade mit einem Kakaoanteil von 70 % enthält in der Regel nur entölte Kakaomasse und Zucker. Da Kakaobohnen kein dominantes Schlüsselaroma besitzen, sondern sich ihr Duft aus vielen Komponenten zusammensetzt, variiert ihr Geschmack in Nuancen von holzig-nussigen bis zu blumig-warmen und honigartigen Noten. Das Aroma von Schokolade wird nicht nur durch die unterschiedlichen Bittertöne der verschiedenen Kakaobohnensorten und deren Wachstums-, Ernte- sowie Verarbeitungsbedingungen, sondern vor allem auch durch den Röstprozess bestimmt, der weitere erdig-würzige Aromen freisetzt.

Erdbeersorten sind sehr unterschiedlich aromatisch. Die Sorten „Mara des Bois" und „Mieze Schindler" besitzen ein fruchtiges Walderdbeeraroma. Grundsätzlich empfiehlt sich, saisonale Früchte aus regionalem biologischen Anbau zu verwenden, weil sie frischer und aromatischer sind als andere. Erdbeeren aus Freilandhaltung entwickeln aufgrund der UV-Bestrahlung wesentlich mehr Aroma als Früchte, die nicht unter einer Folie bzw. im Gewächshaus gezogen wurden. Weil Erdbeeren nicht nachreifen, sollte man nur vollreife Früchte verwenden. Falls man genötigt ist, Erdbeeren zu verarbeiten, die nicht ausgereift sind, sollte man sie nicht nur mit Zucker süßen, sondern auch etwas Zitronensaft hinzufügen, weil die Früchte durch den Kontrast zur Säure süßer wahrgenommen werden als ohne diesen Hintergrund.

Das Aroma von frischen Vanilleschoten ist wesentlich komplexer als das von Vanillezucker oder das von synthetisch hergestelltem Vanillin, das lediglich den zentralen Aromastoff der Vanille nachahmt. Vanilleschoten gibt es in drei aromatisch deutlich differierenden Varianten: Bourbon-, Mexiko- und Tahiti-Vanille. Alle drei Sorten eignen sich zur Herstellung von Eis.

Sahne, die aus Milch von biologisch gehaltenen Kühen hergestellt wird, ist aromatischer, weil die Fütterung der Tiere für den Geschmack ihrer Milch entscheidend ist.

Pálffy von Erdbeeren

VORLAGE: PALFY VON ERDBEEREN. (LEHM[ANN]), IN: PÖTZSCH, HERRSCHAFTSKÜCHE, S. 187

Saison: Mai und Juni

FÜR EINE AUFLAUFFORM VON ½ L 1 L SAHNE (30 % FETT)
600 g reife süße Erdbeeren
100 g Puderzucker

Zubereitung

1. Die Auflaufform in den Tiefkühler stellen.
2. Eine Papiermanschette herstellen, die sich auf die Auflaufform aufsetzen lässt, sodass sich das Volumen der Auflaufform verdoppelt.
3. Die Sahne zehn Minuten kalt stellen.
4. Währenddessen die Erdbeeren waschen, abtrocknen und dann das Grün entfernen.
5. Die Erdbeeren zerkleinern und durch ein sehr feines Sieb streichen, damit das Erdbeermark frei von Kernen ist.
6. Die kalte Sahne aufschlagen und dabei nach und nach den Puderzucker unterrühren.
7. Nachdem die Sahne steif geschlagen wurde, das Erdbeermark nach und nach unterheben, sodass es sich gleichmäßig verteilt.
8. Die eine Hälfte der Erdbeersahne in die kalt gestellte Auflaufform geben. Auf den Rand der Auflaufform die Papiermanschette auflegen und mit der restlichen Erdbeersahne auffüllen.
9. Anschließend zwölf Stunden im Tiefkühlfach frieren.

Anrichten

10. Das Pálfy von Erdbeeren zehn Minuten vor dem Servieren aus dem Tiefkühlfach nehmen und die Manschette entfernen.
11. Nach Wunsch mit ein wenig Sahne und Erdbeeren garnieren und dann in der Auflaufform servieren.

Degustationsnotiz

Das durchgefrorene Pálfy schmeckt zunächst sahnig und schmelzig. Erst später kommt das Erdbeeraroma zur Geltung.

Kulinarik

Erdbeersorten sind sehr unterschiedlich aromatisch. Die Sorten „Mara des Bois" und „Mieze Schindler" besitzen ein fruchtiges Walderdbeeraroma. Grundsätzlich empfiehlt sich, saisonale Früchte aus regionalem biologischen Anbau zu verwenden, weil sie frischer und aromatischer sind als andere. Erdbeeren aus Freilandhaltung entwickeln aufgrund der UV-Bestrahlung wesentlich mehr Aroma als Früchte, die nicht unter einer Folie bzw. im Gewächshaus gezogen wurden. Weil Erdbeeren nicht nachreifen, sollte man nur vollreife Früchte verwenden. Falls man genötigt ist, Erdbeeren zu verarbeiten, die nicht ausgereift sind, sollte man sie nicht nur mit Zucker süßen, sondern auch etwas Zitronensaft hinzufügen, weil die Früchte durch den Kontrast zur Säure süßer wahrgenommen werden als ohne diesen Hintergrund.

Soufflé glacé mit Erdbeeren

VORLAGE: SOUFFLÉE GLACE = (BRU[N]FAUT S[EITE] 572.), IN: PÖTZSCH, HERRSCHAFTS-KÜCHE, S. 337; BRUNFAUT, GUSTAV: HANDBUCH DER MODERNEN KOCHKUNST, BERLIN 1891, S. 572; PALPHI = (LEHMANN S[EITE] 187.) IN: PÖTZSCH, HERRSCHAFTSKÜCHE, S. 337; PALFY VON ERDBEEREN. (LEHM[ANN]). IN PÖTZSCH, HERRSCHAFTSKÜCHE, S. 187

Saison: Mai und Juni

FÜR EINE RUNDE FORM VON 18 CM DURCHMESSER UND 18 CM HÖHE
1 l Sahne (30 % Fett)
600 g reife süße Erdbeeren
100 g Puderzucker

Zubereitung

1. Einen Behälter, in dem das Soufflé glacé mit Erdbeeren zubereitet werden kann, in den Gefrierschrank stellen.
2. Die Sahne zehn Minuten kalt stellen.
3. Währenddessen die Erdbeeren waschen, abtrocknen und dann erst das Grün entfernen.
4. Die Erdbeeren zerkleinern und durch ein sehr feines Sieb streichen, damit das Erdbeermark frei von Kernen ist.
5. Die kalte Sahne aufschlagen und dabei nach und nach den Puderzucker unterrühren.
6. Nachdem die Sahne steif geschlagen wurde, das Erdbeermark nach und nach unterheben, sodass es sich gleichmäßig verteilt.
7. Die Erdbeersahne in die kalt gestellte Form geben und anschließend im Gefrierschrank zwölf Stunden frieren.
8. Anschließend die gefrorene Erdbeersahne mit einem heißen Tuch umwickeln und auf eine vorgekühlten Teller stürzen und erneut in den Gefrierschrank stellen.

Anrichten

9. Das Soufflé glacé mit Erdbeeren garnieren und servieren.

Degustationsnotiz

Aus der Kälte des Soufflé glacé entfalten sich die Süße und die aromatische Vielfalt der Erdbeeren, die mit dem cremigen Schmelz der Sahne harmonieren. Die Erdbeeren bestimmen den bleibenden Geschmack.

Kulinarik

Erdbeersorten sind sehr unterschiedlich aromatisch. Die Sorten „Mara des Bois" und „Mieze Schindler" besitzen ein fruchtiges Walderdbeeraroma. Grundsätzlich empfiehlt sich, saisonale Früchte aus regionalem biologischen Anbau zu verwenden, weil sie frischer und aromatischer sind als andere. Erdbeeren aus Freilandhaltung entwickeln aufgrund der UV-Bestrahlung wesentlich mehr Aroma als Früchte, die nicht unter einer Folie bzw. im Gewächshaus gezogen wurden. Weil Erdbeeren nicht nachreifen, sollte man nur vollreife Früchte verwenden. Falls man genötigt ist, Erdbeeren zu verarbeiten, die nicht ausgereift sind, sollte man sie nicht nur mit Zucker süßen, sondern auch etwas Zitronensaft hinzufügen, weil die Früchte durch den Kontrast zur Säure süßer wahrgenommen werden als ohne diesen Hintergrund.

Soufflé glacé à la Pálffy

VORLAGE: SOUFFLÉE GLACE À LA PALPHI = (BRUNFAUT S[EITE] 572), IN: PÖTZSCH, HERRSCHAFTSKÜCHE, S. 337; BRUNFAUT, GUSTAV: HANDBUCH DER MODERNEN KOCHKUNST, BERLIN 1891, S. 572

Saison: Das ganze Jahr

FÜR EINE RUNDE FORM VON 18 CM DURCHMESSER UND 18 CM HÖHE

FÜR 20 KLEINE LÖFFELBISKUITS
25 g Mandeln
3 Bio-Eiweiß (Größe M)
2 Eigelbe (Bio-Ei Größe M)
50 g Mehl (Type 405)
90 g Zucker
1 Prise Salz

FÜR DAS PÁLFFY
1 Vanilleschote (Bourbon)
70 g Zucker
500 ml Sahne (30 % Fett)
20 ml Maraschino
100 g Aprikosenmarmelade

Zubereitung der Löffelbiskuits

1. Die Mandeln in kochendes Wasser geben. Nach einer Minute herausnehmen und in kaltem Wasser abschrecken.
2. Die Haut von den Mandeln abziehen und die Mandelkerne mit einer Mandelmühle zu Plättchen hobeln.
3. Die Mandeln in einer Pfanne ohne Fett anrösten, bis sie goldgelb sind.
4. Das Eiweiß in einer größeren Schüssel kalt stellen.
5. Das Eigelb etwa zehn Minuten schaumig schlagen. Dabei nach und nach den Zucker dazugeben.
6. Dem Eiweiß eine Prise Salz zusetzen und es so lange steif schlagen, bis sich Spitzen bilden.
7. Das aufgeschlagene Eigelb mit einem Teiglöffel langsam unter das Eiweiß heben.
8. Das Mehl darüber sieben und langsam mit einem Teiglöffel vermischen.
9. Ein Backblech mit Backpapier auslegen und mit dem Staubzucker bestreuen.
10. Die Löffelbiskuitmasse in einen Spritzbeutel mit einer 15 Millimeter großen Tülle füllen.
11. 20 Streifen von etwa sechs Zentimetern Länge spritzen.
12. Die angerösteten Mandeln auf die Löffelbiskuits streuen.
13. Anschließend die Löffelbiskuits im vorgeheizten Backofen bei 200° C etwa 15 bis 20 Minuten backen, bis sie goldbraun sind.
14. Eine Garprobe durchführen, indem man einen dünnen Holzstab in die höchste Stelle des Backteiges einsticht und wieder herauszieht. Die Biskuits sind fertig gebacken, wenn kein Teig mehr am Holzstab hängt.
15. Die Löffelbiskuits aus dem Ofen holen und abkühlen lassen.

Zubereitung des Soufflé glacé à la Pálffy

16. Die Vanilleschote längs halbieren und mit einem Messerrücken das Mark herauskratzen.
17. Den Zucker und das Vanillemark in einen Mörser füllen und mit einem Stößel zu Vanille-Staubzucker verarbeiten.
18. Die Eisform mit Backpapier auslegen und in den Gefrierschrank stellen.
19. Die kalte Sahne aufschlagen und dabei nach und nach den Vanille-Staubzucker unterrühren.
20. In kleinen Portionen den Maraschino vorsichtig unterheben.
21. Die Löffelbiskuits auf der unteren Seite mit lauwarmer Aprikosenmarmelade bestreichen und hochkant in die kalte Eisform stellen.
22. Die Vanille-Maraschino-Sahne in einen Spritzbeutel ohne Spritztülle geben und in der mit Löffelbiskuit ausgelegten Eisform gleichmäßig verteilen.
23. Alles mit Backpapier abdecken und anschließend im Gefrierschrank zwölf Stunden frieren.

Anrichten

24. Das Soufflé glacé à la Pálffy zehn Minuten vor dem Servieren aus dem Gefrierschrank nehmen und im Ganzen auf einer Platte servieren.

Degustationsnotiz

Eine Aromenvielfalt der aprikotierten Löffelbiskuit nimmt man zunächst war. Dann treten der Schmelz der Sahne, die Töne der Vanille und der Kirsche (Maraschino) aus der Kälte des Soufflés hervor. Dieser Aromenakkord bestimmt auch den bleibenden Geschmack.

Kulinarik

Vanillearomen sind alkohollöslich. Da sie sich auch in der Ofenhitze nur geringfügig verflüchtigen, können sie gut eingesetzt werden, um Gebäck zu parfümieren. Vanilleschoten gibt es in drei aromatisch deutlich differierenden Varianten: Bourbon-, Mexiko- und Tahiti-Vanille. Alle drei Sorten eignen sich zur Herstellung von Vanilleextrakt. Sahne, die aus Milch von biologisch gehaltenen Kühen hergestellt wird, ist aromatischer, weil die Fütterung der Tiere für den Geschmack ihrer Milch entscheidend ist. Mandeln haben einen marzipanähnlichen Grundton. Sie behalten in der Schale bis zu einem Jahr ihr Aroma, ohne ranzig zu werden. Wird eine Mandel nur noch von der Haut umgeben, sollte man sie aber nicht länger als sechs und ohne Haut nur vier Monate aufbewahren. Weiter verarbeitete Mandeln bleiben nur wenige Wochen frisch.

Halbgefrorenes von Erdbeeren

VORLAGE: HALBGEFRORENES VON ERDBEEREN. (LEHMANN 1 LTR.), IN: PÖTZSCH, HERRSCHAFTSKÜCHE, S. 188

Saison: Mai und Juni

Zubereitung

1. Die Eisform in den Tiefkühler stellen.
2. Die Sahne zehn Minuten kalt stellen.
3. Die Erdbeeren waschen, abtrocknen und dann das Grün entfernen.
4. Die Erdbeeren zerkleinern und durch ein sehr feines Sieb streichen, damit das Erdbeermark frei von Kernen ist.
5. Die kalte Sahne aufschlagen und dabei nach und nach den Puderzucker unterrühren.
6. Nachdem die Sahne steif geschlagen wurde, das Erdbeermark nach und nach unterheben, sodass es sich gleichmäßig verteilt.
7. Die Erdbeersahne in die kalt gestellte Eisform geben. Diese abdecken und anschließend sechs Stunden im Tiefkühlfach frieren.

Anrichten

8. Das Halbgefrorene von Erdbeeren fünf Minuten vor dem Servieren aus dem Tiefkühlfach nehmen. Mit einem heißen Tuch umwickeln und auf eine gekühlte Platte stürzen.
9. Nach Wunsch mit ein wenig Sahne und Erdbeeren garnieren und dann servieren.

Degustationsnotiz

Das halbgefrorene Erdbeerparfait schmeckt zunächst sahnig und schmelzig. Der Erdbeergeschmack kommt erst später zur Geltung.

Kulinarik

Erdbeersorten sind sehr unterschiedlich aromatisch. Die Sorten „Mara des Bois" und „Mieze Schindler" besitzen ein fruchtiges Walderdbeeraroma. Grundsätzlich empfiehlt sich, saisonale Früchte aus regionalem biologischen Anbau zu verwenden, weil sie frischer und aromatischer sind als andere. Erdbeeren aus Freilandhaltung entwickeln aufgrund der UV-Bestrahlung wesentlich mehr Aroma als Früchte, die nicht unter einer Folie bzw. im Gewächshaus gezogen wurden. Weil Erdbeeren nicht nachreifen, sollte man nur vollreife Früchte verwenden. Falls man genötigt ist, Erdbeeren zu verarbeiten, die nicht ausgereift sind, sollte man sie nicht nur mit Zucker süßen, sondern auch etwas Zitronensaft hinzufügen, weil die Früchte durch den Kontrast zur Säure süßer wahrgenommen werden als ohne diesen Hintergrund.

FÜR EINE AUFLAUFFORM VON 1 L

¾ l Sahne (30 % Fett)
500 g reife süße Erdbeeren
80 g Puderzucker

Erdbeereis

VORLAGE: GEFRORENES VON ERDBEEREN. (LEHMANN 1 LTR.), IN: PÖTZSCH HERRSCHAFTSKÜCHE, S. 188

Saison: Mai und Juni

FÜR EINE AUFLAUFFORM VON 1 L
¾ l Sahne (30 % Fett)
500 g reife süße Erdbeeren
80 g Puderzucker

Zubereitung

1. Die Eisform in den Tiefkühler stellen.
2. Die Sahne zehn Minuten kalt stellen.
3. Die Erdbeeren waschen, abtrocknen und dann das Grün entfernen.
4. Die Erdbeeren zerkleinern und durch ein sehr feines Sieb streichen, damit das Erdbeermark frei von Kernen ist.
5. Die kalte Sahne aufschlagen und dabei nach und nach den Puderzucker unterrühren.
6. Nachdem die Sahne steif geschlagen wurde, das Erdbeermark nach und nach unterheben, sodass es sich gleichmäßig verteilt.
7. Die Erdbeersahne in der Eismaschine frieren, bis sie leicht cremig ist. Dies kann je nach Leistung der Maschinen 20 bis 50 Minuten dauern.

Anrichten

8. Das Erdbeereis mit einem warmen Esslöffel abstechen.
9. Nach Wunsch mit ein wenig Sahne und Erdbeeren garnieren und dann auf einem vorgekühlten Teller oder Glas servieren.

Degustationsnotiz

Zu Beginn wirkt das Erdbeereis vor allem sahnig und schmelzig. Mit der Zeit intensiviert sich der Erdbeergeschmack, weil sich bei zunehmender Temperatur das Fruchtaroma besser entfalten kann.

Kulinarik

Erdbeersorten sind sehr unterschiedlich aromatisch. Die Sorten „Mara des Bois" und „Mieze Schindler" besitzen ein fruchtiges Walderdbeeraroma. Grundsätzlich empfiehlt sich, saisonale Früchte aus regionalem biologischen Anbau zu verwenden, weil sie frischer und aromatischer sind als andere. Erdbeeren aus Freilandhaltung entwickeln aufgrund der UV-Bestrahlung wesentlich mehr Aroma als Früchte, die nicht unter einer Folie bzw. im Gewächshaus gezogen wurden. Weil Erdbeeren nicht nachreifen, sollte man nur vollreife Früchte verwenden. Falls man genötigt ist, Erdbeeren zu verarbeiten, die nicht ausgereift sind, sollte man sie nicht nur mit Zucker süßen, sondern auch etwas Zitronensaft hinzufügen, weil die Früchte durch den Kontrast zur Säure süßer wahrgenommen werden als ohne diesen Hintergrund.

Baiser mit Erdbeereis

VORLAGE: EIS-BAISSERS. (LEHMANN), IN: PÖTZSCH, HERRSCHAFTSKÜCHE, S. 188

Saison: Das ganze Jahr

Zubereitung

1. In einer Schüssel das Eiweiß zwei bis drei Minuten mit einem Schneebesen schlagen, bis es locker wird. Danach beim Schlagen den Zucker in das Eiweiß einrieseln lassen. Den Eischnee weiter schlagen, bis der Zucker sich aufgelöst hat und Spitzen stehen bleiben.
2. Den Puderzucker sieben und dann langsam mit einem Küchenlöffel unter den Eischnee unterheben.
3. Die Masse in einen Spritzbeutel mit einer elf Millimeter starken Sterntülle befüllen.
4. Ein Backblech mit Backpapier auslegen und darauf Rosetten von sechs bis acht Zentimeter Durchmesser und einer Höhe von drei bis vier Zentimeter spritzen.
5. Das Blech in einen auf 120°C vorgeheizten Backofen schieben und die Rosetten etwa drei Stunden trocknen. Die Backofenklappe einen Spalt geöffnet lassen, damit die Feuchtigkeit entweichen kann.
6. Anschließend die Temperatur herunterstellen und mit der Restwärme bei geschlossener Tür weiter zehn Stunden trocknen lassen.

Anrichten

7. Ein Baiser auf einen Teller legen, darauf eine Kugel Erdbeereis geben und ein weiteres Baiser aufsetzen.

Degustationsnotiz

Die reine Süße des Baisers verlangt regelrecht nach dem Ausgleich durch ein fruchtiges und aromenintensives Eis.

Kulinarik

Baisers können auch gebacken werden, wenn ein wenig Kartoffelstärke in die Spritzmasse gegeben wurde. In kleinerem Format dienen Baisers als Dekorationen für Torten und Kuchen.

JE NACH GRÖSSE 10 BIS 20 STÜCK

5 Eiweiß (Bio-Ei Größe M)
170 g Zucker
80 g Puderzucker
1 Rezeptur Erdbeereis

Gefüllte Eisbaisers

VORLAGE: EISBAISERS, IN: PÖTZSCH, HERRSCHAFTSKÜCHE, S. 334

Saison: Saison: Ende Mai bis Ende Juli je nach Witterung

FÜR 10 BIS 20 BAISERS
1 Rezeptur Baisers (Siehe S. 416)
1 Rezeptur Walderdbeereis (Siehe S. 16)

Zubereitung
1. Die Baisers am Vortag herstellen, da sie einen Tag trocknen müssen, um kross zu sein.
2. Das Walderdbeereis produzieren.

Anrichten
3. Jeweils eine Kugel Eis in die Mitte von zwei Baisers geben, garnieren und servieren.

Degustationsnotiz
Die Süße und die knackige Textur der Baisers nimmt man zuerst wahr. Erst dann entfalten sich aus der Kälte des Eises die Aromen der Walderdbeeren. Sie bestimmen auch den bleibenden Geschmack.

Kulinarik
Walderdbeeren sind auf dem Markt sehr schwer zu bekommen. Man sollte einen Fachhändler fragen, wann er sie anbieten kann. Alternativ können kleine, sehr reife Erdbeeren der Sorte „Mara des Bois", die von Juni bis Oktober auf dem Markt ist, verwendet werden. Da Erdbeeren nicht nachreifen, ist es wichtig, reife Früchte zu kaufen. Alternativ zum Walderdbeereis kann jegliches Fruchteis verwendet werden. Stets sollten die Fruchtsäuren einen Ausgleich zur intensiven Süße der Baisers bieten.

Schmankerleis in Tüten

VORLAGE: SCHMANKERL-EIS. (LEHMANN), IN: PÖTZSCH, HERRSCHAFTSKÜCHE, S. 189

Saison: Das ganze Jahr

FÜR EINE EISBOMBE VON 1 L
4 Bio-Eier (Größe M)
180 g Zucker
50 g Mehl Type 405
1 l Sahne (30 % Fett)
1 Vanilleschote (Bourbon)
100 g rotes Johannisbeergelee

Zubereitung
1. Die Eier mit 100 Gramm Zucker zehn Minuten schaumig schlagen und danach das Mehl unterheben.
2. Den Teig fünf Minuten ruhen lassen, damit der Kleber des Mehles (das Gluten) reagiert.
3. Eine 1-Liter-Eisbombe (Kugelform) in das Tiefkühlfach stellen.
4. Ein Backblech mit Backpapier auslegen. Darauf die Hälfte des Teiges vier bis fünf Millimeter dickausstreichen und in einem auf 200° C vorgeheizten Backofen etwa fünf bis acht Minuten backen, bis der Teig goldgelb ist.
5. Den Teig herausnehmen und in quadratische Stücke von einem Zentimeter Kantenlänge schneiden. Dabei darf der gebackene Teig durchaus auch brechen.
6. Aus dem restlichen Teig kleine Waffeltüten backen. Dazu aus zwei Millimeter dicker Pappe eine Schablone von sechs Zentimetern Durchmesser kreisrund ausschneiden.
7. Ein Backblech mit Backpapier auslegen. Die Schablone auf das Backpapier legen und mit Hilfe einer langen Winkelpalette den Teig gleichmäßig über die Schablone streichen. Die Schablone hochnehmen und im Backofen bei 180° C einige Minuten backen, bis der Teig leicht goldgelb ist.
8. Den Teig mit einer Palette aus dem Backofen nehmen und im heißen Zustand über ein Waffelhorn aus Holz zu einer Eistüte zusammendrehen.
9. Dies so oft wiederholen, bis der Teig aufgebraucht ist.

10. Die Vanilleschote längs halbieren und das Mark mit einem Messerrücken herauskratzen.
11. Anschließend die Sahne schlagen und den restlichen Zucker mit dem Vanillemark dazugeben.
12. Die Sahne steif schlagen und die gebackenen, ein Zentimeter großen Teigstücke unter die Sahne geben.
13. Sofort in die vorgekühlte Eisbombenform (Kugelform) geben. Diese abdecken, in den Tiefkühler stellen und zwölf Stunden frieren lassen.

Anrichten
14. Die Eisbombenform mit dem gefrorenen Schmankerleis mit einem heißen Tuch umwickeln und das Eis auf einen kalten Teller stürzen.
15. Das Johannisbeergelee in einen Spritzbeutel geben und damit in die kleinen Eistüten füllen.
16. Die Eistüten mit der Öffnung in die Schmankerleisbombe drücken, sodass sie sich mit dem leicht angetauten Eis füllen und als gefüllte Eiswaffel verspeist werden können.

Degustationsnotiz
Das Krachen der krossen Eistütchen nimmt die Aufmerksamkeit sofort in Anspruch. Erst anschließend tauchen die nussigen Aromen der Waffel und diejenigen des Johannisbeergelees auf. Sobald die angefrorene Vanillesahne ihre Aromen freisetzt, vereinigt sich alles zu einem Aromenakkord.

Kulinarik
Das Aroma von frischen Vanilleschoten ist wesentlich komplexer als das von Vanillezucker oder das von synthetisch hergestelltem Vanillin, das lediglich den zentralen Aromastoff der Vanille nachahmt. Vanilleschoten gibt es in drei aromatisch deutlich differierenden Varianten: Bourbon-, Mexiko- und Tahiti-Vanille. Alle drei Sorten eignen sich zum Aromatisieren von Cremes, Eis, Puddings und besonders Saucen von Milchprodukten (Vanillesauce).
Die leeren Vanilleschoten können getrocknet und zur Herstellung von natürlichem Vanillezucker verwendet werden, indem sie mit Hagelzucker sehr fein zerkleinert werden.

Vanilleeisbombe

VORLAGE: BOMBE VON VANILLEEIS. (LEHM[ANN]), IN: PÖTZSCH, HERRSCHAFTSKÜCHE, S. 189

Saison: Das ganze Jahr

FÜR EINE EISBOMBE VON 1 ½ L
450 g Zucker
0,5 l Wasser
1 Vanilleschote (Bourbon)
10 Eigelbe (Bio-Eier Größe M)
¾ l Sahne (30 % Fett)

Zubereitung

1. Den Zucker mit dem Wasser etwa fünf Minuten zu einem Läuterzucker kochen.
2. Die Vanilleschote längs halbieren, das Mark mit einem Messerrücken herausschaben und mit der Vanilleschote in den noch warmen Läuterzucker geben.
3. Die Eigelbe in eine Metallschüssel geben und mit dem warmen Läuterzucker verrühren.
4. Die Schüssel mit der Vanille-Eigelb-Läuterzuckermasse in ein heißes Wasserbad setzen und zur Rose abziehen. Dabei wird sie unter ständigem Rühren erhitzt, bis sie leicht cremig und dickflüssig auf einem Kochlöffel liegen bleibt. Beim Pusten auf den Löffel entstehen Wellen, die an eine Rose erinnern.
5. Jetzt erst die Vanilleschote herausnehmen.
6. Die abgezogene dickflüssige Vanillesauce zehn Minuten zur Abkühlung in den Tiefkühler stellen.
7. Ebenso die 1 ½ Liter große Eisbombenform in den Tiefkühler stellen.
8. Die kalte Sahne ohne Zucker steif schlagen.
9. Die dickflüssige, kalt gestellte Vanillesauce aus dem Tiefkühler herausnehmen und mit einem Holzlöffel unter die festgeschlagene Sahne unterheben.
10. Sofort in die kalt gestellte Eisbombenform füllen. Diese abdecken und über zehn bis zwölf Stunden im Tiefkühlfach durchfrieren lassen.

Anrichten

11. Die Eisbombenform mit dem gefrorenen Vanilleeis mit einem heißen Tuch umwickeln und das Eis auf einen kalten Teller stürzen.
12. Die Vanilleeisbombe ein wenig antauen lassen und erst dann servieren.

Degustationsnotiz

Die Vanilleeisbombe schmeckt zunächst cremig und süß. Erst wenn das Eis im Mund zu schmelzen beginnt, entfalten sich die Aromen der Vanille.

Kulinarik

Eine Vanilleeisbombe sollte nicht unmittelbar, nachdem sie aus dem Tiefkühler genommen worden ist, verspeist werden. Denn ihre Aromen entfalten sich besser, wenn das Eis etwa 0° C hat.
Das Aroma von frischen Vanilleschoten ist wesentlich komplexer als das von Vanillezucker oder das von synthetisch hergestelltem Vanillin, das lediglich den zentralen Aromastoff der Vanille nachahmt. Vanilleschoten gibt es in drei aromatisch deutlich differierenden Varianten: Bourbon-, Mexiko- und Tahitivanille. Alle drei Sorten eignen sich zur Herstellung von Eis.
Während die Masse aus Ei, Läuterzucker und Vanille im Wasserbad gerührt wird, muss man darauf achten, dass sie nicht zu heiß wird, da die Eigelbe sonst gerinnen und sich später die Sahne absetzen würde.

Mandeleisbombe

VORLAGE: PLOMBIERE VON MANDELN. (BAUMANN 1 KUPPELFORM 1 ½ LT.), IN: PÖTZSCH, HERRSCHAFTSKÜCHE, S. 190

Saison: Das ganze Jahr

Zubereitung

1. Die Mandeln in kochendes Wasser geben. Nach einer Minute herausnehmen und in kaltem Wasser abschrecken.
2. Die Haut von den Mandeln abziehen und die Mandelkerne in Stifte schneiden
3. Die Mandelstifte ohne Zusatz von Fett trocken in einer Pfanne rösten, bis sie goldgelb sind.
4. Anschließend diese angerösteten Mandelstifte in einem Mörser leicht zerstoßen.
5. Einen Dreiviertelliter der Sahne leicht erwärmen, mit den zerstoßenen Mandelstiften verrühren und lauwarm auf dem Herd 15 Minuten ziehen lassen.
6. Die Sahne in eine Metallschüssel passieren und den Zucker und die Eigelbe hinzugeben, die Schüssel dann in ein warmes Wasserbad setzen und die Masse zur Rose aufschlagen. Dabei wird die Creme unter ständigem Rühren erhitzt, bis sie leicht andickt und auf einem Kochlöffel liegen bleibt. Beim Pusten auf den Löffel entstehen Wellen, die an eine Rose erinnern.
7. Die Mandelcreme zehn Minuten zum Abkühlen in den Tiefkühler geben.
8. Anschließend die Mandelcreme in einer Eismaschine frieren, bis sie zähflüssig wird. Dies kann je nach Leistung des Gerätes 20 bis 50 Minuten dauern.
9. Währenddessen die restliche Sahne aufschlagen und diese, kurz bevor das Eis fest friert, zu der angefrorenen Creme in die Maschine geben. Alles nochmals etwa zwei Minuten durchfrieren lassen.
10. Das fertige Mandeleis in eine Eisbombenform (Kugelform) geben, diese schließen und vier bis fünf Stunden im Tiefkühlfach durchfrieren lassen.

Anrichten

11. Die Eisbombenform mit dem gefrorenen Mandeleis mit einem heißen Tuch umwickeln und das Eis auf eine kalte Porzellanplatte stürzen.
12. Die Mandeleisbombe garnieren und servieren.

Degustationsnotiz
Leichte schöne Mandelaromen beflügeln den Gaumen und verbinden sich, je mehr das Eis sich im Mund der Körpertemperatur annähert, mit dem Schmelz der Sahne und der Süße des Zuckers zu einem Aromenakkord.

Kulinarik
Mandeln haben ein marzipanartiges Aroma. Durch das Rösten werden nussig-karamellisierende bzw. blumig-erdige Noten hinzugefügt. Mandeln behalten in der Schale bis zu einem Jahr ihr Aroma, ohne ranzig zu werden. Wird eine Mandel nur noch von der Haut umgeben, sollte man sie aber nicht länger als sechs und ohne Haut nur vier Monate aufbewahren. Weiter verarbeitete Mandeln bleiben nur wenige Wochen frisch. Die Sahne aus Milch von Kühen und die Eier von Hühnern aus regionaler biologischer Haltung sind frischer und aromatischer. Bei Milch und Eiern ist die Qualität der Tierfütterung für den Geschmack entscheidend.
Während die Mandelcreme im Wasserbad gerührt wird, muss man darauf achten, dass sie nicht zu heiß wird, da die Eigelbe sonst gerinnen und sich von der Sahne absetzen. Falls die Eismaschine einen einsetzbaren Behälter besitzt, sollte dieser im Tiefkühler vorgekühlt werden, da dann das Eis schnell gefriert.

FÜR EINE EISBOMBE VON 1 ½ L
250 g Mandeln
1 l Sahne (30 % Fett)
240 g Zucker
14 Eigelbe (Bio-Ei Größe M)

Apfel-Aprikosen-Kirscheis à la parisienne

VORLAGE: POUDING DE POMMES GLACÈ À LA PARISIENNE. (BAUMANN 1 ½ LTR.), IN: PÖTZSCH, HERRSCHAFTSKÜCHE, S. 190

Saison: Das ganze Jahr

ÜR EINE EISBOMBE VON 1 ½ L

- 20 g Orangenzucker (Siehe S. 426)
- 80 g Zucker
- 50 ml Wasser
- 125 g Korinthen
- 30 g Zitronat
- 500 g Aprikosenmarmelade
- 500 g Apfelmarmelade
- 200 g Schattenmorellen (Tropfgewicht)
- 60 g geschälte Pistazien (nicht gesalzen)
- 20 ml Maraschino
- 20 ml Curaçao klar
- ¼ l Sahne (30 % Fett)

Zubereitung

1. Am Vortag den Orangenzucker herstellen.
2. Den Zucker mit dem Wasser zu Läuterzucker aufkochen.
3. Die Korinthen und das Zitronat zwei Minuten im Läuterzucker kochen und darin erkalten lassen.
4. Die Aprikosenmarmelade, die Apfelmarmelade und die abgetropften Kirschen mit dem Orangenzucker verrühren.
5. Nun die Pistazien grob hacken und mit den Marmeladen und den Kirschen verrühren.
6. Den Maraschino und den Curaçao dazugeben und unterheben.
7. Das Ganze zehn Minuten zur Kühlung in den Tiefkühler stellen.
8. Die Fruchtmasse in einer Eismaschine frieren, bis sie zähflüssig wird. Dies kann je nach Leistung des Gerätes 20 bis 50 Minuten dauern.
9. Währenddessen die restliche Sahne aufschlagen und die steif geschlagene Sahne, kurz bevor das Eis fest friert, in die Maschine geben. Nochmals etwa zwei Minuten durchfrieren lassen.
10. Das Apfel-Aprikosen-Kirscheis nun in eine Eisbombenform (Kugelform) geben. Diese schließen und vier bis fünf Stunden im Tiefkühlfach durchfrieren lassen.

Anrichten

11. Die Eisbombenform mit dem gefrorenen Apfel-Aprikosen-Kirscheis mit einem heißen Tuch umwickeln und das Eis auf eine kalte Porzellanplatte stürzen.
12. Die Eisbombe garnieren und servieren. Sie kann nach Wunsch auch mit etwas geschlagener Sahne, die mit ein wenig Maraschino parfümiert wurde, garniert werden.

Degustationsnotiz

Schöne Aromen von leichter Bitterorange und Kirsche tauchen rasch aus der Kälte auf, bevor sich der Aprikosen- und der Apfelton mit ihrer Säure und Süße entfalten. Die Kirscharomen bestimmen den bleibenden Geschmack, der von dem Maraschino untermalt wird. Der Curaçao gibt dem Ganzen einen leichte Bitternote, die sich sehr schön in die hohe Fruchtsüße integriert.

Kulinarik

Falls es möglich ist, statt einer Marmelade ein Püree von Früchten frisch herzustellen, etwa eine kalt gerührte Marmelade, die ohne Konservierungsstoffe zubereitet wird, ist dies vorzuziehen, weil dann die Aromen der reifen Früchte besonders hervortreten. Durch den Maraschino werden die Kirschtöne unterstützt, ohne aber zu sehr hervorgehoben zu werden. Vom Orangenlikör Curaçao sollte man möglichst die helle Version verwenden, da die blaugefärbten Varianten dieses Zitruslikörs lediglich aus optischen Gründen mit Farbstoffen versetzt sind. Der Curaçao soll in diesem Gericht lediglich die Aromenpalette erweitern.

Bevor man die fruchtig-nussigen Pistazien im Eis verarbeitet, muss man ihren Geschmack überprüfen. Denn sie sollten nicht zu lange gelagert sein, da ansonsten ihr leicht ranziger Ton auf das Eis übergeht.

Die Sahne aus Milch von Kühen und die Eier von Hühnern aus regionaler biologischer Haltung sind frischer und aromatischer. Bei Milch und Eiern ist die Qualität der Tierfütterung für den Geschmack entscheidend.

Falls die Eismaschine einen einsetzbaren Behälter besitzt, sollte dieser im Tiefkühler vorgekühlt werden, da dann das Eis schnell gefriert.

Terrine von Pistazien- und Johannisbeereis

VORLAGE: KAIMAK (LEHMANN), IN: PÖTZSCH, HERRSCHAFTSKÜCHE, S. 191

Saison: Das ganze Jahr

FÜR EINE TERRINENFORM VON 1 L

4 Bio-Eier (Größe M)
100 g Zucker
50 g Mehl
1 Vanilleschote (Bourbon)
0,5 l Kondensmilch (7,5 %)
0,5 l Sahne (30 % Fett)
1 Spritzer Rapsöl
200 g rotes Johannisbeergelee
80 g geschälte Pistazien (ungesalzen)

Zubereitung

1. Die Eier mit dem Zucker zehn Minuten schaumig schlagen und danach das Mehl unterheben.
2. Diesen Waffelteig fünf Minuten ruhen lassen, damit der Kleber des Mehles (das Gluten) reagiert.
3. Ein Backblech mit Backpapier auslegen und darauf den Waffelteig vier bis fünf Millimeter dick ausstreichen.
4. Den Teig in einem auf 200 °C vorgeheizten Backofen etwa fünf bis acht Minuten backen, bis er goldgelb ist.
5. Den Waffelteig herausnehmen und in rechteckige Stücke schneiden, die einen Zentimeter kleiner sind als die Terrine, in die sie gefüllt werden sollen.
6. Die Vanilleschote mit einem Messer längs halbieren, mit einem Messerrücken das Vanillemark herauskratzen und dieses mit der Kondensmilch verrühren.
7. Die Sahne steif schlagen und unter die Vanille-Kondensmilch heben.
8. Mit einem Pinsel die Wände der Terrine mit Rapsöl bestreichen. Anschließend die Terrine mit Backpapier auslegen, sodass dieses durch den Ölfilm an der Form anhaftet. Das Papier etwa fünf Zentimeter über die Terrine heraushängen lassen.
9. Ein Drittel der Sahne in die ausgelegte Terrine geben.
10. Eine gebackene Waffel von beiden Seiten mit rotem Johannisbeergelee bestreichen und auf die Kondenssahne in der Terrine geben.
11. Erneut ein Drittel der Kondenssahne in die Terrine füllen.
12. Wiederum eine Waffel mit Johannisbeergelee bestreichen und auf die Sahne legen.
13. Die restliche Kondenssahne auf die Waffel streichen und mit einer dritten mit Johannisbeergelee bestrichenen Waffel abdecken.
14. Die Terrine mit dem außenhängenden Backpapier nach innen schließen und zwölf Stunden im Tiefkühlfach frieren.
15. Die Pistazien grob hacken.
16. Das Eis aus dem Tiefkühler nehmen und das Backpapier aus der Terrine ziehen.
17. Nachdem das Backpapier entfernet wurde, die Außenwände des Eises mit den gehackten Pistazien bestreuen.

Anrichten

18. Das restliche Johannisbeergelee in einen kleinen Spritzbeutel mit einer ein Millimeter feinen Lochtülle füllen. Damit Rauten auf den oberen Teil der Eisterrine garnieren und servieren.

Degustationsnotiz

Cremige Nuancen werden begleitet von einem Hauch von säuerlichem Johannisbeergelee. Die Textur der knackigen Pistazien und der Waffeln unterbricht den Schmelz des Eises. Die Röstaromen der Waffeln tauchen aus dem Johannisbeereisaroma auf. Die grünen Pistazien kontrastieren farblich zu der weißen Vanillesahne und den roten Johannisbeerwaffeln, kommen aber aromatisch kaum zum Vorschein. Die Säure des Johannisbeergelees gleicht die Süße sehr angenehm aus.

Kulinarik

Kondensmilch wird bis zu 45 % Zucker zugegeben. Sie besitzt zudem einen Fettgehalt von mindest 7,5 %. Beides erhöht im Vergleich zu Trinkmilch die Cremigkeit bei einem Eis und verleiht ihm eine besondere Note, die es von Sahneeis unterscheidet.
Bevor man die fruchtig-nussigen Pistazien im Eis verarbeitet, muss man ihren Geschmack überprüfen. Denn sie sollten nicht zu lange gelagert sein, da ansonsten ihr leicht ranziger Ton auf das Eis übergeht.

Fruchteis

VORLAGE: EIS VON FRUCHTSAFT. (FRUCHTEIS), IN: PÖTZSCH, HERRSCHAFTSKÜCHE, S. 333

Saison: Das ganze Jahr

FÜR 1 ½ L
500 g Zucker
500 ml Wasser
2 Bio-Zitronen
200 ml Sahne (30 % Fett)
500 ml Fruchtsaft
1 Eiweiß (Bio-Ei Größe M)

Zubereitung

1. Den Zucker mit dem Wasser fünf Minuten lang zu Läuterzucker kochen und danach kalt stellen.
2. Die Zitronen auspressen und durch ein Küchenpapier filtern, sodass der Saft klar wird.
3. Den Zitronensaft, die Sahne und den Fruchtsaft zum Läuterzucker dazugeben und vermischen. Anschließend zehn Minuten in den Gefrierschrank stellen.
4. Das Fruchtsaftgemisch in einer Eismaschine frieren, bis es zähflüssig wird. Dies kann je nach Leistung des Gerätes 20 bis 50 Minuten dauern.
5. Das Eiweiß mit einem Schneebesen steif schlagen, in das zähflüssige Eis geben und nochmals fünf Minuten frieren lassen.

Anrichten

6. Das Fruchtsafteis mit einem Esslöffel abstechen, auf einen kalten Teller oder in ein Glas geben. Mit passenden Früchten garnieren und servieren.

Degustationsnotiz

Das Fruchtsafteis erfrischt je nach gewählter Frucht zugleich mit Säure und Süße.
Je wärmer es im Mund wird, desto mehr entwickelt sich die Süße, die auch mit der leichten Fruchtsäure das bleibende Aroma bestimmt.

Kulinarik

Um ein aromatisches Fruchteis herstellen zu können, sollte man schon beim Kauf der Früchte testen, wieviel Süße und Säure diese besitzen. Beeren aus regionaler und biologischer Produktion besitzen ein ausgewogeneres Aromenspektrum als konventionell erzeugte. Zu schwarzen Johannisbeeren mit einem säuerlichen Geschmack und wenig Süße sollte man viel Zucker zugeben. Fast überreife Aprikosen oder Pfirsiche benötigen dagegen keinen so hohen Anteil an Zucker. Das Eis benötigt aber auch eine gewisse Menge an Zucker, um cremig zu wirken. Falls die Eismaschine einen einsetzbaren Behälter besitzt, sollte dieser im Gefrierschrank vorgekühlt werden, da dann das Eis schnell gefriert.

Sahneeis

VORLAGE: SAHNEEIS. (RAHMGEFRORENES), IN: PÖTZSCH, HERRSCHAFTSKÜCHE, S. 333

Saison: Das ganze Jahr

Zubereitung

1. Die Aprikosen entkernen und durch ein feines Haarsieb streichen.
2. Mit dem Puderzucker und Weißwein verrühren und kalt stellen.
3. Die Sahne unter Rühren aufkochen. Dann den Zucker dazugeben und einige Minuten rühren, sodass er sich auflöst.
4. Die halbe Vanilleschote längs halbieren, das Mark mit einem Messerrücken herausschaben und in die Sahne rühren.
5. Die Eigelbe in einen Metallschüssel geben und mit der warmen Sahne zur Vanillecreme verrühren.
6. Die Vanillecreme in ein 90°C heißes Wasserbad setzen und zur Rose abziehen. Dabei wird die Creme unter ständigem Rühren erhitzt, bis sie leicht andickt und auf einem Kochlöffel liegen bleibt. Beim Pusten auf den Löffel entstehen Wellen, die an eine Rose erinnern.
7. Die Vanillecreme und das Fruchtmark mischen. Dann zehn Minuten im Gefrierschrank vorkühlen.
8. Die Fruchtmark-Vanillecreme in einer Eismaschine frieren, bis sie zu zähflüssigem Sahneeis wird. Dies kann je nach Leistung des Gerätes 20 bis 50 Minuten dauern.

Anrichten

9. Das Sahneeis mit einem warmen Esslöffel abstechen und auf einen kalten Teller oder in ein Glas geben. Mit passenden Früchten garnieren und servieren.

Degustationsnotiz

Schon bevor das schmelzende Eis die Süße freigibt, entfaltet sich der cremige Fruchtgeschmack. Das feine Vanillearoma verstärkt den Aromenakkord auf dem Höhepunkt der Verkostung. Aus der Tiefe kommt der feine Aprikosengeschmack durch, der von der leichten Säure des Weines begleitet wird und auf dem Gaumen liegen bleibt.

Kulinarik

Sahne, die aus Milch von biologisch gehaltenen Kühen hergestellt wird, ist aromatischer, weil die Fütterung der Tiere für den Geschmack ihrer Milch entscheidend ist. Beim Einkauf sollte man saisonale und biologisch angebaute Früchte aus der Region bevorzugen, weil sie aromatischer sind. Im optimalen Reifezustand verfügen sie über ein ausgewogenes Spektrum von Süße und Säure. Außer mit Aprikosen kann man Sahneeis auch mit Erdbeeren, Johannisbeeren oder mit überreifen Weinbergpfirsichen zubereiten.

Das Aroma von frischen Vanilleschoten ist wesentlich komplexer als das von Vanillezucker oder das von synthetisch hergestelltem Vanillin, das lediglich den zentralen Aromastoff der Vanille nachahmt. Vanilleschoten gibt es in drei aromatisch deutlich differierenden Varianten: Bourbon-, Mexiko- und Tahiti-Vanille. Alle drei Sorten eignen sich zur Herstellung von Eis.

Während die Vanillecreme im Wasserbad gerührt wird, muss man darauf achten, dass sie nicht zu heiß wird, da die Eigelbe bei 72°C gerinnen und sich von der Sahne absetzen.

FÜR 1 ½ L

300 g sehr reife Bio-Aprikosen
50 g Puderzucker
20 ml Weißwein (Riesling trocken)
1 l Sahne (30 % Fett)
300 g Zucker
1 Vanilleschote (Bourbon)
12 Eigelbe (Bio-Eier Größe M)

Plombiere mit Himbeercreme

VORLAGE: CRÈME PLOMBIERE, IN: PÖTZSCH, HERRSCHAFTSKÜCHE, S. 335; BRUNFAUT, GUSTAV: HANDBUCH DER MODERNEN KOCHKUNST, BERLIN 1891, S. 542

Saison: Juli bis August für frische Himbeeren

FÜR 1 L
200 g reife süße Himbeeren
¾ l Sahne (30 % Fett)
125 g Zucker

Zubereitung

1. Die Himbeeren auf einem mit Backpapier ausgelegten Blech etwa 20 Minuten in den Gefrierschrank legen, damit sie durchfrieren.
2. Eine Eisform mit einem Liter Volumen in den Gefrierschrank legen und 15 Minuten anfrieren lassen.
3. Die Sahne steif schlagen und zum Schluss langsam den Zucker dazugeben.
4. Die durchgefrorenen Himbeeren unter die Sahne geben und die Mischung in die angefrorene Eisform füllen.
5. Die Eisform mit einem Deckel oder einer Folie abdecken und zwölf bis vierzehn Stunden im Gefrierschrank bei −18° C durchfrieren lassen.

Anrichten

6. Die Eisform aus dem Gefrierschrank nehmen, mit einem heißen Tuch umwickeln und die Plombiere mit Himbeercreme auf eine kalte Platte stürzen.
7. Das Eis in acht gleichmäßige Stücke schneiden und auf kalte Teller geben. Nach Wunsch mit geschlagener Sahne garnieren und servieren.

Degustationsnotiz

Es dauert eine Weile, bis sich die Aromen aus der Kälte heraus entfalten. Dann verbinden sich Sahne, Zucker und Himbeeren zu einem Aromenakkord. Die Himbeeren bestimmen den bleibenden Geschmack.

Kulinarik

Es empfiehlt sich, Himbeeren zu verwenden, die saisonal geerntet aus regionalem biologischem Anbau kommen, weil sie frischer und aromatischer sind als andere. Sahne, die aus Milch von biologisch gehaltenen Kühen hergestellt wird, ist aromatischer, weil die Fütterung der Tiere für den Geschmack ihrer Milch entscheidend ist.

Sahneeisbombe mit Beeren

VORLAGE: GEFRORENES. (LEHMANN) OD[ER] EIS, IN: PÖTZSCH, HERRSCHAFTSKÜCHE, S. 333

Saison: Je nach Saison

FÜR ½ L
¾ l Sahne (30 % Fett)
500 g reife Beeren
80 g Puderzucker

Zubereitung

1. Die Eisform in den Gefrierschrank stellen, damit das Eis später schnell gefriert.
2. Die Sahne zehn Minuten kalt stellen.
3. Die Beeren waschen und anschließend mit einem Tuch vorsichtig trocknen. Dann das Grün entfernen.
4. Die Beeren zerkleinern und durch ein sehr feines Sieb streichen, sodass das Beerenmark frei von Kernen ist.
5. Die kalte Sahne steif schlagen und dabei nach und nach den Puderzucker unterrühren.

6. Das Mark der Beeren nach und nach unter die fest geschlagene Sahne heben, sodass es sich gleichmäßig verteilt.
7. Die Beeren-Sahne-Mischung in einer Eismaschine frieren, bis das Eis leicht cremig ist. Dies kann je nach Leistung des Gerätes 20 bis 50 Minuten dauern.
8. Danach das cremige Eis in die bereits kalt gestellte Eisform geben und nochmals zwei Stunden im Gefrierschrank frieren lassen.

Anrichten
9. Die Sahneeisbombe aus dem Gefrierschrank nehmen, kurz mit einem heißen Tuch umwickeln und auf eine kalte Platte stürzen. Mit ein wenig Sahne sowie passenden Beeren garnieren und servieren.

Degustationsnotiz
Aus der Kälte heraus, die man zuerst wahrnimmt, schmilzt ein sahniges Aroma, das zunehmend vom Geschmack der Beeren durchdrungen wird. Die Beeren mit ihrer Säure bestimmen auch den bleibenden Geschmack.

Kulinarik
Sahne, die aus Milch von biologisch gehaltenen Kühen hergestellt wird, ist aromatischer, weil die Fütterung der Tiere für den Geschmack ihrer Milch entscheidend ist. Reife, ja fast überreife Beeren sind die Voraussetzung zu diesem Eis, da es sonst nur sahnig schmeckt. Mit ihren intensiven Aromen eigenen sich für dies schnell zu produzierende Eis rote Johannisbeeren, Walderdbeeren und Waldhimbeeren besonders.

Sahneeisbombe mit Schwarzen Johannisbeeren

VORLAGE: BOMBE, IN: PÖTZSCH, HERRSCHAFTSKÜCHE, S. 333

Saison: Je nach Saison

FÜR 1 ½ L
500 g reife schwarze Johannisbeeren
150 g Puderzucker
1 l Sahne (30 % Fett)
300 g Zucker
1 Vanilleschote (Bourbon)
12 Eigelbe (Bio-Ei Größe M)

Zubereitung

1. Die Eisbombenform in den Gefrierschrank stellen, damit das Eis später schnell gefriert.
2. Die schwarzen Johannisbeeren kalt waschen. Danach zum Trocken auf ein Küchenpapier legen.
3. Einige Früchte für das Garnieren zur Seite legen. Die restlichen Johannisbeeren durch ein feines Haarsieb streichen.
4. Den Puderzucker unter die Johannisbeersauce rühren und diese anschließend kalt stellen.
5. Die Sahne unter Rühren aufkochen. Den Zucker dazugeben und nochmals einige Minuten rühren, sodass sich der Zucker auflöst.
6. Die halbe Vanilleschote längs halbieren. Das Mark mit einem Messerrücken herausschaben und in die Sahne rühren.
7. Die Eigelbe in eine Metallschüssel geben und die warme Sahne unterrühren.
8. Die Vanillecreme in ein 90 °C heißes Wasserbad setzen und zur Rose abziehen. Dabei wird die Creme unter ständigem Rühren erhitzt, bis sie leicht andickt und auf einem Kochlöffel liegen bleibt. Beim Pusten auf den Löffel entstehen Wellen, die an eine Rose erinnern.
9. Die Vanillecreme mit der Johannisbeersauce verrühren. Anschließend zehn Minuten in den Gefrierschrank geben.
10. Die Johannisbeer-Vanillecreme in einer Eismaschine frieren, bis das Eis leicht cremig ist. Dies kann je nach Leistung des Gerätes 20 bis 50 Minuten dauern.
11. Das Eis in die vorgekühlte Eisbombenform geben und nochmals zwei Stunden durchfrieren lassen.

Anrichten

12. Die Eisbombe aus dem Gefrierschrank nehmen, kurz mit einem heißen Tuch umwickeln und auf eine kalte Platte stürzen.
13. Mit ein wenig Sahne sowie schwarzen Johannisbeeren garnieren und servieren.

Degustationsnotiz
Aus der Kälte heraus, die man zuerst wahrnimmt, schmilzt ein sahniges Aroma, das zunehmend vom Aroma der schwarzen Johannisbeeren durchdrungen wird. Die Süße intensiviert die Wahrnehmung der Beeren. Die schwarzen Johannisbeeren bestimmen den bleibenden Geschmack.

Kulinarik
Sahne, die aus Milch von biologisch gehaltenen Kühen hergestellt wird, ist aromatischer, weil die Fütterung der Tiere für den Geschmack ihrer Milch entscheidend ist.
Man sollte stets sehr reife schwarze Johannisbeeren verwenden, die ein ausgewogenes Aromenspektrum aus Süße und Säure besitzen. Denn dies ist ein unverzichtbarer Kontrapunkt zum sahnigen Eis.
Während die Vanillecreme im Wasserbad gerührt wird, muss man darauf achten, dass sie nicht zu heiß wird, da die Eigelbe bei 72 °C gerinnen und sich von der Sahne absetzen. Falls die Eismaschine einen einsetzbaren Behälter besitzt, sollte dieser im Gefrierschrank vorgekühlt werden, da dann das Eis schnell gefriert.
Eine Eisbombe kann auch mit anderen Früchten, mit Schokolade oder mit Gewürze zubereitet werden.

Tuttifrutti (Eiscreme)

VORLAGE: TUTTIFRUTTIEIS, IN: PÖTZSCH, HERRSCHAFTSKÜCHE, S. 333

Saison: Das ganze Jahr

Zubereitung

1. Die Eisform in den Gefrierschrank stellen, damit das Eis später schnell gefriert.
2. Unter Rühren die Sahne aufkochen. Dann den Zucker dazugeben und einige Minuten rühren, sodass sich der Zucker auflöst.
3. Die Früchte abtropfen lassen. Ananas und Quitte in fünf bis acht Millimeter große Stücke schneiden. Die Kirschen nicht zerkleinern.
4. Die halbe Vanilleschote längs halbieren. Das Mark mit einem Messerrücken herausschaben und in die Sahne rühren.
5. Die Eigelbe in einen Metallschüssel geben und mit der warmen Sahne zu Vanillecreme verrühren.
6. Die Vanillecreme in ein 90° C heißes Wasserbad setzen und zur Rose abziehen. Dabei wird die Creme unter ständigem Rühren erhitzt, bis sie leicht andickt und auf einem Kochlöffel liegen bleibt. Beim Pusten auf den Löffel entstehen Wellen, die an eine Rose erinnern.
7. Die Vanillecreme zehn Minuten zum Abkühlen in den Gefrierschrank stellen.
8. Anschließend in einer Eismaschine frieren, bis die Masse zähflüssig wird. Dies kann je nach Leistung des Gerätes 20 bis 50 Minuten dauern.
9. Kurz vor dem Festfrieren die Kompottfrüchte dazugeben und alles nochmals ein bis zwei Minuten in der Eismaschine frieren lassen.
10. Die Eisform aus dem Gefrierschrank nehmen und das Eis fest in die Form streichen, sodass keine Luftlöcher entstehen. Anschließend sofort in den Gefrierschrank stellen und bei –18° C nochmals ein bis zwei Stunden durchfrieren lassen.

Anrichten

11. Die Eisform aus dem Gefrierschrank nehmen, mit einem heißen Tuch umwickeln und auf eine kalte Platte stürzen.
12. Mit einigen Kompottfrüchten und Sahne garnieren und servieren.

Degustationsnotiz

Aus der Kälte, die man zuerst wahrnimmt, kommt der Vanillegeschmack durch, bevor sich die Kompottfrüchte bemerkbar machen. Die Säure der Kirsche gleicht die starke Süße des Zuckers aus und bringt die Aromen auf dem Gaumen ins Gleichgewicht. Aus der Kälte, die man zuerst wahrnimmt, kommt der Vanillegeschmack durch, bevor sich die Kompottfrüchte bemerkbar machen. Vor dem Hintergrund des sahnig süßen Vanilleeis' entfaltet sich in wechselnden Kombinationen das Aroma der Früchte. Ihre Säure gleicht die Süße des Zuckers aus. Den bleibenden Geschmack bestimmt ein Akkord aus fruchtiger Säure und Vanille.

Kulinarik

Die sorgfältige Zusammenstellung der Früchte stellt ein Gleichgewicht aus Süße, Säure und Frucht her.
Für das Tuttifrutti-Eis sollten die Früchte verwandt werden, die ihr bestes Aroma erreicht haben. Eine reife Ananas erkennt man daran, dass die inneren Blätter sich leicht herausziehen lassen. Quitten sollten noch nicht ihre volle gelbe Farbe erreicht haben, da sie schon vorher ihr volles Aroma entfalten.
Das Aroma von frischen Vanilleschoten ist wesentlich komplexer als das von Vanillezucker oder das von synthetisch hergestelltem Vanillin, das lediglich den zentralen Aromastoff der Vanille nachahmt. Vanilleschoten gibt es in drei aromatisch deutlich differierenden Varianten: Bourbon-, Mexiko- und Tahiti-Vanille. Alle drei Sorten eignen sich zur Herstellung von Eis.
Sahne, die aus Milch von biologisch gehaltenen Kühen hergestellt wird, ist aromatischer, weil die Fütterung der Tiere für den Geschmack ihrer Milch entscheidend ist. Während die Vanillecreme im Wasserbad gerührt wird, muss man darauf achten, dass sie nicht zu heiß wird, da die Eigelbe bei 72° C gerinnen und sich von der Sahne absetzen. Falls die Eismaschine einen einsetzbaren Behälter besitzt, sollte dieser im Gefrierschrank vorgekühlt werden, da dann das Eis schnell gefriert.

FÜR EINE EISFORM VON 2 L

1 l Sahne (30 % Fett)
300 g Zucker
100 g Ananas (Abtropfgewicht) (Siehe S. 449)
kompott (Abtropfgewicht) (siehe Bd. 1, S. 586)
100 g Weichselkirschenkompott (Abtropfgewicht) (Siehe S. 447)
1 Vanilleschote (Bourbon)
12 Eigelbe (Bio-Ei Größe M)

Tuttifrutti (Sorbet)

VORLAGE: TUTTIFRUTTIEIS, IN: PÖTZSCH, HERRSCHAFTSKÜCHE, S. 333

Saison: Das ganze Jahr

FÜR 4 PERSONEN
200 g Zucker
500 ml Wasser
20 g Zitronat
80 g reife Aprikosen
100 g Himbeeren
100 g Johannisbeeren

Zubereitung

1. Den Zucker mit dem Wasser zehn Minuten lang zu Läuterzucker kochen und danach kalt stellen.
2. Mit einem Messer das Zitronat in ein bis zwei Millimeter feine Stücke schneiden.
3. Das Zitronat in den Läuterzucker geben und für zehn Minuten in den Gefrierschrank stellen.
4. Die Aprikosen entkernen und in ein Zentimeter große Stücke schneiden.
5. Die Himbeeren und Johannisbeeren in ein Sieb geben, um die Flüssigkeit abtropfen zu lassen.
6. Das Kompott der einzelnen Früchte nacheinander in den erkalteten Läuterzucker geben und unterrühren.
7. Die Mischung in einer Eismaschine frieren, bis sie zähflüssig wird. Dies kann je nach Leistung des Gerätes 20 bis 50 Minuten dauern.

Anrichten

8. Das Sorbet mit einem Eislöffel in ein vorgekühltes Sorbet- oder Champagnerglas geben, mit passenden Früchten garnieren und servieren.

Degustationsnotiz

Aus der Kälte des Sorbets kommen zunächst die Fruchtnoten durch, besonders die von den sehr reifen Aprikosen, bevor der zarte Himbeerton aber auch die intensiveren Johannisbeernoten hervortreten. Dann kommt das Zitronat deutlich zutage. Der natürliche Fruchtzucker und der gekochte Zucker gleichen das Spiel von Säure und Süße sehr schön aus. Die Fruchttöne bestimmen den bleibenden Geschmack.

Kulinarik

Sehr reife Bio-Früchte besitzen eine ausgewogene Süße und Säure. Besonders fast schon überreife Früchte eignen sich für solche Sorbets.
Zitronat besteht aus den kandierten Schalen von Zitronatzitronen, denen mit Zuckersirup Wasser und Bitterstoffe entzogen wurden. Biologisch hergestellte Produkte besitzen eine ausgewogenere Balance zwischen Säure und Süße.
Falls die Eismaschine einen einsetzbaren Behälter besitzt, sollte dieser im Gefrierschrank vorgekühlt werden, da dann das Eis schnell gefriert. Das Sorbet darf in der Eismaschine nicht zu fest frieren, um noch eine leichte Cremigkeit zu behalten.
Sollte das Sorbet im Gefrierschrank längere Zeit gelagert werden, muss es vor dem Servieren leicht temperiert werden, damit es sein Aroma entfalten kann.

Sorbet

VORLAGE: SORBET, IN: PÖTZSCH, HERRSCHAFTSKÜCHE, S. 333

Saison: Das ganze Jahr

Zubereitung

1. Den Zucker mit dem Wasser fünf Minuten lang zu Läuterzucker kochen und danach kalt stellen.
2. Die Zitrone waschen und ihre gelbe Schale mit einer feinen Reibe abraspeln und in den bereits abgekühlten Läuterzucker geben.
3. Eine Zitrone halbieren und von ihr vier Scheiben für die Garnitur abschneiden. Die restlichen Zitronen auspressen.
4. Den Zitronensaft und den Weißwein zum Läuterzucker dazugeben und zehn Minuten in den Gefrierschrank stellen.
5. Die Mischung aus Zitronen, Weißwein und Läuterzucker in einer Eismaschine frieren, bis sie zähflüssig wird. Dies kann je nach Leistung des Gerätes 20 bis 50 Minuten dauern.
6. Das Eiweiß mit einem Schneebesen steif schlagen, in das zähflüssige Eis geben und alles nochmals fünf Minuten frieren lassen.

Anrichten

7. Das Sorbet in einen Spritzbeutel mit einer zehn Millimeter großen Sterntülle geben und in ein vorgekühltes Sorbet- oder Champagnerglas geben, garnieren und servieren.

Degustationsnotiz

Aus der Kälte des Sorbets kommen zunächst die frischen Zitrustöne deutlich zutage, bevor der Zucker die Säure ausgleicht. Das Eiweiß schafft durch seine Cremigkeit einen harmonisches Mundgefühl. Die Zitrustöne bestimmen den bleibenden Geschmack.

Kulinarik

Das Aroma von reifen Bio-Zitrusfrüchten besitzt eine ausgewogenere Balance zwischen Säure und Süße als das von Früchten aus konventioneller Produktion. Von Bio-Zitronen bzw. Bio-Orangen lässt sich die Schale bedenkenlos verwenden, weil sie keine Rückstände von Pflanzenschutz- oder Konservierungsmitteln enthält.
Das Sorbet kann auch mit Sekt oder Champagner aufgegossen werden, um zwischen zwei Gängen den Appetit wieder anzuregen.
Falls die Eismaschine einen einsetzbaren Behälter besitzt, sollte dieser im Gefrierschrank vorgekühlt werden, da dann das Eis schnell gefriert. Das Sorbet darf in der Eismaschine nicht zu fest frieren, um noch eine leichte Cremigkeit zu behalten.
Sollte das Sorbet im Gefrierschrank längere Zeit gelagert werden, muss es vor dem Servieren leicht temperiert werden, damit es sein Aroma entfalten kann.

FÜR 4 PERSONEN

500 g Zucker
500 ml Wasser
5 Bio-Zitronen oder Bio-Orangen
200 ml Weißwein (Riesling trocken)
1 Eiweiß (Bio-Ei Größe M)

Spongada mit Pfirsich

VORLAGE: SPONGADA, IN: PÖTZSCH, HERRSCHAFTSKÜCHE, S. 334; VON MALORTIE, ERNST: DAS MENU, BD. 2, DRITTE AUFLAGE, HANNOVER 1887, S. 449

Saison: Juli bis Mitte September

FÜR 4 PERSONEN
250 g Zucker
250 ml Wasser
½ Bittermandel
50 ml Milch (3,5 % Fett)
½ Bio-Zitrone
400 g sehr reife Bio-Pfirsiche
30 g Vanillezucker
2 Eiweiß (Bio-Ei Größe M)

Zubereitung

1. Den Zucker mit dem Wasser fünf Minuten lang zu Läuterzucker kochen und danach kalt stellen.
2. Die Bittermandeln in kochendes Wasser geben. Nach einer Minute herausnehmen und in kaltem Wasser abschrecken.
3. Die Haut der Bittermandeln abziehen und den Mandelkern halbieren. Die Hälfte der Bittermandeln fein hacken, kurz in der Milch aufkochen und fünf Minuten ziehen lassen.
4. Die Milch durch ein feines Sieb passieren und auch kalt stellen.
5. Die halbe Zitrone auspressen.
6. Die Pfirsiche entkernen und durch ein feines Haarsieb streichen und sofort mit dem Zitronensaft und dem Vanillezucker vermischen, damit das Pfirsichmark nicht braun wird.
7. Das Pfirsichmark gleich mit dem kalten Läuterzucker, der kalten Milch vermischen. Dann alles in einer Eismaschine frieren, bis es zähflüssig wird. Dies kann je nach Leistung des Gerätes 20 bis 50 Minuten dauern.
8. Das Eiweiß mit einem Schneebesen aufschlagen und in das zähflüssige Eis dazu geben und nochmals fünf Minuten frieren lassen.
9. Das Spongada mit Pfirsich darf nicht fest gefrieren, damit eine leichte Cremigkeit entsteht.

Anrichten

10. Das Spongada mit Pfirsich in einen Spritzbeutel mit einer zehn Millimeter großen Sterntülle geben und in ein vorgekühltes Champagner- oder Cocktailglas geben. Anschließend mit Pfirsichstücken garnieren und servieren.

Degustationsnotiz

Aus der Kälte der Spongada, die man zuerst wahrnimmt, entfalten sich zunächst die frischen Pfirsicharomen, bevor der Zucker und die leichten Bittertöne alles zu einem harmonischen Aromenakkord verbinden. Die reifen Fruchttöne des Pfirsichs bestimmen den bleibenden Geschmack.

Kulinarik

Bittermandeln haben ein süßlich-marzipanartiges Aroma und einen ausgeprägt bitteren Geschmack. Schon durch kurzes Erhitzen verlieren sie ihre giftigen Bestandteile. Bittermandelaroma bzw. –essenz sind die Giftstoffe bereits entzogen. Mandeln behalten in der Schale bis zu einem Jahr ihr Aroma, ohne ranzig zu werden. Wird eine Mandel nur noch von der Haut umgeben, sollte man sie aber nicht länger als sechs und ohne Haut nur vier Monate aufbewahren. Weiterverarbeitete Mandeln bleiben nur wenige Wochen frisch.
Statt mit Pfirsichen kann Spongada auch mit Nektarinen, Bergpfirsiche oder Aprikosen zubereitet werden. Immer empfiehlt sich, sehr reife Bio-Früchte zu verwenden.
Eine Spongada sollte während eines Menüs zwischen den Gerichten gereicht werden, um wieder Appetit auf Neues anzuregen.
Falls die Eismaschine einen einsetzbaren Behälter besitzt, sollte dieser im Gefrierschrank vorgekühlt werden, da dann das Eis schnell gefriert.

Granité von Johannisbeeren

VORLAGE: GRANITE, IN: PÖTZSCH, HERRSCHAFTSKÜCHE, S. 334; VON MALORTIE, ERNST: DAS MENU, BD. 2, DRITTE AUFLAGE, HANNOVER 1887, S. 448

Saison: Ende Juli bis Mitte September

FÜR 4 PERSONEN
250 g Zucker
250 ml Wasser
400 g reife rote Johannisbeeren
40 g Zucker

Zubereitung

1. Den Zucker mit dem Wasser fünf Minuten lang zu Läuterzucker kochen und danach kalt stellen.
2. Einige schöne Johannisbeeren mit Stil für die Garnitur zur Seite legen.
3. Die restlichen Johannisbeeren mit einer Essgabel entstielen. Anschließend durch ein feines Haarsieb streichen.
4. Das Johannisbeermark gleich mit dem kalten Läuterzucker vermischen. Dann auf ein flaches Metallblech ausgießen und sofort in den Gefrierschrank geben.
5. Nach zehn bis 15 Minuten herausnehmen und mit einem harten Gegenstand das angefrorene Johannisbeermark grob zerstoßen.
6. Diesen Vorgang alle acht bis zehn Minuten wiederholen, bis das Johannisbeergranité fest durchgefroren ist.

Anrichten

7. Das Johannisbeergranité nochmals fein mit einem Stößel zerkleinern und in einem vorgekühlten Cocktailglas anrichten.
8. Die beiseite gelegten Johannisbeeren etwas mit Wasser befeuchten, durch den Zucker ziehen und damit das Johannisbeergranité garnieren und servieren.

Degustationsnotiz

Aus der Kälte, die man sofort wahrnimmt, treten die frischen säuerlichen Johannisbeeraromen deutlich zutage. Dann gleicht der Zucker die Säure aus. Mit dem Schmelzen des Granités entwickelt sich die Süße immer intensiver. Die säuerlichen Aromen der roten Johannisbeeren bestimmen den bleibenden Geschmack.

Kulinarik

Ein Granité lässt sich aus vielen Früchten herstellen. Es können beispielsweise auch schwarze Johannisbeeren oder Zitrusfrüchte verwendet werden. Man sollte stets sehr reife Früchte verwenden, die ein ausgewogenes Aromenspektrum besitzen, wie es zumeist nur aus regionaler und biologischer Produktion zu haben ist.
Ein Granité kann als Dessert, als besonderer Partydrink oder zwischen zwei Gängen eines Menüs gereicht werden, um Appetit auf Neues anzuregen.

Eisteesorbet

VORLAGE: POUR THE GLAÇE, IN: PÖTZSCH, HERRSCHAFTSKÜCHE, S. 334

Saison: Das ganze Jahr

FÜR 4 PERSONEN
500 g Zucker
500 ml Wasser
12 g schwarzer Chinesischer Tee (First oder Second Flush)
5 Bio-Zitronen
200 ml Weißwein (Riesling trocken)
1 Eiweiß (Bio-Ei Größe M)

Zubereitung
1. Den Zucker mit dem Wasser fünf Minuten lang zu Läuterzucker kochen.
2. Den Tee dazugeben, drei Minuten ziehen lassen und die Flüssigkeit durch ein sehr feines Sieb in ein Gefäß abgießen. Anschließend den Tee-Läuterzucker kalt stellen.
3. Zwei Zitronen waschen und ihre gelbe Schale mit einer feinen Reibe abraspeln und in den bereits abgekühlten Läuterzucker geben.
4. Alle Zitronen auspressen.
5. Den Zitronensaft und den Weißwein zum Läuterzucker dazugeben und zehn Minuten in den Gefrierschrank stellen.
6. Die Mischung aus Zitronen, Weißwein und Tee-Läuterzucker in einer Eismaschine frieren, bis sie zähflüssig wird. Dies kann je nach Leistung des Gerätes 20 bis 50 Minuten dauern.
7. Das Eiweiß mit einem Schneebesen steif schlagen, in das zähflüssige Eis geben und alles nochmals fünf Minuten frieren lassen.

Anrichten
8. Das Eisteesorbet in einen Spritzbeutel mit einer zehn Millimeter großen Sterntülle füllen, in ein vorgekühltes Sorbet- oder Champagnerglas geben und servieren.

Degustationsnotiz
Aus der Kälte des Sorbets kommt zunächst das Tannin des Tees mit den frischen Zitrustönen deutlich zutage, bevor der Zucker die Säure ausgleicht. Das Eiweiß schafft durch seine Cremigkeit einen harmonisches Mundgefühl. Die Tannine und Zitrustöne bestimmen den bleibenden Geschmack.

Kulinarik
Besonders genussvollen und koffeinhaltigen Tee erzielt man mit Blättern aus der ersten Pflückung (First Flush), die von den Knospen an der Spitze der Zweige stammen (Flowery Orange Pekoe). Ein Tee, der länger als drei Minuten extrahiert wird, wirkt nicht anregend sondern beruhigend.
Das Aroma von reifen Bio-Zitronen besitzt eine ausgewogenere Balance zwischen Säure und Süße als das von Früchten aus konventioneller Produktion. Das Sorbet kann auch mit Sekt oder Champagner aufgegossen werden, um zwischen zwei Gängen den Appetit wieder anzuregen.
Falls die Eismaschine einen einsetzbaren Behälter besitzt, sollte dieser im Gefrierschrank vorgekühlt werden, da dann das Eis schnell gefriert. Das Sorbet darf in der Eismaschine nicht zu fest frieren, um noch eine leichte Cremigkeit zu behalten.
Sollte das Sorbet im Gefrierschrank längere Zeit gelagert werden, muss es vor dem Servieren leicht temperiert werden, damit es sein Aroma entfalten kann.

Plombière mit Quitten und Mandeln

VORLAGE: PLOMBIÈRE, IN: PÖTZSCH, HERRSCHAFTSKÜCHE, S. 334

Saison: Das ganze Jahr

FÜR EINE EISBOMBE VON 1 ½ L
300 g Quittenkompott (Abtropfgewicht) (siehe Bd. 1, S. 581)
250 g Mandeln
240 g Zucker
1 l Sahne (30 % Fett)
14 Eigelbe (Bio-Ei Größe M)

Zubereitung
1. Das Quittenkompott auf ein Sieb legen und 20 Minuten abtropfen lassen.
2. Die Mandeln in kochendes Wasser geben. Nach einer Minute herausnehmen und in kaltem Wasser abschrecken.
3. Die Haut von den Mandeln abziehen und die Mandelkerne in Stifte schneiden.
4. Die Mandelstifte ohne Zusatz von Fett in einer Pfanne goldgelb rösten.
5. In einem Mörser die angerösteten Mandelstifte leicht zerstoßen.
6. Drei Viertel der Sahne leicht erwärmen, mit den zerstoßenen Mandeln verrühren und lauwarm auf dem Herd 15 Minuten ziehen lassen.
7. Die Sahne durch ein Sieb in eine Metallschüssel passieren.
8. Den Zucker und die Eigelbe unter die Sahne rühren. Alles in ein 90 °C heißes Wasserbad setzen und zur Rose abziehen, bis die Sahne eine Bindung annimmt. Dabei wird die Creme unter ständigem Rühren erhitzt, bis sie leicht andickt und auf einem Kochlöffel liegen bleibt. Beim Pusten auf den Löffel entstehen Wellen, die an eine Rose erinnern.
9. Die Mandelcreme zehn Minuten zum Abkühlen in den Gefrierschrank stellen.
10. Das abgetropfte Quittenkompott in fünf Millimeter große Stücke schneiden.
11. Die Mandelcreme in einer Eismaschine frieren, bis sie zähflüssig wird. Dies kann je nach Leistung des Gerätes 20 bis 50 Minuten dauern.
12. Inzwischen die restliche Sahne steif schlagen und, kurz bevor das Eis fest friert, in die Maschine geben. Dann die geschnitten Quittenwürfel zugeben und nochmals etwa zwei Minuten durchfrieren lassen.
13. Das Quitten-Mandel-Eis in eine Plombière (Kuppelform für Eis) füllen. Diese schließen und fünf bis sechs Stunden im Gefrierschrank durchfrieren lassen.

Anrichten
14. Die gefrorene Plombiere mit einem heißen Tuch umwickeln und auf eine kalte Porzellanplatte stürzen.
15. Die Quitteneisbombe garnieren und servieren.

Degustationsnotiz
Schon aus der ersten Wahrnehmung der Kälte heraus entfalten sich leichte schöne Mandelaromen. Sie bilden einen sehr harmonischen Akkord mit der Quitte und der Süße des Zuckers. Den bleibenden Geschmack bestimmen sowohl der Mandel- als auch der Quittenton.

Kulinarik
Mandeln haben einen marzipanähnlichen Grundton. Sie behalten in der Schale bis zu einem Jahr ihr Aroma, ohne ranzig zu werden. Wird eine Mandel nur noch von der Haut umgeben, sollte man sie aber nicht länger als sechs und ohne Haut nur vier Monate aufbewahren. Weiter verarbeitete Mandeln bleiben nur wenige Wochen frisch.
Für das Kompott sollte man Quitten verwenden, die noch nicht voll ausgereift sind. Wenn Quitten vom noch leichten Grün hin zum leuchtenden Gelb übergehen, ist ihr Geschmack schon ausgeprägt und sie enthalten noch viel Pektin, das zur Bindung eines Kompotts beiträgt.
Sahne, die aus Milch von biologisch gehaltenen Kühen hergestellt wird, ist aromatischer, weil die Fütterung der Tiere für den Geschmack ihrer Milch entscheidend ist.
Falls die Eismaschine einen einsetzbaren Behälter besitzt, sollte dieser im Gefrierschrank vorgekühlt werden, da dann das Eis schnell gefriert.

Kaffeeeis bavaroise

VORLAGE: BAVAROISE AU CAFÉ GLAÇÉ, IN: PÖTZSCH, HERRSCHAFTSKÜCHE, S. 190 UND 334

Saison: Das ganze Jahr

Zubereitung

1. Die Hälfte der Milch erhitzen. Anschließend vom Herd nehmen, den Kaffee hineingeben und 30 Minuten ziehen lassen.
2. Die Sahne leicht erwärmen und mit acht Eigelben, einem ganzen Ei und 125 Gramm Zucker kurz aufschlagen. Anschließend in ein 90° C heißes Wasserbad setzen und zur Rose abziehen. Dabei wird die Creme unter ständigem Rühren erhitzt, bis sie leicht andickt und auf einem Kochlöffel liegen bleibt. Beim Pusten auf den Löffel entstehen Wellen, die an eine Rose erinnern.
3. Die Kaffeemilch in die Sahne passieren, erkalten lassen und nochmals mit einem Schneebesen schaumig schlagen.
4. Die Kaffeesahne 30 Minuten zum Abkühlen in den Gefrierschrank stellen.
5. Anschließend mit einem Schneebesen die Kaffeesahne schaumig schlagen bis die Masse steif ist.
6. Das Ganze in einer Eisbombenform zwölf Stunden im Gefrierschrank durchfrieren.
7. Die restliche Milch mit den noch vorhandenen drei Eigelben, einem ganzen Ei und 20 Gramm Zucker im warmen Wasserbad zur Rose abziehen.
8. Die Milch etwa fünfzehn Minuten erkalten lassen.

Anrichten

9. Die Eisbombe mit einem heißen Tuch umwickeln und das Kaffeeeis bavaroise auf eine kalte Porzellanplatte stürzen.
10. Das Kaffeeeis bavaroise mit der kalten Milchsauce übergießen, garnieren und servieren.

Degustationsnotiz
Leichte Röstnoten des Kaffees entfalten sich schon, bevor das Eis im Mund schmilzt und die Süße und das Cremige hervortreten. Die Sauce fördert den Schmelz und unterstützt die Kaffeearomen die nachhaltig zu spüren sind.

Kulinarik
Um das Aroma eines guten Kaffees zur Geltung kommen zu lassen, muss man einen Qualitätskaffee verwenden, der schonend geröstet wurde. Auch dürfen Kaffeebohnen nicht zu lange gelagert worden sein, weil sie an Aroma verlieren.
Der Fettgehalt von der Sahne ist wichtig, damit sich die Milch-Sahne-Mischung besser aufschlagen lässt. Sahne aus Milch von Kühen und Eier von Hühnern aus regionaler biologischer Haltung sind frischer und aromatischer als aus konventioneller Produktion. Bei Milch und Eiern ist die Qualität der Tierfütterung für den Geschmack entscheidend. Während die Milch im Wasserbad gerührt wird, muss man darauf achten, dass sie nicht zu heiß wird, da die Eigelbe bei 72° C gerinnen und sich absetzen.

FÜR EINE EISBOMBE VON 1 L
500 ml Milch (3,5 %)
125 g schonend gerösteter Kaffee
11 Eigelbe (Bio-Ei Größe M)
2 Bio-Eier (Größe M)
145 g Zucker
200 ml Sahne (30 % Fett)

Arlequino mit Safran

VORLAGE: ARLEQUINO, IN: PÖTZSCH, HERRSCHAFTSKÜCHE, S. 334 UND UNIVERSAL-LEXIKON DER KOCHKUNST, BD. 1, LEIPZIG 1878, S. 47

Saison: Erdbeeren – Mai und Juni
Maronen – Oktober bis Februar

FÜR 1,5 L

300 g ungeschälte Maronen ergibt etwa 180 g geschälte Maronen
1 Vanilleschote (Bourbon)
275 g Zucker
125 g Schokolade (70 % Kakao)
½ g Safran
120 g reife süße Erdbeeren
1 l Sahne (30 % Fett)

Zubereitung

1. Die Maronen auf der flachen Seite über Kreuz leicht einritzen und bei 200° C im heißen Backofen etwa 15 Minuten garen.
2. In der Zwischenzeit die Vanilleschote längs halbieren und das Vanillemark mit einem Messerrücken herauskratzen.
3. Die Maronen schälen und mit 200 Gramm Zucker und dem Vanillemark fein mörsern.
4. Danach die Schokolade in einem Viertel der Sahne erhitzen, durchrühren und in einem Gefäß, in dem später die Schokoladensahne aufgeschlagen werden kann, im Kühlschrank erkalten lassen.
5. Den Safran mit einigen Tropfen Wasser verflüssigen und beiseite stellen.
6. Die Erdbeeren waschen und abtrocknen. Dann das Grün entfernen und die Früchte klein schneiden. Anschließend die Fruchtstücke durch ein feines Sieb streichen, um ein Erdbeermark ohne Kerne zu erhalten.
7. Die erkaltete Schokoladensahne aufschlagen, bis sie zu einer festen Masse wird, und dann erneut kalt stellen.
8. Eine Terrinenform mit Backpapier auslegen und zehn Minuten in den Gefrierschrank stellen.
9. Ein weiteres Viertel der Sahne steif schlagen. Das Erdbeermark leicht unterheben und alles einige Minuten kalt stellen.
10. Ein drittes Viertel der Sahne steif schlagen. Die gemörserten Maronen unterheben und diese Mischung ebenfalls kalt stellen.
11. Das letzte Viertel der Sahne mit 35 Gramm Zucker und dem Vanillemark aufschlagen und erst dann die Safrantropfen leicht unterheben.
12. Die Eisform aus dem Gefrierschrank nehmen.
13. Aus den vier zubereiteten Sahnen abwechselnd mit einem Esslöffel Portionen in die Terrine geben, sodass sich die Farben abwechseln.
14. Die gefüllte Eisform zwölf Stunden im Gefrierschrank bei –18° C durchfrieren lassen.

Anrichten

15. Die Eisform aus dem Gefrierschrank nehmen, mit einem heißen Tuch umwickeln und den Arlequino auf eine kalte Porzellanplatte stürzen.
16. Das Eis mit einem heißen Messer in gleichmäßige Scheiben schneiden und auf kalte Teller geben. Anschließend mit Früchten garnieren und servieren.

Degustationsnotiz

Der Reiz des Arlequino liegt im überraschenden Wechsel der verschiedenen Aromen. Das süße und leicht nussige Maroneneis entfaltet einen buttrigen Karamellton. Erdbeereis entfaltet seine Süße und Fruchtsäure. Schokoladeneis breite sich mit seinem Schmelz und den komplexen Kakaoaromen sehr intensiv aus. Mit seiner Süße und dem typischen Aromen zeigt sich das leichte Vanilleeis. Gelegentlich taucht ein Safranton am Gaumen auf, der alles zusammen zu einem Aromenakkord verbindet.

Kulinarik

Maronen werden von Oktober bis Februar auf dem Markt frisch angeboten. Während des restlichen Jahres muss man auf tiefgefrorene Esskastanien zurückgreifen. Frische Maronen sind selbst im Kühlschrank nur einige Tage haltbar.

Das Aroma von frischen Vanilleschoten ist wesentlich komplexer als das von Vanillezucker oder das von synthetisch hergestelltem Vanillin, das lediglich den zentralen Aromastoff der Vanille nachahmt. Vanilleschoten gibt es in drei aromatisch deutlich differierenden Varianten: Bourbon-, Mexiko- und Tahiti-Vanille. Alle drei Sorten eignen sich zur Herstellung von Eis.

Wie ein Schokoladeneis schmeckt, hängt im Wesentlichen von der Qualität der Schokolade ab. Bitterschokolade mit einem Kakaoanteil von 70 % enthält in der Regel nur entölte Kakaomasse und Zucker. Da Kakaobohnen kein dominantes Schlüsselaroma besitzen, sondern sich ihr Duft aus vielen Komponenten zusammensetzt, variiert ihr Geschmack in Nuancen von holzig-nussigen bis zu blumig-warmen und honigartigen Noten. Das Aroma von Schokolade wird nicht nur durch die unterschiedlichen Bittertöne der verschiedenen Kakaobohnensorten und deren Wachstums-, Ernte- sowie Verarbeitungsbedingungen, sondern vor allem auch durch den Röstprozess bestimmt, der weitere erdig-würzige Aromen freisetzt.

Erdbeersorten sind sehr unterschiedlich aromatisch. Die Sorten „Mara des Bois" und „Mieze Schindler" besitzen ein fruchtiges Walderdbeeraroma. Grundsätzlich empfiehlt sich, saisonale Früchte aus regionalem biologischen Anbau zu verwenden, weil sie frischer und aromatischer sind als andere. Erdbeeren aus Freilandhaltung entwickeln aufgrund der UV-Bestrahlung wesentlich mehr Aroma als Früchte, die nicht unter einer Folie bzw. im Gewächshaus gezogen wurden. Weil Erdbeeren nicht nachreifen, sollte man nur vollreife Früchte verwenden. Falls man genötigt ist, Erdbeeren zu verarbeiten, die nicht ausgereift sind, sollte man sie nicht nur mit Zucker süßen, sondern auch etwas Zitronensaft hinzufügen, weil die Früchte durch den Kontrast zur Säure süßer wahrgenommen werden als ohne diesen Hintergrund.

Sahne, die aus Milch von biologisch gehaltenen Kühen hergestellt wird, ist aromatischer, weil die Fütterung der Tiere für den Geschmack ihrer Milch entscheidend ist.

Gebackenes Eis

VORLAGE: GLACE AU FOUR – GEBACKENES EIS, IN: PÖTZSCH, HERRSCHAFTSKÜCHE, S. 334

Saison: Erdbeeren – Mai und Juni

FÜR EINE EISTERRINE VON 1 L
125 g Schokolade (70 % Kakao)
200 g reife süße Erdbeeren
¾ l Sahne (30 % Fett)
½ Vanilleschote (Bourbon)
75 g Zucker
1 Rezeptur Baisers (Siehe S. 416)

Zubereitung

1. Die Schokolade mit einem Drittel der Sahne erhitzen und durchrühren. Anschließend in einem Gefäß, in dem später die Schokoladensahne aufgeschlagen werden kann, im Kühlschrank erkalten lassen.
2. Die Erdbeeren waschen und abtrocknen. Danach das Grün entfernen und die Früchte zerkleinern.
3. Die Erdbeeren durch ein feines Sieb streichen, um ein Erdbeermark ohne Kerne zu erhalten.
4. Die erkaltete Schokoladensahne aufschlagen, bis sie fest ist. Dann in eine rechteckige Form geben, in der die aufgeschlagene Schokoladensahne den Boden bedeckt.
5. Die Form in den Gefrierschrank stellen und 20 Minuten anfrieren lassen.
6. Ein weiteres Drittel der Sahne aufschlagen, das Erdbeermark leicht unterheben und die Mischung als zweite Schicht auf die angefrorene Schokoladensahne geben.
7. Wiederum die rechteckige Form 20 Minuten in den Gefrierschrank stellen.
8. Die halbe Vanilleschote längs halbieren und das Mark mit einem Messerrücken herauskratzen.
9. Das letzte Drittel der Sahne mit dem Zucker und dem Vanillemark aufschlagen.
10. Die Vanillesahne auf die angefrorene Erdbeersahne verteilen und alles zusammen vier Stunden frieren lassen.
11. Dann die Merenguemasse herstellen, jedoch keine Baisers daraus fertigen.
12. Die Form aus dem Gefrierschrank nehmen, mit einem heißen Tuch umwickeln und das Eis auf eine längliche Porzellanplatte stürzen.
13. Mit einer Palette das Eis von allen Seiten mit Merenguemasse einkleiden.
14. Die restliche Masse in einen Spritzbeutel mit einer sechs Millimeter großen Sterntülle füllen und Verzierungen auf die umhüllte Eistorte spritzen.
15. Den Backofen auf stärkste Oberhitze einstellen und das Eis auf der länglichen Porzellanplatte zwei bis drei Minuten backen, bis die Merengue dunkel wird.

Anrichten

16. Die gebackene Eisterrine servieren.

Degustationsnotiz

Zunächst spürt man die Süße der warmen und krossen Merengue, bevor sich aus der Kälte des Eises die unterschiedlichen Aromen entfalten. Erdbeereis entfaltet seine Süße und Fruchtsäure. Schokoladeneis breite sich mit seinem Schmelz und den komplexen Kakaoaromen sehr intensiv aus. Mit seiner Süße und dem typischen Aromen zeigt sich das leichte Vanilleeis.

Kulinarik

Erdbeersorten sind sehr unterschiedlich aromatisch. Die Sorten „Mara des Bois" und „Mieze Schindler" besitzen ein fruchtiges Walderdbeeraroma. Grundsätzlich empfiehlt sich, saisonale Früchte aus regionalem biologischen Anbau zu verwenden, weil sie frischer und aromatischer sind als andere. Erdbeeren aus Freilandhaltung entwickeln aufgrund der UV-Bestrahlung wesentlich mehr Aroma als Früchte, die nicht unter einer Folie bzw. im Gewächshaus gezogen wurden. Weil Erdbeeren nicht nachreifen, sollte man nur vollreife Früchte verwenden. Falls man genötigt ist, Erdbeeren zu verarbeiten, die nicht ausgereift sind, sollte man sie nicht nur mit Zucker süßen, sondern auch etwas Zitronensaft hinzufügen, weil die Früchte durch den Kontrast zur Säure süßer wahrgenommen werden als ohne diesen Hintergrund.

Wie ein Schokoladeneis schmeckt, hängt im Wesentlichen von der Qualität der Schokolade ab. Bitterschokolade mit einem Kakaoanteil von 70 % enthält in der Regel nur entölte Kakaomasse und Zucker. Da Kakaobohnen kein dominantes Schlüsselaroma besitzen, sondern sich ihr Duft aus vielen Komponenten zusammensetzt, variiert ihr Geschmack in Nuancen von holzig-nussigen bis zu blumig-warmen und honigartigen Noten. Das Aroma von Schokolade wird nicht nur durch die unterschiedlichen Bittertöne der verschiedenen Kakaobohnensorten und deren Wachstums-, Ernte- sowie Verarbeitungsbedingungen, sondern vor allem auch durch den Röstprozess bestimmt, der weitere erdig-würzige Aromen freisetzt.

Das Aroma von frischen Vanilleschoten ist wesentlich komplexer als das von Vanillezucker oder das von synthetisch hergestelltem Vanillin, das lediglich den zentralen Aromastoff der Vanille nachahmt. Vanilleschoten gibt es in drei aromatisch deutlich differierenden Varianten: Bourbon-, Mexiko- und Tahiti-Vanille. Alle drei Sorten eignen sich zur Herstellung von Eis.

Sahne, die aus Milch von biologisch gehaltenen Kühen hergestellt wird, ist aromatischer, weil die Fütterung der Tiere für den Geschmack ihrer Milch entscheidend ist.

Eispudding à la Nesselrode

VORLAGE: EISPUDDING À LA NESSELRODE, IN: PÖTZSCH, HERRSCHAFTSKÜCHE, S. 335
UND NESSELRODE, ODER GLACE À LA NESSELRODE, IN: PÖTZSCH, HERRSCHAFTSKÜCHE,
S. 335

Saison: Ende September bis März

FÜR 4 PERSONEN
½ Rezeptur Nesselrodeeis
(Siehe S. 22)
200 ml Sahne (30 % Fett)
200 g Früchte der Saison

Zubereitung

1. Das Nesselrodeeis herstellen.
2. Das Eis in vier kleine Auflaufformen oder Kaffeetassen einfüllen und nochmals eine Stunde in den Gefrierschrank stellen.
3. Die Sahne steif schlagen und die Früchte zum Garnieren vorbereiten.

Anrichten

4. Nacheinander die Formen mit einem heißen Tuch umwickeln und das Nesselrodeeis auf vier kleine Teller stürzen.
5. Die steif geschlagene Sahne in einen Spritzbeutel mit einer fünf Millimeter großen Tülle geben und damit das Eis verzieren. Anschließend mit Früchten garnieren und servieren.

Degustationsnotiz

Das Nesselrodeeis entfaltet einen schönen Schmelz. Zuerst hebt sich die Vanille aus der Kälte hervor. Danach beginnen die Früchte sich zu positionieren, um schließlich ganz den Gaumen zu beeinflussen. Die geschlagene Sahne lässt das Eis besonders cremig wirken.

Kulinarik

Beim Garnieren sollte man auf ausgereifte saisonale Früchte aus der Region zurückgreifen, die sich farblich ein wenig unterscheiden.
Sahne, die aus Milch von biologisch gehaltenen Kühen hergestellt wird, ist aromatischer, weil die Fütterung der Tiere für den Geschmack ihrer Milch entscheidend ist.

Eispudding

VORLAGE: EISPUDING, GEFRORENER PUDING, POUDING GLACE, IN: PÖTZSCH, HERRSCHAFTSKÜCHE, S.335

Saison: Das ganze Jahr

Zubereitung
1. Am Vortag den Orangenzucker und den Biskuitboden herstellen.
2. Den Zucker mit dem Wasser zu Läuterzucker aufkochen.
3. Die Korinthen und das Zitronat zwei Minuten im Läuterzucker kochen und darin erkalten lassen.
4. Die Aprikosenmarmelade, die Apfelmarmelade und die abgetropften Schattenmorellen mit dem Orangenzucker verrühren.
5. Nun die Pistazien grob hacken und mit den Marmeladen und den Schattenmorellen verrühren.
6. Den Maraschino und den Curaçao dazugeben und unterheben.
7. Das Ganze zehn Minuten zur Kühlung in den Tiefkühler stellen.
8. Die Fruchtmasse in einer Eismaschine frieren, bis sie zähflüssig wird. Dies kann je nach Leistung des Gerätes 20 bis 50 Minuten dauern.
9. Währenddessen die restliche Sahne aufschlagen und die steif geschlagene Sahne, kurz bevor das Eis fest friert, in die Maschine geben. Nochmals etwa zwei Minuten durchfrieren lassen.
10. Eine Kastenform mit Backpapier auslegen.
11. Den Biskuitboden in ein Zentimeter breite Streifen schneiden und die Kastenform komplett damit auslegen. Einige der Streifen zum Schließen aufbewahren.
12. Das Apfel-Aprikosen-Schattenmorelleneis mit einem großen Löffel in ausgelegte Kastenform geben und vorsichtig mit einer Winkelpalette ausstreichen.
13. Die Kastenform mit dem restlichen Biskuitboden schließen und vier bis fünf Stunden im Gefrierfach durchfrieren lassen.

Anrichten
14. Die Eisbombenform mit dem gefrorenen Apfel-Aprikosen-Schattenmorelleneis mit einem heißen Tuch umwickeln und das Eis auf eine kalte Porzellanplatte stürzen.
15. Die Eisbombe garnieren und servieren. Sie kann nach Wunsch auch mit etwas geschlagener Sahne, die mit ein wenig Maraschino parfümiert wurde, garniert werden.

Degustationsnotiz
Sofort nimmt der Gaumen das Gebäck und die Kälte des Eises wahr, danach folgen die schönen Aromen von leichter Bitterorange und Schattenmorellen, die aus der Kälte auftauchen, bevor sich der Aprikosen- und der Apfelton mit ihrer Säure und Süße entfalten. Die Schattenmorellenaromen bestimmen den bleibenden Geschmack, der von dem Maraschino untermalt und von den leichten Backaromen des Biskuits begleitet wird. Der Curaçao gibt dem Ganzen eine leichte Bitternote, die sich sehr schön in die Fruchtsüße integriert.

Kulinarik
Falls frische Aprikosen und Äpfel verfügbar sind, sollte statt der Marmeladen ein Püree von diesen Früchten hergestellt werden, weil dann die Fruchtaromen besonders hervortreten.
Durch den Maraschino werden die Kirschtöne unterstützt, ohne aber zu sehr hervorgehoben zu werden. Vom Orangenlikör Curaçao sollte man möglichst die helle Version verwenden, da die blaugefärbten Varianten dieses Zitruslikörs lediglich aus optischen Gründen mit Farbstoffen versetzt sind. Der Curaçao soll in diesem Gericht lediglich die Aromenpalette erweitern.
Bevor man die fruchtig-nussigen Pistazien im Eis verarbeitet, muss man ihren Geschmack überprüfen. Denn sie sollten nicht zu lange gelagert sein, da ansonsten ihr leicht ranziger Ton auf das Eis übergeht.

FÜR EINE LÄNGLICHE KASTENFORM VON 2 L
20 g Orangenzucker (Siehe S. 426)

1 Rezeptur Biskuitmasse (Siehe S. 388)
80 g Zucker
50 ml Wasser
125 g Korinthen
30 g Zitronat
500 g Aprikosenmarmelade (Siehe S. 422)
500 g Apfelmarmelade (Siehe S. 424 herzustellen wie Quittenmarmelade)
200 g Schattenmorellen (Tropfgewicht)
60 g geschälte Pistazien (nicht gesalzen)
20 ml Maraschino
20 ml Curaçao klar
¼ l Sahne (30 % Fett)

Zitronat besteht aus den kandierten Schalen von Zitronatzitronen, denen mit Zuckersirup Wasser und Bitterstoffe entzogen wurden. Biologisch hergestellte Produkte besitzen eine ausgewogenere Balance zwischen Säure und Süße.

Korinthen, die getrockneten Weinbeeren der Korinthiaki-Traube, sind dunkler und kleiner als Sultaninen, die aus weißen Sultana-Trauben gewonnen werden. Die süßen und fruchtigen Aromen der Korinthen sind etwas kräftiger. Korinthen bleiben auch beim Backen meist bissfest.

Die Sahne aus Milch von Kühen und die Eier von Hühnern aus regionaler biologischer Haltung sind frischer und aromatischer als konventionelle Produkte. Bei Milch und Eiern ist die Qualität der Tierfütterung für den Geschmack entscheidend.

Falls die Eismaschine einen einsetzbaren Behälter besitzt, sollte dieser im Gefrierfach vorgekühlt werden, da dann das Eis schnell gefriert.

Eistorte mit Meringueböden

VORLAGE: EIS-TORTE, IN: PÖTZSCH, HERRSCHAFTSKÜCHE, S. 335 UND UNIVERSAL-LEXIKON DER KOCHKUNST, BD. 2, LEIPZIG 1878, S. 240

Saison: Das ganze Jahr

FÜR EINE TORTE
500 g Zucker
12 Eiweiß (Bio-Ei Größe M)
50 g Puderzucker
1 kleine Prise Salz
200 g Vanilleeis (Siehe S. 18)
200 g Orangeneis (Siehe S. 17)
200 ml Fruchtsaftgelee von schwarzen Johannisbeeren (Siehe S. 424)

Zubereitung
1. Das kalte Eiweiß in einer großen Schüssel geben. Eine kleine Prise Salz hinzugeben und das Eiweiß leicht schaumig schlagen.
2. Sobald das Eiweiß beginnt weiß zu werden, nach und nach beim Weiterschlagen den Zucker einrieseln lassen.
3. Das Eiweiß so lange schlagen, bis sich der Zucker aufgelöst hat und das Eiweiß Spitzen bildet.
4. Ein Backblech mit Backpapier auslegen.
5. Die feste Eiweißmasse in einen Spritzbeutel mit einer sechs Millimeter großen Sterntülle geben.
6. Einen Tortenring mit einer Höhe von mindestens 15 Millimetern und einem Durchmesser von etwa 20 Zentimetern auf das Backpapier legen. Dann die Eiweißmasse von der Mitte des Ringes an zu einer Schnecke spritzen, die den Tortenring ausfüllt.
7. Den Tortenring wegnehmen und an anderer Stelle auf das Backpapier setzen. Erneut eine Schnecke spritzen. Dann noch einen dritten Merengueboden herstellen.
8. Den Puderzucker in ein feines Haarsieb geben und die Merengueböden damit bestreuen.
9. Im Backofen bei 100° C drei bis vier Stunden trocknen, ohne dass die Meringueböden dunkel werden. Gegebenenfalls die Temperatur auf 90 bis 95° C absenken und die Trocknung um eine Stunde verlängern.
10. Anschließend die Backofentür öffnen und die Böden im Backofen eine Stunde abkühlen lassen.
11. Zwischenzeitlich das Vanilleeis, das Orangeneis und das Fruchtsaftgelee von Johannisbeeren herstellen.
12. Das Vanilleeis und das Orangeneis etwa zehn Minuten vor ihrer Verarbeitung aus dem Gefrierschrank holen.
13. Einen Merengueboden auf ein rundes Tortenblech legen und mit einer Winkelpalette das Vanilleeis gleichmäßig auf dem Gebäck verteilen. Sofort den nächsten Boden auf das Vanilleeis setzen und mit der Winkelpalette das Orangeneis auftragen.
14. Den dritten Merengueboden auf das Orangeneis setzen und diesen mit Johannisbeergelee bestreichen.

Anrichten
15. Die Eistorte servieren und an der Tafel mit einem Sägemesser vorsichtig in Stücke schneiden.

Degustationsnotiz
Sofort ist die Süße der krossen Teigböden zu spüren. Dann erst entfalten sich die Fruchtsäuren der Johannisbeere und der Orange. Die Süße der Merengue tritt aber immer wieder hervor. Die Fruchtsäuren und die Süße der Merengue dominieren den bleibenden Geschmack.

Kulinarik
Zum Eiweiß gibt man eine Prise Salz, damit es sehr fest wird. Das Eiweiß muss anschließend sofort verarbeitet werden, da es sich sonst schon nach zehn Minuten wieder verflüssigen kann.
Falls die Eismaschine einen einsetzbaren Behälter besitzt, sollte dieser im Gefrierschrank vorgekühlt werden, da dann das Orangeneis schnell gefriert.

Crème plombière à l'orientale

VORLAGE: CRÈME PLOMBIÈRE À L'ORIENTALE, IN: PÖTZSCH, HERRSCHAFTSKÜCHE, S. 336; BRUNFAUT, GUSTAV: HANDBUCH DER MODERNEN KOCHKUNST, BERLIN 1891, S. 542

Saison: Mai und Juni

FÜR EINE AUFLAUFFORM VON 1 L
1,25 l Sahne (30 % Fett)
500 g reife süße Erdbeeren
100 g Puderzucker
500 ml Blancmanger (Siehe S. 184)

Zubereitung

1. Die Eisform in den Gefrierschrank stellen.
2. Dreiviertelliter Sahne zehn Minuten im Kühlschrank kalt stellen.
3. Die Erdbeeren waschen, abtrocknen und dann das Grün entfernen.
4. Die Erdbeeren zerkleinern und durch ein sehr feines Sieb streichen, damit das Erdbeermark frei von Kernen ist.
5. Die kalte Sahne aufschlagen und dabei nach und nach den Puderzucker unterrühren.
6. Nachdem die Sahne steif geschlagen wurde, das Erdbeermark nach und nach unterheben, sodass es sich gleichmäßig verteilt.
7. Die Erdbeersahne in der Eismaschine frieren, bis sie leicht cremig ist. Dies kann je nach Leistung der Maschinen 20 bis 50 Minuten dauern.
8. Zwischenzeitlich das Blancmanger fertigen und kalt stellen.
9. Die restliche Sahne mit einem Schneebesen aufschlagen, bis sie fest ist.
10. Anschließend die steif geschlagene Sahne unter die angefrorene Erdbeersahne geben und nochmals vier bis fünf Minuten in der Eismaschine bearbeiten.
11. Den Teller zum Anrichten fünf Minuten in den Gefrierschrank stellen.

Anrichten

12. Auf den kalten Teller, das Erdbeereis mit einem Eislöffel wie eine Pyramide anrichten.
13. Das gekühlte Blancmanger rund herum auf den Teller gießen, mit einigen Erdbeeren dekorieren und die Platte servieren.

Degustationsnotiz

Zu Beginn wirkt das Erdbeereis mit dem Blancmanger vor allem sahnig und schmelzig. Mit der Zeit intensiviert sich der Erdbeergeschmack, der mit den Mandelaromen sehr schön harmonisieren, da sich bei zunehmender Temperatur das Fruchtaroma besser entfalten kann. Doch die zarten Mandeltöne kommen allmählich hervor und bestimmen den bleibenden Geschmack.

Kulinarik

Erdbeersorten sind sehr unterschiedlich aromatisch. Die Sorten „Mara des Bois" und „Mieze Schindler" besitzen ein fruchtiges Walderdbeeraroma. Grundsätzlich empfiehlt sich, saisonale Früchte aus regionalem biologischen Anbau zu verwenden, weil sie frischer und aromatischer sind als andere. Erdbeeren aus Freilandhaltung entwickeln aufgrund der UV-Bestrahlung wesentlich mehr Aroma als Früchte, die nicht unter einer Folie bzw. im Gewächshaus gezogen wurden. Weil Erdbeeren nicht nachreifen, sollte man nur vollreife Früchte verwenden. Falls man genötigt ist, Erdbeeren zu verarbeiten, die nicht ausgereift sind, sollte man sie nicht nur mit Zucker süßen, sondern auch etwas Zitronensaft hinzufügen, weil die Früchte durch den Kontrast zur Säure süßer wahrgenommen werden als ohne diesen Hintergrund.

Sahne, die aus Milch von biologisch gehaltenen Kühen hergestellt wird, ist aromatischer, weil die Fütterung der Tiere für den Geschmack ihrer Milch entscheidend ist.

Gefrorene Vanille-Sahne-Creme mit Aprikosenmarmelade

VORLAGE: GEFRORENE VANILLEN-SAHNE-CRÈME GLACÉ À LA VANILLE, IN: PÖTZSCH, HERRSCHAFTSKÜCHE, S. 336; BRUNFAUT, GUSTAV: HANDBUCH DER MODERNEN KOCHKUNST, BERLIN 1891, S. 541

Saison: Das ganze Jahr

FÜR 1 L

1 Vanilleschote (Bourbon)
¾ l Sahne (30 % Fett)
125 g Zucker
400 g Aprikosenmarmelade
(Siehe S. 422)

Zubereitung

1. Eine Eisform mit einem Liter Volumen in den Gefrierschrank legen und 15 Minuten anfrieren lassen.
2. Die Vanilleschote längs halbieren und mit einem Messerrücken das Vanillemark herauskratzen.
3. Den Zucker in einen Mörser geben und das Vanillemark mit einem Stößel ein wenig in den Zucker einarbeiten.
4. Die Sahne steif schlagen und zum Schluss langsam den Vanillezucker dazugeben.
5. Die Eisform mit einer Klarsichtfolie oder Backpapier auslegen.
6. Ein Drittel der Vanillesahne in die erkaltete Eisform geben, in den Gefrierschrank stellen und bei −18° C etwa 20 Minuten anfrieren lassen.
7. Die angefrorene Vanillesahne mit der Hälfte der Aprikosenmarmelade gleichmäßig bestreichen, und erneut ein weiteres Drittel der Vanillesahne auf die Aprikosenmarmelade verteilen.
8. Wiederum etwa 20 Minuten in den Gefrierschrank geben und anfrieren lassen.
9. Danach die restliche Aprikosenmarmelade gleichmäßig auf der angefrorenen Vanillesahne verteilen und die restliche Vanillesahne dazugeben.
10. Die Eisform mit einem Deckel oder einer Folie abdecken und zwölf Stunden im Gefrierschrank bei −18° C durchfrieren lassen.

Anrichten

11. Die Eisform aus dem Gefrierschrank nehmen, mit einem heißen Tuch umwickeln und die Gefrorene Vanille-Sahne-Creme mit Aprikosenmarmelade auf eine kalte Platte stürzen.
12. Das Eis in acht gleichmäßige Stücke schneiden und auf kalte Teller legen. Nach Wunsch mit geschlagener Sahne garnieren und servieren.

Degustationsnotiz

Es dauert eine Weile, bis sich die Aromen aus der Kälte heraus entfalten. Dann verbinden sich Sahne und Zucker mit der Aprikosenmarmelade zu einem Aromenakkord. Die Aprikosenmarmelade bestimmt den bleibenden Geschmack.

Kulinarik

Sollte die Sahne sich ein wenig verflüssigen, während das erste oder zweite Drittel der Vanille-Sahne-Creme mit Aprikosenmarmelade gefroren wird, kann die Sahne nochmals mit einem Schneebesen steif geschlagen werden.
Sahne, die aus Milch von biologisch gehaltenen Kühen hergestellt wird, ist aromatischer, weil die Fütterung der Tiere für den Geschmack ihrer Milch entscheidend ist.

Charlotte à la sicilienne

VORLAGE: CHARLOTTE À LA SICILIENNE, IN: PÖTZSCH, HERRSCHAFTSKÜCHE, S. 336;
BRUNFAUT, GUSTAV: HANDBUCH DER MODERNEN KOCHKUNST, BERLIN 1891, S. 536

Saison: August bis September für die Reineclauden

FÜR EINE RUNDE BACKFORM VON 16 CM

1 Rezeptur Biskuitmasse (Siehe S. 388)
1 Rezeptur Reineclaudenkompott (Siehe S. 448)
3 Bio-Orangen
6 reife Bio-Aprikosen
4 Bio-Pfirsich
20 g Vanillezucker von echter Bourbon-Vanille
40 ml Maraschino
200 g Aprikosenmarmelade
300 g Reineclauden

Zubereitung

1. Die Biskuitmasse in einem Ring von 16 Zentimeter Durchmesser und einer Höhe von etwa acht Zentimeter backen. Dies kann auch einen Tag vorher geschehen.
2. Das Reineclaudenkompott zubereiten.
3. Die Bio-Orangen filetieren, indem die Schale mit einem scharfen Messer abgeschnitten wird und die Orangenfilets einzeln herausgeschnitten werden.
4. Die Aprikosen entkernen und in längliche Filets von etwa einem Zentimeter schneiden.
5. Die Pfirsiche halbieren und auch in einen Zentimeter breite Filets schneiden.
6. Das gesamte Obst vermischen und alles vorsichtig mit dem Vanillezucker und dem Maraschino durchsetzen.
7. Diesen Obstsalat etwa 25 Minuten im Gefrierschrank ziehen lassen.
8. Währenddessen mit einem langen Messer den Biskuit so teilen, dass ein Boden und ein etwa eineinhalb Zentimeter dicker Deckel entstehen.
9. In den Biskuitboden mit einem kleinen Messer einen Innenrand von eineinhalb Zentimeter schneiden und in gleicher Tiefe den Biskuitboden wie ein Tortenring aushöhlen.
10. Die Aprikosenmarmelade in einem kleinen Topf erwärmen. Anschließend mit einem Pinsel den Innenbereich des ausgehöhlten Biskuits komplett mit der Marmelade bestreichen.
11. Den Biskuitring ohne den Deckel etwa 15 Minuten in den Gefrierschrank geben.
12. Den marinierten Obstsalat aus dem Gefrierschrank nehmen und in ein Sieb geben, damit die noch vorhandene Flüssigkeit ein wenig abläuft.
13. Den Biskuitboden aus dem Gefrierschrank nehmen und die gesamten Früchte gleichmäßig im Hohlraum verteilen. Den belegten Boden nochmals im Gefrierschrank vier bis fünf Stunden durchfrieren.
14. Mit dem Deckel den Biskuit schließen und nochmals im Gefrierschrank vier bis fünf Stunden durchfrieren.
15. In dieser Zeit die Reineclauden in ein feines Sieb geben und die Flüssigkeit ablaufen lassen.

Anrichten

16. Die angefroren Biskuitform aus dem Gefrierfach nehmen und mit dem Deckel schließen.
17. Auf den Biskuitboden einen Teller legen, der größer ist als der Boden. Das Ganze wenden.
18. Die Reineclauden als Garnitur auf den Früchten verteilen und servieren.

Degustationsnotiz

Die Reineclaude macht sich mit ihrem außergewöhnlichen Geschmack mit Nuancen von Pfirsich und Aprikose sofort auf dem Gaumen breit. Die übrigen eiskalten Früchte entfalten erst ihre Aromen, wenn sie sich im Mund langsam erwärmen. Eine raffinierte Zusammenstellung aus gebackenem Biskuit, angefroren Früchten und den edlen Pflaumen, die sich einzigartig in die Aromenvielfalt integrieren und mit der Zeit zu einem Aromenakkord vereinen. Die Pfirsichtöne dominieren und bestimmen den bleibenden Geschmack.

Kulinarik

Die Reineclauden bekommt man nur während der Saison. Sie müssen zeitnah verarbeitet werden, da sie beim Lagern schnell dunkle Stellen bekommen. Doch eignen sich Reineclauden hervorragend zum Herstellen von Kompott. Es empfiehlt sich, Reineclauden aus regionalem biologischem Anbau zu verwenden, da die Transportwege wegfallen und das Obst so frischer und aromatischer sein kann.

Aprikosen reifen geschmacklich nicht nach. Daher empfiehlt sich, vor dem Kauf ihren Geschmack zu testen.

Sehr gut geeignet für Charlotte à la sicilienne sind Weinbergpfirsiche. Denn sie sind zwar weniger süß als andere Pfirsiche, ihr fein-herbes Fruchtfleisch behält aber selbst nach dem Anfrieren seine Festigkeit.

Das Aroma von reifen Bio-Orangen besitzt eine ausgewogenere Balance zwischen Säure und Süße als das von Früchten aus konventioneller Produktion.

Meringue à l'ancienne mit Erdbeereis gefüllt

VORLAGE: MERÈNGUE À L'ANCIENNE. (ZUCKERSCHAUM AUF ALTE ART.) IN: PÖTZSCH, HERRSCHAFTSKÜCHE, S. 336; BRUNFAUT, GUSTAV: HANDBUCH DER MODERNEN KOCHKUNST, BERLIN 1891, S. 559

Saison: Erdbeeren – Mai und Juni

FÜR EINE RUNDE TORTE
5 Bio-Eiweiß (Größe M)
1 Prise Salz
250 g Zucker
50 g Puderzucker
1 Rezeptur Erdbeereis
(Siehe S. 40)
1 Rezeptur Spritzglasur
(Siehe S. 431)

Zubereitung
1. Das Eiweiß in einer Schüssel fünf Minuten in den Kühlschrank stellen, um sie abzukühlen.
2. Zum kalten Eiweiß eine Prise Salz hinzufügen und es dann mit einem Schneebesen leicht schaumig schlagen.
3. Erst nachdem das Eiweiß weiß geworden ist, während des Weiterschlagens nach und nach den Zucker einrieseln lassen.
4. Das Eiweiß so lange schlagen, bis sich der Zucker aufgelöst hat und das Eiweiß Spitzen bildet.
5. Ein Backblech mit Backpapier auslegen.
6. Die feste Eiweißmasse in einen Spritzbeutel mit einer Lochtülle von zwölf Millimetern Durchmesser geben.
7. Die Eiweißmasse im Abstand von vier bis fünf Zentimetern in Streifen von acht Zentimetern Länge und zwei bis drei Zentimetern Breite auf das Backblech spritzen.
8. Den Puderzucker in ein feines Haarsieb geben und die Streifen damit bestreuen.
9. Die Meringue im vorgeizten Backofen bei 90 bis 95° Grad vier bis fünf Stunden trocknen, ohne dass sie dunkel wird.
10. Anschließend den Backofen öffnen und die Meringue eine weitere Stunde im Backofen abkühlen lassen, damit ihre restliche Feuchtigkeit entweicht.
11. Währenddessen das Erdbeereis fertigen und im Gefrierschrank zwischenlagern.
12. Danach die Spritzglasur fertigen.
13. Um die Meringuetorte herzustellen, einen Tortenring von 16 Zentimetern auf ein Blech stellen, das mit Backpapier ausgelegt wurde.
14. Die Meringuestreifen im Kreis in den Tortenring stellen und mit der Spritzglasur aneinander kleben.
15. Den Ring aus Meringuestreifen eine Stunde im noch laufwarmen Backofen nachtrocknen lassen.
16. Das Erdbeereis vor dem Weiterverarbeiten eine halbe Stunde temperieren lassen.

Anrichten
17. Den Ring aus Meringuestreifen auf eine Tortenplatte stellen und vorsichtig das Erdbeereis hineinfüllen. Dann mit Erdbeeren garnieren und servieren.

Degustationsnotiz
Die Meringue ist rein süßer Genuss mit einer krossen Textur. Das Erdbeereis variiert die Süße mit seinen sahnig-fruchtigen Aromen. Die Zuckernoten dominieren das Gericht und bestimmen auch den bleibenden Geschmack.

Kulinarik
Zum Eiweiß gibt man beim Aufschlagen eine Prise Salz, damit es sehr fest wird. Das geschlagene Eiweiß muss anschließend sofort verarbeitet werden, da es sich sonst schon nach zehn Minuten wieder verflüssigen kann.

Sabayon glacé

VORLAGE: SABOYON GLACE. – SCHWEDISCH-PUNSCH-EIS, IN: PÖTZSCH, HERRSCHAFTS-
KÜCHE, S. 336; BRUNFAUT, GUSTAV: HANDBUCH DER MODERNEN KOCHKUNST, BERLIN
1891, S. 572

Saison: Das ganze Jahr

FÜR EINE EISBOMBE VON 1 L
125 ml Punschessenz (Siehe S. 427)
6 Eigelbe (Bio-Ei Größe M)
3 Bio-Eier (Größe M)
250 ml Weißwein (Riesling trocken)
100 g Zucker
500 ml Sahne (30 % Fett)
20 ml Cognac
10 ml Arak

Zubereitung

1. Zwei Tage im Voraus die Punschessenz herstellen.
2. Die Eigelbe und die Eier mit der Punschessenz, dem Weißwein und dem Zucker verrühren.
3. Sobald sich der Zucker aufgelöst hat, alles durch ein feines Sieb in eine Metallschüssel geben.
4. Die Schüssel in ein 90°C heißes Wasserbad setzen und die Masse aufschlagen, bis sie zur Rose abgezogen ist. Dabei wird die Creme unter ständigem Rühren erhitzt, bis sie leicht andickt und auf einem Kochlöffel liegen bleibt. Beim Pusten auf den Löffel entstehen Wellen, die an eine Rose erinnern.
5. Die Schüssel aus dem Wasserbad herausnehmen und die Creme weiterschlagen, bis sie langsam kalt wird.
6. Die Sahne steif schlagen und unter die kalt geschlagene Creme heben.
7. Den Cognac und Arak vorsichtig mit einem Holzlöffel unter die Creme heben. Die so parfümierte Masse in eine vorgekühlte Eisbombenform geben. Diese abdecken und im Gefrierschrank über 24 Stunden bei –18°C frieren lassen.

Anrichten

8. Die Eisbombe aus dem Gefrierschrank nehmen und mit einem heißen Tuch umwickeln, um das Punscheis aus der Form zu lösen.
9. Anschließend kleine Stücke abschneiden und auf einen kalten Teller legen. Nach Wunsch mit geschlagener Sahne garnieren und servieren.

Degustationsnotiz

Zuerst treten aus der Kälte leichte Cognactöne, der Anis des Arak sowie die Zitronensäure und Rumnoten der Punschessenz hervor. Dann verbindet der Schmelz der Eiscreme alles zu einem harmonischen Aromenakkord. Die Rum- und Cognactöne bestimmen in ihrer Ausgewogenheit den bleibenden Geschmack.

Kulinarik

Eier von Hühnern aus artgerechter Haltung mit traditioneller Fütterung garantieren einen produkttypischen Geschmack und eine satte gelbe Farbe.
Sahne, die aus Milch von biologisch gehaltenen Kühen hergestellt wird, ist aromatischer, weil die Fütterung der Tiere für den Geschmack ihrer Milch entscheidend ist. Während die Creme im Wasserbad gerührt wird, muss man darauf achten, dass sie nicht zu heiß wird, da die Eigelbe bei 72°C gerinnen und sich von der Sahne absetzen. Anschließend muss die Creme noch kalt geschlagen werden, weil sie ansonsten die Schlagsahne beim Unterheben verflüssigen würde.

Riz glace

VORLAGE: RIZ GLACE. (AU MARASCHINO U.S.W.) IN: PÖTZSCH, HERRSCHAFTSKÜCHE, S. 336; BRUNFAUT, GUSTAV: HANDBUCH DER MODERNEN KOCHKUNST, BERLIN 1891, S. 572

Saison: Das ganze Jahr – Früchte nach Jahreszeiten

FÜR 4 PERSONEN
125 g Mittelkornreis (Arborio)
½ Vanilleschote (Bourbon)
470 ml Milch (3,5 % Fett)
80 g Zucker
100 g Pfirsich
100 g Ananas
100 g Erdbeeren

Zubereitung

1. Den Rundkornreis kurz mit kaltem Wasser abspülen.
2. Die Vanilleschote längs halbieren und mit einem Messerrücken das Mark herauskratzen.
3. Den Reis mit der Milch, dem Vanillemark und den Zucker 23 bis 25 Minuten leicht kochen. Dabei immer mit einem Holzlöffel umrühren.
4. Die reifen Früchte waschen, die Erdbeeren putzen und alles in ein zentimetergroße Würfel schneiden
5. Durch eine Bissprobe testen, ob der Reis bereits einen kleinen Kern hat, und somit weiterverarbeitet werden kann.
6. Danach den Reis vom Herd nehmen, in eine Schale umfüllen und abkühlen lassen, bis er etwa 25 bis 30° C hat.
7. Währenddessen eine längliche Einlitereisform mit Folie oder Backpapier auslegen und zehn Minuten in den Gefrierschrank stellen.
8. Den abgekühlten Reis dritteln. Eine erste Schicht davon in die erkaltete Eisform geben und gleichmäßig verteilen.
9. Die Hälfte der gemischten und geschnittenen Früchte auf dem Reis verteilen.
10. Die Früchte mit dem zweiten Drittel vom Reis glatt abdecken.
11. Den zweiten Teil der Früchte auf den Reis streichen und danach mit dem letzten Drittel des abdecken und alles schön glätten.
12. Mit einem Deckel oder Backpapier die Form schließen und im Gefrierschrank 24 Stunden durchfrieren lassen.

Anrichten

13. Die Eisform aus dem Gefrierschrank nehmen und mit einem heißen Tuch umwickeln, um das Riz glace aus der Form zu lösen.
14. Das Riz glace nochmals fünf bis zehn Minuten auf einem Schneidebrett antauen lassen.
15. Anschließend in zwei bis drei Zentimeter dicke Stücke schneiden und auf einen kalten Teller legen. Nach Wunsch mit geschlagener Sahne und Früchten garnieren und servieren.

Degustationsnotiz

Aus der cremig-sämigen Konsistenz des kalten Riz glace entfaltet sich ein Aromenakkord aus Milch, Reis und reifen Früchten unterlegt von Vanilletönen. Erdbeer- und Reisaromen bestimmen den bleibenden Geschmack.

Kulinarik

Wichtig bei der Herstellung des Riz glace sind die Reissorten und deren Qualität. Nur mit einem Mittelkornreis (Arborio oder Vialone Nano) wird der erforderliche Schmelz erreicht, der das Aroma reifer Früchte perfekt ergänzt.
Beim Einkauf Pfirsichen sollte man saisonale und biologisch angebaute Früchte aus der Region bevorzugen, weil diese aromatischer sind. Im optimalen Reifezustand verfügen sie über ein ausgewogenes Spektrum von Süße und Säure.
Eine reife Ananas erkennt man am süßlichen Duft. Auch lassen sich bei ihr im Gegensatz zu noch nicht ausgereiften Früchten die inneren starren Blätter leicht herausziehen. Anders als Ananas aus Konserven, die vorwiegend nach Zucker schmecken, haben frische Früchte ein angenehmes Aromenspiel von Süße und Säure.
Erdbeersorten sind sehr unterschiedlich aromatisch. Die Sorten „Mara des Bois" und „Mieze Schindler" besitzen ein fruchtiges Walderdbeeraroma. Grundsätzlich empfiehlt sich, saisonale Früchte aus regionalem biologischen Anbau zu verwenden, weil sie frischer und aromatischer sind als andere. Erdbeeren aus Freilandhaltung entwickeln aufgrund der UV-Bestrahlung wesentlich mehr Aroma als Früchte, die nicht unter einer

Folie bzw. im Gewächshaus gezogen wurden. Weil Erdbeeren nicht nachreifen, sollte man nur vollreife Früchte verwenden. Falls man genötigt ist, Erdbeeren zu verarbeiten, die nicht ausgereift sind, sollte man sie nicht nur mit Zucker süßen, sondern auch etwas Zitronensaft hinzufügen, weil die Früchte durch den Kontrast zur Säure süßer wahrgenommen werden als ohne diesen Hintergrund.

Gelée moscovite

VORLAGE: GELÉE MOSCOVITE, ODER RUSSE, IN: PÖTZSCH, HERRSCHAFTSKÜCHE, S. 337; BRUNFAUT, GUSTAV: HANDBUCH DER MODERNEN KOCHKUNST, BERLIN 1891, S. 555

Saison: Das ganze Jahr

Zubereitung
1. Die Gelatineblätter einzeln in einem halben Liter kaltes Wasser geben und zehn Minuten einweichen.
2. Den Ananassaft auf etwa 45 bis 50° C erwärmen.
3. Die Gelatine aus dem Wasser nehmen, in der Hand auspressen und mit einem Holzlöffel in den warmen Ananassaft rühren, bis sie sich aufgelöst hat.
4. Den Champagner öffnen und langsam in den Ananassaft gießen.
5. Den Saft einige Minuten ruhen lassen.
6. Anschließend in vier runde oder eckige Behälter füllen, die je einen Viertelliter Volumen fassen.
7. Die Behälter mit ein wenig Folie abdecken und im Gefrierschrank bei –18° C zwölf Stunden lang frieren lassen.

Anrichten
8. Die Ananas in feine zwei bis drei Millimeter feine Scheiben schneiden und auf vier Teller verteilen.
9. Die Geleeformen aus dem Gefrierschrank nehmen und kurz mit einem heißen Tuch umwickeln, um das Gelee aus der Form zu lösen und auf eine Winkelpalette zu stürzen.
10. Das Gelée moscovite mit der Winkelpalette auf die Ananasscheiben setzen. Nach Wunsch mit geschlagener Sahne garnieren und servieren.

Degustationsnotiz
Zuerst treten aus der Kälte die leichten Säuretöne der Ananas und der Champagner hervor. Dann erst dringt die Süße der Frucht durch. Die Aromen der Ananas bestimmen den bleibenden Geschmack.

Kulinarik
Eine reife Ananas erkennt man daran, dass die inneren Blätter sich leicht herausziehen lassen. Die Frucht und ihr Saft haben ein fein ausgewogenes Verhältnis von Süße und Säure. Im Handel angebotener Direktsaft von Ananas darf nicht verdünnt sein. Er ist filtriert und im Idealfall anschließend sofort abgefüllt.
Champagner sollte kleine und möglichst langsam aufsteigende Bläschen haben, um an der Oberfläche ein feines Aerosol entstehen zu lassen, das für die Nase das Bouquet des Getränks um kleine flüssige Schwebteilchen anreichert. Die Kohlensäure des Champagners erweitert durch das Kribbeln auf der Zunge das kulinarische Erlebnis auch auf den Tastsinn und umspielt die Fruchtaromen der Ananas.

FÜR 1 L GELEE
12 Blatt Gelatine
750 ml Ananassaft (ungesüßter Direktsaft)
250 ml Champagner brut
300 g Ananas

Gelée à la russe au Frontignan

VORLAGE: GELÈE MOSCOVITE, ODER RUSSE, IN: PÖTZSCH, HERRSCHAFTSKÜCHE, S. 337; BRUNFAUT, GUSTAV: HANDBUCH DER MODERNEN KOCHKUNST, BERLIN 1891, S. 556

Saison: Das ganze Jahr

FÜR ½ L GELEE
5 Blatt Gelatine
100 ml Wasser
40 g Zucker
350 ml Süßwein (Muscat de Frontignan)

Zubereitung

1. Die Gelatineblätter einzeln in einem halben Liter kaltes Wasser geben und zehn Minuten einweichen.
2. Währenddessen die 100 Milliliter Wasser kurz aufkochen, den Zucker dazugeben und noch einmal aufkochen, damit der Zucker sich auflöst.
3. Das Zuckerwasser fünf Minuten abkühlen lassen, bis es sich auf etwa 45 bis 50°C abgekühlt hat.
4. Die Gelatine aus dem Wasser nehmen und in der Hand auspressen.
5. Mit einem Holzlöffel die Gelatine in das warme Zuckerwasser rühren, bis sie sich aufgelöst hat.
6. Den Süßwein langsam in das Zuckerwasser gießen.
7. Alles verrühren und in vier kleine runde oder eckige Behälter füllen.
8. Die Behälter mit ein wenig Folie abdecken und im Gefrierschrank bei −18°C zwölf Stunden frieren lassen.

Anrichten

9. Die Geleeformen aus dem Gefrierschrank nehmen und kurz mit einem heißen Tuch umwickeln, um das Gelee aus der Form zu lösen und auf eine Winkelpalette zu stürzen
10. Das Gelee à la russe au Frontignan auf kühle Teller setzen. Nach Wunsch mit geschlagener Sahne sowie Früchten garnieren und servieren.

Degustationsnotiz

Zuerst spürt man lang anhaltende Fruchtnoten, wie Aprikose, Bitterorangenschale, Pfirsich und Mandel. Ein Honigton taucht auf dem Gaumen auf und bestimmt mit zarten Karamell- und Marzipantönen die Aromenvielfalt nachhaltig.

Kulinarik

Muscat de Frontignan ist ein französischer Süßwein der Languedoc, dessen Gärprozess mit 95-prozentigem Ethanol gestoppt wird, wenn noch 125 Gramm unvergorener Zucker pro Liter im Wein vorhanden sind.
Das Gelee ist nicht nur für Früchte mit Vanilleeis passend, sondern kann auch sehr gut zu Geflügelpasteten oder „Gänseleber eingemacht" (Siehe Produktküche, Bd. 1, S. 515) gereicht werden.

Timbale à la sicilienne mit Mürbeteig

VORLAGE: TIMBALE À LA SICILINNE, IN: PÖTZSCH, HERRSCHAFTSKÜCHE, S. 337;
BRUNFAUT, GUSTAV: HANDBUCH DER MODERNEN KOCHKUNST, BERLIN 1891, S. 574

Saison: Das ganze Jahr

Zubereitung

1. Am Vortag ein Souffé glacé mit Erdbeeren, ein Soufflé glacé à la Pálffy oder ein Biscuite glacé fertigen und in einen Behälter füllen, dessen Grundfläche gleich groß ist, wie das Gefäß, in dem die Timbale à la sicilienne zubereitet wird. Diese oberen Teil der Timbale à la sicilienne im Gefrierschrank zwölf Stunden frieren.
2. Die Löffelbiskuits herstellen und auskühlen lassen. Anschließend die Löffelbiskuits grob hacken und in einen geschlossen Behälter aufbewahren.
3. Den Mürbeteig für die Timbale à la sicilienne herstellen und einen runden Mürbeteigboden mit einem Durchmesser von 15 Zentimeter und einer Höhe von drei bis vier Millimeter backen.
4. Anschließend die Gelatine in kaltem Wasser zehn Minuten einweichen. Dabei einzeln die Blätter in das kalte Wasser von einem halben Liter geben.
5. Den Blutorangensaft auf etwa 45 bis 50 °C erwärmen, die Gelatine aus dem Wasser nehmen und in der Hand das Wasser auspressen.
6. Die Gelatine in dem warmen Blutorangensaft mit einem Holzlöffel leicht unterrühren, bis sich die Gelatine aufgelöst hat.
7. Die 16 Zentimeter runde Form (ob Glas oder Porzellan) in den Gefrierschrank stellen.
8. Den Blutorangensaft in den Kühlschrank stellen, bis er leicht anzieht.
9. Die Mandeln in kochendes Wasser geben. Nach einer Minute herausnehmen und in kaltem Wasser abschrecken.
10. Die Haut von den Mandeln abziehen und die Mandelkerne grob hacken.
11. Die Pistazien grob hacken und zusammen mit den Mandeln in einer Pfanne ohne Fett leicht anrösten. Darauf achten, dass sie nur goldgelb angeröstet werden.
12. Die kalte Form aus dem Gefrierschrank nehmen und in eine größere Schüssel mit Eiswürfeln setzten.
13. Den Boden der Form mit dem Blutorangensaft etwa drei Zentimeter ausgießen. Die Form aus dem Eiswasser herausnehmen und schräg halten, damit der Blutorangensaft auch an die Außenwände fließt und dort fest wird.
14. Den runden Mürbeteigboden, mit etwas erwärmter Aprikosenmarmelade bepinseln.
15. Auf den Mürbeteigboden nun die Hälfte der angerösteten Mandeln und Pistazien gleichmäßig streuen.
16. Einige Rosinen auf das Blutorangengelee in der Form streuen.
17. Darauf den Mürbeteigboden mit der Seite legen, die mit den Mandeln und Pistazien bestreut wurde.
18. Die obere Seite des Mürbeteigbodens mit der Aprikosenmarmelade bestreichen. Darauf die restliche Mandeln, Pistazien und Rosinen geben. Soviel von dem leicht sämigen Blutorangensaft darüber gießen, dass weiter drei Zentimeter der Form gefüllt werden.
19. Die Form mit der Timbale à la sicilienne für zehn Minuten in den Gefrierschrank stellen.

FÜR EINE FORM VON 16 CM DURCHMESSER UND 10 CM HÖHE

Timbale à la sicilienne
150 g Mürbeteig (Siehe S. 391)
10 Blatt Gelatine
800 ml Blutorangensaft
50 g Mandeln
25 g Pistazien ungesalzen
50 g Rosinen
100 g Aprikosenmarmelade

Varianten für den oberen Teil der Timbale
1 Rezept Soufflé glacé mit Erdbeeren (Siehe S. 37) oder
1 Rezept Soufflé glacé à la Pálffy (Siehe S. 38) oder
1 Rezept Biscuite glacé (Siehe S. 81)

Garnitur
½ Rezeptur Löffelbiskuits (Siehe S. 384)

Anrichten

20. Das Soufflé glacé mit Erdbeeren, das Soufflé glacé à la Pálffy oder den Biscuite glacé aus dem Gefrierschrank nehmen, mit einem heißen Tuch umwickeln und auf eine vorgekühlten Teller stürzen. Anschließend erneut in den Gefrierschrank stellen.
21. Die Timbale à la sicilienne aus dem Gefrierschrank nehmen, mit einem heißen Tuch umwickeln und aus der Form auf einen kalten Teller stürzen.
22. Das Soufflé glacé mit Erdbeeren, das Soufflé glacé à la Pálffy oder den Biscuite glacé auf die Timbale à la sicilienne stellen und mit den grob gehackten Löffelbiskuits den Rand hoch garnieren, indem die Eistorte in einer Hand gehalten wird und mit der anderen Hand die Biskuitbrösel locker an die Timbale à la sicilienne angedrückt werden.
23. Nach Wunsch mit geschlagener Sahne garnieren und servieren.

Degustationsnotiz

Bei der Verkostung des Mürbeteigbodens der Timbale à la sicilienne treten aus der Kälte zuerst die leichten Säuretöne der Blutorange hervor. Die knackige Textur des Mürbeteiges unterbricht diesen ersten Eindruck. Bald entfalten sich die Nusstöne von Mandeln und Pistazien und verbinden sich mit den Blutorangentönen, die von der Aprikosenmarmelade und den Rosinen begleitet werden. Die Nusstöne und die Blutorangenaromen sind nachhaltig.

Das Dessert weist eine Vielzahl von Aromen und Texturen auf. Kross und knackig wirken der Mürbeteig mit seinen Nussnuancen und die Löffelbiskuitstücke. Backaromen entfalten sich, bevor die Süße der Erdbeeren mit der Sahne und das Blutorangengelee mit der Aprikosenmarmelade, den Pistazien und den Mandel eine aromatische Vielfalt eröffnen. Die Orangentöne mit den Erdbeeren werden von der Sahne intensiviert und bestimmen den bleibenden Geschmack.

Kulinarik

Um einer Timbale eine Form zu geben, passen jegliche Back- oder Eisformen. Es ist schwirig schöne Stücke aus dem Mürbeteig im Gelee zu schneiden, da er beim Schneiden schnell bricht. Daher empfiehlt sich, die Timbale à la sicilienne zum Verzehr mit einem großen Löffel zu portionieren.

Sollte der Blutorangensaft zu fest werden, um verarbeitet zu werden, kann er wieder ein wenig erwärmt werden.

Mandeln haben einen marzipanähnlichen Grundton. Sie behalten in der Schale bis zu einem Jahr ihr Aroma, ohne ranzig zu werden. Wird eine Mandel nur noch von der Haut umgeben, sollte man sie aber nicht länger als sechs und ohne Haut nur vier Monate aufbewahren. Weiter verarbeitete Mandeln bleiben nur wenige Wochen frisch.

Biscuit glacé

VORLAGE: BISQUITS GLACÉ = (BRUNFAUT S[EITE] 572), IN: PÖTZSCH, HERRSCHAFTS-
KÜCHE, S. 337; BRUNFAUT, GUSTAV: HANDBUCH DER MODERNEN KOCHKUNST, BERLIN
1891, S. 572: GLACÉ À LA VANILLE

Saison: Das ganze Jahr

Zubereitung der Löffelbiskuits
1. Die Mandeln in kochendes Wasser geben. Nach einer Minute herausnehmen und in kaltem Wasser abschrecken.
2. Die Haut von den Mandeln abziehen und die Kerne mit einer Mandelmühle zu Plättchen hobeln.
3. Die Mandeln in einer Pfanne ohne Fett anrösten, bis sie goldgelb sind.
4. Das Eiweiß in einer größeren Schüssel kalt stellen.
5. Das Eigelb etwa zehn Minuten schaumig schlagen. Dabei nach und nach den Zucker dazugeben.
6. Dem Eiweiß eine Prise Salz zusetzen und es so lange steif schlagen, bis sich Spitzen bilden.
7. Das aufgeschlagene Eigelb mit einem Teiglöffel langsam unter das Eiweiß heben.
8. Das Mehl darüber sieben und langsam mit einem Teiglöffel vermischen.
9. Ein Backblech mit Backpapier auslegen und mit dem Staubzucker bestreuen.
10. Die Löffelbiskuitmasse in einen Spritzbeutel mit einer 15 Millimeter großen Tülle füllen.
11. 20 Streifen von etwa sechs Zentimetern Länge spritzen.
12. Die angerösteten Mandeln auf die Löffelbiskuits streuen.
13. Anschließend die Löffelbiskuits im vorgeheizten Backofen bei 200 °C etwa 15 bis 20 Minuten backen, bis sie goldbraun sind.
14. Eine Garprobe durchführen, indem man einen dünnen Holzstab in die höchste Stelle des Backteiges einsticht und wieder herauszieht. Die Biskuits sind fertig gebacken, wenn kein Teig mehr am Holzstab hängt.
15. Die Löffelbiskuits aus dem Ofen holen und abkühlen lassen.

Zubereitung des Soufflé glacé à la vanille
16. Eine Form mit Folie auslegen und in den Gefrierschrank stellen.
17. Die Vanilleschote längs halbieren und mit einem Messerrücken das Mark herauskratzen.
18. Den Zucker und das Vanillemark in einen Mörser füllen und mit einem Stößel zu Vanille-Staubzucker verarbeiten.
19. Die kalte Sahne aufschlagen und dabei nach und nach den Vanille-Staubzucker unterrühren.
20. Die Löffelbiskuits auf der unteren Seite mit lauwarmer Aprikosenmarmelade bestreichen und hochkant in die kalte Form stellen.
21. Die Vanillesahne in einen Spritzbeutel ohne Spritztülle geben und in der mit Löffelbiskuit ausgelegten Eisform gleichmäßig verteilen.
22. Alles mit der Folie abdecken und anschließend im Gefrierschrank zwölf Stunden frieren.

Anrichten
23. Die Form aus dem Gefrierschrank nehmen, mit einem heißen Tuch umwickeln und den Biscuit glacé auf einen kalten großen Teller setzten. Im Ganzen servieren.

Degustationsnotiz
Eine Aromenvielfalt der aprikotierten Löffelbiskuit nimmt man zunächst war. Dann treten der Schmelz der Sahne und die Töne der Vanille aus der Kälte hervor. Dieser Aromenakkord bestimmt auch den bleibenden Geschmack.

FÜR EINE FORM MIT EINEM DURCHMESSER VON 16 CM UND EINER HÖHE VON 16 CM

Für 20 kleine Löffelbiskuits
25 g Mandeln
3 Bio-Eiweiß (Größe M)
2 Eigelbe (Bio-Ei Größe M)
50 g Mehl (Type 405)
90 g Zucker
1 Prise Salz

Für die Glace à la vanille
1 Vanilleschote (Bourbon)
70 g Zucker
500 ml Sahne (30 % Fett)
100 g Aprikosenmarmelade

Kulinarik

Vanillearomen sind alkohollöslich. Da sie sich auch in der Ofenhitze nur geringfügig verflüchtigen, können sie gut eingesetzt werden, um Gebäck zu parfümieren. Vanilleschoten gibt es in drei aromatisch deutlich differierenden Varianten: Bourbon-, Mexiko- und Tahiti-Vanille. Alle drei Sorten eignen sich zur Herstellung auch von Vanilleextrakt. Sahne, die aus Milch von biologisch gehaltenen Kühen hergestellt wird, ist aromatischer, weil die Fütterung der Tiere für den Geschmack ihrer Milch entscheidend ist. Mandeln haben einen marzipanähnlichen Grundton. Sie behalten in der Schale bis zu einem Jahr ihr Aroma, ohne ranzig zu werden. Wird eine Mandel nur noch von der Haut umgeben, sollte man sie aber nicht länger als sechs und ohne Haut nur vier Monate aufbewahren. Weiter verarbeitete Mandeln bleiben nur wenige Wochen frisch.

Aprikoseneis in der Mandelkruste

VORLAGE: CROQUANTE; AU ABRICOTS U.S.W, IN: PÖTZSCH, HERRSCHAFTSKÜCHE, S. 337; BRUNFAUT, GUSTAV: HANDBUCH DER MODERNEN KOCHKUNST, BERLIN 1891, S. 543

Saison: Ende Juli bis Oktober

Zubereitung

1. Den Zucker und das Wasser in einem Zweilitertopf sehr langsam auf 140 °C erhitzen.
2. Einen Pinsel, der bis mindestens 150 °C hitzebeständig ist, in einem Gefäß mit etwas Wasser bereitstellen.
3. Zwischenzeitlich die Mandeln in kochendes Wasser geben. Nach einer Minute herausnehmen und in kaltem Wasser abschrecken.
4. Die Haut von den Mandeln abziehen und die Kerne in einer Pfanne trocken anrösten, bis sie goldgelb sind. Anschließend die angerösteten Mandeln in einem Küchenmixer sehr fein zerkleinern.
5. Mit dem Pinsel und ein wenig Wasser die Zuckerspitzen lösen, die sich an dem Topfrand bilden.
6. Ist die Temperatur von 140 °C erreicht, rasch mit einem fettfreien Holzlöffel die gemahlenen Mandeln unterheben.
7. Den Mandel-Zucker anschließend in einem Möser oder Kutter kurz zu einem Zuckerteig verarbeiten.
8. Diesen Teig auf eine Stärke von fünf Millimeter ausrollen und damit die halbkugelige Eisform auslegen. Anschließend für einige Stunden in einem Raum ohne jegliche Feuchtigkeit oder im Backofen bei 35 °C trocknen lassen.
9. In der Zwischenzeit das Aprikoseneis herstellen.

Anrichten

10. Das Aprikoseneis in die Eisform mit dem getrockneten Zucker füllen.
11. Die Form mit einem heißen Tuch umwickeln und das Aprikoseneis in der Mandelkruste auf eine kalte Platte stürzen, rasch mit geschlagener Sahne oder Aprikosen garnieren und sofort servieren.

Degustationsnotiz

Kross und knackig spürt man zuerst die Süße der Kruste aus Mandeln und Zucker. Je mehr das Eis im Mund seine Kälte verliert, tauchen Aromen von Aprikose und Zitrone auf. Die Sahne gibt der Komposition ihren Schmelz und die Säure der Zitronen gleicht die Süße des Zuckers harmonisch aus. Die Zitrustöne bestimmen den bleibenden Geschmack.

Kulinarik

Zucker erreicht die Temperatur von 130 °C erst allmählich, anschließend erhöht sich die Temperatur aber schnell. Um diesen Prozess zu steuern, empfiehlt sich daher ein Küchenthermometer. Außerdem darf, sobald die Zuckerlösung aus Wasser und Zucker kocht, auf keinen Fall mehr mit einem Holzlöffel darin gerührt werden, da sonst der Zuckers kristallisiert. In diesem Zustand kann er für die Mandelkruste nicht mehr verwendet werden. Zusammen mit dem Eis lässt sich die Mandelkruste nicht im Gefrierschrank lagern, da der Zucker sich aufgrund der Feuchtigkeit von Eis und Gefrierschrank auflöst.
Sehr reife Aprikosen sind auf dem Markt sehr schwer zu bekommen. Daher empfiehlt es sich, einen Fachhändler fragen, ob er sie liefern kann. Da Aprikosen geschmacklich nicht nachreifen, ist beim Kauf ein Geschmackstest sehr wichtig.
Mandeln haben einen marzipanähnlichen Grundton. Sie behalten in der Schale bis zu einem Jahr ihr Aroma, ohne ranzig zu werden. Wird eine Mandel nur noch von der Haut umgeben, sollte man sie aber nicht länger als sechs und ohne Haut nur vier Monate aufbewahren. Weiter verarbeitete Mandeln bleiben nur wenige Wochen frisch.

FÜR EINE HALBKUGELIGE EISFORM VON 1 L
375 g Zucker
250 ml Wasser
125 g gehobelte Mandeln
1 Rezeptur Aprikoseneis
(Siehe S. 27)

Croquenbouche

VORLAGE: CROQUENBOUCHE. (BRUNF[AUT] 543.) IN: PÖTZSCH, HERRSCHAFTSKÜCHE, S. 337; BRUNFAUT, GUSTAV: HANDBUCH DER MODERNEN KOCHKUNST, BERLIN 1891, S. 543

Saison: Das ganze Jahr

FÜR 4 PERSONEN
½ Rezeptur Brandteig (Siehe S. 390)
½ Rezeptur Mandeleis (Siehe S. 45)
250 ml Wasser
375 g Zucker

Zubereitung

1. Den Brandteig herstellen und in einen Spritzbeutel mit einer Sterntülle von acht Millimetern Durchmesser füllen.
2. Den Brandteig auf ein mit Backpapier belegtes Blech in etwa drei Zentimeter breite und zwei Zentimeter hohe Röschen spritzen. Insgesamt sollten es etwa 30 Stück werden.
3. Im vorgeheizten Ofen bei 200°C backen. Nach den ersten zehn Minuten die Hitze auf 180°C reduzieren und weitere acht Minuten backen.
4. Die kleinen Windbeutel aus dem Ofen nehmen und abkühlen lassen. Anschließend zehn Minuten in den Gefrierschrank legen.
5. Das Mandeleis herstellen. Dann in einen Spritzbeutel mit einer Lochtülle von fünf Millimetern Durchmesser geben. Die Windbeutel mit dem Mandeleis füllen und wiederum in dem Gefrierschrank zwischenlagern.
6. Den Zucker und das Wasser in einem Zweilitertopf sehr langsam auf 140°C erhitzen.
7. Einen hitzebeständigen Pinsel, der bis mindestens 150°C hitzebeständig ist, in einem Gefäß mit etwas Wasser bereitstellen. Mit dem Pinsel und ein wenig Wasser die Zuckerspitzen lösen, die sich an dem Topfrand bilden.
8. Sobald der Zucker die Temperatur von 140°C erreicht hat, die kleinen gefüllten Windbeutel aus dem Gefrierschrank nehmen.
9. Die Windbeutel nun auf eine Essgabel setzen, kurz in den heißen Zucker eintauchen und auf einer Platte nach und nach zu einer Pyramide zusammensetzen.
10. Den Topf mit dem restlichen Zucker möglichst nah an die Pyramide halten. Die Gabel durch den Zucker quirlen, um damit ein Netz aus feinen Fäden über die Pyramide ziehen zu können.

Anrichten

11. Die Windbeutelpyramide auf einem großen Teller servieren

Degustationsnotiz

Kross und knackig spürt man zuerst die Süße der Zuckerkruste, die jedoch durch den Teig der Windbeutel neutralisiert wird. Aus dem Eis treten allmählich die Mandeltöne hervor und nuancieren den Zuckergeschmack. Die Mandeltöne und die Süße bestimmen den bleibenden Geschmack.

Kulinarik

Zucker erreicht die Temperatur von 130°C erst allmählich, anschließend erhöht sich die Temperatur aber schnell. Um diesen Prozess zu steuern, empfiehlt sich daher ein Küchenthermometer. Außerdem darf, sobald die Zuckerlösung aus Wasser und Zucker kocht, auf keinen Fall mehr mit einem Holzlöffel darin gerührt werden, da sonst der Zuckers kristallisiert. In diesem Zustand kann er für einen Überzug nicht mehr verwendet werden. Zusammen mit dem Eis lässt sich der Zuckerüberzug nicht im Gefrierschrank lagern, da der Zucker sich aufgrund der Feuchtigkeit von Eis und Gefrierschrank auflöst. Ohne Zuckerüberzug können Windbeutel längere Zeit im Gefrierschrank gelagert werden.

Gâteau breton mit Eis

VORLAGE: GATEAU À LA BRETON = (BRUNF[AUT] 546) IN: PÖTZSCH, HERRSCHAFTSKÜCHE, S. 337; BRUNFAUT, GUSTAV: HANDBUCH DER MODERNEN KOCHKUNST, BERLIN 1891, S. 546

Saison: Das ganze Jahr

FÜR EINEN BRETONISCHEN KUCHEN
175 g Mandeln
1 Vanilleschote (Bourbon)
15 Eigelbe (Bio-Eier Größe M)
250 g Zucker
6 Eiweiß (Bio-Eier Größe M)
1 Prise Salz
100 g Mehl (Type 405)
25 g Kartoffelmehl
10 g Butter
1 Rezeptur Haselnusseis (Siehe S. 24)
2 Rezeptur Maraschino-Zuckerglasur (Siehe S. 436)
200 g Aprikosenmarmelade

Zubereitung

1. Die Mandeln in kochendes Wasser geben. Nach einer Minute herausnehmen und in kaltem Wasser abschrecken.
2. Die Haut von den Mandeln abziehen und die Mandelkerne mahlen.
3. Die Vanilleschote der Länge nach halbieren und mit einem Messerrücken das Mark herauskratzen.
4. Den Zucker mit dem Vanillemark vermischen.
5. Die Eigelbe in einer großen Schüssel etwa zehn Minuten schaumig schlagen. Dabei nach und nach die Hälfte des Zuckers dazugeben.
6. Das Eiweiß in einer anderen Schüssel mit der Prise Salz schaumig schlagen und den restlichen Zucker nach und nach beim Schlagen dazugeben. So lange schlagen, bis das Eiweiß regelrechte Spitzen bilden.
7. Die Eigelbmasse mit einem Holzlöffel vorsichtig unter den Eischnee heben. Anschließend das Mehl und das Kartoffelmehl darüber sieben und langsam vermischen. Dazu keinen Schneebesen, sondern ebenfalls einen Holzlöffel verwenden, damit die Masse nicht zusammenfällt.
8. Danach noch 100 g der gemahlenen Mandeln unterheben.
9. Eine sechseckige Form mit einem Pinsel ausbuttern.
10. Die restlichen gemahlenen Mandeln hineinstreuen und durch Drehen die Mandeln an allen Innenteilen der Backform verteilen.
11. Mit einem Teiglöffel die Biskuitmasse gleichmäßig in der Backform verteilen.
12. Im vorgeheizten Backofen bei 200 °C etwa 35 bis 40 Minuten backen, bis das Biskuit goldbraun ist.
13. Die letzten zehn Minuten die Temperatur auf 180 °C herunterschalten.
14. Eine Garprobe durchführen, indem man einen dünnen Holzstab in die höchste Stelle des Backteiges einsticht und wieder herauszieht. Wenn noch Teig am Holzstab hängt, ist das Biskuit noch nicht fertig gebacken.
15. Den zubereiteten Biskuitkuchen in der Form erkalten lassen. Anschließend aus der Backform nehmen und auf ein Gitter setzen.
16. Mit einem langen Sägemesser einen drei Zentimeter dicken Deckel vorsichtig herunterschneiden. Diesen mit einem Kuchenblech herunterheben.
17. Die Aprikosenmarmelade in einem kleinen Topf erwärmen.
18. Mit einem Pinsel den Deckel mit der Aprikosenmarmelade bestreichen. Die Maraschinoglasur erwärmen und über die Aprikosenmarmelade streichen. Dabei wird sich die Marmelade ein wenig mit der Glasur vermischen, sodass die Glasur eine Marmorierung bekommt.
19. Das Haselnusseis herstellen, aber nicht besonders fest frieren.
20. Anschließend das Haselnusseis auf dem Kuchen verteilen und mit einer Palette glätten.

Anrichten

21. Den Deckel mit Hilfe einer dünnen Tortenplatte hochheben und auf den mit Haselnusseis bestrichenen Biskuitkuchen setzen, und gleich servieren.

Degustationsnotiz
Die Kirsch- und Aprikosenaromen der Glasur und die Vanille sowie die Mandeln des Biskuitteigs verschmelzen mit den Backaromen zu einem Akkord. Aus dem Eis lösen sich Haselnusstöne. Die leichte Konsistenz des Biskuits und die Cremigkeit des Haselnusseises harmonieren miteinander. Die Nussaromen dominieren den bleibenden Geschmack.

Kulinarik
Nüsse kann man im Ofen mit Oberhitze oder auf dem Herd in der Pfanne anrösten, um ihre typischen Aromen stärker zur Geltung kommen zu lassen. Auf gar keinen Fall dürfen sie zu dunkel werden, da sonst starke Bitterstoffe entstehen.
Während die Haselnusscreme im Wasserbad gerührt wird, muss man darauf achten, dass sie nicht zu heiß wird, da die Eigelbe bei 72°C gerinnen und sich von der Sahne absetzen.
Falls die Eismaschine einen einsetzbaren Behälter besitzt, sollte dieser im Gefrierschrank vorgekühlt werden, da dann das Eis schnell gefriert.
Haselnüsse sind frisch und besitzen das beste Aroma, wenn sie beim Schütteln nicht in der Schale klappern. In der Schale lassen sie sich bis zu einem Jahr, mit Haut bis zu einigen Monate und geschält nur einige Wochen lagern. In Folie eingeschweißt Haselnüsse schimmeln leicht.
Mandeln haben einen marzipanähnlichen Grundton. Sie behalten in der Schale bis zu einem Jahr ihr Aroma, ohne ranzig zu werden. Wird eine Mandel nur noch von der Haut umgeben, sollte man sie aber nicht länger als sechs und ohne Haut nur vier Monate aufbewahren. Weiter verarbeitete Mandeln bleiben nur wenige Wochen frisch.
Die Eier in der Rezeptur können nach Belieben auch verdoppelt oder gar verdreifacht verwendet werden, um den Teig noch leichter und luftiger zu machen. Eier von Hühnern aus regionaler biologischer Haltung sind frischer und aromatischer. Die sattgelbe Farbe ihres Dotters garantiert eine schöne Farbe des Biskuitbodens.

Gâteau à la Dame blanche

VORLAGE: GATEAU À LA DAME-BLANGE (BRUNF[AUT] 547) IN: PÖTZSCH, HERRSCHAFTS-KÜCHE, S. 337; BRUNFAUT, GUSTAV: HANDBUCH DER MODERNEN KOCHKUNST, BERLIN 1891, S. 547

Saison: Das ganze Jahr

FÜR EINE TORTE

Dame Blache Garnitur
125 g Mittelkornreis (Arborio)
½ Vanilleschote (Bourbon)
470 ml Milch (3,5 % Fett)
80 g Zucker
100 g Pfirsich
100 g Ananas
100 g Erdbeeren

Biskutboden
5 Bio-Eier (Größe M)
80 g Mehl (Type 405)
120 g Zucker
1 Prise Salz
200 g Aprikosenmarmelade
1 Rezeptur Kirschzuckerglasur
(Siehe S. 434)

Zubereitung

1. Den Mittelkornreis (Arborio) kurz mit kaltem Wasser abspülen.
2. Die Vanilleschote längs halbieren und mit einem Messerrücken das Mark herauskratzen.
3. Den Reis mit der Milch, dem Vanillemark und dem Zucker 23 bis 25 Minuten leicht kochen. Immer wieder mit einem Holzlöffel umrühren.
4. Den Pfirsich und die Ananas schälen, die Erdbeeren putzen. Je 100 Gramm in ein Zentimeter große Stücke schneiden und die Früchte vermischen.
5. Durch eine Bissprobe testen, ob der Reis bereits einen kleinen Kern hat und somit weiter verarbeitet werden kann.
6. Den Reis vom Herd nehmen, in eine Schale umfüllen und abkühlen lassen, bis er etwa 25 °C bis 30 °C hat.
7. Währenddessen eine Tortenplatte mit einer Folie bespannen. Darauf einen Tortenring von einem Durchmesser von 28 Zentimetern stellen und beides im Gefrierschrank vorkühlen.
8. Den abgekühlten Reis dritteln. Die erste Portion in den erkalteten Tortenring geben und dort gleichmäßig verteilen.
9. Die Hälfte der gemischten und geschnittenen Früchte auf dem Reis verteilen.
10. Darauf das zweite Drittel vom Reis verstreichen.
11. Die restlichen Früchte in den Tortenring schichten. Darauf den restlich abgekühlten Reis verteilen und alles schön glätten.
12. Mit einem Backpapier die Form schließen und acht Stunden im Gefrierschrank durchfrieren lassen.
13. Für den Tortenboden die Eier trennen.
14. Das Eigelb in einer größeren Schüssel etwa zehn Minuten schaumig schlagen. Dabei nach und nach die Hälfte des Zuckers dazugeben.
15. Das Eiweiß in einer anderen Schüssel schaumig schlagen und den restlichen Zucker nach und nach beim Schlagen dazugeben. Eine Prise Salz hineinstreuen und das Eiweiß so fest schlagen, dass es Spitzen bilden.
16. Mit einem Holzlöffel die Eigelbmasse vorsichtig unter den Eischnee heben. Anschließend das Mehl darüber sieben und mit einem Holzlöffel langsam vermischen, damit die Masse nicht zusammenfällt.
17. Die Biskuitmasse auf eine mit Backpapier ausgelegte runde Backform geben und mit Hilfe einer Winkelpalette die Masse gleichmäßig verstreichen.
18. Die ausgestrichene Biskuitmasse im vorgeheizten Backofen bei 200 °C etwa 15 bis 20 Minuten backen, bis sie goldbraun ist.
19. Eine Garprobe durchführen, indem man einen dünnen Holzstab in die höchste Stelle des Backteiges einsticht und wieder herauszieht. Wenn noch Teig am Holzstab hängt, ist das Biskuit noch nicht fertig gebacken.
20. Den gebackenen Biskuitboden sofort aus der Form nehmen und zum Abkühlen auf ein Gitter stürzen.
21. Die Aprikosenmarmelade erwärmen und auf den Tortenboden verstreichen.
22. Die Kirschglasur fertigen und gleichmäßig über den gesamten Tortenboden auf die Aprikosenmarmelade verteilen.

Anrichten

23. Den Tortenboden auf eine gekühlte Platte stellen.
24. Den gefrorenen Reis mit Früchten aus dem Gefrierschrank nehmen. Den Tortenring entfernen, mit einer großen Palette auf den bestrichenen Tortenboden geben und direkt servieren.

Degustationsnotiz

Die Milch, der Reis und die reifen Früchte bilden mit den Backaromen einen herrlichen Aromenakkord. Besonders Vanille- den Ananas- und Kirschtöne treten hervor. Der Pfirsich bildet nur einen zarten Hintergrund. Perfekt vereinigen sich in diesem Gâteau à la Dame Blanche Cremigkeit, Schmelz und Aroma. Die Erdbeeren- und Kirschtöne, der Reis und die Backaromen bestimmen den bleibenden Geschmack.

Kulinarik

Wichtig bei der Herstellung des Gâteau à la Dame-Blanche sind die Reissorten und deren Qualität. Nur mit einem Mittelkornreis (Arborio oder Vialone Nano) wird der erforderliche Schmelz erreicht, der das Aroma reifer Früchte perfekt ergänzt.

Beim Einkauf von Pfirsichen sollte man saisonale und biologisch angebaute Früchte aus der Region bevorzugen, weil sie aromatischer sind. Im optimalen Reifezustand verfügen sie über ein ausgewogenes Spektrum von Süße und Säure.

Eine reife Ananas erkennt man am süßlichen Duft. Auch lassen sich bei ihr im Gegensatz zu noch nicht ausgereiften Früchten die inneren starren Blätter leicht herausziehen. Anders als Ananas aus Konserven, die vorwiegend nach Zucker schmecken, haben frische Früchte ein angenehmes Aromenspiel von Süße und Säure.

Erdbeersorten sind sehr unterschiedlich aromatisch. Die Sorten „Mara des Bois" und „Mieze Schindler" besitzen ein fruchtiges Walderdbeeraroma. Grundsätzlich empfiehlt sich, saisonale Früchte aus regionalem biologischen Anbau zu verwenden, weil sie frischer und aromatischer sind als andere. Erdbeeren aus Freilandhaltung entwickeln aufgrund der UV-Bestrahlung wesentlich mehr Aroma als Früchte, die nicht unter einer Folie bzw. im Gewächshaus gezogen wurden. Weil Erdbeeren nicht nachreifen, sollte man nur vollreife Früchte verwenden. Falls man genötigt ist, Erdbeeren zu verarbeiten, die nicht ausgereift sind, sollte man sie nicht nur mit Zucker süßen, sondern auch etwas Zitronensaft hinzufügen, weil die Früchte durch den Kontrast zur Säure süßer wahrgenommen werden als ohne diesen Hintergrund.

Die Eier in der Rezeptur können nach Belieben auch verdoppelt oder gar verdreifacht verwendet werden, um den Teig noch leichter und luftiger zu machen. Eier von Hühnern aus regionaler biologischer Haltung sind frischer und aromatischer. Die sattgelbe Farbe ihres Dotters garantiert eine schöne Farbe des Biskuitbodens.

Gâteau de Compiègne à l'orange

VORLAGE: GATEAU DE COMPIÉGNE À L'ORANGE (BRUNF[AUT] 546.) IN: PÖTZSCH, HERRSCHAFTSKÜCHE, S. 337; BRUNFAUT, GUSTAV: HANDBUCH DER MODERNEN KOCHKUNST, BERLIN 1891, S. 546

Saison: Das ganze Jahr

FÜR EINEN KUCHEN

SAVARINTEIG
385 g Butter
30 g Hefe
500 g Mehl (Type 505)
1 Bio-Zitrone
10 Bio-Eier (Größe M)
1 Prise Salz
10 g Zucker

FÜLLUNG
1 Rezeptur Curaçaopunsch
(Siehe S. 108)
1 Rezeptur Orangenzuckerglasur
(Siehe S. 434)
½ Rezeptur Orangeneis
(Siehe S. 17)

Zubereitung

1. Von der Butter 375 Gramm erwärmen, die Eier mit einem Schneebesen aufschlagen und unter die Butter rühren.
2. Die Hefe zerbröckeln, zur flüssigen Butter mit den Eiern geben und durchrühren.
3. Das Mehl in eine Schüssel füllen, in der Mitte eine Mulde formen und die Hefe mit der Butter hineingießen.
4. Die Butter mit etwas Mehl abdecken und 20 Minuten an einem warmen Ort ruhen lassen, bis größere Risse im Mehl auftauchen.
5. Währenddessen die Zitrone waschen und ihre gelbe Schale mit einer feinen Reibe abraspeln.
6. Das Salz, den Zucker und die fein geriebene Zitronenschale mit dem Vorteig aus Mehl, Hefe, Eiern und Butter verkneten.
7. Den Teig eine halbe Stunde an einem warmen Ort ruhen lassen.
8. Eine große Zylinderform von 16 Zentimetern Durchmesser und etwa zwei Litern Volumen, mit der restlichen Butter ausstreichen und auf die Innenwände ein wenig Zucker streuen, um die gebackenen Kuchen später leicht herausnehmen zu können.
9. Den Teig nochmals bearbeiten und in die Backform geben.
10. Den Teig mit einem Tuch abdecken, damit er keine Kruste bildet, und nochmals 30 Minuten an einem warmen Ort ruhen lassen.
10. Den Backofen auf 190°C vorheizen und etwa 30 bis 35 Minuten backen.
12. Eine Garprobe durchführen, indem man einen dünnen Holzstab in die höchste Stelle des Backteiges einsticht und wieder herauszieht. Wenn noch Teig am Holzstab hängt, ist der Hefeteig (Savarin) noch nicht fertig gebacken.
13. Den fertig gebackenen Teig aus der Form nehmen und auf ein Gitter mit einem Blech darunter, stürzen und anschließend 15 Minuten abkühlen lassen.
14. Das Orangeneis fertigen.
15. Den Curaçaopunsch herstellen.
16. Die Orangenglasur zubereiten.
17. Danach mit einem Holzspieß im Abstand von einem Zentimeter kleine Löcher in den Teig stechen.
18. Den Punsch erwärmen und den Kuchen übergießen. Die gesamte Flüssigkeit, die unter dem Gitter aufgefangen wird, erneut übergießen, bis die gesamte Flüssigkeit vom Kuchen aufgesogen wurde.
19. Den Kuchen vorsichtig mit einem Sägemesser halbieren.
20. Die Glasur erwärmen und den Deckel mit einem Pinsel bestreichen.

Anrichten

21. Das cremige Orangeneis auf den Kuchen geben, den Deckel daraufsetzten und servieren.

Degustationsnotiz
Der Kuchen duftet nach dem Curaçaopunsch. Erst im Verlaufe der Verkostung tauchen feine Spuren des Gebäcks auf, das mit dem Orangeneis einen Aromenakkord bildet. Die Orangentöne und Backaromen bestimmen den bleibenden Geschmack.

Kulinarik
Savarinteig ist ein wenig weicher als üblicher Hefeteig. Es empfiehlt sich frische Hefe zu verwenden, weil sie aromatischer ist und das Gebäck im Ofen besser aufgehen lässt als Trockenhefe. Frische Hefe sollte nicht älter als eine Woche sein und keinen unangenehmen Geruch haben. Denn das Aroma der Hefe überträgt sich auf das Gebäck. Eier von Hühnern aus regionaler biologischer Haltung sind frischer und aromatischer. Denn bei Eiern ist die Qualität der Tierfütterung für den Geschmack entscheidend.

Krokanteisbombe

VORLAGE: COUPE EN NOUGAT, GARNIE DE GLACE, IN: PÖTZSCH, HERRSCHAFTSKÜCHE, S. 337; BRUNFAUT, GUSTAV: HANDBUCH DER MODERNEN KOCHKUNST, BERLIN 1891, S. 536

Saison: Das ganze Jahr

FÜR EINE KUGELEISBOMBE VON 1 L

1 Rezeptur Sahneeisbombe mit Roten Johannisbeeren (Siehe S. 52)
Für die Krokanthaube
100 g Mandeln
200 g Zucker
50 ml Rapsöl

Zubereitung

1. Die Sahneeisbombe mit roten Johannisbeeren herstellen, in eine Form aus Edelstahl füllen und über Nacht in den Gefrierschrank stellen.
2. Die Edelstahlform mit einem heißen Tuch umwickeln, um die Eisbombe aus der Form zu lösen. Auf einen vorgekühlten Teller stürzen, in Folie einschlagen und nochmals in den Gefrierschrank stellen.
3. Die Mandeln in kochendes Wasser geben. Nach einer Minute herausnehmen und in kaltem Wasser abschrecken.
4. Die Haut von den Mandeln abziehen und die Mandelkerne in feine Stifte schneiden.
5. Die Eisbombenform reinigen und im Backofen bei 120 °C für einige Minuten erhitzen.
6. Die Hälfte des Zuckers in einem flachen Einlitertopf mit schwerem Boden auf mittlerer Temperatur erhitzen, bis er zu bräunen beginnt.
7. Dann den restlichen Zucker dazugeben und ebenfalls karamellisieren lassen.
8. Immer wieder den Topfrand mit einem hitzebeständigen feuchten Pinsel säubern, damit der gesamte Zucker gleichmäßig erhitzt wird und am Rand keine Zuckerkristalle entstehen
9. Die Mandelstifte in den karamellisierten Zucker schütten, kräftig mit einem fettfreien Holzlöffel durchrühren und alles gleichmäßig im Topf verteilen.
10. Mit einem Pinsel das Rapsöl auf eine Metallplatte verteilen.
11. Den heißen Krokant darauf geben und mit einem Rollholz die Krokantmasse auf fünf Millimeter Dicke ausrollen.
12. Sofort danach den ausgerollten noch warmen Krokant so in die erhitzte Edelstahlform pressen, dass die Halbkugelform ganz mit Krokant ausgekleidet ist.
13. Den Krokant in der Edelstahlform erkalten lassen.
14. Jetzt die Sahneeisbombe mit roten Johannisbeeren aus dem Gefrierschrank nehmen und in die mit dünnem Krokant ausgekleideten Eisbombenform füllen.
15. Sollte etwas Eis überstehen, diesen Teil mit einem Messer entfernen.

Anrichten
16. Auf eine kalte Platte stürzen. Mit ein wenig Sahne garnieren und servieren.

Degustationsnotiz
Knackig kommt als erstes der Krokant mit seinen Karamell- und Mandeltönen auf dem Gaumen an, bevor aus der Kälte des Eises ein sahniges Aroma hervortritt, das zunehmend vom Geschmack der roten Johannisbeeren durchdrungen wird. Die Johannisbeeren mit ihrer Säure und der Karamell- und Mandelton des Krokants bestimmen den bleibenden Geschmack.

Kulinarik
Sahne, die aus Milch von biologisch gehaltenen Kühen hergestellt wird, ist aromatischer, weil die Fütterung der Tiere für den Geschmack ihrer Milch entscheidend ist. Die Johannisbeeren sollten reife bis überreif sein, damit das Eis nicht nur sahnig schmeckt. Mit ihren intensiven Aromen eigenen sich für dies schnell zu produzierende Eis auch Walderdbeeren und Waldhimbeeren besonders.

Krokant muss immer heiß oder zumindest sehr warm verarbeitet werden. Er sollte nicht auf einer kalten Steinplatte bearbeitet werden, da er dann sofort erstarrt. Eine Krokanteisbombe darf nicht wieder eingefroren werden, da die Feuchtigkeit im Eis den krossen Krokant auflösen würde.

Mandeln haben einen marzipanähnlichen Grundton. Sie behalten in der Schale bis zu einem Jahr ihr Aroma, ohne ranzig zu werden. Wird eine Mandel nur noch von der Haut umgeben, sollte man sie aber nicht länger als sechs und ohne Haut nur vier Monate aufbewahren. Weiter verarbeitete Mandeln bleiben nur wenige Wochen frisch.

Sahneeis aus Aprikosenmus

VORLAGEN: MOUSSE, IN: PÖTZSCH, HERRSCHAFTSKÜCHE, S. 337; PARFAIT, IN: PÖTZSCH, HERRSCHAFTSKÜCHE, S. 337; BRUNFAUT, GUSTAV: HANDBUCH DER MODERNEN KOCH-KUNST, BERLIN 1891, S. 559

Saison: Ende Juli bis Oktober

FÜR 1 ½ L
300 g sehr reife Bio-Aprikosen
50 g Puderzucker
1 l Sahne (30 % Fett)
300 g Zucker
1 Vanilleschote (Bourbon)

Zubereitung
1. Die Aprikosen entkernen und durch ein feines Haarsieb streichen.
2. Das Aprikosenmark mit dem Puderzucker verrühren und kalt stellen.
3. Die Vanilleschote längs halbieren, das Mark mit einem Messerrücken herausschaben und mit dem Zucker verrühren.
4. Die Sahne aufschlagen und kurz vorm Steifwerden den Vanillezucker unterrühren.
5. Das Aprikosenmark mit einem Teiglöffel unter die steif geschlagene Sahne heben und sofort in der Eisform füllen. Anschließend im Gefrierschrank 24 Stunden durchfrieren.

Anrichten
6. Das Aprikoseneis mit einem warmen Esslöffel abstechen und auf einen kalten Teller oder in ein Glas geben. Mit passenden Früchten garnieren und servieren.

Degustationsnotiz
Schon bevor das schmelzende Eis im Mund die Süße freigibt, entfaltet sich der cremige Aprikosengeschmack. Diesen Aromenakkord erweitert das feine Vanillearoma auf dem Höhepunkt der Verkostung. Der feine Aprikosengeschmack bestimmt den bleibenden Geschmack.

Kulinarik
Sehr reife Aprikosen sind auf dem Markt sehr schwer zu bekommen. Daher empfiehlt es sich, einen Fachhändler fragen, ob er sie liefern kann. Da Aprikosen geschmacklich nicht nachreifen, ist beim Kauf ein Geschmackstest sehr wichtig.
Sahneeis lässt sich auch mit anderen Früchten, bspw. mit Erdbeeren, Johannisbeeren oder überreifen Weinbergpfirsichen, herstellen. Beim Einkauf sollte man saisonale und biologisch angebaute Früchte aus der Region bevorzugen, weil sie aromatischer sind. Im optimalen Reifezustand verfügen sie über ein ausgewogenes Spektrum von Süße und Säure.
Sahne, die aus Milch von biologisch gehaltenen Kühen hergestellt wird, ist aromatischer, weil die Fütterung der Tiere für den Geschmack ihrer Milch entscheidend ist.

Kaffee – Punsch – Bowle

Einfacher Kaffee

VORLAGE: KAFFEE; ZUM 1. FRÜHSTÜCK. (FRÜH FÜR S[EINE] KÖNIGL[ICHE] HOHEIT
IN WACHWITZ.) / KAFFEE; ZUM DINER; EINFACH. (FÜR GEWÖHNLICHE DI[E]NSTTAFELN.),
IN: PÖTZSCH, HERRSCHAFTSKÜCHE, S. 195

Saison: Das ganze Jahr

FÜR 4 PERSONEN

100 g Kaffeebohnen (schonend geröstet)
1 l Wasser
250 ml Sahne (30 % Fett)
Nach Wunsch Zucker

Zubereitung

1. Die Kaffeebohnen mahlen und in eine Cafetière (Pressstempelkanne) geben.
2. Das Wasser aufkochen, zwei bis drei Minuten stehen lassen und dann auf die gemahlenen Kaffeebohnen gießen.
3. Fünf Minuten ziehen lassen.
4. Das aufgequollene Kaffeepulver mit dem Sieb herunterdrücken.

Anrichten

5. Den Kaffee in eine Tasse gießen. Dazu Sahne reichen und nach Belieben mit Zucker süßen.

Degustationsnotiz

Die leichten, aber aromatischen Röstnoten des Kaffees nimmt man sofort wahr. Seine rauchigen Bittertöne werden von der Sahne begleitet und neutralisiert. Die kaffeetypischen Bitteraromen und Säuren bestimmen den Nachgeschmack. Eine gut dosierte Zugabe von Zucker kann dies zu einem harmonischen Aromenakkord abwandeln.

Kulinarik

Um das Aroma eines guten Kaffees zur Geltung kommen zu lassen, muss man einen Qualitätskaffee verwenden, der schonend geröstet wurde. Auch dürfen Kaffeebohnen nicht zu lange gelagert werden, weil sie sonst an Aroma verlieren.
Die Zubereitung in einer Pressstempelkanne empfiehlt sich, damit kein Nebengeschmack durch Filterpapier in Kauf genommen werden muss. Die besten Extraktionsergebnisse erzielt man bei Kaffee mit Wasser, das auf knapp über 90°C erhitzt ist.
Mit kochendem Wasser zubereiteter Kaffee schmeckt bitter bis verbrannt und ein Teil seines Aromas geht verloren. Deshalb sollte man kochendes Wasser zwei bis drei Minuten abkühlen lassen, bevor man damit Kaffee brüht.

Starker Kaffee zum Diner

VORLAGE: KAFFEE; ZUM DINER; STARK. (FÜR DIE TAFEL BEIM GRAFEN REICHENBACH.),
IN: PÖTZSCH, HERRSCHAFTSKÜCHE, S. 195
UND KAFFEE ZUM DINER (BEIM GRAFEN REICHENBACH.) LEHMANN, IN: PÖTZSCH,
HERRSCHAFTSKÜCHE, S. 343

Saison: Das ganze Jahr

FÜR 4 PERSONEN

160 g Kaffeebohnen (schonend geröstet)
1 l Wasser
250 ml Sahne (30 % Fett)
Nach Wunsch Zucker

Zubereitung

1. Die Kaffeebohnen mahlen und in eine Cafetière (Pressstempelkanne) geben.
2. Das Wasser aufkochen, zwei bis drei Minuten stehen lassen und dann auf die gemahlenen Kaffeebohnen gießen.
3. Fünf Minuten ziehen lassen.
4. Das aufgequollene Kaffeepulver mit dem Sieb herunterdrücken.
5. Die Sahne erwärmen, jedoch nicht kochen lassen.

Anrichten

6. Den Kaffee in eine Tasse gießen, dazu warme Sahne reichen und nach Belieben mit Zucker süßen.

Degustationsnotiz

Die hohe Dosierung des Kaffeepulvers intensiviert die Komponente der aromatischen Röstnoten, die man sofort wahrnimmt. Die rauchigen Bittertöne des Kaffees werden bald schon von der Sahne begleitet, aber nur teilweise neutralisiert. Die kaffeetypischen Bitteraromen und Säuren bestimmen den Nachgeschmack. Eine kräftige Zugabe von Zucker kann dies zu einem harmonischen Aromenakkord abwandeln.

Kulinarik

Auch wenn der Kaffeesatz in der Cafetière kräftig heruntergedrückt wird, bleibt die Ausbeute bei diesem Verhältnis von Kaffeepulver und Wasser gering, aber der Sud ist hoch konzentriert.

Um das Aroma eines guten Kaffees zur Geltung kommen zu lassen, muss man einen Qualitätskaffee verwenden, der schonend geröstet wurde. Auch dürfen Kaffeebohnen nicht zu lange gelagert werden, weil sie sonst an Aroma verlieren.

Die Zubereitung in einer Pressstempelkanne empfiehlt sich, damit kein Nebengeschmack durch Filterpapier in Kauf genommen werden muss. Die besten Extraktionsergebnisse erzielt man bei Kaffee mit Wasser, das auf knapp über 90°C erhitzt ist.

Mit kochendem Wasser zubereiteter Kaffee schmeckt bitter bis verbrannt und ein Teil seines Aromas geht verloren. Deshalb sollte man kochendes Wasser zwei bis drei Minuten abkühlen lassen, bevor man damit Kaffee brüht.

Türkischer Kaffee

VORLAGE: TÜRKISCHER KAFFEE. (S[EINE]R K[ÖNI]GL[ICHEN] HOHEITEN.), IN: PÖTZSCH, HERRSCHAFTSKÜCHE, S. 343

Saison: Das ganze Jahr

FÜR 4 PERSONEN
80 g Kaffeebohnen (Arabica)
500 ml Wasser
20 g Zucker

Zubereitung
1. Die Kaffeebohnen sehr fein mahlen und in eine Kanne geben.
2. Das Wasser aufkochen, zwei bis drei Minuten stehen lassen und dann auf die gemahlenen Kaffeebohnen gießen.
3. Den Zucker dazugeben.
4. Anschließend den Kaffee in der Kanne zugedeckt fünf Minuten ziehen lassen, damit der Kaffeesatz sich nach unten absetzen kann.

Anrichten
5. Den Türkischen Kaffee mit dem Gefäß servieren und in kleine vorgewärmte Mokkatassen so eingießen, dass der Kaffeesatz nicht mit einfließt.

Degustationsnotiz
Die hohe Dosierung des fein gemahlenen Kaffeepulvers intensiviert die Komponente der aromatischen Röstnoten, die man sofort wahrnimmt. Anschließend entwickeln sich die rauchigen und schokoladigen Bittertöne des Kaffees. Die kaffeetypischen Bitteraromen und Säuren bestimmen den Nachgeschmack. Eine Zugabe von Zucker kann dies zu einem harmonischen Aromenakkord abwandeln.

Kulinarik
Für Türkischen Kaffee empfiehlt sich, Espressobohnen aus reinem Arabica-Kaffee zu verwenden. Um das Aroma eines guten Kaffees zur Geltung kommen zu lassen, muss man einen Qualitätskaffee verwenden, der schonend geröstet wurde. Auch dürfen Kaffeebohnen nicht zu lange gelagert werden, weil sie an Aroma verlieren. Eine dickwandige Mokkatasse sollte, bevor der Kaffee hineingegossen wird, mit heißem Wasser oder im Backofen vorgewärmt werden, damit der Türkische Kaffee nicht zu rasch seine Temperatur verliert.

Starker Mokka nach Art der Großherzogin Alicia von Toscana

VORLAGE: STARKER MOCCA. (GROSSHERZOGIN V[ON] TOSKANA.), IN: PÖTZSCH, HERRSCHAFTSKÜCHE, S. 195 UND 343

Saison: Das ganze Jahr

FÜR 4 PERSONEN
240 g Kaffeebohnen (Arabica)
500 ml Wasser
100 l Sahne (30 % Fett)
20 g Zucker

Zubereitung
1. Die Kaffeebohnen sehr fein mahlen und in eine Cafetière (Pressstempelkanne) füllen.
2. Das Wasser aufkochen, eine halbe Minute stehen lassen und dann auf die gemahlenen Kaffeebohnen gießen.
3. Drei bis vier Minuten ziehen lassen.
4. Dann das Sieb der Cafetière herunterdrücken.
5. Die Sahne leicht erwärmen.

Anrichten
6. Den Kaffee in eine vorgewärmte Espressotasse geben. Die erwärmte Sahne dazugießen und mit dem Zucker süßen.

Degustationsnotiz

Die enorm hohe Dosierung des fein gemahlenen Kaffeepulvers intensiviert die Komponente der aromatischen Röstnoten, die man sofort wahrnimmt. Die rauchigen und schokoladigen Bittertöne des Kaffees werden bald schon von der Sahne begleitet, aber nur teilweise neutralisiert. Die kaffeetypischen Bitteraromen und Säuren bestimmen den Nachgeschmack. Eine kräftige Zugabe von Zucker kann dies zu einem harmonischen Aromenakkord abwandeln.

Kulinarik

Für starken Mokka empfiehlt sich, Espressobohnen aus reinem Arabica-Kaffee zu verwenden. Um das Aroma eines guten Kaffees zur Geltung kommen zu lassen, muss man einen Qualitätskaffee verwenden, der schonend geröstet wurde. Auch dürfen Kaffeebohnen nicht zu lange gelagert werden, weil sie an Aroma verlieren. Anstatt einer Cafetière (Pressstempelkanne) kann auch ein geruchfreies Leinentuch verwendet werden. Dabei sollte das Tuch erst kalt und dann heiß abgespült und ausgewrungen werden. Danach wird der „Kaffeebrei" im Tuch ausgepresst. Vor dem Genuss muss der Kaffeesud noch einmal kurz erhitzt werden. Auch sollte eine dickwandige Mokkatasse, bevor der Kaffee hineingegossen wird, mit heißem Wasser oder im Backofen vorgewärmt werden, damit der Mokka nicht zu rasch seine Temperatur verliert.

Eiskaffee

VORLAGE: EISKAFFEE (FÜR BÄLLE, BELVEDÈRE), IN: PÖTZSCH, HERRSCHAFTSKÜCHE, S. 199

Saison: Das ganze Jahr

FÜR 4 PERSONEN
250 g Zucker
270 ml Wasser für Läuterzucker
125 g Kaffeebohnen (schonend geröstet)
375 ml Wasser
625 ml Sahne (30 % Fett)

Zubereitung

1. Den Zucker in die 270 Milliliter Wasser geben und unter Rühren zu Läuterzucker aufkochen. Dann fünf Minuten weiterkochen, um das Volumen des Läuterzuckers auf 250 Milliliter zu reduzieren.
2. Den Läuterzucker erkalten lassen.
3. Die Kaffeebohnen frisch mahlen und in eine Cafetière (Pressstempelkanne) geben.
4. Die 375 Milliliter Wasser aufkochen, zwei bis drei Minuten stehen lassen und auf die gemahlenen Kaffeebohnen gießen.
5. Fünf Minuten ziehen lassen.
6. Das aufgequollene Kaffeepulver mit dem Sieb herunterdrücken.
7. Anschließend den Kaffee erkalten lassen.
8. Die eiskalte Sahne dazugießen.
9. Nach Wunsch Läuterzucker dazugeben.

Anrichten

10. Den Eiskaffee sehr kalt servieren.

Degustationsnotiz

Die aromatischen Röstaromen des Kaffees nimmt man sofort wahr. Anschließend werden seine rauchigen Bittertöne vom Aroma der Sahne begleitet. Die kaffeetypischen Bitteraromen und Säuren bestimmen den Nachgeschmack. Je mehr sich die Aromen auf dem Gaumen entfalten, desto mehr kommt die Süße zum Vorschein und vereint alles zu einer Harmonie.

Kulinarik

Je kälter der Eiskaffee serviert wird, umso stärker muss er durch den Läuterzucker gesüßt werden, da Kälte die Süße nicht sosehr zur Geltung kommen lässt. Um das Aroma eines guten Kaffees zu nutzen, ist die Grundbedingung, einen Qualitätskaffee zu verwenden, der schonend geröstet wurde. Auch dürfen Kaffeebohnen nicht zu lange gelagert werden, weil sie an Aroma verlieren. Damit kein Nebengeschmack durch Filterpapier in Kauf genommen werden muss, empfiehlt sich die Zubereitung mit einer Pressstempelkanne. Die besten Extraktionsergebnisse erzielt man bei Kaffee mit Wasser, das auf knapp über 90°C erhitzt ist. Bei kochendem Wasser schmeckt der Kaffee bitter bis verbrannt und ein Teil seines Aromas geht verloren. Deshalb sollte man kochendes Wasser zwei bis drei Minuten abkühlen lassen, bevor man damit Kaffee brüht.

Heiße Schokolade

VORLAGE: CHOCOLADE (¼ LTR), IN: PÖTZSCH, HERRSCHAFTSKÜCHE, S. 195

Saison: Das ganze Jahr

Zubereitung
1. Die Schokolade mit einem großen Messer schneiden oder auf einer Reibe grob raspeln.
2. Anschließend die Milch aufkochen.
3. Die Milch vom Herd ziehen und die Schokolade mit einem Schneebesen unterrühren.

Anrichten
4. Die Schokolade in eine vorgewärmte große Tasse oder ein Glas geben und servieren.

Degustationsnotiz
Schokolade und Milch bilden einen Aromenakkord, der bei der Verkostung sofort zu spüren ist. Die Schokolade bestimmt den bleibenden Geschmack.

Kulinarik
Den Geschmack des Getränks bestimmt ganz wesentlich die Qualität der Schokolade. Ihr Aroma hängt von der Qualität des Kakaos ab. Da Kakaobohnen kein dominantes Schlüsselaroma besitzen, sondern sich ihr Duft aus vielen Komponenten zusammensetzt, variiert ihr Geschmack in Nuancen von holzig-nussigen bis zu blumig-warmen und honigartigen Noten. Das Aroma von Schokolade wird nicht nur durch die unterschiedlichen Bittertöne der verschiedenen Kakaobohnensorten und deren Wachstums-, Ernte- sowie Verarbeitungsbedingungen, sondern vor allem auch durch den Röstprozess bestimmt, der weitere erdig-würzige Aromen freisetzt.
Milch von Kühen aus regionaler biologischer Haltung ist frischer und aromatischer, weil die Qualität der Tierfütterung für den Geschmack entscheidend.

FÜR 4 PERSONEN
160 g Blockschokolade (55 % Kakaoanteil)
1 l Milch (3,5 % Fett)

Schwarzer chinesischer Tee mit Sahne

VORLAGE: THEE; MITTEL, IN: PÖTZSCH, HERRSCHAFTSKÜCHE, S. 196

Saison: Das ganze Jahr

FÜR 4 PERSONEN
8 g schwarzer Chinesischer Tee (First oder Second Flush)
1 l Wasser
250 ml Sahne (30 % Fett)

Zubereitung

1. Den Tee in eine Kanne geben, die nur zum Aufbrühen benutzt wird.
2. Das Wasser zum Kochen bringen und sprudelnd über den Tee gießen.
3. Den Tee zweieinhalb bis drei Minuten ziehen lassen.
4. Währenddessen eine Servierkanne mit heißem Wasser vorwärmen.

Anrichten

5. Den Tee ohne den dunklen Bodensatz durch ein Sieb in eine Servierkanne gießen und gemeinsam mit der Sahne servieren.

Degustationsnotiz

Der Gerbstoff des Tees ist deutlich zu spüren, bevor die übrigen Teearomen sich entfalten.

Kulinarik

Besonders genussvollen und koffeinhaltigen Tee erzielt man mit Blättern aus der ersten Pflückung (First Flush), die von den Knospen an der Spitze der Zweige stammen (Flowery Orange Pekoe). Der bittere Geschmack von Tee lässt sich deutlich reduzieren, indem man den Aufguss nicht vollständig verwendet, sondern die dunkle Flüssigkeit, die sich mit den Teeblättern am Boden der Aufgusskanne absetzt, nicht in die Servierkanne abgießt. Ein Tee, der länger als drei Minuten extrahiert wird, wirkt nicht anregend sondern beruhigend.

Kakao

VORLAGE: KAKAO; IM KÄNNCHEN, IN: PÖTZSCH, HERRSCHAFTSKÜCHE, S. 196

Saison: Das ganze Jahr

Zubereitung
1. 700 Milliliter der Milch aufkochen.
2. Den Kakao unterrühren und erneut aufkochen.
3. Den Zucker dazugeben.
4. Die restliche Milch separat in einem kleinen Topf erhitzen und mit einem Schneebesen schaumig schlagen.

Anrichten
5. Den fertigen Kakao in vorgewärmte Tassen geben, mit der geschäumten Milch dekorieren und servieren.

Degustationsnotiz
Die schokoladig-würzigen Aromen des Kakaos werden von der Süße des Zuckers und dem leichten Schmelz der Milch begleitet, die gemeinsam die Bitternoten und Säuren des Kakaos kompensieren.

Kulinarik
Die Zubereitung von Trinkschokolade aus entöltem Kakao, wie sie heute üblich ist, war auch um 1900 schon Usus, weil wasserlösliche Schokolade ohne Kakaobutter schon hergestellt werden konnte. Ältere Zubereitungsweisen aus komplett gemahlenen Kakaobohnen sind zwar aromaintensiver, müssen aber immer wieder gerührt werden, da sie nur so zu einer Emulsion führen. Um den Zuckeranteil des Kakaos selbst bestimmen zu können, empfiehlt es sich, ein ungezuckertes Pulver zu erwerben, das zumeist nur von handwerklichen Kakaoröstern angeboten wird. Den Geschmack des Getränks bestimmt die Qualität des Kakaopulvers ganz wesentlich. Sein Aroma hängt von der Qualität der Kakaobohnen ab. Da Kakaobohnen kein dominantes Schlüsselaroma besitzen, sondern sich ihr Duft aus vielen Komponenten zusammensetzt, variiert ihr Geschmack in Nuancen von holzig-nussigen bis zu blumig-warmen und honigartigen Noten. Das Aroma von Kakao wird nicht nur durch die unterschiedlichen Bittertöne der verschiedenen Kakaobohnensorten und deren Wachstums-, Ernte- sowie Verarbeitungsbedingungen, sondern vor allem auch durch den Röstprozess bestimmt, der weitere erdig-würzige Aromen freisetzt. Es empfiehlt sich, Bio-Milch aus der Region zu verwenden, da sie aromatischer ist.

FÜR 4 PERSONEN
1 l Milch
18 g Kakao (ungesüßt)
36 g Zucker

Geeister Zitronenpunsch mit Maraschino und Champagner

VORLAGE: PU[N]SCH À LA ROMAINE. KALT! (RÖSSLER), IN: PÖTZSCH, HERRSCHAFTS-KÜCHE, S. 196 F.

Saison: Das ganze Jahr

FÜR 4 PERSONEN
125 g Zucker
375 ml Wasser
200 l Champagner (extra brut)
5 Bio-Zitronen
100 ml Weißwein (Riesling trocken)
3 Eiweiß (Bio-Ei Größe M)
60 ml Maraschino
60 ml Arak

Zubereitung

1. Den Zucker mit dem Wasser fünf Minuten lang zu Läuterzucker kochen und danach kalt stellen, bis die Zuckerlösung richtig abgekühlt ist.
2. Währenddessen den Champagner kühlen.
3. Eine der fünf Zitronen waschen und ihre gelbe Schale mit einer feinen Reibe abraspeln.
4. Anschließend alle fünf Zitronen auspressen und den Zitronensaft sowie die Zitronenschale in den abgekühlten Läuterzucker geben.
5. Den Weißwein dazugießen.
6. Ein Eiweiß steif schlagen und mit dem Zitronen-Läuterzucker in der Eismaschine fest frieren. Dies kann je nach Größe der Maschine 20 bis 30 Minuten dauern.
7. Das restliche Eiweiß ebenfalls steif schlagen und zusammen mit dem Maraschino und Arak unter das feste Zitroneneis heben.

Anrichten

8. Das nun nur noch zähflüssige Zitroneneis in gekühlte Champagnergläser geben, mit dem eiskalten Champagner aufgießen, garnieren und servieren.

Degustationsnotiz

Der Champagner erzeugt durch seine Kohlensäure ein Kribbeln auf der Zunge. Die Süße des Zuckers sowie die Säure des Weißweins und der Zitronen spielen am Gaumen, bevor die leichte Bitterkeit des Maraschinos und die kleine Note des Anisschnapses zur Geltung kommen. Die Champagneraromen runden das Getränk harmonisch ab.

Kulinarik

Champagner sollte kleine und möglichst langsam aufsteigende Bläschen haben, um an der Oberfläche ein feines Aerosol entstehen zu lassen, das für die Nase das Bouquet des Getränks um kleine flüssige Schwebteilchen anreichert. Die Kohlensäure des Champagners erweitert durch das Kribbeln auf der Zunge das kulinarische Erlebnis auch auf den Tastsinn. Der trockene Riesling soll mit seiner schönen Säure die Zitrone ergänzen und mit der Süße des Zuckers einen Geschmackakkord bilden. Es sollte daher eher ein säurebetonter Wein gewählt werden.
Das Aroma von reifen Bio-Zitronen besitzt eine ausgewogenere Balance zwischen Säure und Süße als das von Früchten aus konventioneller Produktion. Von Bio-Zitronen lässt sich die Schale bedenkenlos verwenden, weil sie keine Rückstände von Pflanzenschutz- oder Konservierungsmitteln enthält.
Je kälter der Punsch ist, umso trockener wirkt er, da Kälte die Süße nicht sosehr zur Geltung kommen lässt.

Geeister Arak-Maraschino-Punsch mit Champagner

VORLAGE: PUNSCH À LA MARASCHINO. (RÖSSLER), IN: PÖTZSCH, HERRSCHAFTSKÜCHE, S. 197

Saison: Das ganze Jahr

Zubereitung

1. Den Zucker mit dem Wasser fünf Minuten lang zu Läuterzucker kochen und danach kalt stellen, bis die Zuckerlösung auf 4 bis 5 °C heruntergekühlt ist.
2. Den Champagner kalt stellen.
3. Eine der fünf Zitronen waschen und ihre gelbe Schale mit einer feinen Reibe abraspeln.
4. Anschließend alle fünf Zitronen auspressen und den Zitronensaft sowie die Zitronenschale in den abgekühlten Läuterzucker geben.
5. Dann den Weißwein dazugießen.
6. Ein Eiweiß steif schlagen und mit dem Zitronen-Läuterzucker in der Eismaschine fest frieren. Dies kann je nach Größe der Maschine 20 bis 30 Minuten dauern.
7. Kurz vor dem Festfrieren die Hälfte des Maraschinos dazugießen und nochmals zwei bis drei Minuten frieren.
8. Das restliche Eiweiß ebenfalls steif schlagen und zusammen mit dem restlichen Maraschino und Arak unter das feste Zitroneneis heben.

Anrichten

9. Das nun nur noch zähflüssige Zitronen-Maraschino-Eis in gekühlte Champagnergläser geben, mit dem eiskalten Champagner aufgießen, garnieren und servieren.

FÜR 4 PERSONEN

125 g Zucker
375 ml Wasser
200 ml Champagner (extra brut)
5 Bio-Zitronen
100 ml Weißwein (Riesling trocken)
3 Eiweiß (Bio-Ei Größe M)
250 ml Maraschino
60 ml Arak

Degustationsnotiz
Der Champagner erzeugt durch seine Kohlensäure ein Kribbeln auf der Zunge. Die Anistöne des Arak und die Bittermandeltöne des Maraschinos zeigen sich sofort auf dem Gaumen. Doch holen die Süße des Zuckers sowie die Säure des Weißweins und der Zitronen die Mandeltöne wieder ein. Die Champagneraromen runden das Getränk harmonisch ab.

Kulinarik
Champagner sollte kleine und möglichst langsam aufsteigende Bläschen haben, um an der Oberfläche ein feines Aerosol entstehen zu lassen, das für die Nase das Bouquet des Getränks um kleine flüssige Schwebteilchen anreichert. Die Kohlensäure des Champagners erweitert durch das Kribbeln auf der Zunge das kulinarische Erlebnis auch auf den Tastsinn. Weil Kälte die Fruchtigkeit und die Süße nicht sosehr zur Geltung kommen lässt, entfalten sich die Kirschtöne des Maraschinos desto weniger, je kälter der Punsch ist. Die reduzierte Wahrnehmung der Süße lässt sich durch mehr Läuterzucker oder durch einen Demi Sec Champagner ausgleichen, dessen Dosage eine höhere Zuckerlösung besitzt. Der trockene Riesling soll mit seiner schönen Säure die Zitrone ergänzen und mit der Süße des Zuckers einen Geschmackakkord bilden. Es sollte daher eher ein säurebetonter Wein gewählt werden.
Das Aroma von reifen Bio-Zitronen besitzt eine ausgewogenere Balance zwischen Säure und Süße als das von Früchten aus konventioneller Produktion. Von Bio-Zitronen lässt sich die Schale bedenkenlos verwenden, weil sie keine Rückstände von Pflanzenschutz- oder Konservierungsmitteln enthält.

Geeister Kirschpunsch mit Champagner

VORLAGE: KIRSCH-PUNSCH. (RÖSSLER.), IN: PÖTZSCH, HERRSCHAFTSKÜCHE, S. 197 F.

Saison: Das ganze Jahr

Zubereitung

1. Den Zucker mit dem Wasser fünf Minuten lang zu Läuterzucker kochen und danach kalt stellen, bis die Zuckerlösung richtig abgekühlt ist.
2. Den Champagner kalt stellen.
3. Eine der fünf Zitronen waschen und ihre gelbe Schale mit einer feinen Reibe abraspeln.
4. Anschließend alle fünf Zitronen auspressen und den Zitronensaft sowie die Zitronenschale in den abgekühlten Läuterzucker geben.
5. Den Weißwein dazugießen.
6. Ein Eiweiß steif schlagen und mit dem Zitronen-Läuterzucker in der Eismaschine fest frieren. Dies kann je nach Größe der Maschine 20 bis 30 Minuten dauern.
7. Kurz vor dem Festfrieren die Hälfte des Kirschwassers dazugießen und nochmals zwei bis drei Minuten frieren.
8. Zuletzt das restliche Eiweiß ebenfalls steif schlagen und zusammen mit dem restlichen Kirschwasser und dem Arak unter das feste Zitroneneis heben.

Anrichten

9. Das nun nur noch zähflüssige Zitronen-Kirsch-Eis in gekühlte Champagnergläser geben. Mit dem eiskalten Champagner aufgießen, garnieren und servieren.

Degustationsnotiz

Champagner erzeugt durch seine Kohlensäure ein Kribbeln auf der Zunge. Die feinen Kirschtöne durchdringen die anderen Aromen. Doch holen die Süße des Zuckers sowie die Säure des Weißweins und der Zitronen die Kirschtöne wieder ein. Die kleine Note vom Anis des Arak macht sich bemerkbar. Die Champagneraromen runden das Getränk harmonisch ab.

Kulinarik

Champagner sollte kleine und möglichst langsam aufsteigende Bläschen haben, um an der Oberfläche ein feines Aerosol entstehen zu lassen, das für die Nase das Bouquet des Getränks um kleine flüssige Schwebteilchen anreichert. Die Kohlensäure des Champagners erweitert durch das Kribbeln auf der Zunge das kulinarische Erlebnis auch auf den Tastsinn. Der trockene Riesling soll mit seiner schönen Säure die Zitrone ergänzen und mit der Süße des Zuckers einen Geschmackakkord bilden. Es sollte daher eher ein säurebetonter Wein gewählt werden.
Das Aroma von reifen Bio-Zitronen besitzt eine ausgewogenere Balance zwischen Säure und Süße als das von Früchten aus konventioneller Produktion. Von Bio-Zitronen lässt sich die Schale bedenkenlos verwenden, weil sie keine Rückstände von Pflanzenschutz- oder Konservierungsmitteln enthält.

FÜR 4 PERSONEN

125 g Zucker
375 ml Wasser
200 ml Champagner (extra brut)
5 Bio-Zitronen
100 ml Weißwein (Riesling trocken)
3 Eiweiß (Bio-Ei Größe M)
250 ml Kirschwasser
60 ml Arak

Curaçaopunsch

VORLAGE: CURAÇAO-PUNSCH, IN: BIERBAUM, CONDITOREI-LEXIKON, S. 148

Saison: Das ganze Jahr

FÜR 400 ML
20 g Zucker
200 ml Brandy
100 ml Brauner Rum (40 %)
50 ml Curaçao
½ Bio-Zitrone

Zubereitung
1. Den Zucker mit dem Brandy, dem Rum und dem Curaçao verrühren.
2. Die Zitrone auspressen, den Saft sieben und zur Mischung dazugeben.

Degustationsnotiz
Sofort spürt man den Alkohol, die Süße und die leichten Holztöne des Rums. Die Orangenaromen des Curaçaos und die Säure der Zitrone gleichen die Süße des Zuckers sehr harmonisch aus.

Kulinarik
Der Curaçaopunsch dient dazu, gebackenen Hefeteig zu tränken oder zu aromatisieren. Der Punsch kann auch für kurze Zeit als Vorrat hergestellt werden, sofern er dunkel und gut verschlossen gelagert wird.
Rum und Brandweine gibt es in einer sehr großen Vielzahl und in unterschiedlichen Qualitäten. Es lohnt sich einen guten Rum bzw. Brandy zu verwenden, da sein Aroma den Geschmack des Punschs wesentlich bestimmt.
Das Aroma von reifen Bio-Zitronen besitzt eine ausgewogenere Balance zwischen Säure und Süße als das von Früchten aus konventioneller Produktion.

Aufgeschlagener Weinschaum

VORLAGE: EIER-PUNSCH. (BELVEDERE) (ODER SCHWEDISCHER PUNSCH; CHAUDEAU) (WARM), IN: PÖTZSCH, HERRSCHAFTSKÜCHE, S. 198

Saison: Das ganze Jahr

FÜR 4 PERSONEN
60 g Zucker
320 ml Weißwein (Riesling trocken)
2 Eier (Bio-Ei Größe M)
4 Eigelbe (Bio-Ei Größe M)

Zubereitung
1. Den Zucker mit dem Weißwein in einer Metallschüssel auf 50 bis 60°C erwärmen.
2. Anschließend die Eier und die Eigelbe durch ein Sieb passieren, um die Hagelschnüre zu entfernen.
3. Die Eiermasse nun mit einem Schneebesen unter den gezuckerten Weißwein rühren.
4. Die Schüssel ins Wasserbad geben und die Ei-Weißwein-Zucker-Masse mit einem Schneebesen zehn bis 15 Minuten aufschlagen.
5. Wenn die Eier die Bindung annehmen und der Weinschaum fest wird, ist das Gericht fertig.

Anrichten
6. Den aufgeschlagenen Weinschaum in ein Glas geben und servieren.

Degustationsnotiz
Trotz der Süße des Zuckers sticht die Säure des Weins hervor. Weinschaum hat einen cremigen Schmelz, dessen heiße Temperatur zu Eis einen aufregenden Kontrast bildet.

Kulinarik
Der Riesling soll mit seiner Säure die Süße des Zuckers ausgleichen. Es sollte daher ein eher säurebetonter Wein gewählt werden. Weinschaum muss im Wasserbad lange aufgeschlagen werden. Schneller ist er in einem Topf bei direkter Hitze herzustellen, wenn man dazu einen Saucenschneebesen verwendet, mit dem sich der Weinschaum vom Topfboden so schnell hochschlagen lässt, dass er nicht gerinnt.

Warmer Teepunsch

VORLAGE: THEE-PUNSCH. (WARM), IN: PÖTZSCH, HERRSCHAFTSKÜCHE, S. 198

Saison: In den kalten Jahreszeiten

FÜR 4 PERSONEN
½ Rezept Tee (Siehe S. 103 aber ohne Sahne)
1 Bio-Zitrone
½ l Rotwein (Spätburgunder trocken)
75 g Zucker
65 ml Arak

Zubereitung
1. Vorab den Tee herstellen.
2. Die Zitrone entsaften.
3. Den Rotwein mit dem Zucker und dem Arak bis zum Siedepunkt erhitzen, aber nicht kochen.
4. Nach Geschmack Tee zugeben.

Anrichten
5. Den Teepunsch in ein vorgewärmtes Glas füllen und servieren.

Degustationsnotiz
Die kräftigen Beerentöne des Spätburgunders spielen sich in den Vordergrund und werden von leichten Anistönen des Araks begleitet. Die Säure der Zitrone gleicht die Süße des Zuckers aus und unterstützt die Teearomen. Die Zitrone dominiert auch den bleibenden Geschmack.

Kulinarik
Es empfiehlt sich, einen jungen Spätburgunder für den Punsch zu verwenden, da der Fruchtgehalt bei jüngeren Weinen intensiver ist. Je heißer ein Teepunsch ist, umso weniger Zucker benötigt er, da eine höhere Temperatur den Zucker stärker hervortreten lässt.
Das Aroma von reifen Bio-Zitronen besitzt eine ausgewogenere Balance zwischen Säure und Süße als das von Früchten aus konventioneller Produktion.

Königspunsch

VORLAGE: KÖNIGS-PUNSCH. (BAUMANN), IN: PÖTZSCH, HERRSCHAFTSKÜCHE, S. 198

Saison: Das ganze Jahr

FÜR 4 PERSONEN
500 g Zucker
650 ml Wasser
2 Bio-Zitronen
1 Bio-Orange
375 ml Weißwein (Riesling trocken)
300 ml weißer Rum (40 % Alkohol)

Zubereitung

1. Den Zucker mit dem Wasser fünf Minuten lang zu Läuterzucker kochen.
2. Die Zitronen und die Orange waschen.
3. Von einer halben Zitrone und einer halben Orange die gelbe beziehungsweise orange Schale in feine Streifen schneiden, in den Läuterzucker geben und langsam ziehen lassen. Das Ganze 20 Minuten kalt stellen.
4. Die Zitronen und die Orange auspressen und durch ein Küchenpapier filtern, sodass der Saft klar wird.
5. Den Weißwein zum Läuterzucker dazugießen.
6. Dann den Rum und den klaren Zitronen-Orangensaft dazugeben und bis auf etwa 60°C erhitzen.

Anrichten

7. Den Königs-Punsch in einem vorgewärmten Gefäß für Punschbowle servieren.

Degustationsnotiz

Am Anfang zeigen sich deutliche Rumaromen, bis die Süße des Zuckers und die Säure der Zitrusfrüchte hervortreten. Die Säure des Saftes und des Weins wirken der Süße des Alkohols und des Zuckers entgegen.

Kulinarik

Der Königspunsch kann im Sommer auch kalt serviert werden. Dann sollte aber mehr Zucker zugesetzt werden, da Kälte die Süße nicht sosehr zur Geltung kommen lässt. Der trockene Riesling soll mit seiner schönen Säure die Zitrusfrüchte ergänzen und mit der Süße des Zuckers einen Geschmackakkord bilden. Es sollte daher eher ein säurebetonter Wein gewählt werden.
Das Aroma von reifen Bio-Zitrusfrüchten besitzt eine ausgewogenere Balance zwischen Säure und Süße als das von Früchten aus konventioneller Produktion. Von Bio-Zitronen beziehungsweise Bio-Orangen lässt sich die Schale bedenkenlos verwenden, weil sie keine Rückstände von Pflanzenschutz- oder Konservierungsmitteln enthält.
Rum gibt es in einer sehr großen Vielzahl und in unterschiedlichen Qualitäten. Es lohnt sich einen guten Rum zu verwenden, da sein Aroma den Geschmack des Königspunschs wesentlich bestimmt. Qualitätsvoller Rum besitzt Röst- und Gewürznoten sowie Noten von tropischen Früchten, Kakao und Tabak.

Jagdpunsch

VORLAGE: JAGD-PUNSCH. (LEHMANN), IN: PÖTZSCH, HERRSCHAFTSKÜCHE, S. 199

Saison: In den kalten Jahreszeiten

FÜR 4 PERSONEN
240 g Zucker
300 ml Wasser
3 Bio-Zitronen
2 Bio-Orangen
250 ml Madeira
65 ml brauner Rum (40 % Alkohol)
20 ml Kirschwasser

Zubereitung

1. Den Zucker in das Wasser geben und unter Rühren zu Läuterzucker aufkochen. Dann fünf Minuten weiterkochen, um das Volumen des Läuterzuckers auf 250 Milliliter zu reduzieren.
2. Die Zitronen und Orangen waschen.
3. Von einer Zitrone und einer Orange die gelbe beziehungsweise orange Schale in feine Streifen schneiden, in den Läuterzucker geben und langsam ziehen lassen. Das Ganze 20 Minuten kalt stellen.
4. Die drei Zitronen und die zwei Orangen auspressen und durch ein Küchenpapier filtern, sodass der Saft klar wird.
5. Den Madeira zum Läuterzucker dazugießen.
6. Dann den Rum und den klaren Zitronen-Orangensaft dazugeben und bis auf etwa 60° C erhitzen.
7. Zum Schluss das Kirschwasser hinzufügen.

Anrichten

8. Den Jagd-Punsch in einer vorgewärmten Kanne servieren.

Degustationsnotiz

Sofort spürt man den Alkohol sowie die Süße und die leichten Holztöne des Rums. Die Säure von Orange und Zitrone gleicht die Süße des Zuckers sehr harmonisch aus.

Kulinarik

Man sollte den Jagdpunsch nicht kochen, da ansonsten die Aromen und der Alkohol verloren gehen.
Der Jagdpunsch reduziert auf Grund des hohen Alkoholanteils die Kältewahrnehmung. Er ist in den kalten Monaten eine schöne Alternative zum Grog.
Das Aroma von reifen Bio-Zitrusfrüchten besitzt eine ausgewogenere Balance zwischen Säure und Süße als das von Früchten aus konventioneller Produktion. Von Bio-Zitronen beziehungsweise Bio-Orangen lässt sich die Schale bedenkenlos verwenden, weil sie keine Rückstände von Pflanzenschutz- oder Konservierungsmitteln enthält.
Rum gibt es in einer sehr großen Vielzahl und in unterschiedlichen Qualitäten. Es lohnt sich einen guten Rum zu verwenden, da sein Aroma den Geschmack des Jagdpunschs wesentlich bestimmt. Qualitätsvoller Rum besitzt Röst- und Gewürznoten sowie Noten von tropischen Früchten, Kakao und Tabak.

Zitronenlimonade

VORLAGE: CITRONENLIMONADE; (SCHANDRI.), IN: PÖTZSCH, HERRSCHAFTSKÜCHE, S. 199

Saison: Das ganze Jahr

Zubereitung

1. Den Zucker in die 220 Milliliter Wasser geben und unter Rühren zu Läuterzucker aufkochen. Dann weiterkochen, bis das Volumen des Läuterzuckers auf 200 Milliliter reduziert wurde.
2. Eine der vier Zitronen waschen und ihre gelbe Schale mit einer feinen Reibe abraspeln. Den Abrieb mit einem Liter Wasser vermischen.
3. Alle vier Zitronen auspressen und den Saft ebenfalls zum Wasser dazugeben.
4. Dass Ganze etwa zehn Minuten ziehen lassen.
5. Nach Belieben mit Läuterzucker süßen.
6. Nach Wunsch die Limonade durch ein feines Sieb gießen, um Schwebstoffe herauszufiltern.

Anrichten

7. Die Zitronenlimonade eiskalt servieren.

Degustationsnotiz
Diese Zitronenlimonade schmeckt einfach und doch klar, was hauptsächlich an den reifen Bio-Zitronen liegt, die eine ausgewogene Süße und Säure mitbringen.

Kulinarik
Je kälter die Limonade serviert wird, umso mehr muss sie mit Läuterzucker nachgesüßt werden, da Kälte die natürliche Süße der Zitrone nicht sosehr zur Geltung kommen lässt.
Das Aroma von reifen Bio-Zitronen besitzt eine ausgewogenere Balance zwischen Säure und Süße als das von Früchten aus konventioneller Produktion. Von Bio-Zitronen lässt sich die Schale bedenkenlos verwenden, weil sie keine Rückstände von Pflanzenschutz- oder Konservierungsmitteln enthält.

FÜR 4 PERSONEN
220 g Zucker
220 ml Wasser für Läuterzucker
4 Bio-Zitronen
1 l Wasser für Limonade

Zitronenlimonade mit Weißwein

VORLAGE: CITRONENLIMONADE MIT WEIN, (SCHANDRI.), IN: PÖTZSCH, HERRSCHAFTS-KÜCHE, S. 199

Saison: Das ganze Jahr

FÜR 4 PERSONEN
5 Bio-Zitronen
¾ l Wasser
210 g Zucker
¼ l Weißwein (Riesling trocken)

Zubereitung

1. Eine der fünf Zitrone waschen und ihre gelbe Schale mit einer feinen Reibe abraspeln.
2. Den Abrieb mit dem Wasser vermischen.
3. Den Zucker und den Weißwein hineingießen und durchrühren.
4. Alle fünf Zitronen auspressen und ins Wasser geben.
5. Die Zitronenlimonade zehn Minuten ziehen lassen.
6. Nach Wunsch die Limonade durch ein feines Sieb oder Tuch passieren, um Schwebstoffe herauszufiltern.

Anrichten

7. Die Zitronenlimonade eiskalt oder auch warm servieren.

Degustationsnotiz
Die Limonade bietet ein schönes Säurespiel aus Weißwein und Bio-Zitronen, was hauptsächlich an der ausgewogenen Süße und Säure der reifen Bio-Zitronen liegt.

Kulinarik
Temperierte Limonade schmeckt süßer als gekühlte Limonade, da Kälte die Süße nicht sosehr zur Geltung kommen lässt.
Der trockene Riesling soll mit seiner Säure die Zitrone ergänzen und mit der Süße des Zuckers einen Aromenakkord bilden. Es sollte daher ein eher säurebetonter Wein gewählt werden.
Das Aroma von reifen Bio-Zitronen besitzt eine ausgewogenere Balance zwischen Säure und Süße als das von Früchten aus konventioneller Produktion. Von Bio-Zitronen lässt sich die Schale bedenkenlos verwenden, weil sie keine Rückstände von Pflanzenschutz- oder Konservierungsmitteln enthält.

Heißer Grog

VORLAGE: GROG; HEISS (1 GLAS.) SCHANDRI, IN: PÖTZSCH, HERRSCHAFTSKÜCHE, S. 199

Saison: In den kalten Jahreszeiten

Zubereitung
1. Das Wasser auf 70 °C erhitzen.
2. Den Zucker dazugeben und durch Rühren auflösen.
3. Den Cognac oder Arak gleichmäßig auf vier Gläser verteilen.

Anrichten
4. Die mit Cognac oder Arak gefüllten Gläser mit dem heißen Zuckerwasser aufgießen und servieren.

Degustationsnotiz
Je nachdem, ob Arak, ein mit Anis aromatisierter Weinbrand, oder ein aus Trauben destillierter und im Holzfass gelagerter Cognac verwendet wird, verändert sich der Geschmack des Getränks. Beim Cognac kommen leichte Holztöne zum Vorschein, während beim Zusatz von Arak ein leichter Ton von Anis zu spüren ist.

Kulinarik
Anstatt mit heißem Wasser kann man die Brände auch mit heißem Tee aufgießen. Dabei verändert sich aber der Aromenakkord des Getränks, da er um den Teegeschmack erweitert wird.

FÜR 4 PERSONEN
400 ml Wasser
40 g Zucker
20 ml Cognac oder Arak

Glühwein

VORLAGE: GLÜHWEIN; (1 GLAS, SCHANDRI.), IN: PÖTZSCH, HERRSCHAFTSKÜCHE, S. 199

Saison: In den kalten Jahreszeiten

FÜR 4 PERSONEN
500 ml Rotwein (Spätburgunder trocken)
40 g Zucker
1 Ceylon-Zimtstange
2 Nelken
1 Bio-Zitrone

Zubereitung

1. Den Rotwein in einem Topf bis fast 80°C erhitzen.
2. Den Zucker, die Zimtstange und die Nelken in den Wein geben.
3. Die Zitrone waschen, ihre gelbe Schale mit einer feinen Reibe abraspeln und dazugeben.
4. Den Glühwein etwa fünf Minuten ziehen lassen.
5. Nochmals kurz erhitzen. Dann den Zimt und die Nelken herausnehmen.

Anrichten

6. Den Glühwein in Gläser füllen und servieren.

Degustationsnotiz

Die deutlichen Aromen von Nelke und Zimt werden untermalt von den Beerenaromen des Spätburgunders. Sobald die Süße sich bemerkbar macht, unterstützt sie die Gewürze sowie die Aromen des Rotweins und bringt alles in einen harmonischen Einklang.

Kulinarik

Es empfiehlt sich, für den Glühwein einen jungen Spätburgunder zu verwenden, da der Fruchtgehalt bei jüngeren Weinen intensiver ist.
Glühwein sollte keinesfalls über 80°C erhitzt werden, da der im Rotwein enthaltene Alkohol ab 78°C verfliegt. Dadurch verändert sich auch der harmonische Akkord der Aromen.
Das Aroma von reifen Bio-Zitronen besitzt eine ausgewogene Balance zwischen Säure und Süße als das von Früchten aus konventioneller Produktion. Von Bio-Zitronen lässt sich die Schale bedenkenlos verwenden, weil sie keine Rückstände von Pflanzenschutz- oder Konservierungsmitteln enthält.

Rotweinpunsch

VORLAGE: ROTWEIN-PUNSCH; KALT OD[ER] WARM. (SCHANDRI), IN: PÖTZSCH, HERRSCHAFTSKÜCHE, S. 200

Saison: In den kalten Jahreszeiten

Zubereitung

1. Den Zucker in das Wasser geben und unter Rühren zu Läuterzucker aufkochen. Dann fünf Minuten weiterkochen, um das Volumen des Läuterzuckers auf 250 Milliliter zu reduzieren.
2. Anschließend den Rotwein dazugeben und die Mischung auf fast 80°C erhitzen.
3. Die Zitrone und die Orange auspressen und den Saft in den mit Läuterzucker gesüßten Rotwein gießen.
4. Den Rotwein-Punsch etwa fünf Minuten ziehen lassen.
5. Den Punsch nochmals kurz auf etwa 70°C erhitzen und den Arak dazugießen.

Anrichten

6. Den Punsch in Gläser füllen und servieren.

Degustationsnotiz
Leicht spielen die Aromen von Beeren und der Aniston des Arak am Gaumen. Zudem treten die Säuren der Zitrusfrüchte hervor, die die Süße des Läuterzuckers ausgleichen. Den bleibenden Geschmack bestimmen die leichten Beerentöne des Rotweins und dessen Tannine.

Kulinarik
Es empfiehlt sich, für den Punsch einen jungen Spätburgunder zu verwenden, da der Fruchtgehalt bei jüngeren Weinen intensiver ist. Rotweinpunsch sollte keinesfalls über 80°C erhitzt werden, da der im Rotwein enthaltene Alkohol ab 78°C verfliegt. Dadurch verändert sich auch der harmonische Akkord der Aromen.
Das Aroma von reifen Bio-Zitrusfrüchten besitzt eine ausgewogenere Balance zwischen Säure und Süße als das von Früchten aus konventioneller Produktion.

FÜR 4 PERSONEN
250 g Zucker
270 ml Wasser für Läuterzucker
750 ml Rotwein (Spätburgunder trocken)
1 Bio-Zitrone
1 Bio-Orange
175 ml Arak

Waldmeistersekt

VORLAGE: MAITRANK OD[ER] WALDMEISTERBOWLE 2-3 FL[ASCHEN] (SCHANDRI), IN: PÖTZSCH, HERRSCHAFTSKÜCHE, S. 200

Saison: Ende April bis Anfang Mai

FÜR 4 PERSONEN
500 ml Weißwein (Riesling trocken)
35 g Zucker
35 g Waldmeister
1 Bio-Orange
1 Flasche Sekt (Riesling extra trocken)

Zubereitung

1. Den Weißwein auf etwa 50°C erwärmen.
2. Den Zucker dazugeben und verrühren. Anschließend abkühlen lassen.
3. Den Waldmeister kurz waschen, mit einem Faden zusammenbinden und in den Weißwein legen.
4. 70 Gramm der ungeschälten Orange in sehr feine Scheiben schneiden, dazugeben und 30 Minuten ziehen lassen.
5. Den Sekt mit den Sektgläsern kalt stellen.
6. Den Waldmeister und die Orangenscheiben aus dem Weißwein herausnehmen.

Anrichten

7. Die kalten Sektgläser zu einem Drittel mit dem Weißwein füllen und mit Sekt aufgießen.

Degustationsnotiz

Sehr deutlich setzt sich der Waldmeister mit seinen Aromen durch, wobei dieser durch das Orangenaroma noch unterstützt wird. Die Säure des Weißweins und des Rieslingsekts spielt mit den Aromen des Waldmeisters und gleicht die Süße des Zuckers aus. Der Sekt erzeugt durch seine Kohlensäure ein Kribbeln auf der Zunge.

Kulinarik

Waldmeister duftet am stärksten, wenn er noch nicht geblüht hat. Sein Aroma entfaltet sich besonders gut, wenn seine Blätter über Nacht leicht welken.
Ein Waldmeistergrundsud kann auch mit heißem Weiß- oder Rotwein gemischt als Heißgetränk serviert werden. Auch kann dieser Sud bis zu einem Jahr bevorratet werden, wenn er in ein geschlossenes Glas abgefüllt und im Kühlschrank aufbewahrt wird. Je wärmer das Getränk serviert wird, desto weniger muss es gesüßt werden, da Wärme den Zucker stärker zur Geltung bringt.
Sekt ist eine auf Deutschland beschränkte Bezeichnung für Schaumwein, dessen Kohlensäure wie beim Champagner in einer zweiten Gärung erzeugt wird. Die Grundweine dürfen jedoch von denen der Champagner differieren und die Gärmethoden können von der *méthode champenoise* abweichen. Der Sekt sollte kleine und möglichst langsam aufsteigende Bläschen haben, um an der Oberfläche ein feines Aerosol entstehen zu lassen, das für die Nase das Bouquet des Getränks um kleine flüssige Schwebteilchen anreichert. Die Kohlensäure des Sekts erweitert durch das Kribbeln auf der Zunge das kulinarische Erlebnis auch auf den Tastsinn.
Der Riesling soll mit seiner Säure die Süße des Zuckers ausgleichen. Es sollte daher eher ein säurebetonter Wein gewählt werden.
Das Aroma von reifen Bio-Orangen besitzt eine ausgewogenere Balance zwischen Säure und Süße als das von Früchten aus konventioneller Produktion.

Champagner mit Walderdbeeren

VORLAGE: ERDBEER-BOWLE. (SCHANDRI), IN: PÖTZSCH, HERRSCHAFTSKÜCHE, S. 200

Saison: Ende April bis Anfang Mai

Zubereitung

1. Die Walderdbeeren mit dem Zucker und dem Rotwein aufkochen und durch ein feines Haarsieb passieren.
2. Das Walderdbeermark mit dem Weißwein aufgießen und 15 Minuten kalt stellen.
3. Den Champagner und die Gläser ebenfalls kalt stellen.

Anrichten

4. Die kalten Sektgläser zu einem Drittel mit dem mit Weißwein aufgegossenen Walderdbeermark füllen und mit eiskaltem Champagner aufgießen.

Degustationsnotiz

Schon der Duft von Walderdbeeren betört die Sinne. Champagner erzeugt durch seine Kohlensäure ein Kribbeln auf der Zunge. Die Fruchtaromen dominieren das Getränk, dessen edler Geschmack durch die Champagnernote noch unterstützt wird.

Kulinarik

Der Duft und das Aroma von Walderdbeeren sind etwas Besonderes. Sie werden auf dem Markt aber nur sehr selten angeboten. Da Erdbeeren nicht nachreifen, müssen sie beim Kauf wirklich reif sein, ansonsten kann sich ihr einmaliges Aroma nicht vollständig entfalten. Champagner sollte kleine und möglichst langsam aufsteigende Bläschen haben, um an der Oberfläche ein feines Aerosol entstehen zu lassen, das für die Nase das Bouquet des Getränks um kleine flüssige Schwebteilchen anreichert. Die Kohlensäure des Champagners erweitert durch das Kribbeln auf der Zunge das kulinarische Erlebnis auch auf den Tastsinn. Der trockene Riesling soll mit seiner schönen Säure die Zitrone ergänzen und mit der Süße des Zuckers einen Geschmackakkord bilden. Es sollte daher eher ein säurebetonter Wein gewählt werden.

FÜR 4 PERSONEN

400 g Walderdbeeren
100 g Zucker
180 ml Rotwein (Spätburgunder trocken)
360 ml Weißwein (Riesling trocken)
1 Flasche Champagner (extra brut)

Mandelmilch

VORLAGE: MANDELMILCH; KALT. (WEBER 1LTR.), IN: PÖTZSCH, HERRSCHAFTSKÜCHE, S. 200

Saison: Das ganze Jahr

FÜR 4 PERSONEN
75 g Mandeln
4 g Bittermandeln
500 ml Wasser
75 g Hagelzucker
40 ml Orangenblütenwasser

Zubereitung

1. Die Mandeln und Bittermandeln in kochendes Wasser geben. Nach einer Minute herausnehmen und in kaltem Wasser abschrecken.
2. Die Haut von den Mandeln und Bittermandeln abziehen und ihre Kerne fein hacken.
3. Die Mandeln in einem Porzellanmörser mit 30 Milliliter Wasser zu einem feinen Brei verarbeiten.
4. Den Hagelzucker mit dem Orangenblütenwasser separat im Mörser fein stoßen.
5. Alle Zutaten mischen, eine Stunde kühl stellen und ziehen lassen.
6. Danach den Mandelbrei mit dem restlichen Wasser verrühren und durch ein feines Leinentuch pressen.
7. Die Mandelmilch zwei bis drei Minuten auf etwa 50°C erwärmen und den Orangenblütenzucker darunter rühren.
8. Die Mandelmilch beziehungsweise -sauce erkalten lassen.

Anrichten

9. Die Mandelmilch beziehungsweise -sauce kann sehr gut zu verschiedenen Eissorten wie Erdbeereis oder auch Schokoladeneis gereicht werden.

Degustationsnotiz

Die süßlich bitteren Marzipannuancen von Bittermandeln, die mildnussigen Töne der süßen Mandeln sowie die süß-sauren und fruchtigen Orangen begleiten den Aromenzauber, der durch den Zucker versüßt wird. Ein leichter Hauch von Bittermandel bestimmt den bleibenden Geschmack.

Kulinarik

Bittermandeln und süße Mandeln haben beide einen marzipanähnlichen Grundton. Die süße Variante der Mandeln enthält im Gegensatz zu den Bittermandeln keine Blausäure. Beim Erhitzen verlieren sich die sehr flüchtigen Giftstoffe der Bittermandeln. Mandeln behalten in der Schale bis zu einem Jahr ihr Aroma, ohne ranzig zu werden. Wird eine Mandel nur noch von der Haut umgeben, sollte man sie aber nicht länger als sechs und ohne Haut nur vier Monate aufbewahren. Weiterverarbeitete Mandeln bleiben nur wenige Wochen frisch.
Der Orangenblütenzucker darf der Mandelmilch erst nach dem Erwärmen zugesetzt werden, damit seine Aromen nicht verloren gehen.

Ananasbowle

VORLAGE: ANNANAS-BOWLE; FRISCH (WEBER.), IN: PÖTZSCH, HERRSCHAFTSKÜCHE, S. 200

Saison: Das ganze Jahr

Zubereitung
1. Die halbe Ananas schälen, halbieren und vierteln. Innen den Strunk entfernen und das Fruchtfleisch in sehr feine Streifen schneiden.
2. Die 300 Gramm Ananas mit dem Zucker bestreuen und in einem geschlossenen Behälter zwölf bis 24 Stunden im Kühlschrank ziehen lassen.
3. Dann den eiskalten Weißwein aufgießen.

Anrichten
4. Die Ananas-Bowle in ein Glasgefäß füllen und kurz vor dem Trinken mit eiskaltem Champagner aufgießen.
5. Dann in Bowlengläser umfüllen, garnieren und servieren.

Degustationsnotiz
Die intensiven Ananasaromen treten unmittelbar zutage und werden von Weißwein und Zucker gefördert. Der Champagner erzeugt durch seine Kohlensäure ein Kribbeln auf der Zunge und rundet mit seinen Aromen die Vielfalt ab.

Kulinarik
Eine reife Ananas erkennt man am süßlichen Duft. Auch lassen sich bei ihr im Gegensatz zu noch nicht ausgereiften Früchten die inneren starren Blätter leicht herausziehen. Anders als Ananas aus Konserven, die vorwiegend nach Zucker schmecken, haben frische Früchte ein angenehmes Aromenspiel von Süße und Säure. Bei einem Gesamtgewicht einer Ananas von etwa 1400 Gramm besitzt der Stiel ein Gewicht von etwa 150 Gramm, die Schale weist etwa 500 Gramm auf und der innere Strunk wiegt etwa 150 Gramm, sodass nur etwa 600 Gramm Fruchtfleisch übrig bleiben. Champagner sollte kleine und möglichst langsam aufsteigende Bläschen haben, um an der Oberfläche ein feines Aerosol entstehen zu lassen, das für die Nase das Bouquet des Getränks um kleine flüssige Schwebteilchen anreichert. Die Kohlensäure des Champagners erweitert durch das Kribbeln auf der Zunge das kulinarische Erlebnis auch auf den Tastsinn. Der trockene Riesling soll mit seiner schönen Säure die Ananas ergänzen und mit der Süße des Zuckers einen Geschmackakkord bilden. Es sollte daher eher ein säurebetonter Wein gewählt werden.

FÜR 4 PERSONEN
300 g frische Ananas (etwa eine halbe Ananas)
80 g Zucker
1 Flasche Weißwein (Riesling trocken)
1 Flasche Champagner (extra brut)

Dessert

Charlotte à la Russe

VORLAGE: CHARLOTTE À LA RUSSE. (1.BAUMANN 2. LEHMANN), IN: PÖTZSCH, HERRSCHAFTSKÜCHE, S. 146

Saison: Das ganze Jahr

FÜR EINEN TORTENRING VON 18 CM DURCHMESSER BZW. FÜR 6 BIS 8 PERSONEN

1 Rezeptur Löffelbiskuit (Siehe S. 384)
100 g Schokoladenglasur (Siehe S. 429)
100 g Zitronenglasur (Siehe S. 435)
100 g Himbeerglasur (Siehe S. 432)
1 Vanilleschote (Bourbon)
500 ml Kaffeesahne (10 % Fett)
15 g Blattgelatine
5 Eigelbe (Bio-Ei Größe M)
100 g Zucker

Zubereitung

1. 20 Löffelbiskuits herstellen.
2. Die verschiedenen Glasuren fertigen und zur Seite stellen.
3. Die Vanilleschote längs halbieren und mit einem Messerrücken das Mark herauskratzen.
4. Die Kaffeesahne mit dem ausgekratzten Vanillemark und der Vanilleschote erhitzen und fünf Minuten zugedeckt ziehen lassen.
5. Die Gelatine-Blätter einzeln in einen Liter kaltes Wasser geben und vier bis fünf Minuten einweichen lassen.
6. Inzwischen die Eigelbe und den Zucker mit einem Schneebesen schaumig schlagen, bis eine leicht feste Masse entsteht.
7. Die Vanilleschote aus der Kaffeesahne nehmen und die aromatisierte Flüssigkeit nochmals kurz erhitzen.
8. Die erhitzte Kaffeesahne unter das aufgeschlagene Eigelb rühren.
9. Die Gelatine ausdrücken und in der warmen Masse auflösen.
10. Die Masse nun in einer Metallschüssel auf Eis setzen und langsam kalt rühren.
11. Den Tortenring auf Backpapier setzen. Das überstehende Papier einkräuseln, bis es von außen an den Tortenring anschließt und beides auf ein Backblech stellen.
12. Die verschiedenen Glasuren leicht erwärmen und die Löffelbiskuit je zu einem Drittel damit bestreichen.
13. Innen den Tortenring mit aufrecht stehenden Löffelbiskuits so ausfüllen, dass sich die Schokoladen-, Zitronen- und Himbeerglasur regelmäßig abwechseln.
14. Die langsam fest werdende Vanille-Sahne-Masse mit einem Spritzbeutel in den Ring einfüllen.
15. Die Charlotte à la Russe drei Stunden im Kühlschrank bei 6° C durchkühlen lassen.

Anrichten

16. Die fertige Charlotte à la Russe aus dem Kühlschrank nehmen, den Ring nach oben abziehen und servieren.

Degustationsnotiz

Die krossen Texturen der glasierten Löffelbiskuits mit ihren Himbeer-, Zitronen- und Schokoladenaromen erreichen als Erstes den Gaumen und werden dann nach und nach von den Vanillearomen eingeholt. Dabei zeigt sich ein wenig die Kondensmilch, doch letztlich dominiert die Vanille die Aromenvielfalt und vermittelt deren Harmonie. Die Vanilletöne bestimmen auch den bleibenden Geschmack.

Kulinarik

Kaffeesahne wird bis zu 45 Prozent Zucker zugegeben, zudem besitzt sie einen Fettgehalt von mindestens 10 Prozent. Beides erhöht im Vergleich zu einer Füllmasse, die mit Trinkmilch hergestellt wurde, die Cremigkeit. Sahne, die aus Milch von biologisch gehaltenen Kühen hergestellt wird, ist aromatischer, weil die Fütterung der Tiere für den Geschmack ihrer Milch entscheidend ist.
Das Aroma von frischen Vanilleschoten ist wesentlich komplexer als das von Vanillezucker oder das von synthetisch hergestelltem Vanillin, das lediglich den zentralen Aromastoff der Vanille nachahmt. Vanilleschoten gibt es in drei aromatisch deutlich differierenden Varianten: Bourbon-, Mexiko- und Tahiti-Vanille.

Charlotte russe au café

VORLAGE: CHARLOTTE RUSSE AU CAFÉ. (BAUMANN), IN: PÖTZSCH, HERRSCHAFTSKÜCHE, S. 146

Saison: Das ganze Jahr

Zubereitung

1. 20 Löffelbiskuits herstellen.
2. Die Kaffeebohnen mahlen und in eine Cafetière (Pressstempelkanne) geben.
3. Das Wasser aufkochen, zwei bis drei Minuten stehen lassen und auf die gemahlenen Kaffeebohnen gießen.
4. Fünf Minuten ziehen lassen.
5. Das aufgequollene Kaffeepulver mit dem Sieb herunterdrücken und den Kaffee in einen Topf abgießen.
6. Die Gelatine-Blätter einzeln in einen Liter kaltes Wasser geben und vier bis fünf Minuten einweichen lassen.
7. Die Gelatine ausdrücken und im warmen Kaffeetrakt verflüssigen.
8. Die Sahne mit Zucker in eine Rührschüssel geben und aufschlagen, bis sie fest ist.
9. Den mit Gelatine versetzten Kaffee leicht abkühlen lassen, gegebenenfalls den Topf in einer Schale auf Eis setzen und kalt rühren.
10. Danach den Kaffee mit einem Holzlöffel unter die steif geschlagene Sahne heben.
11. Den Tortenring auf Backpapier setzen. Das überstehende Papier einkräuseln, bis es von außen an den Tortenring anschließt. Dann den Tortenring auf ein Backblech stellen.
12. Innen den Tortenring mit aufrecht stehenden Löffelbiskuits ausfüllen.
13. Die langsam fest werdende Kaffee-Sahne-Masse mit einem Spritzbeutel in den Ring einfüllen.
14. Anschließend vier Stunden im Kühlschrank bei 6° C durchkühlen lassen.

FÜR EINEN TORTENRING VON 18 CM DURCHMESSER BZW. FÜR 6 BIS 8 PERSONEN
1 Rezeptur Löffelbiskuit (Siehe S. 384)
150 g Kaffeebohnen (schonend geröstet)
500 ml Wasser
35 g Blattgelatine
750 ml Sahne (30 % Fett)
165 g Zucker

Anrichten

15. Die Charlotte russe au café mit Kakao oder fein gemahlenem Kaffee bestreuen und gleich servieren.

Degustationsnotiz

Die krosse, knackige Textur der Löffelbiskuits wird begleitet von einer cremigen Kaffeesahne. Die zarten Backaromen des Löffelbiskuits treten zunächst in den Vordergrund, bevor sie von den Kaffeearomen überlagert werden und der cremige Sahneton alles abrundet. Die Kaffeearomen bestimmen den bleibenden Geschmack.

Kulinarik

Es empfiehlt sich den Tortenring mit einem Spritzbeutel zu befüllen, da die Kaffeesahne sich so leicht und sauber in den Tortenring einfüllen lässt.

Um das Aroma eines guten Kaffees zur Geltung kommen zu lassen, muss man einen Qualitätskaffee verwenden, der schonend geröstet wurde. Auch dürfen Kaffeebohnen nicht zu lange gelagert werden, weil sie an Aroma verlieren. Die Zubereitung in einer Pressstempelkanne empfiehlt sich, damit kein Nebengeschmack durch Filterpapier in Kauf genommen werden muss. Die besten Extraktionsergebnisse erzielt man bei Kaffee mit Wasser, das auf knapp über 90° C erhitzt ist. Mit kochendem Wasser zubereiteter Kaffee schmeckt bitter bis verbrannt und ein Teil seines Aromas geht verloren. Deshalb sollte man kochendes Wasser zwei bis drei Minuten abkühlen lassen, bevor man damit Kaffee brüht.

Der Kaffee darf nicht mit einem Schneebesen unter das steif geschlagene Eiweiß untergerührt werden, da dieses sonst zusammenfällt.

Sahne, die aus Milch von biologisch gehaltenen Kühen hergestellt wird, ist aromatischer, weil die Fütterung der Tiere für den Geschmack ihrer Milch entscheidend ist.

Pommes à la Philip

VORLAGE: POMMES À LA PHILIP. (BAUMANN), IN: PÖTZSCH, HERRSCHAFTSKÜCHE, S. 147

Saison: August bis Februar

FÜR 8 PERSONEN

½ Bio-Zitrone
1 ½ l Wasser
10 Borsdorfer Äpfel
1 Vanilleschote (Bourbon)
200 ml Riesling trocken
1 l Vanillecreme zum Füllen
(Siehe S. 442 f.)
300 g Aprikosenmarmelade
(Siehe S. 422)

Zubereitung

1. Die halbe Zitrone auspressen und in anderthalb Liter kaltes Wasser verrühren.
2. Die Äpfel schälen und halbieren. Anschließend kurz in das Zitronenwasser legen, damit sie nicht braun werden (oxydieren).
3. Die Vanilleschote halbieren und mit dem Messerrücken das Mark herauskratzen.
4. Den Weißwein auf etwa 70° C erhitzen, die Hälfte des Vanillemarks dazugeben und beides erneut erhitzen.
5. Die Apfelstücke in der erhitzten Flüssigkeit leicht köcheln und danach mit der Flüssigkeit etwa zehn Minuten im Kühlschrank kalt stellen.
6. Anschließend die Äpfel aus der Flüssigkeit herausnehmen und auf Küchenpapier abtropfen lassen.
7. Eine Kugelform, die einen Liter fasst, mit Klarsichtfolie so auslegen, dass diese sechs bis sieben Zentimeter übersteht.
8. Die Vanillecreme herstellen.
9. Die Aprikosenmarmelade herstellen und mit der Apfelflüssigkeit aufkochen.
10. Etwas Vanillecreme auf den gesamten inneren Rand der Folie verteilen.
11. Die Hälfte der Äpfel auf den Innenrand der unteren Kugel streichen. Danach die Äpfel mit der Hälfte der Aprikosenmarmelade bestreichen.
12. Anschließend eine Schicht der Vanillecreme darauf geben und erneut Äpfel, Aprikosenmarmelade und Vanillecreme auftragen.
13. Die Kugelform mit der Folie schließen und im Gefrierschrank bei minus 18° C etwa 15 Minuten durchkühlen lassen.

Anrichten

14. Die Kugelform auf einen runden großen weißen Teller stürzen. Die Form leicht anheben und die Folie nach außen herausziehen.
15. Die Pommes à la Philip servieren.

Degustationsnotiz

Aus der Kälte treten zunächst zögerlich die säurehaltigen Aromen des Apfels hervor, bevor Vanille und Sahne beginnen fast dominant zu werden. Erst dann tauchen leichte Aprikosen- und Apfeltöne auf, die die Aromen zu einem fruchtig-frischen Akkord vereinen. Die Apfelsäure und das sahnige Vanillearoma bestimmen den bleibenden Geschmack.

Kulinarik

Pommes à la Phillip muss leicht gefroren serviert werden, da er sonst kaum portioniert werden kann.

Da jede Apfelsorte ihre eigenen spezifischen Aromen hat, verändert sich die kulinarische Komposition des Gerichts, wenn der Borsdorfer Apfel ersetzt wird. Es sollte jedenfalls immer ein säurehaltiger Apfel, beispielsweise ein Boskoop, genommen werden. Äpfel aus regionalem biologischem Anbau sind aromatischer und frischer.

Das Aroma von frischen Vanilleschoten ist wesentlich komplexer als das von Vanillezucker oder das von synthetisch hergestelltem Vanillin, das lediglich den zentralen Aromastoff der Vanille nachahmt. Vanilleschoten gibt es in drei aromatisch deutlich differierenden Varianten: Bourbon-, Mexiko- und Tahiti-Vanille.

Pfirsich à la Montmorency

VORLAGE: PFIRSICHE À LA MONTMORENCY. (BAUMANN), IN: PÖTZSCH, HERRSCHAFTS-KÜCHE, S. 147 F.

Saison: Juni bis September

FÜR 4 PERSONEN JE 2 STÜCK

Teig
250 g Mehl (Type 405)
70 g Zucker
135 g Butter
1 Eigelb (Bio-Ei Größe M)
5 ml Milch
400 g Linsen zum Blindbacken

Füllung
4 reife Pfirsiche
100 g Mittelkornreis (Arborio)
500 ml Sahne (30 % Fett)
1 Prise Salz
55 g Zucker
½ Vanilleschote (Bourbon)
1 g Bittermandeln
10 ml Maraschino

Zubereitung

Mürbeteig

1. Das Mehl auf die Arbeitsfläche sieben und den Zucker dazugeben.
2. In der Mitte eine Mulde drücken und 125 Gramm Butter in groben Stücken von zwei mal zwei Zentimetern Größe in das Mehl geben.
3. Anschließend das Eigelb und die Milch hinzufügen.
4. Mit einer Essgabel die 125 Gramm Butter mit dem Mehl, dem Eigelb und der Milch vermengen.
5. Das Mehl immer wieder mit einem Teigschaber vom Rand über die Zutaten zur Mitte schieben.
6. Mit einem großen glatten Messer nun den Teig immer wieder durchhacken, bis er krümelig wird.
7. Erst jetzt den Teig mit den Händen über die Handballen schnell kneten.
8. Daraufhin den Mürbeteig bei 6° C eine Stunde ruhen lassen, damit der Kleber des Mehls reagieren kann.
9. Acht runde Backformen mit einem Durchmesser von acht bis zehn Zentimetern und zwei Zentimetern Höhe mit der restlichen Butter auspinseln und mit etwas Mehl bestäuben.
10. Den Teig auf fünf Millimeter Stärke ausrollen.
11. Aus der Teigplatte runde Stücke ausstechen, die drei Zentimeter größer sind als die Backformen.
12. Die runden Teigstücke in die Backformen legen und den Rand andrücken. Den Teig, der über die Backform hinausragt, mit einem Messerrücken entlang der Backformkante abstreifen.
13. Mit einer Essgabel leichte Löcher in den Teig stechen, damit er nicht aufgeht. Auf die Teige in der Backform Backpapier legen und dieses bis zum Rand mit Linsen beschweren.
14. Den Mürbeteig im vorgeheizten Ofen bei 190° C etwa 15 bis 18 Minuten backen, bis der Teig goldgelb ist.
15. Die Linsen mit dem Papier herausnehmen und den Teig nochmals fünf Minuten bei 170° C nachbacken.
16. Die gebackenen Törtchen aus der Form nehmen und abkühlen lassen.

Garnitur

1. Mit einem Messer oben die Haut der Pfirsiche kreuzförmig einritzen.
2. Anschließend in einem Zweilitertopf mit kochendem Wasser für einige Sekunden blanchieren, mit einer Schaumkelle herausheben und im kalten Wasser abschrecken.
3. Die Haut der Pfirsiche mit einem kleinen Messer abziehen.

Füllung

1. Den Reis eine Minute in kochendem Wasser blanchieren.
2. 300 ml Sahne aufkochen, die Prise Salz dazugeben und mit dem blanchierten Reis langsam etwa 18 bis 20 Minuten köcheln lassen.
3. Den Reis vom Herd nehmen und in einer Schüssel nochmals zehn Minuten quellen lassen.
4. Jetzt erst die 15 Gramm Zucker zum Reis dazugeben, da der Reis sonst die restliche Flüssigkeit nicht aufnimmt.
5. Die Vanilleschote auskratzen. Das Vanillemark, 40 Gramm Zucker und das Stück Bittermandel in einem Mörser fein zerstoßen.

6. Die restlichen 200 ml der kalten Sahne schlagen, bis sie steif ist. Den Vanille-Mandel-Zucker dazugeben und die Sahne mit dem Maraschino aromatisieren.
7. Die Sahne unter den aufgequollenen und abgekühlten Reis heben.
8. Die abgekühlten Mürbeteigtörtchen mit der Mischung aus Sahne und Reis füllen.

Anrichten

9. Die Pfirsiche in Viertel schneiden, auf die Reis-Mürbeteigtörtchen legen und servieren.

Degustationsnotiz

Schnell erreicht eine krosse Textur mit fruchtig cremigen Aromen von Vanille, von leichten Bitterstoffen der Mandeln und vom Reis den Gaumen. Erst dann tauchen unerwartet die Pfirsichtöne auf. Die säuerlichen Fruchtnuancen der Pfirsiche bestimmen gemeinsam mit der Vanille und den Mandeltönen den bleibenden Geschmack.

Kulinarik

Der Mürbeteig muss bei einer Temperatur von 6°C ruhen, da er sonst brandig wird. Zu warmes Fett verbindet sich durch zu langes Kneten mit den Händen und nicht mit dem Mehl. In diesem Zustand lässt sich der Mürbeteig schlecht ausrollen und reißt schnell. Außerdem wird Gebäck aus falsch geknetetem Mürbeteig hart statt mürbe.
Arborioreis, der in Sahne gekocht wird, schmeckt nach Vanille. Nur ein Mittelkornreis (Arborio oder Vialone Nano) erreicht den cremigen Schmelz und die Vanilletöne.
Das Aroma von frischen Vanilleschoten ist wesentlich komplexer als das von Vanillezucker oder das von synthetisch hergestelltem Vanillin, das lediglich den zentralen Aromastoff der Vanille nachahmt. Vanilleschoten gibt es in drei aromatisch deutlich differierenden Varianten: Bourbon-, Mexiko- und Tahiti-Vanille.
Bittermandeln haben ein süßlich-marzipanartiges Aroma und einen ausgeprägt bitteren Geschmack. Schon durch kurzes Erhitzen verlieren sie ihre giftigen Bestandteile. Bittermandelaroma beziehungsweise –essenz sind die Giftstoffe bereits entzogen.
Sahne, die aus Milch von biologisch gehaltenen Kühen hergestellt wird, ist aromatischer, weil die Fütterung der Tiere für den Geschmack ihrer Milch entscheidend ist.

Rühreipudding

VORLAGE: RÜHREI-POUDING. (BAUMANN), IN: PÖTZSCH, HERRSCHAFTSKÜCHE, S. 148 F.

Saison: Das ganze Jahr

FÜR EINE DREILITER-AUFLAUFFORM
10 Eigelbe (Bio-Ei Größe M)
8 Eiweiß (Bio-Ei Größe M)
½ Bio-Zitrone
50 ml Sahne (30 % Fett)
100 g Butter
300 g Zucker
1 Prise Salz
45 g Kartoffelstärke

Zubereitung

1. Das Eigelb und Eiweiß von acht Eiern trennen.
2. Die Zitrone waschen, ihre gelbe Schale mit einer feinen Reibe abraspeln und beiseite legen.
3. Eine halbe Zitrone auspressen.
4. Die Sahne mit den acht der zehn Eigelben und dem Zitronensaft verrühren. Anschließend 90 Gramm weiche Butter unterrühren.
5. Die Eimasse in einer antihaftbeschichteten Pfanne bei geringer Hitze zu einem nur leicht gegarten Rührei fest werden lassen.
6. Das Rührei durch ein feines Sieb streichen.
7. Den Zucker, die abgeriebene Zitronenschale und die restlichen zwei Eigelbe unter das durchgestrichene Rührei geben.
8. Den acht Eiweiß die Prise Salz zusetzen und die Mischung mit einem Schneebesen schlagen, bis feine Spitze zu sehen sind.
9. Das geschlagene Eiweiß und die Kartoffelstärke mit einem Holzlöffel unter die Rühreimasse heben.
10. Die Auflaufform mit der restlichen Butter ausbuttern.
11. Die Masse so in die Auflaufform füllen, dass ein Drittel der Form frei bleibt.
12. Den Rühreipudding in den vorgeheizten Backofen stellen und bei 170° C etwa 30 bis 35 Minuten backen.

Anrichten

13. Die Auflaufform direkt servieren, eventuell mit ein wenig Puderzucker bestäuben.

Degustationsnotiz
Zarte Eiaromen begleitet von Zitrustönen erreichen als Erstes den Gaumen, bevor die buttrigen Nuancen den Auflauf abrunden. Die Zitrustöne und Butteraromen bestimmen den bleibenden Geschmack.

Kulinarik
Eier von Hühnern aus artgerechter Haltung mit biologischer Fütterung sind aromatischer als solche aus konventioneller Produktion. Denn bei Eiern ist die Qualität der Tierfütterung für den Geschmack entscheidend. Die sattgelbe Farbe des Dotters garantiert eine schöne Farbe des Puddings.
Beim Trennen der Eier darf kein Eigelb in das Eiweiß kommen, da sich sonst das Eiweiß nur schwer aufschlagen lässt. Steif geschlagenes Eiweiß darf nicht mit einem Schneebesen unter die Rühreimasse gerührt werden, da es sonst zusammenfällt.
Das Aroma von reifen Bio-Zitronen besitzt eine ausgewogenere Balance zwischen Säure und Süße als das von Früchten aus konventioneller Produktion. Von Bio-Zitronen lässt sich die Schale bedenkenlos verwenden, weil sie keine Rückstände von Pflanzenschutz- oder Konservierungsmitteln enthält.

Kartoffelpolenta

VORLAGE: ERDÄFELPOLENTA. (REZEPTE VON WINDISCH-GRAETZ), IN: PÖTZSCH, HERRSCHAFTSKÜCHE, S. 41

Saison: Das ganze Jahr

Zubereitung

1. 120 Gramm der Butter langsam erwärmen, sodass sie flüssig wird, aber nicht bräunt.
2. Die Eier aufschlagen und durch ein Sieb passieren, um die Hagelschnüre zu entfernen.
3. Die Kartoffeln schälen.
4. Das Mehl in eine Schüssel geben.
5. Das Salz, die flüssige Butter und die aufgeschlagenen Eier unterrühren.
6. Die rohen Kartoffeln mit einer Reibe, die drei bis fünf Millimeter starke Raspeln erzeugt, in die Schüssel hineinreiben.
7. Die Masse mit einem Holzlöffel durchrühren.
8. Eine etwa fünf Zentimeter hohe Auflaufform, die ein Volumen von einem Liter fasst, mit einem Pinsel leicht ausbuttern. Anschließend die Kartoffelmasse hineingeben.
9. Backpapier in ein rechteckiges Backblech legen. Anschließend in das Backblech so viel heißes Wasser füllen, dass die Auflaufform bis zur Hälfte in der Flüssigkeit steht.
10. Die Auflaufform auf das Backblech stellen und bei 140°C etwa 35 bis 45 Minuten im Backofen garen.
11. In der Zwischenzeit den Schinken in ein bis zwei Millimeter feine Streifen schneiden und den Parmesan fein reiben.
12. Um zu testen, ob die Polenta gar ist, an der obersten Stelle einen Holzspieß einstechen. Bleiben Teigreste daran kleben, noch einige Minuten nachgaren lassen.

Anrichten

13. Die Auflaufform auf eine warme längliche Platte stürzen und die Kartoffelpolenta mit der restlichen Butter bestreichen.
14. Den Parmesan und die Schinkenstreifen über die gebutterte Kartoffelpolenta streuen und servieren

Degustationsnotiz
Der Parmesan und der leichte Rauchton des Schinkens bestimmen gleich am Anfang die Wahrnehmung, bevor die Cremigkeit der Kartoffelpolenta spürbar wird. Die leichten salzigen und rauchigen Töne behaupten sich jedoch und bestimmen den bleibenden Geschmack.

Kulinarik
Das Backpapier unter der Auflaufform verhindert, dass die Auflaufform sich beim leichten Köcheln ruckelt. Denn die Blasen können beim Kochen an der Auflaufform entlang entweichen.
Passende Kartoffelsorten sind Annabelle, Sieglinde oder Linda, weil sie mit ihrem würzigen Eigengeschmack dem Gericht die passende Würze geben. Da Kartoffelpolenta ihre Bindung aus der Stärke der Kartoffeln zieht, sollte man darauf achten, dass diese frisch sind. Denn bei lange gelagerten Kartoffeln wandelt sich Stärke in Zucker um.
Es empfiehlt sich, Kartoffeln aus regionalem und biologischem Anbau zu verwenden, weil sie aromatischer sind als konventionell produzierte.

FÜR 4 PERSONEN
140 g Butter
6 Bio-Eier (Größe M)
500 g Kartoffeln (festkochend)
40 g Mehl (Type 405)
6 g Salz
60 g geräucherten Schinken
60 g Parmesan

Apfelringe im Teigmantel

VORLAGE: ÄPFELSPALTEN. (REZEPTE VON WINDISCH-GRAETZ), IN: PÖTZSCH, HERRSCHAFTSKÜCHE, S. 43

Saison: Das ganze Jahr

FÜR 8 APFELRINGE
3 Eiweiß (Bio-Ei Größe M)
1 Prise Piment
2 g Ceylon-Zimt
250 g Mehl (Type 405)
1 Prise Zucker
1 Prise Salz
1 Bio-Ei (Größe M)1
l Rapsöl
4 Borsdorfer Äpfel

Zubereitung
1. Piment im Mörser und Zimt auf einer Muskatreibe oder im Mörser zerkleinern.
2. Das Mehl mit Zucker, Salz, Piment und Zimt mischen.
3. Das ganze Ei und 20 Milliliter Rapsöl zugeben und alles glatt rühren.
4. Sollten noch Klumpen enthalten sein, den Teig durch ein feines Sieb geben.
5. Das kalte Eiweiß sehr fest aufschlagen.
6. Den Eiweißschaum mit einem Holzlöffel unterheben.
7. Die Äpfel schälen und in Ringe oder Spalten schneiden.
8. Das restliche Rapsöl in einer Pfanne oder einem Topf auf 180° C erhitzen.
9. Die Apfelstücke leicht mehlieren, durch den Teig ziehen und im Öl zwei bis drei Minuten ausbacken, bis sie goldgelb sind.
10. Die Apfelringe herausnehmen und auf einem Rost abtropfen lassen.

Anrichten
11. Auf einem Servierteller anrichten und noch warm servieren.

Degustationsnotiz
Zunächst nimmt man die knackige Backkruste wahr, bevor der aromatische Apfel zur Geltung kommt. Zugleich machen sich die Gewürze bemerkbar. Der Zimt dominiert etwas, wird aber durch die Säure der Borsdorfer Äpfel eingefangen, sodass Säure, Süße und Gewürztöne einen sehr schönen Akkord bilden.

Kulinarik
Edelborsdorfer Äpfel mit ihrem harmonischen Verhältnis von Zucker und Säure eignen sich sehr gut für gebackene Apfelringe. Ihr zimtartiger Geschmack harmoniert mit den Gewürzen im Teig.
Zimt sollte möglichst erst unmittelbar vor der Verwendung zerrieben werden, damit seine ätherischen Öle sich nicht verflüchtigen, sondern dem Gebäck zugute kommen. Zu Apfelringen im Teigmantel passen sehr gut ein Vanilleeis oder eine Vanillesauce.

Kaiserschmarrn

VORLAGE: KAISERSCHMARREN. (REZEPTE VON WINDISCH-GRAETZ), IN: PÖTZSCH, HERRSCHAFTSKÜCHE, S. 44

Saison: Das ganze Jahr

Zubereitung

1. Das Eiweiß der fünf Eier vom Dotter trennen. Anschließend das Eiweiß durch ein Sieb passieren, um die Hagelschnüre zu entfernen. Dann etwa zehn Minuten kalt stellen.
2. Danach die Milch mit den Eidottern, dem Zucker, dem Salz und dem Mehl glatt rühren. Falls noch Klumpen enthalten sind, alles durch ein feines Sieb passieren.
3. Das kalte Eiweiß steif schlagen.
4. Die Sultaninen unter die Masse geben und das Eiweiß mit einem Holzlöffel langsam unterheben.
5. Die Hälfte der Butter in einer großen beschichteten Pfanne zerlassen.
6. Die Hälfte des Teiges in die Pfanne hineingeben. Die Unterseiten anbräunen lassen, umdrehen und die zweite Seite ebenfalls anbräunen lassen.
7. Mit zwei Gabeln den Teig zerreißen und auf eine vorgewärmte Platte geben.
8. Mit der restlichen Butten und dem restlichen Teig den Vorgang noch einmal wiederholen.

Anrichten

9. Den Kaiserschmarrn mit Puderzucker bestäuben und warm servieren.

Degustationsnotiz

Die Sultaninen und der Rühreianteil des Kaiserschmarrns besitzen eine unterschiedliche Konsistenz. Auch schmeckt man die Sultaninen deutlich heraus. Die leichten krossen Bratnuancen des Kaiserschmarrns harmonieren mit den Butter- und den Rosinentönen.

FÜR 2 PERSONEN

5 Bio-Eier (Größe M)
125 ml Milch (3 % Fett)
20 g Zucker
1 Prise Salz
140 g Mehl (Type 405)
40 g Sultanien
80 g Butter
Puderzucker zum Bestäuben

Kulinarik

Eier von Hühnern aus artgerechter Haltung mit biologischer Fütterung sind aromatischer als solche aus konventioneller Produktion. Denn bei Eiern ist die Qualität der Tierfütterung für den Geschmack entscheidend. Die sattgelbe Farbe des Dotters garantiert eine schöne Farbe des Gebäcks. Ein Kaiserschmarrn kann nach Wahl mit Korinthen oder Sultaninen zubereitet werden. Korinthen, die getrockneten Weinbeeren der Korinthiaki-Traube, sind dunkler und kleiner als Sultaninen, die aus weißen Sultana-Trauben gewonnen werden. Die süßen und fruchtigen Aromen der Korinthen sind etwas kräftiger. Die Qualität von Sultaninen ist desto höher, je größer und heller sie sind, es sei denn sie sind durch Schwefel gebleicht. Bio-Rosinen werden mit Pottasche getrocknet.

Die Rosinen können auch in ein wenig Rum eingeweicht werden, dadurch wird das Aroma des Kaiserschmarrns noch intensiviert. Auch kann er anstatt mit Milch mit Sahne verfeinert werden.

Eingemachte Früchte wie Schattenmorellen oder Dunstapfelstücke harmonieren sehr schön mit dem Gericht. Besonders ein Vanilleeis passt sehr gut zu einem warmen Kaiserschmarrn.

Grießbeignets

VORLAGE: GRIESBEIGNETS. (BAUMANN), IN: PÖTZSCH, HERRSCHAFTSKÜCHE, S. 145

Saison: Das ganze Jahr

Zubereitung

1. Die Sahne in einem Dreilitertopf leicht aufkochen.
2. Den Zucker und die Prise Salz mit dem Weizengrieß dazugeben.
3. Die Mischung langsam köcheln lassen. Währenddessen mit einem Holzlöffel immer wieder den aufquellenden Weizengrieß vom Boden lösen, bis nach etwa acht bis zehn Minuten alles zu einer festen Masse wird. Der Weizengrieß muss regelrecht ein wenig abgebrannt werden, ohne jedoch am Boden so stark anzusetzen, dass er anbrennt.
4. Die Masse etwa 15 Minuten abkühlen lassen. Danach die Eigelbe einrühren, bis sie mit der Weizengrießmasse homogen werden. Anschließend auf einem Backblech auskühlen lassen.
5. Die weiche, aber nicht flüssige Butter mit einem Holzlöffel unter den abgekühlten Teig heben.
6. Mit zwei großen Löffeln Nocken abstechen und diese für fünf Minuten im Kühlschrank kalt stellen.
7. Die Kirschsauce herstellen.
8. Das Eiweiß mit einem Schneebesen durchrühren, sodass es zu einer gleichmäßigen Flüssigkeit wird. Anschließend durch ein feines Sieb passieren, damit die Hagelschnüre entfernt werden.
9. Die erkalteten Nocken in das Eiweiß geben und anschließend in den Semmelbröseln wenden.
10. Das Öl auf 160 °C erhitzen und nach und nach die Nocken leicht backen, bis sie goldgelb sind.

Anrichten

11. Die Sauce auf einen weißen Teller geben und die Nocken darauf legen.

Degustationsnotiz

Sofort macht sich die schöne Säure der Kirschen auf dem Gaumen breit, bis die zuerst krossen, dann schmelzig und luftigen Grießbeignets die Aromen der Kirschen ablösen. Dann bildet sich ein Aromenakkord aus Buttertönen, der Säure und dem Kirscharoma. Dieser Akkord bestimmt auch den bleibenden Geschmack.

Kulinarik

Die Butter muss unter den gekühlten Teig gehoben werden, damit sie nicht flüssig wird und keine Bindung zum Teig entsteht. Dies hätte sonst zur Folge, dass der Teig nicht locker wird.

Sahne, die aus Milch von biologisch gehaltenen Kühen hergestellt wird, ist aromatischer, weil die Fütterung der Tiere für den Geschmack ihrer Milch entscheidend ist.

Eier von Hühnern aus artgerechter Haltung mit biologischer Fütterung sind aromatischer als solche aus konventioneller Produktion. Denn bei Eiern ist die Qualität der Tierfütterung für den Geschmack entscheidend. Die sattgelbe Farbe des Dotters garantiert eine schöne Farbe der Grießbeignets.

FÜR 6 PERSONEN

1 l Sahne (30 % Fett)
20 g Zucker
1 Prise Salz
300 g Weichweizengrieß
5 Eigelbe (Bio-Ei Größe M)
70 g Butter
500 ml Kirschsauce (Siehe S. 440)
3 Eiweiß (Bio-Ei Größe M)
80 g Semmelbrösel
1 l Rapsöl

Reisauflauf

VORLAGE: REISCROQUETTES. (BAUMANN), IN: PÖTZSCH, HERRSCHAFTSKÜCHE, S. 145

Saison: Das ganze Jahr

FÜR EINE LÄNGLICH OVALE AUFLAUFFORM MIT EINEM VOLUMEN VON 2 L
250 g Mittelkornreis (Arborio)
1,5 l Sahne (30 % Fett)
30 g Zucker
1 Prise Salz

Zubereitung
1. Den Reis in ein feines Sieb geben und kurz mit kaltem Wasser abspülen.
2. Zwei Liter Wasser aufsetzen, zum Kochen bringen und den Reis zwei bis drei Minuten darin kochen lassen.
3. Den Reis anschließend in ein feines Sieb geben und abtropfen lassen.
4. Die Sahne, den Zucker und die Prise Salz in einem Dreilitertopf leicht aufkochen.
5. Den abgegossenen Reis dazugeben.
6. Die Sahne langsam köcheln lassen und mit einem Holzlöffel immer wieder die kochende Sahne mit dem Reis vermischen.
7. Das Ganze zirka 23 bis 25 Minuten rühren, bis die Flüssigkeit verkocht wurde.
8. Den Reis in die Auflaufform geben und nochmals im Backofen bei 100°C zehn Minuten ziehen lassen.

Anrichten
9. Die Auflaufform warm servieren.

Degustationsnotiz
Obwohl das Gericht keine Vanille enthält, entfaltet der Arborioreis cremige und leichte Vanilletöne. Das typisch süße Reisaroma bestimmt auch den bleibenden Geschmack.

Kulinarik
Arborioreis, der in Sahne gekocht wird, schmeckt nach Vanille. Nur ein Mittelkornreis (Arborio oder Vialone Nano) erreicht den cremigen Schmelz und die Vanilletöne. Sahne, die aus Milch von biologisch gehaltenen Kühen hergestellt wird, ist aromatischer, weil die Fütterung der Tiere für den Geschmack ihrer Milch entscheidend ist.

Kartoffelschmarrn mit Rameln

VORLAGEN: KARTOFFELSCHMARREN. (BAUMANN), IN: PÖTZSCH, HERRSCHAFTSKÜCHE, S. 145 UND RAMELN, IN: FRANZ WALCHA, DER PRAKTISCHE KOCH, DRESDEN 1819, S. 306, NR. 554

Saison: Das ganze Jahr

Zubereitung

Rameln
1. Das Mehl mit der Milch in einem flachen Dreilitertopf verrühren und auf dem Herd unter ständigem Rühren etwa vier bis fünf Minuten so zu einem Brei abbrennen, dass der Teig nur leicht bräunt.
2. Eine ovale Zweiliterkasserolle ausbuttern. Darin den zähflüssigen Brei anderthalb bis zwei Zentimeter dünn verteilen und im vorgeheizten Backofen mit Oberhitze bei 200°C backen, bis er goldbraun ist. Anschließend herausnehmen, zehn Zentimeter große Ringe ausstechen und auf einem Backpapier zwischenlagern.
3. Den Backvorgang so lange wiederholen, bis die Teigmasse aufgebraucht wurde.

Kartoffelschmarrn
1. Die Kartoffeln schälen und in kaltes Wasser legen.
2. Die Zitrone waschen und ihre gelbe Schale mit einer feinen Reibe abraspeln.
3. Die Mandeln in kochendes Wasser geben. Nach einer Minute herausnehmen und in kaltem Wasser abschrecken.
4. Die Haut von den Mandeln abziehen und die Mandelkerne mahlen.
5. Die Mandeln mit zwei ganzen Eiern, der Zitronenschale, den Eigelben und dem Zucker etwa 15 bis 20 Minuten schaumig schlagen.
6. Die Prise Salz zum Eiweiß geben und beides gemeinsam schlagen, bis Spitzen entstehen.
7. Das geschlagene Eiweiß mit einem Holzlöffel unter die aufgeschlagene Ei-Zitronenschalen-Zuckermasse heben.
8. Die Kartoffeln mit einer zwei Millimeter feinen Reibe reiben und auf ein Küchenpapier legen, um die Feuchtigkeit ein wenig aufzusaugen. Anschließend die Kartoffeln ebenfalls mit einem Holzlöffel unter die Ei-Zitronenschalen-Zuckermasse heben.
9. Ein ovale Auflaufform mit einem Volumen von zwei Litern ausbuttern und auf eineinhalb Zentimeter Höhe mit Kartoffelmasse füllen.
10. Darauf eine Schicht der ausgestochenen Rameln legen.
11. Erneut auf eineinhalb Zentimeter Höhe Kartoffelmasse verteilen.
12. Wieder eine Schicht Rameln darauf legen, und zum Schluss mit der restlichen Kartoffelmasse das Ganze abdecken.
13. Die Auflaufform direkt in den 160°C heißen Backofen schieben und 45 bis 50 Minuten backen.

Anrichten
14. Die Auflaufform unmittelbar servieren.

Degustationsnotiz

Das Aroma der krossen Kartoffelkruste nimmt man sofort wahr. Anschließend verbinden sich die Kartoffeltöne mit den zarten Mandel- und den cremigen Ei- und Zitrusaromen. Der cremige Kartoffel- Mandel-Zitrusakkord bestimmt den bleibenden Geschmack.

FÜR 8 PERSONEN

Rameln
250 g Mehl (Type 405)
1 l Milch (3,5 % Fett)
50 g Butter

Kartoffelschmarrn
500 g Kartoffeln festkochend (Siglinde, Annabell)
1 Bio-Zitrone
180 g Mandeln
2 Bio-Eier (Größe M)
15 Eigelbe (Bio-Ei Größe M)
180 g Zucker
1 Prise Salz
10 Eiweiß (Bio-Ei Größe M)
20 g Butter

Kulinarik

Die Rameln saugen ein wenig die Feuchtigkeit der Kartoffeln auf, sodass ein fester Auflauf entsteht. Nur frische festkochende Kartoffeln lassen die einzigartige Struktur und die typischen Aromen des Kartoffelschmarrns entstehen.

Süße Mandeln haben einen marzipanähnlichen Grundton. Sie behalten in der Schale bis zu einem Jahr ihr Aroma, ohne ranzig zu werden. Wird eine Mandel nur noch von der Haut umgeben, sollte man sie aber nicht länger als sechs und ohne Haut nur vier Monate aufbewahren. Weiterverarbeitete Mandeln bleiben nur wenige Wochen frisch.

Das Aroma von reifen Bio-Zitronen besitzt eine ausgewogenere Balance zwischen Säure und Süße als das von Früchten aus konventioneller Produktion.

Eier von Hühnern aus artgerechter Haltung mit biologischer Fütterung sind aromatischer als solche aus konventioneller Produktion. Denn bei Eiern ist die Qualität der Tierfütterung für den Geschmack entscheidend. Die sattgelbe Farbe des Dotters garantiert eine schöne Farbe des Kartoffelschmarrns. Steif geschlagenes Eiweiß darf nicht mit einem Schneebesen untergerührt werden, da es sonst zusammenfällt.

Reisschmarrn

VORLAGE: REISSCHMARREN. (BAUMANN), IN: PÖTZSCH, HERRSCHAFTSKÜCHE, S. 145

Saison: Das ganze Jahr

Zubereitung

1. Den Mittelkornreis (Arborio) kurz mit kaltem Wasser abspülen.
2. Den Reis mit der Sahne und der Hälfte des Zuckers etwa 23 bis 25 Minuten kochen. Dabei immer wieder mit einem Holzlöffel umrühren.
3. Das Eigelb und Eiweiß der fünf Eier sauber trennen.
4. Das Eiweiß etwa fünf Minuten kalt stellen.
5. Durch eine Bissprobe testen, ob der Reis bis auf einen kleinen bissfesten Kern bereits gar ist, und somit weiter verarbeitet werden kann.
6. Den Reis vom Herd nehmen, in eine Schale umfüllen und nach und nach die Eigelbe unterrühren. Anschließend den Reis auf etwa 25 bis 30°C abkühlen lassen.
7. Das Eiweiß steif schlagen sowie dabei nach und nach den restlichen Zucker dazugeben.
8. Das steif geschlagene Eiweiß mit einem Holzlöffel unter den Reis heben.

Anrichten

9. Den Reisschmarrn mit einem Spritzbeutel in Gläser umfüllen und servieren.

Degustationsnotiz
Die Sahne und der Reis geben einen herrlichen Aromenakkord ab, der sogar leicht an Vanille erinnert, obwohl diese nicht verwendet wurde. In diesem Reisschmarrn vereinigen sich Cremigkeit, Schmelz und Aroma perfekt.

Kulinarik
Wichtig bei der Herstellung des Reisschmarrns sind die Reissorten und deren Qualität. Nur mit einem Mittelkornreis (Arborio oder Vialone Nano) werden der typische Schmelz und das Aroma des Gerichts erreicht. Soll der Reisschmarrn erst am folgenden Tag serviert werden, muss der Reis zwei Minuten länger gekocht werden, da er im erkalteten Zustand mit der Zeit ein wenig bissfester wird.
Beim Trennen der Eier darf kein Eigelb in das Eiweiß kommen, da sich sonst das Eiweiß nur schwer aufschlagen lässt. Steif geschlagenes Eiweiß darf nicht mit einem Schneebesen unter den Reis gerührt werden, da es sonst zusammenfällt.
Sahne, die aus Milch von biologisch gehaltenen Kühen hergestellt wird, ist aromatischer, weil die Fütterung der Tiere für den Geschmack ihrer Milch entscheidend ist. Eier von Hühnern aus artgerechter Haltung mit biologischer Fütterung sind aromatischer als solche aus konventioneller Produktion. Denn bei Eiern ist die Qualität der Tierfütterung für den Geschmack entscheidend. Die sattgelbe Farbe des Dotters garantiert eine schöne Farbe des Reisschmarrns.

FÜR 4 PERSONEN

125 g Mittelkornreis (Arborio)
470 ml Sahne (30 % Fett)
80 g Zucker
5 Bio-Eier (Größe M)

Grießschmarrn

VORLAGE: GRIESSCHMARREN. (BAUMANN), IN: PÖTZSCH, HERRSCHAFTSKÜCHE, S. 145

Saison: Das ganze Jahr

FÜR 6 PERSONEN
500 ml Sahne (30 % Fett)
20 g Zucker
2 Prisen Salz
125 g Weichweizengrieß
8 Eigelbe (Bio-Ei Größe M)
5 Eiweiß (Bio-Ei Größe M)

Zubereitung

1. Die Sahne in einem Dreilitertopf leicht aufkochen.
2. Den Zucker, eine Prise Salz und den Weizengrieß dazugeben.
3. Die Mischung langsam köcheln lassen. Währenddessen mit einem Holzlöffel immer wieder den aufquellenden Weizengrieß vom Boden lösen, bis nach etwa acht bis zehn Minuten alles zu einer festen Masse wird. Anschließend den Weizengrieß ein wenig abbrennen, ohne dass er anbrennt.
4. Die Masse etwa 15 Minuten abkühlen lassen. Danach die Eigelbe einrühren, bis sie mit der Weizengrießmasse homogen werden. Anschließend die Masse etwa zehn bis 15 Minuten auskühlen lassen.
5. Das Eiweiß mit einem Schneebesen kurz schlagen, bis eine gleichmäßige Flüssigkeit entsteht.
6. Anschließend durch ein feines Sieb passieren, um die Hagelschnüre zu entfernen.
7. Die zweite Prise Salz zum Eiweiß geben und so lange mit einem Schneebesen schlagen, bis sich beim Herausziehen des Schneebesens Spitzen bilden.
8. Das Eiweiß mit einem Holzlöffel unter die abgekühlte Grießmasse ziehen.

Anrichten

9. Die Masse mit einem Spritzbeutel in Gläser abfüllen und servieren.

Degustationsnotiz
Die lockere Konsistenz des Grießschmarrns gibt zunächst süßliche Aromen frei, bevor sich ein Aromenakkord aus Ei und sahnigen Tönen entfaltet. Dieser bestimmt auch den bleibenden Geschmack.

Kulinarik
Der Grießschmarrn sollte mit einem Spritzbeutel umgefüllt werden, da er sich dadurch leichter und sauberer in Gläser einfüllen lässt.
Steif geschlagenes Eiweiß darf nicht mit einem Schneebesen untergerührt werden, da es sonst zusammenfällt.
Eier von Hühnern aus artgerechter Haltung mit biologischer Fütterung sind aromatischer als solche aus konventioneller Produktion. Denn bei Eiern ist die Qualität der Tierfütterung für den Geschmack entscheidend. Die sattgelbe Farbe des Dotters garantiert eine schöne Farbe der Grießschmarrns.

Kirschröster

VORLAGE: KIRSCHRÖSTER. (BAUMANN), IN: PÖTZSCH, HERRSCHAFTSKÜCHE, S. 146 F.

Saison: Das ganze Jahr

Zubereitung

1. Die Weichselkirschen zum Kompott einkochen. Anschließend die kompottierten Kirschen in ein Sieb geben und, bevor sie im Gugelhupf verarbeitet werden, fünf Stunden lang abtropfen lassen.
2. Danach die Kirschen auf Küchenpapier verteilen, wiederum Küchenpapier darüberlegen und mit beiden Händen den restlichen Saft herausdrücken.
3. Das Eigelb und Eiweiß der sechs Eier sauber trennen. Anschließend das Eiweiß mit einer Prise Salz bestreuen und verquirlen, bis der Eischnee Spitzen bildet.
4. Die Vanilleschote längs halbieren und mit einem Messerrücken das Mark herauskratzen.
5. Den Zimt auf einer Muskatreibe oder im Mörser zerkleinern.
6. Die Saure Sahne auf 30°C erwärmen und das Vanillemark einrühren. Anschließend die Eigelbe mit einem Holzlöffel unterheben.
7. Den Zwieback zu Bröseln zerreiben und die Hälfte davon mit dem Zimt unter die abgetropften Kompottkirschen geben.
8. Das steife Eiweiß mit einem Holzlöffel unter die Saure Sahne heben.
9. Die Kirschen mit einem Holzlöffel ebenfalls unterheben.
10. Die Gugelhupfform ausbuttern und die restlichen Zwiebackbrösel an den Wänden der Form verteilen.
11. Die Masse einfüllen und im vorgeheizten Ofen bei 150°C eineinhalb Stunden backen.

FÜR EINE GUGELHUPFFORM

500 g Weichselkirschkompott (Siehe S. 447)
6 Bio-Eier (Größe M)
1 Prise Salz
1 Vanilleschote (Bourbon)
2 g Ceylon-Zimt
500 ml Saure Sahne (10 % Fett)
80 g Holländer-Zwieback (Siehe S. 268 f.)
20 g Butter

Anrichten

12. Den Kirschröster lauwarm in der Gugelhupfform servieren.

Degustationsnotiz

Krosse Backaromen vereinigen sich sofort mit den säuerlichen Tönen des Sauerrahms und den Kirscharomen. Dabei tauchen langsam feine Nuancen von Zimt und Vanille auf, die sich mit allen Aromen zu einem Aromenakkord vereinen. Die Kirsch- und Vanilletönen bestimmen den bleibenden Geschmack.

Kulinarik

Für einen Kirschröster müssen die Kirschen sehr trocken gelegt werden, da sonst der gesamte Kuchen in sich zusammenfällt.
Übrig gebliebener Kirschsaft kann zu einer Kirschsauce verarbeitet werden.
Es empfiehlt sich, Saure Sahne mit zehn Prozent Fettanteil zu verwenden, damit die Säure der Sahne die der Kirschen verstärkt und nicht durch ihre Buttrigkeit überlagert. Sahne, die aus Milch von biologisch gehaltenen Kühen hergestellt wird, ist aromatischer, weil die Fütterung der Tiere für den Geschmack ihrer Milch entscheidend ist.
Beim Trennen der Eier darf kein Eigelb in das Eiweiß kommen, da sich sonst das Eiweiß nur schwer aufschlagen lässt. Steif geschlagenes Eiweiß darf nicht mit einem Schneebesen untergerührt werden, da es sonst zusammenfällt.
Das Aroma von frischen Vanilleschoten ist wesentlich komplexer als das von Vanillezucker oder das von synthetisch hergestelltem Vanillin, das lediglich den zentralen Aromastoff der Vanille nachahmt. Vanilleschoten gibt es in drei aromatisch deutlich differierenden Varianten: Bourbon-, Mexiko- und Tahiti-Vanille.

Charlotte des pommes à la Jahnishausen

VORLAGE: CHARLOTTE DES POMMES À LA JAHNISHAUSEN, IN: PÖTZSCH, HERRSCHAFTS-KÜCHE, S. 149

Saison: Das ganze Jahr

Zubereitung

1. Einen Tag zuvor das Brot backen und in zwei bis drei Millimeter feine Scheiben schneiden.
2. Am nächsten Tag die Scheiben in 240 Gramm Butter braun rösten.
3. Die halbe Zitrone auspressen.
4. Die Äpfel schälen, entkernen, halbieren und in vier bis fünf Millimeter feine Scheiben schneiden.
5. Sofort mit dem Zitronensaft beträufeln, damit die Äpfel nicht braun werden.
6. Eine Auflaufform mit der restlichen Butter auspinseln.
7. Zuerst Brotscheiben, dann Apfelscheiben in die Auflaufform schichten und einige Korinthen darüber verteilen. Das Schichtungsverfahren nochmals wiederholen.
8. Anschließend Charlotte des pommes à la Jahnishausen im vorgeheizten Backofen bei 160°C etwa 55 bis 60 Minuten backen.
9. Während des Backens die Zuckerglasur fertigen.
10. Die Auflaufform aus dem Ofen nehmen und den fertig gegarten Auflauf mit der Glasur bestreichen.

Anrichten

11. Die Charlotte des pommes à la Jahnishausen lauwarm servieren.

Degustationsnotiz

Kross-knackige Textur und Süße werden zuerst wahrgenommen, doch gleicht die Säure der Äpfel dies sofort aus und findet mit den feinen Korinthentönen eine Einheit. Die Apfeltöne begleitet von süßen Brotaromen bestimmen den bleibenden Geschmack.

Kulinarik

Da jede Apfelsorte ihre eigenen spezifischen Aromen hat, verändert sich die kulinarische Komposition des Gerichts, wenn der helle Boskoop durch einen anderen Apfel ersetzt wird. Es sollte jedenfalls immer ein säurehaltiger Apfel genommen werden, da nur so eine Harmonie aus Süße und Säure entsteht. Äpfel aus regionalem biologischem Anbau sind aromatischer und frischer.
Anstatt der vorgegebenen Weißbrotrezeptur können auch altbackene Brötchen für dieses Dessert verwendet werden.

FÜR EINE DREILITERAUFLAUFFORM

1 Rezeptur Semmelbrot (Siehe S. 398)
250 g Butter
½ Bio-Zitrone
500 g Äpfel (heller Boskoop)
60 g Korinthen
500 g Zuckerglasur (Siehe S. 428)

Milchtrauben

VORLAGE: MILCHTRAUBEN (HERR KIEL), IN: PÖTZSCH, HERRSCHAFTSKÜCHE, S.149

Saison: Das ganze Jahr

FÜR 6 PERSONEN
500 ml Sahne (30% Fett)
210 g Butter
5 g Zucker
1 Prise Salz
300 g Mehl (Type 405)
4 Bio-Eier (Größe M)
5 Eigelbe (Bio-Ei Größe M)

Sauce
500 ml Milch (3,5% Fett)
20 g Mehl
30 g Zucker

Zubereitung

1. Die Sahne, 180 Gramm Butter, den Zucker und eine Prise Salz in einem Dreilitertopf zum Kochen bringen.
2. Anschließend das Mehl mit einem Holzlöffel einrühren und unterheben.
3. Den Topf vom Herd nehmen und die Masse so lange rühren, bis sich ein Kloß bildet und am Boden ein Belag entsteht.
4. Den Teig abkühlen lassen, bis er lauwarm ist. Dann nach und nach sämtliche Eier und Eigelbe unterheben, bis alles zu einer homogenen Masse verbunden ist.
5. Eine Auflaufform von 20 bis 25 Zentimetern Länge mit der restlichen Butter ausstreichen.
6. Den Teig in sechs bis sieben Zentimeter lange und etwa eineinhalb bis zwei Zentimeter dünne Würste rollen, in die Form legen und bei 130°C etwa 15 bis 20 Minuten im vorgeheizten Backofen garen.
7. Die Milchtrauben weitere fünf Minuten bei 160°C Oberhitze fertig backen.

Sauce

8. In einer Pfanne die Milch, das Mehl und den Zucker verrühren. Alles drei Minuten leicht aufkochen.
9. Die gebackenen Milchtrauben in die Pfanne legen, mit der Flüssigkeit nochmals aufkochen und mit einem Esslöffel die Sauce über das Gebäck geben.

Anrichten

10. Die Milchtrauben auf warme Teller verteilen, nochmals mit der Sauce überziehen und servieren.

Degustationsnotiz

Zarte und schmelzend leichte Vanilletöne nimmt man wahr, obwohl keine Vanille verwendet wurde. Dann blenden buttrige Töne durch, die mit der cremigen Sahne und dem Zucker einen Aromenakkord entstehen lassen. Die buttrigen Töne bestimmen den bleibenden Geschmack.

Kulinarik

Brandteig darf nicht zu weich und nicht zu fest werden. Wenn der Teig zu fest ist, geht er beim Backen nicht auf. Ein zusätzliches Eigelb kann dagegen Abhilfe schaffen. Zu weicher Brandteig wird beim Backen breit und geht ebenfalls nicht richtig auf. In diesem Fall wurde zu wenig Mehl verwendet oder der Teig nicht genug auf dem Herd abgebrannt. Deshalb empfiehlt es sich, zunächst einen kleinen Teil zur Probe zu backen, um den übrigen Brandteig gegebenenfalls nachbessern zu können.
Sahne, die aus Milch von biologisch gehaltenen Kühen hergestellt wird, ist aromatischer, weil die Fütterung der Tiere für den Geschmack ihrer Milch entscheidend ist. Eier von Hühnern aus artgerechter Haltung mit biologischer Fütterung sind aromatischer als solche aus konventioneller Produktion. Denn bei Eiern ist die Qualität der Tierfütterung für den Geschmack entscheidend. Die sattgelbe Farbe des Dotters garantiert eine schöne Farbe des Gebäcks.

Tipsy Cake

VORLAGE: TIPSY-CAKE (PRINZESS-LUISA), IN: PÖTZSCH, HERRSCHAFTSKÜCHE, S. 150

Saison: Das ganze Jahr

Zubereitung
1. Die Makronen und die Sandtorte herstellen.
2. Die Makronen in die Glasschale legen und mit etwas erwärmtem Aprikosengelee bestreichen.
3. Die Sandtorte in ihrer gesamten Länge quer in zwei Zentimeter dünne Scheiben schneiden, sodass flache runde Scheiben entstehen.
4. Diese dünne Scheiben auf die Makronen legen. Die neue Schicht erneut mit warmem Aprikosengelee bestreichen und mit ein wenig Sherry beträufeln.
5. Das Ganze mit den Makronen und der Sandtorte wiederholen und den Sandkuchen mit dem restlichen Sherry parfümieren.
6. Die Vanillecreme herstellen und über die Schichtung in der Schüssel gießen.
7. Die Sandtorte und Makronen mit einer Folie abdecken und etwa eine halbe Stunde bei 6°C kalt stellen.
8. Die kalte Sahne steif schlagen, oben auf die Schichten in der gekühlten Schüssel füllen und mit einer Palette glatt streichen.

Anrichten
9. Die Schale im Ganzen servieren.

Degustationsnotiz
Zunächst nimmt man die cremigen Sahnetöne und die Vanillecreme wahr. Dann erst tauchen die Aprikosentöne mit den Sherrynuancen auf, die wiederum durch die krosse Textur der Makronen die Harmonie durcheinanderschütteln. Doch finden sämtliche Geschmacksnuancen zu einem Aromenakkord zusammen. Die süßen Vanilletöne und Sherryaromen bestimmen den bleibenden Geschmack.

Kulinarik
Der Auflauf sollte an dem Tag serviert werden, an dem er zubereitet wurde, damit die krossen Texturen der Makronen nicht verloren gehen. Das Aroma des Tipsy Cake kann durch eine Parfümierung von Cognac noch verstärkt werden.

FÜR EINE GLASSCHALE VON 3 L

1 Rezeptur Makronen, süß (Siehe S. 373)
1 Rezeptur Feiner Sandkuchen (Siehe S. 202)
400 g Aprikosengelee (Siehe S. 425)
50 ml Sherry dry
1 Rezeptur Vanillecreme zum Füllen (Siehe S. 442 f.)
200 ml Sahne (30 % Fett)

Pain à l'Espagnole

VORLAGE: PAIN À L'ESPAGNOLE. (PRINZESS LUISA), IN: PÖTZSCH, HERRSCHAFTSKÜCHE, S. 151

Saison: Das ganze Jahr

FÜR 8 BIS 12 STÜCK

1 Rezeptur Apfelmus
(Siehe S. 446)
1 Rezeptur Semmelbrot
(Siehe S. 398)
500 ml Kirschsauce (Siehe S. 440)
2 g Ceylon-Zimt
100 g Zucker
400 g Aprikosenmarmelade
(Siehe S. 422)
1 kg Schweineschmalz
80 g Butter

Zubereitung

1. Das Apfelmus kochen und kalt stellen.
2. Das Brot backen und auskühlen lassen.
3. Die Kirschsauce zubereiten.
4. Mit einem Sägemesser vom Brot vier Zentimeter breite Scheiben schneiden.
5. Den Zimt auf einer Muskatreibe oder im Mörser zerkleinern.
6. Den Zucker und den Zimt in den Kirschsaft rühren und anschließend die Flüssigkeit um die Hälfte einkochen.
7. Die Brotscheiben auf eine Arbeitsfläche legen und mit einem spitzen Messer von der Mitte der Rinde aus eine möglichst große Tasche einschneiden.
8. Einen Spritzbeutel mit einer Tülle von acht bis zehn Millimetern Durchmesser versehen. Die Aprikosenmarmelade in den Spritzbeutel geben und die Brottaschen mit der Marmelade füllen. Etwas Aprikosenmarmelade zurückbehalten.
9. Die Brotscheiben in dem reduzierten Kirschsaft tränken.
10. Das Schweineschmalz in einem Dreilitertopf auf 160° C erhitzen und die Scheiben einzeln von beiden Seiten kross ausbacken, indem man sie mit einem Schaumlöffel etwa ein bis zwei Minuten unter das Fett drückt.
11. Anschließend die Brotscheiben auf ein Backbleck legen, mit etwas Butter bestreichen und im Backofen bei 140° C glasieren.

Anrichten

12. Das Apfelmus auf einer Auflaufform als Kranz anrichten. Die glasierten Pain à l'Espagnole auf das Apfelmus setzten, die einzelnen Brotstücke mit dem Rest der Aprikosenmarmelade bestreichen und servieren.

Degustationsnotiz

Zuerst nimmt man die krosse Textur wahr. Dann erfüllt eine Vielfalt von Aromen aus Apfel- und Kirschsäure, Zimt und Aprikose den Gaumen. Butter und Schmalz sind nur als Hintergrundaromen wahrnehmbar. Die Fruchtaromen dominieren trotz des Schmalzes den bleibenden Geschmack.

Kulinarik

Da die Kirschsauce mit Schwarzbrot gebunden wird, harmoniert sie gut zum Pain à l'Espagnole.
Für das Kompott sollten säurehaltige Äpfel genommen werden, um dem Gericht eine Harmonie aus Süße und Säure zu geben. Äpfel aus regionalem biologischem Anbau sind aromatischer und frischer. Das bleibt auch in einem Kompott charakteristisch erhalten.
Es empfiehlt sich, Schweineschmalz nur bei einem handwerklich arbeitenden Fleischer zu kaufen, der Schmalz von Tieren aus artgerechter Haltung mit biologischer Fütterung bezieht. Denn Lebensweise und Nahrung der Tiere beeinflussen den Geschmack von Schweinschmalz.

Pfirsiche im Blätterteig

VORLAGE: PFIRSICHE IN BLÄTTERTEIG ODER PFIRSICHE IM SCHLAFROCK. (LEHMANN),
IN: PÖTZSCH, HERRSCHAFTSKÜCHE, S. 153

Saison: Juli bis August

Zubereitung

1. Den Blätterteig herstellen.
2. Drei Liter Wasser aufkochen und die Pfirsiche im kochenden Wasser etwa eine Minute blanchieren. Anschließend in eiskaltem Wasser abschrecken.
3. Die Haut der Pfirsiche abziehen, die Früchte halbieren und entkernen.
4. Den Blätterteig rechteckig auf fünf Millimeter Stärke und eine Länge von 25 Zentimetern ausrollen.
5. Für jeweils einen Pfirsich vom ausgerollten Blätterteig vier Streifen mit einer Breite von drei Zentimetern schneiden.
6. Die vier Streifen über Kreuz zu einem Stern legen.
7. In das Loch, aus dem der Kern eines Pfirsichs entnommen wurde, einige Rosinen legen und die zweite Pfirsichhälfte daraufsetzen.
8. Die beiden zusammengefügten Hälften auf die Mitte des Sterns legen. Die Teigteile nach oben über den Pfirsich klappen und zum Verschließen ein wenig mit Eiweiß bestreichen.
9. Die übrigen fünf Pfirsiche ebenso mit Rosinen füllen und in Teig wickeln.
10. Das Eiweiß mit der Prise Salz vermischen und steif schlagen, bis sich Spitzen bilden.
11. Ein Backblech mit Backpapier auslegen und die Pfirsiche daraufsetzen.
12. Die Pfirsiche komplett mit Eiweiß einstreichen und mit Hagelzucker bestreuen.
13. Im vorgeheizten Backofen bei 180°C etwa 40 bis 45 Minuten backen.

Anrichten

14. Die fertig gebackenen Pfirsiche im Blätterteig auf warme Teller geben und servieren.

Degustationsnotiz

Leicht krosses Gebäck mit süßen Aromen erreicht den Gaumen, bevor die Pfirsichtöne und Backaromen die Süße mildern und zu einem Aromenakkord vereinen. Die Rosinen nuancieren sowohl die Konsistenz als auch den Geschmack, wenn sie zerbissen werden. Die süßen Backaromen und die Fruchtsäure des Pfirsichs bestimmen den bleibenden Geschmack.

Kulinarik

Fast überreife Pfirsiche benötigen einen nicht so hohen Anteil an Zucker und wirken im Aromenakkord intensiver.

Pfirsiche im Blätterteig können nach Wahl mit Korinthen oder Sultaninen zubereitet werden. Korinthen, die getrockneten Weinbeeren der Korinthiaki-Traube, sind dunkler und kleiner als Sultaninen, die aus weißen Sultana-Trauben gewonnen werden. Die süßen und fruchtigen Aromen der Korinthen sind etwas kräftiger. Korinthen bleiben auch beim Backen meist bissfest. Die Qualität von Sultaninen ist desto höher, je größer und heller sie sind, es sei denn sie sind durch Schwefel gebleicht. Bio-Rosinen werden nicht geschwefelt, sondern mit Pottasche getrocknet.

FÜR 6 PERSONEN

1 Rezeptur Blitzblätterteig (Siehe S. 393)
6 reife Pfirsiche
40 g Rosinen
8 Eiweiß (Bio-Ei Größe M)
1 Prise Salz
100 g Hagelzucker

Reis mit Früchten

VORLAGE: REIS MIT FRÜCHTEN (LEHMANN), IN: PÖTZSCH, HERRSCHAFTSKÜCHE, S. 153 F.

Saison: Juli bis August

FÜR EINE LÄNGLICHE TERRINE MIT EINEM VOLUMEN VON 1 L

Reisterrine
½ Rezeptur Aprikosenkompott (Siehe S. 448)
½ Rezeptur Weichselkirschkompott (Siehe S. 447)
250 g Mittelkornreis (Arborio)
1 Vanilleschote (Bourbon)
400 ml Sahne (30 % Fett)
500 ml Milch (3,5 % Fett)
430 g Zucker
4 Eigelbe (Bio-Ei Größe M)
20 g Butter
30 g Semmelbrösel
8 Eiweiß (Bio-Ei Größe M)
10 g Puderzucker
1 Portion Aprikosensauce

Zubereitung

1. Das Aprikosen- und das Kirschkompott kochen und anschließend kalt stellen.
2. Den Reis in ein feines Sieb geben und kurz mit kaltem Wasser abspülen.
3. Zwei Liter Wasser zum Kochen bringen und den Reis zwei bis drei Minuten darin kochen lassen.
4. Den Reis anschließend in ein feines Sieb geben und abtropfen lassen.
5. Die Vanilleschote längs halbieren und mit einem Messerrücken das Mark herauskratzen.
6. Die Sahne mit der Milch, 30 Gramm Zucker und dem Mark der Vanille und der ausgekratzten Vanilleschote in einem Dreilitertopf leicht aufkochen.
7. Den abgeseihten Reis dazugeben.
8. Alles langsam köcheln lassen und mit einem Holzlöffel zirka 15 bis 18 Minuten immer wieder
9. rühren, bis es zu einer schon leicht verfestigten Masse geworden ist.
10. Nun die Eigelbe darunterheben.
11. Die Terrine mit Butter auspinseln und mit Semmelbröseln bestreuen.
12. Zuerst etwa zwei Zentimeter dick den Boden der Terrine mit Reis füllen.
13. Darauf etwas von den Kompottfrüchten verteilen, ohne deren Flüssigkeit hinzuzugeben, und wieder zwei Zentimeter Reis darauf schichten.
14. Erneut Kompottfrüchte verteilen und abschließend das Ganze mit Reis abdecken.
15. Die Terrine mit einem Deckel schließen und auf einem Blech im Ofen bei 120 °C etwa 45 Minuten garen.
16. Inzwischen das Eiweiß mit den restlichen 400 Gramm Zucker aufschlagen, bis sich Spitzen bilden.
17. Die Terrine aus dem Ofen nehmen und auf eine hitzebeständige Platte stürzen.
18. Das Eiweiß in einen Spritzbeutel mit einer zehn Millimeter großen Sterntülle füllen. Anschließend die gesamte Terrine mit Eiweiß einhüllen.
19. Dann mit Puderzucker bestäuben und im Ofen bei 140 °C zehn Minuten backen, bis das Eiweiß ein wenig braun wird.
20. Die restlichen Früchtekompotts erwärmen.

Anrichten

21. Die Platte aus dem Ofen holen und die warmen Früchte an die Reisterrine legen. Die Aprikosensauce in eine Sauciere füllen und dazu servieren.

Degustationsnotiz

Der intensiv süße Reis mit seinen buttrigen, cremigen Vanilletönen wird sofort wahrgenommen, nach und nach kommen die Früchte zum Vorschein. Die säurehaltigen Früchte bilden mit dem Reis einen Aromenakkord. Dabei sind die Früchte mit den Vanilletönen bleibend.

Kulinarik

Arborioreis, der in Sahne gekocht wird, schmeckt nach Vanille. Nur ein Mittelkornreis (Arborio oder Vialone Nano) erreicht den cremigen Schmelz und die Vanilletöne.
Milch und Sahne, die aus Milch von biologisch gehaltenen Kühen hergestellt wird, sind aromatischer, weil die Fütterung der Tiere für den Geschmack ihrer Milch entscheidend ist.
Ein Kompott aus reifen Früchten benötigt weniger Zuckerzusatz, als eines aus vorzeitig geerntetem Obst.
Das Aroma von frischen Vanilleschoten ist wesentlich komplexer als das von Vanillezucker oder das von synthetisch hergestelltem Vanillin, das lediglich den zentralen Aromastoff der Vanille nachahmt. Vanilleschoten gibt es in drei aromatisch deutlich differierenden Varianten: Bourbon-, Mexiko- und Tahiti-Vanille.

Schokoladenauflauf

VORLAGE: CHOCOLADEN-AUFLAUF (LEHMANN), IN: PÖTZSCH, HERRSCHAFTSKÜCHE, S. 154

Saison: Das ganze Jahr

FÜR EINE OVALE AUFLAUFFORM MIT EINEM VOLUMEN VON 3 L

500 ml Milch (3,5 %)
200 g Zucker
1 Prise Salz
100 g Mehl (Type 405)
12 Bio-Eier (Größe M)
250 g Schokolade (70 % Kakaoanteil)
10 g Butter
30 g Semmelbrösel

Zubereitung

1. Die Milch mit dem Zucker und dem Salz in einem Zweilitertopf aufkochen.
2. Anschließend das Mehl mit einem Holzlöffel einrühren und unterheben.
3. Den Topf vom Herd nehmen und die Masse so lange rühren, bis sich ein Kloß bildet und am Boden ein Belag entsteht.
4. Das Eigelb und das Eiweiß der zwölf Eier sauber trennen.
5. Die Schokolade erwärmen.
6. Den Teig abkühlen lassen, bis er lauwarm ist. Dann nach und nach sämtliche Eigelbe unterheben, bis alles zu einer homogenen Masse verbunden ist.
7. Die Auflaufform ausbuttern und mit den Semmelbrösel bestreuen.
8. Das Eiweiß mit einer Prise Salz steif schlagen, bis sich Spitzen bilden.
9. Den abgekühlten Teig und die warme Schokolade mit einem Holzlöffel vermischen.
10. Anschließend das geschlagene Eiweiß ebenfalls mit einem Holzlöffel unterheben.
11. Die Mischung in die Auflaufform geben und im vorgeheizten Backofen bei 170° C etwa 25 Minuten backen.

Anrichten

12. Den Schokoladenauflauf sogleich in der Auflaufform servieren.

Degustationsnotiz

Einen komplexen Aromenakkord aus Schokolade und Backtönen nimmt man sofort wahr. Die Schokolade bestimmt auch den bleibenden Geschmack.

Kulinarik

Da Kakaobohnen kein dominantes Schlüsselaroma besitzen, sondern sich ihr Duft aus vielen Komponenten zusammensetzt, variiert ihr Geschmack in Nuancen von holzig-nussigen bis zu blumig-warmen und honigartigen Noten. Das Aroma von Schokolade wird nicht nur durch die unterschiedlichen Bittertöne der verschiedenen Kakaobohnensorten und deren Wachstums-, Ernte- sowie Verarbeitungsbedingungen, sondern vor allem auch durch den Röstprozess bestimmt, der weitere erdig-würzige Aromen freisetzt. In der kulinarischen Komposition des Schokoladenauflaufs gleichen die Röst- und Bitternoten des Kakaos die Süße des Zuckers aus. Deshalb sollte man eine Schokolade mit hohem Kakaoanteil verwenden.
Beim Trennen der Eier darf kein Eigelb in das Eiweiß kommen, da sich sonst das Eiweiß nur schwer aufschlagen lässt. Steif geschlagenes Eiweiß darf nicht mit einem Schneebesen unter den Schokoladenteig gerührt werden, da es sonst zusammenfällt.

Orangenblütenauflauf

VORLAGE: ORANGENBLÜTHEN-AUFLAUF. (LEHMANN), IN: PÖTZSCH, HERRSCHAFTSKÜCHE, S. 154

Saison: Das ganze Jahr

Zubereitung

1. Die Milch, den Zucker, 80 Gramm Butter und das Salz in einem Zweilitertopf aufkochen.
2. Anschließend das Mehl mit einem Holzlöffel einrühren und unterheben.
3. Den Topf vom Herd nehmen und die Masse so lange rühren, bis sich ein Kloß bildet und am Boden ein Belag entsteht.
4. Das Eigelb und Eiweiß der zwölf Eier sauber trennen.
5. Den Teig abkühlen lassen, bis er lauwarm ist. Nach und nach sämtliche Eigelbe und das Orangenblütenwasser unter den Teig heben, bis alles zu einer homogenen Masse verbunden ist.
6. Die Auflaufform mit den restlichen zehn Gramm Butter ausstreichen und mit den Semmelbröseln bestreuen.
7. Das Eiweiß steif schlagen, bis sich Spitzen bilden.
8. Anschließend das geschlagene Eiweiß mit einem Holzlöffel unterheben, in die Auflaufform geben und im vorgeheizten Backofen bei 170°C etwa 25 Minuten backen.

Anrichten

9. Den Orangenblütenauflauf sogleich in der Auflaufform servieren.

Degustationsnotiz

Einen komplexen Aromenakkord aus dem zitrusartigen, blumig-fruchtigen Duft der Orangenblüten und den Backtönen nimmt man sofort wahr. Die Zitrustöne bestimmen auch den bleibenden Geschmack.

Kulinarik

Orangenblütenwasser wird aus den Blüten der Bitterorangen destilliert. Es muss vorsichtig dosiert werden, da es in großen Mengen unangenehm riecht. Sollte man kein Orangenblütenwasser bekommen, kann eine geriebene Schale von Bio-Orangen und ein Spritzer Zitronensaft dies ersetzen. Der Auflauf schmeckt dann durch die Säure der Bio-Zitrone noch ein wenig frischer.
Beim Trennen der Eier darf kein Eigelb in das Eiweiß kommen, da sich sonst das Eiweiß nur schwer aufschlagen lässt. Steif geschlagenes Eiweiß darf nicht mit einem Schneebesen unter den Teig gerührt werden, da es sonst zusammenfällt.

FÜR EINE OVALE AUFLAUFFORM MIT EINEM VOLUMEN VON 3 L

500 ml Milch (3,5 %)
200 g Zucker
90 g Butter
1 Prise Salz
100 g Mehl (Type 405)
12 Bio-Eier (Größe M)
40 ml Orangenblütenwasser
30 g Semmelbrösel

Apfel im Schlafrock

VORLAGE: ÄPFEL IM SCHLAFROCK. (LEHMANN), IN: PÖTZSCH, HERRSCHAFTSKÜCHE, S. 155

Saison: September bis Februar

FÜR 6 PERSONEN
6 Borsdorfer Äpfel
60 g Zucker
40 ml Rum
1 Rezeptur Blitzblätterteig
(Siehe S. 393)
40 g Rosinen
8 Eiweiß (Bio-Ei Größe M)
1 Prise Salz
100 g Hagelzucker

Zubereitung

1. Die Äpfel schälen und mit einem Apfelentkerner den Kern entfernen. Anschließend die Äpfel mit dem Zucker bestreuen, mit dem Rum begießen und eine Stunde zugedeckt in einer Schüssel ziehen lassen.
2. Inzwischen den Blätterteig herstellen.
3. Den Blätterteig rechteckig auf fünf Millimeter Stärke und eine Länge von 25 Zentimetern ausrollen.
4. Für jeweils einen Apfel vier Streifen mit einer Breite von drei Zentimetern schneiden.
5. Vier Streifen über Kreuz zu einem Stern legen. Einen Apfel daraufsetzen und einige Rosinen in den entkernten Apfel füllen.
6. Die Teigstreifen nach oben über den Apfel legen und mit ein wenig Eiweiß verkleben.
7. Diesen Vorgang auch mit den restlichen fünf Äpfeln durchführen.
8. Das restliche Eiweiß mit der Prise Salz steif schlagen, bis sich Spitzen bilden.
9. Ein Backblech mit Backpapier auslegen und die Äpfel daraufsetzten.
10. Die Äpfel komplett mit Eiweiß einstreichen und anschließend mit Hagelzucker bestreuen.
11. Im vorgeheizten Backofen bei 180°C etwa 40 bis 45 Minuten backen.

Anrichten

12. Die fertig gebackenen Äpfel auf warme Teller geben und servieren.

Degustationsnotiz

Die leicht krosse Konsistenz und Süße sind sofort wahrnehmbar, bevor die Apfeltöne mit Backaromen und den Rosinennuancen die Süße mildern. Die Süße, die Backaromen und die Fruchtsäure des Apfels bestimmen den bleibenden Geschmack.

Kulinarik

Fast überreife Äpfel benötigen einen nicht so hohen Anteil an Zucker und wirken im Aromenakkord intensiver. Statt eines Borsdorfer Apfels kann auch ein roter oder gelber Boskoop genommen werden. Da jede Apfelsorte ihre eigenen spezifischen Aromen hat, verändert sich die kulinarische Komposition des Gerichts, wenn der Borsdorfer Apfel ersetzt wird. Es sollte jedenfalls immer ein säurehaltiger Apfel, genommen werden, um die Süße des Zuckers auszugleichen. Äpfel aus regionalem biologischem Anbau sind aromatischer und frischer.
Äpfel im Schlafrock können nach Wahl mit Korinthen oder Sultaninen zubereitet werden. Korinthen, die getrockneten Weinbeeren der Korinthiaki-Traube, sind dunkler und kleiner als Sultaninen, die aus weißen Sultana-Trauben gewonnen werden. Die süßen und fruchtigen Aromen der Korinthen sind etwas kräftiger. Korinthen bleiben auch beim Backen meist bissfest. Die Qualität von Sultaninen ist desto höher, je größer und heller sie sind, es sei denn sie sind durch Schwefel gebleicht. Bio-Rosinen werden nicht geschwefelt, sondern mit Pottasche getrocknet.

Kleine Apfelkuchen

VORLAGE: KLEINE ÄPFELKUCHEN. (LEHMANN), IN: PÖTZSCH, HERRSCHAFTSKÜCHE, S. 157

Saison: September bis Februar

Zubereitung
1. Den Blätterteig herstellen.
2. Den Blätterteig rechteckig auf acht Millimetern Stärke und eine Seitenlänge von jeweils 30 Zentimetern ausrollen.
3. Zwei Drittel des ausgerollten Teigs in zehn mal zehn Zentimeter große Teigplatten schneiden.
4. Ein Backblech mit Backpapier auslegen und die Teigplatten daraufliegen.
5. Die Äpfel schälen, halbieren und entkernen.
6. Jeweils in die Mitte der Blätterteigplatten einen halben Apfel legen.
7. Die beiden Eigelbe mit etwas Wasser vermischen und um die Apfelhälften herum den Teigrand bestreichen.
8. Aus dem letzten Drittel des Teiges zwölf Streifen von fünf bis sieben Millimetern Breite und 30 Zentimetern Länge schneiden. Jeweils zwei der Streifen übereinanderlegen, zusammendrehen und dies um jeweils einen halben Apfel legen, sodass der Apfel einen Kranz bekommt.
9. Die um die Apfelhälften gelegten Teigteile auch mit Eigelb bestreichen.
10. Die kleinen Apfelkuchen im vorgeheizten Backofen bei 180°C etwa 40 bis 45 Minuten backen.
11. Inzwischen die Aprikosenmarmelade mit dem Weißwein aufkochen.
12. Die fertig gebackenen goldgelben Blätterteigteilchen mit Aprikosenmarmelade bestreichen.

Anrichten
13. Die warmen Blätterteigteilchen mit Puderzucker bestäuben und servieren.

Degustationsnotiz
Der Blätterteig ist betont buttrig und vereinigt sich sofort mit den säuerlichen Apfelaromen und den Aprikosentöne. Die Apfel- und Aprikosenaromen bestimmen den bleibenden Geschmack.

FÜR 12 KLEINE APFELKUCHEN
1 Rezeptur Blätterteig (Siehe S. 392)
3 saure, feste Äpfel (gelber Boskoop)
2 Eigelbe (Bio-Ei Größe M)
400 g Aprikosenmarmelade (Siehe S. 422)
100 ml Weißwein (Riesling trocken)
100 g Puderzucker

Kulinarik

Blätterteig kann man einfrieren und so den hohen Aufwand für seine Herstellung schon vor der Zubereitung eines großen Menüs erledigen. Ansonsten sollte Blätterteig immer noch am Tag seiner Fertigung verarbeitet und verzehrt werden. Denn auch gebackener Blätterteig kann schon nach einem Tag ranzige Töne aufweisen.

Fast überreife Äpfel benötigen keine hohe Zugabe von Zucker und wirken im Aromenakkord intensiver.

Frische und reife Aprikosen mit einer schönen Säure und Süße bekommt man nur während der Saison. Es empfiehlt sich, Aprikosen aus regionalem biologischem Anbau zu verwenden, da sie frischer und aromatischer sind.

Warme Reistörtchen

VORLAGE: REISTÖRTCHEN WARM. (LEHMANN), IN: PÖTZSCH, HERRSCHAFTSKÜCHE, S. 158

Saison: Pfirsiche von Juli bis September

FÜR 10 REISTÖRTCHEN

250 g Mehl (Type 405)
135 g Butter
3 Eigelbe (Bio-Ei Größe M)
2 l Milch (3,5 % Fett)
375 g Mittelkornreis (Arborio)
150 g Aprikosenmarmelade
(Siehe S. 422)
5 Pfirsiche
400 g Kirschkerne
1 Vanilleschote (Bourbon)
200 ml Sahne (30 % Fett)
30 g Zucker
10 ml Maraschino

Zubereitung

1. Das Mehl auf die Arbeitsfläche sieben und in die Mitte eine Mulde drücken.
2. Dorthinein 125 Gramm Butter in groben Stücken von zwei mal zwei Zentimetern geben.
3. Die drei Eigelbe und fünf Milliliter Milch hinzugeben.
4. Mit einer Essgabel Butter, Mehl, Eigelb und Milch vermengen.
5. Das Mehl immer wieder mit einem Teigschaber vom Rand über die Zutaten zur Mitte schieben.
6. Mit einem großen glatten Messer den Teig regelrecht durchhacken, bis er krümelig wird.
7. Erst jetzt mit den Händen über die Handballen schnell kneten.
8. Daraufhin den Mürbeteig bei 6°C eine Stunde ruhen lassen, damit der Kleber des Mehls reagieren kann.
9. Währenddessen den Reis mit kaltem Wasser abspülen. Die restliche Milch auf 50°C erhitzen und den Reis darin 45 Minuten ausquellen lassen.
10. Die Aprikosenmarmelade kochen.
11. Danach zwei Liter Wasser in einem Dreilitertopf zum Kochen bringen.
12. Währenddessen die Pfirsiche oben einritzen und anschließend für zehn bis 15 Sekunden in das kochende Wasser geben.
13. Die Pfirsiche mit einer Schaumkelle herausnehmen und sofort in kaltes Wasser legen. Danach die Haut abziehen und die Früchte beiseitelegen.
14. In der Zwischenzeit 20 Schiffchen (Backformen von zehn Zentimetern Länge, viereinhalb Zentimetern Breite und eineinhalb Zentimetern Höhe) mit der restlichen Butter ausstreichen.
15. Dann den ruhenden Teig auf fünf Millimeter Stärke ausrollen und daraus Stücke in Größe der Schiffchen ausstechen oder mit einem Messer ausschneiden. Den Rest des Teiges an den Rand der Förmchen andrücken.
16. Mit dem Rücken eines Messers oder einer Palette den Rand gerade abstreichen.
17. Den Teig, damit er nicht aufgeht, mit einer Essgabel mehrfach einstechen.
18. Die Kirschkerne in alle Formen auf den Teig geben und gleichmäßig verteilen.
19. Die Schiffchen bei 180°C im vorgeheizten Ofen etwa zwölf bis 14 Minuten backen.
20. Die Kirschkerne herausnehmen und den Teig nochmals fünf Minuten backen, bis er goldgelb ist.
21. Die Vanilleschote längs halbieren und das Mark herauskratzen.

22. Den in der Milch gequollenen Reis auf ein Sieb gießen. Anschließend den Reis mit der Sahne, dem Vanillemark, der Vanilleschote und dem Zucker in einen Topf geben und zum Köcheln bringen. Während des Aufkochens mit einem Holzlöffel leicht am Boden rühren, damit der Reis nicht ansetzt.
23. Das Ganze etwa 15 Minuten kochen, bis der Reis ausschleimt.
24. Den Topf vom Herd nehmen und anschließend den Maraschino mit einem Holzlöffel unterheben.
25. Die gebackenen Mürbeteigschiffchen auf ein Tablett legen und mit der leicht erwärmten Aprikosenmarmelade ausstreichen.

Anrichten

26. Die Schiffchen (Torteletts) mit dem warmen Reis füllen.
27. Die Pfirsiche achteln und jeweils zwei Stücke auf den Reis legen und servieren.

Degustationsnotiz

Zuerst nimmt man ein Aroma aus Butter-, Vanille- und Pfirsichtönen wahr, das von Backaromen begleitet wird. Die Backaromen mit den leicht säuerlichen Tönen des Pfirsichs, dem Maraschino und der süßen Vanille bestimmen den bleibenden Geschmack.

Kulinarik

Beim Einkauf sollte man saisonale und biologisch angebaute Früchte aus der Region bevorzugen, weil sie aromatischer sind. Im optimalen Reifezustand verfügen sie über ein ausgewogenes Spektrum von Süße und Säure.

Der Mürbeteig muss bei einer Temperatur von 6°C ruhen, da er sonst brandig wird. Zu warmes Fett verbindet sich durch zu langes Kneten mit den Händen und nicht mit dem Mehl. In diesem Zustand lässt sich der Mürbeteig schlecht ausrollen und reißt schnell. Außerdem wird Gebäck aus falsch gekneteten Mürbeteig hart statt mürbe.

Reistörtchen

VORLAGE: REISTÖRTCHEN KALT. (LEHMANN), IN: PÖTZSCH, HERRSCHAFTSKÜCHE, S. 159

Saison: Aprikosen von Juli bis Mitte September

FÜR 10 REISTÖRTCHEN

250 g Mehl (Type 405)
135 g Butter
3 Eigelbe (Bio-Ei Größe M)
1,5 l Milch (3,5 % Fett)
20 Mandeln
375 g Mittelkornreis (Arborio)
70 g Zucker
10 süße Aprikosen
400 g Kirschkerne
10 ml Maraschino
125 ml Sahne (30 % Fett)

Zubereitung

1. Das Mehl auf die Arbeitsfläche sieben und in die Mitte eine Mulde drücken.
2. Dorthinein 125 Gramm Butter in groben Stücken von zwei mal zwei Zentimetern geben.
3. Die drei Eigelbe und fünf Milliliter Milch hinzugeben.
4. Mit einer Essgabel Butter, Mehl, Eigelb und Milch vermengen.
5. Das Mehl immer wieder mit einem Teigschaber vom Rand über die Zutaten zur Mitte schieben.
6. Mit einem großen glatten Messer den Teig regelrecht durchhacken, bis er krümelig wird.
7. Erst jetzt mit den Händen über die Handballen schnell kneten.
8. Daraufhin den Mürbeteig bei 6° C eine Stunde ruhen lassen, damit der Kleber des Mehls reagieren kann.
9. Die Mandeln in kochendes Wasser geben. Nach einer Minute herausnehmen und in kaltem Wasser abschrecken.
10. Die Haut von den Mandeln abziehen.
11. Dann den Reis mit kaltem Wasser abspülen. Die restliche Milch auf 50° C erhitzen, 30 Gramm Zucker dazugeben, 60 Minuten quellen lassen und am warmen Herdrand stehen lassen.
12. Danach zwei Liter Wasser in einem Dreilitertopf zum Kochen bringen.
13. Währenddessen die Aprikosen oben einritzen und anschließend für zehn bis 15 Sekunden in das kochende Wasser geben.
14. Die Aprikosen mit einer Schaumkelle herausnehmen und sofort in kaltes Wasser legen. Danach die Haut abziehen und die Früchte beiseitelegen.
15. In der Zwischenzeit 20 Schiffchen (Backformen von zehn Zentimetern Länge, viereinhalb Zentimetern Breite und eineinhalb Zentimetern Höhe) mit der restlichen Butter ausstreichen.
16. Dann den ruhenden Teig auf fünf Millimeter Stärke ausrollen und daraus Stücke in Größe der Schiffchen ausstechen oder mit einem Messer ausschneiden. Den Rest des Teiges an den Rand der Förmchen andrücken.
17. Mit dem Rücken eines Messers oder einer Palette den Rand gerade abstreichen.
18. Den Teig mit einer Essgabel mehrfach einstechen, damit er nicht aufgeht.
19. Die Kirschkerne in die Formen geben und gleichmäßig verteilen.
20. Die Schiffchen bei 180° C im vorgeheizten Ofen etwa zwölf bis 14 Minuten backen.
21. Die Kirschkerne herausnehmen und den Teig nochmals fünf Minuten backen, bis er goldgelb ist.
22. Durch eine Bissprobe testen, ob der Reis bis auf einen kleinen bissfesten Kern bereits gar ist, und somit weiter verarbeitet werden kann.
23. Anschließend den Reis bei 6° C zirka 30 Minuten kalt stellen.
24. Die gebackenen Mürbeteigschiffchen auf ein Tablett legen und innen ein wenig mit dem restlichen Zucker bestreuen.
25. Die Aprikosen halbieren und den Kern entfernen.
26. Die Sahne steif schlagen und mit dem Maraschino unter den kalten Reis ziehen.

Anrichten

27. Die ausgezuckerten Schiffchen (Torteletts) mit dem kalten Reis füllen, eine Aprikosenhälfte auf den Reis legen. Mit einer Mandel garnieren und servieren.

Degustationsnotiz
Zunächst nimmt man Butter, Aprikose, Mandel und Backaromen einzeln wahr. Der Maraschino wird erst später wahrgenommen und vereinigt die einzelnen Komponenten zum charakteristischen Aromenakkord. Ein Akkord aus Backaromen und den leicht säuerlichen Tönen der Aprikose, der Mandel und dem Kirscharoma des Maraschinos bestimmen den bleibenden Geschmack.

Kulinarik
Da der Reis kalt serviert wird, sollte er nicht al dente, sondern etwas übergart sein. Frische und reife Aprikosen bekommt man nur während der Saison. Sie sollten eine schöne Süße und Säure besitzen. Es empfiehlt sich, Aprikosen aus regionalem biologischem Anbau zu verwenden, da sie frischer und aromatischer sind.
Der Mürbeteig muss bei einer Temperatur von 6° C ruhen, da er sonst brandig wird. Zu warmes Fett verbindet sich durch zu langes Kneten mit den Händen und nicht mit dem Mehl. In diesem Zustand lässt sich der Mürbeteig schlecht ausrollen und reißt schnell. Außerdem wird Gebäck aus falsch geknetetem Mürbeteig hart statt mürbe.
Süße Mandeln haben einen marzipanähnlichen Grundton. Sie behalten in der Schale bis zu einem Jahr ihr Aroma, ohne ranzig zu werden. Wird eine Mandel nur noch von der Haut umgeben, sollte man sie aber nicht länger als sechs und ohne Haut nur vier Monate aufbewahren. Weiterverarbeitete Mandeln bleiben nur wenige Wochen frisch.

Beignets Soufflés mit Weinschaum

VORLAGE: BEIGNETS SOUFFLEËS (LEHMANN), IN: PÖTZSCH HERRSCHAFTSKÜCHE, S. 159

Saison: Das ganze Jahr

FÜR 4 PERSONEN

Beignets
125 ml Wasser
50 g Butter
125 g Mehl (Type 405)
3 Bio-Eier (Größe M)
1 Eigelb (Bio-Ei Größe M)
2 Liter Rapsöl
20 g Puderzucker

Weinschaumcreme
1 Bio-Ei (Größe M)
3 Eigelbe (Bio-Ei Größe M)
100 g Zucker
200 ml Weißwein (Riesling trocken)
20 ml brauner Rum

Zubereitung

1. Das Wasser und die Butter in einem Zweilitertopf geben und zum Kochen bringen.
2. Anschließend das Mehl mit einem Holzlöffel einrühren und unterheben.
3. Den Topf vom Herd nehmen und die Masse so lange rühren, bis sich ein Kloß bildet und am Boden ein Belag entsteht.
4. Den Teig abkühlen lassen, bis er lauwarm ist. Dann nach und nach die drei Eier und das Eigelb unterheben, bis alles zu einer homogenen Masse verbunden ist.
5. Zwei Backpapierstreifen in einer Länge von 30 Zentimetern und einer Breite von etwa fünf Zentimetern schneiden.
6. Mit zwei Esslöffeln kleine Kugeln von 30 bis 35 Gramm abstechen. Diese auf die zwei Backpapierstreifen verteilen.
7. Das Rapsöl in einem Topf auf 160°C erhitzen. Einen Streifen nehmen und ihn in das heiße Öl tauchen, sodass die Beignets ins Fett gleiten. Das Backgut mit einem Schöpflöffel leicht bewegen, bis die Beignets aufgehen und goldgelb gebacken sind.
8. Herausnehmen und die zweiten Menge im Fett ausbacken.
9. Die heißen Beignets im Backofen auf Küchenpapier bei 50°C warm stellen.

Weinschaumcreme

10. In eine Metallschüssel von zwei Litern Fassungsvermögen das Ei, die drei Eigelbe, den Zucker und den Weißwein vermischen.
11. In einem Topf, der so groß ist, dass die Metallschüssel ein wenig hineinpasst, Wasser zum Kochen bringen.
12. Anschließend die Metallschüssel ins Wasserbad setzen und die Weinschaumcreme mit einem Schneebesen aufschlagen, bis sie fest wird.
13. Die Creme leicht mit dem Rum parfümieren.

Anrichten

14. Die Beignets Soufflés auf einer warmen Porzellanplatte anrichten, mit Puderzucker bestäuben. Die Weinschaumcreme in eine vorgewärmte Sauciere gießen und alles servieren.

Degustationsnotiz

Krosser Teig mit leichten süßen buttrigen Backaromen erreicht zuerst den Gaumen, bevor die Weinschaumcreme mit ihren Rumaromen und der Säure des Weins in den Vordergrund tritt. Die Backaromen und die Rumtöne bestimmen den bleibenden Geschmack.

Kulinarik

Der Brandteig muss die richtige Konsistenz haben, damit er vollständig aufgeht. Deshalb empfiehlt sich, einen kleinen Teil zur Probe zu backen. Wenn der Teig zu fest ist, kann noch ein wenig Wasser unter den Teig gehoben werden. Da der Teig frittiert wird, ist der Butteranteil kleiner als bei einer Backrezeptur, damit er nicht zu fettig wird.

Kleine Savarins mit Äpfeln

VORLAGE: KLEINE SAVARINS MIT ÄPFELN. (LEHMANN), IN: PÖTZSCH, HERRSCHAFTS-KÜCHE, S. 163

Saison: Das ganze Jahr

Zubereitung

1. Die Weichselkirschen kochen und anschließend auf ein Sieb geben, damit die Flüssigkeit abtropft.
2. Die Milch in einem Dreilitertopf auf etwa 40°C erwärmen und die Hefe hineingeben.
3. Die Zitrone abreiben und die abgeriebene Schale in die Milch geben.
4. Ebenso 180 Gramm Butter, das Salz, den Zucker und die Eier dazugeben und durchrühren.
5. Das Mehl sieben und unterarbeiten.
6. Die Sahne in den Teig rühren und diese Savarinmasse nochmals kräftig schlagen.
7. Die Förmchen mit zehn Gramm Butter ausstreichen.
8. Die Förmchen zu drei Vierteln mit Savarinmasse füllen und 30 Minuten bei etwa 35°C gehen lassen.
9. Den Backofen auf 190°C vorheizen und das Backgut etwa 15 bis 20 Minuten backen, bis es goldgelb ist.
10. Anschließend die Savarins aus der Form nehmen und auf einem Gitter auskühlen lassen.
11. Zwischenzeitlich aus der abgeriebenen Zitrone den Saft auspressen, in eine Schüssel gießen und mit zwei Litern Wasser auffüllen.
12. Die Äpfel schälen, halbieren entkernen, und in das Zitronenwasser legen, damit sie nicht braun werden.
13. Die restliche Butter in einen großen flachen Topf von etwa 30 Zentimetern Durchmesser geben. Die Äpfel mit einem Schaumlöffel aus dem Zitronenwasser in den Topf füllen und einige Spritzer Zitronenwasser dazugeben. Den Topf mit einem Deckel schließen und die Äpfel fünf Minuten dünsten.
14. Den Topf vom Herd nehmen und die Äpfel nochmals fünf Minuten ziehen lassen.
15. Anschließend die Äpfel aus dem Topf nehmen und auf Küchenpapier abtropfen lassen.
16. Die Angelika in kleine zwei Zentimeter lange und fünf Millimeter breite Streifen schneiden.
17. Den Deckel der Savarins mit einem sehr scharfen Messer etwa zwei bis drei Millimeter gerade so vorsichtig herunterschneiden, dass der Kuchen nicht auseinanderbricht.
18. Mit einem Kugelausstecher ein Drittel des Kuchens aushöhlen, sodass an den Seiten noch fünf Millimeter Rand übrigbleibt.
19. Die ausgehölten Savarins mit der Aprikosenmarmelade ausstreichen.
20. Jeweils eine Apfelhälfte in den Savarin legen. Mit dem Kugelausstecher wiederum zwei oder drei kleine Löcher in den Apfel schneiden und diese mit den abgetropften Weichselkirschen füllen.
21. Vier bis fünf kleine Angelikastifte in den Apfel stechen und den Savarin am Herdrand stehen lassen.

Vanillesauce
22. Die Eier durch ein Haarsieb passieren, damit die Hagelschnüre entfernt werden.
23. Die halbe Vanilleschote längs aufschneiden und das Mark herauskratzen.

FÜR 24 STÜCK IN FORMEN MIT EINEM DURCHMESSER VON 7 BIS 8 CM

Savarins
120 g Weichselkirschen
100 ml Milch (3,5 % Fett)
15 g Hefe
1 Bio-Zitrone
220 g Butter
1 Prise Salz
20 g Zucker
5 Bio-Eier (Größe M)
250 g Mehl (Type 505)
50 ml Sahne (30 % Fett)
600 g saure feste kleine Äpfel (gelber Boskoop)
40 g Angelika getrocknet
200 g Aprikosenmarmelade (Siehe S. 422)

Vanillesauce
2 Bio-Eier (Größe M)
½ Vanilleschote (Bourbon)
250 ml Sahne (30 % Fett)
40 g Zucker

24. Die Sahne, den Zucker und das ausgekratzte Mark der Vanilleschote aufkochen. Dann vom Herd ziehen und die Eier mit einem Schneebesen rasch unterschlagen. Dann vorsichtig mit einem Holzlöffel weiter den Boden bearbeiten.
25. Sollte die Vanillesauce noch nicht leicht dick sein, den Topf nochmals zwei bis drei Minuten auf mittlerer Hitze erwärmen und währenddessen mit dem Holzlöffel rühren, bis die Sauce anzieht.
26. Danach die Sauce sofort in eine vorgewärmte Sauciere umfüllen.

Anrichten

27. Auf einen vorgewärmten Teller eine Serviette legen. Darauf die noch warmen gefüllten Savarins setzen und gemeinsam mit der Vanillesauce servieren.

Degustationsnotiz

Schnell beflügeln die vielseitigen Aromen aus Back-, Kirsch-, Apfel-, Angelika- und Vanilletönen den Gaumen, bevor sich Säuren aus Kirsche und Apfel und die süße Vielfalt aus Vanillesauce, Angelika und Backaromen zu einem Aromenakkord verbinden. Die säuerlichen und süßen Aromen bestimmen den bleibenden Geschmack, der von einem hauchdünnen bitteren Geschmack aus Angelika begleitet wird.

Kulinarik

Savarinteig ist ein wenig weicher als üblicher Hefeteig. Es empfiehlt sich frische Hefe zu verwenden, weil sie aromatischer ist und das Gebäck im Ofen besser aufgehen lässt als Trockenhefe. Frische Hefe sollte nicht älter als eine Woche sein und keinen unangenehmen Geruch haben. Denn das Aroma der Hefe überträgt sich auf das Gebäck.
Das Ausgehölte aus den Savarins kann getrocknet und als süße Semmelbrösel verwendet werden.
Getrocknete Angelika kann in Apotheken erworben werden. Man sollte die wild wachsende Pflanze nicht selbst sammeln, weil sie leicht mit dem sehr giftigen Wasserschierling verwechselt werden kann.
Eier von Hühnern aus artgerechter Haltung mit biologischer Fütterung sind aromatischer als solche aus konventioneller Produktion. Denn bei Eiern ist die Qualität der Tierfütterung für den Geschmack entscheidend. Die sattgelbe Farbe des Dotters garantiert eine schöne Farbe des Gebäcks.

Armer Ritter

VORLAGE: ARME RITTER. (LEHMANN), IN: PÖTZSCH, HERRSCHAFTSKÜCHE, S. 163 F.

Saison: Das ganze Jahr

Zubereitung
1. Das Semmelbrot einen Tag vorher backen.
2. Die Rinde des Semmelbrots abreiben.
3. Dann mit einem Sägemesser zwölf ein bis eineinhalb Zentimeter dicke Scheiben schneiden und dicht nebeneinander auf ein Gitter legen.
4. Die 200 Milliliter Milch mit dem Rotwein und mit einem Ei verrühren.
5. Die Milch-Rotwein-Ei-Flüssigkeit über die Semmelscheiben gießen.
6. Anschließend die 500 Milliliter Milch mit den restlichen sechs Eiern und dem Zucker verrühren und das Mehl dazugeben. Alles kräftig mit einem Schneebesen zu einem dünnen Teig durchschlagen, sodass das Mehl keine Klumpen hinterlässt.
7. Die Butter mit dem Öl in eine Pfanne geben und erhitzen.
8. Die Semmelbrotscheiben durch den Teig ziehen und sofort etwa zehn Sekunden in der Pfanne ausbacken, bis alles goldbraun wird. Anschließend die Scheiben wenden und wiederum etwa zehn Sekunden backen.
9. Die Semmelbrotscheiben aus der Pfanne nehmen, auf ein Gitter legen und im Backofen bei 50°C warm stellen.

Weinschaumcreme
10. In einer Metallschüssel von zwei Litern Fassungsvermögen das Ei, die Eigelbe, den Zucker und den Weißwein vermischen.
11. In einem Topf, der so groß ist, dass die Metallschüssel ein wenig hineinpasst, Wasser zum Kochen bringen.
12. Anschließend die Metallschüssel ins Wasserbad setzen und die Weinschaumcreme mit einem Schneebesen aufschlagen, bis sie fest wird.
13. Die Creme leicht mit dem Rum parfümieren.

Anrichten
14. Die Armen Ritter mit Puderzucker bestäuben und auf eine warme Porzellanplatte legen. Die Weinschaumcreme à part in einer vorgewärmten Sauciere servieren.

Degustationsnotiz
Den kross ausgebackenen Teig, den leichten Rotwein mit seinen Tanninen und die buttrigen Backaromen nimmt man sofort wahr. Erst allmählich kommt die Weinschaumcreme mit ihren Rumaromen und der Säure des Rieslings zur Geltung. Die Backaromen und Rumtöne umspielt von Rotweinnuancen bestimmen den bleibenden Geschmack.

Kulinarik
Milch von Kühen aus regionaler biologischer Haltung ist frischer und aromatischer als solche aus konventioneller Produktion. Denn bei Milch und Eiern ist die Qualität der Tierfütterung für den Geschmack entscheidend. Die sattgelbe Farbe des Dotters garantiert eine schöne Farbe des Gerichts.

FÜR 6 PERSONEN
1 Rezeptur Semmelbrot (Siehe S. 398)
200 ml Milch (3,5 % Fett)
200 ml trockener Rotwein (Spätburgunder)
7 Bio-Eier (Größe M)
500 ml Milch (3,5 % Fett)
20 g Zucker
40 g Mehl
100 g Butter
100 ml Öl
40 g Puderzucker

Weinschaumcreme
1 Bio-Ei (Größe M)
3 Eigelbe (Bio-Ei Größe M)
100 g Zucker
200 ml Weißwein (Riesling trocken)
20 ml brauner Rum

Gebackene Reisbirnen mit Vanillesauce

VORLAGE: REISBIRNEN. (LEHMANN), IN: PÖTZSCH, HERRSCHAFTSKÜCHE, S. 165 F.

Saison: Das ganze Jahr

FÜR 8 PERSONEN

250 g Mittelkornreis (Arborio)
1 Vanilleschote (Bourbon)
1 l Milch (3,5 % Fett)
125 g Zucker
3 Eigelbe (Bio-Ei Größe M)
160 g Aprikosenmarmelade (Siehe S. 422)
1 l Vanillesauce (Siehe S. 441)
2 l Pflanzenöl
100 g Angelika
3 Bio-Eier (Größe M)
300 g Paniermehl
16 Korinthen

Zubereitung

1. Den Reis kurz mit kaltem Wasser abspülen.
2. Die Vanilleschote der Länge nach halbieren und das Mark mit einem Messerrücken herausschaben.
3. Den Reis mit der Milch, dem Zucker und dem Vanillemark etwa 23 bis 25 Minuten kochen und immer wieder einmal mit einem Holzlöffel umrühren.
4. Durch eine Bissprobe testen, ob der Reis al dente ist, und somit weiter verarbeitet werden kann.
5. Den Reis vom Herd nehmen und in eine Schüssel umfüllen. Nach und nach die Eigelbe unterrühren.
6. Ein Backblech mit Backpapier auslegen.
7. Den Reis darauf mit einer Winkelpalette gleichmäßig verteilen und 30 Minuten kalt stellen, ohne ihn abzudecken.
8. Die Aprikosenmarmelade herstellen.
9. Die Vanillesauce zubereiten.
10. Den Reis auf dem Blech in 16 Portionen einteilen, ein wenig Aprikosenmarmelade in die Mitte von jedem Reisstück geben und daraus mit der Hand jeweils eine Birne formen, sodass die Marmelade vom Reis umschlossen ist.
11. Das Pflanzenöl in einem Topf auf 150°C erhitzen.
12. Die Angelika in drei Millimeter breite und drei Zentimeter lange Streifen schneiden.
13. Die Eier verquirlen.
14. Die Reisbirnen mit dem Ei benetzen, anschließend im Paniermehl wenden und dann im heißen Pflanzenfett backen, bis sie goldgelb sind.
15. Die Birnen auf Küchenpapier legen. Oben eine Angelika als Stil der Birne und unten eine Korinthe als Blüte hineindrücken.

Anrichten

16. Die Reisbirnen auf eine ovale Platte geben, die Vanillesauce separat in eine Sauciere geben und alles servieren.

Degustationsnotiz

Als Erstes machen sich die Backaromen der Reisbirnen bemerkbar, die sich schnell mit den Aprikosenaromen verbinden. Die süßen Vanilletöne unterstützen die Aprikosen. Die Aprikosen-Vanillearomen bestimmen den bleibenden Geschmack.

Kulinarik

Angelika (Engelwurz) kann man getrocknet in der Apotheke kaufen. Ersatzweise kann ein getrocknetes Lorbeerblatt als Garnitur für die Birnen genutzt werden.
Arborioreis, der in Milch gekocht wird, schmeckt nach Vanille. Nur ein Mittelkornreis (Arborio oder Vialone Nano) erreicht den cremigen Schmelz und die Vanilletöne.
Frische und reife Aprikosen aus regionalem Anbau besitzen eine ausgewogene Balance von Süße und Säure. Um eine gute Qualität zu bekommen, sollte vor dem Kauf eine Geschmacksprobe erfolgen.

Plumpudding

VORLAGE: PLUM-PUDDING. (LEHMANN), IN: PÖTZSCH, HERRSCHAFTSKÜCHE, S. 167 F.

Saison: Das ganze Jahr

Zubereitung

1. Das Rinderschmalz herstellen.
2. Die neun Eier verrühren, die Milch und zwei Zehntel des Rums dazugeben.
3. Den Rindertalg in vier bis fünf Millimeter feine Würfel schneiden.
4. Alles zusammen mischen und mit einem Teigschaber durch ein Haarsieb streichen, um das Rinderschmalz mit den anderen Zutaten zu verbinden.
5. Alles nun über den Handballen kneten.
6. Die Mitte eines Küchentuchs aus Leinen, das 30 mal 50 Zentimeter groß ist, von einer Seite mit Butter bestreichen und diese Stelle mit etwas Mehl bestäuben.
7. Das Tuch mit der bestrichenen Seite auf den Teig legen und den Teig mit dem Tuch umhüllen. Dann das Tuch oberhalb des Teigs mit einem Naturfaden umwickeln und sehr gut festbinden. Anschließend die gegenüberliegenden Zipfel des Tuches miteinander verknoten, das Bündel in einen großen Topf legen und durch den Knoten einen Kochlöffel schieben, sodass der Pudding im Topf hängt.
8. Soviel Wasser in den Topf gießen, dass es das Bündel bis zu drei Vierteln bedeckt.
9. Den Pudding sechs Stunden kochen und immer wieder Wasser nachgießen, damit die Wasserstandshöhe konstant bleibt.
10. Den Pudding aus dem Wasser nehmen und auf Zimmertemperatur abkühlen lassen. Danach das Leinentuch entfernen.

Weinschaumcreme

11. Die Eigelbe, das Ei, den Zucker und den Weißwein in einer Zweilitermetallschüssel vermischen.
12. In einem Topf, der so groß ist, dass die Metallschüssel ein wenig hineinpasst, Wasser zum Kochen bringen.
13. Die Metallschüssel in das kochende Wasser setzen und die Weinschaumcreme mit einem Schneebesen aufschlagen, bis sie fest wird.
14. Die Weinschaumcreme leicht mit dem Rum parfümieren.

Anrichten

15. Die Weinschaumcreme in eine vorgewärmte Sauciere füllen.
16. Den Plum-Pudding auf eine runde Platte geben und mit Puderzucker bestäuben.
17. Die restlichen 80 Milliliter des Rums über den Pudding gießen, anzünden und mit der Weinschaumcreme servieren.

Degustationsnotiz

Feine Rum- und Teigaromen werden zuerst wahrnehmbar. Dann dringen leichte Fettaromen und Weinsäure durch, die sich mit den Rum- und Teigaromen verbinden. Die Rumaromen bestimmen den bleibenden Geschmack.

Kulinarik

Der Teig für den Plum-Pudding muss so geschmeidig sein, dass er von einem Löffel abperlt. Ist dies nicht der Fall, sollten noch einige Tropfen Milch eingearbeitet werden, ansonsten bekommt er beim Garen eine zu feste Konsistenz.
Rum gibt es in einer sehr großen Vielzahl und in unterschiedlichen Qualitäten. Es lohnt sich einen guten Rum zu verwenden, da sein Aroma den Geschmack des Puddings und der Weinschaumcreme wesentlich bestimmt. Qualitätsvoller Rum besitzt Röst- und Gewürznoten sowie Noten von tropischen Früchten, Kakao und Tabak.

FÜR 8–10 PERSONEN BZW. EINE RUNDE DREILITERAUFLAUFFORM

500 g Rinderschmalz (Siehe S. 451)
9 Bio-Eier (Größe M)
125 ml Milch (3,5 % Fett)
100 ml brauner Rum
20 g Butter
375 g Mehl (Type 405)
50 g Puderzucker

Für den Weinschaum

3 Eigelbe (Bio-Ei Größe M)
1 Bio-Ei (Größe M)
100 g Zucker
200 ml Weißwein (Riesling trocken)
20 ml brauner Rum

Reisterrine mit Fruchtgelee

VORLAGE: REIS-CRÈME MIT FRÜCHTEN. (W[EBER]) (KALT), IN: PÖTZSCH, HERRSCHAFTS-KÜCHE, S. 170

Saison: Kirschen von Juni bis August

FÜR EINE LÄNGLICHE AUFLAUF-FORM VON 30 MAL 11 MAL 10 CM

300 g Aprikosenkompott (Siehe S. 448)
300 g Ananaskompott (Siehe S. 449)
100 g Weichselkirschkompott (Siehe S. 447)
200 g Mittelkornreis (Arborio)
1,75 l Sahne (30 % Fett)
100 g Zucker
16 Blatt Gelatine
300 ml Schnittfestes Gelee von Fruchtsäften (Siehe S. 425)

Zubereitung

1. Aprikosen-, Ananas und Weichselkirschenkompott bei etwa 6° C kalt stellen.
2. Den Reis in ein feines Sieb geben, kurz mit kaltem Wasser abspülen und anschließend abtropfen lassen.
3. Einen Dreiviertelliter Sahne und den Zucker in einem Dreilitertopf leicht aufkochen.
4. Den abgegossenen Reis dazugeben.
5. Den Reis auf geringer Flamme etwa 23 bis 25 Minuten köcheln lassen, bis alle Flüssigkeit verkocht ist. Währenddessen den Reis und die Sahne immer wieder mit einem Holzlöffel vermischen.
6. Die Gelatine in kaltem Wasser vier bis fünf Minuten einweichen. Anschließend mit den Händen auspressen und unter den warmen gekochten Reis geben.
7. Alles in einer Dreiliterschüssel erkalten lassen und 15 Minuten bei etwa 6° C kalt stellen. Die restliche Sahne steif schlagen.
8. Eine längliche Auflaufform von 30 mal 11 mal 10 Zentimetern mit Klarsichtfolie auslegen.
9. Das Fruchtgelee kochen, in die Form mit der Klarsichtfolie gießen und zehn Minuten kalt stellen, bis es sehr fest wird.
10. Die steif geschlagene Sahne mit einem Holzlöffel unter den abgekühlten Reis heben.
11. Die drei Kompotte in mundgerechte Stücke schneiden und auf ein Küchenpapier zum Trocknen legen.
12. Ein Drittel vom Reis in die längliche Auflaufform geben und die Hälfte aller Kompotte darauf verteilen.
13. Wiederum ein Drittel vom Reis auf den Früchten verteilen, sodass die Früchte mit Reis abgedeckt sind.
14. Die andere Hälfte der Früchte auf den Reis geben und mit dem restlichen Reis abdecken.
15. Die Folienränder nach innen schlagen und das Ganze etwa sechs Stunden bei 6° C durchkühlen lassen.

Anrichten

16. Die Folie, die die Reisterrine oben abdeckt, aufschlagen und das fertige Gericht auf eine passende längliche Platte stürzen.
17. Den Kasten anheben, die Folie vorsichtig vom Fruchtgelee entfernen und servieren.

Degustationsnotiz

Der Reis mit seinen cremigen und leichten Vanilletönen wird sofort wahrgenommen, bevor die Früchte mit ihrem Aroma und ihrer Säure zusammen mit dem Reis einen Aromemakkord bilden. Die Fruchtaromen bestimmen den bleibenden Geschmack.

Kulinarik

Arborio-Reis, der mit Sahne gekocht wird, entfaltet Vanilletöne.
Sahne, die aus Milch von biologisch gehaltenen Kühen hergestellt wird, ist aromatischer, weil die Fütterung der Tiere für den Geschmack ihrer Milch entscheidend ist.

Gestürzte Vanillecreme

VORLAGE: VANILLECRÈME KALT. (HUBER) (GESTÜRZT.), IN PÖTZSCH, HERRSCHAFTSKÜCHE, S. 170

Saison: Das ganze Jahr

Zubereitung

1. Zunächst den Läuterzucker kochen.
2. Die Gelatine so in kaltem Wasser einweichen, dass die Blätter nicht zusammenkleben und sich später leicht voneinander lösen.
3. Die Vanilleschote längs aufschneiden und mit einem Messerrücken das Mark herauskratzen.
4. Die Eigelbe, den warmen Läuterzucker, das Vanillemark und die Vanilleschote sowie 250 Milliliter Sahne in einem Dreilitertopf erwärmen. Währenddessen immer leicht mit einem Saucenschneebesen auf dem Boden rühren, bis sich das Eigelb leicht bindet.
5. Das Ganze durch ein feines Haarsieb in eine Dreiliterschüssel geben.
6. Die Gelatine ausdrücken und mit 50 Millilitern Wasser erwärmen, sodass sie flüssig wird.
7. Die restliche Sahne steif schlagen.
8. Mit einem Holzlöffel die Sahne und die Gelatine unter die Eismasse heben. Anschließend in eine runde Zweiliterform geben und etwa sechs bis sieben Stunden im Kühlschrank bei 6 °C fest werden lassen.

Anrichten

9. Um die Form ein heißes Tuch wickeln und einen großen Teller als Deckel darauflegen. Die Vanillecreme auf den Teller stürzen und servieren.

Degustationsnotiz

Die lockere und luftige Vanillecreme entfaltet ihr Aroma im Mund. Die Süße ist mit den Aromen von Ei und Sahne abgestimmt. Den bleibenden Geschmack bestimmen die Vanilletöne.

Kulinarik

Vanillecreme muss frisch gemacht werden, da sie bereits nach mehreren Stunden zusammenfällt und nicht mehr die gewünschte Konsistenz besitzt. Das Aroma von frischen Vanilleschoten ist wesentlich komplexer als das von Vanillezucker oder das von synthetisch hergestelltem Vanillin, das lediglich den zentralen Aromastoff der Vanille nachahmt. Vanilleschoten gibt es in drei aromatisch deutlich differierenden Varianten: Bourbon-, Mexiko- und Tahiti-Vanille.
Sahne, die aus Milch von biologisch gehaltenen Kühen hergestellt wird, ist aromatischer, weil die Fütterung der Tiere für den Geschmack ihrer Milch entscheidend ist.
Eier von Hühnern aus artgerechter Haltung mit biologischer Fütterung sind aromatischer als solche aus konventioneller Produktion. Denn bei Eiern ist die Qualität der Tierfütterung für den Geschmack entscheidend. Die sattgelbe Farbe des Dotters garantiert eine schöne Farbe der Vanillecreme.

FÜR EINE ZWEILITERFORM

200 ml Läuterzucker
(Siehe S. 420)
20 Blatt Gelatine
½ Vanilleschote (Bourbon)
6 Eigelbe (Bio-Ei Größe M)
750 ml Sahne (30 % Fett)

Walderdbeercreme

VORLAGE: ERDBEERCRÈME. (HUBER) GESTÜRZT, IN: PÖTZSCH, HERRSCHAFTSKÜCHE, S. 171

Saison: Juni bis Juli

FÜR EINE ZWEILITERFORM
550 g Walderdbeeren
16 Blatt Gelatine
210 g Zucker
500 ml Sahne (30 % Fett)

Zubereitung

1. Die Walderdbeeren waschen, das Grün entfernen und mit einem Küchenschaber durch ein feines Haarsieb streichen.
2. Die Gelatine so in kaltem Wasser einweichen, dass die Blätter nicht zusammenkleben und sich später leicht voneinander lösen.
3. Das Walderdbeermark mit dem Zucker verrühren.
4. Die Gelatine ausdrücken und mit 40 Millilitern Wasser erwärmen, sodass sie flüssig wird.
5. Die kalte Sahne steif schlagen.
6. Mit einem Holzlöffel die Sahne und die Gelatine unter das Erdbeermark heben. Anschließend die Walderdbeercreme in eine runde Zweiliterform geben und im Kühlschrank etwa sechs bis sieben Stunden bei 6°C fest werden lassen.

Anrichten

7. Um die Form ein heißes Tuch wickeln und einen großen Teller als Deckel darauflegen. Die Walderdbeercreme auf den Teller stürzen und servieren.

Degustationsnotiz

Außergewöhnliche Walderdbeeraromen erreichen mit buttrigen Tönen den Gaumen. Die Walderdbeeraromen bestimmen mit einem langen Nachhall den bleibenden Geschmack.

Kulinarik

Walderdbeeren sind auf dem Markt sehr schwer zu bekommen. Man sollte einen Fachhändler fragen, wann er sie anbieten kann. Alternativ können kleine, sehr reife Erdbeeren der Sorte „Mara des Bois", die von Juni bis Oktober auf dem Markt ist, verwendet werden. Da Erdbeeren nicht nachreifen, ist es wichtig, reife Früchte zu kaufen.
Sahne, die aus Milch von biologisch gehaltenen Kühen hergestellt wird, ist aromatischer, weil die Fütterung der Tiere für den Geschmack ihrer Milch entscheidend ist.

Zitronenauflauf

VORLAGE: ZITRONEN-PUDDING. (NACH DEM REZEPT EINER KÖCHIN), IN: PÖTZSCH, HERRSCHAFTSKÜCHE, S. 172

Saison: Das ganze Jahr

Zubereitung
1. Die Zitronen waschen und ihre gelben Schalen mit einer feinen Reibe abraspeln.
2. Den Saft der Früchte auspressen.
3. Die Dotter der acht Eier vom Eiweiß trennen.
4. 125 Gramm Butter mit dem Zucker schaumig schlagen.
5. Anschließend das Eigelb mit der Zitronenschale unter die schaumige Butter heben.
6. Das Eiweiß in einer anderen Schüssel steif schlagen.
7. Den Zitronensaft unter die Eigelbmasse heben.
8. Den Eischnee mit einem Teiglöffel unter die Eigelbmasse heben.
9. Das Mehl darüber sieben und immer wieder langsam und behutsam mit einem Teiglöffel unterheben.
10. Die Auflaufform mit 20 Gramm Butter auspinseln.
11. Ein drei Zentimeter hohes Backblech zur Hälfte mit warmem Wasser füllen.
12. Die Puddingmasse in die ausgebutterte Auflaufform geben und diese in die Mitte des Backbleches stellen.
13. Das Backblech in den auf 140°C vorgeheizten Backofen schieben und 20 Minuten backen, bis der Auflauf goldgelb ist.

Weinschaumcreme
14. Das Ei, die Eigelbe, den Zucker und den Weißwein in einer Zweilitermetallschüssel vermischen.
15. In einem Topf, der so groß ist, dass die Metallschüssel ein wenig hineinpasst, Wasser zum Kochen bringen.
16. Die Schüssel in den Topf setzen und die Weinschaumcreme mit einem Schneebesen aufschlagen, bis sie fest wird.
17. Die Creme leicht mit dem Rum parfümieren.

Anrichten
18. Den Zitronenauflauf in der Form servieren und die Weinschaumcreme separat in einer Sauciere dazugeben.

Degustationsnotiz
Süße zarte Backaromen und die Zitrustöne des Zitronenauflaufs beflügeln den Gaumen. Dabei werden sie durch die Säure der Weinschaumcreme unterstützt. Die Zitrustöne bestimmen den bleibenden Geschmack.

Kulinarik
Der Auflauf muss goldgelb sein, bevor mit einem Holzstab geprüft werden darf, ob er ausgebacken ist. Bei einer zu frühen Prüfung kann der Auflauf in sich zusammen fallen. Das Aroma von reifen Bio-Zitronen besitzt eine ausgewogene Balance zwischen Säure und Süße als das von Früchten aus konventioneller Produktion. Von Bio-Zitronen lässt sich die Schale bedenkenlos verwenden, weil sie keine Rückstände von Pflanzenschutz- oder Konservierungsmitteln enthält.
Der trockene Riesling soll mit seiner schönen Säure die Zitrone unterstützen. Es sollte daher ein eher säurebetonter Wein gewählt werden.
Eier von Hühnern aus artgerechter Haltung mit biologischer Fütterung sind aromatischer als solche aus konventioneller Produktion. Denn bei Eiern ist die Qualität der Tierfütterung für den Geschmack entscheidend. Die sattgelbe Farbe des Dotters garantiert eine schöne Farbe des Gebäcks.

FÜR 3 BIS 4 PERSONEN BZW. EINE ZWEILITERAUFLAUFFORM
2 Bio-Zitronen
8 Bio-Eier (Größe M)
145 g Butter
125 g Zucker
30 g Mehl (Type 405)

Weinschaumcreme
1 Bio-Ei (Größe M)
3 Eigelbe (Bio-Ei Größe M)
100 g Zucker
200 ml Weißwein (Riesling trocken)
20 ml brauner Rum

Puddingauflauf

VORLAGE: ABGERÜHRTE PUDDINGMASSE, IN: PÖTZSCH, HERRSCHAFTSKÜCHE, S. 327

Saison: Das ganze Jahr

FÜR 12 FÖRMCHEN MIT ¼ L INHALT

145 g Butter
145 g Zucker
370 ml Milch (3,5 % Fett)
125 g Mehl (Type 405)
6 Eiweiß (Bio-Ei Größe M)
6 Eigelbe (Bio-Ei Größe M)

Zubereitung

1. Zwölf Förmchen mit einer Höhe von etwa fünf Zentimetern und einem Durchmesser von sechs Zentimetern mit 20 Gramm Butter ausstreichen.
2. Die Förmchen mit 20 Gramm Zucker ausstreuen und den Zucker, der nicht haften bleibt, entfernen. Er kann für die Puddingmasse genutzt werden.
3. Die Milch, die restliche Butter und die Hälfte des restlichen Zuckers in einem Topf aufkochen.
4. Das Mehl darüber streuen und kräftig durchrühren. Anschließend die Masse in eine größere Schüssel geben.
5. Die Hälfte des Eiweißes mit einem Schneebesen verquirlen, durch ein Haarsieb passieren, damit die Hagelschnüre entfernt werden.
6. Mit einem Holzlöffel das Eiweiß unter die Mehlmasse heben und so lange einarbeiten, bis sich die Masse stabilisiert.
7. Den Backofen auf 180 °C aufheizen. Einen flachen Topf mit Wasser in den Backofen stellen, in den später die Aufläufe hineingesetzt werden.
8. Die Eigelbe einzeln unterrühren.
9. Das restliche Eiweiß mit der anderen Hälfte des Zuckers aufschlagen, bis es fest ist.
10. Das aufgeschlagene Eiweiß langsam mit einem Küchenlöffel unter die Ei-Milch-Zucker-Mehl-Masse ziehen.
11. Die Masse nun in einen Spritzbeutel mit einer Lochtülle von acht Millimetern Durchmesser einfüllen.
12. Die ausgebutterten und gezuckerten Förmchen zu zwei Dritteln mit der Puddingmasse füllen.
13. Die Förmchen im vorgeheizten Backofen in das Wasserbad stellen und 25 bis 30 Minuten backen.

Anrichten

14. Die Förmchen herausnehmen und zum Servieren auf einen Teller stürzen. Dazu nach Wunsch etwas Fruchtmark reichen.

Degustationsnotiz

Schnell erobert die Süße den Gaumen, dabei vereinigen sich die Buttertöne und die Süße zu einer sehr schönen Harmonie.

Kulinarik

Eier von Hühnern aus artgerechter Haltung mit biologischer Fütterung sind aromatischer als solche aus konventioneller Produktion. Denn bei Eiern ist die Qualität der Tierfütterung für den Geschmack entscheidend. Die sattgelbe Farbe des Dotters garantiert eine schöne Farbe des Puddings.

Kleine Pfannkuchen

VORLAGE: PFANNKUCHEN (LEHMANN), IN: PÖTZSCH, HERRSCHAFTSKÜCHE, S. 173

Saison: Das ganze Jahr

Zubereitung
1. Die Hefe mit Butter leicht erwärmen, sodass sich die Hefe in der Butter auflöst.
2. Die Zitrone auspressen und zur Butter dazugeben.
3. Das Mehl darauf streuen, aber noch nicht verrühren.
4. Dann die Hefe-Butter-Mehl-Mischung mit acht Eigelben, dem Zucker und der Prise Salz zu einem Teig verarbeiten und mit dem Handballen durchkneten.
5. Den Teig mit einem Tuch abdecken und eine halbe Stunde an einem warmen Ort gehen lassen.
6. Nochmals durchkneten und wiederum eine halbe Stunde ruhen lassen.
7. Den Teig erneut durchkneten und noch einmal eine halbe Stunde ruhen lassen.
8. Die Aprikosenmarmelade fertigen.
9. Den Teig mit einem Rollholz auf eine Stärke von einem Zentimeter ausrollen und mit einem Rundausstecher von vier Zentimetern Durchmesser Kreise ausstechen. Den restlichen Teig nochmals kneten und wiederum Kreise ausstechen, bis insgesamt 60 Teigkreise hergestellt wurden.
10. Die letzten zwei Eigelbe mit wenigen Tropfen Wasser verflüssigen.
11. Auf 30 der kleinen Teige in die Mitte jeweils zehn Gramm Aprikosenmarmelade geben. Anschließend den Rand dieser Teige mit Eigelb einpinseln und jeden Teig, der mit Marmelade belegt wurde, mit einen nichtbelegten Teig abdecken.
12. Den Backofen auf 150°C vorheizen und ein Backblech mit Backpapier auslegen. Darauf die kleinen Teige legen und etwa fünf Minuten anbacken.
13. Zwischenzeitlich das Pflanzenöl auf 159°C erhitzen.
14. Die kleinen angebackenen Pfannkuchen in das heiße Fett geben, wenden und von beiden Seiten eine Minute backen, sodass sie goldbraun sind.
15. Danach sofort auf eine Platte mit dem groben Hagelzucker legen.

Anrichten
16. Auf der Platte die kleinen Pfannkuchen warm servieren.

Degustationsnotiz
Intensive Backaromen beflügeln mit der Süße des Hagelzuckers den Gaumen, bevor das Aroma der Aprikose und der Zitrone durchdringen. Sowohl die leichten Backaromen als auch die Aprikosen-Zitrustöne bestimmen den bleibenden Geschmack.

Kulinarik
Für einen Hefeteig empfiehlt sich frische Hefe, weil sie aromatischer ist und das Gebäck im Ofen besser aufgehen lässt als Trockenhefe. Frische Hefe sollte nicht älter als eine Woche sein und keinen unangenehmen Geruch haben. Denn das Aroma der Hefe überträgt sich auf das Gebäck.
Frische und reife Aprikosen mit einer schönen Balance von Säure und Süße bekommt man nur während der Saison. Es empfiehlt sich, Aprikosen aus regionalem biologischem Anbau zu verwenden, da sie frischer und aromatischer sind.
Das Aroma von reifen Bio-Zitronen besitzt eine ausgewogenere Balance zwischen Säure und Süße als das von Früchten aus konventioneller Produktion. Von Bio-Zitronen lässt sich die Schale bedenkenlos verwenden, weil sie keine Rückstände von Pflanzenschutz- oder Konservierungsmitteln enthält.
Eier von Hühnern aus artgerechter Haltung mit biologischer Fütterung sind aromatischer als solche aus konventioneller Produktion. Denn bei Eiern ist die Qualität der Tierfütterung für den Geschmack entscheidend. Die sattgelbe Farbe des Dotters garantiert eine schöne Farbe der Pfannkuchen.

FÜR 30 KLEINE PFANNKUCHEN
30 g Hefe
250 g Butter
1 Bio-Zitrone
500 g Mehl (Type 405)
10 Eigelbe (Bio-Ei Größe M)
30 g Zucker
1 Prise Salz
300 g Aprikosenmarmelade
(Siehe S. 422)
4 l Pflanzenöl
150 g Hagelzucker (Grobzucker)

Savarin mit Früchten

VORLAGE: SAVARIN MIT FRÜCHTEN. (LEHMANN), IN: PÖTZSCH, HERRSCHAFTSKÜCHE, S. 173

Saison: Juni bis September

FÜR EINE RUNDE SAVARINFORM VON 8 CM HÖHE UND 20 CM DURCHMESSER BZW. FÜR 8 PERSONEN

15 g Hefe
200 g Butter
1 Bio-Zitrone
20 ml Milch (3,5 % Fett)
250 g Mehl (Type 405)
2 Bio-Eier (Größe M)
4 Eigelbe (Bio-Ei Größe M)
30 g Zucker
1 Prise Salz
300 g Aprikosenmarmelade (Siehe S.422)
1 l Läuterzucker (Siehe S.420)
500 g Ananas
20 ml brauner Rum
150 g Pistazien
150 g Erdbeeren
150 g Heidelbeeren

Zubereitung

1. Die Hefe mit 180 Gramm Butter leicht erwärmen, sodass sich die Hefe in der Butter auflöst.
2. Die Zitrone auspressen und mit der Milch zur Butter dazugeben.
3. Das Mehl darauf streuen, aber noch nicht verrühren.
4. Die beiden Eier, die Eigelbe, den Zucker und das Salz zu der Hefe-Butter-Mehl-Mischung geben und alles mit dem Handballen zu einem Teig durchkneten.
5. Den Teig mit einem Tuch abdecken und eine halbe Stunde an einem warmen Ort gehen lassen.
6. Anschließend den Teig nochmals durchkneten und wiederum eine halbe Stunde ruhen lassen.
7. Ein drittes Mal den Teig durchkneten und erneut eine halbe Stunde ruhen lassen.
8. Die Auflaufform mit den restlichen 20 Gramm Butter ausstreichen, den Teig hineingeben und nochmals zehn Minuten gären lassen
9. Den Savarin bei 140 bis 150 °C etwa eine Stunde backen.
10. Die Aprikosenmarmelade fertigen.
11. Den Läuterzucker kochen.
12. Die Ananas schälen und in sechs bis acht Millimeter dünne Scheiben schneiden. Anschließend die Scheiben halbieren und jeweils den Strunk herausschneiden.
13. Die Ananas vier Minuten im Läuterzucker kochen, dann herausnehmen und den Läuterzucker etwas abkühlen lassen. Anschließend den Rum in den Läuterzucker gießen und die Ananasscheiben 20 Minuten im parfümierten Läuterzucker ziehen lassen.
14. Die Pistazien fein hacken.
15. Die Erdbeeren waschen und anschließend den Strunk entfernen.
16. Die Heidelbeeren waschen und auf Küchenpapier trocken legen.
17. Um zu testen, ob der Savarin gar ist, an der obersten Stelle mit einem Holzspieß einstechen. Bleiben Teigreste daran kleben, noch einige Minuten backen.
18. Den gebackenen Savarin aus der Form nehmen, mit einem Sägemesser vorsichtig längs einen Deckel von zwei Zentimetern Dicke abschneiden und zur Seite legen.
19. Das Innere des Savarins soweit aushöhlen, dass der Boden und die Wände nur noch zwei Zentimeter stark sind.
20. Den Savarin außen mit Aprikosenmarmelade bestreichen und die gehackten Pistazien so auf die Marmelade streuen, dass sie haften bleiben.
21. Den ausgehüllten Savarin auf eine Platte stellen und 30 Milliliter des lauwarmen Läuterzuckers hineingießen, damit er den Boden des Kuchens durchtränkt.
22. Schichtweise Erdbeeren und Heidelbeeren in den ausgehüllten Savarin füllen.
23. Den Deckel wieder auflegen.
24. Die Ananas kurz auf Küchenpapier legen.

Anrichten

25. Die Ananasscheiben auf dem Deckel verteilen und den lauwarmen Savarin sofort servieren.

Degustationsnotiz

Zarte süße Backaromen vermischen sich schnell mit den Fruchtsäuren der Beeren und der Ananas, bevor die leichten Pistazientöne und die fruchtigen Aprikosen- sowie die leichten Rumaromen auftauchen. Die Fruchtaromen der Ananas bestimmen den bleibenden Geschmack.

Kulinarik

Savarinteig ist ein wenig weicher als üblicher Hefeteig. Es empfiehlt sich frische Hefe zu verwenden, weil sie aromatischer ist und das Gebäck im Ofen besser aufgehen lässt als Trockenhefe. Frische Hefe sollte nicht älter als eine Woche sein und keinen unangenehmen Geruch haben. Denn das Aroma der Hefe überträgt sich auf das Gebäck. Reife süße Früchte sind wichtig für diesen Savarin, da sonst keine Ausgewogenheit von Süße und Säure gegeben ist. Eine reife Ananas erkennt man am süßlichen Duft. Auch lassen sich bei ihr im Gegensatz zu noch nicht ausgereiften Früchten die inneren starren Blätter leicht herausziehen. Anders als Ananas aus Konserven, die vorwiegend nach Zucker schmecken, haben frische Früchte ein angenehmes Aromenspiel von Süße und Säure.

Erdbeersorten sind sehr unterschiedlich aromatisch. Die Sorten „Mara des Bois" und „Mieze Schindler" besitzen ein fruchtiges Walderdbeeraroma. Grundsätzlich empfiehlt sich, saisonale Früchte aus regionalem biologischen Anbau zu verwenden, weil sie frischer und aromatischer sind als andere. Erdbeeren aus Freilandhaltung entwickeln aufgrund der UV-Bestrahlung wesentlich mehr Aroma als Früchte, die nicht unter einer Folie beziehungsweise im Gewächshaus gezogen wurden. Weil Erdbeeren nicht nachreifen, sollte man nur vollreife Früchte verwenden. Falls man genötigt ist, Erdbeeren zu verarbeiten, die nicht ausgereift sind, sollte man sie nicht nur mit Zucker süßen, sondern auch etwas Zitronensaft hinzufügen, da die Früchte durch den Kontrast zur Säure süßer wahrgenommen werden als ohne diesen Hintergrund.

Heidelbeeren besitzen eine harmonische Mischung aus Süße und Säure. Wildwachsende Waldheidelbeeren haben mehr Säure als die kultivierte Variante. Bei ihnen ist auch das Fruchtfleisch blau, während bei den Kulturheidelbeeren nur die Schale blau ist. Bevor man die fruchtig-nussigen Pistazien verarbeitet, muss man ihren Geschmack überprüfen. Sie sollten nicht zu lange gelagert sein und keinen leicht ranzigen Ton auf den Savarin übertragen.

Birnenkuchen mit Aprikosensauce

VORLAGE: TIMBALE VON BIRNEN. (LEHMANN), IN: PÖTZSCH, HERRSCHAFTSKÜCHE, S. 174

Saison: Birnen von August bis Oktober

FÜR 4 PERSONEN

Mürbeteig
250 g Mehl (Type 405)
1 Prise Salz
125 g Butter
3 Eigelbe (Bio-Ei Größe M)
30 ml Milch (3,5 % Fett)

Brandteig
150 ml Milch (3,5 % Fett)
60 g Butter
100 g Mehl (Type 405)
3 Bio-Eier (Größe M)

Sonstiges
400 g Birnenkompott
(Siehe S. 427)
100 g Aprikosenmarmelade
(Siehe, S. 422)

Aprikosensauce
1 Rezeptur Aprikosenkompott
(Siehe S. 448)
300 g Zucker
250 ml Weißwein
1 EL Rum

60 g Puderzucker

Zubereitung
1. Mürbeteig
2. Das Mehl auf die Arbeitsfläche sieben, das Salz dazugeben und in die Mitte eine Mulde drücken.
3. Dorthinein die Butter in groben Stücken von zwei mal zwei Zentimetern geben.
4. Die Eigelbe und die Milch hinzugeben.
5. Mit einer Essgabel Butter, Mehl, Eigelb und Milch vermengen.
6. Das Mehl immer wieder mit einem Teigschaber vom Rand über die Zutaten zur Mitte schieben.
7. Mit einem großen glatten Messer den Teig regelrecht durchhacken, bis er krümelig wird.
8. Erst jetzt mit den Händen über die Handballen schnell kneten.
9. Daraufhin den Mürbeteig bei 6° C eine Stunde ruhen lassen, damit der Kleber des Mehls reagieren kann.
10. Dann erst den Teig ausrollen, in eine runde Backform mit 20 Zentimetern Durchmesser und sieben Zentimetern Höhe legen und mit einer Essgabel Löcher hineinstechen, damit der Teig nicht aufgeht. Anschließend bei 180° C etwa 15 bis 20 Minuten backen, bis er goldgelb ist.
11. Den fertig gebackenen Mürbeteig erkalten lassen.
12. Fruchtkomponenten herstellen
13. Das Birnenkompott zubereiten. Anschließend das Birnenkompott in ein Lochsieb geben und abtropfen lassen.
14. Die Aprikosenmarmelade kochen.
15. Das Aprikosenkompott herstellen.

Brandteig
16. Die Milch und 50 Gramm Butter in einen Einlitertopf geben und zum Kochen bringen.
17. Anschließend das Mehl mit einem Holzlöffel einrühren und unterheben.
18. Den Topf vom Herd nehmen und die Masse so lange rühren, bis sich ein Kloß bildet und am Boden ein Belag entsteht.
19. Den Teig abkühlen lassen, bis er lauwarm ist. Anschließend nach und nach die drei Eier unterheben, bis alles zu einer homogenen Masse verbunden ist.
20. Eine runde Auflaufform von 20 Zentimetern Durchmesser und sieben Zentimetern Höhe mit 10 Gramm der Butter ausstreichen.
21. Den Brandteig in die Auflaufform geben und mit einer Winkelpalette gleichmäßig verteilen.
22. Den Backofen auf 100° C vorheizen. Die Auflaufform auf ein Backblech setzen, das Blech in den Ofen schieben und heißes Wasser auf das Blech gießen. Den Brandteig etwa 30 Minuten im Wasserbad garen.
23. Den gegarten Brandteig auf einen Tisch stürzen und erkalten lassen.
24. Den Kuchen schichten
25. Den Mürbeteig oben mit der Aprikosenmarmelade bestreichen.
26. Darauf einen genau so großen Tortenring setzen, um die Böden schichten zu können.
27. Den gegarten Brandteig horizontal in drei Scheiben schneiden.
28. Eine Brandteigscheibe in den Ring auf den Mürbeteigkreis mit der Aprikosenmarmelade setzen.

29. Die Birnen in fünf Millimeter dünne Scheiben schneiden und die Hälfte der geschnittenen Birnen gleichmäßig auf die Brandteigscheibe verteilen.
30. Eine weitere Brandteigscheibe aufsetzen, die restlichen Birnen darauf verteilen und als Abschluss die letzte Brandteigscheibe auflegen.
31. Den geschichteten Kuchen sofort in den auf 170°C vorgeheizten Backofen schieben und etwa 40 bis 45 Minuten backen.

Aprikosensauce
32. Die Hälfte des Aprikosenkompotts pürieren. Das Püree mit dem Zucker, dem Wein und dem Rum in einem Topf erhitzen. Anschließend abkühlen lassen.
33. Den Birnenkuchen aus dem Backofen holen, aus dem Ring nehmen und mit Puderzucker bestäuben.

Anrichten
34. Den Birnenkuchen auf eine Platte stellen, die Aprikosensauce in eine Sauciere umfüllen und den Kuchen warm servieren.

Degustationsnotiz
Ein sehr harmonisches Aroma aus Back-, Birnen- und Aprikosennuancen erreicht den Gaumen. Der Birnenkuchen entfaltet mit allen Süßen und Säuren der Früchte sofort einen sehr schönen Aromenakkord, der auch den bleibenden Geschmack bestimmt.

Kulinarik
Der Brandteig darf nicht zu weich werden, damit er beim Backen richtig aufgeht.
Der Mürbeteig muss bei einer Temperatur von 6°C ruhen, da er sonst brandig wird. Zu warmes Fett verbindet sich durch zu langes Kneten mit den Händen und nicht mit dem Mehl. In diesem Zustand lässt sich der Mürbeteig schlecht ausrollen und reißt schnell. Außerdem wird Gebäck aus falsch gekneteten Mürbeteig hart statt mürbe.

Buchteln mit Vanillesauce

VORLAGE: DAMPFNUDELN ODER BUCHTELN (BAUMANN), IN: PÖTZSCH, HERRSCHAFTSKÜCHE, S. 174

Saison: Das ganze Jahr

EINE RECHTECKIGE AUFLAUFFORM VON 30 MAL 20 MAL 7 CM
30 g Hefe
200 g Butter
125 ml Sahne (30 % Fett)
500 g Mehl (Type 405)
1 Bio-Ei (Größe M)
6 Eigelbe (Bio-Ei Größe M)
400 g Johannisbeergelee (Siehe S. 424 f.)
1 l Vanillesauce (Siehe S. 441)
50 g Puderzucker

Zubereitung

1. Die Hefe mit 100 Gramm der Butter leicht erwärmen, sodass sich die Hefe in der Butter auflöst. Anschließend die Sahne dazugeben.
2. Das Mehl darauf streuen, aber noch nicht verrühren.
3. Dann mit einem ganzen Ei und fünf Eigelben die Hefe-Butter-Sahne-Mehl-Mischung mit dem Handballen zu einem Teig durchkneten.
4. Anschließend den Teig mit einem Tuch abdecken und eine halbe Stunde an einem warmen Ort gären lassen.
5. Dann den Teig nochmals durchkneten und wiederum eine halbe Stunde ruhen lassen.
6. Das Johannisbeergelee kochen und kalt stellen.
7. Den Teig zum dritten Mal durchkneten und noch einmal eine halbe Stunde ruhen lassen, bis er sich verdoppelt hat.
8. Die restliche Butter so weit erwärmen, dass sie sich auflöst, und mit einem Teil davon die Auflaufform ausstreichen.
9. Den Teig mit einem Rollholz auf einer bemehlten Arbeitsfläche möglichst quadratisch auf eine Stärke von sieben Millimetern ausrollen.
10. Kreise von acht bis neun Zentimetern Durchmesser ausstechen und darauf in die Mitte fünf bis zehn Gramm Johannisbeergelee geben.
11. Den Rand rundum anheben und oberhalb des Gelees leicht in sich verdrehen, damit er fest in dieser Form bleibt.
12. Die Buchteln so in die Auflaufform setzen, dass sie sich berühren.
13. Mit der restlichen zerlassenen Butter die Buchteln abstreichen.
14. Die Buchteln nochmals zehn Minuten gehen lassen und bei 150° C etwa 35 Minuten backen.
15. Währenddessen das letzte Eigelb verquirlen.
16. Anschließend die Buchteln aus dem Ofen nehmen, mit dem verquirlten Eigelb bestreichen und danach bei 160° C weitere fünf Minuten backen.
17. Die Vanillesauce zubereiten.

Anrichten

18. Die Buchteln aus dem Ofen nehmen mit Puderzucker bestäuben und mit der Vanillesauce warm servieren.

Degustationsnotiz

Die Backaromen nimmt man zuerst wahr. Danach folgen die säurebetonten Johannisbeernuancen, die mit der sahnigen Vanillesauce korrespondieren. Den bleibenden Geschmack bestimmt ein Akkord aus allen Aromen.

Kulinarik

Für einen Hefeteig empfiehlt sich frische Hefe, weil sie aromatischer ist und das Gebäck im Ofen besser aufgehen lässt als Trockenhefe. Frische Hefe sollte nicht älter als eine Woche sein und keinen unangenehmen Geruch haben. Denn das Aroma der Hefe überträgt sich auf das Gebäck.
Das Aroma von frischen Vanilleschoten ist wesentlich komplexer als das von Vanillezucker oder das von synthetisch hergestelltem Vanillin, das lediglich den zentralen Aromastoff der Vanille nachahmt.
Eier von Hühnern aus artgerechter Haltung mit biologischer Fütterung sind aromatischer als solche aus konventioneller Produktion. Denn bei Eiern ist die Qualität der Tierfütterung für den Geschmack entscheidend. Die sattgelbe Farbe des Dotters garantiert eine schöne Farbe des Gebäcks.

Sächsischer Pudding mit Aprikosensauce

VORLAGE: SÄCHSISCHER POUDING. (LEHMANN), IN: PÖTZSCH, HERRSCHAFTSKÜCHE, S. 174; FRUCHT-SAUCE; WARM ODER KALT, IN: EBD., S. 207

Zubereitung

1. Die Milch und den Zucker aufkochen.
2. 250 Gramm Butter mit dem Mehl verkneten und zu der gezuckerten heißen Milch geben.
3. Die Masse auf dem Herd etwa fünf Minuten abbrennen und dabei immer wieder mit einem Holzlöffel durchrühren. Anschließend den Topf vom Herd nehmen und fünf Minuten abkühlen lassen.
4. Die Dotter vom Eiweiß der zwölf Eier trennen.
5. Die Eigelbe mit einem Holzlöffel unter den Brandteig rühren und diesen anschließend abkühlen lassen.
6. Währenddessen die Pistazien fein hacken.
7. Die Auflaufform mit der restlichen Butter ausstreichen und die Pistazien hineingeben.
8. Die Form etwas hin und her bewegen, damit die gehackten Pistazien den Boden und die ausgebutterten Wände bedecken.
9. Das Eiweiß mit der Prise Salz steif schlagen, bis sich Spitzen bilden. Dann den Eischnee mit einem Holzlöffel unter die erkaltete Masse heben.
10. Die Masse in die Auflaufform einfüllen.
11. Den Backofen auf 150°C vorheizen, die Auflaufform auf ein Backblech setzen und auf das Blech so viel kochendes Wasser gießen, dass die Auflaufform zu einem Drittel im Wasser steht. Anschließend den Sächsischen Pudding zwei Stunden im Wasserbad garen. Danach aus dem Ofen nehmen und abkühlen lassen.

FÜR EINE AUFLAUFFORM VON 3 L

750 ml Milch
250 g Zucker
270 g Butter
250 g Mehl (Type 405)
12 Bio-Eier (Größe M)
100 g ungesalzene Pistazien
1 Prise Salz

Aprikosensauce

2 Rezepturen Aprikosenkompott (Siehe S. 448)
250 ml Weißwein (Riesling trocken)
300 g Zucker
1 EL Rum

Aprikosensauce
12. Die Flüssigkeit des Aprikosenkompotts abtropfen lassen.
13. Das Feste des Aprikosenkompotts pürieren.
14. Den Wein und den Zucker in einen Topf geben, verrühren und erwärmen, bis sich der Zucker aufgelöst hat.
15. Anschließend das Aprikosenpüree hinzugeben, die Mischung mit Rum abschmecken und abkühlen lassen.

Anrichten
16. Einen Teller auf die Auflaufform setzen und den Pudding auf die Serviette stellen.
17. Etwas Aprikosensauce dazu gießen und servieren.

Degustationsnotiz
Feine Nuancen von Butter- und Backaromen sowie ein Vanilleton nimmt man wahr, bevor die ausgewogene Süße und Säure der Aprikosen mit einer leichten Rumnote hinzukommt. Die Backaromen, die Fruchtnote, die Weinsäure und die Süße bestimmen als Aromenakkord den bleibenden Geschmack.

Kulinarik
In der Saison können frische Aprikosen für die Sauce verwendet werden. Im optimalen Reifezustand besitzen regional geerntete Früchte aus biologischem Anbau ein ausgewogenes Verhältnis von Süße und Säure. Um eine gute Qualität zu bekommen, sollte vor dem Kauf frischer Aprikosen eine Geschmacksprobe erfolgen.

Um das Aroma der Aprikosensauce anzureichern, kann man statt Raffinadezucker und Rum auch Rapadura verwenden. der als Vollrohrzucker lediglich von der Melasse getrennt wurde und noch nach Karamell, Malz und Lakritz schmeckt.

Milch von Kühen und Eier von Hühnern aus regionaler biologischer Haltung sind frischer und aromatischer als solche aus konventioneller Produktion. Denn bei Milch und Eiern ist die Qualität der Tierfütterung für den Geschmack entscheidend. Die sattgelbe Farbe des Dotters garantiert eine schöne Farbe des Puddings.

Die Pistazien werden nicht angeröstet, da ihre intensiven Röstnoten die Harmonie des Aromenakkords stören würden. Bevor man die fruchtig-nussigen Pistazien verarbeitet, muss man ihren Geschmack überprüfen. Denn sie sollten nicht zu lange gelagert sein, da ansonsten ihr leicht ranziger Ton auf den Sächsischen Pudding übergeht.

Souffliertes Omelett

VORLAGE: OMELETTE SOUFFLÉE. (LEHMANN), IN: PÖTZSCH, HERRSCHAFTSKÜCHE, S.175

Saison: Juni bis September

Zubereitung
1. Das Johannisbeergelee kochen und kalt stellen.
2. Die Erdbeeren waschen, putzen und halbieren.
3. Die Dotter vom Eiweiß der fünf Eier trennen.
4. Das Eigelb mit dem Vanillezucker und dem Zucker schaumig schlagen.
5. Unter diese Masse mit einem Schneebesen die Kartoffelstärke ziehen.
6. Das Eiweiß mit einer kleinen Prise Salz versehen und dann steif schlagen, bis sich Spitzen bilden.
7. Das Eiweiß behutsam mit einem Holzlöffel unter die Eigelbmasse heben.
8. In einer ofenfesten beschichteten Pfanne die Butter zerlassen und die Masse dazugeben.
9. Wenn die Masse am Rand anzieht, die Pfanne sofort in den auf 150°C vorgeheizten Backofen geben und das Omelett fünf bis acht Minuten backen lassen.
10. Das Omelett aus dem Ofen nehmen, das Johannisbeergelee darauf verteilen, die Erdbeeren auf eine Hälfte des Omeletts geben und die andere Hälfte mit Hilfe einer Palette darüber klappen.
11. Das Omelett nochmals in den Ofen schieben und bei einer Hitze von 150°C etwa drei bis vier Minuten backen.

Anrichten
12. Das Omelett aus dem Ofen auf eine ovale Platte geben, mit Puderzucker bestäuben und servieren.

Degustationsnotiz

Leichte karamellisierte Zuckertöne nimmt man zuerst wahr, bevor sich die Aromen und die Säure der Erdbeeren und des Johannisbeergelees mit den Vanillearomen vereinen. Die Fruchttöne bestimmen trotz der Süße den bleibenden Geschmack.

Kulinarik

Erdbeersorten sind sehr unterschiedlich aromatisch. Die Sorten „Mara des Bois" und „Mieze Schindler" besitzen ein fruchtiges Walderdbeeraroma. Grundsätzlich empfiehlt sich, saisonale Früchte aus regionalem biologischen Anbau zu verwenden, weil sie frischer und aromatischer sind als andere. Erdbeeren aus Freilandhaltung entwickeln aufgrund der UV-Bestrahlung wesentlich mehr Aroma als Früchte, die nicht unter einer Folie beziehungsweise im Gewächshaus gezogen wurden. Weil Erdbeeren nicht nachreifen, sollte man nur vollreife Früchte verwenden. Falls man genötigt ist, Erdbeeren zu verarbeiten, die nicht ausgereift sind, sollte man sie nicht nur mit Zucker süßen, sondern auch etwas Zitronensaft hinzufügen, weil die Früchte durch den Kontrast zur Säure süßer wahrgenommen werden als ohne diesen Hintergrund.

Eier von Hühnern aus artgerechter Haltung mit biologischer Fütterung sind aromatischer als solche aus konventioneller Produktion. Denn bei Eiern ist die Qualität der Tierfütterung für den Geschmack entscheidend. Die sattgelbe Farbe des Dotters garantiert eine schöne Farbe des Gebäcks.

FÜR 2 PERSONEN
50 g Johannisbeergelee (Siehe S. 424 f.)
100 g Erdbeeren
5 Bio-Eier (Größe M)
10 g Vanillezucker
50 g Zucker
10 g Kartoffelstärke
1 Prise Salz
15 g Butter
20 g Puderzucker

Pudding à la reine

VORLAGE: POUDING À LA REINE. (LEHMANN), IN: PÖTZSCH, HERRSCHAFTSKÜCHE, S.175 F.

Saison: Das ganze Jahr

FÜR EINE AUFLAUFFORM VON 3 L
750 ml Milch
250 g Zucker
270 g Butter
250 g Mehl (Type 405)
12 Bio-Eier (Größe M)
1 Prise Salz
500 ml Schokoladensauce
(Siehe S.440 f.)
30 g Puderzucker

Zubereitung

1. Die Milch und den Zucker vermischen und aufkochen.
2. 250 Gramm Butter mit dem Mehl verkneten und zu der gezuckerten heißen Milch geben.
3. Die Masse auf dem Herd etwa fünf Minuten abbrennen und dabei immer wieder mit einem Holzlöffel durchrühren. Anschließend den Topf vom Herd nehmen und fünf Minuten abkühlen lassen.
4. Die Dotter vom Eiweiß der zwölf Eier trennen.
5. Die Eigelbe mit einem Holzlöffel unter den Brandteig rühren und diesen anschließend abkühlen lassen.
6. Die Auflaufform mit der restlichen Butter ausstreichen.
7. Das Eiweiß mit der Prise Salz steif schlagen, bis sich Spitzen bilden. Dann den Eischnee mit einem Holzlöffel unter die erkaltete Masse heben.
8. Die Masse in die Auflaufform einfüllen.
9. Den Backofen auf 150°C vorheizen, die Auflaufform auf ein Backblech setzen und in das Blech so viel kochendes Wasser gießen, dass die Auflaufform zu einem Drittel im Wasser steht. Anschließend den Pudding zwei Stunden im Wasserbad garen.
10. Die Schokoladensauce erwärmen.

Anrichten

11. Den Pudding in der Auflaufform mit Puderzucker bestäuben und servieren.
12. Die Schokoladensauce in einer Sauciere anrichten und dazustellen.

Degustationsnotiz

Feine Nuancen von Butter und Backaromen nimmt man wahr, bevor die Schokoladenaromen die Dominanz übernehmen. Die Schokoladenaromen bestimmen den bleibenden Geschmack.

Kulinarik

Brandteig darf nicht zu weich und nicht zu fest werden. Wenn der Teig zu fest ist, geht er beim Backen nicht auf. Ein zusätzliches Eigelb kann dagegen Abhilfe schaffen. Zu weicher Brandteig wird beim Backen breit und geht ebenfalls nicht richtig auf. In diesem Fall wurde zu wenig Mehl verwendet, oder der Teig nicht genug auf dem Herd abgebrannt.

Wie eine Schokoladensauce schmeckt, hängt im Wesentlichen von der Qualität der Schokolade ab. Bitterschokolade mit einem Kakaoanteil von 70 Prozent enthält in der Regel nur entölte Kakaomasse und Zucker. Da Kakaobohnen kein dominantes Schlüsselaroma besitzen, sondern sich ihr Duft aus vielen Komponenten zusammensetzt, variiert ihr Geschmack in Nuancen von holzig-nussigen bis zu blumig-warmen und honigartigen Noten. Das Aroma von Schokolade wird nicht nur durch die unterschiedlichen Bittertöne der verschiedenen Kakaobohnensorten und deren Wachstums-, Ernte- sowie Verarbeitungsbedingungen, sondern vor allem auch durch den Röstprozess bestimmt, der weitere erdig-würzige Aromen freisetzt.

Milch von Kühen und Eier von Hühnern aus regionaler biologischer Haltung sind frischer und aromatischer als solche aus konventioneller Produktion. Denn bei Milch und Eiern ist die Qualität der Tierfütterung für den Geschmack entscheidend. Die sattgelbe Farbe des Dotters garantiert eine schöne Farbe des Puddings.

Reiskrusteln mit Aprikosen

VORLAGE: REIS-CRUSTELN MIT APRIKOSEN (GRÄFIN HEN[C]KEL [VON DONNERSMARCK]), IN: PÖTZSCH, HERRSCHAFTSKÜCHE, S. 176 F.

Saison: Aprikosen von Juli bis August

Zubereitung

1. Den Mittelkornreis kurz mit kaltem Wasser abspülen.
2. Die Vanilleschote der Länge nach halbieren und das Mark mit einem Messerrücken herausschaben.
3. Den Reis mit der Milch, der Prise Salz und dem Vanillemark vermischen und etwa 23 bis 25 Minuten kochen. Währenddessen den Zucker zugeben und immer wieder mit einem Holzlöffel umrühren.
4. Durch eine Bissprobe testen, ob der Reis bis auf einen kleinen bissfesten Kern bereits gar ist, und somit weiter verarbeitet werden kann.
5. Danach den Reis vom Herd nehmen, in eine Schale umfüllen sowie nach und nach die drei Eigelbe unterrühren
6. Ein Backblech mit Backpapier auslegen, den Reis darauf geben und mit einer Winkelpalette gleichmäßig auf eine Stärke von etwa zwei Zentimetern verteilen. Anschließend den Reis etwa 30 Minuten kalt stellen, ohne ihn abzudecken.

Aprikosensauce

7. Das Aprikosenkompott auf ein Sieb geben und abtropfen lassen.
8. Die Hälfte des Aprikosenkompotts pürieren. Das Püree mit Zucker, Wein und Rum in einem Topf erhitzen. Diese Aprikosensauce anschließend abkühlen lassen.
9. Mit einem Ausstecher von fünf Zentimetern Durchmesser runde Reisplätzchen aus dem erkalteten Reis ausstechen.
10. Das Pflanzenöl auf 150°C erhitzen.
11. Die drei Eier verquirlen. Die Reisplätzchen mit dem Ei bestreichen, im Paniermehl wenden und dann im heißen Pflanzenfett backen, bis sie goldgelb sind.
12. Die Krusteln auf Küchenpapier geben.

FÜR 8 PERSONEN

250 g Mittelkornreis (Arborio)
1 Vanilleschote (Bourbon)
1 l Milch (3,5 % Fett)
1 Prise Salz
125 g Zucker
3 Eigelbe (Bio-Ei Größe M)
2 l Pflanzenöl
3 Bio-Eier (Größe M)
300 g Paniermehl

Aprikosensauce

2 Rezepturen Aprikosenkompott (Siehe S. 448)
300 g Zucker
250 ml Weißwein (Riesling trocken)
1 EL Rum

Anrichten

13. Die Reiskrusteln auf eine ovale Platte legen, in die Mitte jeder Krustel etwas von der Aprikosensauce geben und darauf eine halbe Aprikose aus der nicht pürierten Hälfte des Kompotts legen.
14. Die restliche Aprikosensauce in eine Sauciere geben und alles servieren.

Degustationsnotiz

Als Erstes nimmt man die Aromen des frittierten Paniermehls wahr, die sich schnell mit denen der Aprikosen verbinden. Die süßen Vanilletöne des Reis unterstützen die Aprikosen, die wiederum von leichten Rumnuancen begleitet werden. Die Aprikosen- und Vanillearomen dominieren den bleibenden Geschmack.

Kulinarik

Arborioreis, der in Milch gekocht wird, schmeckt nach Vanille. Nur ein Mittelkornreis (Arborio oder Vialone Nano) erreicht den cremigen Schmelz und die Vanilletöne. Sollten die Reiskrusteln erst am folgenden Tag serviert werden, müsste der Reis zwei Minuten länger gekocht werden, da er im erkalteten Zustand mit der Zeit ein wenig bissiger und fester wird. Auch darf er erst am folgenden Tag paniert werden.
Frische und reife Aprikosen mit einer ausgewogenen Säure und Süße bekommt man nur während der Saison. Es empfiehlt sich, Aprikosen aus regionalem biologischem Anbau zu verwenden, da sie frischer und aromatischer sind.

Böhmische Plinsen

VORLAGE: BÖHMISCHE TALKEN ODER PLINZEN, IN: PÖTZSCH, HERRSCHAFTSKÜCHE, S. 226

Saison: Das ganze Jahr

Zubereitung

1. Die Hefe im handwarmen Wasser auflösen und mit 80 Gramm des Mehls zu einem Hefestück verkneten.
2. Das Hefestück mit dem restlichen Mehl abdecken und 45 Minuten ruhen lassen.
3. Zu dem Hefestück die Eier, das Eigelb, die Butter, die Sahne und das Salz zugeben. Alles zu einem glatten Teig verrühren und 30 Minuten gehen lassen.
4. Etwas Butter in der Pfanne erhitzen.
5. Den Teig mit einer Kelle in die Pfanne geben, sodass zehn bis 15 Zentimeter große Plinsen entstehen.
6. Die Plinsen von beiden Seiten backen, bis sie eine erste leichte Bräunung annehmen.

Anrichten

7. Die Plinsen entweder mit Himbeersauce (Siehe S. 439) Apfelmus (Siehe S. 446) oder Marmelade anrichten, oder mit Käse und Crème Fraîche kombinieren und warm servieren.

Degustationsnotiz

Das Aroma der lockeren, weichen und saftigen Böhmischen Plinsen wird von den feinen Nuancen gebratener Butter bestimmt.

Kulinarik

Es bietet sich an, die Böhmischen Plinsen entweder mit Zucker, Himbeeren, Apfelmus oder mit etwas Herzhaftem zu servieren.

Für einen Hefeteig empfiehlt sich frische Hefe, weil sie aromatischer ist und das Gebäck im Ofen besser aufgehen lässt als Trockenhefe. Frische Hefe sollte nicht älter als eine Woche sein und keinen unangenehmen Geruch haben. Denn das Aroma der Hefe überträgt sich auf das Gebäck.

Sahne, die aus Milch von biologisch gehaltenen Kühen hergestellt wird, ist aromatischer, weil die Fütterung der Tiere für den Geschmack ihrer Milch entscheidend ist.

Eier von Hühnern aus artgerechter Haltung mit biologischer Fütterung sind aromatischer als solche aus konventioneller Produktion. Denn bei Eiern ist die Qualität der Tierfütterung für den Geschmack entscheidend. Die sattgelbe Farbe des Dotters garantiert eine schöne Farbe des Gebäcks.

FÜR 20 STÜCK

29 g Hefe
60 ml Wasser
500 g Mehl (Type 405)
2 Bio-Eier (Größe M)
8 Eigelbe (Bio-Ei Größe M)
219 g Butter
750 ml Sahne (30 % Fett)
125–150 g Butter
6 g Salz

Eierkränze

VORLAGE: EIERKRÄNZE, IN: PÖTZSCH, HERRSCHAFTSKÜCHE, S. 227

Saison: Das ganze Jahr

FÜR 14 TALER
240 g Mehl (Type 405)
60 g Zucker
120 g Butter
50 g Sahne (30 % Fett)
3 Eigelbe (Bio-Ei Größe M)
2 Bio-Eier (Größe M)

Zubereitung

1. Das Mehl und den Zucker in einer großen Rührschüssel miteinander vermengen.
2. Die Butter in Würfel schneiden.
3. Die Butter unter die Mehl-Zucker-Mischung geben und mit einer Rührmaschine vermengen, bis sich die Butter aufgelöst hat.
4. Am Schluss die Sahne und die Eigelbe unterrühren, bis ein fester Teig entsteht.
5. Den Teig in Folie einschlagen und zirka zwei Stunden im Kühlschrank ruhen lassen.
6. Den Teig bei Raumtemperatur etwas gehen lassen und dann auf einer leicht mehlierten Arbeitsfläche auf eine Dicke von zirka fünf Millimetern ausrollen.
7. Ein Blech mit Backpapier auslegen.
8. Mit einem Metallring von sieben Zentimetern Durchmesser aus dem Teig Taler ausstechen und diese auf das Backblech legen.
9. Die beiden Eier verrühren und mit einem kleinen Spritzer Wasser vermengen.
10. Mit einem Pinsel das verquirlte Ei dünn auf den Talern verstreichen.
11. Die Taler im vorgeheizten Backofen bei 175° C zirka 15 bis 20 Minuten ausbacken, bis sie goldgelb sind.

Anrichten
12. Die fertigen Eierkränze abkühlen lassen und servieren.

Degustationsnotiz
Die Taler sind sehr knusprig und dennoch sehr leicht. Das Aroma von frischer Butter und Eiern kann man schon vor der Verkostung riechen. Es bestimmt auch die erste Wahrnehmung im Mund. Die buttrige Note und die leichten Röstaromen, die durch das Backen ihr volles Aroma entfaltet haben, halten den dominanten Geschmack sehr lange im Gaumen.

Kulinarik
Eier von Hühnern aus artgerechter Haltung mit biologischer Fütterung sind aromatischer als solche aus konventioneller Produktion. Denn bei Eiern ist die Qualität der Tierfütterung für den Geschmack entscheidend. Die sattgelbe Farbe des Dotters garantiert eine schöne Farbe der Eierkränze.
Butter, die aus der Milch von Kühen aus regionaler biologischer Haltung hergestellt wurde, ist aromatischer. Denn bei Milch ist die Qualität der Tierfütterung für den Geschmack entscheidend.

Charlotte à la russe mit Vanilleeis

VORLAGE: CHARLOTTE À LA RUSSE. (LEHMANN) IN: PÖTZSCH, HERRSCHAFTSKÜCHE, S. 336; BRUNFAUT, GUSTAV: HANDBUCH DER MODERNEN KOCHKUNST, BERLIN 1891, S. 541

Saison: Das ganze Jahr

FÜR HALBKUGELIGE EISFORM MIT EINEM DURCHMESSER VON 15 CM

1 Rezeptur Löffelbiskuit (Frau Prinzeß Luisa) (Siehe S. 384)
1 Rezeptur Vanilleeis (Siehe S. 18)
1 Rezeptur Kirschzuckerglasur (Siehe S. 434)
1 Rezeptur Zuckerglasur (Siehe S. 428)

Zubereitung
1. Die Löffelbiskuitstreifen mit einer Länge von zehn Zentimetern und einer Höhe von etwa zweieinhalb Zentimetern fertigen.
2. Das Vanilleeis zubereiten und in den Gefrierschrank legen.
3. Die Kirschzucker- und die Zuckerglasur herstellen.
4. Mit einem Pinsel ein Drittel der Löffelbiskuitstreifen mit Kirschzuckerglasur, ein weiteres mit Schokoladenglasur und die restlichen Löffelbiskuitstreifen mit Zuckerglasur bestreichen.
5. Den Tortenring auf einen zwei Zentimeter größeren Teller oder eine Platte stellen. Die Innenseite des Tortenrings und den Boden des Tellers mit einer Folie so auslegen, dass die Folie etwa fünf bis sechs Zentimeter übersteht.
6. Jetzt die bestrichenen Löffelbiskuitstreifen, abwechselnd mit der bestrichenen Seite nach außen an den Tortenring stellen, bis es einen geschlossenen Ring ergibt.
7. Das Vanilleeis aus dem Gefrierschrank nehmen, um es ein wenig zu temperieren.
8. Das leicht temperierte, aber doch sämige Vanilleeis in die Form geben und mit dem Rücken eines Esslöffels das Eis vorsichtig an die Löffelbiskuitstreifen streichen. Mit einer Winkelpalette den oberen Bereich glätten.
9. Die überhängende Folie nach innen schlagen und nochmals etwa fünfzehn Minuten in den Gefrierschrank bei –18° C stellen.

Anrichten
10. Die Eisform aus dem Gefrierschrank nehmen und die Folie oben lösen. Anschließend die Form mit einem heißen Tuch umwickeln und die Charlotte à la russe mit Vanilleeis auf eine kalte Platte stürzen. Danach die Folie komplett abziehen.
11. Nach Wunsch mit geschlagener Sahne garnieren und servieren.

Degustationsnotiz
Zunächst nimmt man die Kälte wahr. Nach einer Weile entfalten sich die Süße, die Säure und die Aromen der Kirschglasur, bevor sich der Schmelz und das Aroma aus der Vanilleeiscreme am Gaumen ausbreiten. Den bleibenden Geschmack bestimmen die Vanillearomen und die Fruchtsäure der Kirsche.

Kulinarik
Charlotte à la russe mit Vanilleeis kann nicht im Gefrierschrank aufbewahrt werden, da sich schon nach kurzer Zeit die Glasur auf den Biskuitmantel verflüssigt.
Eine Sahne, die aus Milch von biologisch gehaltenen Kühen hergestellt wird, ist aromatischer, weil die Fütterung der Tiere für den Geschmack ihrer Milch entscheidend ist.

Mandel-Blancmanger

VORLAGE: BLANCMANGER, IN: UNIVERSAL-LEXIKON DER KOCHKUNST, LEIPZIG 1878, S.87

Saison: Das ganze Jahr

FÜR EINE GROSSE SAVARINFORM
500 g Mandeln
4 Bittermandeln
20 Tropfen Orangenblütenwasser
330 g Zucker
1 Liter Wasser
12 Blatt Gelatine

Zubereitung

1. Die Mandeln und die Bittermandeln jeweils getrennt in kochendes Wasser geben. Nach einer Minute herausnehmen und in kaltem Wasser abschrecken.
2. Die Haut von den Mandeln und den Bittermandeln abziehen.
3. Die Kerne der süßen Mandel mahlen.
4. 30 Gramm von den gemahlenen Mandeln mit den Bittermandeln, dem Orangenblütenwasser und 30 Gramm Zucker in einem Mörser fein stoßen.
5. Das Wasser mit den restlichen Mandeln und dem Zucker aufkochen. Dann die gestoßene Mandelpaste dazugeben und etwa fünf Minuten ziehen lassen.
6. Alles durch ein feines Sieb geben.
7. Die Gelatine in kaltem Wasser drei Minuten einweichen.
8. Inzwischen die gesiebte Flüssigkeit erhitzen. Anschließend vom Herd ziehen.
9. Dann die Gelatine auspressen, in die erhitzte Flüssigkeit hineingeben und mit einem Holzlöffel durchrühren.
10. Die mit der Gelatine versetzte Flüssigkeit in eine Savarinform füllen.
11. Im Kühlschrank bei etwa vier° C zwei bis drei Stunden kalt stellen.

Anrichten

12. Die Savarinform mit einem heißen Tuch kurz umwickeln und auf einen Teller stürzen.
13. Die Mitte mit Früchten oder Crème plombière à l'orientale (Siehe S. 70) füllen und servieren.

Degustationsnotiz
Süße Mandeltöne stechen hervor, bevor die Bittermandel versucht, die Dominanz zu übernehmen. Doch die Süße des Zuckers gleicht diese Töne sehr harmonisch aus.

Kulinarik
Ein Blancmanger ist ein schöner Begleiter zu einer Eiscreme, in der die Süße hervorsticht. Denn das Mandel-Blancmanger gleicht deren Süße aus und schafft somit ein angenehmes Gaumenerlebnis. Blancmanger lässt sich auch mit Milch, Sahne oder mit weißer Schokolade herstellen.
Bittermandeln und süße Mandeln haben beide einen marzipanähnlichen Grundton. Die süße Variante der Mandeln enthält im Gegensatz zu den Bittermandeln keine Blausäure. Beim Erhitzen verlieren sich die sehr flüchtigen Giftstoffe der Bittermandeln. Mandeln behalten in der Schale bis zu einem Jahr ihr Aroma, ohne ranzig zu werden. Wird eine Mandel nur noch von der Haut umgeben, sollte man sie aber nicht länger als sechs und ohne Haut nur vier Monate aufbewahren. Weiter verarbeitete Mandeln bleiben nur wenige Wochen frisch.

Gebäck – Kuchen – Torte

Apfelkuchen

VORLAGE: APFELKUCHEN (LEHMANN), REZEPT FÜR DEN PRINZEN ZUM DINER,
IN: PÖTZSCH, HERRSCHAFTSKÜCHE, S. 156

Saison: Das ganze Jahr, beste Zeit ist im Herbst

FÜR EINEN APFELKUCHEN

Teig
250 g Mehl (Type 405)
70 g Zucker
135 g Butter
3 Eigelb (Bio-Ei Größe M)
5 ml Milch

Füllung
500 g Säuerlicher Apfel (Granny Smith oder weißer Boskoop)
100 g Mandeln
40 g Butter

Gieße
1 Vanilleschote (Bourbon)
125 ml Milch
60 g Zucker
3 Eigelbe (Bio-Ei Größe M)

Zubereitung

Mürbeteig
1. Das Mehl auf die Arbeitsfläche sieben und den Zucker dazugeben.
2. In die Mitte des Mehls eine Mulde drücken und 125 Gramm Butter in groben Stücken von zwei mal zwei Zentimetern Größe hineingeben.
3. Anschließend die drei Eigelbe und die Milch dazugeben.
4. Mit einer Essgabel die Butter, das Mehl, das Eigelb und die Milch vermengen.
5. Das Mehl immer wieder mit einem Teigschaber vom Rand über die Zutaten zur Mitte schieben.
6. Mit einem großen glatten Messer nun den Teig immer wieder durchhacken, bis er krümelig wird.
7. Erst jetzt den Teig mit den Händen über die Handballen schnell kneten.
8. Daraufhin den Mürbeteig bei 6° C eine Stunde ruhen lassen, damit der Kleber des Mehls reagieren kann.
9. Inzwischen ein Tortenblech von 38 Zentimetern Durchmesser und fünf Zentimetern Höhe mit der restlichen Butter auspinseln.
10. Den Teig auf fünf Millimeter Stärke ausrollen.
11. Anschließend mit einem Messer aus dem Teig ein Stück in Größe des Tortenblechs ausschneiden. Den Rest des Teiges kneten und für den Rand zur Seite legen.
12. Den Teig auf ein Rollholz aufrollen und auf einem geraden Backblech abrollen.
13. Mit einer Essgabel leichte Löcher in den Teig stechen, damit er nicht aufgeht.
14. Den Tortenboden im vorgeheizten Ofen bei 190° C etwa 13 bis 15 Minuten backen, bis der Teig goldgelb ist.
15. Den fertig gebackenen Mürbeteigboden auf das Tortenblech legen.
16. Den restlichen Teig ausrollen und in der Breite und Länge vom Rand des Tortenblechs einen Streifen schneiden. Wiederum mit einem Rollholz aufrollen, an den Tortenrand legen und im unteren Bereich den Teig an den gebackenen Mürbeteig andrücken.

Füllung
17. Die Mandeln in kochendes Wasser geben. Nach einer Minute herausnehmen und in kaltem Wasser abschrecken.
18. Die Haut von den Mandeln abziehen und die Mandelkerne in Stifte schneiden.
19. Die Äpfel schälen, halbieren, entkernen und in Scheiben schneiden.
20. Anschließend die Äpfel in den Tortenboden schichten, die Mandelstifte darauf verteilen, Butterflocken darauf setzen und bei 160° C nochmals fünf bis zehn Minuten backen.

Gieße
21. In der Zwischenzeit die Vanilleschote in der Mitte teilen, mit einem Rückenmesser das Mark der Vanilleschote herauskratzen.
22. Das Vanillemark mit der Milch, dem Zucker und den Eigelben verrühren.
23. Die Mischung auf den Apfelkuchen gießen und diesen nochmals bei 140° C etwa 30 bis 35 Minuten garen.

Anrichten
24. Den Apfelkuchen aus der Form nehmen und ein wenig abgekühlt lassen. Anschließend in acht Stücke schneiden und servieren.

Degustationsnotiz

Der krosse Mürbeteigboden hat Butter- und Backaromen mit leichten Nusstöne. Aus dieser ersten Wahrnehmung entwickeln sich saure Apfeltöne, durch die Vanillearomen durchblenden. Die cremig saftige Textur der Apfelfüllung löst die Krosseffekte des Mürbeteigs ab.

Kulinarik

Wenn Tortenboden und -rand nacheinander gebacken werden, wird der Rand gleichmäßiger. Der Mürbeteig muss bei einer Temperatur von 6° C ruhen, da er sonst brandig wird. Zu warmes Fett verbindet sich durch zu langes Kneten mit den Händen und nicht mit dem Mehl. In diesem Zustand lässt sich der Mürbeteig schlecht ausrollen und reißt schnell. Außerdem wird Gebäck aus falsch geknetetem Mürbeteig hart statt mürbe. Es empfiehlt sich ausgereifte Bio-Äpfel aus regionaler Produktion zu verwenden, weil diese frischer und aromatischer sind und die Säure der Äpfel einen Ausgleich zur Süße des Kuchens herstellen kann.

Das Aroma von frischen Vanilleschoten ist wesentlich komplexer als das von Vanillezucker oder das von synthetisch hergestelltem Vanillin, das lediglich den zentralen Aromastoff der Vanille nachahmt. Vanilleschoten gibt es in drei aromatisch deutlich differierenden Varianten: Bourbon-, Mexiko- und Tahiti-Vanille.

Süße Mandeln haben einen marzipanähnlichen Grundton. Sie behalten in der Schale bis zu einem Jahr ihr Aroma, ohne ranzig zu werden. Wird eine Mandel nur noch von der Haut umgeben, sollte man sie aber nicht länger als sechs und ohne Haut nur vier Monate aufbewahren. Weiterverarbeitete Mandeln bleiben nur wenige Wochen frisch.

Apfelkuchen mit Gelee

VORLAGE: APFELKUCHEN MIT GELÉE (A. HUBER), IN: PÖTZSCH, HERRSCHAFTSKÜCHE, S. 157 UND HUBER, DIE VOLLSTÄNDIGE FASTENKÜCHE, IN: SCHANDRI, REGENSBURGER KOCHBUCH, S. 404

Saison: Das ganze Jahr, die beste Zeit ist der Herbst

FÜR EINEN APFELKUCHEN

Teig
250 g Mehl (Type 405)
70 g Zucker
135 g Butter
3 Eigelbe (Bio-Ei Größe M)
5 ml Milch

Apfelfüllung
600 g Säuerlicher Apfel (weißer Boskoop)
125 ml Weißwein (Riesling trocken)
60 g Zucker
40 g Butter
200 g Quittenmarmelade (Apfelquitte)

Zubereitung
Mürbeteig

1. Das Mehl auf die Arbeitsfläche sieben und den Zucker dazugeben.
2. In die Mitte des Mehls eine Mulde drücken und 125 Gramm Butter in groben Stücken von zwei mal zwei Zentimetern Größe hinein geben.
3. Anschließend die drei Eigelbe und die Milch dazugeben.
4. Mit einer Essgabel die Butter, das Mehl, das Eigelb und die Milch vermengen.
5. Das Mehl immer wieder mit einem Teigschaber vom Rand über die Zutaten zur Mitte schieben.
6. Mit einem großen glatten Messer nun den Teig immer wieder durchhacken, bis er krümelig wird.
7. Erst jetzt den Teig mit den Händen über die Handballen schnell kneten.
8. Daraufhin den Mürbeteig bei 6° C eine Stunde ruhen lassen, damit der Kleber des Mehls reagieren kann.
9. Inzwischen ein Tortenblech von 38 Zentimetern Durchmesser und fünf Zentimetern Höhe mit der restlichen Butter auspinseln.
10. Den Teig auf fünf Millimeter Stärke ausrollen.
11. Anschließend mit einem Messer aus dem Teig ein Stück in Größe der Backform ausschneiden. Den Rest des Teiges kneten und für den Rand zur Seite legen.
12. Den Teig auf ein Rollholz aufrollen und auf einem geraden Backblech abrollen.
13. Mit einer Essgabel leichte Löcher in den Teig stechen, damit er nicht aufgeht.
14. Den Tortenboden im vorgeheizten Ofen bei 190° C etwa 13 bis 15 Minuten backen, bis der Teig goldgelb ist.

Füllung

1. Inzwischen die Äpfel schälen, halbieren, entkernen und mit dem Riesling und dem Zucker in einem Topf mit geschlossenem Deckel leicht dünsten. Die beim Dünsten ausgetretene Flüssigkeit aufheben.
2. Den fertig gebackenen Mürbeteigboden in die Tortenform legen.
3. Den restlichen Teig ausrollen und in der Breite und Länge des Randes der Tortenform einen Streifen schneiden. Wiederum mit einem Rollholz aufrollen, an den Tortenrand legen und im unteren Bereich den Teig an den gebackenen Mürbeteig andrücken.
4. Die gedünsteten Äpfel in den Tortenboden schichten, mit den 40 Gramm Butter bestreichen und die Quittenmarmelade darauf verteilen.
5. Den Kuchen nochmals bei 160°C etwa fünf bis zehn Minuten backen.
6. In der Zwischenzeit die Flüssigkeit, die beim Apfeldünsten zurückgeblieben ist, ein wenig reduzieren.
7. Den Kuchen herausnehmen und die Apfelhälften mit der reduzierten Flüssigkeit bestreichen.

Anrichten

8. Den Apfelkuchen aus der Form nehmen und ein wenig abkühlen lassen, dann in acht schöne Stücke schneiden und servieren.

Degustationsnotiz

Der krosse Mürbeteigboden hat Butter- und Backaromen mit leichten Nusstöne. Aus dieser ersten Wahrnehmung entwickeln sich saure Apfeltöne, die durch das Quittenaroma durchblenden. Die cremig saftige Textur der Apfelfüllung mit Quittenaromen löst die Krosseffekte des Mürbeteigs ab. Das Aroma der Quitten bestimmt den bleibenden Geschmack.

Kulinarik

Wenn Tortenboden und -rand nacheinander gebacken werden, wird der Rand gleichmäßiger. Der Mürbeteig muss bei einer Temperatur von 6°C ruhen, da er sonst brandig wird. Zu warmes Fett verbindet sich durch zu langes Kneten mit den Händen und nicht mit dem Mehl. In diesem Zustand lässt sich der Mürbeteig schlecht ausrollen und reißt schnell. Außerdem wird Gebäck aus falsch geknetetem Mürbeteig hart statt mürbe. Es empfiehlt sich ausgereifte Bio-Äpfel aus regionaler Produktion zu verwenden, weil diese frischer und aromatischer sind und die Säure der Äpfel einen Ausgleich zur Süße des Kuchens herstellen kann.

Quitten zu verarbeiten, bereitet sehr viel Arbeit. Deshalb gehört es in vielen Haushalten nicht mehr zum Repertoire. Doch Quitten sind aufgrund ihres einzigartigen Aromas für die gehobene Küche sehr interessant. Ungekocht eignen sich Quitten nicht zum Verzehr, da sie sehr stark adstringierend sind. Kühl sind sie gut zwei Monate lagerfähig. Quitten besitzen eine sehr starke Gelierkraft und geben daher der Füllung des Apfelkuchens mit Gelee seine besondere Konsistenz. Es empfiehlt sich, Quitten aus regionalem biologischem Anbau zu verwenden, da sie frischer und aromatischer sind.

Der trockene Riesling soll mit seiner feinen Säure helfen, die Balance zur Süße des Zuckers auszugleichen.

Nusskipferl

VORLAGE: NUSSKIPFERL. (REZEPTE VON WINDISCH-GRAETZ), IN: PÖTZSCH, HERRSCHAFTSKÜCHE, S. 41

Saison: Das ganze Jahr

FÜR 20 NUSSKIPFLERL
60 g Butter
120 g Mehl (Type 405)
20 g Zucker2 Bio-Eier (Größe M)
20 g Hefe
125 ml Milch (3 % Fett)
100 g Haselnüsse
100 g Honig
2 Eigelbe (Bio-Ei Größe M)
Puderzucker zum Bestäuben

Zubereitung

1. Die Butter langsam erwärmen, sodass sie flüssig wird, aber nicht bräunt.
2. Das Mehl in eine Schüssel geben und den Zucker darunter mischen.
3. Zwei Eier aufschlagen und durch ein Sieb passieren, um die Hagelschnüre zu entfernen. Die Eimasse und die Milch unter die Butter rühren.
4. Die Hefe in der warmen Butter-Ei-Masse auflösen.
5. Alles zusammen unter das Mehl und den Zucker geben und zu einem Teig durcharbeiten.
6. Den Teig mit einem sauberen Tuch abdecken und eine halbe Stunde an einem warmen Ort gehen lassen.
7. Danach nochmals durchkneten und wiederum eine halbe Stunde ruhen lassen.
8. Nun den Teig abwechselnd mit einer Teigrolle ausrollen und von Hand ein wenig auseinanderziehen, bis er nur noch einen Zentimeter dick ist.
9. Den Teig mit einem glatten Teigrädchen in Dreiecke mit vier Zentimetern Kantenlänge schneiden.
10. Die Haselnüsse grob hacken.
11. Den Honig ein wenig erwärmen, damit er flüssig wird.
12. Mit einem Pinsel den warmen Honig auf die Teigdreiecke streichen.
13. Die gehackten Haselnüsse auf dem Honig verteilen und anschließend entlang der langen Seite der Teigdreiecke zu Kipferln (Hörnchen) zusammenrollen.
14. Die Kipferl auf ein gefettetes oder ein mit Backpapier ausgelegtes Backblech legen.
15. Die Eigelbe mit einigen Wassertropfen verquirlen und damit die Kipferl bestreichen.
16. Die Kipferl im auf 180 °C vorgeheizten Backofen etwa zehn bis zwölf Minuten backen.

Anrichten

17. Die warmen Kipferl direkt servieren. Sie können auch mit ein wenig Puderzucker bestäubt werden.

Degustationsnotiz

Die knackige Kruste der Kipferl und die krossen Haselnüsse nimmt man zuerst wahr. Dann entfalten sich die kräftigen Nusstöne und die Süße des Honigs. Den bleibenden Geschmack bestimmen die Nussaromen.

Kulinarik

Für einen Hefeteig empfiehlt sich frische Hefe, weil sie aromatischer ist und das Gebäck im Ofen besser aufgehen lässt als Trockenhefe. Frische Hefe sollte nicht älter als eine Woche sein und keinen unangenehmen Geruch haben. Denn das Aroma der Hefe überträgt sich auf das Gebäck.

Ein Hefeteig benötigt immer wieder Ruhepausen, in denen er bei einer Temperatur von knapp 40°C gut aufgeht. Damit der Teig während dieser Phasen keine Kruste entwickelt, muss er mit einem sauberen Tuch abgedeckt werden. Beim Ausrollen zieht sich ein gut aufgegangener Hefeteig immer ein wenig zurück. Deshalb kann man ihn auch von Hand ein wenig auseinanderziehen.

Linzer Torte

VORLAGE: LINZER TORTE. (REZEPTE VON WINDISCH-GRAETZ), IN: PÖTZSCH, HERRSCHAFTSKÜCHE, S. 42

Saison: Das ganze Jahr

FÜR EINE TORTE
1 Bio-Limone
1 g Ceylon-Zimt
120 g Mehl (Type 405)
180 g Zucker
280 g Butter
250 g Mandeln
4 Eigelbe (Bio-Ei Größe M)
2 Bio-Eier (Größe M)
300 g Johannisbeergelee
Puderzucker zum Bestäuben

Zubereitung

1. Die Limone waschen und die Schale mit einer feinen Reibe abreiben.
2. Den Zimt auf einer Muskatreibe oder im Mörser zerkleinern.
3. Die Mandeln in kochendes Wasser geben. Nach einer Minute herausnehmen und in kaltem Wasser abschrecken.
4. Die Haut von den Mandeln abziehen und die Mandelkerne fein mahlen.
5. Das gesiebte Mehl mit dem Zucker, 250 Gramm Butter, dem Zimt, der Limonenschale und den Mandeln zu einem Teig verarbeiten.
6. Drei Eigelbe und die Eier dazugeben.
7. Mehrmals kneten, anschließend in eine Folie wickeln und zwei Stunden im Kühlschrank ruhen lassen, damit der Kleber reagiert.
8. Den Backofen auf 190° C vorheizen.
9. Eine runde Springform von 24 Zentimetern Durchmesser mit 30 Gramm Butter einfetten und auf ein Backblech stellen.
10. Den Teig mit einem Rollholz und ein wenig Mehl auf eine Stärke von einem oder höchstens zwei Zentimeter ausrollen.
11. Den Tortenring damit auslegen und den Teig über den Boden hinaus noch zwei Zentimeter hoch an den Rand des Tortenrings drücken.
12. Den restlichen Teig nochmals kneten, wiederum auf die gleiche Stärke ausrollen und mit einem Zackenrädchen ein Zentimeter breite Streifen schneiden.
13. Das Johannisbeergelee auf den Tortenboden geben und dieses gleichmäßig verteilen.
14. Die Teigstreifen gitterförmig auf das Johannisbeergelee platzieren.
15. Das übrig gebliebene Eigelb mit Wasser etwas verdünnen und den Tortenrand sowie das Teiggitter damit bepinseln.
16. Den Kuchen in der unteren Schiene im auf 190° C vorgeheizten Backofen 35 bis 40 Minuten backen. Falls er droht, zu dunkel zu werden, rechtzeitig mit Backpapier abdecken.
17. Den fertig gebackenen Kuchen aus dem Ofen nehmen und auskühlen lassen.

Anrichten

18. Den Kuchen mit Puderzucker bestäuben, in Stücke schneiden und servieren.

Degustationsnotiz
Die süßen Backaromen des krossen und nussigen Mürbeteigs vereinigen sich mit der Säure des Johannisbeergelees zu einer Einheit. Zimttöne und die Zitrusaromen der Limonenschale fügen sich in diesen harmonischen Akkord ein.

Kulinarik
Wenn eine Linzer Torte mehrere Tage durchzieht, verliert der Teig seinen Krosseffekt, nimmt dafür aber die säuerlichen Aromen des Johannisbeergelees an.
Mandeln behalten in der Schale bis zu einem Jahr ihr Aroma, ohne ranzig zu werden. Wird eine Mandel nur noch von der Haut umgeben, sollte man sie aber nicht länger als sechs und ohne Haut nur vier Monate aufbewahren. Weiterverarbeitete Mandeln bleiben nur wenige Wochen frisch.
Zimt sollte erst unmittelbar vor der Verwendung zerrieben werden, damit seine ätherischen Öle sich nicht verflüchtigen, sondern dem Gebäck zugute kommen.
Eier von Hühnern aus artgerechter Haltung mit biologischer Fütterung sind aromatischer als solche aus konventioneller Produktion. Denn bei Eiern ist die Qualität der Tierfütterung für den Geschmack entscheidend. Die sattgelbe Farbe des Dotters garantiert eine schöne Farbe des Gebäcks.

Haselnusskuchen

VORLAGE: NUSS-TORTE. (REZEPTE VON WINDISCH-GRAETZ), IN: PÖTZSCH, HERRSCHAFTSKÜCHE, S. 42

Saison: Das ganze Jahr

Zubereitung

1. Die Haselnüsse öffnen, enthäuten und fein mahlen.
2. Die Schokolade mit einem Messer zerkleinern, in eine kleine Metallschüssel geben und in einem Wasserbad erwärmen, bis sie flüssig wird.
3. Den Backofen auf 170°C vorheizen.
4. Eine Kastenform einfetten.
5. Die Eigelbe mit dem Zucker in einer Metallschüssel in ein 90°C heißes Wasserbad setzen und zur Rose abziehen. Dabei die Masse unter ständigem Rühren erhitzen, bis sie leicht andickt und auf einem Kochlöffel liegen bleibt. Beim Pusten auf den Löffel entstehen Wellen, die an eine Rose erinnern.
6. Das Eiweiß sehr fest schlagen, bis es steife Spitzen zieht.
7. Die Haselnüsse unter das aufgeschlagene Eigelb rühren. Anschließend die erwärmte Schokolade unterziehen.
8. Das steif geschlagene Eiweiß unter die Masse heben und alles in die gefettete Kastenform geben. Die Füllung in der Form mit einem Holzlöffel gleichmäßig verteilen und im vorgeheizten Backofen 45 bis 55 Minuten backen.
9. Um zu testen, ob der Kuchen gar ist, ein Holzstäbchen an der obersten Stelle hineindrücken. Wenn nichts daran kleben bleibt, ist der Kuchen fertig. Ansonsten nochmals einige Minuten nachgaren lassen.
10. Aus der Kastenform auf ein Gitter geben und 20 Minuten auskühlen lassen.

Anrichten

11. Den Kuchen mit Puderzucker bestreuen, in ein bis zwei Zentimeter starke Stücke schneiden und servieren,

Degustationsnotiz
Die krosse Backkruste und der weiche Teig im Inneren des Kuchens besitzen eine unterschiedliche Textur. Die Haselnüsse und die Schokolade harmonieren miteinander. Den bleibenden Geschmack bestimmen Nussnuancen.

Kulinarik
Haselnüsse werden in zwei Arten angeboten, die zumeist nicht ausgewiesen werden. Die rundliche Sorte, die in Deutschland wächst, und die längliche Form mit etwas süßerem Geschmack, die vorwiegend in mediterranen Ländern und den USA angebaut wird. Frische Haselnüsse klappern beim Schütteln nicht in der Schale. Sie lassen sich in der Schale bis zu einem Jahr lagern. Geschält, aber noch in der Haut bleiben sie noch einige Monate und gehäutet nur einige Wochen frisch. Gemahlene Haselnüsse sollte man nicht länger als einige Wochen lagern, weil sie sonst leicht ranzig schmecken.
Eier von Hühnern aus artgerechter Haltung mit biologischer Fütterung sind aromatischer als solche aus konventioneller Produktion. Denn bei Eiern ist die Qualität der Tierfütterung für den Geschmack entscheidend. Die sattgelbe Farbe des Dotters garantiert eine schöne Farbe des Gebäcks.
Während die Eigelbe und der Zucker im Wasserbad gerührt werden, muss man darauf achten, dass die Dotter nicht zu heiß werden, da sie bei 72°C gerinnen und sich absetzen.

FÜR EINEN KUCHEN
125 g Haselnüsse
40 g Schokolade (70% Kakaoanteil)
7 Eigelbe (Bio-Ei Größe M)
125 g Zucker
4 Eiweiß (Bio-Ei Größe M)
Puderzucker zum Bestäuben

Ballons mit Kümmel und Salz

VORLAGE: KLEINE BALLONS ZUM THÉ. (REZEPTE VON WINDISCH-GRAETZ), IN: PÖTZSCH, HERRSCHAFTSKÜCHE, S. 48

Saison: Das ganze Jahr

FÜR 10 BALLONS
70 g Butter
110 g Mehl (Type 405)
100 ml Sahne (30 % Fett)
14 g grobes Meersalz
1 Eigelb (Bio-Ei Größe M)
6 g Kümmel ganz

Zubereitung
1. Die Butter in fünf Millimeter große Stücke schneiden.
2. Das Mehl durch ein feines Sieb geben, damit darin keine Klumpen enthalten sind.
3. Das gesiebte Mehl in eine Schüssel geben und mit der geschnittenen Butter sowie der Sahne rasch zu einem geschmeidigen Teig verarbeiten.
4. Den Backofen auf 180° C vorheizen.
5. Das Meersalz in einem Mörser auf eine Größe von einem Millimeter zerkleinern.
6. Den Teig mit etwas Mehl bestäuben und mit einem Teigschaber 30 Gramm große Kugeln abstecken. Diese nochmals rollen, mit Mehl bestäuben und zehn Minuten ruhen lassen.
7. Anschließend mit einem Rollholz die Kugeln zu einem Kreis ausrollen, der nur ein bis zwei Millimeter dick ist.
8. Ein Backblech mit Backpapier auslegen.
9. Das Eigelb im Verhältnis von zwei Dritteln zu einem Drittel mit Wasser verdünnen.
10. Den ausgerollten Teig auf das Backpapier legen und mit dem Eigelb abstreichen. Dann mit Meersalz und Kümmel bestreuen.
11. Das Blech sofort in den Backofen schieben und zehn bis zwölf Minuten backen, bis der Teig zu Kugeln aufgeht und leicht goldgelb wird.

Anrichten
12. Das Gebäck aus dem Ofen holen, auf einen Teller geben und zum Tee servieren.

Degustationsnotiz
Die Ballons bestehen nur aus krosser Kruste und sind innen hohl. Daher erzeugen sie zuerst ein knackiges Geräusch beim Verzehren. Erst allmählich entsteht beim Kauen ein Aromenakkord aus Teig, Salz und Kümmel. Die Aromen des Kümmels und des Salzes überdecken weithin den Geschmack des Teiges. Das Salz und die pfeffrigen Röstnoten des Kümmels bestimmen auch den bleibenden Geschmack.

Kulinarik
Der Teig sollte nicht lange ruhen und bearbeitet werden. Er darf auch nicht, wie sonst üblich, mit einer Gabel oder einer sogenannten Stechwalze bearbeitet werden, damit er nicht aufgeht. Der Teig kann auch zu anderen Formen wie Rechtecken oder lange Stangen verarbeitet werden.
Grobkörniges Meersalz enthält Mineralien und Spurenelemente, die modulierend auf den Geschmack einwirken.

Kirschkuchen bayerischer Art

VORLAGE: EINE ART BAYRISCHER KIRSCHKUCHEN. (REZEPTE VON WINDISCH-GRAETZ),
IN: PÖTZSCH, HERRSCHAFTSKÜCHE, S. 41

Saison: Das ganze Jahr

Zubereitung

1. Die Backform von 26 Zentimetern Durchmesser und fünf Zentimetern Höhe mit zehn Gramm Butter auspinseln und die Innenwände mit zehn Gramm Mehl bestäuben.
2. Die Kirschen auf ein Sieb geben und abtropfen lassen.
3. In einer Dreiliterschüssel die restliche Butter mit dem Zucker sehr schaumig rühren.
4. Die Eigelbe aufschlagen und nach und nach unter die aufgeschlagene Butter geben.
5. Das restliche Mehl mit der Milch nach und nach unter diese Masse rühren.
6. Das kalte Eiweiß aufschlagen, bis es richtig steif ist.
7. Ohne die Masse zu schlagen, das steif geschlagene Eiweiß mit einem Holzlöffel unterheben, damit der Eischnee nicht zusammenfällt.
8. Die Masse in die vorbereitete Kuchenform geben.
9. Die Schattenmorellen nochmals kurz auf ein Tuch geben und trocknen, damit sie keine Flüssigkeit in die Eischneemasse abgeben.
10. Die trockenen Schattenmorellen mit einem Löffel oben auf der Masse verteilen – nicht unterrühren, da sie beim Backen von selbst langsam absinken. Die Backform sofort in den auf 180° C vorgeheizten Ofen schieben. Etwa 40 bis 50 Minuten backen.
11. Um zu testen, ob der Kuchen gar ist, ein Holzstäbchen an der obersten Stelle hineindrücken. Wenn nichts daran kleben bleibt, ist der Kuchen fertig. Ansonsten nochmals einige Minuten nachgaren lassen.

Anrichten

12. Den Kuchen aus dem Ofen nehmen und 15 Minuten in der Form auskühlen lassen.
13. Den Kirschkuchen aus der Form nehmen, nach Wunsch mit ein wenig Puderzucker bestäuben und servieren.

Degustationsnotiz
Krosser Kuchenteig wird begleitet von Süße und aromatischer Kirschsäure. Alle Aromen vereinigen sich schnell zu einem harmonischen Akkord.

Kulinarik
Schattenmorellen eignen sich besonders gut zum Backen, da sie mit ihrer dunkelroten Farbe einen schönen farblichen Kontrast zum gelben Teig bieten und mit ihrem aromatisch säuerlichen Geschmack die Süße des Kuchenteigs ausgleichen.
Eier von Hühnern aus artgerechter Haltung mit biologischer Fütterung sind aromatischer als solche aus konventioneller Produktion. Denn bei Eiern ist die Qualität der Tierfütterung für den Geschmack entscheidend. Die sattgelbe Farbe des Dotters garantiert eine schöne Farbe des Gebäcks.

FÜR EINEN KUCHEN
150 g Butter
110 g Mehl (Type 405)
200 g Schattenmorellen (gekocht, Abtropfgewicht)
140 g Zucker
6 Eigelbe (Bio-Ei Größe M)
120 ml Milch (3,5 % Fett)
4 Eiweiß (Bio-Ei Größe M)
Puderzucker zum Bestäuben

Kleine Leckereien

VORLAGE: KLEINE LÄCKEREIEN. (REZEPTE VON WINDISCH-GRAETZ), IN: PÖTZSCH, HERRSCHAFTSKÜCHE, S. 42

Saison: Das ganze Jahr

FÜR EIN BACKBLECH
270 g Butter
150 g Mehl Type 405
30 g Schokolade (70 % Kakaoanteil)
120 g Zucker
2 Eigelbe (Bio-Ei Größe M)

Zubereitung

1. Ein Backblech mit zehn Gramm Butter ausstreichen und mit zehn Gramm Mehl bestäuben.
2. Den Ofen auf 180°C Ober- und Unterhitze vorheizen.
3. Die Schokolade mit einem Messer zerkleinern, in eine kleine Metallschüssel geben und in einem Wasserbad erwärmen.
4. In einer Zweiliterschüssel die restliche Butter mit dem Zucker sehr schaumig rühren.
5. Die Eigelbe aufschlagen und nach und nach unter die aufgeschlagene Butter geben.
6. Das restliche Mehl nach und nach unter diese Masse rühren.
7. Die noch flüssige Schokolade mit einem Holzlöffel auch darunter mischen.
8. Den Teig etwa 15 Minuten ruhen lassen und anschließend mit einer Teigrolle ausrollen.
9. Den Teig nach Belieben gestalten und auf das vorbereitete Backblech geben.
10. Sofort in den Ofen schieben. Etwa 15 bis 25 Minuten backen.
11. Um zu testen, ob der Kuchen gar ist, an der obersten Stelle mit einem Holzspieß einstechen. Bleiben Teigreste daran kleben, noch einige Minuten backen.

Anrichten

12. Den noch warmen Kuchen in Stücke schneiden und servieren.

Degustationsnotiz
Krosse Textur mit einem Hauch von Schokolade macht sich schnell im Mund breit.

Kulinarik
Die Schokolade gleicht mit ihren Röst- und Bitteraromen die Süße des Zuckers aus. Man sollte daher eine Schokolade mit hohem Kakaoanteil verwenden. Je nach Qualität der Schokolade wird auch der Aromenakkord des Gebäcks unterschiedlich beeinflusst. Da Kakaobohnen kein dominantes Schlüsselaroma besitzen, sondern sich ihr Duft aus vielen Komponenten zusammensetzt, variiert ihr Geschmack in Nuancen von holzignussigen bis zu blumig-warmen und honigartigen Noten. Das Aroma von Schokolade wird nicht nur durch die unterschiedlichen Bittertöne der verschiedenen Kakaobohnensorten und deren Wachstums-, Ernte- sowie Verarbeitungsbedingungen, sondern vor allem auch durch den Röstprozess bestimmt, der weitere erdig-würzige Aromen freisetzt.
Der Teig kann auf einem Blech in verschiedenen Höhen oder auch in unterschiedlichen Backformen gebacken werden.
Eier von Hühnern aus artgerechter Haltung mit biologischer Fütterung sind aromatischer als solche aus konventioneller Produktion. Denn bei Eiern ist die Qualität der Tierfütterung für den Geschmack entscheidend. Die sattgelbe Farbe des Dotters garantiert eine schöne Farbe des Gebäcks.

Schokoladenbusserl

VORLAGE: CHOCOLADE BUSSERLN. (REZEPTE VON WINDISCH-GRAETZ), IN: PÖTZSCH, HERRSCHAFTSKÜCHE, S. 42

Saison: Das ganze Jahr

Zubereitung

1. Den Backofen auf 175°C vorheizen.
2. Die Schokolade mit einem Messer zerkleinern, in eine kleine Metallschüssel geben und in einem warmen Wasserbad erwärmen. Die flüssige Schokolade in der Schale zur Seite stellen.
3. In einer Zweiliterschüssel die Butter mit dem Zucker sehr schaumig rühren.
4. Die Eier unter die aufgeschlagene Butter geben.
5. Die flüssige Schokolade mit einem Holzlöffel unter die Masse ziehen.
6. Das Mehl nach und nach ebenfalls unterarbeiten.
7. Den Teig etwa 30 Minuten im Kühlschrank ruhen lassen.
8. Ein Backblech mit Backpapier auslegen.
9. Aus dem Teig kleine Kugeln mit einem Durchmesser von etwa zwei Zentimetern formen und mit ein wenig Abstand auf das Backpapier legen.
10. Alle Kugeln ein wenig hinunterdrücken und anschließend im Backofen 15 Minuten backen.
11. Nach dem Backen die Schokoladenbusserl fünf Minuten auf dem Backblech ruhen lassen, damit sie sich beim Herunternehmen nicht verformen. Anschließend zum Auskühlen auf einen Kuchenrost legen.

Anrichten

12. Die Schokoladenbusserl mit Puderzucker bestäuben und servieren.

Degustationsnotiz

Zunächst nimmt man die krosse Textur und das intensive Schokoladenaroma wahr. Die Schokolade bildet anschließend einen Aromenakkord mit der Butter. Deren hoher Anteil lässt auch leichte Nusstöne hervortreten. Den bleibenden Geschmack bestimmt die Schokolade.

FÜR 100 STÜCK

180 g Schokolade (70 % Kakaoanteil)
375 g Butter
125 g Zucker
2 Bio-Eier (Größe M)
500 g Mehl (Type 405)
Puderzucker zum Bestäuben

Kulinarik

Von der Qualität der Schokolade hängt das Aroma der Schokoladenbusserl im Wesentlichen ab. Bitterschokolade mit einem Kakaoanteil von 70 Prozent enthält in der Regel nur entölte Kakaomasse und Zucker. Da Kakaobohnen kein dominantes Schlüsselaroma besitzen, sondern sich ihr Duft aus vielen Komponenten zusammensetzt, variiert ihr Geschmack in Nuancen von holzig-nussigen bis zu blumig-warmen und honigartigen Noten. Das Aroma von Schokolade wird nicht nur durch die unterschiedlichen Bittertöne der verschiedenen Kakaobohnensorten und deren Wachstums-, Ernte- sowie Verarbeitungsbedingungen, sondern vor allem auch durch den Röstprozess bestimmt, der weitere erdig-würzige Aromen freisetzt.

Eier von Hühnern aus artgerechter Haltung mit biologischer Fütterung sind aromatischer als solche aus konventioneller Produktion. Denn bei Eiern ist die Qualität der Tierfütterung für den Geschmack entscheidend. Die sattgelbe Farbe des Dotters garantiert eine schöne Farbe des Gebäcks.

Sachertorte

VORLAGE: SACHER TORTE. (REZEPTE VON WINDISCH-GRAETZ), IN: PÖTZSCH, HERR-SCHAFTSKÜCHE, S. 42

Saison: Das ganze Jahr

FÜR EINE TORTE

9 Bio-Eier (Größe M)
180 g Schokolade (70 % Kakaoanteil)
180 g Rinderschmalz (Siehe S. 451)
180 g Zucker
180 g Mehl (Type 405)
500 g Schokoladenglasur (Siehe S. 429)
200 g Marillenmarmelade (Siehe S. 422)

Zubereitung

1. Einen Tortenring auf Backpapier setzen. Das überstehende Papier einkräuseln, bis es von außen an den Tortenring anschließt und auf ein Backblech stellen.
2. Den Backofen auf 200° C vorheizen.
3. Das Eiweiß und die Dotter trennen. Anschließend das Eiweiß durch ein Sieb passieren, um die Hagelschnüre zu entfernen. Dann kalt stellen.
4. Die Schokolade leicht erwärmen, um sie ein wenig flüssig zu machen.
5. Das weiche, noch weiße Rinderschmalz mit der Hälfte des Zuckers schaumig rühren.
6. Die Eigelbe mit einem Schneebesen unterziehen.
7. Das Eiweiß sehr fest schlagen, bis es steife Spitzen zieht. Während des Aufschlagens nach und nach den restlichen Zucker dazugeben
8. Die noch flüssige Schokolade unter die Masse aus Rinderschmalz, Eigelb und Zucker geben.
9. Das geschlagene Eiweiß mit einem Holzlöffel unterheben.
10. Das Mehl durch ein Sieb auf die Masse geben und unterziehen.
11. Die Masse in den Tortenring füllen, glatt streichen und im vorgeheizten Backofen auf der mittleren Schiene 50 bis 60 Minuten backen.
12. Um zu testen, ob der Kuchen gar ist, ein Holzstäbchen an der obersten Stelle hineindrücken. Wenn nichts daran kleben bleibt, ist der Kuchen fertig. Ansonsten nochmals einige Minuten nachgaren lassen.
13. Den fertigen Kuchen sofort auf ein Kuchengitter geben, damit seine Oberfläche schön glatt wird. Anschließend 30 bis 35 Minuten auskühlen lassen.
14. Für die Glasur die Schokolade bei 31 bis 32° C in einer Schüssel im Wasserbad temperieren.
15. Vom gestürzten, abgekühlten Tortenboden zunächst nur das Backpapier abziehen. Dann den Tortenring mit dem Kuchen hochkant stellen und, mit einem langen scharfen Messer immer eng am Rand entlang schneiden, um ihn abzulösen.
16. Anschließend den Tortenboden mit einem langen feinen Sägemesser so halbieren, dass zwei gleich hohe Tortenböden entstehen. Dann einen Tortenboden auf ein Kuchengitter legen.
17. Die Marillenmarmelade erwärmen und durch ein feines Sieb streichen.

18. Mit einer langen Palette die noch warme Marillenmarmelade gleichmäßig auf dem Tortenboden, der auf dem Kuchengitter liegt, verteilen. Anschließend 15 Minuten ziehen lassen.
19. Den zweiten Boden so auf die mit Marillenmarmelade bestrichene Fläche setzen, dass beide Tortenhälften exakt übereinander liegen.
20. Den Kuchen gleichmäßig mit der erwärmten Schokoladenglasur überziehen. Dann zwei Stunden kalt stellen.

Anrichten

21. Ein scharfes Messer in heißes Wasser tauchen und mit der erhitzten, leicht feuchten Klinge die Sachertorte aufschneiden, anrichten und servieren.

Degustationsnotiz

Das Rinderschmalz lässt die cremige Schokolade sofort hervortreten. Anschließend entfalten sich die Aromen der Marillenmarmelade. Ihre Säure schafft einen harmonischen Ausgleich zur Süße des Zuckers und zu den Schokoladenaromen. Den bleibenden Geschmack bestimmen die Schokolade und die Marillenmarmelade.

Kulinarik

Entwickelt der Kuchen während des Backens zu große Luftblasen auf der Oberfläche, ist entweder die Backofentemperatur zu hoch oder die Luft im Ofen zu trocken. Das Backklima kann durch ein wenig Wasser auf dem Boden des Backofens verbessert werden.

Die Schokoladenglasur kleidet die Sachertorte in eine feste Hülle mit wunderschönen Schokoladenaromen. Die Schokoladenglasur muss nach ihrer Herstellung erkalten und dann wieder auf die Temperatur von 31 bis 32°C erwärmt werden, um cremig und glatt zu werden. Nur einmal erhitzte Schokoladenglasur erstarrt, wirkt matt, streifig und grau. Mit einem Haushaltsthermometer lässt sich das Erhitzen der Schokolade steuern. Sie darf auf gar keinen Fall über 45°C erwärmt werden, da sich sonst Klümpchen bilden und die zarten Schokoladenaromen verloren gehen könnten.

Wenn das Rinderschmalz durch Butter ersetzt wird, verliert der Kuchen an Schmelz. Denn Butter besteht bis zu 16 Prozent aus Wasser, während beim Rinderschmalz der Fettanteil bei 97 Prozent liegt. Rinderschmalz harmoniert auch besser mit Schokolade.

Weißer Kirschkuchen

VORLAGE: WEISSER KIRSCHENKUCHEN. (REZEPTE VON WINDISCH-GRAETZ), IN: PÖTZSCH, HERRSCHAFTSKÜCHE, S. 42

Saison: Das ganze Jahr

FÜR EINEN KUCHEN
100 g Schattenmorellen (gekocht, Abtropfgewicht)
6 Eiweiß (Bio-Ei Größe M)
20 g Orangenzucker (Siehe S. 426)
60 g süße Mandeln
280 g Butter
180 g Zucker
9 Eigelbe (Bio-Ei Größe M)
180 g Mehl (Type 405)
Puderzucker zum Bestäuben

Zubereitung
1. Die Schattenmorellen aus der Flüssigkeit nehmen und auf ein Sieb geben.
2. Die Schale des Orangenzuckers fein schneiden.
3. Die Mandeln in kochendes Wasser geben. Nach einer Minute herausnehmen und in kaltem Wasser abschrecken.
4. Die Haut von den Mandeln abziehen und die Mandelkerne fein mahlen.
5. 250 Gramm Butter mit dem Zucker schaumig rühren; den Zucker dabei langsam dazugeben.
6. Die Eigelbe nach und nach unterrühren, damit sie eine Verbindung zur Butter finden.
7. Anschließend den Orangenzucker mit den gemahlenen Mandel dazugeben und unterrühren.
8. Das Eiweiß fest schlagen, bis es feine Spitzen zieht.
9. Das fest geschlagene Eiweiß mit einem Holzlöffel unter die Masse heben.
10. Anschließend das Mehl durch ein Sieb in die Masse geben und vorsichtig einarbeiten.
11. Eine Kastenform mit 30 Gramm Butter einfetten.
12. Die Masse in die Kastenform füllen und gleichmäßig mit einem Holzlöffel verteilen.
13. Die abgetropften Schattenmorellen nochmals kurz auf ein Küchenpapier geben und anschließend auf der Kuchenmasse in der Kastenform locker verteilen, nicht unterrühren.
14. Im auf 170 °C vorgeheizten Backofen 50 bis 60 Minuten backen.
15. Um zu testen, ob der Kuchen gar ist, ein Holzstäbchen an der obersten Stelle hineindrücken. Wenn nichts daran kleben bliebt, ist der Kuchen fertig. Ansonsten nochmals einige Minuten backen lassen.
16. Den fertigen Kuchen aus der Kastenform auf ein Gitter geben und 20 Minuten auskühlen lassen.

Anrichten
17. Den Kuchen mit Puderzucker bestäuben.
18. Mit einem Sägemesser vorsichtig in drei Zentimeter dicke Stücke schneiden und servieren.

Degustationsnotiz
Die krosse Kruste des Kuchens unterscheidet sich durch ihre Röstaromen von dem weicheren Teig im Innern. Die süßlichen Aromen aus Orange, Kirsche und der Marzipanton der Mandeln bilden einen harmonischen Akkord, der von der Butter und dem Zucker unterstützt wird. Die Säure der Kirsche bestimmt den bleibenden Geschmack.

Kulinarik
Schattenmorellen eignen sich besonders gut zum Backen, da sie mit ihrer dunkelroten Farbe einen schönen farblichen Kontrast zum hellen Teig bieten und mit ihrem aromatisch säuerlichen Geschmack die Süße des Kuchenteigs ausgleichen.
Süßorangen unterschieden sich nach ihrer Färbung in drei Hauptsorten: Navels (gelb), Blondorangen (orange) und Blutorangen (rötlich). Für einen Orangen-Mandelkuchen sind alle drei Sorten geeignet. Lediglich Bitterorangen würden das Aromenspektrum zu sehr in den Bereich des Bitteren verschieben.
Mandeln behalten in der Schale bis zu einem Jahr ihr Aroma, ohne ranzig zu werden. Wird eine Mandel nur noch von der Haut umgeben, sollte man sie aber nicht länger als sechs und ohne Haut nur vier Monate aufbewahren.
Eier von Hühnern aus artgerechter Haltung mit biologischer Fütterung sind aromatischer als solche aus konventioneller Produktion. Denn bei Eiern ist die Qualität der Tierfütterung für den Geschmack entscheidend. Die sattgelbe Farbe des Dotters garantiert eine schöne Farbe des Gebäcks.

Linzer Brezeln

VORLAGE: LINZER BRETZELN. (REZEPTE VON WINDISCH-GRAETZ), IN: PÖTZSCH, HERRSCHAFTSKÜCHE, S. 43

Saison: Das ganze Jahr

Zubereitung

1. Die Zitronen waschen und ihre gelbe Schale mit einer feinen Reibe abraspeln.
2. Das Mehl auf eine Arbeitsfläche sieben und in die Mitte eine Mulde drücken.
3. Die Butter in grobe Stücke von zwei mal zwei Zentimetern Größe schneiden und in das Mehl legen.
4. Den Zimt auf einer Muskatreibe oder im Mörser zerkleinern und die Nelke im Mörser zerstoßen.
5. Den Zucker, die abgeriebene Zitronenschale und die Gewürze zum Mehl dazugeben.
6. Die Eier aufschlagen und durch ein Sieb passieren, um die Hagelschnüre zu entfernen. Anschließend unter den Teig arbeiten.
7. Mit einer Essgabel das Mehl, die Butter, die Zitronenschale, die Gewürze und die Eier vermengen.
8. Das Mehl immer wieder mit einem Teigschaber vom Rand über die Zutaten zur Mitte schieben.
9. Den Teig mit einem großen glatten Messer durchhacken, bis er ein wenig krümelig wird.
10. Erst anschließend mit den Händen schnell über die Handballen kneten.
11. Den Teig bei 6°C eine Stunde ruhen lassen, damit der Kleber des Mehls reagieren kann.
12. Den Backofen auf 160°C vorheizen.
13. Ein Backblech mit Backpapier auslegen.
14. Den Teig zu dünnen Stangen ausrollen und direkt auf dem ausgelegten Backblech zu Brezeln formen.
15. Diese im vorgeheizten Backofen 15 bis 20 Minuten backen.

Anrichten

16. Die Brezeln aus dem Backofen herausnehmen, mit Puderzucker bestäuben und servieren.

Degustationsnotiz

Der krachende Biss der harten und krossen Brezeln wird als Erstes wahrgenommen. Dann erst entfalten sich die Gewürzaromen. Vor allem die Zitronenschale beeinflusst den bleibenden Geschmack.

Kulinarik

Der Brezelteig muss bei einer Temperatur von 6°C ruhen, da er sonst brandig wird. Zu warmes Fett verbindet sich durch zu langes Kneten mit den Händen und nicht mit dem Mehl. In diesem Zustand lässt sich der Mürbeteig schlecht ausrollen und reißt schnell. Außerdem wird Gebäck aus falsch gekneteten Mürbeteig hart statt mürbe.
Nelke und Zimt sollten möglichst erst unmittelbar vor ihrer Verwendung zerrieben werden, damit ihre ätherischen Öle sich nicht verflüchtigen, sondern dem Gebäck zugute kommen.
Das Aroma von reifen Bio-Zitronen besitzt eine ausgewogenere Balance zwischen Säure und Süße als das von Früchten aus konventioneller Produktion. Von Bio-Zitronen lässt sich die Schale bedenkenlos verwenden, weil sie keine Rückstände von Pflanzenschutz- oder Konservierungsmitteln enthält.

FÜR 12 BREZELN
1 Bio-Zitrone
500 g Mehl (Type 405)
375 g Butter
2 g Ceylon-Zimt
1 g Nelke
375 g Zucker
2 Bio-Eier (Größe M)
3 Eigelbe (Bio-Ei Größe M)
Puderzucker zum Bestäuben

Feiner Sandkuchen

VORLAGE: SAND-TORTE. (REZEPTE VON WINDISCH-GRAETZ), IN: PÖTZSCH, HERRSCHAFTS-KÜCHE, S. 43

Saison: Das ganze Jahr

FÜR EINEN KUCHEN
250 g Butter
250 g Zucker
10 Eigelbe (Bio-Ei Größe M)
60 g Mandeln
6 Eiweiß (Bio-Ei Größe M)
20 ml brauner Rum
(40 % Alkohol)
210 g Mehl (Type 405)
40 g Hagelzucker

Zuckerglasur
25 ml Wasser
200 g Puderzucker

Zubereitung

1. Den Backofen auf 170°C vorheizen.
2. 250 Gramm Butter mit dem Zucker schaumig rühren. Dabei den Zucker nach und nach zugeben.
3. Die Eigelbe nacheinander darunter schlagen, damit sie eine Verbindung zur Butter finden.
4. Die Mandeln in kochendes Wasser geben. Nach einer Minute herausnehmen und in kaltem Wasser abschrecken.
5. Die Haut von den Mandeln abziehen und die Mandelkerne fein mahlen.
6. Die Mandeln unter die Masse von Butter, Zucker und Eigelb geben und unterrühren.
7. Den Rum unter die Buttermasse ziehen.
8. Das Eiweiß fest schlagen, bis es Spitzen zieht.
9. Das geschlagene Eiweiß mit einem Holzlöffel unter die Buttermasse unterheben.
10. Das Mehl durch ein Sieb in die Masse streuen und mit dem Holzlöffel einarbeiten.
11. Eine Kastenform mit 30 Gramm Butter einfetten.
12. Die Masse in die gefettete Kastenform geben, gleichmäßig mit einem Holzlöffel verteilen und im Backofen 50 bis 60 Minuten backen.
13. Um zu testen, ob der Kuchen gar ist, ein Holzstäbchen an der obersten Stelle hineindrücken. Wenn nichts daran kleben bleibt, ist der Kuchen fertig. Ansonsten nochmals einige Minuten nachgaren lassen.
14. Den fertigen Kuchen aus der Kastenform auf ein Gitter geben und 20 Minuten auskühlen lassen.
15. In der Zwischenzeit die Zuckerglasur fertigen: Das Wasser auf 40°C erwärmen und den Puderzucker darin mit einem Holzlöffel unterarbeiten.
16. Die Zuckerglasur über den Kuchen ziehen und den groben Zucker darauf streuen.
17. Den Kuchen nochmals 30 Minuten auskühlen lassen.

Anrichten

18. Den Sandkuchen mit einem Sägemesser in zwei Zentimeter starke Stücke schneiden und servieren.

Degustationsnotiz

Die krosse Kruste des Kuchens unterscheidet sich durch ihre Röstaromen von dem weicheren Teig im Innern. Die süßlichen Aromen der Zuckerglasur werden durch den Rum und leichte marzipanähnliche Töne der Mandeln verstärkt. Die Süße des Zuckers und der Vanilleton des Rums bestimmen auch den bleibenden Geschmack.

Kulinarik

Sandkuchen sollte man nicht längere Zeit im Kühlschrank aufbewahren, da sich sonst die Zuckerglasur durch die Kühlschrankfeuchtigkeit wieder verflüssigen könnte.
Rum gibt es in einer sehr großen Vielzahl und in unterschiedlichen Qualitäten. Es lohnt sich einen guten Rum zu verwenden, da sein Aroma den Geschmack des Kuchens bestimmt. Qualitätsvoller Rum besitzt Röst- und Gewürznoten sowie Noten von tropischen Früchten, Kakao und Tabak.
Mandeln behalten in der Schale bis zu einem Jahr ihr Aroma, ohne ranzig zu werden. Wird eine Mandel nur noch von der Haut umgeben, sollte man sie aber nicht länger als sechs und ohne Haut nur vier Monate aufbewahren.
Eier von Hühnern aus artgerechter Haltung mit biologischer Fütterung sind aromatischer als solche aus konventioneller Produktion. Denn bei Eiern ist die Qualität der Tierfütterung für den Geschmack entscheidend. Die sattgelbe Farbe des Dotters garantiert eine schöne Farbe des Gebäcks.

Schokoladentorte

VORLAGE: CHOCOLADE TORTE. (REZEPTE VON WINDISCH-GRAETZ), IN: PÖTZSCH, HERRSCHAFTSKÜCHE, S. 43

Saison: Das ganze Jahr

Zubereitung

1. Den Hefezopf zwischen beiden Händen fein reiben, sodass Semmelbrösel entstehen. Diese zirka 30 Minuten an einen Ort stellen, der nicht feucht ist, damit sie trocken werden.
2. Von einer Springform mit 26 Zentimetern Durchmesser und fünf Zentimetern Höhe den Boden mit Backpapier auslegen.
3. Den Backofen auf 175° C vorheizen.
4. Die Eier trennen und das Eiweiß ohne Fremdstoffe kalt stellen.
5. Die Schokolade leicht erwärmen, sodass sie nur ein wenig flüssig wird.
6. Die Zitronen waschen und ihre gelbe Schale mit einer feinen Reibe abraspeln.
7. Den Zimt auf einer Muskatreibe oder im Mörser und den Kardamom im Mörser zerkleinern.
8. Die Mandeln in kochendes Wasser geben. Nach einer Minute herausnehmen und in kaltem Wasser abschrecken.
9. Die Haut von den Mandeln abziehen und die Mandelkerne fein mahlen.
10. Die Butter mit dem Zucker schaumig rühren.
11. Den Zimt, den Kardamom und die abgeriebene Zitronenschale dazugeben.
12. Die Eigelbe und die fein gemahlenen Mandeln mit einem Schneebesen unterziehen.
13. Die noch flüssige Schokolade unter die Masse geben.

FÜR EINE TORTE

60 g Hefezopf oder Hefekuchen
9 Bio-Eier (Größe M)
120 g Schokolade (70 % Kakaoanteil)
1 Bio-Zitrone
1 g Cassia-Zimt
1 g Kardamom
180 g Mandeln
250 g Butter
250 g Zucker
1 Rezeptur Schokoladenglasur (Siehe S. 429)

14. Das Eiweiß sehr fest schlagen, bis es steife Spitzen zieht.
15. Dieses mit einem Holzlöffel unterheben.
16. Die Semmelbrösel nochmals fein zwischen zwei Händen reiben und zum Schluss unter die gesamte Masse geben.
17. Die Tortenmasse in die ausgelegte Springform geben, glatt streichen und im vorgeheizten Backofen 50 bis 60 Minuten backen.
18. In der Zwischenzeit die Schokoladenglasur herstellen und warm halten.
19. Um zu testen, ob der Kuchen gar ist, ein Holzstäbchen an der obersten Stelle hineindrücken. Wenn nichts daran kleben bleibt, ist der Kuchen fertig. Ansonsten nochmals einige Minuten nachgaren lassen.
20. Den fertigen Kuchen herausnehmen und 25 bis 30 Minuten auskühlen lassen.
21. Den ausgekühlten Kuchen auf ein Gitter legen und beides auf einem Blech stellen.
22. Die warme Schokoladeglasur mit einem Pinsel über den Kuchen ziehen, sodass der gesamte Kuchen mit Schokoladenglasur bedeckt ist.
23. Den Kuchen mindestens zwei Stunden kalt stellen.

Anrichten
24. Die Schokoladentorte mit einem heißen Messer in Stücke schneiden und servieren.

Degustationsnotiz
Die cremige Schokolade spürt man sofort. Anschließend bilden die Gewürze und die Zitronenschale einen Aromenakkord mit der Schokolade. Die Gewürze und besonders die Mandeltöne bestimmen gemeinsam mit der Schokolade den bleibenden Geschmack.

Kulinarik

Von der Qualität der Schokolade hängt auch das Aroma der Schokoladentorte ab. Bitterschokolade mit einem Kakaoanteil von 70 Prozent enthält in der Regel nur entölte Kakaomasse und Zucker. Da Kakaobohnen kein dominantes Schlüsselaroma besitzen, sondern sich ihr Duft aus vielen Komponenten zusammensetzt, variiert ihr Geschmack in Nuancen von holzig-nussigen bis zu blumig-warmen und honigartigen Noten. Das Aroma von Schokolade wird nicht nur durch die unterschiedlichen Bittertöne der verschiedenen Kakaobohnensorten und deren Wachstums-, Ernte- sowie Verarbeitungsbedingungen, sondern vor allem durch den Röstprozess bestimmt, der weitere erdig-würzige Aromen freisetzt.

Kardamom und Zimt sollten möglichst erst unmittelbar vor ihrer Verwendung zerrieben werden, damit ihre ätherischen Öle sich nicht verflüchtigen, sondern dem Gebäck zugute kommen. Die kräftigen Töne der Bitterschokoladen kombinieren sich gut mit dem komplexen Aroma des Cassia-Zimts. Kardamomsamen sollte man in ihren noch ungeöffneten Kapseln kaufen. Frische Kardamomkapseln sind grün und noch geschlossen. Sie haben viel mehr Aroma als die gealterten weißen Kapseln oder gar gemahlene Samen.

Mandeln behalten in der Schale bis zu einem Jahr ihr Aroma, ohne ranzig zu werden. Wird eine Mandel nur noch von der Haut umgeben, sollte man sie aber nicht länger als sechs und ohne Haut nur vier Monate aufbewahren. Weiterverarbeitete Mandeln bleiben nur wenige Wochen frisch.

Die Schokoladenglasur muss nach ihrer Herstellung erkalten und dann wieder auf die Temperatur von 31 bis 32°C erwärmt werden, um cremig und glatt zu werden. Nur einmal erhitzte Schokoladenglasur erstarrt, wirkt matt, streifig und grau. Mit einem Haushaltsthermometer lässt sich das Erhitzen der Schokolade steuern. Sie darf auf gar keinen Fall über 45°C erwärmt werden, da sich sonst Klümpchen bilden und die zarten Schokoladenaromen verloren gehen könnten. Fehler beim Verarbeiten einer Schokoladenglasur werden auf der Torte sichtbar. Sie lassen sich ein wenig verdecken, indem man Kakao oder Puderzucker über eine Glasur streut.

Krapfen

VORLAGE: KRAPFEN. (REZEPTE VON WINDISCH-GRAETZ), IN: PÖTZSCH, HERRSCHAFTS-KÜCHE, S. 43

Saison: Das ganze Jahr

Zubereitung

1. Die Sahne leicht erwärmen und die Hefe hineinrühren.
2. Das Mehl in eine große Schüssel sieben und die Sahne mit der Hefe dazugeben. Etwas Mehl darüber streuen, mit einem Tuch abdecken und 20 Minuten bei 30°C in den Ofen oder an einen anderen warmen Ort stellen.
3. Die sieben Eidotter und das ganze Ei mit einem Schneebesen aufschlagen. Anschließend durch ein Sieb passieren, um die Hagelschnüre zu entfernen.
4. Die handwarme Butter mit den Eiern unter den Teig kneten und bei Bedarf weiteres Mehl unterarbeiten.
5. Den Teig in eine Schüssel geben, mit etwas Mehl bestäuben und mit einem Tuch abdecken. Nochmals 20 bis 30 Minuten an einem warmen Ort gehen lassen.
6. Den Teig in Stücke von 30 Gramm schneiden und daraus Kugeln formen.
7. Die Kugeln herunterdrücken und wieder mit dem Tuch bedeckt. Erneut 40 Minuten gehen lassen, bis die Kugeln ihr Volumen verdoppelt haben.
8. Das Pflanzenfett in einem Topf auf 170°C erhitzen.
9. Die Krapfen von beiden Seiten drei bis vier Minuten backen, bis sie goldgelb sind. Dann mit einem Schaumlöffel aus dem Fett herausnehmen und auf einem Gitter abkühlen lassen.

FÜR 70 KRAPFEN

125 ml Sahne (30 % Fett)
30 g Hefe
500 g Mehl (Type 405)
8 Eigelbe (Bio-Ei Größe M)
1 Bio-Ei (Größe M)
125 g Butter
2 l Pflanzenfett
Puderzucker zum Bestäuben

Anrichten

10. Die fertig gebackenen Krapfen mit ein wenig Puderzucker bestäuben und servieren.

Degustationsnotiz

Die krosse Kruste der Krapfen unterscheidet sich durch ihre Röstaromen von dem weicheren Teig im Innern. Dabei sind die Pflanzenfettaromen dominant, die durch sehr leichte Hefetöne nuanciert werden. Die Pflanzenfettaromen bestimmen den bleibenden Geschmack.

Kulinarik

Krapfen sollten in frischem Pflanzenfett gebacken werden. Auch ist strikt darauf zu achten, dass das Fett nicht überhitzt wird, da sonst die Kruste zu scharfe Röstaromen erhält und der Teig im Innern nicht richtig durchbäckt.
Für einen Hefeteig empfiehlt sich frische Hefe, weil sie aromatischer ist und das Gebäck im Ofen besser aufgehen lässt als Trockenhefe. Frische Hefe sollte nicht älter als eine Woche sein und keinen unangenehmen Geruch haben. Denn das Aroma der Hefe überträgt sich auf das Gebäck.
Eier von Hühnern aus artgerechter Haltung mit biologischer Fütterung sind aromatischer als solche aus konventioneller Produktion. Denn bei Eiern ist die Qualität der Tierfütterung für den Geschmack entscheidend. Die sattgelbe Farbe des Dotters garantiert eine schöne Farbe des Gebäcks.
Sehr schön sind bei den Krapfen auch Füllungen. Ob Erdbeer-, Johannisbeeren- oder Pflaumenmarmelade, alles lässt sich sehr gut mit einem Spritzbeutel und einer Tülle in die ausgebackenen Krapfen injizieren.

Feiner Gugelhupf

VORLAGE: FEINER KUGLHOPF. (REZEPTE VON WINDISCH-GRAETZ), IN: PÖTZSCH, HERRSCHAFTSKÜCHE, S. 43

Saison: Das ganze Jahr

Zubereitung

1. Das Mehl in eine große Schüssel sieben.
2. Die Sahne mit der Butter leicht erwärmen und die Hefe hineinrühren.
3. Die sieben Eidotter und das ganze Ei mit einem Schneebesen aufschlagen. Anschließend durch ein Sieb passieren, um die Hagelschnüre zu entfernen.
4. Den Zucker in das Mehl geben.
5. Die passierten Eier mit der Butter-Sahne-Hefe-Mischung verrühren und in eine Mulde des Mehls geben.
6. Etwas Mehl darüber streuen, mit einem Tuch abdecken und 20 bis 30 Minuten bei 30 °C in den Ofen oder an einen anderen warmen Ort stellen.
7. Wenn der Teig Blasen schlägt, die Sultaninen zugeben und alles auf einer Arbeitsfläche durchkneten.
8. Den Teig wiederum in eine Schüssel geben, mit etwas Mehl bestäuben, mit einem Tuch abdecken und nochmals 20 bis 30 Minuten an einem warmen Ort gehen lassen.
9. Zwischenzeitlich eine Gugelhupfform mit Butter auspinseln.
10. Den Teig nochmals mit der Hand durcharbeiten und in die Form geben.
11. Die Form mit einem Tuch abdecken und nochmals 20 Minuten ruhen lassen.
12. Den Backofen auf 180 °C vorheizen und den Kuchen auf der unteren Schiene 45 bis 55 Minuten backen.
13. Um zu testen, ob der Kuchen gar ist, ein Holzstäbchen an der obersten Stelle hineindrücken. Wenn nichts daran kleben bliebt, ist der Kuchen fertig. Ansonsten nochmals einige Minuten nachgaren lassen.
14. Den fertigen Gugelhupf auf ein Gitter stürzen.
15. Den Kuchen ein wenig abkühlen lassen, bevor er geschnitten wird.

Anrichten

16. Den Gugelhupf mit ein wenig Puderzucker bestäuben, in zwei Zentimeter große Stücke schneiden und servieren.

Degustationsnotiz

Die krosse Kruste des Kuchens unterscheidet sich durch ihre Röstaromen von dem weicheren Teig im Innern. Die Sultaninen machen sich beim Kauen bemerkbar und geben dem Teig eine Frische. Gemeinsam mit der Hefe bilden sie einen Aromenakkord, der auch den bleibenden Geschmack bestimmt.

Kulinarik

Die Qualität von Sultaninen ist desto höher, je größer und heller sie sind, es sei denn sie sind durch Schwefel gebleicht. Bio-Rosinen werden mit Pottasche getrocknet. Eier von Hühnern aus artgerechter Haltung mit biologischer Fütterung sind aromatischer als solche aus konventioneller Produktion. Denn bei Eiern ist die Qualität der Tierfütterung für den Geschmack entscheidend. Die sattgelbe Farbe des Dotters garantiert eine schöne Farbe des Gebäcks.

FÜR EINEN GUGELHUPF

500 g Mehl (Type 405)
125 ml Sahne (30 % Fett)
250 g Butter
30 g Hefe
7 Eigelbe (Bio-Ei Größe M)
1 Bio-Ei (Größe M)
1 Prise Zucker
75 g Sultaninen
Butter zum Ausfetten der Gugelhupfform
Puderzucker zum Bestäuben

Kneipptorte

VORLAGE: KNEIP-TORTE. (REZEPTE VON WINDISCH-GRAETZ), IN: PÖTZSCH, HERRSCHAFTS-KÜCHE, S. 44

Saison: Das ganze Jahr

FÜR EINE TORTE
1 Bio-Zitrone
4 Bio-Eier (Größe M)
200 g Zucker
140 g Weizenschrotmehl
Puderzucker zum Bestäuben

Zubereitung

1. Die Zitronen waschen und ihre gelbe Schale mit einer feinen Reibe abraspeln.
2. Die Eier mit dem Zucker 30 Minuten schaumig rühren.
3. Den Backofen auf 160° C vorheizen.
4. Das Weizenschrotmehl und die abgerieben Zitronenschale unter die schaumig geschlagenen Eier heben.
5. Ein Blech mit Backpapier auslegen. Darauf die Masse geben und mit einer Winkelpalette auf eine Höhe von zwei Zentimetern auseinander streichen.
6. Das Blech in den vorgeheizten Backofen schieben und etwa 35 bis 45 Minuten backen.
7. Um zu testen, ob der Kuchen gar ist, ein Holzstäbchen an der obersten Stelle hineindrücken. Wenn nichts daran kleben bleibt, ist der Kuchen fertig. Ansonsten nochmals einige Minuten nachgaren lassen.
8. Den fertigen Kneippkuchen herausnehmen und ein wenig abkühlen lassen.

Anrichten

9. Den Kuchen in zweimal fünf Zentimeter große Stücke schneiden, mit Puderzucker bestäuben und zum Kaffee oder Tee servieren.

Degustationsnotiz

Der Kuchen ist sehr kross. Seine feste Textur löst sich im Mund nur langsam auf. Dabei verbindet sich langsam die Süße des Zuckers mit dem Aroma der Zitrone zu einer Einheit. Der dominante nussige Ton des Weizenschrots bestimmt den bleibenden Geschmack.

Kulinarik

Weizenschrot ist ein grob zerkleinertes Mehl ohne den Keimling. Durch Zuführung von mehr Weizenmehl als Weizenschrot bei dem Teig, bekommen die Kekse ein intensiveres Aroma.
Das Aroma von reifen Bio-Zitronen besitzt eine ausgewogenere Balance zwischen Säure und Süße als das von Früchten aus konventioneller Produktion. Von Bio-Zitronen lässt sich die Schale bedenkenlos verwenden, weil sie keine Rückstände von Pflanzenschutz- oder Konservierungsmitteln enthält.
Kneippkuchen lässt sich in einem trockenen Behälter sehr gut über zwei bis drei Wochen aufbewahren.

Orangenkuchen

VORLAGE: ORANGEN-TORTE. (REZEPTE VON WINDISCH-GRAETZ), IN: PÖTZSCH, HERRSCHAFTSKÜCHE, S. 44

Saison: Das ganze Jahr

Zubereitung

1. Das Eiweiß der acht Eier vom Dotter trennen. Anschließend das Eiweiß durch ein Sieb passieren, um die Hagelschnüre zu entfernen. Dann etwa zehn Minuten kalt stellen.
2. Die Nelken in einem Mörser sehr fein stoßen und das Zitronat ein wenig mit einem Messer hacken.
3. Vom Toastbrot die Rinden abschneiden. Danach mit den Händen das weiße Toastbrot reiben und so zu feinem Paniermehl verarbeiten.
4. Eine Orange und eine Zitrone waschen.
5. Von den beiden Zitrusfrüchten ihre orange bzw. gelbe Schale mit einer feinen Reibe abraspeln.
6. Die Orangen und die Zitrone auspressen. Den Saft durch ein Küchenpapier geben, um ihn zu klären.
7. Den Backofen auf 160° C vorheizen.
8. Die Eigelbe mit dem Zucker sehr schaumig rühren.
9. Die fein gestoßenen Nelken, die Prise Muskatnuss, das Zitronat, die fein geriebene Schalen von der Orange und der Zitrone, den Saft und das geriebene weiße Toastbrot dazugeben.
10. Das kalte Eiweiß steif schlagen und mit einem Holzlöffel unter die Masse heben.
11. Die Innenwände einer großen Backform mit der Butter auspinseln. Darauf das süße Paniermehl so streuen, dass es anhaftet.
12. Die Masse in die Backform füllen und im vorgeheizten Ofen je nach Größe der Backform etwa 40 bis 45 Minuten backen.
13. Den Backofen erst gegen Ende der Backzeit öffnen, damit der Kuchen nicht zusammenfällt.

FÜR EINEN KUCHEN

8 Bio-Eier (Größe M)
3 Nelken
250 g Zitronat
1 Toastbrot
2 Bio-Orangen
1 Bio-Zitrone
250 g Zucker
1 Prise Muskatnuss
10 g Butter
10 g süßes Paniermehl
Puderzucker zum Bestäuben

Anrichten

14. Den Orangenkuchen herausnehmen und auf einem Gitter leicht abkühlen lassen.
15. Den Kuchen mit Puderzucker bestäuben und warm servieren.

Degustationsnotiz

Die Aromenvielfalt aus Gewürzen, Zitronen- und Orangentönen betören sofort den Gaumen. Da die Textur der Orangenschalen und des Zitronats fester ist als die Konsistenz des Kuchens, schmeckt man sie heraus. Der Texturkontrast erzeugt auch kleine aromatische Spitzen, die sich kurz über den grundierenden Aromenakkord von Zitrone und Gewürzen erheben. Die Zitrone und die Gewürze bestimmen den bleibenden Geschmack.

Kulinarik

Das Aroma von reifen Bio-Zitrusfrüchten besitzt eine ausgewogenere Balance zwischen Säure und Süße als das von Früchten aus konventioneller Produktion. Von Bio-Zitronen und Bio-Orangen lässt sich die Schale bedenkenlos verwenden, weil sie keine Rückstände von Pflanzenschutz- oder Konservierungsmitteln enthält.

Zitronat besteht aus den kandierten Schalen von Zitronatzitronen, denen mit Zuckersirup Wasser und Bitterstoffe entzogen wurden. Biologisch hergestellte Produkte besitzen eine ausgewogene Balance zwischen Säure und Süße.

Eier von Hühnern aus artgerechter Haltung mit biologischer Fütterung sind aromatischer als solche aus konventioneller Produktion. Denn bei Eiern ist die Qualität der Tierfütterung für den Geschmack entscheidend. Die sattgelbe Farbe des Dotters garantiert eine schöne Farbe des Gebäcks.

Baba mit Backpulver

VORLAGE: BABA VON BACKPULVER. (REZEPTE VON WINDISCH-GRAETZ), IN: PÖTZSCH, HERRSCHAFTSKÜCHE, S. 44

Saison: Das ganze Jahr

Zubereitung

1. Die Zitrone waschen und die Hälfte ihre gelbe Schale mit einer feinen Reibe abraspeln.
2. 100 Gramm Butter mit den Eiern cremig aufschlagen und dabei nach und nach den Zucker dazugeben.
3. Die abgeriebene Zitronenschale dazugeben.
4. Das Mehl langsam mit einem Holzlöffel unterrühren.
5. Den Backofen auf 180° C vorheizen.
6. Die Milch mit dem Backpulver zum Teig dazugeben und alles zusammen mit einem Holzlöffel verrühren.
7. Eine Backform mit einer Grundfläche von etwa fünf mal zwanzig Zentimetern mit 30 Gramm Butter einfetten und mit Mehl bestäuben.
8. Die Masse in die Backform füllen und gleich in den vorgeheizten Backofen schieben. Etwa 40 bis 50 Minuten backen.
9. Um zu testen, ob der Kuchen gar ist, ein Holzstäbchen an der obersten Stelle hineindrücken. Wenn nichts daran kleben bleibt, ist der Kuchen fertig. Ansonsten nochmals einige Minuten nachgaren lassen.
10. Den fertigen Kuchen herausnehmen und ein wenig auf einem Gitter abkühlen lassen.

Anrichten

11. In zwei bis drei Zentimeter große Stücke schneiden und frisch zum Kaffee oder Tee servieren.

Degustationsnotiz
Die Baba hat eine krosse Backrinde und innen einen luftigen aromatischen Teig. Die Röstaromen der Kruste verbinden sich mit den süßen und leicht buttrigen Tönen des Teigs, die von Nuancen der Zitrone leicht überlagert werden. Das Zitronenaroma bestimmt auch den bleibenden Geschmack.

Kulinarik
Eine Baba sollte immer frisch verzehrt werden, da sie schon nach einem Tag trocken sein kann.
Das Aroma von reifen Bio-Zitronen besitzt eine ausgewogenere Balance zwischen Säure und Süße als das von Früchten aus konventioneller Produktion. Von Bio-Zitronen lässt sich die Schale bedenkenlos verwenden, weil sie keine Rückstände von Pflanzenschutz- oder Konservierungsmitteln enthält.

FÜR EINEN KUCHEN
1/2 Bio-Zitrone
130 g Butter
4 Bio-Eier (Größe M)
150 g Zucker
280 g Mehl (Type 405)
20 ml Milch (3 % Fett)
8 g Backpulver

Rumtorte

VORLAGE: RUM-TORTE. (REZEPTE VON WINDISCH-GRAETZ), IN: PÖTZSCH, HERRSCHAFTS-KÜCHE, S. 45

Saison: Das ganze Jahr

FÜR EINE TORTE
1 Bio-Zitrone
280 g Butter
280 g Zucker
3 Bio-Eier (Größe M)
4 Eigelbe (Bio-Ei Größe M)
40 ml brauner Rum (40 % Alkohol)
20 ml edelsüßer Weißwein (Ruster Ausbruch oder Riesling Auslese)
240 g Kartoffelstärke
500 g Schokoladenglasur (Siehe S. 429)
200 g Himbeermarmelade

Zubereitung

1. Einen Tortenring von 26 Zentimetern Durchmesser und 5 Zentimetern Höhe auf Backpapier setzen. Das überstehende Papier einkräuseln, bis es von außen an den Tortenring anschließt. Beides gemeinsam auf ein Backblech stellen.
2. Den Backofen auf 180° C vorheizen.
3. Die Zitrone waschen und ihre gelbe Schale mit einer feinen Reibe abraspeln.
4. Die Butter schaumig rühren. Dabei nach und nach den Zucker dazugeben.
5. Die ganzen Eier wie auch die Eigelbe einzeln unterschlagen, da sie sonst keine Verbindung zur Butter finden.
6. Anschließend die abgeriebene Zitronenschale, 30 Milliliter Rum und den Ruster Ausbruch dazugeben und unterrühren.
7. Die Kartoffelstärke durch ein Sieb auf die Masse geben und anschließend einarbeiten.
8. Die Masse in den Tortenring verteilen und im vorgeheizten Backofen 25 bis 30 Minuten backen.
9. Um zu testen, ob der Kuchen gar ist, ein Holzstäbchen an der obersten Stelle hineindrücken. Wenn nichts daran kleben bleibt, ist der Kuchen fertig. Ansonsten nochmals einige Minuten nachgaren lassen.
10. Den fertigen Kuchen sofort auf ein Kuchengitter geben, damit die Oberfläche schön glatt wird, und 20 bis 25 Minuten auskühlen lassen.
11. Die Schokoladenglasur herstellen und in einer Schüssel bei 31 bis 32° C im Wasserbad temperieren. Dabei mit einem Holzlöffel den restlichen Rum unter die Schokolade ziehen.
12. Das Backpapier des Bodens entfernen und diese auf ein Kuchengitter legen.
13. Die Himbeermarmelade erwärmen und durch ein feines Sieb streichen.
14. Die noch warme Himbeermarmelade mit einer langen Palette auf einen Tortenboden gleichmäßig verteilen. Dann 15 Minuten anziehen lassen.
15. Den zweiten Boden so darauf setzen, dass beide Tortenteile ganz genau übereinander liegen.
16. Den Kuchen gleichmäßig mit der erwärmten Rum-Schokoladen-Glasur überziehen und danach zwei Stunden kalt stellen.

Anrichten

17. Ein scharfes Messer in heißes Wasser tauchen und mit der erhitzten, leicht feuchten Klinge die Rumtorte in 16 Teile schneiden. Anrichten und servieren.

Degustationsnotiz
Die Rumtorte hat durch den Schokoladenüberzug eine krosse Schale, die nach Rum und Schokolade schmeckt. Beide Aromen gehen auch in den Akkord ein, den die Säure der Himbeermarmelade und der Zitronenschale sowie die Süße des Zuckers und die Töne des Ruster Ausbruchs bilden. Den bleibenden Geschmack bestimmen die Töne des Rums, des Ruster Ausbruchs und der Himbeermarmelade.

Kulinarik
Sollten die Tortenböden schnell im Backofen dunkel werden, empfiehlt es sich, sie mit einem Backpapier abzudecken.
Rum gibt es in einer sehr großen Vielzahl und in unterschiedlichen Qualitäten. Es lohnt sich einen guten Rum zu verwenden, da sein Aroma den Geschmack des Kuchens bestimmt. Qualitätsvoller Rum besitzt Röst- und Gewürznoten sowie Noten von tropischen Früchten, Kakao und Tabak.

Die Schokoladenglasur muss nach ihrer Herstellung erkalten und dann wieder auf die Temperatur von 31 bis 32°C erwärmt werden, um cremig und glatt zu werden. Nur einmal erhitzte Schokoladenglasur erstarrt, wirkt matt, streifig und grau. Mit einem Haushaltsthermometer lässt sich das Erhitzen der Schokolade steuern. Sie darf auf gar keinen Fall über 45°C erwärmt werden, da sich sonst Klümpchen bilden und die zarten Schokoladenaromen verloren gehen könnten.

Das Aroma von reifen Bio-Zitronen besitzt eine ausgewogene Balance zwischen Säure und Süße als das von Früchten aus konventioneller Produktion. Von Bio-Zitronen lässt sich die Schale bedenkenlos verwenden, weil sie keine Rückstände von Pflanzenschutz- oder Konservierungsmitteln enthält.

Eier von Hühnern aus artgerechter Haltung mit biologischer Fütterung sind aromatischer als solche aus konventioneller Produktion. Denn bei Eiern ist die Qualität der Tierfütterung für den Geschmack entscheidend. Die sattgelbe Farbe des Dotters garantiert eine schöne Farbe des Gebäcks.

Buchweizenkuchen

VORLAGE: HAIDEN-TORTE. (REZEPTE VON WINDISCH-GRAETZ), IN: PÖTZSCH, HERRSCHAFTSKÜCHE, S. 45

Saison: Das ganze Jahr

FÜR EINEN KUCHEN
1/2 Vanilleschote (Bourbon)
250 g Zucker
4 Eier (Bio-Ei Größe M)
250 g Butter
250 g Buchweizenmehl

Zubereitung
1. Die Vanilleschote längs halbieren, das Mark mit einem Messerrücken herauskratzen und mit dem Zucker vermischen.
2. Das Eiweiß der vier Eier vom Dotter trennen. Anschließend das Eiweiß durch ein Sieb passieren, um die Hagelschnüre zu entfernen.
3. Ein Backblech mit einem Backpapier auslegen.
4. Den Backofen auf 200°C vorheizen.
5. Die Eigelbe mit dem Zucker-Vanille-Gemisch und der handwarmen Butter in einer Schüssel kalt aufschlagen.
6. Das Mehl mit einem Holzlöffel nach und nach der Masse unterziehen.
7. Das Eiweiß fest schlagen. Danach unter die Masse aus Butter, Zucker, Eigelb und Mehl heben und sofort auf das mit Backpapier ausgelegte Blech geben.
8. Die Masse mit einer Winkelpalette vorsichtig auf eine Stärke von zwei Zentimetern verteilen.
9. Anschließend den Teig im vorgeheizten Backofen die ersten zehn Minuten bei 200°C und dann die restlichen zehn bis 15 Minuten bei 175°C backen.
10. Um zu testen, ob der Kuchen gar ist, ein Holzstäbchen an der obersten Stelle hineindrücken. Wenn nichts daran kleben bleibt, ist der Kuchen fertig. Ansonsten nochmals einige Minuten nachgaren lassen.
11. Den fertigen Kuchen herausnehmen und ein wenig abkühlen lassen.

Anrichten
12. Den Kuchen in fünf mal zehn Zentimeter große Stücke schneiden und frisch servieren.

Degustationsnotiz
Feine süßliche, buttrige Vanillearomen betören den Gaumen. Damit kontrastiert der Buchweizen mit seinem kräftigen Aroma und leichten Bittertönen. Das Bittere wird jedoch vom Zucker neutralisiert und von der Vanille harmonisiert.

Kulinarik

Da Buchweizenmehl kein Gluten hat, kann es keinen Teig binden. Bei einer Buchweizentorte muss daher das Eigelb als Bindemittel dienen.
Buchweizenmehl hat einen kernigen, kräftigen und etwas bitteren Eigengeschmack. Dies lässt sich mit Hilfe von Zucker und Vanille ausgleichen.

Natronkuchen

VORLAGE: NATRON- KUCHEN. (REZEPTE VON WINDISCH-GRAETZ), IN: PÖTZSCH, HERRSCHAFTSKÜCHE, S. 46

Saison: Das ganze Jahr

FÜR EINEN KUCHEN
1 Bio-Zitrone
4 Bio-Eier (Größe M)
140 g Butter
125 ml Milch
420 g Mehl (Type 405)
140 g Zucker
10 g Weinsteinpulver
3 g Natron

Zubereitung

1. Die Zitrone waschen und ihre gelbe Schale mit einer feinen Reibe abraspeln. Anschließend halbieren und entsaften. Den Saft durch ein feines Sieb geben.
2. Ein Backblech mit einem Backpapier ausgelegen.
3. Das Eiweiß der vier Eier vom Dotter trennen. Anschließend das Eiweiß durch ein Sieb passieren, um die Hagelschnüre zu entfernen. Dann kalt stellen.
4. Die handwarme Butter mit den Eigelben und der abgeriebenen Zitronenschale schaumig rühren.
5. Die Milch auf 30° C erwärmen.
6. Das Eiweiß fest schlagen.
7. Das Mehl sieben und mit dem Zucker nach und nach in die aufgerührte Butter geben. Alles verkneten.
8. In kleineren Portionen die lauwarme Milch und zehn Milliliter Zitronensaft dazugeben und unterarbeiten.
9. Das Weinsteinpulver und das Natron unterheben.
10. Den Backofen auf 180° C vorheizen.
11. Das steif geschlagene Eiweiß mit einem Holzlöffel unterheben und die Masse sofort auf das mit Backpapier ausgelegte Backblech geben.
12. Alles mit einer Winkelpalette auf eine Stärke von einem Zentimeter ausstreichen.
13. Anschließend im vorgeheizten Backofen 15 bis 20 Minuten backen.
14. Um zu testen, ob der Kuchen gar ist, ein Holzstäbchen an der obersten Stelle hineindrücken. Wenn nichts daran kleben bleibt, ist der Kuchen fertig. Ansonsten nochmals einige Minuten nachgaren lassen.
15. Den fertigen Kuchen herausnehmen und ein wenig abkühlen lassen.

Anrichten

16. In fünf mal zehn Zentimeter große Stücke schneiden und frisch servieren.

Degustationsnotiz

Der Natronkuchen hat eine krosse Backrinde und innen einen luftigen Teig. Seine süßen Aromen spielen gleich mit dem Gaumen. Die Zitronen schmecken in Nuancen leicht durch und bestimmen auch den bleibenden Geschmack.

Kulinarik

Ein Natronkuchen sollte immer frisch verzehrt werden, da er schon nach einem Tag trocken sein kann.
Weinsteinpulver ist geschmacksneutraler als handelsübliches Backpulver. Zusammen mit Natron und einer Säure wie bspw. von Zitronen fungiert Weinsteinpulver als Triebmittel, bei dem die Aromen ungestört zur Geltung kommen.
Das Aroma von reifen Bio-Zitronen besitzt eine ausgewogenere Balance zwischen Säure und Süße als das von Früchten aus konventioneller Produktion. Von Bio-Zitronen lässt sich die Schale bedenkenlos verwenden, weil sie keine Rückstände von Pflanzenschutz- oder Konservierungsmitteln enthält.

Zuckersalami

VORLAGE: SALAMI VON ZUCKER Z[UM] DESSERT. (REZEPTE VON WINDISCH-GRAETZ), IN: PÖTZSCH, HERRSCHAFTSKÜCHE, S. 47

Saison: Das ganze Jahr

Zubereitung

1. Den Zucker mit dem Wasser mischen und unter Rühren zu Läuterzucker aufkochen.
2. Die Mandeln in kochendes Wasser geben. Nach einer Minute herausnehmen und in kaltem Wasser abschrecken.
3. Die Haut von den Mandeln abziehen und 250 Gramm der Mandelkerne fein mahlen. Anschließend die restlichen Mandeln in zehn bis zwölf Millimeter lange Stifte schneiden.
4. Die Mandeln mit dem Mehl vermischen und beides zusammen in den Läuterzucker einrühren.
5. Alles nun auf den Herd stellen und die Masse unter ständigem Rühren mit einem Holzlöffel etwa fünf bis acht Minuten abbrennen.
6. Das Zitronat in drei Millimeter große Würfel hacken.
7. Die Zitrone waschen und ihre gelbe Schale mit einer feinen Reibe abraspeln.
8. Den Zimt auf einer Muskatreibe oder im Mörser zerkleinern.
9. Das Zitronat, den gemahlenen Zimt, die abgeriebene Zitronenschale, die Mandelstifte, die Himbeermarmelade und den Alchermes unter die Masse rühren, sodass alles sehr gut vermengt wird.
10. Die Masse durchkneten und zu einer langen Wurst mit einem Durchmesser von fünf Zentimetern rollen.
11. Das Ganze in etwas Zucker wälzen, in ein Tuch einwickeln und zirka acht Tage trocknen lassen.

FÜR EINE ZUCKERSALAMI

100 g Zucker
100 ml Wasser
310 g Mandeln
20 g Mehl (Type 405)
100 g Zitronat
1 Bio-Zitrone
3 g Ceylon-Zimt
20 g Himbeermarmelade
20 ml Alchermes (Kräuterlikör)
Zucker zum Wenden

Anrichten

12. Die Zuckersalami aus dem Tuch rollen und mit einem scharfen Messer ein bis zwei Millimeter dünne Scheiben schneiden.
13. Die Zuckersalami als Garnitur von Desserts, Eissorten oder Torten nutzen.

Degustationsnotiz

Würzige und süße Aromen nimmt man schon wahr, bevor die Mandeln und das Zitronat sich bemerkbar machen. Dann erst tauchen die Zimtaromen unterstütz vom Alchermes auf. Der Likör besitzt Noten von Vanille, Zimt, Kardamom, Koriander, Muskatblüte, Gewürznelken, Anisblüte, Orangenschale und Rosenwasser. Die Komponenten vereinigen sich zu einem Aromenakkord, wobei die Gewürze sich nachhaltig behaupten.

Kulinarik

Sollte beim Abbrennen der Masse im Topf etwas anbrennen, muss dieser gewechselt werden, da sonst die Zuckersalami einen unangenehmen Geschmack erhält. Der Raum für die achttägige Lagerung muss warm und trocken sein, weil der Zucker ansonsten die vorhandene Feuchtigkeit anzieht. Da der Zucker die Zuckersalami konserviert, kann sie über Wochen aufbewahrt werden.

Mandeln behalten in der Schale bis zu einem Jahr ihr Aroma, ohne ranzig zu werden. Wird eine Mandel nur noch von der Haut umgeben, sollte man sie aber nicht länger als sechs und ohne Haut nur vier Monate aufbewahren. Weiterverarbeitete Mandeln bleiben nur wenige Wochen frisch.

Zimt sollte möglichst erst unmittelbar vor der Verwendung zerrieben werden, damit seine ätherischen Öle sich nicht verflüchtigen, sondern dem Produkt zugute kommen. Zitronat besteht aus den kandierten Schalen von Zitronatzitronen, denen mit Zuckersirup Wasser und Bitterstoffe entzogen wurden. Biologisch hergestellte Produkte besitzen eine ausgewogene Balance zwischen Säure und Süße.

Das Aroma von reifen Bio-Zitronen besitzt eine ausgewogenere Balance zwischen Säure und Süße als das von Früchten aus konventioneller Produktion. Von Bio-Zitronen lässt sich die Schale bedenkenlos verwenden, weil sie keine Rückstände von Pflanzenschutz- oder Konservierungsmitteln enthält.

Macarons

VORLAGE: SÜSSE MACARONI. (REZEPTE VON WINDISCH-GRAETZ), IN: PÖTZSCH, HERRSCHAFTSKÜCHE, S. 42

Saison: Das ganze Jahr

Zubereitung

1. Die Mandeln in kochendes Wasser geben. Nach einer Minute herausnehmen und in kaltem Wasser abschrecken.
2. Die Haut von den Mandeln abziehen und die Mandelkerne fein mahlen.
3. Die Mandeln mit der Hälfte des Zuckers vermischen und ordentlich durchmengen, damit alles gleichmäßig verteilt ist.
4. Das Eiweiß mit dem restlichen Zucker fest schlagen, bis es Spitzen zieht. Den Zucker dabei nach und nach dazugegeben.
5. Das Eiweiß unter die Mandel-Zucker-Mischung mengen.
6. Ein Backblech mit Backpapier auslegen.
7. Die Masse in einen Spritzbeutel mit einer Tülle von einem Durchmesser von acht Millimetern einfüllen und drei Zentimeter große Häufchen auf das Backpapier spritzen.
8. Die Macarons 30 Minuten antrocknen lassen.
9. Den Backofen auf 160°C anheizen.
10. Die Macarons auf der mittleren Schiene des Backofens etwa 15 Minuten backen.

Anrichten

11. Die Macarons aus dem Ofen nehmen und zum Kaffee oder Tee reichen.

Degustationsnotiz
Die harte und krosse Textur aus Mandeln und Zucker gibt den Macarons einen knackigen Biss. Der marzipanartige Mandelton dominiert und bestimmt auch den bleibenden Geschmack.

Kulinarik
Mandeln behalten in der Schale bis zu einem Jahr ihr Aroma, ohne ranzig zu werden. Wird eine Mandel nur noch von der Haut umgeben, sollte man sie aber nicht länger als sechs und ohne Haut nur vier Monate aufbewahren.
Um Eiweiß richtig steif zu schlagen, muss es zunächst sauber vom Dotter getrennt werden. Je frischer ein Eiweiß ist, desto besser lässt es sich aufschlagen. Eine Prise Salz oder ein Spritzer Zitronensaft bewirken, dass das Eiweiß schneller steif wird. Die Schüssel, in der das Eiweiß aufgeschlagen wird, muss frei von Fett sein. Zucker darf man beim Aufschlagen nur nach und nach zugeben. Geschlagenes Eiweiß darf nicht mit einem Schneebesen untergerührt werden, weil es sonst zusammenfällt. Deshalb wird es mit einem Kochlöffel untergehoben.
Die Macarons lassen sich auch mit Rum oder mit abgeriebener Zitronenschale parfümieren. Zudem kann man zwei Macarons mit einer Creme oder Schokoladenfüllung zusammenkleben.

FÜR 50 MACARONS

125 g Mandeln
125 g Zucker
2 Eiweiß (Bio-Ei Größe M)
Puderzucker zum Bestäuben

Brandteignocken

VORLAGE: BRANDTEIGNOCKEN. (BAUMANN), IN: PÖTZSCH, HERRSCHAFTSKÜCHE, S. 148

Saison: Das ganze Jahr

FÜR 4 PERSONEN
500 ml Milch (3,5 % Fett)
180 g Butter
300 g Mehl (Type 405)
8 Bio-Eier (Größe M)
1 Vanilleschote (Bourbon)
500 ml Sahne (30 % Fett)
20 g Mehl (Type 405)
3 Eigelbe (Bio-Ei Größe M)

Zubereitung

1. Die Milch und die Butter in einem Zweilitertopf geben und zum Kochen bringen.
2. In die kochende Milch-Butter-Mischung das Mehl mit einem Holzlöffel einrühren und unterheben.
3. Den Topf vom Herd nehmen und die Masse so lange rühren, bis sich ein Kloß bildet und am Boden ein Belag entsteht.
4. Den Teig abkühlen lassen, bis er lauwarm ist. Dann nach und nach sämtliche Eier unterheben, bis alles zu einer homogenen Masse verbunden ist.
5. Die Vanilleschote längs halbieren und mit einem Messerrücken das Mark herauskratzen.
6. Das Vanillemark in die Sahne geben und beides gemeinsam etwa 15 Minuten aufkochen.
7. Anschließend aus dem Brandteig mit einem Esslöffel eiförmige Nocken formen und in der Sahne garen.
8. Die Nocken anschließend warm stellen.
9. Die 20 Gramm Mehl mit den Eigelben verrühren. Die Masse unter die siedende Sahne rühren, aber nicht mehr aufkochen.

Anrichten

10. Die warme legierte Sahne auf tiefe Teller verteilen, in jeden Teller drei warme Nocken legen und servieren.

Degustationsnotiz

Cremige buttrige Töne kleben zunächst am Gaumen, bevor die Vanillearomen sich bemerkbar machen und sich die Nocken mit der sahnigen Flüssigkeit wieder vom Gaumen lösen. Leicht mehlige Aromen und Vanilletöne bestimmen den bleibenden Geschmack.

Kulinarik

Durch das Einkochen der Sahne wird der Rahm sehr cremig und vanillig, sodass dieses Dessert ohne Zucker die Süße nicht vermissen lässt. Sahne, die aus Milch von biologisch gehaltenen Kühen hergestellt wird, ist aromatischer, weil die Fütterung der Tiere für den Geschmack ihrer Milch entscheidend ist.

Brandteig darf nicht zu weich und nicht zu fest werden. Wenn der Teig zu fest ist, geht er beim Backen nicht auf. Ein zusätzliches Eigelb kann dagegen Abhilfe schaffen. Zu weicher Brandteig wird beim Backen breit und geht ebenfalls nicht richtig auf. In diesem Fall wurde zu wenig Mehl verwendet oder der Teig nicht genug auf dem Herd abgebrannt. Deshalb empfiehlt es sich, zunächst einen kleinen Teil zur Probe zu backen, um den übrigen Brandteig gegebenenfalls nachbessern zu können.

Das Aroma von frischen Vanilleschoten ist wesentlich komplexer als das von Vanillezucker oder das von synthetisch hergestelltem Vanillin, das lediglich den zentralen Aromastoff der Vanille nachahmt. Vanilleschoten gibt es in drei aromatisch deutlich differierenden Varianten: Bourbon-, Mexiko- und Tahiti-Vanille.

Mirlitons mit Haselnüssen

VORLAGE: MIRLITONS MIT HASELNÜSSEN. (BAUMANN), IN: PÖTZSCH, HERRSCHAFTSKÜCHE, S. 148

Saison: Das ganze Jahr

Zubereitung

Mürbeteig

1. Das Mehl auf die Arbeitsfläche sieben und den Zucker dazugeben.
2. In der Mitte eine Mulde drücken und 125 Gramm Butter in groben Stücken von zwei mal zwei Zentimetern Größe in das Mehl geben.
3. Anschließend das Eigelb und die Milch hinzufügen.
4. Mit einer Essgabel die Butter mit dem Mehl, dem Eigelb und der Milch vermengen.
5. Das Mehl immer wieder mit einem Teigschaber vom Rand über die Zutaten zur Mitte schieben.
6. Mit einem großen glatten Messer nun den Teig immer wieder durchhacken, bis er krümelig wird.
7. Erst jetzt den Teig mit den Händen über die Handballen schnell kneten.
8. Daraufhin den Mürbeteig bei 6°C eine Stunde ruhen lassen, damit der Kleber des Mehls reagieren kann.
9. 14 längliche Tartelettes (Schiffchen von zehn Zentimetern Länge und eineinhalb Zentimetern Höhe) mit einem Pinsel mit den restlichen zehn Gramm Butter ausstreichen und mit etwas Mehl bestäuben.
10. Den Teig auf fünf Millimeter Stärke ausrollen.
11. Aus der Teigplatte mit einem Messer Stücke ausschneiden, die drei Zentimeter größer sind als die Backformen.
12. Die zugeschnittenen Teigstücke in die Backformen legen und den Rand andrücken. Den Teig, der über die Backform hinausragt, mit einem Messerrücken entlang der Backformkante abstreifen.
13. Mit einer Essgabel leichte Löcher in den Teig stechen, damit er nicht aufgeht. Auf die Teige in den Backformen Backpapier legen und dieses bis zum Rand mit Linsen beschweren.
14. Den Mürbeteig im vorgeheizten Ofen bei 190°C etwa 15 bis 18 Minuten backen, bis der Teig goldgelb ist.

**FÜR 7 PERSONEN
ETWA 14 TARTELETTES**

Teig
250 g Mehl (Type 405)
70 g Zucker
135 g Butter
1 Eigelb (Bio-Ei Größe M)
5 ml Milch
400 g Linsen zum Blindbacken

Füllung
125 g Haselnusskerne
1 Eiweiß (Bio-Ei Größe M)
4 Bio-Eier (Größe M)
300 g Zucker
60 g Butter
10 g Puderzucker

15. Die Linsen mit dem Papier herausnehmen und den Teig nochmals fünf Minuten bei 170° C nachbacken.
16. Die gebackenen Törtchen aus den Formen nehmen und abkühlen lassen.

Füllung
17. Die Haselnüsse enthäuten und ohne Fett in einer Pfanne anrösten, bis sie goldgelb sind. Anschließend erkalten lassen.
18. Die Haselnüsse mit dem Eiweiß in einem Mörser fein stoßen.
19. Das Gemörserte in eine Zweiliterschüssel geben und mit den vier Eiern und dem Zucker verrühren. Dann die weiche Butter unterrühren.
20. Ein Blech mit Backpapier auslegen, darauf die Tartelettes verteilen und mit der Haselnuss-Butter-Ei-Masse füllen.
21. Im vorgeheizten Backofen bei 160° C etwa 15 bis 18 Minuten backen.

Anrichten
22. Die Tartelettes auf einem Teller anrichten und mit etwas Puderzucker garnieren und servieren.

Degustationsnotiz
Zuerst nimmt man kross-knackige Texturen wahr, danach kommen geröstete buttrige Haselnussaromen, die sich mit den Backnuancen vereinen. Das Nuss- und Backaroma bestimmt den bleibenden Geschmack.

Kulinarik
Haselnüsse kann man im Ofen mit Oberhitze oder in der Pfanne auf dem Herd goldgelb anrösten, damit ihre typischen Aromen stärker zur Geltung kommen. Auf gar keinen Fall dürfen sie zu dunkel werden, da sonst starke Bitterstoffe entstehen. Haselnüsse werden in zwei Arten angeboten, die zumeist nicht ausgewiesen werden. Die rundliche Sorte, die in Deutschland wächst, und die längliche Form mit etwas süßerem Geschmack, die vorwiegend in mediterranen Ländern und den USA angebaut wird. Frische Haselnüsse klappern beim Schütteln nicht in der Schale. Sie lassen sich in der Schale bis zu einem Jahr lagern. Geschält, aber noch in der Haut bleiben sie noch einige Monate und gehäutet nur einige Wochen frisch. Gemahlene Haselnüsse sollte man nicht länger als einige Wochen lagern, weil sie sonst leicht ranzig schmecken.
Man kann Mirlitons mit Haselnüssen auch kalt servieren. Allerdings entfalten sie dann nicht so ein zartes Backaroma.
Der Mürbeteig muss bei einer Temperatur von 6° C ruhen, da er sonst brandig wird. Zu warmes Fett verbindet sich durch zu langes Kneten mit den Händen und nicht mit dem Mehl. In diesem Zustand lässt sich der Mürbeteig schlecht ausrollen und reißt schnell. Außerdem wird Gebäck aus falsch gekneteten Mürbeteig hart statt mürbe.

Brioche mit Aprikosenmarmelade und Pistazien

VORLAGE: BRIOCHE À LA PARISIENNE. (BAUMANN), IN: PÖTZSCH, HERRSCHAFTSKÜCHE, S. 149 F.

Saison: Juli bis August

Zubereitung

1. 200 Gramm Butter erwärmen, sodass diese flüssig wird.
2. Das Mehl in eine Schüssel geben. Das Salz und den Zucker unterrühren.
3. Drei Eier mit der Milch verquirlen und durch ein Haarsieb geben, um die Hagelschnüre zu entfernen. Anschließend unter die Butter rühren.
4. Die Hefe in der warmen Butter auflösen.
5. Alles zusammen unter das Mehl geben und zu einem Teig durcharbeiten.
6. Eine halbe Stunde an einem warmen Ort gehen lassen.
7. Nochmals durchkneten und wiederum eine halbe Stunde ruhen lassen.
8. Die restlichen zwei Eier verquirlen und durch ein Haarsieb geben. Dann die Eier mit dem Teig durchkneten.
9. Nochmals eine halbe Stunde ruhen lassen.
10. Eine Zweiliterbackform mit zehn Gramm Butter ausstreichen.
11. Den Teig zu einem Brot formen und in die Backform geben. Das Eigelb mit ein wenig Wasser vermischen und die Brioche damit bestreichen.
12. Nochmals zehn Minuten ruhen lassen.

FÜR 14 BRIOCHES

200 g Butter
500 g Mehl (Type 405)
5 g Salz
35 g Zucker
5 Bio-Eier (Größe M)
10 ml Milch (3,5 % Fett)
30 g Hefe
10 g Butter zum Einfetten
1 Eigelb (Bio-Ei Größe M)
40 g Pistazien
400 g Aprikosenmarmelade
(Siehe S. 422)
1 Rezeptur Aprikosenkompott
(Siehe S. 448)

13. Im vorgeizten Backofen bei 170 bis 175° C etwa 20 bis 25 Minuten backen.
14. Danach die Temperatur abschalten und die Brioche noch weitere fünf Minuten im Ofen ruhen lassen.
15. Die Brioche aus dem Ofen nehmen, aus der Form ziehen und abkühlen lassen.
16. Die Pistazien fein hacken.
17. Die Brioche auf die Seite legen und mit einem Brotmesser in zwei Zentimeter dicke Scheiben schneiden.
18. Die unterste Scheibe auf einen Teller legen, dünn mit Aprikosenmarmelade bestreichen und mit ein wenig Pistazien bestreuen. Die nächste Scheibe auflegen, wieder dünn etwas Aprikosenmarmelade auftragen und darauf einige Pistazien streuen. Diesen Vorgang mit den restlichen Scheiben wiederholen.
19. Zum Schluss die Brioche von außen mit der restlichen Aprikosenmarmelade bestreichen und Pistazien anheften.

Anrichten
20. Die Brioche mit Aprikosenkompott und Aprikosensauce servieren.

Degustationsnotiz
Die Brioche ist luftig und leicht. Deutlich spürt man die Buttertöne, die mit den süßen Aprikosentönen und den Pistazien zu einer Einheit verschmelzen. Leichte Röstaromen der Backkruste machen sich bemerkbar. Den bleibenden Geschmack bestimmen die Butter und die Aprikosenaromen.

Kulinarik
Es ist wichtig, den Teig mehrmals an einem warmen Ort ruhen zu lassen, damit die Hefe arbeiten kann. Briocheteig benötigt viel Zeit. Beim ersten Ruhen sollte der Teig das doppelte Volumen erreichen. Sollte der Teig zu fest werden, kann man im ersten Arbeitsgang bei der Zugabe des Butter-Ei-Hefe-Gemischs einige Spritzer Wasser zugeben.
Für einen Hefeteig empfiehlt sich frische Hefe, weil sie aromatischer ist und das Gebäck im Ofen besser aufgehen lässt als Trockenhefe. Frische Hefe sollte nicht älter als eine Woche sein und keinen unangenehmen Geruch haben. Denn das Aroma der Hefe überträgt sich auf das Gebäck.
Bevor man die fruchtig-nussigen Pistazien verarbeitet, muss man ihren Geschmack überprüfen. Sie sollten nicht zu lange gelagert sein und keinen leicht ranzigen Ton auf die Brioche übertragen.
Die Eier und die Butter für die Brioche sollten aus regionaler biologischer Produktion sein, weil sie frischer und aromatischer sind.

Rolly-Dolly

VORLAGE: „ROLLY-DOLLY". (PRINZESS LUISA), IN: PÖTZSCH, HERRSCHAFTSKÜCHE, S. 150

Saison: Das ganze Jahr

Zubereitung

1. Den Kalbstalg für einige Stunden in kaltes Wasser legen.
2. Das Mehl durch ein feines Sieb auf eine Arbeitsfläche geben, sodass keine Klumpen darin enthalten sind.
3. Den kalten weißen Kalbstalg in zwei bis drei Millimeter feine Würfel schneiden.
4. In die Mitte des Mehls eine Mulde drücken und den sehr fein geschnittenen Kalbstalg in das Mehl geben.
5. Anschließend das Salz, das Backpulver und das Wasser dazugeben.
6. Alles mit einer Essgabel vermengen.
7. Das Mehl immer wieder mit einem Teigschaber vom Rand über die Zutaten zur Mitte schieben.
8. Den Teig mit einem großen glatten Messer regelrecht durchhacken, bis er krümelig wird.
9. Erst jetzt mit den Händen schnell über die Handballen kneten.
10. Anschließend den Teig auf einen Größe von 25 mal 25 Zentimetern und eine Höhe von zwei bis drei Zentimetern ausrollen.
11. Eine Stoffserviette von 30 mal 30 Zentimetern auf den Tisch legen.
12. Darauf eine Klarsichtfolie legen.
13. Die Butter zerlassen. Anschließend die Folie mit der zerlassenen Butter bestreichen und dann den Zucker darauf verstreuen.
14. Den ausgerollten Teig darauflegen und mit einer Winkelpalette auf diesem 150 Gramm Johannisbeergelee verteilen.
15. Das Ganze mit Hilfe der Folie und der Serviette zu einer Roulade zusammenrollen.
16. Die Folie außen an den Enden schließen.
17. Mit einem Band die Enden der Servietten und die Rolle zusammenschnüren.
18. In einem Fünflitertopf mit einem Durchmesser von etwa 30 Zentimetern dreieinhalb Liter Wasser aufkochen. Die Rolle hineingeben und etwa drei Stunden langsam köcheln lassen.

Anrichten

19. Die Rolle aus dem Wasser nehmen und auf etwas Küchenpapier legen, damit sie trocken wird.
20. Die Rolle aus der Serviette und aus der Folie herausholen.
21. Mit einem Sägemesser von der Rolle ein Zentimeter dicke Scheiben schneiden und diese heiß mit dem restlichen Johannisbeergelee auf einer Porzellanplatte servieren.

Degustationsnotiz
Schnell spürt man die Säure und Süße der Johannisbeere, bevor der schmelzige Teig sich damit verbindet. Säure und Süße des Johannisbeergelees bestimmen den bleibenden Geschmack.

Kulinarik
Der Kalbstalk sollte von einem Fleischer bezogen werden, der traditionell handwerklich produziert, da er von Tieren aus Weidenhaltung genommen werden sollte. Anderer Kalbstalk verändert das Aroma des Gerichts dermaßen, dass animalische Aromen das Gericht dominieren und die Back- und Fruchtnoten negativ beeinflussen.

FÜR 6 PERSONEN

350 g Kalbstalg
500 g Mehl (Type 405)
1 Prise Salz
2 g Backpulver
50 ml Wasser
40 g Butter
40 g Zucker
250 g Johannisbeergelee
(Siehe S. 424 f.)

Biskuit mit Erdbeercreme

VORLAGE: BISQUITT MIT ERDBEERCRÈME (LEHMANN), IN: PÖTZSCH, HERRSCHAFTS-KÜCHE, S. 151 F.

Saison: Mai bis Juni

FÜR 4 PERSONEN

Biskuit
6 Bio-Eier (Größe M)
250 g Zucker
10 g Butter
40 g Semmelbrösel
1 Prise Salz
125 g Mehl (Type 405)

Belag
1 kg frische reife Erdbeeren
15 g Gelatine
200 g Zitronenglasur
(Siehe S. 435)
500 ml Sahne (30 % Fett)

Zubereitung

Biskuit
1. Das Biskuit am Tag zuvor backen.
2. Den Eidotter und das Eiweiß der sechs Eier sauber trennen.
3. Das Eigelb in einer größeren Schüssel etwa zehn Minuten schaumig schlagen. Dabei nach und nach die Hälfte des Zuckers zugeben.
4. Eine runde Backform von 26 Zentimetern Durchmesser und fünf Zentimetern Höhe mit zehn Gramm Butter ausstreichen und mit Semmelbröseln bestreuen.
5. Das Eiweiß mit der Prise Salz in einer anderen Schüssel geben und schaumig schlagen. Beim Schlagen den restlichen Zucker nach und nach dazugeben. So lange schlagen, bis feine Spitzen im Eiweiß entstehen.
6. Den Eischnee auf die Eigelbmasse setzen. Anschließend das Mehl darüber sieben und alles langsam mit einem Holzlöffel vermischen.
7. Die Biskuitmasse in die Backform geben und mit Hilfe einer Winkelpalette die Masse gleichmäßig glatt streichen.
8. Den Kuchen im vorgeheizten Backofen bei 160°C etwa 60 bis 75 Minuten backen, bis das Biskuit goldbraun ist.
9. Eine Garprobe durchführen, indem man einen dünnen Holzstab in die höchste Stelle des Backteiges einsticht und wieder herauszieht. Wenn noch Teig daran hängt, ist das Biskuit noch nicht fertig gebacken.
10. Das Gebackene sofort aus der Form nehmen und zum Abkühlen auf ein Gitter stürzen.

Belag
11. Die Erdbeeren waschen, das Grün entfernen, vier Erdbeeren zur Seite legen und den Rest fein pürieren.
12. Die Gelatine in kaltem Wasser einweichen.
13. Auf den etwa acht Zentimeter hohen Biskuitkuchen mit einem Durchmesser von 24 Zentimetern eine Schablone mit 22 Zentimetern Durchmesser auflegen. Am Rand der Schablone entlang mit einem spitzen Messer drei Zentimeter tief einschneiden.
14. Anschließend den Kuchen innerhalb des Kreises mit einem Löffel drei Zentimeter tief aushöhlen.
15. Die Zitronenglasur herstellen und den Rand des Kuchens nur von oben damit einstreichen.
16. Die Gelatine aus dem kalten Wasser nehmen, auspressen und in einem Topf mit fünf Zentiliter Wasser erwärmen, bis sie sich auflöst. Anschließend die Hälfte der gelösten Gelatine unter das Erdbeermark heben.
17. Die Sahne schlagen und die andere Hälfte der Gelatine dazugeben.
18. Einen Teil der Sahne in den Kuchen füllen. Darauf etwas von dem angezogenen Erdbeermark schichten und vier halbierte Erdbeeren darauf verstreuen.
19. Anschließend eine weitere Schicht Sahne und Erdbeermark auftragen. Erneut vier halbierte Erdbeeren in das Erdbeermark drücken.
20. Den Kuchen mit Sahne abschließen und diese mit einer Winkelpalette glatt ziehen.
21. Den Biskuitkuchen nun vier Stunden im Kühlschrank bei 6°C lagern.

Anrichten
22. Nachdem alles fest ist, den Kuchen langsam auf einen großen kalten Teller stürzen und servieren.

Degustationsnotiz
Feine Erdbeernuancen beflügeln den Gaumen, die von zarten Backaromen und ganz leichten süßen Zitrustönen begleitet werden. Den bleibenden Geschmack bestimmen die reifen Erdbeeraromen mit sahnigen Akzenten.

Kulinarik
Erdbeersorten sind sehr unterschiedlich aromatisch. Die Sorten „Mara des Bois" und „Mieze Schindler" besitzen ein fruchtiges Walderdbeeraroma. Grundsätzlich empfiehlt sich, saisonale Früchte aus regionalem biologischem Anbau zu verwenden, weil sie frischer und aromatischer sind als andere. Erdbeeren aus Freilandhaltung entwickeln aufgrund der UV-Bestrahlung wesentlich mehr Aroma als Früchte, die nicht unter einer Folie bzw. im Gewächshaus gezogen wurden. Weil Erdbeeren nicht nachreifen, sollte man nur vollreife Früchte verwenden. Falls man genötigt ist, Erdbeeren zu verarbeiten, die nicht ausgereift sind, sollte man sie nicht nur mit Zucker süßen, sondern auch etwas Zitronensaft hinzufügen, weil die Früchte durch den Kontrast zur Säure süßer wahrgenommen werden als ohne diesen Hintergrund.
Sahne, die aus Milch von biologisch gehaltenen Kühen hergestellt wird, ist aromatischer, weil die Fütterung der Tiere für den Geschmack ihrer Milch entscheidend ist. Die Eier in der Rezeptur können nach Belieben auch verdoppelt oder gar verdreifacht verwendet werden, um den Teig noch leichter und luftiger zu machen. Eier von Hühnern aus artgerechter Haltung mit biologischer Fütterung sind aromatischer als solche aus konventioneller Produktion. Denn bei Eiern ist die Qualität der Tierfütterung für den Geschmack entscheidend. Die sattgelbe Farbe des Dotters garantiert eine schöne Farbe des Biskuitkuchens.
Beim Trennen der Eier darf kein Eigelb in das Eiweiß kommen, da sich sonst das Eiweiß nur schwer aufschlagen lässt. Steif geschlagenes Eiweiß darf nicht mit einem Schneebesen unter die Eigelbmasse gerührt werden, da es sonst zusammenfällt.

Spritzkuchen mit Weinschaum

VORLAGE: SPRITZKUCHEN MIT CHAUDEAU. (LEHMANN), IN: PÖTZSCH, HERRSCHAFTSKÜCHE, S. 152

Saison: Das ganze Jahr

FÜR 4 PERSONEN

Für die Spritzkuchen
125 ml Wasser
125 g Butter
125 g Mehl (Type 405)
4 Bio-Eier (Größe M)
2 Liter Öl
1 Portion Weinschaumcreme mit Rum (Siehe S. 444)
10 g Puderzucker

Zubereitung

Spritzkuchen

1. Das Wasser mit der Butter aufsetzen und in einem Zweilitertopf zum Kochen bringen.
2. Anschließend das Mehl mit einem Holzlöffel einrühren und unterheben.
3. Den Topf vom Herd nehmen und die Masse so lange rühren, bis sich ein Kloß bildet und am Boden ein Belag entsteht.
4. Den Teig abkühlen lassen, bis er lauwarm ist. Dann nach und nach die Eier unterheben, bis alles zu einer homogenen Masse verbunden ist.
5. Das Öl in einem Topf langsam auf 150°C erhitzen.
6. Die Brandteigmasse in einen Spritzbeutel mit einer acht Millimeter großen Lochtülle geben.
7. Backpapierstreifen von einer Größe von zehn mal zehn Zentimetern schneiden, mit dem Spritzbeutel drei Kreise von vier Zentimetern Durchmesser auf je ein Papier auftragen und dieses auf ein Backblech legen.
8. Die Temperatur des Öls auf 160°C erhöhen.
9. Die Spritzkuchen mit dem Papier ins heiße Fett geben und von beiden Seiten backen, bis sie goldgelb sind.
10. Die Spritzkuchen auf ein Küchenpapier legen und im Backofen bei 40°C lagern.

Anrichten

11. Jeweils drei Spritzkuchen auf einen vorgewärmten Teller geben mit Puderzucker bestreuen und dazu etwas Weinschaum separat in einer kleinen Sauciere servieren.

Degustationsnotiz

Die Backaromen des Spritzringes nimmt man zuerst wahr, bevor sich das Weinschaumaroma mit seiner Säure und der Rum zu einem Akkord vereinen. Die Backaromen bestimmen den bleibenden Geschmack.

Kulinarik

Eier von Hühnern aus artgerechter Haltung mit biologischer Fütterung sind aromatischer als solche aus konventioneller Produktion. Denn bei Eiern ist die Qualität der Tierfütterung für den Geschmack entscheidend. Die sattgelbe Farbe des Dotters garantiert eine schöne Farbe des Spritzgebäcks.

Kirschkuchen

VORLAGE: KIRSCHKUCHEN. (LEHMANN), IN: PÖTZSCH, HERRSCHAFTSKÜCHE, S. 155

Saison: Das ganze Jahr

Zubereitung

Mürbeteig

1. Das Mehl auf die Arbeitsfläche sieben und die 70 Gramm Zucker dazugeben.
2. In die Mitte des Mehls eine Mulde drücken und 125 Gramm Butter in groben Stücken von zwei mal zwei Zentimetern Größe hineingeben.
3. Anschließend die drei Eigelbe und die Milch dazugeben.
4. Mit einer Essgabel die Butter, das Mehl, das Eigelb und die Milch vermengen.
5. Das Mehl immer wieder mit einem Teigschaber vom Rand über die Zutaten zur Mitte schieben.
6. Mit einem großen glatten Messer nun den Teig immer wieder durchhacken, bis er krümelig wird.
7. Erst jetzt den Teig mit den Händen über die Handballen schnell kneten.
8. Daraufhin den Mürbeteig bei 6° C eine Stunde ruhen lassen, damit der Kleber des Mehls reagieren kann.
9. Die Backform mit der restlichen Butter auspinseln und mit etwas Mehl bestäuben.
10. Den Teig auf fünf Millimeter Stärke ausrollen.
11. Anschließend mit einem Messer aus dem Teig ein Stück zurechtschneiden, das drei Zentimeter größer ist als die Backform. Den Teig in die Backform geben und an den Rand drücken.
12. Den Teig, der über die Backform hinausragt, mit einem Messerrücken entlang der Backformkante abstreifen.
13. Mit einer Essgabel leichte Löcher in den Teig stechen, damit er nicht aufgeht. Auf den Teig in der Backform Backpapier legen und dieses bis zum Rand mit Kirschkernen beschweren.
14. Den Mürbeteig im vorgeheizten Ofen bei 190° C etwa 15 bis 18 Minuten backen, bis er goldgelb ist.
15. Anschließend die Kirschkerne mit dem Backpapier herausnehmen und den Teig nochmals zehn Minuten bei 170° C nachbacken.
16. Den gebackenen Tortenboden in der Form lassen.

Füllung

17. Das Weichselkirschenkompott auf einem groben Sieb abtropfen lassen.
18. Die Sahne und die Butter in einem Zweilitertopf zum Kochen bringen.
19. Anschließend das Mehl, die vier Eigelbe sowie den Zucker mit einem Holzlöffel einrühren und unterheben.
20. Den Topf vom Herd nehmen und die Masse so lange rühren, bis sich ein Kloß bildet und am Boden ein Belag entsteht.
21. Den Teig abkühlen lassen, bis er lauwarm ist. Nach und nach die zwei ganzen Eier unterheben, bis alles zu einer homogenen Masse verbunden ist.
22. Das Eiweiß steif schlagen, bis sich Spitzen bilden, und anschließend mit einem Holzlöffel unter den Teig ziehen.
23. Eine Hälfte der Masse auf dem Mürbeteigboden verteilen.
24. Die abgetropften Kirschen des Kompotts auf der Masse verteilen und mit der restlichen Masse die Kirschen abdecken.
25. Den Kuchen im vorgeizten Backofen bei 170° C etwa 20 bis 25 Minuten backen, bis er goldbraun ist.

Anrichten

26. Den Kirschkuchen lauwarm servieren.

FÜR EINE BACKFORM VON 28 CM DURCHMESSER UND 3 CM HÖHE

Teig

250 g Mehl (Type 405)
70 g Zucker
135 g Butter
3 Eigelbe (Bio-Ei Größe M)
5 ml Milch
400 g Kirschkerne zum Blindbacken

Füllung

1 Rezeptur Weichselkirschkompott (Siehe S. 447)
500 ml Sahne (30 % Fett)
45 g Butter
60 g Mehl (Type 405)
100 g Zucker
4 Eigelbe (Bio-Ei Größe M)
2 Bio-Eier (Größe M)
4 Eiweiß (Bio-Ei Größe M)

Degustationsnotiz

Feine Kirschnuancen beflügeln die Backaromen des krossen Mürbeteigs, die als Erstes den Gaumen erreichen. Danach spürt man cremige Töne. Obwohl der Mürbeteig ohne Zucker zubereitet wird, entsteht durch die gesüßte Masse mit den Kirschen eine ausgeglichene Harmonie zwischen Säure und Süße. Die säuerlichen Kirscharomen bestimmen den bleibenden Geschmack.

Kulinarik

Der Mürbeteig muss bei einer Temperatur von 6°C ruhen, da er sonst brandig wird. Zu warmes Fett verbindet sich durch zu langes Kneten mit den Händen und nicht mit dem Mehl. In diesem Zustand lässt sich der Mürbeteig schlecht ausrollen und reißt schnell. Außerdem wird Gebäck aus falsch geknetetem Mürbeteig hart statt mürbe.
Gefrorene Sauerkirschen sollte man nur verwenden, wenn sie nicht aromatisiert sind. In der Saison empfiehlt sich, Weichselkirschen aus regionalem biologischem Anbau zu verwenden, da sie frischer und aromatischer sind.
Sahne, die aus Milch von biologisch gehaltenen Kühen hergestellt wird, ist aromatischer, weil die Fütterung der Tiere für den Geschmack ihrer Milch entscheidend ist.

Kleine Kirschkuchen

VORLAGE: KLEINE KIRSCHKUCHEN. (LEHMANN), IN: PÖTZSCH, HERRSCHAFTSKÜCHE, S. 156

Saison: Das ganze Jahr

10 KLEINE KIRSCHKUCHEN

Teig
250 g Mehl (Type 405)
60 g Butter
2 Eigelbe (Bio-Ei Größe M)
5 ml Milch
400 g Kirschkerne zum Blindbacken

Füllung
½ Rezeptur Weichselkirschkompott (Siehe S. 447)
180 ml Sahne (30 % Fett)
40 g Butter
35 g Zucker
20 g Mehl (Type 405)
2 Eigelbe (Bio-Ei Größe M)
1 Bio-Ei (Größe M)
2 Eiweiß (Bio-Ei Größe M)

Zubereitung

1. Das Mehl auf die Arbeitsfläche sieben.
2. In die Mitte des Mehls eine Mulde drücken und 50 Gramm Butter in groben Stücken von zwei mal zwei Zentimetern Größe hineingeben.
3. Anschließend die vier Eigelbe und die Milch dazugeben.
4. Mit einer Essgabel die Butter, das Mehl, das Eigelb und die Milch vermengen.
5. Das Mehl immer wieder mit einem Teigschaber vom Rand über die Zutaten zur Mitte schieben.
6. Mit einem großen glatten Messer nun den Teig immer wieder durchhacken, bis er krümelig wird.
7. Erst jetzt den Teig mit den Händen über die Handballen schnell kneten.
8. Daraufhin den Mürbeteig bei 6°C eine Stunde ruhen lassen, damit der Kleber des Mehls reagieren kann.
9. Die Backformen mit einem Durchmesser von zehn Zentimetern und zweieinhalb Zentimetern Höhe mit der restlichen Butter ausstreichen und mit etwas Mehl bestäuben.
10. Den Teig auf fünf Millimeter Stärke ausrollen.
11. Aus der Teigplatte runde Stücke ausstechen, die drei Zentimeter größer sind als die Backformen.
12. Den Teig in die Backformen geben und an den Rand drücken.
13. Den Teig, der über die Backformen hinausragt, mit einem Messerrücken entlang der Backformkante abstreifen.
14. Mit einer Essgabel leichte Löcher in den Teig stechen, damit er nicht aufgeht. Auf die Teige in den Backformen Backpapier legen und dieses bis zum Rand mit Kirschkernen beschweren.
15. Den Mürbeteig im vorgeheizten Ofen bei 190°C etwa 15 bis 18 Minuten backen, bis der Teig goldgelb ist.
16. Die Kirschkerne mit dem Backpapier herausnehmen und den Teig nochmals fünf Minuten bei 170°C nachbacken.
17. Die gebackenen kleinen Tortenböden aus der Form nehmen und erkalten lassen.

Füllung

18. Das Weichselkirschkompott in einem Sieb abtropfen lassen.
19. Die Sahne, die Butter und den Zucker in einem Zweilitertopf zum Kochen bringen.
20. Anschließend das Mehl mit einem Holzlöffel einrühren und unterheben.
21. Den Topf vom Herd nehmen und die Masse so lange rühren, bis sich ein Kloß bildet und am Boden ein Belag entsteht.
22. Den Teig abkühlen lassen, bis er lauwarm ist. Nach und nach die zwei Eigelbe und das ganze Ei unterheben, bis alles zu einer homogenen Masse verbunden ist.
23. Das Eiweiß steif schlagen, bis sich Spitzen bilden und mit einem Holzlöffel unter den Teig ziehen.
24. Etwas von der Masse auf die Mürbeteigböden verteilen.
25. Die abgetropften Kirschen auf der Masse verteilen und mit der restlichen Masse die Kirschen abdecken.
26. Die kleinen Kirschkuchen im vorgeizten Backofen bei 170°C etwa 15 bis 20 Minuten backen, bis sie goldbraun sind.

Anrichten

27. Die kleinen Kirschkuchen lauwarm servieren.

Degustationsnotiz

Feine Kirschnuancen beflügeln die Backaromen des krossen Mürbeteigs, die als Erstes den Gaumen erreichen. Danach spürt man cremige Töne. Obwohl der Mürbeteig ohne Zucker zubereitet wird, entsteht durch die gesüßte Masse mit den Kirschen eine ausgeglichene Harmonie zwischen Säure und Süße. Die säuerlichen Kirscharomen bestimmen den bleibenden Geschmack.

Kulinarik

Der Mürbeteig muss bei einer Temperatur von 6°C ruhen, da er sonst brandig wird. Zu warmes Fett verbindet sich durch zu langes Kneten mit den Händen und nicht mit dem Mehl. In diesem Zustand lässt sich der Mürbeteig schlecht ausrollen und reißt schnell. Außerdem wird Gebäck aus falsch geknetetem Mürbeteig hart statt mürbe.
Gefrorene Sauerkirschen sollte man nur verwenden, wenn sie nicht aromatisiert sind. In der Saison empfiehlt sich, Weichselkirschen aus regionalem biologischem Anbau zu verwenden, da sie frischer und aromatischer sind.

Quarkkuchen

VORLAGE: QUARKKUCHEN (GUTES REZEPT WEBER), IN: PÖTZSCH, HERRSCHAFTSKÜCHE, S. 158

Saison: Das ganze Jahr, die beste Zeit ist der Herbst

FÜR EINEN QUARKKUCHEN

Quarkfüllung
500 g Quark (40 % Fett)
90 g Butter
1 Bio-Zitrone
4 Bio-Eier (Größe M)
125 g Zucker
125 g große Korinthen
20 g Mehl (Type 405)
125 ml Milch
25 ml Saure Sahne (25 % Fett)

Teig
250 g Mehl (Type 405)
145 g Butter
1 Eigelb (Bio-Ei Größe M)
5 ml Milch
400 g Kirschkerne

Nach dem Backen
6 Bio-Eier (Größe M)
125 ml Milch (3,5 %)
40 g Zucker
40 g Butter
Puderzucker zum Garnieren

Zubereitung

Füllung

1. Ein Küchentuch in ein feines Sieb legen und darin den Quark so trocken wie nur möglich auspressen.
2. Anschließend den Quark zwei Stunden abtropfen lassen.
3. Danach die Butter in einem Topf zerlassen.
4. Den trockenen Quark aus dem Sieb in eine Dreiliterschüssel geben.
5. Die Zitrone waschen, ihre gelbe Schale mit einer feinen Reibe abraspeln und dazugeben.
6. Die Eier, den Zucker, die Korinthen, das Mehl und die saure Sahne zum Quark geben. Alles verrühren und die Füllung kalt stellen.

Teig

7. Das Mehl auf die Arbeitsfläche sieben und in die Mitte eine Mulde drücken.
8. Dorthinein 125 Gramm Butter in groben Stücken von zwei mal zwei Zentimetern geben.
9. Das Eigelb und die Milch hinzugeben.
10. Mit einer Essgabel Butter, Mehl, Eigelb und Milch vermengen.
11. Das Mehl immer wieder mit einem Teigschaber vom Rand über die Zutaten zur Mitte schieben.
12. Mit einem großen glatten Messer den Teig regelrecht durchhacken, bis er krümelig wird.
13. Erst jetzt mit den Händen über die Handballen schnell kneten.
14. Daraufhin den Mürbeteig bei 6°C eine Stunde ruhen lassen, damit der Kleber des Mehls reagieren kann.
15. In der Zwischenzeit ein Tortenblech mit zehn Gramm Butter bestreichen.
16. Den Teig, nachdem er geruht hat, auf fünf Millimeter Stärke ausrollen. Aus dem Teig ein Stück in Größe der Tortenform ausstechen oder mit einem Messer ausschneiden. Den Rest des Teiges an den Rand der Form andrücken.
17. Mit dem Rücken eines Messers oder einer Palette den Rand gerade abstreichen.
18. Den Teig, damit er nicht aufgeht, mit einer Essgabel mehrfach einstechen.
19. Die Kirschkerne in die Form geben und gleichmäßig verteilen.
20. Den Tortenboden bei 190°C im vorgeheizten Ofen 13 bis 15 Minuten backen.
21. Die Kirschkerne herausnehmen und den Teig nochmals fünf bis acht Minuten backen, bis er goldgelb ist.
22. Die Quarkmasse auf den Tortenboden geben, mit zehn Gramm Butter bestreichen und bei 130°C etwa 40 bis 45 Minuten backen.

Nach dem Backen

23. Die sechs Eier durch ein feines Haarsieb geben, damit die Hagelschnüre entfernt werden.
24. Die Milch und den Zucker dazugeben und alles mit einem Schneebesen kurz aufschlagen.
25. Die Mischung auf den heißen Kuchen geben und diesen nochmals bei 130°C etwa 15 bis 20 Minuten backen, bis die hinzugegebene Masse hellbraun wird.
26. Den Kuchen aus dem Ofen nehmen und mit der Butter abstreichen.
27. Den Quarkkuchen erkalten lassen.

Anrichten

28. Den abgekühlten Kuchen auf einen entsprechend großen Teller geben, mit Puderzucker bestreuen und servieren.

Degustationsnotiz

Als Erstes erreicht ein wunderbares Aroma aus Butter, Quark- und Zitrustönen den Gaumen, bevor der knackige Mürbeteigboden noch Backnoten hinzufügt. Die Korinthen tauchen plötzlich in der Aromenvielfalt auf, stören nicht den harmonischen Aromenakkord, sondern erweitern ihn für eine kurze Zeit. Die Quark- und Zitrustöne dominieren mit Butternuancen und Backaromen den bleibenden Geschmack.

Kulinarik

Damit der Kuchen gelingt, muss der Quark trocken verarbeitet werden. Um sicher zu gehen, dass der Quark seine Flüssigkeit verloren hat, kann er auch schon einen Tag vorher in ein Sieb gelegt werden und langfristig abtropfen. Dieses Entziehen der Flüssigkeit sollte im Kühlschrank stattfinden, damit der Quark nicht verdirbt.

Der Mürbeteig muss bei einer Temperatur von 6°C ruhen, da er sonst brandig wird. Zu warmes Fett verbindet sich durch zu langes Kneten mit den Händen und nicht mit dem Mehl. In diesem Zustand lässt sich der Mürbeteig schlecht ausrollen und reißt schnell. Außerdem wird Gebäck aus falsch gekneteter Mürbeteig hart statt mürbe.

Das Aroma von reifen Bio-Zitronen besitzt eine ausgewogenere Balance zwischen Säure und Süße als das von Früchten aus konventioneller Produktion. Von Bio-Zitronen lässt sich die Schale bedenkenlos verwenden, weil sie keine Rückstände von Pflanzenschutz- oder Konservierungsmitteln enthält.

Windbeutel mit Schlagsahne

VORLAGE: WINDBEUTEL MIT SCHLAGSAHNE (LEHMANN), IN: PÖTZSCH HERRSCHAFTS-KÜCHE, S. 159 F.

Saison: Das ganze Jahr

FÜR 4 PERSONEN

Windbeutel
125 ml Wasser
125 g Butter
125 g Mehl (Type 405)
4 Bio-Eier (Größe M)
1 Eigelb (Bio-Ei Größe M)

Füllung
500 ml Sahne (30%)
50 g Vanillezucker

Zubereitung

1. Das Wasser und die Butter in einen Zweilitertopf geben und zum Kochen bringen.
2. Anschließend das Mehl mit einem Holzlöffel einrühren und unterheben.
3. Den Topf vom Herd nehmen und die Masse so lange rühren, bis sich ein Kloß bildet und am Boden ein Belag entsteht.
4. Den Teig abkühlen lassen, bis er lauwarm ist. Dann nach und nach die vier Eier unterheben, bis alles zu einer homogenen Masse verbunden ist.
5. Den Teig in einen Spritzbeutel mit einer Sterntülle von acht Zentimetern Durchmesser einfüllen.
6. Ein Backblech mit Backpapier auslegen.
7. 18 kleine Rosetten von einem Durchmesser von vier bis fünf Zentimetern und einer Höhe von zwei bis drei Zentimetern auf das Backpapier spritzen.
8. Das Eigelb mit einigen Wasserspritzern verdünnen, verquirlen und damit das Backgut bepinseln.
9. Den Ofen auf 180°C vorheizen und dann die Windbeutel 15 bis 18 Minuten backen, bis sie goldgelb und trocken sind.
10. Die Windbeutel anschließend gründlich auskühlen lassen.

Füllung

1. Die kalte Sahne steif schlagen und, kurz bevor sie fest wird, nach und nach den Vanillezucker dazugeben.
2. Die Sahne in einen Spritzbeutel mit einer Lochtülle von zwei bis drei Millimetern Durchmesser einfüllen.
3. Den Spritzbeutel mit der Tülle seitlich an die Windbeutel halten, leicht einstechen und die Windbeutel mit der Vanillesahne füllen.

Anrichten

4. Die Windbeutel auf einem kleinen Teller servieren.

Degustationsnotiz

Zuerst nimmt man den krossen Teig und seine Backaromen wahr, bevor der süße Schmelz der Vanillesahne hinzukommt. Die süßen- und buttrigen Vanillearomen bestimmen den bleibenden Geschmack.

Kulinarik

Der Brandteig muss die richtige Konsistenz haben, damit er vollständig aufgeht. Deshalb empfiehlt sich, einen kleinen Teil zur Probe zu backen. Wenn der Teig zu fest ist, kann noch ein wenig Wasser unter den Teig gehoben werden. Da der Teig frittiert wird, ist der Butteranteil kleiner als bei einer Backrezeptur, damit er nicht zu fettig wird. Die gebackenen Windbeutel dürfen nicht im Kühlschrank abgekühlt werden, weil dann Feuchtigkeit in das Backgut eindringen kann.
Sahne, die aus Milch von biologisch gehaltenen Kühen hergestellt wird, ist aromatischer, weil die Fütterung der Tiere für den Geschmack ihrer Milch entscheidend ist.

Hohlküchel mit Schokoladensauce

VORLAGE: HOH[L]KÜCHEL MIT CHOCOLADE. (LEHMANN), IN: PÖTZSCH, HERRSCHAFTS-KÜCHE, S. 160

Saison: Das ganze Jahr

Zubereitung

1. Das Wasser und die Butter in einen Zweilitertopf geben und zum Kochen bringen.
2. Anschließend das Mehl mit einem Holzlöffel einrühren und unterheben.
3. Den Topf vom Herd nehmen und die Masse so lange rühren, bis sich ein Kloß bildet und am Boden ein Belag entsteht. Den Teig abkühlen lassen, bis er lauwarm ist. Dann nach und nach die vier Eier unterheben, bis alles zu einer homogenen Masse verbunden ist.
4. Ein Backblech mit Backpapier auslegen.
5. Vom Teig mit einem Eisportionierer Kugeln mit einem Durchmesser von drei Zentimetern abstechen und auf das Backpapier legen.
6. Das Eigelb mit einigen Wasserspritzern verdünnen, verquirlen und damit das Backgut bepinseln.
7. Den Ofen auf 180°C vorheizen und die Windbeutel 18 bis 20 Minuten backen, bis sie goldgelb und trocken sind.
8. Die Hohlküchel nach dem Backen gründlich auskühlen lassen.

FÜR 6 PERSONEN

Hohlküchel
125 ml Wasser
125 g Butter
125 g Mehl (Type 405)
4 Bio-Eier (Größe M)
1 Eigelb (Bio-Ei Größe M)
500 ml Sahne (30% Fett)
30 g Zucker

Schokoladensauce
250 g Schokolade (70% Kakao)
50 g Zucker
20 ml Wasser

9. Die kalte Sahne steif schlagen und, kurz bevor sie fest wird, nach und nach den Zucker dazugeben.
10. Die Sahne in einen Spritzbeutel mit einer Lochtülle von zwei bis drei Millimetern Durchmesser einfüllen.
11. Den Spritzbeutel mit der Tülle seitlich an die Windbeutel halten, leicht einstechen und die Windbeutel mit der Sahne füllen.

Schokoladensauce
1. Die Schokolade, den Zucker und das Wasser in einen Topf geben und zur Sauce verschmelzen.
2. Die Sauce so lange unter ständigem Rühren mit einem Schneebesen reduzieren, bis die Schokolade „einen Faden zieht": Etwas Schokolade zwischen zwei Finger nehmen und auseinanderziehen, sodass ein Faden entsteht.

Anrichten
3. Die Hohlküchel in tiefe Teller geben und ein wenig mit Schokoladensauce überziehen. Die restliche Schokoladensauce in eine Sauciere geben und alles servieren.

Degustationsnotiz
Den krossen Teig mit seinen Backaromen und die intensiven Schokoladentöne nimmt man zuerst wahr, bevor der süße Schmelz der cremigen Sahne hervortritt. Die Schokoladenaromen bestimmen den bleibenden Geschmack.

Kulinarik
Der Brandteig muss die richtige Konsistenz haben, damit er vollständig aufgeht. Deshalb empfiehlt sich, einen kleinen Teil zur Probe zu backen. Wenn der Teig zu fest ist, kann noch ein wenig Wasser unter den Teig gehoben werden. Da der Teig frittiert wird, ist der Butteranteil kleiner als bei einer Backrezeptur, damit er nicht zu fettig wird. Die gebackenen Hohlküchel dürfen nicht im Kühlschrank abgekühlt werden, weil dann Feuchtigkeit in das Backgut eindringen kann.
Wie eine Schokoladensauce schmeckt, hängt im Wesentlichen von der Qualität der Schokolade ab. Bitterschokolade mit einem Kakaoanteil von 70 Prozent enthält in der Regel nur entölte Kakaomasse und Zucker. Da Kakaobohnen kein dominantes Schlüsselaroma besitzen, sondern sich ihr Duft aus vielen Komponenten zusammensetzt, variiert ihr Geschmack in Nuancen von holzig-nussigen bis zu blumig-warmen und honigartigen Noten. Das Aroma von Schokolade wird nicht nur durch die unterschiedlichen Bittertöne der verschiedenen Kakaobohnensorten und deren Wachstums-, Ernte- sowie Verarbeitungsbedingungen, sondern vor allem auch durch den Röstprozess bestimmt, der weitere erdig-würzige Aromen freisetzt.
Sahne, die aus Milch von biologisch gehaltenen Kühen hergestellt wird, ist aromatischer, weil die Fütterung der Tiere für den Geschmack ihrer Milch entscheidend ist.

Apfelauflauf

VORLAGE: APFELSCHALOTT. (BELVEDÈRE), IN: PÖTZSCH, HERRSCHAFTSKÜCHE, S. 161

Saison: Das ganze Jahr

Zubereitung

1. Das Semmelbrot am Vortag backen.
2. Ebenfalls am Vortag die Johannisbeeren waschen und mit einer Gabel die Beeren vom Stil lösen.
3. Die Beeren und den Zucker in einen Topf geben und acht bis zehn Minuten einkochen.
4. Die Äpfel schälen, halbieren, entkernen und in zwei bis drei Millimeter feine Streifen schneiden.
5. 120 Gramm Butter in einer Pfanne zerlassen und die Apfelstreifen darin fünf Minuten anschwitzen sowie leicht dünsten.
6. Den Zimt auf einer Muskatreibe oder im Mörser zerkleinern.
7. Den Rum, den Zucker, die Sultaninen sowie den Zimt zu den Äpfeln in die Pfanne geben und alles nochmals drei Minuten leicht garen.
8. Die Eier durch ein Sieb passieren, um die Hagelschnüre zu entfernen. Anschließend die Eier mit der Milch verquirlen und zu den Äpfeln geben. Alles so lange erhitzen, bis die Apfelstreifen leicht weich sind.
9. Die restliche Butter zerlassen und mit einem Teil davon die Auflaufform ausbuttern.
10. Vom Semmelbrot mit einer feinen Reibe die Kruste abreiben.
11. Mit einem Sägemesser acht drei Zentimeter dicke Scheiben schneiden. Dann die ersten vier Scheiben kurz in die ausgelassene Butter tauchen und anschließend in die Auflaufform legen.
12. Die Apfelstreifen in die Auflaufform füllen, die nächsten vier Brotscheiben in Butter tränken und auf die Apfelstreifen verteilen.
13. Den Auflauf im Ofen bei 170°C zirka 40 bis 45 Minuten backen.
14. Die Auflaufform aus dem Ofen nehmen, mit einem Brett bedecken und umdrehen, sodass der Auflauf auf dem Brett liegt und die flüssige Butter ausläuft.
15. Das Ganze etwa fünf Minuten stehen lassen und die flüssige Butter entfernen.
16. Dann die Form vom Auflauf abheben und reichlich Puderzucker über den Auflauf streuen.
17. Das Johannisbeergelee mit einer Palette auf dem Auflauf verteilen.

Anrichten

18. Den Apfelauflauf auf dem Brett lauwarm servieren.

Degustationsnotiz

Der warme Auflauf entfaltet sofort ein buttriges Aroma. Erst dann kommen saure und süße Töne aus Apfel und Johannisbeeren zur Geltung, die von den Rosinen, den zarten Rumnuancen und dem Zimt begleitet werden. Die buttrigen Töne bleiben erhalten und bestimmen mit den Apfel- und Johannisbeeraromen den bleibenden Geschmack.

Kulinarik

Nimmt man fast überreife Äpfel, kann mit weniger Zucker gesüßt werden, weil das Obst ein intensiveres Aroma besitzt.
Der Zimt sollte erst unmittelbar vor der Verwendung zerrieben werden, damit sich seine ätherischen Öle nicht verflüchtigen, sondern dem Gebäck zugutekommen.
Eier von Hühnern aus artgerechter Haltung mit biologischer Fütterung sind aromatischer als solche aus konventioneller Produktion. Denn bei Eiern ist die Qualität der Tierfütterung für den Geschmack entscheidend. Die sattgelbe Farbe des Dotters garantiert eine schöne Farbe des Gebäcks.

EINE AUFLAUFFORM VON 2 LITERN FÜR 6 PERSONEN

1 Rezeptur Semmelbrot (Siehe S. 398)
200 g Johannisbeeren
170 g Zucker
2 kg saure feste Äpfel (gelber Boskoop)
220 g Butter
2 g Ceylon-Zimt
20 ml weißer Rum
70 g Zucker
30 g Sultaninen
3 Bio-Eier (Größe M)
125 ml Milch (3,5 % Fett)
50 g Puderzucker

Apfelstrudel

VORLAGE: APFELSTRUDEL. (LEHMANN), IN: PÖTZSCH, HERRSCHAFTSKÜCHE, S. 162

Saison: September bis Februar

FÜR 12 PERSONEN

Teig
500 g Mehl (Type 405)
1 Bio-Ei (Größe M)
40 ml Wasser
1 Prise Salz
30 g Butter
Mehl zum Bestäuben

Füllung
4 kg saure feste Äpfel (gelber Boskoop)
20 ml Rum
80 g Semmelbrösel
150 g Butter
50 g Rosinen
50 g Hagelzucker

Zubereitung

1. Das Mehl sieben, damit es frei von Klumpen ist.
2. Das Ei durch ein feines Sieb geben, damit die Hagelschnüre entfernt werden.
3. Das Mehl auf eine Arbeitsfläche geben und eine Kuhle hineindrücken.
4. Das aufgeschlagene Ei, das Wasser und das Salz dazugeben. Alles kräftig zu einem Teig verarbeiten.
5. Den Teig über die Handballen bearbeiten, bis er nicht mehr klebrig ist.
6. 30 Gramm Butter erwärmen und den Teig damit bestreichen.
7. Anschließend den Teig auf ein mit Mehl bestäubtes Backblech legen. Eine Porzellanschüssel mit heißem Wasser erwärmen, abtrocknen und die erwärmte Schüssel über den Teig stülpen.
8. Alle zehn Minuten die inzwischen ausgekühlte Schüssel durch eine andere vorgewärmte ersetzen, bis der Teig nach einer Stunde geschmeidig wird.
9. Während der Ruhephase des Teiges die Äpfel schälen, halbieren, entkernen und in zwei bis drei Millimeter feine Streifen schneiden.
10. Die Apfelstreifen mit dem Rum aromatisieren.
11. In der Pfanne die Semmelbrösel mit 60 Gramm Butter anrösten, bis sie goldgelb sind.
12. Auf einem Tisch von 160 mal 80 Zentimetern Fläche ein gleich großes Tuch ausbreiten. Darauf den Teig zunächst ausrollen und anschließend die Enden langsam über den Handballen auseinanderziehen. Immer wieder die einzelnen Ecken und Seiten langsam über den Ballen ziehen, bis der Teig hauchdünn ist und die Kanten die Tischplatte bedecken.
13. Die etwas dickeren Zipfel des Teigs an den Rändern oder Ecken mit einer Schere entfernen.
14. Die mit Rum parfümierten Apfelscheiben gemeinsam mit den Rosinen auf dem Strudelteig verteilen.
15. Die Semmelbrösel über die Äpfel streuen.
16. Den Rest der Butter zerlassen und die Hälfte davon über die Äpfel, Rosinen und Semmelbrösel träufeln.
17. Anschließend die langen Enden des Tischtuches aufnehmen und mit Hilfe des Tuches den Strudel aufrollen. Das Tuch immer dicht an den Teig andrücken, damit der Teig fest an die Äpfel angeschmiegt wird.
18. Dann den Apfelstrudel zu einer Spiral drehen. Eine runde Pfanne, die in den Backofen gestellt werden kann und einen Durchmesser von 35 Zentimetern hat, mit etwas flüssiger Butter einfetten und auf den Strudel stülpen.
19. Den Strudel mit dem Tuch und der Pfanne umdrehen, sodass der Strudel in der Pfanne liegt. Das Tuch vorsichtig vom Strudel ablösen.
20. Erneut den Strudel mit einem Teil der restlichen flüssigen Butter bestreichen und sofort in einem auf 180° C vorgeheizten Backofen eine Stunde backen.

Anrichten

21. Den gebackenen Strudel mit der restlichen Butter bestreichen, mit Hagelzucker bestreuen, in Stücke schneiden und servieren.

Degustationsnotiz

Den krossen, knackigen Teig mit seinen Backaromen und die säuerlichen Töne des Apfels nimmt man sofort wahr. Erst dann entfalten sich zarte Rumnuancen, Rosinentöne und buttrige Semmelbröseltöne, die durch die anfänglich wahrgenommenen Aromen durchblenden. Letztlich dominieren aber die Back- und Apfelaromen, die auch den bleibenden Geschmack bestimmen.

Kulinarik

Strudelteig sollte so dünn ausgezogen werden, dass man durch ihn eine Zeitung lesen kann.

Nimmt man fast überreife Äpfel, kann mit weniger Zucker gesüßt werden, weil das Obst ein intensiveres Aroma besitzt.

Aprikosentorte mit Kirschen und Baiser

VORLAGE: BISQUITT MIT APRIKOSEN. (LEHMANN), IN: PÖTZSCH, HERRSCHAFTSKÜCHE, S. 164

Saison: Aprikosen und Kirschen von Juli bis August

Zubereitung

Aprikosensauce

1. 1 kg Aprikosenkompott für die Garnitur und die Sauce zubereiten.
2. Die Flüssigkeit von 600 Gramm Aprikosenkompott abgießen und das Zurückbleibende pürieren.
3. Das Püree mit Zucker, Wein und Rum in einem Topf erhitzen. Anschließend abkühlen lassen.

Biskuitboden

4. Die Eidotter vom Eiweiß der sechs Eier trennen.
5. Das ganze Eigelb in einer größeren Schüssel etwa zehn Minuten schaumig schlagen. Dabei nach und nach die Hälfte des Zuckers dazugeben.
6. Das Eiweiß in einer anderen Schüssel schaumig schlagen und den restlichen Zucker beim Schlagen nach und nach dazugeben.
7. Den Eischnee auf die Eigelbmasse setzen. Anschließend das Mehl darüber sieben und alles langsam mit einem Teiglöffel vermischen.
8. Einen Tortenring mit einem Durchmesser von 24 Zentimetern mit Backpapier einschlagen und auf ein Backblech setzen.
9. Die Biskuitmasse auf das Backpapier geben und mit Hilfe einer Winkelpalette die Masse gleichmäßig verstreichen.
10. Die ausgestrichene Biskuitmasse im vorgeheizten Backofen bei 190° C etwa 30 bis 35 Minuten backen, bis sie goldbraun ist.
11. Eine Garprobe für den Biskuit durchführen, indem man einen dünnen Holzstab in die höchste Stelle des Backteiges einsticht und wieder herauszieht. Wenn noch Teig daran hängt, ist der Biskuit noch nicht fertig gebacken.
12. Den gebackenen Biskuit in der Form auskühlen lassen.
13. Dann das Backpapier abziehen und den Tortenring hochkant stellen. Ein flaches Messer mit einer Länge von 13 bis 15 Zentimetern am Rand des Tortenringes einführen und den Biskuit so am Rand entlang aus der Springform trennen.
14. Den Biskuit auf den Tisch legen und mit einem sehr langen scharfen Messer waagerecht in fünf Zentimeter dicke Scheiben schneiden, sodass drei vielleicht auch vier runde Scheiben entstehen.
15. Die Biskuitscheiben außer der obersten mit der Aprikosenmarmelade bestreichen.
16. Erneut den Tortenring auf ein größeres Tortenblech stellen und die mit Marmelade bestrichenen Biskuitscheiben nacheinander hineingleiten lassen. Die Scheibe, die nicht mit Marmelade bestrichen ist, als Abdeckung auflegen und die Torte 30 Minuten ruhen lassen.

FÜR EINEN BISKUITBODEN

Aprikosensauce

600 g Aprikosenkompott (Siehe S. 448)
300 g Zucker
250 ml Weißwein (Riesling trocken)
1 EL Rum

Biskuitboden

6 Bio-Eier (Größe M)
125 g Zucker
125 g Mehl (Type 405)
400 g Aprikosenmarmelade (Siehe S. 422)

Garnitur

400 g Aprikosenkompott (Siehe S. 448)
200 g Weichselkirschkompott (Siehe S. 447)
8 Eiweiß (Bio-Ei Größe M)
400 g Zucker
50 g Puderzucker

Garnitur

17. Für das Baiser die acht Eiweiß schlagen, nach und nach den Zucker dazugeben und alles so lange verquirlen, bis der Eischnee Spitzen zieht.
18. Den Tortenring von den Biskuitscheiben nach oben abziehen und mit einer flachen Palette den Deckel und den Rand der Torte mit einem großen Teil des Eischnees überziehen. Um den Rand besser überziehen zu können, die Palette senkrecht halten und die Torte drehen.
19. Nochmals die Oberfläche mit der Palette glätten.
20. Die restliche Eiweißmasse in einen Spritzbeutel mit einer Lochtülle von acht Millimetern Durchmesser geben und in die Mitte einen Kreis von 18 Zentimetern Durchmesser spritzen.
21. Den Puderzucker über die Torte streuen und diese im Backofen bei 120°C eine Stunde trocknen.

Anrichten

22. Die gebräunte Torte aus dem Backofen nehmen.
23. Das Aprikosenkompott in das Innere des Kreises auf dem Deckel der Torte geben.
24. Mit dem restlichen Aprikosenkompott und dem Kirschkompott den Rand der Torte garnieren.
25. Die Torte warm servieren, die Aprikosensauce in eine Sauciere umfüllen und dazu stellen.

Degustationsnotiz

Süße krosse Aromen mit einem Hauch von Säure erreichen den Gaumen als Erstes, bevor die Süße von Backaromen verdrängt wird und die Kirsch- und Aprikosentöne sich hervorschieben. Es entsteht ein lang anhaltender Aromenakkord, der auch den bleibenden Geschmack bestimmt.

Kulinarik

Ein Biskuitboden kann auch einen Tag vorher gebacken werden. Beim Trennen der Eier darf kein Eigelb in das Eiweiß kommen, da sich sonst das Eiweiß nur schwer aufschlagen lässt. Steif geschlagenes Eiweiß darf nicht mit einem Schneebesen untergerührt werden, da es sonst zusammenfällt.

Die Eier in der Rezeptur können nach Belieben auch verdoppelt oder gar verdreifacht verwendet werden, um den Teig noch leichter und luftiger zu machen. Eier von Hühnern aus artgerechter Haltung mit biologischer Fütterung sind aromatischer als solche aus konventioneller Produktion. Denn bei Eiern ist die Qualität der Tierfütterung für den Geschmack entscheidend. Die sattgelbe Farbe des Dotters garantiert eine schöne Farbe des Biskuitbodens.

Baiser mit Schlagsahne

VORLAGE: BAISSERS MIT SCHLAGSAHNE. (LEHMANN), IN: PÖTZSCH, HERRSCHAFTS-KÜCHE, S. 165

Saison: Das ganze Jahr

Zubereitung

1. Das Eiweiß in eine große Schüssel geben und mit einem Schneebesen leicht schaumig schlagen.
2. Nachdem das Eiweiß schon weiß wird, den Zucker nach und nach beim Weiterschlagen einrieseln lassen.
3. Das Eiweiß so lange schlagen, bis sich der Zucker aufgelöst hat und das Eiweiß Spitzen bildet, die nicht mehr in die Masse zurücksinken.
4. Ein Backblech mit Backpapier auslegen.
5. Die feste Eiweißmasse in einen Spritzbeutel mit einer Sterntülle von zwölf Millimetern Durchmesser geben.
6. Auf das Backpapier im Abstand von vier bis fünf Zentimetern 14 Rosetten spritzen.
7. Den Puderzucker in ein feines Haarsieb geben und die Rosetten damit bestreuen.
8. Die Baiserrosetten im Backofen bei 100°C drei bis vier Stunden trocknen. Falls das Baiser dunkel zu werden droht, die Temperatur auf 90 bis 95°C reduzieren und die Trocknung entsprechend um eine Stunde verlängern.
9. Anschließend den Backofen öffnen und das Baiser im Backofen eine Stunde lang abkühlen lassen.

Anrichten

10. Das Baiser auf eine Platte legen und nach Wunsch mit 500 ml Sahne oder Eis servieren.

Degustationsnotiz

Baiser verbindet eine krosse Textur mit dem Genuss reiner Süße. Es verlangt geradezu danach, dieses Aromenspektrum mit anderen Produkten von cremiger Konsistenz, wie Sahne oder Eis, zu erweitern.

Kulinarik

Das Eiweiß muss, nachdem es sehr fest aufgeschlagen wurde, sofort verarbeitet werden. Denn nach etwa zehn Minuten Ruhe beginnt es, sich wieder zu verflüssigen. Sahne, die aus Milch von biologisch gehaltenen Kühen hergestellt wird, ist aromatischer, weil die Fütterung der Tiere für den Geschmack ihrer Milch entscheidend ist.

FÜR 14 BAISER
5 Eiweiß (Bio-Ei Größe M)
250 g Zucker
50 g Puderzucker

Aprikosenbeignets

VORLAGE: BEIGNETS D'ABRICOTS (HERR FRI(C)KE), IN: PÖTZSCH, HERRSCHAFTSKÜCHE, S. 166 F.

Saison: Aprikosen von Juli bis August

FÜR 4 PERSONEN
375 g Mehl (Type 405)
210 g Butter
4 Eigelbe (Bio-Ei Größe M)
30 ml Milch (3,5 % Fett)
500 g Aprikosenmarmelade (Siehe S. 422)
3 Bio-Eier (Größe M)
2 l Pflanzenöl
50 g Puderzucker

Zubereitung

1. Das Mehl auf eine Arbeitsfläche sieben.
2. Die kalte Butter in drei bis vier Millimeter kleine Würfel schneiden und zum Mehl geben.
3. Die Eigelbe mit der Milch verrühren und mit dem Mehl und der Butter zu einem Teig verarbeiten.
4. Den Teig anschließend in eine Folie einwickeln und im Kühlschrank zwei Stunden ruhen lassen.
5. Den Teig mit einer Nudelmaschine mit der weitesten Einstellung bis zu einer Stufe von ein bis zwei Millimetern Dicke mehrfach auswalzen. Zwischen den Walzvorgängen immer ein wenig Mehl über den Teig stäuben, damit er schön glatt wird.
6. Die Hälfte des Teiges der Länge nach auf einer großen Arbeitsfläche ausbreiten. Dann jeweils im Abstand von sechs Zentimetern zehn Gramm Aprikosenmarmelade auftragen.
7. Die Eier verquirlen. Anschließend mit einem Pinsel einen kleinen Kreis von eineinhalb Zentimetern rund um die Aprikosenmarmelade mit Ei bestreichen.
8. Die zweite Hälfte des Teiges nun auf den ausgelegten mit Aprikosenmarmelade sowie mit Ei bestrichenen Teig legen und mit den Fingern rund um die Marmelade vorsichtig andrücken.
9. Mit einem Ring von sechs Zentimetern Durchmesser die Aprikosenbeignets wie Ravioli ausstechen.
10. Das Pflanzenöl in einem Topf auf 160° C erhitzen und die Aprikosenbeignets darin ein bis höchstens zwei Minuten ausbacken, bis sie goldgelb sind.
11. Anschließend die Aprikosenbeignets auf Küchenpapier geben und mit Puderzucker bestäuben.

Anrichten

12. Die Aprikosenbeignets ein wenig abkühlen lassen und auf einer Platte servieren.

Degustationsnotiz

Als Erstes nimmt man die knackig, in Fett gebackenen Backaromen der Aprikosenbeignets wahr, die sich schnell mit der Aprikosenmarmelade verbinden. Der Puderzucker unterstützt die Süße der Aprikosen. Die Aprikosenaromen bestimmen den bleibenden Geschmack.

Kulinarik

Aprikosenbeignets müssen immer frisch hergestellt werden, da sie selbst bei kühler Lagerung Feuchtigkeit anziehen.

Bayerischer Kirschkuchen

VORLAGE: BAIRISCHER KIRSCHKUCHEN. (LEHMANN), IN: PÖTZSCH, HERRSCHAFTSKÜCHE, S. 168

Saison: Das ganze Jahr

Zubereitung

1. Das Weichselkirschenkompott zum Abtropfen in ein Sieb geben. Den Saft auffangen und aufheben. Nach 15 Minuten die Kirschen auf Küchenpapier trocken legen.
2. Eine Gugelhupfform von 22 Zentimetern Durchmesser und 12 Zentimetern Höhe mit der Butter ausstreichen und darauf 20 Gramm Paniermehl streuen.
3. Den Zimt auf einer Muskatreibe oder im Mörser zerkleinern.
4. Die Eidotter vom Eiweiß der zwölf Eier trennen. Das Eiweiß in eine Schüssel geben und kalt stellen.
5. Die 18 Dotter mit 360 Gramm Zucker schaumig rühren, bis sie ein wenig fest sind.
6. Den Zimt, die Kartoffelstärke und das restliche Paniermehl dazugeben und mit einem Holzlöffel unterheben.
7. Das Eiweiß mit einem Schneebesen aufschlagen, bis sich Spitzen bilden.
8. Anschließend das Eiweiß mit einem Holzlöffel vorsichtig unter die Teigmasse heben.
9. Die Masse in die Gugelhupfform füllen, die abgetropften Kirschen des Kompotts darauf geben und sofort in den auf 140° C vorgeheizten Backofen geben. Etwa eineinhalb Stunden backen.
10. Währenddessen den Kirschsaft mit dem restlichen Zucker vermischen und etwa zehn Minuten zu einer leicht sämigen Sauce einkochen. Anschließend erkalten lassen.

Anrichten

11. Den Gugelhupf aus dem Ofen nehmen und in der Form servieren.
12. Jeweils mit einem großen Löffel in einzelnen Portionen auf kleine Teller geben und ein wenig mit der Kirschsauce überziehen.

Degustationsnotiz
Zunächst nimmt man säurebetonte Kirscharomen mit süßen Komponenten wahr, bevor diese von leichten Backaromen begleitet werden. Die Kirschtöne bestimmen den bleibenden Geschmack.

Kulinarik
Die Kirschen müssen unbedingt trocken in den Teig gegeben werden, da sie sich sonst fast vollständig auf dem Boden vom Gugelhupf absetzen und es deshalb nicht zu einem durchgängigen Akkord von Kirsch- und Backaromen kommt.
Schattenmorellen eignen sich besonders gut zum Backen, da sie mit ihrer dunkelroten Farbe einen schönen farblichen Kontrast zum hellen Teig bieten und mit ihrem aromatisch säuerlichen Geschmack die Süße des Kuchenteigs ausgleichen.

FÜR EINEN GUGELHUPF
2 Rezepturen Weichselkirschkompott (Siehe S. 447)
20 g Butter
200 g Paniermehl
2 g Ceylon-Zimt
12 Bio-Eier (Größe M)
6 Eigelbe (Bio-Ei Größe M)
460 g Zucker
30 g Kartoffelstärke

Krapfen von Vanillecreme

VORLAGE: KRAPFEN VON VANILLE-CRÈME. (LEHMANN), IN: PÖTZSCH, HERRSCHAFTS-KÜCHE, S. 168 F.

Saison: Das ganze Jahr

FÜR 4 PERSONEN
½ Vanilleschote (Bourbon)
500 ml Milch (3,5 % Fett)
200 g Zucker
100 g Butter
100 g Mehl (Type 405)
6 Eigelbe (Bio-Ei Größe M)
2 Bio-Eier (Größe M)

Panade
400 g Bittere Makronen (Siehe S. 372)
50 g Vanillezucker
2 l Pflanzenöl
3 Bio-Eier (Größe M)

Zubereitung

Vanillecreme

1. Die halbe Vanilleschote längs halbieren und mit einem Messer das Mark herauskratzen.
2. Die Milch, das Vanillemark und den Zucker verrühren und aufkochen.
3. Die Butter mit dem Mehl verkneten und zu der gezuckerten heißen Milch geben.
4. Die Masse mit einem Holzlöffel etwa fünf Minuten unter ständigem Rühren garen, bis sich ein Kloß bildet und am Boden ein Belag entsteht. Anschließend den Topf vom Herd nehmen und den Brandteig fünf Minuten abkühlen lassen.
5. Die sechs Eigelbe und die zwei ganzen Eier mit einem Holzlöffel unter den Teig rühren.
6. Ein Backblech mit Backpapier auslegen.
7. Die heiße Masse auf das Backpapier geben, mit einer Winkelpalette auf eine Höhe von zwei Zentimetern auseinanderstreichen und erkalten lassen.

Panade

8. Die Makronen backen.
9. Den Vanillezucker herstellen.
10. Die Makronen in der Hand gegeneinander reiben, um daraus ein Paniermehl herzustellen.
11. Das Pflanzenöl auf 150° C erhitzen.
12. Mit einem runden Ausstecher von sechs Zentimetern Durchmesser aus dem Brandteig Krapfen ausstechen.
13. Die drei Eier miteinander verrühren. Dann die Krapfen in Ei und anschließend in den Makronen wenden. Diesen Vorgang noch einmal wiederholen und die panierten Krapfen sofort etwa zwei Minuten in dem heißen Pflanzenöl ausbacken, bis sie goldgelb sind.
14. Die Krapfen auf Küchenpapier legen, damit das heiße Pflanzenöl abtropft.

Anrichten
15. Die Krapfen mit dem Vanillezucker bestäuben und auf einer Platte warm servieren.

Degustationsnotiz
Feine Nuancen von Vanille-, Butter- und Backaromen erreichen zuerst den Gaumen, bevor die leichten Bitternuancen der Makronen den Aromenakkord abrunden. Die zarten süßlichen Bittertöne bestimmen den bleibenden Geschmack.

Kulinarik
Eier von Hühnern aus artgerechter Haltung mit biologischer Fütterung sind aromatischer als solche aus konventioneller Produktion. Denn bei Eiern ist die Qualität der Tierfütterung für den Geschmack entscheidend. Die sattgelbe Farbe des Dotters garantiert eine schöne Farbe des Gebäcks.

Kleine Frühlingskuchen

VORLAGE: FRÜHLINGSKRÄNZE. (LEHMANN), IN: PÖTZSCH, HERRSCHAFTSKÜCHE, S. 169

Saison: Erdbeeren von Juni bis Juli

Zubereitung
Mürbeteig
1. Das Mehl auf die Arbeitsfläche sieben, das Salz dazugeben und in die Mitte eine Mulde drücken.
2. Dorthinein die Butter in groben Stücken von zwei mal zwei Zentimetern geben.
3. Das Eigelb und die Milch hinzugeben.
4. Mit einer Essgabel Butter, Mehl, Eigelb und Milch vermengen.
5. Das Mehl immer wieder mit einem Teigschaber vom Rand über die Zutaten zur Mitte schieben.
6. Mit einem großen glatten Messer den Teig regelrecht durchhacken, bis er krümelig wird.
7. Erst jetzt mit den Händen über die Handballen schnell kneten.
8. Daraufhin den Mürbeteig bei 6° C eine Stunde ruhen lassen, damit der Kleber des Mehls reagieren kann.
9. Dann erst kann der Teig ausgerollt und verarbeitet werden.
10. Die Aprikosenmarmelade zubereiten, die Pistazien fein hacken und den Vanillezucker herstellen.

Brandteig
11. Die Butter, den Zucker, das Wasser und das Salz in einen Zweilitertopf geben und zum Kochen bringen.
12. Anschließend das Mehl mit einem Holzlöffel einrühren und unterheben.
13. Den Topf vom Herd nehmen und die Masse so lange rühren, bis sich ein Kloß bildet und am Boden ein Belag entsteht.
14. Den Teig abkühlen lassen, bis er lauwarm ist. Anschließend nach und nach sämtliche Eier unterheben, bis alles zu einer homogenen Masse verbunden ist.
15. Backen
16. Den Mürbeteig nach dem Ruhen auf eine Stärke von drei bis vier Millimetern ausrollen und mit einem Ausstecher 18 Kreise von fünf Zentimetern ausstechen.
17. Ein Backblech mit Backpapier auslegen.

18 STÜCK FÜR 6 PERSONEN

Mürbeteig
250 g Mehl (Type 405)
1 Prise Salz
125 g Butter
3 Eigelbe (Bio-Ei Größe M)
30 ml Milch (3,5 % Fett)

Brandteig
125 g Butter
3 g Zucker
125 ml Wasser
1 Prise Salz
125 g Mehl (Type 405)
4 Bio-Eier (Größe M)

Sahnefüllungen
60 g Erdbeeren
8 g Schokolade (70 % Kakao)
600 ml Sahne (30 % Fett)
30 g Vanillezucker

Sonstiges
400 g Aprikosenmarmelade (Siehe S. 422)
80 g Pistazien
3 Eigelbe (Bio-Ei Größe M)

18. Die Mürbeteigkreise auf das Backpapier legen, mit einer Essgabel mehrere Löcher hineinstechen und anschließend bei 150 bis 160°C etwa sechs bis acht Minuten backen, bis die Teigstücke hell goldgelb sind.
19. Die Mürbeteigkreise mit einem Teil der drei Eigelbe einstreichen.
20. Den Brandteig in einen Spritzbeutel mit einer Sterntülle von acht Millimetern Durchmesser füllen. Auf den Rand der Mürbeteigkreise einen Ring spritzen. Nochmals alles mit dem restlichen Eigelb bestreichen und im Ofen bei 170°C zehn bis zwölf Minuten backen.

Sahnefüllungen
21. Zwischenzeitlich die Erdbeeren putzen, klein schneiden und durch ein feines Sieb streichen.
22. Die Schokolade leicht erwärmen, sodass sie flüssig wird. Ein Drittel der Sahne dazugeben und kalt stellen.
23. Ein weiteres Drittel der Sahne mit dem Erdbeermark versetzen und steif schlagen.
24. Die Schokoladensahne ebenfalls schlagen, bis sie fest wird.
25. Die restliche Sahne mit Vanillezucker versetzen und steif schlagen.
26. Das Gebäck aus dem Ofen nehmen und abkühlen lassen. Anschließend mit der Aprikosenmarmelade bestreichen und mit den gehackten Pistazien bestreuen.
27. Sobald das Gebäck erkaltet ist, die drei verschiedenen Sahnemischungen in je einen Spritzbeutel mit einer Sterntülle von sechs Millimetern Durchmesser geben.
28. Die Frühlingskuchen mit Streifen vom Rand aus zur Mitte hin abwechselnd mit weißer, roter und schwarzer Sahne befüllen.

Anrichten
29. Jeweils drei Frühlingskuchen auf einen Teller stellen und servieren.

Degustationsnotiz
Die Sahnevarianten mit ihren unterschiedlichen Nuancen nimmt man zuerst wahr. Erst dann tauchen die knackigen Backaromen auf, die sich sehr harmonisch mit den Aprikosentönen und den nussigen Pistazienaromen zu einem Akkord vereinen. Die buttrigen Backaromen und die Aprikosentöne bestimmen den bleibenden Geschmack.

Kulinarik
Frühlingskuchen müssen immer frisch hergestellt werden, da der Teig ansonsten seinen typisch krossen Charakter verliert.
Der Mürbeteig muss bei einer Temperatur von 6°C ruhen, da er sonst brandig wird. Zu warmes Fett verbindet sich durch zu langes Kneten mit den Händen und nicht mit dem Mehl. In diesem Zustand lässt sich der Mürbeteig schlecht ausrollen und reißt schnell. Außerdem wird Gebäck aus falsch geknetetem Mürbeteig hart statt mürbe.
Sahne, die aus Milch von biologisch gehaltenen Kühen hergestellt wird, ist aromatischer, weil die Fütterung der Tiere für den Geschmack ihrer Milch entscheidend ist.
Bevor man die fruchtig-nussigen Pistazien verarbeitet, muss man ihren Geschmack überprüfen. Denn sie sollten nicht zu lange gelagert sein und keinen leicht ranzigen Ton auf die Frühlingskuchen übertragen.

Schillerlocken mit Vanillecreme

VORLAGE: SCHILLERLOCKEN MIT VANILLECRÈME (ZUM FÜLLEN.) (LEHMANN),
IN: PÖTZSCH, HERRSCHAFTSKÜCHE, S. 170

Saison: Das ganze Jahr

FÜR 10 PERSONEN BZW.
FÜR 10 SCHILLERLOCKEN
1 kg Blätterteig (Siehe S. 392)
60 g Butter
4 Eigelbe (Bio-Ei Größe M)
20 ml Wasser
200 g Puderzucker
10 runde Hölzer von 20 cm Länge
und 2 cm Durchmesser

Vanillecreme
10 Eigelbe (Bio-Ei Größe M)
125 g Zucker
20 g Mehl (Type 405)
1 Vanilleschote (Bourbon)
500 ml Sahne (30 % Fett)
6 Eiweiß (Bio-Ei Größe M)

Zubereitung
Blätterteig
1. Vorab den Blätterteig herstellen und 60 Minuten ruhen lassen.
2. Den Blätterteig mit einer Backrolle auf einer Marmorplatte zu einem Rechteck von 40 mal 30 Zentimetern und einer Dicke von vier bis fünf Millimetern ausrollen.
3. Mit einem Messer längliche Streifen von drei Zentimetern Breite und 40 Zentimetern Länge schneiden.
4. Die handwarme Butter mit einem Pinsel auf die Hölzer streichen, und die geschnittenen Blätterteigstreifen schräg um die einzelnen Hölzer wickeln.
5. Die Enden der Blätterteigstreifen leicht am Holz festdrücken.
6. Ein Backblech mit Backpapier auslegen und die Teigrollen darauf verteilen.
7. Die Eigelbe mit etwas Wasser verquirlen und die Teigrollen damit dünn bestreichen. Anschließend mit etwas Puderzucker bestäuben und im auf 190°C vorgeheizten Backofen 15 bis 20 Minuten backen.
8. Die Schillerlocken aus dem Ofen nehmen, leicht erkalten lassen und dann die Hölzer aus dem Gebäck vorsichtig herausziehen.

Vanillecreme
1. Zwischenzeitlich die Vanillecreme zubereiten. Dazu die Eigelbe mit dem Zucker und dem Mehl intensiv verrühren.
2. Die Vanilleschote halbieren und mit einem Messer das Mark herauskratzen.
3. Die ausgekratzte Vanilleschote und das Mark in die Sahne geben und alles zusammen aufkochen.
4. Die Vanillesahne durch ein Sieb in die Eigelb-Zucker-Mehl-Mischung gießen und kräftig einrühren.
5. Das Eiweiß aufschlagen, bis es steif wird.
6. Dann das geschlagene Eiweiß langsam mit einem Küchenlöffel unter die Eigelb-Vanille-Masse ziehen.
7. Die fertige Vanillecreme kalt stellen.
8. Anschließend die Vanillecreme in einen Spritzbeutel geben und die Schillerlocken damit füllen.

Anrichten
9. Die Schillerlocken auf eine Platte legen und nochmals mit etwas Puderzucker bestäuben und servieren.

Degustationsnotiz
Sofort kommen die krossen Backaromen zum Vorschein, bevor die herrlichen süßen Vanilletöne der Creme den Gaumen umspielen und sich mit den Blätterteignoten zu einem Aromenakkord vereinen. Die Vanille- und Backaromen bestimmen den bleibenden Geschmack.

Kulinarik
Schillerlocken sollten immer nur frisch serviert werden, da sich durch Lagerung ranzige Töne entwickeln.
Die Vanillecreme muss ebenfalls frisch gemacht werden, da sie bereits nach mehreren Stunden zusammenfällt und nicht mehr die gewünschte Konsistenz besitzt. Das Aroma von frischen Vanilleschoten ist wesentlich komplexer als das von Vanillezucker oder das von synthetisch hergestelltem Vanillin, das lediglich den zentralen Aromastoff der Vanille nachahmt. Vanilleschoten gibt es in drei aromatisch deutlich differierenden Varianten: Bourbon-, Mexiko- und Tahiti-Vanille.
Sahne, die aus Milch von biologisch gehaltenen Kühen hergestellt wird, ist aromatischer, weil die Fütterung der Tiere für den Geschmack ihrer Milch entscheidend ist. Eier von Hühnern aus artgerechter Haltung mit biologischer Fütterung sind aromatischer als solche aus konventioneller Produktion. Denn bei Eiern ist die Qualität der Tierfütterung für den Geschmack entscheidend. Die sattgelbe Farbe des Dotters garantiert eine schöne Farbe der Vanillecreme.

Brottorte

VORLAGE: BROTTORTE. (HUBER), IN: PÖTZSCH, HERRSCHAFTSKÜCHE, S. 171

Saison: Das ganze Jahr

Zubereitung

1. Die Eier und Eigelbe fünf Minuten aufschlagen. Anschließend nach und nach den Zucker beim Schlagen dazugeben.
2. Die Masse nochmals 25 Minuten schlagen, damit sie sehr luftig wird.
3. Inzwischen die Mandeln in kochendes Wasser geben. Nach einer Minute herausnehmen und in kaltem Wasser abschrecken.
4. Die Haut von den Mandeln abziehen und die Mandelkerne fein zerreiben.
5. Dann beim Steifschlagen die zerriebenen Mandeln dazugeben und alles nochmals zehn bis zwölf Minuten schlagen.
6. Die Zitrone waschen und ihre gelbe Schale mit einer feinen Reibe abraspeln.
7. Die Gewürznelken in einem Mörser sehr fein zerstoßen. Anschließend den Zimt auf einer Muskatreibe oder im Mörser zerkleinern.
8. Den Zimt, die abgeriebene Zitronenschale und die fein zerstoßenen Gewürznelken unter das Paniermehl geben.
9. Das Paniermehl mit einem Holzlöffel unter die aufgeschlagene Masse heben.
10. Damit das Backpapier fest auf dem Backblech aufliegt, das Blech mit der Butter einpinseln und mit dem Papier auslegen.
11. Die Masse auf das Backpapier geben und mit einer Winkelpalette gleichmäßig verteilen.
12. Im vorgeheizten Backofen bei 165°C etwa eine Stunde lang backen.
13. Den Läuterzucker kochen und anschließend abkühlen lassen, bis er etwa 40°C hat. Dann den Kakao mit einem Schneebesen unterrühren.
14. Den Kuchen aus dem Ofen holen und auf eine Platte geben.

Anrichten

15. Den warmen Läuterzucker mit Kakao über den warmen Kuchen gießen und servieren.

Degustationsnotiz

Leichte Gewürzaromen aus Gewürznelke und Zimt sind sofort wahrzunehmen. Langsam tauchen aus der Tiefe die Zitrustöne hervor, die von den zartbitteren Kakaoaromen begleitet werden. Die Aromen verschmelzen zu einem Akkord, der auch den bleibenden Geschmack bestimmt.

Kulinarik

Der Brotkuchen muss lauwarm serviert werden, damit die Aromen aus Zitrone, Zimt und Gewürznelken besser wahrgenommen werden.
Da Kakaobohnen kein dominantes Schlüsselaroma besitzen, sondern sich ihr Duft aus vielen Komponenten zusammensetzt, variiert ihr Geschmack in Nuancen von holzignussigen bis zu blumig-warmen und honigartigen Noten. Das Aroma von Kakaobohnen wird nicht nur durch die unterschiedlichen Bittertöne der verschiedenen Kakaobohnensorten und deren Wachstums-, Ernte- sowie Verarbeitungsbedingungen, sondern vor allem auch durch den Röstprozess bestimmt, der weitere erdig-würzige Aromen freisetzt.
Zimt und Nelken sollten erst unmittelbar vor der Verwendung zerrieben werden, damit ihre ätherischen Öle sich nicht verflüchtigen, sondern dem Gebäck zugutekommen. Mandeln behalten in der Schale bis zu einem Jahr ihr Aroma, ohne ranzig zu werden. Wird eine Mandel nur noch von der Haut umgeben, sollte man sie aber nicht länger als sechs und ohne Haut nur vier Monate aufbewahren. Weiterverarbeitete Mandeln bleiben nur wenige Wochen frisch.
Das Aroma von reifen Bio-Zitronen besitzt eine ausgewogenere Balance zwischen Säure und Süße als das von Früchten aus konventioneller Produktion. Von Bio-Zitronen lässt sich die Schale bedenkenlos verwenden, weil sie keine Rückstände von Pflanzenschutz- oder Konservierungsmitteln enthält.

FÜR EIN BACKBLECH

5 Bio-Eier (Größe M)
6 Eigelbe (Bio-Ei Größe M)
280 g Zucker
280 g Mandeln
1 Bio-Zitrone
4 Gewürznelken
4 g Ceylon-Zimt
50 g Paniermehl
30 g Butter
200 ml Läuterzucker
(Siehe S. 420)
50 g Kakao (ungesüßt)

Eier von Hühnern aus artgerechter Haltung mit biologischer Fütterung sind aromatischer als solche aus konventioneller Produktion. Denn bei Eiern ist die Qualität der Tierfütterung für den Geschmack entscheidend. Die sattgelbe Farbe des Dotters garantiert eine schöne Farbe des Gebäcks.

Schokoladentorte

VORLAGE: CHOCOLADEN-TORTE. (HUBER), IN: PÖTZSCH HERRSCHAFTSKÜCHE, S. 171 F.

Saison: Das ganze Jahr

FÜR EINE TORTENFORM VON 18 CM DURCHMESSER

87 g Mandeln
4 Bio-Eier (Größe M)
8 Eigelbe (Bio-Ei Größe M)
87 g Zucker
140 g Schokolade (70 % Kakaoanteil)
70 g Mehl (Type 405)
1 Prise Salz
20 g Butter
200 ml Läuterzucker
(Siehe S. 420)
50 g Kakao (ungesüßt)

Zubereitung

1. Die Mandeln in kochendes Wasser geben. Nach einer Minute herausnehmen und in kaltem Wasser abschrecken.
2. Die Haut von den Mandeln abziehen und die Mandelkerne fein zermahlen.
3. Die Dotter der vier Eier vom Eiweiß trennen.
4. Die vier Eigelbe mit den fein gemahlenen Mandeln verrühren.
5. Die acht Eigelbe mit dem Zucker 15 Minuten schaumig schlagen.
6. Die Schokolade fein reiben und mit dem gesiebten Mehl und der Eigelb-Mandel-Masse unter die schaumig geschlagenen acht Eigelbe rühren.
7. Eine Prise Salz dem Eiweiß zugeben und es so lange mit einem Schneebesen schlagen, bis feine Spitzen entstehen.
8. Die Tortenform mit der Butter ausstreichen.
9. Das steif geschlagene Eiweiß mit einem Holzlöffel unter die Masse heben.
10. Die Masse in die Tortenform geben und mit einer Winkelpalette gleichmäßig verteilen.
11. Im vorgeheizten Backofen die Torte bei 165°C etwa eine Stunde lang backen.
12. Den Läuterzucker kochen. Anschließend abkühlen lassen, bis er etwa eine Temperatur von 40°C hat. Dann den Kakao mit einem Schneebesen unterrühren.
13. Den Kuchen aus dem Ofen holen und auf eine runde Platte geben.

Anrichten

14. Den warmen Läuterzucker mit Kakao über den warmen Kuchen gießen und servieren.

Degustationsnotiz

Leichte süße Schokoladenaromen nimmt man zuerst wahr, bevor aus der Tiefe allmählich zarte Mandeltöne hervortreten, die von feinen bitteren Kakao- und Backaromen begleitet werden. Den bleibenden Geschmack bestimmen die Schokoladenaromen.

Kulinarik

Der Schokoladenkuchen muss lauwarm serviert werden, damit seine Aromen besser zur Geltung kommen. Wie ein Schokoladenkuchen schmeckt, hängt im Wesentlichen von der Qualität der Schokolade ab. Bitterschokolade mit einem Kakaoanteil von 70 Prozent enthält in der Regel nur entölte Kakaomasse und Zucker. Da Kakaobohnen kein dominantes Schlüsselaroma besitzen, sondern sich ihr Duft aus vielen Komponenten zusammensetzt, variiert ihr Geschmack in Nuancen von holzig-nussigen bis zu blumig-warmen und honigartigen Noten. Das Aroma von Schokolade wird nicht nur durch die unterschiedlichen Bittertöne der verschiedenen Kakaobohnensorten und deren Wachstums-, Ernte- sowie Verarbeitungsbedingungen, sondern vor allem auch durch den Röstprozess bestimmt, der weitere erdig-würzige Aromen freisetzt. Mandeln behalten in der Schale bis zu einem Jahr ihr Aroma, ohne ranzig zu werden. Wird eine Mandel nur noch von der Haut umgeben, sollte man sie aber nicht länger als sechs und ohne Haut nur vier Monate aufbewahren. Weiterverarbeitete Mandeln bleiben nur wenige Wochen frisch.

Ochsengurgel

VORLAGE: OCHSENGURGELN. (BAUMANN), IN: PÖTZSCH, HERRSCHAFTSKÜCHE, S. 172

Saison: Das ganze Jahr

Zubereitung
1. Das Mehl auf eine Arbeitsfläche sieben und den Zucker dazugeben.
2. Die Butter in zwei Zentimeter große Stücke schneiden.
3. In die Mitte des Mehls eine Mulde drücken und die Butterwürfel hineingeben.
4. Anschließend die Eigelbe und die Saure Sahne hinzufügen.
5. Mit einer Essgabel Butter, Mehl, Eigelb und Sauerrahm vermengen.
6. Das Mehl immer wieder mit einem Teigschaber vom Rand über die Zutaten zur Mitte schieben.
7. Mit einem großen glatten Messer den Teig regelrecht durchhacken, bis er krümelig wird.
8. Erst jetzt den Teig schnell mit den Händen über die Handballen kneten.
9. Daraufhin den Teig eine Stunde ruhen lassen, damit der Kleber des Mehls reagieren kann.
10. Zwischenzeitlich die Aprikosenmarmelade herstellen.
11. Die Sahne steif schlagen und währenddessen mit dem Puderzucker süßen.
12. Das Fett in einem Topf auf 150 bis 160 °C erhitzen.
13. Den Teig mit dem Rollholz auf fünf Millimeter Dicke ausrollen. Daraus längliche Streifen von zwei Zentimetern Breite und zwölf Zentimetern Länge schneiden.
14. Die Streifen um das Ochsengurgeleisen wickeln.
15. Die Enden ein wenig mit Wasser bestreichen und an das Ochsengurgeleisen drücken.
16. Den Teig mit Naturbindfaden umwickeln, damit er sich nicht vom Ochsengurgeleisen lösen kann. Ein Fadenende in der Hand behalten.
17. Das Ochsengurgeleisen in das heiße Fett eintauchen und den Teig vier bis fünf Minuten backen, bis er goldgelb ist. Dabei das Eisen ein wenig im Fett drehen und den Faden langsam lösen.
18. Das Eisen herausnehmen und das Gebäck warm vom Eisen lösen.

Anrichten
19. Die Ochsengurgel innen mit Aprikosenmarmelade ausstreichen.
20. Nachdem das Gebäck abgekühlt ist, die Sahne mit einem Spritzbeutel in die Ochsengurgel füllen. Anschließend servieren.

FÜR 4 PERSONEN
250 g Mehl (Type 405)
30 g Zucker
125 g Butter
6 Eigelbe (Bio-Ei Größe M)
20 g Saure Sahne (10 % Fett)
260 g Aprikosenmarmelade
(Siehe S. 420)
400 ml Sahne (30 % Fett)
50 g Puderzucker
8 l Pflanzenfett
1 Rolle Naturbindfaden

Degustationsnotiz

Den krossen Teig und seine Backaromen nimmt man zuerst wahr, bevor leichte Aprikosentöne und cremige Sahnenoten mit dem Backaroma zu einem Akkord verschmelzen. Den bleibenden Geschmack bestimmen buttrige Backtöne und Aprikosennuancen.

Kulinarik

Die Ochsengurgel ist ein Dauergebäck. Man kann sie backen und in einer Dose mehrere Wochen aufbewahren. Das Gebäck lässt sich auch je nach Jahreszeiten wahlweise mit Früchten, etwa Erdbeeren oder Heidelbeeren, füllen.
Frische und reife Aprikosen mit einer schönen Säure und Süße bekommt man nur während der Saison. Es empfiehlt sich, Aprikosen aus regionalem biologischem Anbau zu verwenden, da sie frischer und aromatischer sind.
Sahne, die aus Milch von biologisch gehaltenen Kühen hergestellt wird, ist aromatischer, weil die Fütterung der Tiere für den Geschmack ihrer Milch entscheidend ist.

Quarkkuchen mit Mandeln

VORLAGE: QUARKKUCHEN. (LEHMANN), IN: PÖTZSCH, HERRSCHAFTSKÜCHE, S. 176

Saison: Das ganze Jahr

FÜR EINEN QUARKKUCHEN

Quarkfüllung
500 g Quark (40 % Fett)
205 g Mandeln
45 g Butter
1 Bio-Zitrone
3 Eigelbe (Bio-Ei Größe M)
75 g Zucker
30 g Korinthen
30 g Sultaninen
20 g Mehl (Type 405)
125 ml Saure Sahne (25 % Fett)

Teig
375 g Mehl (Type 405)
150 g Butter
5 Eigelbe (Bio-Ei Größe M)
5 ml Milch
400 g Kirschkerne

Vor und nach dem Backen
60 g Butter
30 g Hagelzucker

Zubereitung
Quarktrocknung
1. Ein Küchentuch in ein Sieb legen und den Quark darin auspressen, damit er so trocken wie nur möglich ist.
2. Den Quark noch weitere zwei Stunden abtropfen lassen.

Teig
1. Das Mehl auf die Arbeitsfläche sieben.
2. In die Mitte eine Mulde drücken und 140 Gramm Butter in groben Stücken von zwei mal zwei Zentimetern Größe in das Mehl geben.
3. Anschließend die fünf Eigelbe und die Milch hinzufügen.
4. Mit einer Essgabel die 140 Gramm Butter, das Mehl, die Eigelbe und die Milch vermengen.
5. Das Mehl immer wieder mit einem Teigschaber vom Rand über die Zutaten zur Mitte schieben.
6. Mit einem großen glatten Messer den Teig regelrecht durchhacken, bis er krümelig wird.
7. Erst jetzt den Teig schnell über die Handballen kneten.
8. Daraufhin den Mürbeteig im Kühlschrank bei 6 °C eine Stunde ruhen lassen, damit der Kleber des Mehls reagieren kann.
9. In der Zwischenzeit das Tortenblech für den Boden mit den restlichen zehn Gramm der Butter bestreichen.
10. Dann den Teig auf fünf Millimeter ausrollen, in Größe der Tortenform ausstechen oder mit einem Messer ausschneiden. Den Rest des Teiges an den Rand der Tortenform andrücken.
11. Mit dem Rücken eines Messers oder einer Palette den Rand gerade abstreichen.
12. Den Teig mit einer Essgabel mehrfach einstechen, damit er nicht aufgeht.
13. Die Kirschkerne auf den Teig geben und gleichmäßig verteilen.
14. Den Tortenboden bei 190 °C im vorgeheizten Ofen etwa 13 bis 15 Minuten backen, bis er hell goldgelb ist.

Füllung

15. Währenddessen die Mandeln in kochendes Wasser geben. Nach einer Minute herausnehmen und in kaltem Wasser abschrecken.
16. Die Haut von den Mandeln abziehen und von den Mandelkernen 125 Gramm mahlen und 80 Gramm in Stifte schneiden.
17. Die Mandelstifte in einer Pfanne ohne Fett goldgelb anrösten.
18. Die Kirschkerne vom Tortenboden nehmen und diesen nochmals fünf bis sechs Minuten backen, bis er goldgelb ist.
19. Die 45 Gramm Butter in einem Topf zerlassen.
20. Den trockenen Quark aus dem Sieb in eine Dreiliterschüssel geben.
21. Die Zitrone waschen, ihre gelbe Schale mit einer feinen Reibe abraspeln und dazugeben.
22. Die Eigelbe, den Zucker, die Korinthen, die Sultaninen, die gemahlenen Mandeln, das Mehl und die Saure Sahne hinzugeben und alles verrühren.
23. Die Quarkmasse auf den Tortenboden füllen, mit 30 Gramm zerlassener Butter bestreichen und darauf die gerösteten Mandelstifte gleichmäßig verteilen.
24. Den Kuchen bei 130°C etwa 40 bis 45 Minuten backen.
25. Anschließend den Kuchen aus dem Ofen nehmen und mit einem Pinsel die restlichen 30 Gramm zerlassene Butter auf dem Kuchen verteilen.

Anrichten

26. Den Hagelzucker auf dem Kuchen verteilen und servieren.

Degustationsnotiz

Aromen aus Butter-, Quark- und Zitrustönen erreichen als Erstes den Gaumen, bevor der knackige Mürbeteigboden das Wahrnehmungsspektrum erweitert und sich mit den Aromen verbindet. Die Korinthen und Sultaninen tauchen plötzlich auf und blenden durch den Aromenakkord durch.

Ein Akkord aus Quark-, Mandel- und Zitrustönen sowie aus Butternuancen und Backaromen bestimmt den bleibenden Akkord.

Kulinarik

Der Quark muss trocken verarbeitet werden. Dazu kann er auch im Kühlschrank schon einen Tag vorher in ein Sieb gelegt werden, um abzutropfen.

Der Mürbeteig muss bei einer Temperatur von 6°C ruhen, da er sonst brandig wird. Zu warmes Fett verbindet sich durch zu langes Kneten mit den Händen und nicht mit dem Mehl. In diesem Zustand lässt sich der Mürbeteig schlecht ausrollen und reißt schnell. Außerdem wird Gebäck aus falsch geknetetem Mürbeteig hart statt mürbe.

Süße Mandeln haben einen marzipanähnlichen Grundton. Sie behalten in der Schale bis zu einem Jahr ihr Aroma, ohne ranzig zu werden. Wird eine Mandel nur noch von der Haut umgeben, sollte man sie aber nicht länger als sechs und ohne Haut nur vier Monate aufbewahren. Weiterverarbeitete Mandeln bleiben nur wenige Wochen frisch.

Das Aroma von reifen Bio-Zitronen besitzt eine ausgewogenere Balance zwischen Säure und Süße als das von Früchten aus konventioneller Produktion. Von Bio-Zitronen lässt sich die Schale bedenkenlos verwenden, weil sie keine Rückstände von Pflanzenschutz- oder Konservierungsmitteln enthält.

Bleikuchen

VORLAGE: BLEIKUCHEN, IN: PÖTZSCH, HERRSCHAFTSKÜCHE, S. 219

Saison: Das ganze Jahr

FÜR 900 G
750 g Mehl (Type 405)
250 g Butter
100 ml Sahne (30 % Fett)
90 g Zucker
1 Prise Salz
3 Eigelbe (Bio-Ei Größe M)

Zubereitung

1. Das Mehl sieben und auf eine große kalte Marmorplatte geben.
2. Die Butter in zwei Zentimeter große Würfel schneiden.
3. Ohne zu kneten, die Sahne, den Zucker, das Salz und die Butterwürfel mit den Händen zu einem zähen Teig vermischen.
4. Den Teig in eine Folie packen und 30 Minuten ruhen lassen.
5. Anschließend den Teig mit einem Teigroller kräftig zu einer vergrößerten rechteckigen Platte von acht Millimetern Dicke ausrollen.
6. Den Teig so falten, dass er dreifach übereinander liegt. Dazu zunächst ein Drittel auf das mittlere Drittel legen und dann das dritte Drittel darüber schlagen.
7. Den Teig auf das Format ausrollen, das er vor dem Falten hatte.
8. Erneut den Teig touren, d.h. zu je einem Drittel übereinander falten und wie zuvor ausrollen.
9. Zum dritten Mal den Teig falten und ausrollen, sodass man 27 Schichten (3 mal 3 mal 3 = 27) erreicht.
10. Beim Ausrollen vor jeder Tour den Teig um 90°C drehen, damit die Außenteigseiten immer wieder nach innen kommen.
11. Den fertigen Blätterteig 30 Minuten gekühlt entspannen lassen.
12. Das Eigelb zu einem Viertel seines Volumens mit Wasser verdünnen.
13. Den Blätterteig in verschiedenen Formen ausstechen, auf ein befeuchtetes Backblech geben, mit Eigelb bestreichen und mit einer scharfen Messerspitze gitterförmig einritzen.
14. Den Teig im Ofen bei 200°C etwa 18 Minuten backen, bis er goldgelb ist.

Anrichten

15. Die warmen Stücke auf einen Teller mit einer Papiermanschette anrichten und servieren.

Degustationsnotiz

Der Bleikuchen zeigt sofort seine feste Textur. Das Knackige des Kuchens wird zuerst wahrgenommen, bevor der Butteranteil zur Geltung kommt und so eine langsame Harmonie aus Süße und Backkruste entsteht.

Kulinarik

Da der Teig nur geringfügig aufgeht, sollte das Gebäck warm gegessen werden, damit sich der Buttergeschmack besser entfalten kann.
Der Blätterteig darf beim Vermischen nicht geknetet werden, damit die Butter beim Tournieren Fettschichten bildet.

Kümmel- und Speck-küchlein

VORLAGE: KÜMMEL- UND SPECKKÜCHEL, IN: PÖTZSCH, HERRSCHAFTSKÜCHE, S. 219

Saison: Das ganze Jahr

FÜR 900 G
125 g Butter
625 g Mehl (Type 405)
8 g Salz
10 g Zucker
1 Bio-Ei (Größe M)
2 Eigelbe (Bio-Ei Größe M)
30 g Hefe
200 g geräucherter Speck
10 g Kümmel ganz
Salz

Zubereitung

1. Die Butter erwärmen, bis sie flüssig wird.
2. Das Mehl in eine Schüssel geben. Das Salz und den Zucker daruntermischen.
3. Das Ei und die zwei Eigelbe vermischen und durch ein Sieb passieren, um die Hagelschnüre zu entfernen. Die Eimasse unter die Butter rühren.
4. Die Hefe in der warmen Butter-Ei-Masse auflösen. Alles zusammen unter das Mehl geben und zu einem Teig durcharbeiten.
5. Den Teig mit einem sauberen Tuch abdecken und eine halbe Stunde an einem warmen Ort gehen lassen.
6. Nochmals durchkneten und wiederum eine halbe Stunde ruhen lassen.
7. Erneut durchkneten und eine weitere halbe Stunde ruhen lassen.
8. Den Teig ausrollen und in 16 Teile teilen. Diese einzeln durcharbeiten und wiederum eine halbe Stunde an einem warmen Ort gehen lassen.
9. Den Speck in feine Streifen schneiden und in einer Pfanne rösten, bis er leicht kross ist.
10. Die Speckscheiben mit dem ausgelassenen Fett auf ein Sieb geben und abtropfen lassen. Das Fett auffangen.
11. Die 16 Teigkugeln zu runden Platten mit einem Durchmesser von acht Zentimetern ausrollen.
12. Ein Hälfte der Teigkuchen mit dem ausgelassenen Speck belegen. Die andere Hälfte mit ein wenig Wasser bestreichen und mit dem Kümmel bestreuen.
13. Den Ofen auf 220°C vorheizen und die Küchlein etwa zwölf bis 15 Minuten backen, bis die Küchlein goldgelb sind.

Anrichten

14. Die Kümmel- und Speckküchlein mit dem ausgelassenen Fett des Specks abstreichen und warm servieren.

Degustationsnotiz
Bei den mit Kümmel bestreuten Küchlein nimmt man zunächst das Gewürz wahr. Erst dann entfalten sich deutliche Backaromen, die durch das ausgelassene Fett des Specks unterstützt werden. Noch deutlicher spürt man dies bei den Speckküchlein. Sie weisen würzige und kräftige Nuancen von zerlassenem Speck auf, sodass die Backaromen hier nur dezent in Erscheinung treten. Die dominanten Fettnoten bestimmen auch den bleibenden Geschmack.

Kulinarik
Für einen Hefeteig empfiehlt sich frische Hefe, weil sie aromatischer ist und das Gebäck im Ofen besser aufgehen lässt als Trockenhefe. Frische Hefe sollte nicht älter als eine Woche sein und keinen unangenehmen Geruch haben. Denn das Aroma der Hefe überträgt sich auf das Gebäck.

Krachkuchen

VORLAGE: KRACHKUCHEN, IN: PÖTZSCH, HERRSCHAFTSKÜCHE, S. 219

Saison: Das ganze Jahr

Zubereitung

1. Die Butter erwärmen, bis sie flüssig wird.
2. Das Mehl in eine Schüssel geben. Das Salz und den Zucker daruntermischen.
3. Die Sahne unter die Butter rühren.
4. Die Hefe in der warmen Butter-Sahne-Mischung auflösen.
5. Alles zusammen unter das Mehl geben und zu einem Teig durcharbeiten.
6. Den Teig mit einem sauberen Tuch abdecken und eine halbe Stunde an einem warmen Ort gehen lassen.
7. Nochmals durchkneten und wiederum eine halbe Stunde ruhen lassen.
8. Erneut durchkneten und eine weitere halbe Stunde ruhen lassen.
9. Den Teig ausrollen und in 20 Teile teilen. Diese einzeln durcharbeiten und wiederum eine halbe Stunde an einem warmen Ort gehen lassen.
10. Die Teigkugeln zu runden Platten mit einem Durchmesser von acht Zentimetern ausrollen.
11. Die Eigelbe zu einem Viertel ihres Volumens mit Wasser verdünnen.
12. Die Teigkuchen mit dem Eigelb bestreichen und darauf den Kümmel sowie ein wenig grobes Meersalz verteilen.
13. Den Ofen auf 220°C vorheizen und die Krachkuchen etwa zwölf bis 15 Minuten backen, bis sie goldgelb sind.

Anrichten

14. Die Krachkuchen warm servieren.

FÜR 900 G
300 g Butter
480 g Mehl (Type 405)
5 g Salz
3 g Zucker
100 ml Sahne (30% Fett)
42 g Hefe
2 Eigelbe (Bio-Ei Größe M)
10 g Kümmel ganz
8 g grobes Meersalz

Degustationsnotiz

Bei der Degustation kracht der Kuchen. Daher nimmt man zuerst ein Geräusch war, bevor der Kümmel das Aroma bestimmt. Erst danach treten auch die Backaromen und das grobe Meersalz sehr deutlich hervor, sodass die Aromen einen Akkord bilden. Den bleibenden Geschmack dominiert der Kümmel.

Kulinarik

Für einen Hefeteig empfiehlt sich frische Hefe, weil sie aromatischer ist und das Gebäck im Ofen besser aufgehen lässt als Trockenhefe. Frische Hefe sollte nicht älter als eine Woche sein und keinen unangenehmen Geruch haben. Denn das Aroma der Hefe überträgt sich auf das Gebäck.

Friedländer Kuchen

VORLAGE: FRIEDLÄNDER KUCHEN, IN: PÖTZSCH, HERRSCHAFTSKÜCHE, S. 219

Saison: Das ganze Jahr

FÜR 500 G
2 Bio-Eier (Größe M)
250 g Mehl (Type 405)
2 g Salz
30 g Zucker
180 g Butter
Staubzucker zum Bestäuben

Zubereitung

1. Die Eier sieben bis acht Minuten hart kochen, abschrecken und schälen. Dann mit einem Holzlöffel durch ein feines Sieb streichen.
2. Das Mehl in eine Schüssel geben. Das Salz und den Zucker daruntermischen.
3. Anschließend die Butter in fünf Millimeter feine Würfel schneiden.
4. Die Butterwürfel zusammen mit den durchgestrichenen Eiern so in das Mehl einkneten, dass das Mehl von außen her mit der Fettmasse verrieben wird.
5. Wenn die Bestandteile binden, den Teig zu einer fünf Zentimeter starken Rolle formen. Diese in eine Folie einwickeln und zwei Stunde ruhen lassen.
6. Ein Backblech mit Backpapier auslegen.
7. Mit einem dünnen Messer die Rolle in fünf bis acht Millimeter starke Scheiben schneiden.
8. Die Scheiben auf das Backpapier legen.
9. Den Ofen auf 180° C vorheizen und die Teigscheiben etwa 15 bis 18 Minuten backen, bis sie hellbraun sind.

Anrichten

10. Den Friedländer Kuchen aus dem Ofen nehmen, mit Staubzucker bestreuen und leicht abgekühlt servieren.

Degustationsnotiz

Die Süße des Friedländer Kuchens tritt sofort hervor. Erst danach machen sich die Butter- und die Backaromen bemerkbar. Das Ei wird nur als leichte Nuance wahrgenommen, während die Butteraromen dominieren. Sie bestimmen gemeinsam mit der Süße auch den bleibenden Geschmack.

Kulinarik

Der Teig muss ruhen, damit sich die Zuckerkristalle auflösen können. Auch sollte der Teig in gekühltem Zustand bei 15 bis 20° C verarbeitet werden. Wenn die Butter zu warm wird kann der Teig leicht brandig werden und beim Ausrollen reißen. Falls dies eintritt, empfiehlt es sich, den Teig mit einem Messer in kleine Stücke zu hacken und ein wenig Eiweiß einzuarbeiten.

Mailänder Kuchen I

VORLAGE: MAILÄNDER KUCHEN (1. LEHMANN), IN: PÖTZSCH, HERRSCHAFTSKÜCHE, S. 219

Saison: Das ganze Jahr

Zubereitung

1. Die Zitrone waschen und ihre gelbe Schale mit einer feinen Reibe abraspeln.
2. Das Mehl auf einen Tisch geben. Das Salz und den Zucker daruntermischen.
3. Die Butter in fünf Millimeter feine Würfel schneiden.
4. Die Butterwürfel zusammen mit den zwei Eiern und der geriebenen Zitronenschale so in das Mehl einkneten, dass das Mehl von außen her mit diesen Zutaten verrieben wird.
5. Wenn die Bestandteile binden, den Teig zu einer fünf Zentimeter starken Rolle formen, in eine Folie einwickeln und zwei Stunden ruhen lassen.
6. Ein Backblech mit Backpapier auslegen.
7. Die Mandeln in kochendes Wasser geben. Nach einer Minute herausnehmen und in kaltem Wasser abschrecken.
8. Die Haut von den Mandeln abziehen und die Mandelkerne in Stifte schneiden.
9. Den Teig auf eine Stärke von vier bis fünf Millimetern ausrollen und mit einem Ausstecher in Form einer Rosette kleine Platten von etwa acht Zentimetern Durchmesser ausstechen.
10. Die übrig gebliebenen Teigteile wieder verkneten, erneut ausrollen und weiter ausstechen.
11. Die Scheiben auf das Backpapier legen.
12. Das Eigelb zu einem Viertel seines Volumens mit Wasser verdünnen und die ausgestochenen Teigteilchen damit bestreichen.
13. Die Mandelstifte auf den Teigteilchen verteilen.
14. Den Ofen auf 190°C vorheizen und die Teigteilchen etwa 15 bis 18 Minuten backen, bis sie hellbraun sind.

Anrichten

15. Den Mailänder Kuchen zu Kaffee oder Espresso reichen.

Degustationsnotiz
Die Mandeltöne dominieren zunächst leicht, bevor die Backaromen unterstützt vom hohen Butteranteil in den Vordergrund treten. Das Zitronenaroma begleitet diesen Akkord als Unterton. Die Mandeltöne und Backaromen bestimmen den bleibenden Geschmack.

Kulinarik
Der Teig muss ruhen, damit sich die Zuckerkristalle auflösen können. Es empfiehlt sich sogar, den Teig einen Tag vor dem Backen zu fertigen. Auch sollte der Teig in gekühltem Zustand bei 15 bis 20°C verarbeitet werden. Wenn die Butter zu warm wird, kann der Teig leicht brandig werden und beim Ausrollen reißen. Falls dies eintritt, empfiehlt es sich, den Teig mit einem Messer in kleine Stücke zu hacken und ein wenig Eiweiß einzuarbeiten.
Süße Mandeln haben einen marzipanähnlichen Grundton. Sie behalten in der Schale bis zu einem Jahr ihr Aroma, ohne ranzig zu werden. Wird eine Mandel nur noch von der Haut umgeben, sollte man sie aber nicht länger als sechs und ohne Haut nur vier Monate aufbewahren. Weiterverarbeitete Mandeln bleiben nur wenige Wochen frisch.
Das Aroma von reifen Bio-Zitronen besitzt eine ausgewogene Balance zwischen Säure und Süße als das von Früchten aus konventioneller Produktion. Von Bio-Zitronen lässt sich die Schale bedenkenlos verwenden, weil sie keine Rückstände von Pflanzenschutz- oder Konservierungsmitteln enthält.
Eier von Hühnern aus artgerechter Haltung mit biologischer Fütterung sind aromatischer als solche aus konventioneller Produktion. Denn bei Eiern ist die Qualität der Tierfütterung für den Geschmack entscheidend. Die sattgelbe Farbe des Dotters garantiert eine schöne Farbe des Kuchens.

FÜR 900 G
1 Bio-Zitrone
375 g Mehl (Type 405)
2 g Salz
60 g Zucker
250 g Butter
2 Bio-Eier (Größe M)
50 g Mandeln
1 Eigelb (Bio-Ei Größe M)

Mailänder Kuchen 2

VORLAGE: MAILÄNDER KUCHEN (LEHMANN. NR. 2 AUCH D[IT]O), IN: PÖTZSCH, HERRSCHAFTSKÜCHE, S. 219

Saison: Das ganze Jahr

FÜR 1100 G
1 Bio-Zitrone
500 g Mehl (Type 405)
2 g Salz
250 g Zucker
250 g Butter
4 Bio-Eier (Größe M)
1 Eigelb (Bio-Ei Größe M)

Zubereitung

1. Die Zitrone waschen und ihre gelbe Schale mit einer feinen Reibe abraspeln.
2. Das Mehl auf einen Tisch geben. Das Salz und den Zucker darunter mischen.
3. Die Butter in fünf Millimeter feine Würfel schneiden.
4. Die Butterwürfel zusammen mit den vier Eiern und der geriebenen Zitronenschale so in das Mehl einkneten, dass das Mehl von außen her mit diesen Zutaten verrieben wird.
5. Wenn die Bestandteile binden, den Teig zu einer fünf Zentimeter starken Rolle formen, in eine Folie einrollen und zwei Stunde ruhen lassen.
6. Ein Backblech mit Backpapier auslegen
7. Den Teig auf eine Stärke von vier bis fünf Millimetern ausrollen und mit einem Ausstecher in Form einer Rosette kleine Platten von etwa acht Zentimetern Durchmesser ausstechen.
8. Die übrig gebliebenen Teigteile wieder verkneten, erneut ausrollen und weiter ausstechen.
9. Die Scheiben auf das Backpapier legen.
10. Das Eigelb zu einem Viertel seines Volumens mit Wasser verdünnen und die ausgestochenen Teigteilchen damit bestreichen.
11. Den Ofen auf 190 °C vorheizen und die Teigteilchen etwa 15 bis 18 Minuten backen, bis sie hellbraun sind.

Anrichten

12. Den Mailänder Kuchen auf einem Teller anrichten und servieren

Degustationsnotiz
Bei dieser Variante des Mailänder Kuchens kommt die Süße gleich deutlich zutage, bevor sie sich mit den Backaromen vereinigt. Die dominantere Süße verringert auch den Unterton des Zitronengeschmacks. Die Süße und die Backaromen bestimmen den bleibenden Geschmack.

Kulinarik
Der Teig muss ruhen, damit sich die Zuckerkristalle auflösen können. Es empfiehlt sich sogar, den Teig einen Tag vor dem Backen zu fertigen. Auch sollte der Teig in gekühltem Zustand bei 15 bis 20 °C verarbeitet werden. Wenn die Butter zu warm wird, kann der Teig leicht brandig werden und beim Ausrollen reißen. Falls dies eintritt, empfiehlt es sich, den Teig mit einem Messer in kleine Stücke zu hacken und ein wenig Eiweiß einzuarbeiten.
Das Aroma von reifen Bio-Zitronen besitzt eine ausgewogenere Balance zwischen Säure und Süße als das von Früchten aus konventioneller Produktion. Von Bio-Zitronen lässt sich die Schale bedenkenlos verwenden, weil sie keine Rückstände von Pflanzenschutz- oder Konservierungsmitteln enthält.
Eier von Hühnern aus artgerechter Haltung mit biologischer Fütterung sind aromatischer als solche aus konventioneller Produktion. Denn bei Eiern ist die Qualität der Tierfütterung für den Geschmack entscheidend. Die sattgelbe Farbe des Dotters garantiert eine schöne Farbe des Kuchens.

Zöpfe aus Mürbeteig

VORLAGE: NATTES (ZÖPFE), IN: PÖTZSCH, HERRSCHAFTSKÜCHE, S. 219

Saison: Das ganze Jahr

Zubereitung

1. Die Zitrone waschen und ihre gelbe Schale mit einer feinen Reibe abraspeln.
2. Das Mehl auf einen Tisch geben. Das Salz und den Zucker daruntermischen.
3. Die Butter in fünf Millimeter feine Würfel schneiden.
4. Die Butterwürfel mit den vier Eiern, der geriebenen Zitronenschale und dem Orangenwasser so in das Mehl einkneten, dass das Mehl von außen her mit den übrigen Zutaten verrieben wird.
5. Wenn die Bestandteile binden, den Teig zu einer fünf Zentimeter starken Rolle formen, in eine Folie einwickeln und bei 6°C zwei Stunden ruhen lassen.
6. Ein Backblech mit Backpapier auslegen.
7. Den Teig in drei Teile teilen und zu langen, fünf bis acht Millimeter starken Würstchen rollen.
8. Die drei Teile zu einem festen Zopf flechten.
9. Den Zopf mit einem Messerrücken in vier Zentimeter lange Teile schneiden.
10. Die Stücke auf das Backpapier legen.
11. Den Ofen auf 190°C vorheizen und die kleinen Zöpfe etwa 15 bis 18 Minuten backen, bis sie hellbraun sind.
12. Die Zöpfe aus dem Ofen nehmen, mit Puderzucker bestreuen und mit einem Flambierbrenner leicht abbrennen, sodass der Puderzucker karamellisiert.

Anrichten

13. Die Zöpfe auf einem kleinen Teller servieren und zu Kakao reichen.

Degustationsnotiz
Der Karamellton entfaltet sofort seinen Geschmack, bevor die Backaromen mit dem Orangenwasser und der Zitronenschale einen dominanten Akkord entfalten, der auch den bleibenden Geschmack bestimmt.

Kulinarik
Der Teig muss ruhen, damit sich die Zuckerkristalle lösen können. Es empfiehlt sich sogar, den Teig einen Tag vor dem Backen zu fertigen. Auch sollte der Teig in gekühltem Zustand verarbeitet werden. Wenn die Butter zu warm wird, kann der Teig leicht brandig werden und beim Ausrollen reißen. Falls dies eintritt, empfiehlt es sich, den Teig mit einem Messer in kleine Stücke zu hacken und ein wenig Eiweiß einzuarbeiten. Das Aroma von reifen Bio-Zitronen besitzt eine ausgewogenere Balance zwischen Säure und Süße als das von Früchten aus konventioneller Produktion. Von Bio-Zitronen lässt sich die Schale bedenkenlos verwenden, weil sie keine Rückstände von Pflanzenschutz- oder Konservierungsmitteln enthält.
Eier von Hühnern aus artgerechter Haltung mit biologischer Fütterung sind aromatischer als solche aus konventioneller Produktion. Denn bei Eiern ist die Qualität der Tierfütterung für den Geschmack entscheidend. Die sattgelbe Farbe des Dotters garantiert eine schöne Farbe des Gebäcks.

FÜR 700 G

1 Bio-Zitrone
275 g Mehl (Type 405)
1 Prise Salz
180 g Zucker
180 g Butter
4 Bio-Eier (Größe M)
10 ml Orangenblütenwasser
Puderzucker zum Bestäuben

Zimtblättchen

VORLAGE: ZIMMTBLÄTTCHEN, IN: PÖTZSCH, HERRSCHAFTSKÜCHE, S. 220

Saison: Das ganze Jahr

FÜR 600 G
15 g Ceylon-Zimt
300 g Mehl (Type 405)
1 Prise Salz
45 g Zucker
240 g Butter

Zubereitung

1. Den Zimt auf einer Muskatreibe oder im Mörser zerkleinern.
2. Das Mehl auf einen Tisch geben. Das Salz, den Zucker und den Zimt daruntermischen.
3. Die Butter in fünf Millimeter feine Würfel schneiden.
4. Die Butterwürfel so in das Mehl einkneten, dass das Mehl von außen her mit der Butter verrieben wird.
5. Wenn die Bestandteile binden, den Teig in eine Folie einrollen und zwei Stunden ruhen lassen.
6. Ein Backblech mit Backpapier auslegen.
7. Den Teig zu einer drei Zentimeter starken Rolle formen.
8. Die Rolle mit einem scharfen Messer in drei bis vier Millimeter starke Scheiben schneiden.
9. Die Stücke auf das Backpapier legen.
10. Den Ofen auf 190°C vorheizen und die Zimtblättchen etwa zwölf bis 15 Minuten backen, bis sie hellbraun sind.

Anrichten

11. Die Zimtblättchen auf einem kleinen Teller servieren und zum Tee reichen.

Degustationsnotiz

Der Zimtgeschmack dominiert das Gebäck, verbindet sich aber mit leichten Backaromen zu einem Aromenakkord. Beim bleibenden Geschmack tritt allein der Zimt hervor.

Kulinarik

Der Teig muss ruhen, damit sich die Zuckerkristalle lösen können. Es empfiehlt sich sogar, den Teig einen Tag vor dem Backen zu fertigen. Auch sollte der Teig in gekühltem Zustand bei 15 bis 20°C verarbeitet werden. Wenn die Butter zu warm wird, kann der Teig leicht brandig werden und beim Ausrollen reißen. Falls dies eintritt, empfiehlt es sich, den Teig mit einem Messer in kleine Stücke zu hacken und ein wenig Eiweiß einzuarbeiten.
Zimt sollte erst unmittelbar vor der Verwendung zerrieben werden, damit sich seine ätherischen Öle nicht verflüchtigen, sondern dem Gebäck zugutekommen.

Ulmer Brezeln

VORLAGE: ULMER BRETZELN, IN: PÖTZSCH, HERRSCHAFTSKÜCHE, S. 220

Saison: Das ganze Jahr

Zubereitung

1. Das Mehl auf einen Tisch geben. Das Salz und den Zucker daruntermischen.
2. Die Butter in fünf Millimeter feine Würfel schneiden.
3. Die Butterwürfel so in das Mehl einkneten, dass das Mehl von außen her mit der Butter verrieben wird.
4. Wenn die Bestandteile binden, den Teig in eine Folie einrollen und zwei Stunden ruhen lassen.
5. Ein Backblech mit Backpapier auslegen.
6. Den Teig zu sechs langen Würsten von etwa acht Millimetern Durchmesser ausrollen.
7. Die Teigwürste zu Brezeln formen und auf das Backpapier legen.
8. Den Ofen auf 190 °C vorheizen und die Brezeln etwa zwölf bis 15 Minuten hellbraun backen.

Anrichten

9. Die Ulmer Brezel auf einem kleinen Teller servieren.

Degustationsnotiz

Deutlich zeigen sich Backaromen, die von einem süßen Unterton des Zuckers und von buttrigen Noten begleitet werden. Die Back- und Butteraromen bestimmen den bleibenden Geschmack.

Kulinarik

Der Teig muss ruhen, damit sich die Zuckerkristalle lösen können. Es empfiehlt sich sogar, den Teig einen Tag vor dem Backen zu fertigen. Auch sollte der Teig in gekühltem Zustand bei 15 bis 20 °C verarbeitet werden. Wenn die Butter zu warm wird, kann der Teig leicht brandig werden und beim Ausrollen reißen. Falls dies eintritt, empfiehlt es sich, den Teig mit einem Messer in kleine Stücke zu hacken und ein wenig Eiweiß einzuarbeiten.

FÜR 6 BREZELN

150 g Mehl (Type 405)
1 Prise Salz
60 g Zucker
120 g Butter

Striezel – Hefezopf mit Mandeln

VORLAGE: STRIEZEL, IN: PÖTZSCH, HERRSCHAFTSKÜCHE, S. 220

Saison: Das ganze Jahr

FÜR 2 STRIEZELZÖPFE
500 ml Milch (3,5 % Fett)
30 g Hefe
250 g Butter
1 Prise Salz
60 g Zucker
1 kg Mehl (Type 550)
50 g Mandeln
1 Eigelb (Bio-Ei Größe M)

Zubereitung

1. Die Milch leicht erwärmen und in eine Schüssel gießen, die drei bis vier Liter fasst.
2. Die Hefe in die lauwarme Milch bröckeln und leicht mit einem Schneebesen durchrühren.
3. Die Butter, das Salz und den Zucker dazugeben.
4. Das Mehl unterrühren und das Ganze durcharbeiten.
5. Den Teig auf eine Tischplatte geben und weitere zwei Minuten kneten.
6. Immer wieder ein wenig loses Mehl dazugeben und mitverarbeiten.
7. Den Teig wieder in eine Schüssel geben, mit einem Tuch bedecken und an einem warmen Ort zwei Stunden ruhen lassen.
8. Den Teig auf eine bemehlte Tischfläche geben und in sechs gleiche Stücke teilen.
9. Die Teigstücke mit etwas Mehl bestreuen und zu Kugeln formen.
10. Die Kugeln mit einem Tuch abdecken und etwa 20 Minuten gehen lassen.
11. Die Kugeln mit den Händen zu etwa 30 Zentimeter langen und ein bis zwei Zentimeter dicken Strängen rollen. Das Rollen immer wieder unterbrechen, damit die Stränge ein wenig entspannen und sich nicht wieder zusammenziehen.
12. Auf die Arbeitsfläche etwas Mehl streuen. Darauf drei gleich lange Stränge nebeneinander legen und zu je einem Zopf flechten.
13. Ein Backblech mit Backpapier auslegen.

14. Die beiden Teigzöpfe auf das Backpapier legen. Nochmals mit einem Tuch bedecken und weitere 30 Minuten gehen lassen.
15. Die Mandeln kurz in kochendes Wasser geben. Nach einer Minute herausnehmen und in kaltem Wasser abschrecken.
16. Die Haut von den Mandeln abziehen und die Mandelkerne halbieren.
17. Die Zöpfe mit Eigelb bepinseln.
18. Die Mandelhälften oben auf die Zöpfe legen.
19. Den Backofen auf 160° C vorheizen, die Zöpfe hineinschieben und mit Umluft etwa 40 bis 45 Minuten backen, bis sie hellbraun sind.

Anrichten

20. Die Hefezöpfe abkühlen lassen, mit einem Sägemesser in Scheiben schneiden und servieren.

Degustationsnotiz

Feine Mandeltöne erreichen in Verbindung mit zarten Backaromen den Gaumen. Diese werden durch eine leichte Süße begleitet. Alles zusammen vereinigt sich zu einem Aromenakkord, der auch den bleibenden Geschmack bestimmt.

Kulinarik

Für einen Hefeteig empfiehlt sich frische Hefe, weil sie aromatischer ist und das Gebäck im Ofen besser aufgehen lässt als Trockenhefe. Frische Hefe sollte nicht älter als eine Woche sein und keinen unangenehmen Geruch haben. Denn das Aroma der Hefe überträgt sich auf das Gebäck.
Mandeln behalten in der Schale bis zu einem Jahr ihr Aroma, ohne ranzig zu werden. Wird eine Mandel nur noch von der Haut umgeben, sollte man sie aber nicht länger als sechs und ohne Haut nur vier Monate aufbewahren. Weiterverarbeitete Mandeln bleiben nur wenige Wochen frisch.

Hohlhippen

VORLAGE: HOHLHIPPEN, IN: PÖTZSCH, HERRSCHAFTSKÜCHE, S. 220

Saison: Das ganze Jahr

FÜR 16 HOHLHIPPEN
40 g Mandeln
4 Bio-Eier (Größe M)
160 g Puderzucker
80 g Mehl (Type 405)
40 g Zucker
200 ml Sahne (30 % Fett)

Zubereitung

1. Die Mandeln in kochendes Wasser geben. Nach einer Minute herausnehmen und in kaltem Wasser abschrecken.
2. Die Haut von den Mandeln abziehen und die Mandelkerne mahlen.
3. Die Eier vier bis fünf Minuten lang aufschlagen. Dabei nach und nach den Puderzucker unterziehen.
4. Das Mehl sieben, unter die Ei-Puderzucker-Masse heben und den Teig etwa 20 Minuten ruhen lassen.
5. Den Backofen auf 180° C mit Ober- und Unterhitze aufheizen.
6. Aus einer Pappe, die eine Kantenlänge von je 20 Zentimetern hat und die etwa drei Millimeter stark ist, einen kreisrundes Loch mit einem Durchmesser von etwa 14 Zentimetern schneiden.
7. Die Schablone auf das Backblech legen, etwas von der Ei-Puderzucker-Mehl-Masse hineinfüllen und mit einer Palette in der Stärke der Pappe glatt streichen.
8. Den Zucker und die gemahlenen Mandeln auf den Teig streuen.
9. Die Hohlhippe sofort im Backofen auf der mittleren Schiene vier bis sieben Minuten backen, bis sie goldgelb ist.
10. Nur so viele Hippen gleichzeitig backen, wie sich nach dem Backen formen lassen, bevor sie erstarren.
11. Die Hippen mit einer Winkelpalette vom Backblech nehmen und in die gewünschte Form bringen.
12. Die kalte Sahne schlagen, bis sie steif wird.

Anrichten

13. Die geschlagene Sahne in einen Spritzbeutel mit einer Sterntülle von acht Millimetern Durchmesser füllen und in die Hohlhippe spritzen, bis diese gut gefüllt ist. Anschließend servieren.

Degustationsnotiz
Die knackig krosse Textur nimmt man beim Biss in eine Hohlhippe zuerst wahr. Dann entfalten sich die Backaromen, bevor das Cremige der Sahne die feste Textur verschwinden lässt. Leichte Mandelnuancen mit Buttertönen bestimmen den bleibenden Geschmack.

Kulinarik
Die Herstellung von Hohlhippen verlangt etwas Geduld und ein wenig handwerkliches Geschick, schenkt dafür aber dekorativ geformtes, knuspriges Gebäck, das sich gut füllen lässt. Hohlhippen können auch zu dekorativen Zwecken für Torten und Desserts genutzt werden.
Hohlhippen lassen sich nicht für längere Zeit aufbewahren, da sie schnell wieder zusammen fallen und ihre Knackigkeit verlieren. Es empfiehlt sich, sie an dem Tag zu servieren, an dem sie hergestellt wurden.
Mandeln behalten in der Schale bis zu einem Jahr ihr Aroma, ohne ranzig zu werden. Wird eine Mandel nur noch von der Haut umgeben, sollte man sie aber nicht länger als sechs und ohne Haut nur vier Monate aufbewahren. Weiterverarbeitete Mandeln bleiben nur wenige Wochen frisch.
Eier von Hühnern aus artgerechter Haltung mit biologischer Fütterung sind aromatischer als solche aus konventioneller Produktion. Denn bei Eiern ist die Qualität der Tierfütterung für den Geschmack entscheidend. Die sattgelbe Farbe des Dotters garantiert eine schöne Farbe der Hohlhippen.

Käsestangen

VORLAGE: KÄSESTANGEN, IN: PÖTZSCH, HERRSCHAFTSKÜCHE, S. 220

Saison: Das ganze Jahr

Zubereitung

1. Die Zitrone auspressen.
2. Den Parmesan reiben.
3. Die Butter leicht erwärmen.
4. Das Mehl mit dem Parmesan vermengen, die Butter, den Zitronensaft und den Sauerrahm dazugeben und mit einem Holzlöffel zu einem Teig schlagen.
5. Den Teig einen Tag ruhen lassen.
6. Am darauf folgenden Tag den Teig durchkneten.
7. Wiederum eine halbe Stunde ruhen lassen.
8. Ein Backblech mit Backpapier auslegen.
9. Den Teig auf eine Stärke von einem Zentimeter ausrollen und Streifen von einem Zentimeter Breite und zehn Zentimetern Länge schneiden.
10. Auf das Backpapier legen und sofort im auf 180°C vorgeheizten Ofen zehn bis zwölf Minuten backen.

Anrichten

11. Eine Serviette auf einen Teller legen, darauf die Käsestangen anrichten und gleich warm servieren.

Degustationsnotiz
Schon aus dem Ofen strömt herrlicher Parmesanduft. Bei der Verkostung ergänzen sich die krosse Textur, der Parmesan und das Backaroma. Durch das feine Säurespiel wird der Aromenakkord noch erweitert. Der Parmesanton bestimmt den bleibenden Geschmack.

Kulinarik
Der Teig muss einen Tag vorher gefertigt werden. Denn er sollte 24 Stunden ruhen, damit er durchsäuert, und sein einzigartiges Aroma entfalten kann.
Den Parmesan sollte man fein reiben, damit er sein besonderes Aroma gut entfalten kann. Nur frisch geriebener Parmesan kann eine hochwertige Qualität garantieren. Zu empfehlen ist ein „Parmigiano Reggiano", eventuell ein „Nuovo", also ein zwölf Monate gereifter Parmesan.
Das Aroma von reifen Bio-Zitronen besitzt eine ausgewogenere Balance zwischen Säure und Süße als das von Früchten aus konventioneller Produktion.

FÜR 4 PERSONEN
½ Bio-Zitrone
100 g Parmesan
80 g Butter
120 g Mehl (Type 405)
150 g Sauerrahm

Moussing

VORLAGE: MOUSSING, IN: PÖTZSCH, HERRSCHAFTSKÜCHE, S. 220

Saison: Das ganze Jahr

FÜR 600 G ODER 12 TEILE
300 ml Sahne (30 % Fett)
30 g Hefe
20 g Salz
500 g Mehl (Type 405)
120 g Butter

Zubereitung

1. Die Sahne auf etwa 40° C erwärmen und in eine Dreiliterschüssel geben.
2. Die Hefe in die erwärmte Sahne hineinbröckeln und mit einem Schneebesen unterrühren.
3. Zunächst das Salz, dann das gesiebte Mehl dazugeben und jeweils kräftig verarbeiten.
4. Etwas Mehl auf eine Arbeitsfläche streuen, den Teig darauflegen und etwa zwei bis drei Minuten über den Handballen bearbeiten. Der Teig sollte nicht zu fest werden.
5. Den Teig wieder in die Schüssel geben, mit einem Tuch bedecken und 40 Minuten ruhen lassen.
6. Den Teig in zwölf Teile teilen, etwas Mehl über die Stücke streuen und diese einzeln über den Handballen zu Kugeln formen.
7. Die Kugeln mit den Händen zu etwa zwölf Zentimeter langen und drei Zentimeter dicken Strängen rollen. Das Rollen immer wieder unterbrechen, damit die Stränge ein wenig entspannen und sich nicht wieder zusammenziehen.
8. Die Teige mit der Hand und mit einem Rollholz auf einen Zentimeter herunterdrücken beziehungsweise ausrollen.
9. Ein Backblech mit Backpapier auslegen.
10. Die Teige auf das Backpapier legen, mit einem Tuch bedecken und nochmals 30 Minuten gehen lassen.
11. Den Backofen auf 160° C vorheizen.
12. Die Teige in den Ofen schieben und bei Umluft etwa 25 bis 30 Minuten backen, bis sie leicht hellbraun sind.

Anrichten

13. Die gebackenen Moussingstücke leicht erkalten lassen, längs mit einem Sägemesser halbieren und mit der Innenseite auf einem Grill oder in einer heißen Pfanne ohne Fett anrösten.
14. Die Röstseite mit reichlich Butter bestreichen und servieren.

Degustationsnotiz

Sofort spürt man die Röstaromen, die mit der lauwarmen Butter den Geschmack des Gebäcks intensivieren. Sehr schön passen dazu auch Sardellen- oder Kräuterbutter. (Siehe Produktküche, Bd. 1, S. 569 f.)

Kulinarik

Für einen Hefeteig empfiehlt sich frische Hefe, weil sie aromatischer ist und das Gebäck im Ofen besser aufgehen lässt als Trockenhefe. Frische Hefe sollte nicht älter als eine Woche sein und keinen unangenehmen Geruch haben. Denn das Aroma der Hefe überträgt sich auf das Gebäck.

Es empfiehlt sich frische Sahne mit 30% Fettanteil zu verwenden, die lediglich pasteurisiert ist, d.h. für einige Sekunden auf etwa 100°C erhitzt wurde. Ultrahocherhitzte Sahne, die ein bis drei Sekunden auf 135 bis 150°C erwärmt wurde, oder sterilisierte Sahne, die für zehn bis 20 Minuten auf 110°C gehalten wurde, sind zwar wesentlich länger haltbar, verlieren aber an Aroma. Sahne sollte auch nicht mit Stabilisatoren versetzt sein, die eine Trennung von Rahm (Fett) und Milch verhindern. Denn bei der Zubereitung von Moussing wird die Sahne ja ohnehin verquirlt.

Käsegebäck mit Cayennepfeffer

VORLAGE: GANGERES AU FROMAGE, IN: PÖTZSCH, HERRSCHAFTSKÜCHE, S. 221

Saison: Das ganze Jahr

Zubereitung

1. Das Wasser mit dem Salz, dem Zucker und der Butter in einem Dreilitertopf vermischen und zum Kochen bringen.
2. Das Mehl mit einem Holzlöffel einrühren und unterheben.
3. Den Topf vom Herd nehmen und die Masse so lange rühren, bis sich ein Kloß bildet und am Boden ein Belag entsteht.
4. Den Teig abkühlen lassen, bis er lauwarm ist. Dann nach und nach sämtliche Eier unterheben.
5. Den Cayennepfeffer zugeben und gut durchrühren, damit er sich gut verteilt.
6. Während der Teig abkühlt, den Käse reiben.
7. Ein Backblech mit ein wenig Butter einfetten und mit Mehl bestäuben. Darauf den Teig auf einen halben Zentimeter Stärke ausrollen.
8. Den Käse darüber verteilen und im vorgeheizten Backofen bei 220°C etwa 25 bis 30 Minuten backen. Nach 15 bis 20 Minuten die Temperatur auf 175°C reduzieren, je nachdem wie stark der Käse sich verfärbt.

Anrichten

9. Den Käsekuchen herausnehmen und etwa fünf Minuten abkühlen lassen. Den Kuchen mit einem scharfen Sägemesser in gleich große Stücke schneiden und warm servieren.

Degustationsnotiz

Zunächst entfalten sich herrliche Nuancen von Käse und Backaromen, bis plötzlich aus der Tiefe eine leichte Schärfe einsetzt, die auch den bleibenden Geschmack bestimmt.

FÜR 700 G BRANDTEIG

125 ml Wasser
1 Prise Salz
5 g Zucker
125 g Butter
125 g Mehl (Type 405)
4 Bio –Eier (Größe M)
1 g Cayennepfeffer
250 g Emmentaler
Butter / Mehl für das Backblech

Kulinarik

Brandteig darf nicht zu weich und nicht zu fest werden. Wenn der Teig zu fest ist, geht er beim Backen nicht auf. Ein zusätzliches Eigelb kann dagegen Abhilfe schaffen. Zu weicher Brandteig wird beim Backen breit und geht ebenfalls nicht richtig auf. In diesem Fall wurde zu wenig Mehl verwendet oder der Teig nicht genug auf dem Herd abgebrannt. Deshalb empfiehlt es sich, zunächst einen kleinen Teil zur Probe zu backen, um den übrigen Brandteig gegebenenfalls nachbessern zu können.

Holländischer Zwieback

VORLAGE: HOLLÄNDER ZWIEBACK, IN: PÖTZSCH, HERRSCHAFTSKÜCHE, S. 221

Saison: Das ganze Jahr

FÜR 800 G

65 g Mandeln
165 g Butter
500 g Mehl (Type 550)
6 g Salz
65 g Zucker
1 Bio-Zitrone
1 Bio-Ei (Größe M)
2 Eigelbe (Bio-Ei Größe M)
125 ml Milch
25 g Hefe

Glasur

3 Bio-Zitronen
200 g Puderzucker
2 Tropfen natürliches Rosenöl

Zubereitung

1. Die Mandeln in kochendes Wasser geben. Nach einer Minute herausnehmen und in kaltem Wasser abschrecken.
2. Die Haut von den Mandeln abziehen und die Mandelkerne fein hacken.
3. 155 Gramm Butter erwärmen, bis sie flüssig wird.
4. Das Mehl in eine Schüssel geben. Das Salz und den Zucker daruntermischen.
5. Die Zitrone waschen, ihre gelbe Schale mit einer feinen Reibe abraspeln und in das Mehl geben.
6. Das Ei durch ein Sieb passieren, um die Hagelschnüre zu entfernen.
7. Das Ei und die zwei Eigelbe unter die Butter rühren, die Milch dazugeben und darin die Hefe auflösen.
8. Alles zusammen zum Mehl geben. Die Mandeln hinzufügen und zu einem Teig durcharbeiten.
9. Den Teig mit einem Tuch abdecken und eine halbe Stunde an einem warmen Ort gehen lassen.
10. Nochmals durchkneten und wiederum eine halbe Stunde ruhen lassen.
11. Erneut durchkneten und eine weitere halbe Stunde ruhen lassen.
12. Eine Kastenform von 25 Zentimetern Länge, elf Zentimetern Breite und sieben Zentimetern Höhe mit den restlichen zehn Gramm Butter ausstreichen.
13. Den Teig in die Form eines Brotes bringen, in die Kastenform legen und wiederum eine halbe Stunde gehen lassen.
14. Den Ofen auf 165 bis 170° C vorheizen und den Teig etwa 35 bis 40 Minuten backen, bis er goldgelb ist.
15. Den Zwieback in der Backform erkalten lassen.
16. Den ausgekühlten Zwieback aus der Form nehmen und mit einem scharfen Sägemesser in zehn bis zwölf Millimeter starke Scheiben schneiden.
17. Die Scheiben einzeln auf Backbleche legen und fünf Minuten bei 130° C im Ofen trocknen lassen.

Glasur

18. Zwischenzeitlich für die Glasur die drei Zitronen sowie die abgeriebene Zitrone auspressen.
19. Den Zitronensaft mit dem Puderzucker und dem Rosenöl zur Rosenglasur verrühren. Anschließend bei etwa 35 bis 40° C warm stellen.
20. Die Rosenglasur mit einem Pinsel auf die einzelnen Zwiebackscheiben streichen und erkalten lassen.

Anrichten

21. Die Scheiben des Holländischen Zwiebacks auf eine Platte legen und servieren.

Degustationsnotiz
Die knackige krosse Textur nimmt man zuerst wahr. Es entfalten sich leicht nussige Aromen, bevor die Glasur mit ihren Zitrus- und Rosenaromen die Dominanz übernimmt. Dieser Aromenakkord bestimmt auch den bleibenden Geschmack.

Kulinarik
Weil Feuchtigkeit die Glasur verflüssigt, ist es ratsam, diese erst aufzutragen, kurz bevor der Holländische Zwieback verzehrt werden soll.
Mandeln behalten in der Schale bis zu einem Jahr ihr Aroma, ohne ranzig zu werden. Wird eine Mandel nur noch von der Haut umgeben, sollte man sie aber nicht länger als sechs und ohne Haut nur vier Monate aufbewahren. Weiterverarbeitete Mandeln bleiben nur wenige Wochen frisch.
Das Aroma von reifen Bio-Zitronen besitzt eine ausgewogenere Balance zwischen Säure und Süße als das von Früchten aus konventioneller Produktion. Von Bio-Zitronen lässt sich die Schale bedenkenlos verwenden, weil sie keine Rückstände von Pflanzenschutz- oder Konservierungsmitteln enthält.
Eier von Hühnern aus artgerechter Haltung mit biologischer Fütterung sind aromatischer als solche aus konventioneller Produktion. Denn bei Eiern ist die Qualität der Tierfütterung für den Geschmack entscheidend. Die sattgelbe Farbe des Dotters garantiert eine schöne Farbe des Zwiebacks.

Mandelstreuselkuchen

VORLAGE: MANDELSTREUSSEL-KUCHEN, IN: PÖTZSCH, HERRSCHAFTSKÜCHE, S. 221

Saison: Das ganze Jahr

FÜR 800 G
155 g Butter
500 g Mehl (Type 550)
6 g Salz
65 g Zucker
1 Bio-Zitrone
1 Bio-Ei (Größe M)
2 Eigelbe (Bio-Ei Größe M)
125 ml Milch
25 g Hefe

Für die Mandelstreusel
250 g Mandeln
1 Bio-Zitrone
500 g Zucker
5 g Ceylon-Zimt
2 Eiweiß (Bio-Ei Größe M)

Zubereitung

1. Die Butter erwärmen, bis sie flüssig wird.
2. Das Mehl in eine Schüssel geben und das Salz und den Zucker daruntermischen.
3. Die Zitrone waschen, ihre gelbe Schale mit einer feinen Reibe abraspeln und in das Mehl geben.
4. Das Ei und die Eigelbe durch ein Sieb passieren, um die Hagelschnüre zu entfernen. Die Eimasse unter die Butter rühren.
5. Die Milch mit der warmen Butter mischen und darin die Hefe auflösen.
6. Alles zusammen unter das Mehl geben und zu einem Teig durcharbeiten.
7. Den Teig eine halbe Stunde an einem warmen Ort gehen lassen, nochmals durchkneten und wiederum eine halbe Stunde ruhen lassen.
8. Den Teig erneut durchkneten und eine weitere halbe Stunde ruhen lassen.
9. Den Teig auf einem kleinen Backblech ausrollen. Damit er sich entspannt und nicht wieder zusammenzieht, den Teig immer wieder ein wenig ruhen lassen.

Mandelstreusel

10. Die Mandeln in kochendes Wasser geben. Nach einer Minute herausnehmen und in kaltem Wasser abschrecken.
11. Die Haut von den Mandeln abziehen und die Mandelkerne fein hacken.
12. Die Zitrone waschen, ihre gelbe Schale mit einer feinen Reibe abraspeln und zu den Mandeln geben.
13. Die Zitrone und die abgeriebene Zitrone der Teigzubereitung auspressen.
14. Den Zitronensaft mit den Mandeln, dem Zucker, dem Zimt und dem Eiweiß zu einem Teig vermischen.

15. Diesen Teig so zwischen den Händen reiben, dass Streusel entstehen.
16. Den Teig auf dem Backblech mit Wasser bestreichen und die Mandelstreusel über den Teig verteilen.
17. Den Ofen auf 180°C vorheizen und den Mandelstreuselkuchen etwa 35 bis 45 Minuten backen, bis er goldgelb ist.
18. Nach dem Erkalten den Kuchen in zehn mal sechs Zentimeter große Stücke schneiden.

Anrichten

19. Den Mandelstreueselkuchen warm zum Kaffee servieren.

Degustationsnotiz

Knackige krosse Texturen mit buttrig hefigen Tönen erreichen als erstes den Gaumen, bevor der leichte Zimtgeschmack sich mit den Mandelaromen zu einem Akkord verbindet. Die Mandel- und Zimtaromen mit leichten Zitrustönen bestimmen den bleibenden Geschmack.

Kulinarik

Für einen Hefeteig empfiehlt sich frische Hefe, weil sie aromatischer ist und das Gebäck im Ofen besser aufgehen lässt als Trockenhefe. Frische Hefe sollte nicht älter als eine Woche sein und keinen unangenehmen Geruch haben. Denn das Aroma der Hefe überträgt sich auf das Gebäck.

Mandeln behalten in der Schale bis zu einem Jahr ihr Aroma, ohne ranzig zu werden. Wird eine Mandel nur noch von der Haut umgeben, sollte man sie aber nicht länger als sechs und ohne Haut nur vier Monate aufbewahren. Weiterverarbeitete Mandeln bleiben nur wenige Wochen frisch.

Zimt sollte möglichst erst unmittelbar vor der Verwendung zerrieben werden, damit sich seine ätherischen Öle nicht verflüchtigen, sondern dem Gebäck zugutekommen.

Das Aroma von reifen Bio-Zitronen besitzt eine ausgewogene Balance zwischen Säure und Süße als das von Früchten aus konventioneller Produktion. Von Bio-Zitronen lässt sich die Schale bedenkenlos verwenden, weil sie keine Rückstände von Pflanzenschutz- oder Konservierungsmitteln enthält.

Eier von Hühnern aus artgerechter Haltung mit biologischer Fütterung sind aromatischer als solche aus konventioneller Produktion. Denn bei Eiern ist die Qualität der Tierfütterung für den Geschmack entscheidend. Die sattgelbe Farbe des Dotters garantiert eine schöne Farbe des Kuchens.

Kaffeekuchen mit Rosenwasserglasur

VORLAGE: KAFFEEKUCHEN, IN: PÖTZSCH, HERRSCHAFTSKÜCHE, S. 221

Saison: Das ganze Jahr

FÜR 900 G
50 g Mandeln
400 g Butter
400 g Mehl (Type 550)
4 g Salz
50 g Zucker
1 Bio-Zitrone
1 Bio-Ei (Größe M)
100 ml Milch
20 g Hefe
1 Eigelb (Bio-Ei Größe M)

Glasur
1 Bio-Zitrone
200 g Puderzucker
3 Tropfen natürliches Rosenöl

Zubereitung
1. Die Mandeln in kochendes Wasser geben. Nach einer Minute herausnehmen und in kaltem Wasser abschrecken.
2. Die Haut von den Mandeln abziehen und die Mandelkerne fein hacken.
3. Die Butter erwärmen, bis sie leicht flüssig wird.
4. Das Mehl in eine Schüssel geben. Das Salz und den Zucker daruntermischen.
5. Die Zitrone waschen, ihre gelbe Schale mit einer feinen Reibe abraspeln und in das Mehl geben.
6. Das ganze Ei durch ein Sieb passieren, um die Hagelschnüre zu entfernen.
7. Die Eimasse unter ein Drittel der Butter rühren, die Milch dazugeben und darin die Hefe auflösen.
8. Alles zusammen zum Mehl geben. Die Mandeln hinzufügen und die Masse zu einem Teig durcharbeiten und danach eine halbe Stunde an einem warmen Ort gehen lassen.
9. Den Teig nochmals durchkneten und wiederum ein Drittel der Butter einarbeiten. Ein wenig Mehl mitverarbeiten. Noch einmal eine halbe Stunde ruhen lassen.
10. Danach das letzte Drittel Butter mit etwas Mehl in den Teig einarbeiten und erneut eine halbe Stunde ruhen lassen.
11. Ein Backblech dünn ausbuttern und leicht mit Mehl bestreuen.
12. Den Teig mit einem Rollholz auf eine Stärke von ein bis zwei Zentimetern und auf die Größe des Bleches ausrollen. Den Teig leicht mit Mehl bestreuen und halb einschlagen. Anschließend nochmals einschlagen.
13. Den Teig auf das Backblech geben, auseinanderfalten und wiederum 15 Minuten ruhen lassen.
14. Danach den Teig mit dem Eigelb bestreichen.
15. Den Ofen auf 165 bis 170° C vorheizen und den Teig etwa 35 bis 40 Minuten backen, bis er goldgelb ist.

Glasur
16. Zwischenzeitlich die Zitrone für die Glasur sowie die abgeriebene Zitrone auspressen.
17. Den Zitronensaft mit dem Puderzucker und dem Rosenöl zur Rosenglasur verrühren. Anschließend bei etwa 35 bis 40° C warmstellen.
18. Die Rosenglasur mit einem Pinsel auf den gebackenen, warmen Kaffeekuchen streichen und erkalten lassen.

Anrichten
19. Den Kaffeekuchen in Stücke von sechs mal zehn Zentimetern schneiden und zum Kaffee servieren.

Degustationsnotiz
Zarte, hefige Backaromen nimmt man als Erstes wahr, bevor sich die leichten Mandeltöne mit Zitrusnuancen und einem Hauch von Rosen zu einem Aromenakkord vereinigen. Die Backaromen mit den Rosentönen bestimmen den bleibenden Geschmack.

Kulinarik

Bei diesem Teig muss Butter nach und nach eingebracht werden, weil das Mehl die Butter sonst nicht vollständig aufnehmen kann.

Der Kaffeekuchen sollte warm serviert werden, da die Temperatur die Aromen intensiviert.

Mandeln behalten in der Schale bis zu einem Jahr ihr Aroma, ohne ranzig zu werden. Wird eine Mandel nur noch von der Haut umgeben, sollte man sie aber nicht länger als sechs und ohne Haut nur vier Monate aufbewahren. Weiterverarbeitete Mandeln bleiben nur wenige Wochen frisch.

Das Aroma von reifen Bio-Zitronen besitzt eine ausgewogene Balance zwischen Säure und Süße als das von Früchten aus konventioneller Produktion.

Eier von Hühnern aus artgerechter Haltung mit biologischer Fütterung sind aromatischer als solche aus konventioneller Produktion. Denn bei Eiern ist die Qualität der Tierfütterung für den Geschmack entscheidend. Die sattgelbe Farbe des Dotters garantiert eine schöne Farbe des Kuchens.

Butterkuchen

VORLAGE: BUTTERKUCHEN, IN: PÖTZSCH, HERRSCHAFTSKÜCHE, S. 221

Saison: Das ganze Jahr

Zubereitung

1. Die Mandeln in kochendes Wasser geben. Nach einer Minute herausnehmen und in kaltem Wasser abschrecken.
2. Die Haut von den Mandeln abziehen und die Mandelkerne fein hacken.
3. 300 Gramm Butter erwärmen, bis sie flüssig wird.
4. Das Mehl in eine Schüssel geben. Das Salz und 65 Gramm Zucker daruntermischen.
5. Die Zitrone waschen, ihre gelbe Schale mit einer feinen Reibe abraspeln und in das Mehl geben.
6. Das Ei durch ein Sieb passieren, um die Hagelschnüre zu entfernen. Das Ei und die beiden Eigelbe unter die Butter rühren.
7. Die Hefe in der warmen Butter-Ei-Masse auflösen.
8. Alles zusammen unter das Mehl geben, die Mandeln und die Milch hinzufügen und zu einem weichen Teig verrühren.
9. Den Teig eine halbe Stunde an einem warmen Ort gehen lassen, vor dem Bearbeiten mit Mehl bestäuben und nochmals durchkneten. Dann wiederum eine halbe Stunde ruhen lassen.
10. Nochmals den Teig mit Mehl bestäuben, durchkneten und erneut eine halbe Stunde ruhen lassen.
11. Ein Backblech leicht einfetten und mit Mehl bestäuben.
12. Den Teig erneut mehlieren und mit einem Teigroller auf eine Größe des Backblechs ausrollen. Das Rollen immer wieder unterbrechen, damit der Teig ein wenig entspannt und sich nicht wieder zusammenzieht.
13. Den Teig auf dem Blech ausbereiten.
14. Mit dem Daumen kleine Vertiefungen in den Teig drücken und diese mit Butterflocken der restlichen Butter füllen. Anschließend den Teig nochmals 20 Minuten gehen lassen.

FÜR 1 KG

65 g Mandeln
380 g Butter
500 g Mehl (Type 550)
6 g Salz
145 g Zucker
1 Bio-Zitrone
1 Bio-Ei (Größe M)
2 Eigelbe (Bio-Ei Größe M)
25 g Hefe
100 ml Milch
3 g Zimt

15. Den Zimt auf einer Muskatreibe oder im Mörser zerkleinern.
16. Den restlichen Zucker mit dem Zimt vermischen und auf dem ganzen Kuchen verteilen.
17. Den Backofen auf 180°C vorheizen und etwa 40 bis 45 Minuten goldgelb backen.
18. Nach dem Erkalten den Butterkuchen aus dem Ofen nehmen und mit einem scharfen Sägemesser in sechs mal acht Zentimeter große Stücke schneiden.

Anrichten
19. Den Butterkuchen noch warm servieren.

Degustationsnotiz
Karamellisierter Zucker, Butter- und Backaromen werden sofort wahrgenommen. Die Zimt- und Mandeltöne tauchen etwas später aus der Süße auf. Die Süße bestimmt den bleibenden Geschmack.

Kulinarik
Für einen Hefeteig empfiehlt sich frische Hefe, weil sie aromatischer ist und das Gebäck im Ofen besser aufgehen lässt als Trockenhefe. Frische Hefe sollte nicht älter als eine Woche sein und keinen unangenehmen Geruch haben. Denn das Aroma der Hefe überträgt sich auf das Gebäck.

Zimt sollte erst unmittelbar vor der Verwendung zerrieben werden, damit sich seine ätherischen Öle nicht verflüchtigen, sondern dem Gebäck zugutekommen.

Mandeln behalten in der Schale bis zu einem Jahr ihr Aroma, ohne ranzig zu werden. Wird eine Mandel nur noch von der Haut umgeben, sollte man sie aber nicht länger als sechs und ohne Haut nur vier Monate aufbewahren. Weiterverarbeitete Mandeln bleiben nur wenige Wochen frisch.

Das Aroma von reifen Bio-Zitronen besitzt eine ausgewogenere Balance zwischen Säure und Süße als das von Früchten aus konventioneller Produktion. Von Bio-Zitronen lässt sich die Schale bedenkenlos verwenden, weil sie keine Rückstände von Pflanzenschutz- oder Konservierungsmitteln enthält.

Eier von Hühnern aus artgerechter Haltung mit biologischer Fütterung sind aromatischer als solche aus konventioneller Produktion. Denn bei Eiern ist die Qualität der Tierfütterung für den Geschmack entscheidend. Die sattgelbe Farbe des Dotters garantiert eine schöne Farbe des Butterkuchens.

Braunschweiger Kuchen

VORLAGE: BRAUNSCHWEIGER KUCHEN, IN: PÖTZSCH, HERRSCHAFTSKÜCHE, S. 222

Saison: Das ganze Jahr

Zubereitung

1. 250 Gramm Butter erwärmen, bis sie flüssig wird.
2. Das Mehl in eine Schüssel geben. Das Salz und den Zucker daruntermischen.
3. Die Zitrone waschen, ihre gelbe Schale mit einer feinen Reibe abraspeln und mit dem Mandellikör in das Mehl geben.
4. Die drei Eier aufschlagen. Ein Eigelb separieren, weil es später noch anders genutzt werden soll.
5. Die übrigen Eier durch ein Sieb passieren und unter die Butter rühren.
6. Die Hefe in die Masse von Butter und Ei geben. Die Milch dazugießen.
7. Alles zusammen mit den Korinthen, den Sultaninen und den Málaga-Rosinen unter das Mehl geben und kräftig zu einem Teig kneten, der aber nicht zu fest werden sollte. Anschließend den Teig eine halbe Stunde an einem warmen Ort gehen lassen.
8. Den Teig nochmals durchkneten und wiederum eine halbe Stunde ruhen lassen.
9. Nochmals den Teig leicht durchkneten und erneut eine halbe Stunde ruhen lassen.
10. Eine Backform von etwa 20 mal 40 Zentimetern Grundfläche und fünf bis sechs Zentimetern Höhe, mit den restlichen zehn Gramm Butter ausstreichen und dünn mit Mehl bestreuen.
11. Den Teig mit einem Teigroller auf die Größe des Backblechs ausrollen. Das Rollen immer wieder unterbrechen, damit der Teig ein wenig entspannt und sich nicht wieder zusammenzieht.
12. Den Teig auf dem Blech ausbreiten und nochmals 20 Minuten an einem warmen Ort gehen lassen.
13. Das Eigelb zu einem Viertel seines Volumens mit Wasser verdünnen und damit den aufgegangenen Teig bepinseln.
14. Den Backofen auf 190°C vorheizen und den Kuchen etwa 30 bis 40 Minuten backen, bis er goldgelb ist.

FÜR 800 G

260 g Butter
500 g Mehl (Type 550)
3 g Salz
125 g Zucker
1 Bio-Zitrone
20 ml Mandellikör
3 Bio-Eier (Größe M)
40 g Hefe
125 ml Milch
125 g Korinthen
125 g Sultaninen
125 g Málaga-Rosinen

Glasur

200 ml Läuterzucker
(Siehe S. 420)
3 Tropfen natürliches Rosenöl

Glasur

15. Den Läuterzucker kochen, auf die Hälfte reduzieren und anschließend auf etwa 30°C abkühlen lassen.
16. Erst nach dem Abkühlen das Rosenöl in den Läuterzucker gießen, damit dessen Duft nicht verfliegt. Den parfümierten Läuterzucker bei 32 bis 35°C warm stellen.
17. Mit einem Pinsel die Rosenglasur auf den noch warmen Kuchen streichen.
18. Nach dem Erkalten den Braunschweiger Kuchen vom Blech nehmen und mit einem scharfen Sägemesser in sechs mal acht Zentimeter große Stücke schneiden.

Anrichten

19. Die Braunschweiger Kuchen warm servieren.

Degustationsnotiz

Die Rosenglasur bildet mit den warmen Sultaninen, Korinthen, Rosinen, dem Mandellikör und den Zitronennuancen einen Aromenakkord, bevor die leichten Back- und Hefearomen hinzutreten. Nach und nach verändern sich die Aromen, da immer wieder eine Sultanine, Korinthe oder Rosine beim Zerkauen stärker hervortritt. Trotz solcher Spitzen dominieren die Rosen-, Mandel- und Zitrusaromen die Degustation und bestimmen auch den bleibenden Geschmack.

Kulinarik

Korinthen sind sehr kleine, dunkelrote und kernlose getrocknete Beeren der Korinthiakitraube. Sultaninen werden aus weißen Sultana-Trauben gewonnen, sind wesentlich größer als Korinthen und hellgelb. Smyrna-Sultaninen aus der Türkei haben einen delikaten Muskatton und sind nicht sehr süß. Die Qualität von Sultaninen ist desto höher, je größer und heller sie sind, es sei denn sie sind durch Schwefel gebleicht. Bio-Rosinen werden mit Pottasche getrocknet. Málaga-Rosinen sind dick und dunkelrot. Ihr Geschmack ist ebenfalls muskatartig und nicht sehr süß.

Für einen Hefeteig empfiehlt sich frische Hefe, weil sie aromatischer ist und das Gebäck im Ofen besser aufgehen lässt als Trockenhefe. Frische Hefe sollte nicht älter als eine Woche sein und keinen unangenehmen Geruch haben. Denn das Aroma der Hefe überträgt sich auf das Gebäck.

Das Aroma von reifen Bio-Zitronen besitzt eine ausgewogenere Balance zwischen Säure und Süße als das von Früchten aus konventioneller Produktion. Von Bio-Zitronen lässt sich die Schale bedenkenlos verwenden, weil sie keine Rückstände von Pflanzenschutz- oder Konservierungsmitteln enthält.

Eier von Hühnern aus artgerechter Haltung mit biologischer Fütterung sind aromatischer als solche aus konventioneller Produktion. Denn bei Eiern ist die Qualität der Tierfütterung für den Geschmack entscheidend. Die sattgelbe Farbe des Dotters garantiert eine schöne Farbe des Kuchens.

Hanauer Brezeln

VORLAGE: HANAUER BRETZELN, IN: PÖTZSCH, HERRSCHAFTSKÜCHE, S. 222

Saison: Das ganze Jahr

Zubereitung

1. Die Zitrone waschen und ihre gelbe Schale mit einer feinen Reibe abraspeln.
2. Die Butter in der Milch erwärmen, bis sie flüssig wird.
3. Das Mehl in eine Schüssel geben und das Salz, den Zucker und die Zitronenschale daruntermischen.
4. Die beiden Eier und drei Eigelbe durch ein Sieb passieren. Anschließend unter die Butter rühren.
5. Die Hefe in der warmen Mischung aus Butter und Milch auflösen.
6. Alles zusammen unter das Mehl geben und zu einem Teig durcharbeiten.
7. Eine halbe Stunde an einem warmen Ort gehen lassen, nochmals durchkneten und wiederum eine halbe Stunde ruhen lassen.
8. Nochmals den Teig leicht durchkneten und erneut eine halbe Stunde ruhen lassen.
9. Den Teig in zwölf Teile teilen. Aus jedem Teil mit den Händen eine Stange formen und diese mit den Händen auf einer Arbeitsfläche rollen und auseinanderziehen, um sie dünner und länger zu machen, bis sie etwa 30 Zentimeter lang ist. Die Enden des Teigs werden durch diesen Vorgang dünner als die Mitte. Das Rollen immer wieder unterbrechen, damit der Teig ein wenig entspannt und sich nicht wieder zusammenzieht.
10. Die Teigstangen zu Brezeln formen und die Enden an das Mittelstück andrücken.
11. Ein Backblech mit Backpapier auslegen.
12. Die Brezeln auf das Backblech legen und 20 bis 30 Minuten gehen lassen.
13. Das separierte Eigelb zu einem Viertel seines Volumens mit Wasser verdünnen.
14. Mit der verquirlten Mischung aus Eigelb und Wasser die Brezeln bestreichen.
15. Die Brezeln im vorgeheizten Ofen bei 180° C je nach Stärke etwa 15 bis 20 Minuten backen.

FÜR 12 BREZELN
1 Bio-Zitrone
250 g Butter
125 ml Milch (3,5 % Fett)
500 g Mehl (Type 405)
1 Prise Salz
30 g Zucker
2 Bio-Eier (Größe M)
4 Eigelbe (Bio-Ei Größe M)
40 g Hefe

Glasur
200 ml Läuterzucker
(Siehe S. 420)

Glasur

16. Den Läuterzucker kochen, auf die Hälfte reduzieren und bei 32 bis 35 °C warm stellen.
17. Die Brezeln abkühlen lassen. Anschließend mit dem reduzierten Läuterzucker bestreichen und nochmals zwei Stunden abkühlen lassen.

Anrichten

18. Die Brezeln zum Kaffee reichen.

Degustationsnotiz

Den Zuckeranstrich der Brezeln und das Backaroma der Kruste nimmt man zuerst wahr. Dann erweitern ein deutlicher Butterton und Zitrusnuancen die Aromenvielfalt. Die Butter- und Zitrusaromen bestimmen auch den bleibenden Geschmack.

Kulinarik

Brezeln mit Zuckerglasur dürfen nicht im Kühlschrank gelagert werden, da zu hohe Luftfeuchtigkeit die Glasur wieder verflüssigen würde.
Für einen Hefeteig empfiehlt sich frische Hefe, weil sie aromatischer ist und das Gebäck im Ofen besser aufgehen lässt als Trockenhefe. Frische Hefe sollte nicht älter als eine Woche sein und keinen unangenehmen Geruch haben. Denn das Aroma der Hefe überträgt sich auf das Gebäck.
Das Aroma von reifen Bio-Zitronen besitzt eine ausgewogenere Balance zwischen Säure und Süße als das von Früchten aus konventioneller Produktion. Von Bio-Zitronen lässt sich die Schale bedenkenlos verwenden, weil sie keine Rückstände von Pflanzenschutz- oder Konservierungsmitteln enthält.
Eier von Hühnern aus artgerechter Haltung mit biologischer Fütterung sind aromatischer als solche aus konventioneller Produktion. Denn bei Eiern ist die Qualität der Tierfütterung für den Geschmack entscheidend. Die sattgelbe Farbe des Dotters garantiert eine schöne Farbe der Brezeln.

Englische Brezeln

VORLAGE: ENGLISCHE BRETZELN, IN: PÖTZSCH, HERRSCHAFTSKÜCHE, S. 222

Saison: Das ganze Jahr

FÜR 30 BREZELN
250 g Butter
125 ml Milch (3,5 % Fett)
40 g Hefe
1 Bio-Zitrone
500 g Mehl (Type 405)
1 Prise Salz
75 g Zucker
etwas Pflanzenöl
10 g Vanillezucker

Zubereitung

1. Die Butter in der Milch erwärmen, bis sie flüssig wird.
2. Die Hefe in der warmen Milch und Butter auflösen.
3. Die Zitrone waschen und ihre gelbe Schale mit einer feinen Reibe abraspeln.
4. Das Mehl in eine Schüssel geben.
5. Das Salz, den Zucker und die Zitronenschale daruntermischen.
6. Milch, Butter und Hefe unter das Mehl mischen und zu einem Teig durcharbeiten. Anschließend eine halbe Stunde an einem warmen Ort gehen lassen.
7. Den Teig nochmals durchkneten und wieder eine halbe Stunde ruhen lassen.
8. Ein Backblech mit etwas Pflanzenöl dünn ausstreichen und mit Mehl bestäuben.
9. Den Teig in 30 Teile teilen. Aus jedem Teil eine Stange formen und mit den Händen auf einer Arbeitsfläche rollen, bis etwa fünf bis acht Millimeter dünne Rollen entstehen. Das Rollen immer wieder unterbrechen, damit der Teig ein wenig entspannt und sich nicht wieder zusammenzieht.
10. Die Rollen zu Brezeln formen.
11. Die Brezeln auf das Backblech legen.
12. Anschließend mit ein wenig Wasser bestreichen und sofort im vorgeheizten Ofen bei 180 °C je nach Dicke der Brezeln etwa fünf bis acht Minuten backen.
13. Die Brezeln abkühlen lassen und anschließend mit dem Vanillezucker bestäuben.

Anrichten

14. Die Brezeln zum Kaffee reichen.

Degustationsnotiz
Der Duft der Vanille und die Backaromen erreichen schon die Nase, bevor man in die krosse Brezel beißt. Es folgen leichte Zitrusnuancen, die mit den Vanilletönen zu einer Einheit verschmelzen und auch den bleibenden Geschmack bestimmen.

Kulinarik
Vanillezucker, der aus Vanilleschoten hergestellt wurde, besitzt ein komplexeres Aroma als einer, der mit Vanillin vermischt wurde. Denn Vanillin enthält nur den zentralen Aromastoff der Schote. Die Hintergrundtöne und feinen Nuancen der Pflanze werden bei der künstlichen Herstellung nicht mitgefertigt.

Für einen Hefeteig empfiehlt sich frische Hefe, weil sie aromatischer ist und das Gebäck im Ofen besser aufgehen lässt als Trockenhefe. Frische Hefe sollte nicht älter als eine Woche sein und keinen unangenehmen Geruch haben. Denn das Aroma der Hefe überträgt sich auf das Gebäck.

Das Aroma von reifen Bio-Zitronen besitzt eine ausgewogenere Balance zwischen Säure und Süße als das von Früchten aus konventioneller Produktion. Von Bio-Zitronen lässt sich die Schale bedenkenlos verwenden, weil sie keine Rückstände von Pflanzenschutz- oder Konservierungsmitteln enthält.

Plunderbrezeln

VORLAGE: PLUNDER BRETZELN, IN: PÖTZSCH, HERRSCHAFTSKÜCHE, S. 222

Saison: Das ganze Jahr

FÜR 30 BREZELN
1 Bio-Zitrone
500 g Mehl (Type 550)
6 g Salz
65 g Zucker
3 Bio-Eier (Größe M)
1 Eigelb (Bio-Ei Größe M)
400 g Süßrahmbutter
125 ml Milch (3,5 % Fett)
25 g Hefe
etwas Pflanzenöl
30 Mandeln

Glasur
1 Bio-Zitrone
200 g Puderzucker

Zubereitung

1. Die Zitrone waschen und ihre gelbe Schale mit einer feinen Reibe abraspeln.
2. Das Mehl in eine Schüssel geben und das Salz, den Zucker und die Zitronenschale daruntermischen.
3. Die Eier durch ein Sieb passieren, um die Hagelschnüre zu entfernen.
4. 300 Gramm der Süßrahmbutter in der Milch erwärmen, bis die Butter flüssig wird.
5. Die Eier durch ein Sieb passieren, um die Hagelschnüre zu entfernen. Anschließend unter die warme Milch-Butter-Mischung verrühren.
6. Die restlichen 100 Gramm Butter auf einem kalten Untergrund zu einer Butterplatte von 15 mal 15 Zentimeter Größe und einer Stärke von einem halben Zentimeter ausrollen. Anschließend die Butterplatte in den Kühlschrank stellen.
7. Die Hefe in der warmen Milch-Butter-Ei-Mischung auflösen.
8. Das Mehl in eine Fünfliterschüssel geben. Eine Kuhle in das Mehl drücken, die Milch-Butter-Ei-Hefe-Mischung dort hineingeben und mit etwas Mehl bedecken. Die Mischung eine halbe Stunde an einem warmen Ort gehen lassen.
9. Anschließend alles zu einem Teig verarbeiten und an einem warmen Ort nochmals 30 Minuten ruhen lassen.
10. Dann den Teig auf eine Stärke von fünf Millimetern zu einem 30 mal 30 Zentimeter großen Quadrat (doppelt so groß wie die Butter) ausrollen.
11. Die ausgerollte Butter auf den Teig legen und die Ränder des Teigs dünn mit Wasser bepinseln.
12. Die Butterplatte in den Teig einschlagen, sodass die Butter komplett bedeckt ist und die feuchten Ränder des Teigs aneinander haften.
13. Den Teig mit einer Backrolle kräftig zu einer vergrößerten rechteckigen Platte von acht Millimetern Dicke ausrollen.
14. Die Enden touren, d.h. ein Ende zu einem Drittel auf den Teig in der Mitte legen und dann das andere Ende des Teigs auf diese beiden Drittel legen, sodass nun der Teig dreifach übereinander liegt. Dann den Teig wiederum auf acht Millimeter ausrollen.
15. Den Teig um 90° drehen, damit die Außenteigseiten nach innen kommen, und die einfache Tour, das dreifache Übereinanderlegen, noch einmal wiederholen.
16. Anschließend den Teig erneut um 90° drehen und ein weiteres Mal falten, sodass er diesmal vierfach übereinander liegt, und wieder ausrollen.
17. Den Teig um 90° drehen und diese so genannte doppelte Tour mit vier Teiglagen übereinander noch einmal wiederholen.
18. Danach den Teig mit einem Tuch abgedecken und 30 Minuten im Kühlschrank lagern.
19. Anschließend den Teig erneut um 90° drehen und noch einmal eine doppelte Tour durchführen. Auch danach den Teig wiederum 30 Minuten im Kühlschrank ruhen lassen.
20. Im Anschluss daran den Teig noch einmal um 90° drehen und eine weitere einfache Tour durchführen, nach der der Teig erneut 30 Minuten im Kühlschrank ruht.
21. Zum Abschluss den Teig ein letztes Mal um 90° drehen, noch einmal eine doppelte Tour gehen, sodass insgesamt 6912 Schichten (3 mal 3 mal 4 mal 4 mal 4 mal 3 mal 4 = 6912) entstanden sind. Den Teig erneut für 30 Minuten in den Kühlschrank legen.
22. Zwischenzeitlich die Zitrone für die Glasur und die abgeriebene Zitrone auspressen. Den Saft mit dem Puderzucker vermischen und bei etwa 35 bis 40°C warm stellen. Etwas Wasser darauf geben, damit die Glasur nicht trocken wird.
23. Ein Backblech mit etwas Pflanzenöl dünn ausstreichen und mit Mehl bestäuben.

24. Die Mandeln in kochendes Wasser geben. Nach einer Minute herausnehmen und in kaltem Wasser abschrecken.
25. Die Haut von den Mandeln abziehen und die Mandelkerne halbieren.
26. Den Teig auf etwa fünf Millimeter Stärke sowie leicht rechteckig auf eine Länge von 40 Zentimetern und eine Breite von 30 Zentimetern ausrollen. Dann den Teig in 30 Streifen von einem Zentimeter Breite teilen.
27. Die Streifen auf dem Backblech zu Brezeln formen.
28. Das Eigelb zu einem Viertel seines Volumens mit Wasser verdünnen. Mit dieser Mischung die Brezeln abstreichen.
29. Die halben Mandeln auf die Brezeln verteilen.
30. Die Brezeln im vorgeheizten Backofen bei 180°C etwa 15 bis 18 Minuten backen.
31. Die fertigen Plunderbrezeln abkühlen lassen und anschließend mit der Zitronenglasur leicht bestreichen.

Anrichten
32. Die Plunderbrezeln lauwarm zum Kaffee reichen.

Degustationsnotiz

Krosse knackige Texturen mit zarten Buttertönen erreichen den Gaumen, bevor der Zitruston mit den Mandelnuancen deutlich hervortritt und dominant wird. Buttrige Aromen mit leichten Hefetönen ergänzen diesen Aromenakkord, der auch den bleibenden Geschmack bestimmt.

Kulinarik

Zum Backen sollte man Süßrahmbutter verwenden, da sie nur aus Sahne hergestellt wird und daher einen rahmigen Geschmack besitzt. Bei Sauerrahmbutter wird der Rahm der Milch mit Milchsäurebakterien versetzt, um der Butter eine säuerliche Note zu geben. Diese zusätzliche Säure erweist sich bei Süßspeisen als störend.
Mandeln behalten in der Schale bis zu einem Jahr ihr Aroma, ohne ranzig zu werden. Wird eine Mandel nur noch von der Haut umgeben, sollte man sie aber nicht länger als sechs und ohne Haut nur vier Monate aufbewahren. Weiterverarbeitete Mandeln bleiben nur wenige Wochen frisch.
Das Aroma von reifen Bio-Zitronen besitzt eine ausgewogenere Balance zwischen Säure und Süße als das von Früchten aus konventioneller Produktion. Von Bio-Zitronen lässt sich die Schale bedenkenlos verwenden, weil sie keine Rückstände von Pflanzenschutz- oder Konservierungsmitteln enthält.
Eier von Hühnern aus artgerechter Haltung mit biologischer Fütterung sind aromatischer als solche aus konventioneller Produktion. Denn bei Eiern ist die Qualität der Tierfütterung für den Geschmack entscheidend. Die sattgelbe Farbe des Dotters garantiert eine schöne Farbe der Brezeln.

Plunderkranz

VORLAGE: PLUNDER KRANZ, IN: PÖTZSCH, HERRSCHAFTSKÜCHE, S. 222 F.

Saison: Das ganze Jahr

FÜR 900 G
1 Bio-Zitrone
500 g Mehl (Type 550)
6 g Salz
110 g Zucker
3 Bio-Eier (Größe M)
400 g Butter
125 ml Milch
25 g Hefe
2 Portionen Zitronenglasur
(Siehe S. 435)
etwas Pflanzenöl
65 g Mandeln
60 g Korinthen
30 g Zitronat
5 g Ceylon-Zimt
1 Bio-Ei (Größe M)

Zubereitung

1. Die Zitrone waschen und ihre gelbe Schale mit einer feinen Reibe abraspeln.
2. Das Mehl in eine Schüssel geben und das Salz, den Zucker und die Zitronenschale daruntermischen.
3. Die Eier durch ein Sieb passieren, um die Hagelschnüre zu entfernen.
4. 250 Gramm Butter in der Milch erwärmen, sodass die Butter flüssig wird.
5. Die Eier durch ein Sieb passieren und unter die Milch-Butter-Mischung rühren.
6. Die restlichen 100 Gramm Butter auf einem kalten Untergrund zu einer Butterplatte von 15 mal 15 Zentimetern Größe und einer Stärke von einem halben Zentimeter ausrollen. Anschließend die Butterplatte in den Kühlschrank stellen.
7. Die Hefe in der warmen Milch-Butter-Ei-Mischung auflösen.
8. Das Mehl in eine Fünfliterschüssel geben. Eine Kuhle in das Mehl drücken, die Milch-Butter-Ei-Hefe-Mischung dort hineingeben und mit etwas Mehl bedecken. Die Mischung eine halbe Stunde an einem warmen Ort gehen lassen.
9. Anschließend alles zu einem Teig verarbeiten und an einem warmen Ort nochmals 30 Minuten ruhen lassen.
10. Dann den Teig auf eine Stärke von fünf Millimetern zu einem 30 mal 30 Zentimeter großen Rechteck (doppelt so groß wie die Butter) ausrollen.
11. Die ausgerollte Butter auf den Teig legen und die Ränder des Teigs dünn mit Wasser bepinseln.
12. Die Butterplatte in den Teig einschlagen, sodass die Butter komplett bedeckt ist und die feuchten Ränder des Teigs aneinander haften.
13. Den Teig mit einer Backrolle kräftig zu einer vergrößerten rechteckigen Platte von acht Millimetern Dicke ausrollen.
14. Die Enden touren, d.h. ein Ende zu einem Drittel auf den Teig in der Mitte legen und dann das andere Ende des Teigs auf diese beiden Drittel legen, sodass nun der Teig dreifach übereinander liegt. Dann den Teig wiederum auf acht Millimeter ausrollen.
15. Den Teig um 90° drehen, damit die Außenteigseiten nach innen kommen, und die einfache Tour, das dreifache Übereinanderlegen, noch einmal wiederholen.
16. Anschließend den Teig wieder um 90° drehen und diesmal so falten, dass er vierfach übereinander liegt. Erneut den Teig auf acht Millimeter ausrollen.
17. Auch diese so genannte doppelte Tour noch einmal wiederholen.
18. Danach den Teig wiederum mit einem Tuch abdecken und 30 Minuten im Kühlschrank lagern.
19. Anschließend den Teig erneut um 90° drehen, noch einmal eine doppelte Tour durchführen und den Teig wiederum 30 Minuten im Kühlschrank ruhen lassen.
20. Den Teig um 90° drehen und noch eine einfache Tour durchführen, sodass 1728 Lagen (3 mal 3 mal 4 mal 4 mal 4 mal 3 = 1728) entstehen. Anschließend den Teig wieder 30 Minuten im Kühlschrank ruhen lassen.
21. Zwischenzeitlich die Zitronenglasur zubereiten.
22. Ein Backblech mit etwas Pflanzenöl dünn ausstreichen und mit Mehl bestäuben.
23. Die Mandeln in kochendes Wasser geben. Nach einer Minute herausnehmen und in kaltem Wasser abschrecken.
24. Die Haut von den Mandeln abziehen und die Mandelkerne fein hacken.
25. Die restliche Butter leicht erwärmen.
26. Den Teig mit etwas Mehl bestäuben und zu einer zehn Zentimeter starken Rolle aufrollen.
27. Die Rolle auf dem Backblech zu einem Kranz formen, mit einem Pinsel die Butter auf den Kranz streichen. Anschließend die Korinthen, das Zitronat, die Mandeln und den Zimt auf den Kranz streuen und diesen nochmals 15 Minuten ruhen lassen.

28. Das Eigelb zu einem Viertel seines Volumens mit Wasser verdünnen. Mit dieser Mischung den Kranz abstreichen.
29. Den Kranz im vorgeheizten Backofen bei 180°C etwa 40 bis 45 Minuten backen.
30. Den Plunderkranz abkühlen lassen und anschließend mit der Zitronenglasur leicht bestreichen.

Anrichten

31. Nach dem Erkalten mit einem Wellschliffmesser zwei bis drei Zentimeter große Stücke schneiden und servieren.

Degustationsnotiz

Man nimmt schon buttrig-hefige Töne wahr, bevor die Aromen von Korinthen, Mandeln, Zitronat und Zimt beim Zerkauen auftauchen. Sämtliche Backzutaten verbinden sich zu einem Akkord, aus dem immer wieder einzelne Aromen hervortreten. Zimt, Mandeln und Zitronat bestimmen den bleibenden Geschmack.

Kulinarik

Für einen Hefeteig empfiehlt sich frische Hefe, weil sie aromatischer ist und das Gebäck im Ofen besser aufgehen lässt als Trockenhefe. Frische Hefe sollte nicht älter als eine Woche sein und keinen unangenehmen Geruch haben. Denn das Aroma der Hefe überträgt sich auf das Gebäck.

Zum Backen sollte man Süßrahmbutter verwenden, da sie nur aus Sahne hergestellt wird und daher einen rahmigen Geschmack besitzt. Bei Sauerrahmbutter wird der Rahm der Milch mit Milchsäurebakterien versetzt, um der Butter eine säuerliche Note zu geben. Diese zusätzliche Säure erweist sich bei Süßspeisen als störend.

Zitronat besteht aus den kandierten Schalen von Zitronatzitronen, denen mit Zuckersirup Wasser und Bitterstoffe entzogen wurden. Biologisch hergestellte Produkte besitzen eine ausgewogene Balance zwischen Säure und Süße.

Das Aroma von reifen Bio-Zitronen besitzt eine ausgewogenere Balance zwischen Säure und Süße als das von Früchten aus konventioneller Produktion. Von Bio-Zitronen lässt sich die Schale bedenkenlos verwenden, weil sie keine Rückstände von Pflanzenschutz- oder Konservierungsmitteln enthält.

Mandeln behalten in der Schale bis zu einem Jahr ihr Aroma, ohne ranzig zu werden. Wird eine Mandel nur noch von der Haut umgeben, sollte man sie aber nicht länger als sechs und ohne Haut nur vier Monate aufbewahren. Weiterverarbeitete Mandeln bleiben nur wenige Wochen frisch.

Eier von Hühnern aus artgerechter Haltung mit biologischer Fütterung sind aromatischer als solche aus konventioneller Produktion. Denn bei Eiern ist die Qualität der Tierfütterung für den Geschmack entscheidend. Die sattgelbe Farbe des Dotters garantiert eine schöne Farbe des Gebäcks.

Kranzkuchen aus Butterteig

VORLAGE: KRANZ KUCHEN. BUTTERTEICH, IN: PÖTZSCH, HERRSCHAFTSKÜCHE, S. 223

Saison: Das ganze Jahr

FÜR 1 KRANZ
50 ml Wasser
25 g Hefe
500 g Mehl (Type 405)
1 Bio-Zitrone
125 g Butter
60 g Zucker
3 Bio-Eier (Größe M)
50 g Zitronat
100 ml Milch
6 g Salz
50 g große ungeschwefelte Sultaninen
50 g Korinthen
30 g Mandeln
100 g Aprikotur (Siehe S. 430)
100 g Zuckerglasur (Siehe S. 434)

Zubereitung

1. Das Wasser auf 30°C temperieren.
2. Die Hefe im Wasser auflösen und mit 70 Gramm des Mehles zu einem Hefestück verkneten.
3. Das Hefestück mit dem restlichen Mehl abdecken und 45 Minuten ruhen lassen.
4. Die Zitrone waschen und mit einem Zestenreißer 20 Gramm ihrer gelben Schale abschaben.
5. Das Hefestück mit der Butter, dem Zucker, zwei Eiern, dem Zitronat, der abgeriebenen Zitronenschale, der Milch und dem Salz zu einem Teig verkneten, bis die Teigoberfläche sich glättet.
6. Anschließend die Sultaninen und Korinthen vorsichtig unterarbeiten.
7. Den Teig 45 Minuten ruhen lassen, bis er sein Volumen deutlich vergrößert hat.
8. Den Teig in drei gleich große Stücke teilen und diese nach und nach zu zirka einem Meter langen Strängen ausrollen.
9. Die Stränge zu einem Dreistrangzopf verflechten, zu einem Kranz legen, an den Enden verbinden und auf ein mit Backpapier ausgelegtes Backblech legen.
10. Das dritte Ei gründlich verquirlen und den Teig damit dünn bestreichen.
11. Anschließend den Teig 45 Minuten gehen lassen, sodass er sein Volumen etwas vergrößert.

12. Währenddessen die Mandeln in kochendes Wasser geben. Nach einer Minute herausnehmen und in kaltem Wasser abschrecken.
13. Die Haut von den Mandeln abziehen und die Kerne mit einer Mandelmühle zu Plättchen hobeln.
14. Den Teig erneut mit verquirltem Ei bestreichen und die gehobelten Mandeln aufstreuen.
15. Den Kranz 10 Minuten bei 200° C backen. Danach die Temperatur auf 180° C absenken und weitere 20 Minuten mit geöffnetem Zug backen, beziehungsweise einen Holzlöffel zwischen die Backofenklappe klemmen, damit sie einen Spalt breit offen bleibt.
16. Nach der Hälfte der Gesamtbackzeit (15 Minuten) ein Unterblech unter das Backblech schieben, um die Unterhitze zu reduzieren.
17. Um zu testen, ob der Kuchen gar ist, an der obersten Stelle mit einem Holzspieß einstechen. Bleiben Teigreste daran kleben, noch einige Minuten backen
18. Den fertig gebackenen Kranz aus dem Ofen nehmen und im noch warmen Zustand dünn mit Aprikotur bestreichen und danach mit zarter Zuckerglasur überziehen.

Anrichten

19. Den Kranz abkühlen lassen und auf einem Teller servieren.

Degustationsnotiz

Aus der weichen und saftigen Textur nimmt man zuerst die Süße wahr, aus der Aromen von Rosinen und Mandel auftaucht. Anschließend entfaltet sich unter der Dominanz des Zuckers die angenehme Säure der Aprikosenmarmelade, die von einer feinen Butternote begleitet wird.

Kulinarik

Der Kranzkuchen sollte möglichst gleich, nachdem er ausgekühlt ist, oder zumindest am Tag seiner Zubereitung verzehrt werden, um seine weiche Textur genießen zu können.
Für einen Hefeteig empfiehlt sich frische Hefe, weil sie aromatischer ist und das Gebäck im Ofen besser aufgehen lässt als Trockenhefe. Frische Hefe sollte nicht älter als eine Woche sein und keinen unangenehmen Geruch haben. Denn das Aroma der Hefe überträgt sich auf das Gebäck.
Mandeln behalten in der Schale bis zu einem Jahr ihr Aroma, ohne ranzig zu werden. Wird eine Mandel nur noch von der Haut umgeben, sollte man sie aber nicht länger als sechs und ohne Haut nur vier Monate aufbewahren. Weiterverarbeitete Mandeln bleiben nur wenige Wochen frisch.
Korinthen sind sehr kleine, dunkelrote und kernlose getrocknete Beeren der Korinthiaki-Traube.
Sultaninen werden aus weißen Sultana-Trauben gewonnen, sind wesentlich größer als Korinthen und hellgelb. Smyrna-Sultaninen aus der Türkei haben einen delikaten Muskatton und sind nicht sehr süß. Die Qualität von Sultaninen ist desto höher, je größer und heller sie sind, es sei denn sie sind durch Schwefel gebleicht. Bio-Rosinen werden mit Pottasche getrocknet.
Zitronat besteht aus den kandierten Schalen von Zitronatzitronen, denen mit Zuckersirup Wasser und Bitterstoffe entzogen wurden.
Das Aroma von reifen Bio-Zitronen besitzt eine ausgewogenere Balance zwischen Säure und Süße als das von Früchten aus konventioneller Produktion. Von Bio-Zitronen lässt sich die Schale bedenkenlos verwenden, weil sie keine Rückstände von Pflanzenschutz- oder Konservierungsmitteln enthält.
Eier von Hühnern aus artgerechter Haltung mit biologischer Fütterung sind aromatischer als solche aus konventioneller Produktion. Denn bei Eiern ist die Qualität der Tierfütterung für den Geschmack entscheidend. Die sattgelbe Farbe des Dotters garantiert eine schöne Farbe des Kranzkuchens.

Kranzkuchen

VORLAGE: KRANZ KUCHEN. (VON HEFENTEICH), IN: PÖTZSCH, HERRSCHAFTSKÜCHE, S.223

Saison: Das ganze Jahr

FÜR 1 KRANZ
380 g Butter
50 ml Wasser
25 g Hefe
500 g Mehl (Type 405)
550 g Mandeln
6 Eigelbe (Bio-Ei Größe M)
375 g Zucker
220 ml Milch
3-4 Eiweiß (Bio-Ei Größe M)
6 g Salz
100 g Aprikotur (Siehe S. 430)
100 g Rosenwasserglasur
(Siehe S. 433)

Zubereitung

1. Die Butter zwischen zwei Bögen Backpapier zu einem Quadrat von zirka 20 mal 20 Zentimetern ausrollen.
2. Das ausgerollte Quadrat in den Frost legen, bis sich die Butterplatte auf 15 bis 20°C abgekühlt hat.
3. Inzwischen das Wasser auf 30°C temperieren.
4. Die Hefe im Wasser auflösen und mit 70 Gramm des Mehles zu einem Hefestück verkneten.
5. Das Hefestück mit dem restlichen Mehl abdecken und 45 Minuten ruhen lassen.
6. Währenddessen die Mandeln in kochendes Wasser geben. Nach einer Minute herausnehmen und in kaltem Wasser abschrecken.
7. Die Haut von den Mandeln abziehen und von den Mandelkernen 500 Gramm sehr fein mahlen. Die restlichen 50 Gramm der Mandeln mit einem großen Messer zu Stiften hacken.
8. Die Butter, das Eigelb, den Zucker, 250 Gramm der gemahlenen Mandeln und die Milch im Kühlschrank vorkühlen.
9. Die anderen 250 Gramm der gemahlenen Mandeln mit 250 Gramm Zucker und dem Eiweiß in einer Schüssel vermengen, bis eine glatte Masse entsteht.
10. Das Hefestück mit dem Salz, der Butter, den Eigelben, den restlichen 125 Gramm Zucker, den vorgekühlten 250 Gramm der gemahlenen Mandeln und der Milch zu einem Teig so lange verkneten, bis er eine glatte Oberfläche aufweist.
11. Den Teig sofort auf 30 mal 30 Zentimeter ausrollen und die Butterplatte darin einschlagen.
12. Anschließend den Teig so falten, dass er dreifach übereinander liegt. Dazu zunächst ein Drittel auf das mittlere Drittel legen und dann das dritte Drittel darüber schlagen.
13. Den Teig auf das Format ausrollen, das er vor dem Falten hatte und warten, bis er sich auf 15 bis 20°C abgekühlt hat.
14. Den Teig um 90° drehen, damit die Außenteigseiten nach innen kommen, und erneut touren, d.h. den Teig zu je einem Drittel übereinander falten und wie zuvor ausrollen. Anschließend auf 15 bis 20°C abkühlen.
15. Erneut den Teig um 90° drehen, zum dritten Mal falten und ausrollen, sodass man 27 Schichten (3 mal 3 mal 3 = 27) erreicht. Noch einmal auf 15 bis 20°C abkühlen.
16. Anschließend den tourierten Teig zu einem Rechteck von zirka 60 mal 30 Zentimetern ausrollen.
17. Die Makronenmasse auf den ausgerollten Teig streichen.
18. Den Teig mit der Makronenmasse zu einer Rolle aufwickeln und die Rolle längs durchschneiden.
19. Die Stränge so umeinander verdrillen, dass die offene Seite nach oben zeigt.
20. Ein Backblech mit Backpapier auslegen und darauf den verdrillten Strang zu einem Kranz legen und die Enden miteinander verbinden.
21. Den Kranz bei Raumtemperatur 60 Minuten gehen lassen.
22. Den Backofen auf 200°C vorheizen und eine Tasse Wasser auf den Boden des Backofens gießen. Anschließend den Kranz bei 200°C für zehn Minuten backen.
23. Dann die Temperatur auf 180°C reduzieren, ein Unterblech unter das Backblech schieben, um die Unterhitze abzumildern, und den Kranz noch etwa 20 weitere Minuten backen.
24. Um zu testen, ob der Kuchen gar ist, an der obersten Stelle mit einem Holzspieß einstechen. Bleiben Teigreste daran kleben, noch einige Minuten backen

Anrichten

25. Den fertig gebackenen Kranz aus dem Ofen nehmen. Anschließend im noch warmen Zustand dünn mit Aprikotur bestreichen, mit zarter Rosenwasserglasur überziehen und mit gehackten Mandeln bestreuen.

Degustationsnotiz

Zunächst treten die Mandelaromen hervor, bis sie durch die Süße des Zuckers ergänzt werden und mit einer feinen Marzipannote zu einem Aromenakkord verschmelzen. Der Kuchen besitzt eine weiche bis saftige Konsistenz. Den bleibenden Geschmack bestimmen die Mandelnoten.

Kulinarik

Der Kranzkuchen sollte möglichst gleich, nachdem er ausgekühlt ist, oder zumindest am Tag seiner Zubereitung verzehrt werden, um seine weiche Textur genießen zu können.

Der Kuchen wird aus Plunderteig gefertigt, der durch Wasserdampf und Hefe gelockert wird.

Es empfiehlt sich, frische Hefe zu verwenden, weil sie aromatischer ist und das Gebäck im Ofen besser aufgehen lässt als Trockenhefe. Frische Hefe sollte nicht älter als eine Woche sein und keinen unangenehmen Geruch haben. Denn das Aroma der Hefe überträgt sich auf das Gebäck.

Die Zutaten zum Teig müssen gekühlt werden, weil die Butter nur bei zirka 15 bis 20°C verarbeitungsfähig ist.

Mandeln behalten in der Schale bis zu einem Jahr ihr Aroma, ohne ranzig zu werden. Wird eine Mandel nur noch von der Haut umgeben, sollte man sie aber nicht länger als sechs und ohne Haut nur vier Monate aufbewahren. Weiterverarbeitete Mandeln bleiben nur wenige Wochen frisch.

Eier von Hühnern aus artgerechter Haltung mit biologischer Fütterung sind aromatischer als solche aus konventioneller Produktion. Denn bei Eiern ist die Qualität der Tierfütterung für den Geschmack entscheidend. Die sattgelbe Farbe des Dotters garantiert eine schöne Farbe des Kranzkuchens.

Haselnusskranz

VORLAGE: HASSELNUSS KRANZ, IN: PÖTZSCH, HERRSCHAFTSKÜCHE, S. 223

Saison: Das ganze Jahr

FÜR 1 KRANZ
505 g Butter
25 g Hefe
50 ml Wasser
500 g Mehl (Type 405)
280 g Mandeln
250 g Haselnüsse
½ Bourbon-Vanilleschote
270 ml Milch
250 g Zucker
50 g Eiweiß (Bio-Ei Größe M)
6 g Salz
6 Eigelbe (Bio-Ei Größe M)
100 g Aprikotur (Siehe S. 430)
100 g Vanilleglasur
(Siehe S. 432)

Zubereitung

1. 190 Gramm Butter zwischen zwei Bögen Backpapier zu einem Quadrat von zirka 20 mal 20 Zentimetern ausrollen.
2. Das ausgerollte Quadrat in den Frost legen, bis sich die Butterplatte auf 15 bis 20 °C abgekühlt hat.
3. Die Hefe im Wasser auflösen und mit 70 Gramm des Mehles zu einem Hefestück verkneten.
4. Das Hefestück mit dem restlichen Mehl abdecken und 45 Minuten ruhen lassen.
5. Währenddessen die Mandeln in kochendes Wasser geben. Nach einer Minute herausnehmen und in kaltem Wasser abschrecken.
6. Die Haut von den Mandeln abziehen und von den Mandelkernen 250 Gramm sehr fein mahlen. Die restlichen 30 Gramm der Mandeln mit einem großen Messer zu Stiften hacken.
7. Die Haselnusskerne kurz mit heißem Wasser überbrühen und häuten. Anschließend sehr fein mahlen.
8. Die halbe Vanilleschote längs halbieren und das Mark mit einem Messerrücken herauskratzen.
9. Das Vanillemark sowie die gemahlenen Haselnüsse, die Milch, den Zucker, 125 Gramm der Butter und das Eiweiß im Kühlschrank vorkühlen.
10. Die gekühlten Zutaten in eine Schüssel geben und zu einer glatten Haselnussmasse rühren.
11. Das Hefestück mit dem Mehl, dem Salz, 190 Gramm Butter, dem Eigelb, 125 Gramm Zucker, 250 Gramm der gemahlenen Mandeln und 220 Millilitern der Milch zu einem Teig verkneten.
12. Den kühlen Teig sofort zu einem Quadrat von 30 mal 30 Zentimetern ausrollen.
13. Die Butterplatte darin einschlagen.
14. Anschließend den Teig so falten, dass er dreifach übereinander liegt. Dazu zunächst ein Drittel auf das mittlere Drittel legen und dann das dritte Drittel darüber schlagen.
15. Den Teig auf das Format ausrollen, das er vor dem Falten hatte, und in den Frost legen, bis sich die Butterplatte auf 15 bis 20 °C abgekühlt hat.
16. Den Teig um 90° drehen, damit die Außenteigseiten nach innen kommen, und erneut touren, d.h. den Teig zu je einem Drittel übereinander falten und wie zuvor ausrollen. Anschließend auf 15 bis 20 °C abkühlen.
17. Erneut den Teig um 90° drehen, zum dritten Mal falten und ausrollen, sodass man 27 Schichten (3 mal 3 mal 3 = 27) erreicht. Noch einmal auf 15 bis 20 °C abkühlen.
18. Anschließend den tourierten Teig zu einem Rechteck von zirka 60 mal 30 Zentimetern ausrollen.
19. Die Haselnussmasse auf den ausgerollten Teig streichen. Den Teig mit der Haselnussmasse zu einer Rolle aufwickeln und die Rolle längs durchschneiden.
20. Die Stränge so umeinander verdrillen, dass die offene Seite nach oben zeigt.
21. Ein Backblech mit Backpapier auslegen und darauf den verdrillten Strang zu einem Kranz legen und die Enden miteinander verbinden.
22. Den Kranz bei Raumtemperatur eine Stunde gehen lassen.
23. Den Backofen auf 200 °C vorheizen und eine Tasse Wasser auf den Boden des Backofens gießen. Anschließend den Kranz bei 200 °C für zehn Minuten backen.
24. Dann die Temperatur auf 180 °C reduzieren, ein Unterblech unter das Backblech schieben, um die Unterhitze abzumildern, und den Kranz noch etwa 20 weitere Minuten backen.
25. Um zu testen, ob der Kuchen gar ist, an der obersten Stelle mit einem Holzspieß einstechen. Bleiben Teigreste daran kleben, noch einige Minuten backen.

Anrichten

26. Den fertig gebackenen Kranz aus dem Ofen nehmen. Anschließend im noch warmen Zustand dünn mit Aprikotur bestreichen, mit zarter Vanilleglasur überziehen und mit gehackten Mandeln bestreuen.

Degustationsnotiz

Das Gebäck entfaltet sofort angenehme Haselnussaromen, die von deutlichen Mandeltönen begleitet werden. Die nussige Kombination erweitern im Hintergrund Nuancen von Vanille. Den bleibenden Geschmack bestimmen erneut die Nussaromen.

Kulinarik

Der Haselnusskranz sollte möglichst gleich, nachdem er ausgekühlt ist, oder zumindest am Tag seiner Zubereitung verzehrt werden, um seine weiche Textur genießen zu können.

Haselnüsse sind frisch und besitzen das beste Aroma, wenn sie beim Schütteln nicht in der Schale klappern. In der Schale lassen sie sich bis zu einem Jahr, mit Haut bis zu einigen Monate und geschält nur einige Wochen lagern. In Folie eingeschweißte Haselnüsse schimmeln leicht.

Der Kuchen wird aus Plunderteig gefertigt, der durch Wasserdampf und Hefe gelockert wird. Es empfiehlt sich, frische Hefe zu verwenden, weil sie aromatischer ist und das Gebäck im Ofen besser aufgehen lässt als Trockenhefe. Frische Hefe sollte nicht älter als eine Woche sein und keinen unangenehmen Geruch haben. Denn das Aroma der Hefe überträgt sich auf das Gebäck.

Die Zutaten zum Teig müssen gekühlt werden, weil die Butter nur bei zirka 15 bis 20°C verarbeitungsfähig ist.

Mandeln behalten in der Schale bis zu einem Jahr ihr Aroma, ohne ranzig zu werden. Wird eine Mandel nur noch von der Haut umgeben, sollte man sie aber nicht länger als sechs und ohne Haut nur vier Monate aufbewahren. Weiterverarbeitete Mandeln bleiben nur wenige Wochen frisch.

Eier von Hühnern aus artgerechter Haltung mit biologischer Fütterung sind aromatischer als solche aus konventioneller Produktion. Denn bei Eiern ist die Qualität der Tierfütterung für den Geschmack entscheidend. Die sattgelbe Farbe des Dotters garantiert eine schöne Farbe des Gebäcks.

Pariser Teegebäck

VORLAGE: PARISER TEEGEBÄCK, IN: PÖTZSCH, HERRSCHAFTSKÜCHE, S. 223

Saison: Das ganze Jahr

FÜR 50 BIS 60 STÜCK
22 g Mandeln
22 g Bittermandeln
375 g Mehl (Type 405)
125 g Zucker
280 g Butter
6 Eigelbe (Bio-Ei Größe M)

Zubereitung

1. Die Mandeln und die Bittermandeln in kochendes Wasser geben. Nach einer Minute herausnehmen und in kaltem Wasser abschrecken.
2. Die Haut von den Mandeln abziehen und die Mandelkerne sehr fein mahlen.
3. Das Mehl auf die Arbeitsfläche sieben. Den Zucker und die Mandeln dazugeben.
4. In die Mitte des Mehls eine Mulde drücken und die Butter in groben Stücken von zwei mal zwei Zentimetern Größe in das Mehl geben.
5. Anschließend die Eigelbe hinzufügen.
6. Mit einer Essgabel die Butter mit dem Mehl und dem Eigelb vermengen. Das Mehl immer wieder mit einem Teigschaber vom Rand über die Zutaten zur Mitte schieben.
7. Mit einem großen glatten Messer nun den Teig immer wieder durchhacken, bis er krümelig wird.
8. Erst jetzt den Teig mit den Händen über die Handballen schnell kneten.
9. Daraufhin den Mürbeteig eine Stunde bei 6°C ruhen lassen, damit der Kleber des Mehls reagieren kann.
10. Ein Backblech mit Backpapier auslegen.
11. Den Teig ausrollen und beliebige Formen ausstechen. Dann die rohen Kekse auf das Backblech legen und bei 200°C je nach Keksgröße 12 bis 15 Minuten backen.

Anrichten

12. Die Kekse aus dem Ofen nehmen, abkühlen lassen und nach Belieben garnieren.

Degustationsnotiz
Von Anfang an ist der Eigeschmack deutlich wahrnehmbar. Das Pariser Teegebäck ist nicht sehr süß, aber weich und von leicht sandiger Konsistenz. Bald dominieren die süßlichen Marzipantöne der Bittermandeln die Wahrnehmung. Die bittere Süße der Bittermandel bestimmt auch den Geschmack.

Kulinarik
Der Mürbeteig muss bei einer Temperatur von 6° C ruhen, da er sonst brandig wird. Zu warmes Fett verbindet sich durch zu langes Kneten mit den Händen und nicht mit dem Mehl. In diesem Zustand lässt sich der Mürbeteig schlecht ausrollen und reißt schnell. Außerdem wird Gebäck aus falsch geknetetem Mürbeteig hart statt mürbe.
Mandeln behalten in der Schale bis zu einem Jahr ihr Aroma, ohne ranzig zu werden. Wird eine Mandel nur noch von der Haut umgeben, sollte man sie aber nicht länger als sechs und ohne Haut nur vier Monate aufbewahren. Weiterverarbeitete Mandeln bleiben nur wenige Wochen frisch.
Bittermandeln haben ein süßlich-marzipanartiges Aroma und einen ausgeprägt bitteren Geschmack. Schon durch kurzes Erhitzen verlieren sie ihre giftigen Bestandteile. Bittermandelaroma beziehungsweise -essenz sind die Giftstoffe bereits entzogen.
Eier von Hühnern aus artgerechter Haltung mit biologischer Fütterung sind aromatischer als solche aus konventioneller Produktion. Denn bei Eiern ist die Qualität der Tierfütterung für den Geschmack entscheidend. Die sattgelbe Farbe des Dotters garantiert eine schöne Farbe des Gebäcks.

Berliner Waffeln

VORLAGE: BERLINER WAFFELN, IN: PÖTZSCH, HERRSCHAFTSKÜCHE, S. 224

Saison: Das ganze Jahr

FÜR 2 BACKBLECHE
500 g Mehl (Type 405)
250 g Mandeln
250 g Butter
4 Eiweiß (Bio-Ei Größe M)
200 g Zucker
150 g Himbeermarmelade
(Siehe S. 423, wie Erdbeermarmelade)
30 g Puderzucker

Zubereitung

1. Das Mehl auf eine Arbeitsfläche sieben.
2. Die Mandeln in kochendes Wasser geben. Nach einer Minute herausnehmen und in kaltem Wasser abschrecken.
3. Die Haut von den Mandeln abziehen, die Mandelkerne mahlen und zum Mehl dazugeben.
4. Die Butter in fünf Millimeter kleine Würfel schneiden und anschließend in das Mandelmehl einkneten, sodass es von außen her mit der Butter verrieben wird.
5. Wenn die Bestandteile binden, den Teig in zwei gleichgroße Portionen teilen und jeweils in eine Folie einrollen. Anschließend zwei Stunden ruhen lassen.
6. Die erste Teigportion mit einem Rollholz zu einem Rechteck von etwa 35 mal 45 Zentimetern und einer Stärke von sechs bis acht Millimetern ausrollen.
7. Das Backblech mit Backpapier auslegen und den Teig auf das Backpapier legen.
8. Mit einer Essgabel feine Löcher in den Teig stechen und anschließend bei 170°C etwa 15 bis 20 Minuten backen, bis er goldgelb ist.
9. Das Ganze mit der zweiten Teigportion wiederholen. Den gebackenen Teig abkühlen lassen.
10. Das Eiweiß aufschlagen und nach und nach den Zucker dazugeben, bis das Eiweiß steif ist und Spitzen bildet.
11. Die Himbeermarmelade zubereiten und mit einer Winkelpalette auf die abgekühlten Teige verteilen.
12. Das steif geschlagene Eiweiß in einen Spritzbeutel mit einer Lochtülle von fünf Millimetern Durchmesser füllen. Damit ein Gittermuster auf das Gebäck spritzen, sodass immer Rechtecke von vier mal vier Zentimetern von der Himbeermarmelade zu sehen sind.
13. Das Ganze nun nochmals leicht mit Puderzucker bestreuen und bei 120°C im Backofen etwa vier Stunden trocknen.

Anrichten

14. Das Gebäck aus dem Backofen nehmen und quadratische Waffeln von 12 mal 12 Zentimetern schneiden und servieren.

Degustationsnotiz

Krosse aromatische Backaromen erreichen mit zarten süßen Mandelaromen den Gaumen, bevor die Himbeeren wahrgenommen werden und sich mit ihnen zu einem Aromenakkord verbinden, die auch den bleibenden Geschmack bestimmen.

Kulinarik

Der Teig sollte in gekühltem Zustand verarbeitet werden, möglichst bereits einen Tag vorher gefertigt sein. Das Gebäck selbst sollte erst an dem Tag, an dem es verwendet wird, hergestellt werden, weil das Eiweiß schnell Feuchtigkeit aufnimmt und der Krosseffekt der Waffeln verloren geht.
Mandeln behalten in der Schale bis zu einem Jahr ihr Aroma, ohne ranzig zu werden. Wird eine Mandel nur noch von der Haut umgeben, sollte man sie aber nicht länger als sechs und ohne Haut nur vier Monate aufbewahren. Weiterverarbeitete Mandeln bleiben nur wenige Wochen frisch.

Sandkolatschen

VORLAGE: SANDKOLATSCHEN, IN: PÖTZSCH, HERRSCHAFTSKÜCHE, S. 224

Saison: Das ganze Jahr

Zubereitung

1. Die Butter auf Raumtemperatur bringen und mit einem Drittel des Zuckers in einer Schüssel schaumig rühren.
2. In einer zweiten Schüssel die Eier, das Eigelb und den restlichen Zucker schaumig schlagen, sodass die Masse nicht fest, sondern noch leicht cremig ist.
3. Ein Drittel dieser Masse unter die Butter-Zucker-Mischung geben und verrühren.
4. Beim Rühren das Mehl und das Salz mit einstreuen und ebenfalls unterrühren.
5. Danach die restliche Eiermasse langsam dazugeben.
6. Ein Backblech mit Backpapier auslegen.
7. Die Masse in einen Spritzbeutel mit einer Lochtülle von 1,5 Zentimetern füllen und zu zirka fünf bis sechs Zentimeter große Halbkugeln auf das Backpapier aufspritzen. Die Halbkugeln nicht zu eng nebeneinander platzieren, da die Masse auseinander läuft.
8. Die Mandeln in kochendes Wasser geben. Nach einer Minute herausnehmen und in kaltem Wasser abschrecken.
9. Die Haut von den Mandeln abziehen und die Mandelkerne halbieren.
10. Die Hälfte der Sandkolatschen mit halben Mandeln und die andere Hälfte mit Korinthen bestreuen.
11. Im vorgeheizten Backofen bei zirka 180° C etwa 20 bis 25 Minuten backen.

Anrichten

12. Die Sandkolatschen abkühlen lassen und auf einem Teller anrichten.

Degustationsnotiz

Die Kekse sind dezent kross. Die frisch gebackenen Mandelplätzchen entfalten eine leichte Süße und ein sehr buttriges und nussiges Aroma. Die durch das Backen gerösteten Mandeln beziehungsweise die Korinthen dominieren durchgehend den Geschmack.

Kulinarik

Die Backzeit der Sandkolatschen variiert sehr nach ihrer Größe. Sie dürfen nicht zu lange im Ofen bleiben. Sandkolatschen sollten möglichst gleich, nachdem sie ausgekühlt sind, oder zumindest am Tag ihrer Zubereitung verzehrt werden, um die weiche Textur genießen zu können.
Mandeln behalten in der Schale bis zu einem Jahr ihr Aroma, ohne ranzig zu werden. Wird eine Mandel nur noch von der Haut umgeben, sollte man sie aber nicht länger als sechs und ohne Haut nur vier Monate aufbewahren. Weiterverarbeitete Mandeln bleiben nur wenige Wochen frisch.
Korinthen sind sehr kleine, dunkelrote und kernlose getrocknete Beeren der Korinthiaki-Traube.

FÜR 60 STÜCK

375 g Butter
375 g Zucker
6 Bio-Eier (Größe M)
6 Eigelbe (Bio-Ei Größe M)
625 g Mehl (Type 405)
3 g Salz
200 g Mandeln
200 g Korinthen

Bund

VORLAGE: BUND, IN: PÖTZSCH, HERRSCHAFTSKÜCHE, S. 224

Saison: Das ganze Jahr

FÜR 12 KLEINE KUCHEN VON 14 CM DURCHMESSER UND 7 CM HÖHE
60 g Hefe
120 ml Wasser
1 kg Mehl (Type 405)
30 g Bittermandeln
3 Bio-Zitronen
910 g Butter
250 g Zucker
15 Bio-Eier (Größe M)
125 g Sultaninen
125 g Zitronat
200 g Zucker
10 g Salz
100 g Puderzucker

Zubereitung

1. Die Hefe im handwarmen Wasser auflösen und mit 160 Gramm des Mehls zu einem Hefestück verkneten.
2. Das Hefestück mit dem restlichen Mehl abdecken und 45 Minuten ruhen lassen.
3. Die Bittermandeln in kochendes Wasser geben. Nach einer Minute herausnehmen und in kaltem Wasser abschrecken.
4. Die Haut von den Bittermandeln abziehen und ihre Kerne sehr fein mahlen. Die Zitronen waschen und mit einem Zestenreißer 60 Gramm ihrer gelben Schale abschaben.
5. 500 Gramm Butter auf Raumtemperatur bringen und mit den 250 Gramm Zucker, den Eiern, den Sultaninen, dem Zitronat, den Zitronenschalen, den gemahlenen Bittermandeln sowie dem Salz zu dem Hefestück und dem Mehl dazugeben. Alles zu einem Teig verrühren.
6. Den Teig 30 Minuten ruhen lassen, bis er sein Volumen deutlich vergrößert hat.
7. Inzwischen 400 Gramm Butter in einem Topf auf dem Herd langsam flüssig werden lassen, ohne dass die Butter braun wird.
8. Zwölf Backformen von 14 Zentimetern Durchmesser und sieben Zentimetern Höhe mit den restlichen zehn Gramm Butter ausstreichen und mit Kuchenkrümeln ausstreuen.
9. Den weichen Teig in die Formen füllen und erneut zirka 30 Minuten ruhen lassen.
10. Die Kuchen zunächst für 20 Minuten bei 200° C backen. Dann die Temperatur auf 180° C reduzieren und noch etwa weitere 25 Minuten backen.

Anrichten

11. Nach dem Backen die Kuchen noch warm auf eine Platte oder einen Teller stürzen. Nun buttern, danach mit Zucker und abschließend mit Puderzucker bestäuben.

Degustationsnotiz
Das Ei dominiert ein nicht besonders süßes Aroma. Ein fruchtiges Aroma aus Sultaninen, Zitronat und Zitrone bildet einen aromatischen Hintergrund. Das Gebäck hat eine feste, elastische Textur.

Kulinarik
Der Kuchen sollte möglichst gleich, nachdem er ausgekühlt ist, oder zumindest am Tag seiner Zubereitung verzehrt werden, um seine weiche Textur genießen zu können.
Für einen Hefeteig empfiehlt sich frische Hefe, weil sie aromatischer ist und das Gebäck im Ofen besser aufgehen lässt als Trockenhefe. Frische Hefe sollte nicht älter als eine Woche sein und keinen unangenehmen Geruch haben. Denn das Aroma der Hefe überträgt sich auf das Gebäck.
Eier von Hühnern aus artgerechter Haltung mit biologischer Fütterung sind aromatischer als solche aus konventioneller Produktion. Denn bei Eiern ist die Qualität der Tierfütterung für den Geschmack entscheidend. Die sattgelbe Farbe des Dotters garantiert eine schöne Farbe des Gebäcks.
Bittermandeln haben ein süßlich-marzipanartiges Aroma und einen ausgeprägt bitteren Geschmack. Schon durch kurzes Erhitzen verlieren sie ihre giftigen Bestandteile. Bittermandelaroma beziehungsweise -essenz sind die Giftstoffe bereits entzogen.
Sultaninen werden aus weißen Sultana-Trauben gewonnen, sind wesentlich größer als Korinthen und hellgelb. Smyrna-Sultaninen aus der Türkei haben einen delikaten Muskatton und sind nicht sehr süß. Die Qualität von Sultaninen ist desto höher, je größer und heller sie sind, es sei denn sie sind durch Schwefel gebleicht. Bio-Rosinen werden mit Pottasche getrocknet. Malaga-Traubenrosinen sind dick und dunkelrot. Ihr Geschmack ist ebenfalls muskatartig und nicht sehr süß.
Zitronat besteht aus den kandierten Schalen von Zitronatzitronen, denen mit Zuckersirup Wasser und Bitterstoffe entzogen wurden.
Das Aroma von reifen Bio-Zitronen besitzt eine ausgewogenere Balance zwischen Säure und Süße als das von Früchten aus konventioneller Produktion. Von Bio-Zitronen lässt sich die Schale bedenkenlos verwenden, weil sie keine Rückstände von Pflanzenschutz- oder Konservierungsmitteln enthält.

Süster

VORLAGE: SÜSTER, IN: PÖTZSCH, HERRSCHAFTSKÜCHE, S. 224

Saison: Das ganze Jahr

FÜR EINE KUCHENBODENFORM MIT GEZACKTEM RAND VON 24 CM DURCHMESSER

- 50 g Hefe
- 420 g Butter
- 1 Bio-Zitrone
- 60 g Mandeln
- 500 g Mehl (Type 405)
- 14 Bio-Eier (Größe M)
- 30 g Zucker
- 1 Prise Salz
- 40 g Puderzucker

Zubereitung

1. Die Hefe in zehn Milliliter Wasser bröckeln und darin verflüssigen. Anschließend 400 Gramm Butter ein wenig erwärmen, bis sie flüssig wird, und die Hefe damit vermischen.
2. Die Zitrone waschen und ihre gelbe Schale mit einer feinen Reibe abraspeln.
3. Die Mandeln in kochendes Wasser geben. Nach einer Minute herausnehmen und in kaltem Wasser abschrecken.
4. Die Haut von den Mandeln abziehen und die Mandelkerne mahlen.
5. Das Mehl, die gemahlenen Mandeln und die Zitronenschale zu der Butter-Hefe-Mischung geben, aber noch nicht verrühren.
6. Den Dotter vom Eiweiß der 14 Eier trennen.
7. Die Eigelbe, die Hefe-Milch-Mehl-Mischung, die Butter, das Mehl und den Zucker mit dem Handballen zu einem Teig durchkneten.
8. Den Teig mit einem Tuch abdecken, damit er nicht trocken wird, und eine halbe Stunde an einem warmen Ort gehen lassen.
9. Anschließend den Teig nochmals durchkneten und wiederum eine halbe Stunde ruhen lassen.
10. Erneut durchkneten und noch einmal eine halbe Stunde ruhen lassen.
11. Das Eiweiß zusammen mit der Prise Salz schlagen, bis sich Spitzen bilden.
12. Das Eiweiß mit den Händen in den lockeren Teig einarbeiten.
13. Die Backform mit der restlichen Butter ausstreichen und leicht bemehlen.
14. Den Teig in die Kuchenform geben und nochmals 20 Minuten ruhen lassen.
15. Den Ofen auf 180°C vorheizen, den Teig mit ein wenig Wasser einpinseln und etwa 40 bis 45 Minuten backen.

Anrichten

16. Den Süster aus dem Backofen holen und auf eine Platte stürzen, mit Puderzucker bestäuben und noch lauwarm servieren.

Degustationsnotiz

Leichte süße Backaromen nimmt man zuerst wahr, bevor die feinen Zitrustöne mit den Mandelnuancen hinzukommen. Dieser Aromenakkord bestimmt auch den bleibenden Geschmack.

Kulinarik

Für einen Hefeteig empfiehlt sich frische Hefe, weil sie aromatischer ist und das Gebäck im Ofen besser aufgehen lässt als Trockenhefe. Frische Hefe sollte nicht älter als eine Woche sein und keinen unangenehmen Geruch haben. Denn das Aroma der Hefe überträgt sich auf das Gebäck.

Bittermandeln behalten in der Schale bis zu einem Jahr ihr Aroma, ohne ranzig zu werden. Wird eine Bittermandel nur noch von der Haut umgeben, sollte man sie aber nicht länger als sechs und ohne Haut nur vier Monate aufbewahren. Weiterverarbeitete Mandeln bleiben nur wenige Wochen frisch.

Das Aroma von reifen Bio-Zitronen besitzt eine ausgewogenere Balance zwischen Säure und Süße als das von Früchten aus konventioneller Produktion. Von Bio-Zitronen lässt sich die Schale bedenkenlos verwenden, weil sie keine Rückstände von Pflanzenschutz- oder Konservierungsmitteln enthält.

Eier von Hühnern aus artgerechter Haltung mit biologischer Fütterung sind aromatischer als solche aus konventioneller Produktion. Denn bei Eiern ist die Qualität der Tierfütterung für den Geschmack entscheidend. Die sattgelbe Farbe des Dotters garantiert eine schöne Farbe des Kuchens.

Butter, die aus der Milch von Kühen aus regionaler biologischer Haltung hergestellt wurde, ist aromatischer also solche aus konventionell Herstellung. Denn bei Milch ist die Qualität der Tierfütterung für den Geschmack entscheidend.

Gorenflot

VORLAGE: GORENFLOT, IN: PÖTZSCH, HERRSCHAFTSKÜCHE, S. 224 F.

Saison: Das ganze Jahr

Zubereitung

1. 240 Gramm Butter auf zirka 42°C erhitzen und zum Schmelzen bringen.
2. Die frische Hefe zerbröseln und in die warme Butter geben.
3. Die Butter-Hefe-Mischung an einem warmen Ort stehen lassen, bis sich ein leichter Schaum bildet.
4. Von zwölf Eiern das Eigelb und Eiweiß trennen.
5. Das Eigelb mit 90 Gramm Zucker aufschlagen, bis es leicht luftig ist.
6. Die restlichen sechs Eier und das Eiweiß mit dem Mehl sowie dem Butter-Hefe-Ansatz vermengen und durchkneten.
7. Die Zitrone waschen, ihre gelbe Schale mit einem Zestenreißer abschaben und zum Teig hinzugeben.
8. Den Maraschino hinzufügen.
9. Anschließend die aufgeschlagene Eigelbmasse unter den Teig heben.
10. Vier sechseckige Gugelhupfformen, deren Umfang leicht variiert, sodass sie aufeinander stapelbar sind, mit den restlichen zehn Gramm Butter ausstreichen und den Teig gleichmäßig in die Formen verteilen.
11. Die Teige im auf 180°C vorgeheizten Backofen zirka 15 Minuten ausbacken.
12. Um die Schokoladenglasuren herzustellen, 120 Gramm Zucker mit der dunklen Schokolade vermengen und in einem Topf, den man in ein Wasserbad gibt, zum Schmelzen bringen.
13. Diesen Vorgang mit der weißen Schokolade und den restlichen 120 Gramm Zucker wiederholen.
14. Die vier Kuchenteile nach dem Backen abkühlen lassen und im Ganzen aus der Form holen.
15. Jeweils zwei Kuchen mit der dunklen Glasur und zwei mit der weißen Glasur überziehen.
16. Nach dem Erkalten die Kuchen abwechselnd übereinandersetzen.

FÜR 12 KUCHENSTÜCKE

250 g Butter
45 g Hefe
18 Bio-Eier (Größe M)
330 g Zucker
480 g Mehl (Type 405)
1 Bio-Zitrone
100 ml Maraschino
120 g Schokolade (70 % Kakaoanteil)
120 g weiße Schokolade

Anrichten

17. Den Kuchen auf eine Kuchenplatte setzen und eventuell mit Früchten auskleiden.

Degustationsnotiz

Beim Verkosten des Kuchens verteilt sich zuerst die süße Schokolade im Mund. Zusammen mit der Butter und den leichten Backaromen bildet die Schokolade zunächst einen Aromenakkord, in dem die Schokolade nur noch als Unterton wahrnehmbar ist. Das Kuchenaroma bestimmt den bleibenden Geschmack.

Kulinarik

Für einen Hefeteig empfiehlt sich frische Hefe, weil sie aromatischer ist und das Gebäck im Ofen besser aufgehen lässt als Trockenhefe. Frische Hefe sollte nicht älter als eine Woche sein und keinen unangenehmen Geruch haben. Denn das Aroma der Hefe überträgt sich auf das Gebäck.
Eier von Hühnern aus artgerechter Haltung mit biologischer Fütterung sind aromatischer als solche aus konventioneller Produktion. Denn bei Eiern ist die Qualität der Tierfütterung für den Geschmack entscheidend. Die sattgelbe Farbe des Dotters garantiert eine schöne Farbe des Gebäcks.
Butter, die aus der Milch von Kühen aus regionaler biologischer Haltung hergestellt wurde, ist aromatischer. Denn bei Milch ist die Qualität der Tierfütterung für den Geschmack entscheidend.
Das Aroma der Glasur hängt vor allem von der Qualität der Schokolade ab. Da Kakaobohnen kein dominantes Schlüsselaroma besitzen, sondern sich ihr Duft aus vielen Komponenten zusammensetzt, variiert ihr Geschmack in Nuancen von holzig-nussigen bis zu blumig-warmen und honigartigen Noten. Das Aroma von Schokolade wird nicht nur durch die unterschiedlichen Bittertöne der verschiedenen Kakaobohnensorten und deren Wachstums-, Ernte- sowie Verarbeitungsbedingungen, sondern vor allem auch durch den Röstprozess bestimmt, der weitere erdig-würzige Aromen freisetzt.

Sonnenkuchen

VORLAGE: SONNENKUCHEN, IN: PÖTZSCH, HERRSCHAFTSKÜCHE, S. 225

Saison: Das ganze Jahr

FÜR EINEN KUCHEN
130 g Butter
23 g Hefe
10 Bio-Eier (Größe M)
240 g Mehl (Type 405)
45 g Zucker
240 g Haselnüsse
20 ml Kirschwasser
200 g Puderzucker

Zubereitung

1. 120 Gramm Butter auf zirka 42°C erhitzen und zum Schmelzen bringen.
2. Die frische Hefe zerbröseln und in die warme Butter geben.
3. Die Butter-Hefe-Mischung an einem warmen Ort stehen lassen, bis sich ein leichter Schaum bildet.
4. Bei den Eiern die Dotter vom Eiweiß trennen.
5. Das Eigelb mit 90 Gramm Zucker aufschlagen, bis es leicht luftig ist.
6. Das Eiweiß mit dem Mehl und dem Butter-Hefe-Ansatz vermengen und durchkneten.
7. Die Haselnüsse fein hacken und dazugeben.
8. Die geschlagene Eigelbmaße unter den Teig heben.
9. Anschließend eine runde Springform von 24 Zentimetern Durchmesser und sieben Zentimetern Höhe mit den restlichen zehn Gramm der Butter ausstreichen und den Teig hineinfüllen.
10. Sobald der Ofen eine Temperatur von 175°C erreicht hat, den Teig 20 bis 25 Minuten backen.
11. Nach dem Backen den Sonnenkuchen ein paar Minuten auskühlen lassen.
12. In der Zwischenzeit das Kirschwasser mit dem Puderzucker vermengen und damit den Kuchen übergießen.

Anrichten

13. Den Sonnenkuchen auf eine Kuchenplatte setzen und nach Wunsch mit Früchten auskleiden.

Degustationsnotiz

Am Beginn des Verkostens steht die Kirschwasserglasur sehr im Vordergrund, bis die Aromen von frischen Eiern und gerösteten Haselnüssen langsam hervortreten. Die Süße der Glasur begleitet den Kuchen bis zum Schluss.

Kulinarik

Das Aroma der Glasur hängt von der Qualität des Kirschwassers ab. Ein Brand, bei dem der Duft der Kirschen kaum zur Geltung kommt, kann sich gegen die anderen Aromen des Sonnenkuchens nicht behaupten und gibt dem Gebäck nicht seinen typischen Charakter.
Haselnüsse sind frisch und besitzen das beste Aroma, wenn sie beim Schütteln nicht in der Schale klappern. In der Schale lassen sie sich bis zu einem Jahr, mit Haut bis zu einigen Monate und geschält nur einige Wochen lagern. In Folie eingeschweißte Haselnüsse schimmeln leicht.
Für einen Hefeteig empfiehlt sich frische Hefe, weil sie aromatischer ist und das Gebäck im Ofen besser aufgehen lässt als Trockenhefe. Frische Hefe sollte nicht älter als eine Woche sein und keinen unangenehmen Geruch haben. Denn das Aroma der Hefe überträgt sich auf das Gebäck.
Eier von Hühnern aus artgerechter Haltung mit biologischer Fütterung sind aromatischer als solche aus konventioneller Produktion. Denn bei Eiern ist die Qualität der Tierfütterung für den Geschmack entscheidend. Die sattgelbe Farbe des Dotters garantiert eine schöne Farbe des Gebäcks.
Butter, die aus der Milch von Kühen aus regionaler biologischer Haltung hergestellt wurde, ist aromatischer. Denn bei Milch ist die Qualität der Tierfütterung für den Geschmack entscheidend.

Münchner Kuchen

VORLAGE: MÜNCHNER KUCHEN, IN: PÖTZSCH, HERRSCHAFTSKÜCHE, S. 225

Saison: Das ganze Jahr

FÜR EINEN KUCHEN
100 ml Milch
28 g Hefe
280 g Mehl (Type 405)
370 g Butter
100 g Zucker
8 Bio-Eier (Größe M)
100 g Mandeln
1 Bio-Zitrone
1 Bio-Orange
100 ml Aprikosenlikör

Zubereitung

1. Die Milch leicht erwärmen.
2. Die frische Hefe zerbröseln, in die Milch geben und darin auflösen.
3. Das Mehl durch ein Sieb geben, damit sich im Teig keine Klumpen bilden.
4. Die Hefemischung mit dem Mehl vermengen.
5. 360 Gramm Butter würfeln und ebenfalls dem Mehl untermischen.
6. 60 Gramm Zucker und die Eier dazugeben und alles durchkneten.
7. Die Mandeln in kochendes Wasser geben. Nach einer Minute herausnehmen und in kaltem Wasser abschrecken.
8. Die Haut von den Mandeln abziehen und die Mandelkerne grob hacken.
9. Eine Springform von 24 Zentimetern Durchmesser und sieben Zentimetern Höhe mit den restlichen zehn Gramm Butter ausstreichen und mit den Mandeln auskleiden.
10. Den Teig in die Form geben und im vorgeheizten Ofen bei 175°C zirka 20 bis 25 Minuten backen, bis er goldgelb ist. Anschließend den Kuchen herausnehmen und leicht abkühlen lassen.
11. Während des Backens 200 Milliliter Wasser in einem Topf zum Kochen bringen und danach vom Feuer nehmen.
12. In der Zwischenzeit die Zitrone und die Orange waschen, ihre gelbe beziehungsweise orange Schale mit einem Zestenreißer abziehen und die abgeschabten Schalen ins Wasser geben.
13. Dann die restlichen 40 Gramm Zucker im Wasser auflösen und anschließend den Aprikosenlikör hinzufügen.
14. Den Sud leicht abkühlen lassen.
15. Den Kuchen leicht mit dem Sud übergießen und diesen für ein paar Minuten einziehen lassen.

Anrichten

18. Den Kuchen auf eine Platte setzen und nach Wunsch mit Puderzucker bestreuen.

Degustationsnotiz
Der Aprikosenlikör und die Zitrusfrüchte dominieren das Aroma des Kuchens. Die Backaromen und die Butternoten nimmt man dazu nur als Hintergrund wahr. Den bleibenden Geschmack bestimmt das Zitrusaroma.

Kulinarik
Das Aroma des Kuchens wird wesentlich von der Qualität des Aprikosenlikörs beeinflusst. Ein Brand, bei dem der Duft der Aprikosen kaum zur Geltung kommt, kann sich gegen die anderen Aromen des Kuchens nicht behaupten und gibt dem Gebäck nicht seinen typischen Charakter.
Das Aroma von reifen Bio-Zitrusfrüchten besitzt eine ausgewogenere Balance zwischen Säure und Süße als das von Früchten aus konventioneller Produktion. Von Bio-Zitronen und Bio-Orangen lässt sich die Schale bedenkenlos verwenden, weil sie keine Rückstände von Pflanzenschutz- oder Konservierungsmitteln enthält.
Für einen Hefeteig empfiehlt sich frische Hefe, weil sie aromatischer ist und das Gebäck im Ofen besser aufgehen lässt als Trockenhefe. Frische Hefe sollte nicht älter als eine Woche sein und keinen unangenehmen Geruch haben. Denn das Aroma der Hefe überträgt sich auf das Gebäck.
Eier von Hühnern aus artgerechter Haltung mit biologischer Fütterung sind aromatischer als solche aus konventioneller Produktion. Denn bei Eiern ist die Qualität der Tierfütterung für den Geschmack entscheidend. Die sattgelbe Farbe des Dotters garantiert eine schöne Farbe des Gebäcks.
Butter, die aus der Milch von Kühen aus regionaler biologischer Haltung hergestellt wurde, ist aromatischer. Denn bei Milch ist die Qualität der Tierfütterung für den Geschmack entscheidend.

Compiègner Kuchen

VORLAGE: COMPIÈGNER KUCHEN, IN: PÖTZSCH, HERRSCHAFTSKÜCHE, S. 225

Saison: Das ganze Jahr

FÜR 12 KUCHENSTÜCKE
400 ml Sahne (30 % Fett)
40 g Hefe
480 g Mehl (Type 405)
5 Eigelbe (Bio-Ei Größe M)
5 Bio-Eier (Größe M)
310 g Butter
50 g Zucker
1 Bio-Orange
100 g Puderzucker

Zubereitung

1. 100 Milliliter Sahne leicht erwärmen.
2. Die frische Hefe zerbröseln, in die Sahne geben und darin auflösen.
3. Das Mehl durch ein Sieb geben, damit sich im Teig keine Klumpen bilden.
4. Die Hefemischung mit dem Mehl vermengen.
5. Das Eigelb mit den Eiern verquirlen.
6. 300 Gramm Butter, den Zucker und die Eiermasse zum Mehl geben und alles zu einem Teig verkneten.
7. Eine Springform von 24 Zentimetern Durchmesser und sieben Zentimetern Höhe mit den restlichen zehn Gramm Butter ausstreichen.
8. Den Teig in die Form geben und im vorgeheizten Ofen bei 175° C zirka 20 bis 25 Minuten backen, bis er goldgelb ist.
9. Den Compiègner Kuchen nach dem Backen leicht abkühlen lassen.
10. Die Orange waschen und ihre orange Schale mit einer feinen Reibe abraspeln.
11. Die Orange auspressen. Den Saft mit der Schale und dem Puderzucker in einem Topf zu einer Glasur einkochen.
12. Die Glasur über den Kuchen geben und erkalten lassen.

Anrichten

13. Den Kuchen auf eine Platte setzen und nach Wunsch mit Orangenfilets garnieren. Die restliche Sahne aufschlagen und dazu servieren.

Degustationsnotiz

Schon bevor man den Kuchen verkostet, strömt das Orangenaroma der Glasur in die Nase, das auch beim Verzehr des Kuchens deutlich wahrnehmbar bleibt. Die Backaromen und die Butter, die durch das Backen eine leicht nussige Note bekommen hat, nimmt man im Verhältnis zum zentralen Orangenaroma nur als Hintergrund wahr. Den bleibenden Geschmack bestimmen das Orangenaroma und der Butterton.

Kulinarik

Das Aroma von reifen Bio-Orangen besitzt eine ausgewogenere Balance zwischen Säure und Süße als das von Früchten aus konventioneller Produktion. Von Bio-Orangen lässt sich die Schale bedenkenlos verwenden, weil sie keine Rückstände von Pflanzenschutz- oder Konservierungsmitteln enthält.
Für einen Hefeteig empfiehlt sich frische Hefe, weil sie aromatischer ist und das Gebäck im Ofen besser aufgehen lässt als Trockenhefe. Frische Hefe sollte nicht älter als eine Woche sein und keinen unangenehmen Geruch haben. Denn das Aroma der Hefe überträgt sich auf das Gebäck.
Eier von Hühnern aus artgerechter Haltung mit biologischer Fütterung sind aromatischer als solche aus konventioneller Produktion. Denn bei Eiern ist die Qualität der Tierfütterung für den Geschmack entscheidend. Die sattgelbe Farbe des Dotters garantiert eine schöne Farbe des Gebäcks.
Butter, die aus der Milch von Kühen aus regionaler biologischer Haltung hergestellt wurde, ist aromatischer. Denn bei Milch ist die Qualität der Tierfütterung für den Geschmack entscheidend.

Russischer Kuchen

VORLAGE: RUSSISCHER KUCHEN, IN: PÖTZSCH, HERRSCHAFTSKÜCHE, S. 225 F.

Saison: Das ganze Jahr

FÜR 12 KUCHENSTÜCKE

200 ml Sahne (30 % Fett)
35 g Hefe
1 Bio-Zitrone
480 g Mehl
310 g Butter
9 Bio-Eier (Größe M)
135 g Zucker

Zubereitung
1. Die Sahne auf etwa 42° C erhitzen.
2. Die Hefe zu der warmen Sahne geben und darin auflösen.
2. In der Zwischenzeit die Zitrone waschen und ihre gelbe Schale mit einer feinen Reibe abraspeln. Anschließend den Saft auspressen.
3. Zu dem Hefe-Milch-Ansatz das Mehl, 300 Gramm Butter, die Eier und 100 Gramm Zucker dazugeben und vermengen.
4. Den Teig an einem warmen Ort etwa 30 Minuten gehen lassen.
5. Den Zitronensaft und den Abrieb der Zitrusfrucht zum Teig hinzugeben, alles verkneten und nochmals für eine halbe Stunde an einem warmen Ort ruhen lassen.
6. Ein Backblech mit den restlichen zehn Gramm Butter ausstreichen.
7. Den Teig auf das Blech legen und im Backofen bei 175° C etwa 20 Minuten backen, bis er goldgelb ist.

Anrichten
8. Zum Servieren den Kuchen aus der Form nehmen, mit dem restlichen Zucker bestreuen und auf einer Kuchenplatte servieren.

Degustationsnotiz
Der Kuchen duftet nach Zitrone. Ihre fruchtige Frische verbindet sich mit Buttertönen, Hefenuancen und Backaromen. Dieser Aromenakkord bestimmt auch den bleibenden Geschmack.

Kulinarik
Das Aroma von reifen Bio-Zitronen besitzt eine ausgewogenere Balance zwischen Säure und Süße als das von Früchten aus konventioneller Produktion. Von Bio-Zitronen lässt sich die Schale bedenkenlos verwenden, weil sie keine Rückstände von Pflanzenschutz- oder Konservierungsmitteln enthält.
Für einen Hefeteig empfiehlt sich frische Hefe, weil sie aromatischer ist und das Gebäck im Ofen besser aufgehen lässt als Trockenhefe. Frische Hefe sollte nicht älter als eine Woche sein und keinen unangenehmen Geruch haben. Denn das Aroma der Hefe überträgt sich auf das Gebäck.
Eier von Hühnern aus artgerechter Haltung mit biologischer Fütterung sind aromatischer als solche aus konventioneller Produktion. Denn bei Eiern ist die Qualität der Tierfütterung für den Geschmack entscheidend. Die sattgelbe Farbe des Dotters garantiert eine schöne Farbe des Gebäcks.
Butter, die aus der Milch von Kühen aus regionaler biologischer Haltung hergestellt wurde, ist aromatischer. Denn bei Milch ist die Qualität der Tierfütterung für den Geschmack entscheidend.

Holländischer Kuchen

VORLAGE: HOLLÄNDISCHER KUCHEN, IN: PÖTZSCH, HERRSCHAFTSKÜCHE, S. 226

Saison: Das ganze Jahr

FÜR 8 KUCHENSTÜCKE
100 ml Milch
42 g Hefe
1 Bio-Zitrone
1 Bio-Orange
480 g Mehl
370 g Butter
15 Bio-Eier (Größe M)
175 g Zucker

Zubereitung

1. Die Milch auf etwa 42° C erhitzen.
2. Die Hefe zu der warmen Milch geben und darin auflösen.
3. In der Zwischenzeit die Zitrone und die Orange waschen, ihre gelbe beziehungsweise orange Schale mit einem Zestenreißer abschaben und den Saft der Früchte auspressen.
4. Zu dem Hefe-Milch-Ansatz das Mehl, 360 Gramm Butter, die Eier und den Zucker geben und alles vermengen.
5. Den Teig an einem warmen Ort 30 Minuten gehen lassen.
6. Den Saft und den Abrieb der Zitrusfrüchte zum Teig hinzugeben, alles kneten und nochmals für eine halbe Stunde an einem warmen Ort ruhen lassen.
7. Eine Napfkuchenform von 20 Zentimetern Durchmesser mit den restlichen zehn Gramm Butter ausstreichen.
8. Den Teig in die Form geben und im Backofen bei 175° C etwa 30 Minuten backen, bis er goldgelb ist.

Anrichten

9. Zum Servieren den Kuchen aus der Form nehmen und auf einen Teller setzen. Dann nach Wunsch mit etwas Puderzucker bestreuen und mit Orangenstücken garnieren.

Degustationsnotiz

Der Kuchen ist locker und leicht. Er hat durch die Zitrusfrüchte einen sehr aromatischen Geschmack. Durch das Backen wird der Geschmack der Butter und der Hefe hervorgehoben. Falls die Orangenstücke hinzugegeben werden, begleitet den Kuchen ein sehr erfrischendes Aroma.

Kulinarik

Das Aroma von reifen Bio-Zitrusfrüchten besitzt eine ausgewogenere Balance zwischen Säure und Süße als das von Früchten aus konventioneller Produktion. Von Bio-Zitronen und Bio-Orangen lässt sich die Schale bedenkenlos verwenden, weil sie keine Rückstände von Pflanzenschutz- oder Konservierungsmitteln enthält.
Für einen Hefeteig empfiehlt sich frische Hefe, weil sie aromatischer ist und das Gebäck im Ofen besser aufgehen lässt als Trockenhefe. Frische Hefe sollte nicht älter als eine Woche sein und keinen unangenehmen Geruch haben. Denn das Aroma der Hefe überträgt sich auf das Gebäck.
Eier von Hühnern aus artgerechter Haltung mit biologischer Fütterung sind aromatischer als solche aus konventioneller Produktion. Denn bei Eiern ist die Qualität der Tierfütterung für den Geschmack entscheidend. Die sattgelbe Farbe des Dotters garantiert eine schöne Farbe des Gebäcks.
Butter, die aus der Milch von Kühen aus regionaler biologischer Haltung hergestellt wurde, ist aromatischer also solche aus konventionell Herstellung. Denn bei Milch ist die Qualität der Tierfütterung für den Geschmack entscheidend.

Butterbrioche

VORLAGE: BRIOCHE À L'ITALIENNE, IN: PÖTZSCH, HERRSCHAFTSKÜCHE, S. 226

Saison: Das ganze Jahr

Zubereitung

1. Die Butter in einem Topf erwärmen, sodass sie schmilzt.
2. Das Mehl zusammen mit dem Salz und dem Zucker in einer Schüssel vermengen.
3. Die Hefe in die warme Butter geben und darin auflösen.
4. Die Mehlmischung zu der Hefe hinzugeben und verrühren.
5. Die Eier hinzugeben und vermengen.
6. Den Teig an einem warmen Ort 30 Minuten gehen lassen.
7. Anschließend den Teig in 15 gleich große Klößchen einteilen.
8. Diese jeweils in eine große und eine kleine Kugel teilen. Dann die kleinen auf die großen Kugeln aufdrücken. Anschließend die Brioches an einem warmen Ort noch einmal eine halbe Stunde gehen lassen.
9. 15 kleine Backförmchen mit den restlichen zehn Gramm Butter ausstreichen.
10. Die Briocherohlinge in die Förmchen stellen, damit sie beim Backen nicht in die Breite gehen.
11. Die Brioches im vorgeheizten Backofen bei 180° C etwa 16 bis 20 Minuten backen, bis sie goldgelb sind. Anschließend aus dem Ofen nehmen und etwas abkühlen lassen.

Anrichten

12. Die Brioches aus der Form nehmen und noch leicht lauwarm in einer Serviette oder einem Brotkorb servieren.

FÜR 15 STÜCK
310 g Butter
500 g Mehl (Type 550)
10 g Salz
60 g Zucker
40 g Hefe
8 Bio-Eier (Größe M)

Degustationsnotiz

Aufgrund ihrer Temperatur nimmt man den Butterduft der Brioches schon vor dem Verzehr wahr. Der Teig ist sehr luftig. Deutlich entfalten sich sowohl die Butter- als auch die Röstaromen, die durch das Backen entstanden sind. Die Butter ist bis zum Ende der Verkostung deutlich wahrnehmbar.

Kulinarik

Der Teig muss mehrmals an einem warmen Orten zum Gehen gelagert werden, damit die Brioches eine luftige Konsistenz bekommen.

Für einen Hefeteig empfiehlt sich frische Hefe, weil sie aromatischer ist und das Gebäck im Ofen besser aufgehen lässt als Trockenhefe. Frische Hefe sollte nicht älter als eine Woche sein und keinen unangenehmen Geruch haben. Denn das Aroma der Hefe überträgt sich auf das Gebäck.

Eier von Hühnern aus artgerechter Haltung mit biologischer Fütterung sind aromatischer als solche aus konventioneller Produktion. Denn bei Eiern ist die Qualität der Tierfütterung für den Geschmack entscheidend. Die sattgelbe Farbe des Dotters garantiert eine schöne Farbe der Brioches.

Butter, die aus der Milch von Kühen aus regionaler biologischer Haltung hergestellt wurde, ist aromatischer. Denn bei Milch ist die Qualität der Tierfütterung für den Geschmack entscheidend.

Brioche mit Parmesan

VORLAGE: BRIOCHE AU FROMAGE, IN: PÖTZSCH, HERRSCHAFTSKÜCHE, S. 226

Saison: Das ganze Jahr

FÜR 14 STÜCK

330 g Butter
500 g Mehl (Type 405)
10 g Salz
50 g Zucker
8 Bio-Eier (Größe M)
40 g Hefe
250 g Parmesan
1 Bio-Eigelb Größe M

Zubereitung

1. 300 Gramm Butter erwärmen, bis sie flüssig wird.
2. Das Mehl in eine Schüssel geben. Das Salz und den Zucker unterrühren.
3. Drei Eier verquirlen und durch ein Haarsieb geben, um die Hagelschnüre zu entfernen. Anschließend unter die Butter rühren.
4. Die Hefe in der warmen Butter auflösen.
5. Den Parmesan mit einer zwei Millimeter feinen Reibe reiben.
6. Anschließend den fein geriebenen Parmesan unter das Mehl geben und zu einem Teig verarbeiten.
7. Eine halbe Stunde an einem warmen Ort gehen lassen. Nochmals durchkneten und wiederum eine halbe Stunde ruhen lassen.
8. Die restlichen fünf Eier durch ein Sieb geben. Dann die Eier mit dem Teig durchkneten.
9. Den Teig nochmals eine halbe Stunde ruhen lassen.
10. In 16 Teile teilen, zwei Teile davon in 14 Miniklößchen rollen.
11. 14 kleine Briocheformen mit der restlichen Butter ausstreichen und ein wenig mehlieren.
12. Die 14 Teile des Teiges zu Kugeln formen und in die Briocheformen geben.
13. Das Eigelb verrühren, mit einem Pinsel auf die Mitte der Kugeln streichen und auf jede Kugel ein Miniklößchen setzen.
14. Die Briocheteige eine weitere halbe Stunde an einem warmen Ort ruhen lassen.
15. Den Backofen auf 180° C vorheizen und die Brioche etwa 15 bis 20 Minuten backen.

Anrichten

16. Die Butterbrioche mit Parmesan aus der Form nehmen und warm in einer Stoffserviette servieren.

Degustationsnotiz

Aufgrund ihrer Temperatur nimmt man den Duft der Parmesanbrioches schon vor dem Verzehren wahr. Der Teig ist sehr luftig und leicht. Deutlich entfalten sich die Parmesanaromen und die Röstnoten, die durch das Backen entstanden sind. Der Parmesan ist bis zum Ende der Verkostung deutlich wahrnehmbar.

Kulinarik

Den Parmesan muss man sehr fein reiben, da er sonst nicht genug zur Geltung kommt. Für den Parmesan nimmt man ein Stück einjährigen „Parmiggano Reggiano".
Der Teig muss mehrmals an einem warmen Orten zum Gehen gelagert werden, damit die Brioches eine luftige Konsistenz bekommen.
Für einen Hefeteig empfiehlt sich frische Hefe, weil sie aromatischer ist und das Gebäck im Ofen besser aufgehen lässt als Trockenhefe. Frische Hefe sollte nicht älter als eine Woche sein und keinen unangenehmen Geruch haben. Denn das Aroma der Hefe überträgt sich auf das Gebäck.
Eier von Hühnern aus artgerechter Haltung mit biologischer Fütterung sind aromatischer als solche aus konventioneller Produktion. Denn bei Eiern ist die Qualität der Tierfütterung für den Geschmack entscheidend. Die sattgelbe Farbe des Dotters garantiert eine schöne Farbe der Brioches.
Butter, die aus der Milch von Kühen aus regionaler biologischer Haltung hergestellt wurde, ist aromatischer. Denn bei Milch ist die Qualität der Tierfütterung für den Geschmack entscheidend.

Mandelbögen

VORLAGE: MANDELBÖGEN, IN: PÖTZSCH, HERRSCHAFTSKÜCHE, S. 226

Saison: Das ganze Jahr

FÜR 30 STÜCK
1 kg Mandeln
10 Eigelbe (Bio-Ei Größe M)
500 g Zucker
10 Eiweiß (Bio-Ei Größe M)
3 g Salz
350 g Mehl (Type 405)

Zubereitung

1. Die Mandeln in kochendes Wasser geben. Nach einer Minute herausnehmen und in kaltem Wasser abschrecken.
2. Die Haut von den Mandeln abziehen und die Kerne mit einer Mandelmühle zu Plättchen hobeln.
3. Das Eigelb mit der Hälfte des Zuckers schaumig schlagen.
4. Das Eiweiß mit der anderen Hälfte des Zuckers und dem Salz schaumig schlagen, sodass das Eiweiß nicht ganz steif aufgeschlagen, sondern noch leicht cremig ist.
5. Die Eiweißmasse behutsam unter die Eigelbmasse rühren.
6. Das Mehl abwechselnd mit den Mandelplättchen unter die Eimasse heben.
7. Die Masse in einen Spritzbeutel mit großer Lochtülle einfüllen.
8. Ein Backblech mit Backpapier auslegen.
9. Die Masse mit dem Spritzbeutel in 30 Stücken bogenförmig auf das Backblech auftragen.
10. Die Mandelbögen bei 200 °C etwa 15 Minuten backen.

Anrichten

11. Nach dem Backen die Mandelbögen abkühlen lassen und servieren.

Degustationsnotiz

Zunächst nimmt man die Süße und die knackigen Mandeln wahr, bis der lockere Teig den nussig marzipanartigen Mandelgeschmack freigibt, der mit karamellisierter Süße und unterschwelligem Ei-Aroma einen Akkord bildet. Den bleibenden Geschmack bestimmt eine süße Karamellnote.

Kulinarik

Mandeln behalten in der Schale bis zu einem Jahr ihr Aroma, ohne ranzig zu werden. Wird eine Mandel nur noch von der Haut umgeben, sollte man sie aber nicht länger als sechs und ohne Haut nur vier Monate aufbewahren. Weiterverarbeitete Mandeln bleiben nur wenige Wochen frisch.

Eier von Hühnern aus artgerechter Haltung mit biologischer Fütterung sind aromatischer als solche aus konventioneller Produktion. Denn bei Eiern ist die Qualität der Tierfütterung für den Geschmack entscheidend. Die sattgelbe Farbe des Dotters garantiert eine schöne Farbe des Gebäcks.

Schokoladenkränze

VORLAGE: CHOCOLADENKRÄNZE, IN: PÖTZSCH, HERRSCHAFTSKÜCHE, S. 226

Saison: Das ganze Jahr

FÜR 30 STÜCK
400 g Schokolade (54 % Kakao)
500 g Mehl (Type 405)
250 g Zucker
375 g Butter
1 g Mark einer Bourbon-Vanilleschote
1 Eiweiß (Bio-Ei Größe M)

Zubereitung

1. Die Schokolade raspeln.
2. Das Mehl auf die Arbeitsfläche sieben und den Zucker dazugeben.
3. In die Mitte des Mehls eine Mulde drücken und die Butter in groben Stücken von zwei mal zwei Zentimetern Größe in das Mehl geben.
4. Anschließend 375 Gramm Schokoladenraspeln und das Vanillemark hinzufügen.
5. Mit einer Essgabel die Butter mit dem Mehl vermengen.
6. Das Mehl immer wieder mit einem Teigschaber vom Rand über die Zutaten zur Mitte schieben.
7. Mit einem großen glatten Messer nun den Teig immer wieder durchhacken, bis er krümelig wird.
8. Erst jetzt den Teig mit den Händen über die Handballen schnell kneten.
9. Daraufhin den Mürbeteig bei 6° C mindestens zwei bis drei Stunden ruhen lassen, damit der Kleber des Mehls reagieren kann.
10. Erneut den Mürbeteig durchkneten und zu etwa 0,5 bis 0,8 Zentimeter dicken und etwa 20 Zentimeter langen Strängen ausrollen.
11. Die Stränge umeinander verdrillen und zu Kränzen formen.
12. Die Kränze mit Eiweiß bestreichen, mit 25 Gramm Schokoladenraspeln bestreuen und auf ein mit Backpapier ausgelegtes Blech legen.
13. Den Ofen auf 200° C vorheizen und die Schokoladenkränze etwa zwölf bis 15 Minuten backen.

Anrichten

14. Nach dem Backen die Schokoladenkränze auskühlen lassen, auf einem Teller anrichten und servieren.

Degustationsnotiz

Die Schokoladenkränze sind von weicher leicht sandiger Konsistenz, aber nicht staubtrocken. Die Süße und das Schokoladenaroma dominieren von Beginn an, während die Vanille kaum wahrnehmbar in den Hintergrund tritt. Den bleibenden Geschmack dominiert die Schokolade.

Kulinarik

Die Butter muss eine Temperatur von zirka 20° C haben, damit sie sich gut mit den Schokoladenraspeln, dem Zucker und der Vanille verbindet.

Zwischen dem mittleren Standard industriell hergestellter Schokoladen und handwerklich ausgereifter Essschokoladen, die einen lang anhaltenden Aromengenuss ermöglichen, liegt ein breit gefächertes Angebot. Anspruchsvolle Produzenten geben nicht nur die Kakaosorte an, aus der sie ihre Schokolade hergestellt haben, sie legen auch die Anbauweise der Kakaobohnen offen und benennen deren Herkunftsregion. Die Wahl der Schokolade bestimmt wesentlich den Geschmack des Gebäcks.

Das Aroma von frischen Vanilleschoten ist wesentlich komplexer als das von Vanillezucker oder das von synthetisch hergestelltem Vanillin, das lediglich den zentralen Aromastoff der Vanille nachahmt. Vanilleschoten gibt es in drei aromatisch deutlich differierenden Varianten: Bourbon-, Mexiko- und Tahiti-Vanille.

Gâteaux d'évêque

VORLAGE: GATEAUX D'EVEC, IN: PÖTZSCH, HERRSCHAFTSKÜCHE, S. 227

Saison: Das ganze Jahr

FÜR 18 STÜCK
250 g Butter
24 Eigelb (Bio-Ei Größe M)
120 g Mehl
100 g Zucker
100 g Mandeln

Zubereitung

1. Die Butter aus dem Kühlschrank nehmen und etwas temperieren, damit sie etwas weicher wird.
2. Die Eigelbe zusammen mit 240 Gramm der weichen Butter schaumig schlagen.
3. Das Mehl durch ein Sieb geben, damit sich im Teig keine Klumpen bilden.
4. Anschließend das Mehl und den Zucker unter die Butter-Eigelb-Mischung heben.
5. Die Mandeln in kochendes Wasser geben. Nach einer Minute herausnehmen und in kaltem Wasser abschrecken.
6. Die Haut von den Mandeln abziehen und die Mandelkerne grob hacken.
7. 18 Muffinförmchen mit den restlichen zehn Gramm Butter ausstreichen und mit Mandeln auskleiden.
8. Den Teig in die Förmchen füllen und im vorgeheizten Backofen bei 170°C etwa zehn Minuten backen.
9. Die Gâteaux d'évêque erst nach dem Erkalten aus den Förmchen nehmen.

Anrichten

10. Die Küchlein nach Wunsch mit etwas Puderzucker bestreuen und auf einem Teller servieren.

Degustationsnotiz
Das Eigelb schmeckt man ab dem ersten Bissen. Der Teig ist sehr luftig und kontrastiert mit der Konsistenz der krossen Mandeln, die durch das Backen nussige Röstaromen entwickelt haben. Den bleibenden Geschmack bestimmen die Mandeln.

Kulinarik
Mandeln behalten in der Schale bis zu einem Jahr ihr Aroma, ohne ranzig zu werden. Wird eine Mandel nur noch von der Haut umgeben, sollte man sie aber nicht länger als sechs und ohne Haut nur vier Monate aufbewahren. Weiterverarbeitete Mandeln bleiben nur wenige Wochen frisch.
Eier von Hühnern aus artgerechter Haltung mit biologischer Fütterung sind aromatischer als solche aus konventioneller Produktion. Denn bei Eiern ist die Qualität der Tierfütterung für den Geschmack entscheidend. Die sattgelbe Farbe des Dotters garantiert eine schöne Farbe des Gebäcks.

Pariser Kuchen

VORLAGE: PARISER KUCHEN, IN: PÖTZSCH, HERRSCHAFTSKÜCHE, S. 227

Saison: Das ganze Jahr

Zubereitung
1. Die Haselnüsse und Pistazien gleichmäßig auf ein Backblech verteilen und im vorgeheizten Backofen bei 200° C für etwa vier Minuten anrösten.
2. Anschließend die Nüsse herausnehmen. Die Haselnüsse in ein Küchentuch geben und darin reiben, damit sich die Haut ablöst.
3. Die enthäuteten Haselnüsse fein mörsern.
4. Die Sahne und die gemahlenen Haselnüsse in einen Topf geben und aufkochen.
5. Danach den Sud für eine Stunde stehen lassen und anschließend durch ein Sieb gießen.
6. Die Pistazien in der Länge halbieren.
7. 125 Gramm Mehl, die Hefe, das Salz sowie die Haselnusssahne vermengen und zu einem Vorteig anschlagen.
8. Die Orange waschen, mit einem Zestenreißer ihre orange Schale abschaben und danach die Frucht schälen.
9. Die Filets aus der Orange herausschneiden.
10. Das restliche Mehl, 325 Gramm Butter, drei Eigelbe, vier ganze Eier und den Zucker zum Vorteig geben und alles durchkneten.
11. Eine Bebeform mit 20 Zentimetern Durchmesser mit den restlichen zehn Gramm Butter ausstreichen.
12. Die Orangenschale, die zerkleinerten Orangenfilets und die Pistazien unter den Teig mengen und alles in die Bebeform geben.
13. Den Teig etwa 20 Minuten ruhen lassen.
14. Den Kuchen im vorgeheizten Backofen bei 170° C etwa 20 bis 25 Minuten backen.

Anrichten
15. Den Kuchen nach dem Erkalten aus der Form nehmen, nach Wunsch mit etwas Puderzucker bestreuen und auf einer Kuchenplatte servieren.

FÜR EINEN KUCHEN
200 g Haselnüsse
125 g Pistazien
300 ml Sahne (30 % Fett)
480 g Mehl (Type 405)
30 g Hefe
10 g Salz
1 Bio-Orange
335 g Butter
3 Eigelbe (Bio-Ei Größe M)
4 Bio-Eier (Größe M)
75 g Zucker

Degustationsnotiz

Der Kuchen ist durch die Hefe sehr locker und wegen der Pistazien und Haselnüsse dennoch im Ganzen kompakt. Die gerösteten Nüsse und die Orange kommen durch das Backen und die dadurch entstehenden Röstaromen gut zur Geltung. Den bleibenden Geschmack bestimmen die Orangenaromen.

Kulinarik

Das Aroma von reifen Bio-Orangen besitzt eine ausgewogenere Balance zwischen Säure und Süße als das von Früchten aus konventioneller Produktion. Von Bio-Orangen lässt sich die Schale bedenkenlos verwenden, weil sie keine Rückstände von Pflanzenschutz- oder Konservierungsmitteln enthält.

Bei Haselnüssen verstärkt der Röstprozess ihre nussigen und leicht bitteren Töne. Haselnüsse sind frisch und besitzen das beste Aroma, wenn sie beim Schütteln nicht in der Schale klappern. In der Schale lassen sie sich bis zu einem Jahr, mit Haut bis zu einigen Monate und geschält nur einige Wochen lagern. In Folie eingeschweißte Haselnüsse schimmeln leicht.

Pistazien entfalten durch Röstung fruchtig-röstige bis karamellige Noten. Weil sie auch in der Schale nur wenige Wochen frisch bleiben, sollten sie nicht zu lange gelagert werden, damit kein leicht ranziger Ton auf den Kuchen übergeht.

Für einen Hefeteig empfiehlt sich frische Hefe, weil sie aromatischer ist und das Gebäck im Ofen besser aufgehen lässt als Trockenhefe. Frische Hefe sollte nicht älter als eine Woche sein und keinen unangenehmen Geruch haben. Denn das Aroma der Hefe überträgt sich auf das Gebäck.

Eier von Hühnern aus artgerechter Haltung mit biologischer Fütterung sind aromatischer als solche aus konventioneller Produktion. Denn bei Eiern ist die Qualität der Tierfütterung für den Geschmack entscheidend. Die sattgelbe Farbe des Dotters garantiert eine schöne Farbe des Kuchens.

Butter, die aus der Milch von Kühen aus regionaler biologischer Haltung hergestellt wurde, ist aromatischer. Denn bei Milch ist die Qualität der Tierfütterung für den Geschmack entscheidend.

Mazarinen Kuchen

VORLAGE: MAZARINEN KUCHEN, IN: PÖTZSCH, HERRSCHAFTSKÜCHE, S. 227 F.

Saison: Das ganze Jahr

FÜR 12 KUCHENSTÜCKE

- 200 ml Milch
- 35 g Hefe
- 5 g Salz
- 480 g Mehl
- 8 Bio-Eier (Größe M)
- 210 g Butter
- 150 g Zucker

Glasur
- 100 ml Wasser
- 200 g Zucker
- 200 ml Kirschwasser
- 1 Bio-Zitrone
- 1 Bio-Orange
- 200 g Butter

Zubereitung

1. Die Milch in einen kleinen Topf geben und auf etwa 42°C erhitzen.
2. Die Hefe und das Salz dazugeben und etwa 15 Minuten gehen lassen.
3. Das Mehl durch ein Sieb geben, damit sich keine Klumpen bilden können. Anschließend zu der Milch-Hefe-Mischung geben und alles durchkneten.
4. Danach bei fünf Eiern den Dotter vom Eiweiß trennen.
5. Das Eigelb mit den anderen drei Eiern, 200 Gramm Butter und dem Zucker zum Teig geben und alles erneut durchkneten.
6. Danach den Teig an einem warmen Ort etwa 30 Minuten gehen lassen.
7. Eine Charlottenform oder eine Springform von 20 Zentimetern Durchmesser und sechs Zentimetern Höhe mit den restlichen zehn Gramm Butter ausstreichen.
8. Den Teig in die Form geben und im vorgeheizten Backofen bei 170°C etwa 30 Minuten ausbacken.

Glasur

9. In der Zwischenzeit das Wasser und den Zucker in einen Topf geben, verrühren und etwa fünf Minuten kochen. Anschließend leicht abkühlen lassen.
10. Danach das Kirschwasser hinzugießen.
11. Die Zitrone und die Orange waschen, ihre gelbe beziehungsweise orange Schale mit einem Zestenreißer abschaben und zu der Mischung aus Läuterzucker und Kirschwasser hinzugeben.

12. Die Butter würfeln und in die noch warme Flüssigkeit unterrühren.
13. Den heißen Kuchen aus dem Ofen nehmen und mit der Flüssigkeit übergießen.

Anrichten
14. Den Kuchen aus der Form nehmen, mit etwas Puderzucker bestreuen und auf einem Kuchenteller servieren.

Degustationsnotiz

Das Aroma der Kirschwasserglasur mit Zitrustönen ist schon vor dem Verkosten zu riechen. Die Glasur unterscheidet sich in ihrer schmelzend-süßen Konsistenz von der leichten Textur des Kuchens. Nach der ersten Wahrnehmung des Glasurduftes stellt sich ein Akkord aus Kirsch-, Zitrus- und Butternoten sowie Backaromen ein, von dem als bleibender Geschmack die Kirschnoten und Zitrusaromen übrig bleiben.

Kulinarik

Kirschwasser kann je nachdem, aus welcher der vielen Sorte es gebrannt wurde, unterschiedlich schmecken.

Das Aroma von reifen Bio-Zitrusfrüchten besitzt eine ausgewogenere Balance zwischen Säure und Süße als das von Früchten aus konventioneller Produktion. Von Bio-Zitronen und Bio-Orangen lässt sich die Schale bedenkenlos verwenden, weil sie keine Rückstände von Pflanzenschutz- oder Konservierungsmitteln enthält.

Für einen Hefeteig empfiehlt sich frische Hefe, weil sie aromatischer ist und das Gebäck im Ofen besser aufgehen lässt als Trockenhefe. Frische Hefe sollte nicht älter als eine Woche sein und keinen unangenehmen Geruch haben. Denn das Aroma der Hefe überträgt sich auf das Gebäck.

Eier von Hühnern aus artgerechter Haltung mit biologischer Fütterung sind aromatischer als solche aus konventioneller Produktion. Denn bei Eiern ist die Qualität der Tierfütterung für den Geschmack entscheidend. Die sattgelbe Farbe des Dotters garantiert eine schöne Farbe des Kuchens.

Butter, die aus der Milch von Kühen aus regionaler biologischer Haltung hergestellt wurde, ist aromatischer. Denn bei Milch ist die Qualität der Tierfütterung für den Geschmack entscheidend.

Biskuit in Papierkästchen

VORLAGE: BISQUIT EN CAISSES. (PRINZESS LUISA) NACH DEM ORIGINAL VOM PALAIS CARL-LUDWIG IN ÖSTERREICH., IN: PÖTZSCH, HERRSCHAFTSKÜCHE, S. 228

Saison: Das ganze Jahr

FÜR 10 STÜCK
70 ml Milch
15 g Hefe
1 Prise Salz
240 g Mehl
120 g Butter
1 Prise Zucker
1 Eigelb (Bio-Ei Größe M)
30 g Grobes Meersalz
30 g Kümmel (ungemahlen)

Zubereitung

1. Die Milch in einen kleinen Topf geben und auf etwa 42° C erhitzen.
2. Die Hefe und das Salz dazugeben und etwa 15 Minuten gehen lassen.
3. Das Mehl zu der Milch-Hefe-Mischung geben und vermengen.
4. Die Butter und den Zucker ebenfalls hinzugeben und alles zu einem Teig verkneten.
5. Den Teig an einem warmen Ort etwa 30 Minuten gehen lassen.
6. Als nächstes den Teig in zehn rechteckige Papierkästchen von vier Zentimetern Breite, acht Zentimetern Länge und vier Zentimetern Höhe aufteilen.
7. Das Eigelb mit einem kleinen Spritzer Wasser vermengen und die Biskuitküchlein damit einpinseln.
8. Danach eine Hälfte mit grobem Meersalz und die andere Hälfte mit dem Kümmel bestreuen.
9. Die Küchlein auf das Blech setzen und im vorgeheizten Backofen bei 180° C etwa zehn bis 15 Minuten backen, bis sie goldgelb sind.

Anrichten

10. Die Biskuits leicht abkühlen lassen und auf einem Teller mit einer Serviette servieren.

Degustationsnotiz

Durch das Backen hat das Biskuit eine sehr angenehme knusprige Kruste bekommen. Das Salz beziehungsweise der warm-süße und leicht pfeffrige Kümmel sind sehr hervorgehoben. Durch die Röstaromen und die Butter werden sie rasch in einen Aromenakkord eingebunden. Der Kümmel und das Salz sind deutlich die dominanten Aromen in diesem Gebäck.

Kulinarik

Für einen Hefeteig empfiehlt sich frische Hefe, weil sie aromatischer ist und das Gebäck im Ofen besser aufgehen lässt als Trockenhefe. Frische Hefe sollte nicht älter als eine Woche sein und keinen unangenehmen Geruch haben. Denn das Aroma der Hefe überträgt sich auf das Gebäck.
Grobkörniges Meersalz enthält Mineralien und Spurenelemente, die modulierend auf den Geschmack einwirken.
Eier von Hühnern aus artgerechter Haltung mit biologischer Fütterung sind aromatischer als solche aus konventioneller Produktion. Denn bei Eiern ist die Qualität der Tierfütterung für den Geschmack entscheidend. Die sattgelbe Farbe des Dotters garantiert eine schöne Farbe der Biskuits.

Regenwürmer (Süße Nudeln)

VORLAGE: REGENWÜRMER (WARM) PRINZESS LUISA, IN: PÖTZSCH, HERRSCHAFTSKÜCHE, S. 228

Saison: Das ganze Jahr

FÜR 12 BIS 15 STÜCK

120 g Butter
200 g Mehl (Type 405)
1 Bio-Ei (Größe M)
2 Eigelbe (Bio-Ei Größe M)
30 g Sahne (30 % Fett)
2 g Salz
500 ml Milch
1 l Wasser
70 g Zucker
30 g Puderzucker

Zubereitung

1. 70 Gramm Butter auf Zimmertemperatur bringen und mit dem Mehl, dem Ei, dem Eigelb, der Sahne und dem Salz zu einem Teig verkneten.
2. Den Teig 30 Minuten ruhen lassen.
3. Anschließend den Teig zu einem Strang formen und wallnussgroße Stücke davon abstechen.
4. Diese Teigkugeln zu spaghettiähnlichen, etwa 20 Zentimeter langen und einen halben bis einen Zentimeter dicken Strängen rollen.
5. Die Milch und das Wasser in einem Topf zum Kochen bringen.
6. Die Teigstränge in das kochende Milch-Wasser geben und fünf Minuten kochen.
7. Mit einer Schaumkelle die Nudeln abschöpfen und auf einem Sieb abtropfen lassen.
8. In einer Pfanne die restlichen 50 Gramm Butter erhitzen und darin den Zucker karamellisieren.
9. Die Nudeln dazugeben und anbraten, bis sie goldgelb sind.

Anrichten

10. Die Regenwürmer auf einem Teller anrichten, mit dem Puderzucker bestäuben und sofort servieren.

Degustationsnotiz

Die gebratene Butter transportiert das Karamellaroma der schupfnudelähnlichen und bissfesten Regenwürmer.

Kulinarik

Die Butter muss eine Temperatur von zirka 20° C haben, damit sie sich gut mit dem Mehl, dem Ei, dem Eigelb, der Sahne und dem Salz verbindet.
Milch von biologisch gehaltenen Kühen und Sahne, die aus solcher Milch hergestellt wird, sind aromatischer, weil die Fütterung der Tiere für den Geschmack ihrer Milch entscheidend ist.
Eier von Hühnern aus artgerechter Haltung mit biologischer Fütterung sind aromatischer als solche aus konventioneller Produktion. Denn bei Eiern ist die Qualität der Tierfütterung für den Geschmack entscheidend. Die sattgelbe Farbe des Dotters garantiert eine schöne Farbe des Gerichts.

Frascatibiskuit

VORLAGE: BISQUIT FRASCATI. (BAUMANN), IN: PÖTZSCH, HERRSCHAFTSKÜCHE, S. 228

Saison: Das ganze Jahr

FÜR 12 STÜCK

16 Eigelbe (Bio-Ei Größe M)
480 g Zucker
1 Bio-Zitrone
1 Bio-Orange
1 Vanilleschote (Bourbon)
12 g Kartoffelstärke
200 g Mehl
30 g Butter

Zubereitung

1. Die Eigelbe mit dem Zucker vermischen und die Masse aufschlagen.
2. Die Zitrone und die Orange waschen und mit einem Zestenreißer die gelbe beziehungsweise orange Schale abschaben.
3. Die Vanilleschote der Länge nach halbieren und das Mark mit einem Messerrücken herausschaben.
4. In die aufgeschlagene Eigelbmasse die Zitronen- und Orangenabriebe sowie das Vanillemark hineingeben und vermengen.
5. Die Stärke und das Mehl in einer Schüssel mischen und anschließend über die Eigelbmasse sieben.
6. Alles vorsichtig unterheben, damit so wenig wie möglich Luft aus der Masse entweicht.
7. Eine Springform von 24 Zentimetern Durchmesser mit der Butter ausfetten.
8. Die Masse in die Form geben und im vorgeheizten Backofen bei 170° C etwa 20 bis 25 Minuten backen.

Anrichten

9. Die Springform lösen, das Biskuit in zwölf gleiche Kuchenstücke schneiden und auf einem Kuchenteller servieren.

Degustationsnotiz

Das Biskuit ist sehr knusprig. Die Bittertöne der Zitrusfrüchte, die durch das Backen intensiviert werden, verwandelt der Zucker zu einer angenehmen Süße, die auch den bleibenden Geschmack bestimmt.

Kulinarik

Das Aroma von reifen Bio-Zitrusfrüchten besitzt eine ausgewogenere Balance zwischen Säure und Süße als das von Früchten aus konventioneller Produktion. Von Bio-Zitronen und Bio-Orangen lässt sich die Schale bedenkenlos verwenden, weil sie keine Rückstände von Pflanzenschutz- oder Konservierungsmitteln enthält.
Eier von Hühnern aus artgerechter Haltung mit biologischer Fütterung sind aromatischer als solche aus konventioneller Produktion. Denn bei Eiern ist die Qualität der Tierfütterung für den Geschmack entscheidend. Die sattgelbe Farbe des Dotters garantiert eine schöne Farbe der Biskuits.

Englische Kolatschen

VORLAGE: ENGLISCHE COLLATSCHEN (BAUMANN), IN: PÖTZSCH, HERRSCHAFTSKÜCHE, S. 228 F.

Saison: Das ganze Jahr

FÜR 12 KOLATSCHEN
250 g Butter
23 g Hefe
480 g Mehl (Type 405)
5 g Salz
105 g Zucker
2 Eiweiß (Bio-Ei Größe M)

Zubereitung
1. 240 Gramm der Butter bei zirka 42 °C schmelzen lassen.
2. Die frische Hefe zerbröseln und mit der Butter verrühren.
3. Das Mehl durch ein Sieb geben, damit sich im Teig keine Klumpen bilden.
4. Zirka 150 Gramm Mehl zu dem Butter-Hefe-Gemisch geben und einen Vorteig herstellen.
5. Den Vorteig an einem warmen Ort etwa 30 Minuten gehen lassen.
6. Das restliche Mehl, das Salz und fünf Gramm Zucker dazugeben und verkneten.
7. Den Teig nochmal für zirka 20 Minuten gehen lassen.
8. Acht ovale Ringformen von zehn beziehungsweise sechs Zentimetern Durchmesser mit den restlichen zehn Gramm Butter ausstreichen.
9. Den Teig auf die Ringformen verteilen.
10. Das Eiweiß aufschlagen und mit dem restlichen Zucker zu einem Eischnee weiter verarbeiten.
11. Den Eischnee auf dem Teig in den Ringformen verstreichen.
12. Die Kolatschen im vorgeheizten Backofen bei 180 °C zwölf bis 15 Minuten backen.

Anrichten
13. Das Gebäck vorsichtig aus den Formen nehmen, auf einem Teller anrichten und servieren.

Degustationsnotiz
Der Hefeteig hat eine kompakte Textur, während der Eischnee locker-leicht ist und oben eine Backkruste bildet. Die Süße des Eischnees nimmt man zuerst wahr. Anschließend entfalten sich die Aromen von frischer Hefe und Butter.

Kulinarik
Für einen Hefeteig empfiehlt sich frische Hefe, weil sie aromatischer ist und das Gebäck im Ofen besser aufgehen lässt als Trockenhefe. Frische Hefe sollte nicht älter als eine Woche sein und keinen unangenehmen Geruch haben. Denn das Aroma der Hefe überträgt sich auf das Gebäck.
Eier von Hühnern aus artgerechter Haltung mit biologischer Fütterung sind aromatischer als solche aus konventioneller Produktion. Denn bei Eiern ist die Qualität der Tierfütterung für den Geschmack entscheidend. Die sattgelbe Farbe des Dotters garantiert eine schöne Farbe der Kolatschen.
Butter, die aus der Milch von Kühen aus regionaler biologischer Haltung hergestellt wurde, ist aromatischer. Denn bei Milch ist die Qualität der Tierfütterung für den Geschmack entscheidend.

Kaisernudeln

VORLAGE: KAISERNUDELN (BAUMANN), IN: PÖTZSCH, HERRSCHAFTSKÜCHE, S. 229 UND NUDELTEICH. (BRUNFAUT), IN: PÖTZSCH, HERRSCHAFTSKÜCHE, S. 321

Saison: Das ganze Jahr

FÜR 6 PORTIONEN
320 g Mehl
3 Bio-Eier (Größe M)
1 Prise Salz
3 l Sahne (30 % Fett)
100 g Zucker
1 Prise Salz
150 g Butter
1 EL Rapsöl
4 Bio-Eier (Größe M)

Zubereitung

1. Das Mehl durch ein Sieb in eine Schüssel geben.
2. Eine faustgroße Kuhle in den Mehlhaufen schaufeln.
3. Drei Eier aufschlagen und in die Mitte der Kuhle geben.
4. Eine Prise Salz hinzufügen.
5. Alles etwa zehn Minuten zu einem festen Teig verkneten.
6. Anschließend den Nudelteig etwa für eine Stunde in den Kühlschrank legen.
7. In der Zwischenzeit in einen Topf die Sahne, den Zucker und eine weitere Prise Salz geben.
8. Nach der Ruhephase den Nudelteig auf einer leicht bemehlten Arbeitsfläche etwa drei Millimeter dünn ausrollen.
9. Die Sahnemischung anschließend auf dem Herd erhitzen und etwa fünf Minuten kochen.
10. Die Nudeln in Streifen von sieben Zentimetern Länge und einem halben Zentimeter Breite schneiden.
11. Die Nudeln in der Sahnemischung etwa sechs bis acht Minuten kochen.
12. Für die letzte Kochminute die Butter hinzugeben.
13. In der Zwischenzeit eine Pfanne aufstellen und das Öl hineinfüllen.
14. Die restlichen vier Eier verrühren und in der Pfanne zu zwei Omeletts braten.

Anrichten

15. Die Hälfte der Nudeln auf einen tiefen Teller geben und ein Omelett darauflegen. Die andere Hälfte der Nudeln auf das Omelett legen und diese Nudel erneut mit einem Omelett abdecken.
Alles wie einen Kuchen in sechs Teile schneiden, mit dem übrig gebliebenen Sahne-Butter-Fond, in dem die Nudeln gekocht wurden, übergießen und servieren.

Degustationsnotiz

Beim Verkosten des Gerichtes sticht die Konsistenz der einfach gehaltenen Nudeln heraus. Das Omelett intensiviert noch einmal zusätzlich das Eiaroma der Nudeln. Es verbindet sich mit dem sehr fetthaltigen und besonders aromatischen Sahne-Butter-Fond zu einem intensiven Aromenakkord. Die Butter ist vom Anfang bis zum Ende sehr prägnant. Sie bestimmt auch den bleibenden Geschmack.

Kulinarik

Eier von Hühnern aus artgerechter Haltung mit biologischer Fütterung sind aromatischer als solche aus konventioneller Produktion. Denn bei Eiern ist die Qualität der Tierfütterung für den Geschmack entscheidend. Die sattgelbe Farbe des Dotters garantiert eine schöne Farbe der Kaisernudeln.

Butter, die aus der Milch von Kühen aus regionaler biologischer Haltung hergestellt wurde, ist aromatischer. Denn bei Milch ist die Qualität der Tierfütterung für den Geschmack entscheidend.

Ulmer Speise

VORLAGE: ULMER SPEISE. (BAUMANN), IN: PÖTZSCH, HERRSCHAFTSKÜCHE, S. 229

Saison: Das ganze Jahr

FÜR 15 STÜCK
820 ml Sahne (30 % Fett)
23 g Hefe
230 g Mehl
8 Eigelbe (Bio-Ei Größe M)
3 Bio-Eier (Größe M)
170 g Butter
120 g Zucker
1 Prise Salz

Zubereitung

1. Etwa 20 Milliliter Sahne in einem Topf leicht erwärmen und darin die Hefe auflösen.
2. Drei Esslöffel Mehl zu der Sahne-Hefe-Mischung hinzugeben und zu einem Vorteig vermengen.
3. Den Ansatz für eine halbe Stunde an einem warmen Ort gehen lassen.
4. Anschließend das restliche Mehl hinzugeben.
5. Die Eigelbe, die Eier und 20 Gramm Butter zum Teigansatz hinzufügen.
6. Alles zusammen zehn Minuten durchkneten.
7. Anschließend den Teig erneut 30 Minuten ruhen lassen.
8. In einem Messbecher die restliche Sahne, 140 Gramm der Butter, den Zucker und das Salz zu einer Sahne-Butter-Mischung vermengen.
9. Den Teig, nachdem er sein Volumen etwa um das Doppelte vergrößert hat, auf eine leicht bemehlte Arbeitsfläche geben, auf eine Dicke von etwa acht bis zehn Millimetern ausrollen und anschließend auf ein mit den restlichen zehn Gramm Butter ausgestrichenes Backblech legen.
10. Den Teig auf dem Blech in etwa drei mal drei Zentimeter große Quadrate schneiden.
11. Anschließend die Sahne-Butter-Mischung zum größten Teil darauf gießen und im vorgeheizten Backofen bei 180 °C etwa 25 bis 30 Minuten backen.

Anrichten

12. Nach dem Backen die Hefeküchlein auf einen Teller geben, mit der noch zurückgehaltenen Sauce begießen und warm servieren.

Degustationsnotiz
Als Erstes nimmt man die Sahne und die Butter wahr, die sehr deutlich herauszuschmecken sind. Sie geben dem Gericht ein sehr cremiges Aroma. Durch das Backen sind Röstaromen im Sahne-Butter-Fond entstanden, die das Gericht abrunden. Der Hefeteig entwickelt eine feste Kruste, ist aber dennoch im Innern sehr locker. Die Sahne-Butter-Mischung bestimmt den bleibenden Geschmack.

Kulinarik
Für einen Hefeteig empfiehlt sich frische Hefe, weil sie aromatischer ist und das Gebäck im Ofen besser aufgehen lässt als Trockenhefe. Frische Hefe sollte nicht älter als eine Woche sein und keinen unangenehmen Geruch haben. Denn das Aroma der Hefe überträgt sich auf das Gebäck.
Eier von Hühnern aus artgerechter Haltung mit biologischer Fütterung sind aromatischer als solche aus konventioneller Produktion. Denn bei Eiern ist die Qualität der Tierfütterung für den Geschmack entscheidend. Die sattgelbe Farbe des Dotters garantiert eine schöne Farbe des Gebäcks.
Sahne und Butter, die aus der Milch von Kühen aus regionaler biologischer Haltung hergestellt wurden, sind aromatischer. Denn bei Milch ist die Qualität der Tierfütterung für den Geschmack entscheidend.

Fastnachtskrapfen

VORLAGE: FASTNACHTSKRAPFEN (BAUMANN), IN: PÖTZSCH, HERRSCHAFTSKÜCHE, S. 229

Saison: Das ganze Jahr

FÜR 20 STÜCK
44 ml Wasser
22 g Hefe
500 g Mehl (Type 405)
60 ml Sahne (30 % Fett)
8 Eigelbe (Bio-Ei Größe M)
125 g Butter
140 ml Milch
7 g Salz
2 kg Butterschmalz
350 g Aprikosensauce mit Zimt (Siehe S. 438)
100 g Zucker

Zubereitung
1. Das Wasser auf 30 °C temperieren.
2. Die Hefe im Wasser auflösen und mit 70 Gramm des Mehls zu einem Hefestück verkneten.
3. Das Hefestück mit dem restlichen Mehl abdecken und 45 Minuten ruhen lassen.
4. Die Sahne mit dem Eigelb verquirlen.
5. Das Hefestück mit der Ei-Sahne-Mischung, der Butter, der Milch und dem Salz zu einem Teig so lange verkneten, bis die Teigoberfläche sich glättet.
6. Den Teig 30 Minuten ruhen lassen.
7. Inzwischen die Aprikosensauce herstellen.
8. Anschließend den Teig kurz kräftig durchgeknetet und erneut 30 Minuten gehen lassen.
9. Vom Teig Stücke von 40 Gramm auswiegen und ohne Kneten zu kleinen Kugeln formen.
10. Das Butterschmalz in einem Topf auf 170 °C erhitzen und die Kugeln acht bis zehn Minuten ausbacken. Dabei wenden, damit sie von allen Seiten goldgelb werden.
11. Die Krapfen mit einem Schaumlöffel aus dem Fett heben und auf einem Kuchenrost abtropfen lassen. Anschließend im heißen Zustand in Zucker wälzen.

Anrichten
12. Mit Aprikosensauce anrichten oder mit Konfitüre füllen. Im heißen Zustand oder erkaltet servieren.

Degustationsnotiz
Die Frittieraromen der luftigen Krapfen nimmt man zuerst wahr, bis sich ein dominanter Eigeschmack durchsetzt, der auch weiterhin vom Butterschmalz begleitet wird.

Kulinarik
Es empfiehlt sich, die Fastnachtskrapfen entweder mit Aprikosensauce zu servieren oder mit Konfitüre zu füllen.
Für einen Hefeteig empfiehlt sich frische Hefe, weil sie aromatischer ist und das Gebäck im Ofen besser aufgehen lässt als Trockenhefe. Frische Hefe sollte nicht älter als eine Woche sein und keinen unangenehmen Geruch haben. Denn das Aroma der Hefe überträgt sich auf das Gebäck.
Krapfenteig wird nach der ersten Ruhepause kurz kräftig durchgeknetet, um das Gärgas Kohlenstoffdioxid gegen Sauerstoff auszutauschen, damit die Hefe sich besser vermehren kann und sich die Gasbläschen gleichmäßiger im Teig verteilen.
Nach der zweiten Ruhepause sollen die Gärgase möglichst im Teig bleiben. Deshalb formt man die Teigstücke zu Kugeln mit einer glatten und straffen Oberfläche.
Milch von biologisch gehaltenen Kühen und Sahne, die aus solcher Milch hergestellt wird, sind aromatischer, weil die Fütterung der Tiere für den Geschmack ihrer Milch entscheidend ist.
Eier von Hühnern aus artgerechter Haltung mit biologischer Fütterung sind aromatischer als solche aus konventioneller Produktion. Denn bei Eiern ist die Qualität der Tierfütterung für den Geschmack entscheidend. Die sattgelbe Farbe des Dotters garantiert eine schöne Farbe des Gebäcks.

Einfacher Dickkuchen

VORLAGE: EINFACHER DICKKUCHEN (BAUMANN), IN: PÖTZSCH, HERRSCHAFTSKÜCHE, S. 230

Saison: Das ganze Jahr

FÜR 12 KUCHENSTÜCKE

250 g Butter
30 g Hefe
960 g Mehl (Type 405)
20 g Zucker
5 g Salz
240 g Mandeln

Zubereitung

1. 240 Gramm Butter auf zirka 42° C erhitzen und schmelzen lassen.
2. Die frische Hefe zerbröseln und in die warme Butter geben.
3. Das Mehl durch ein Sieb geben, damit sich im Teig keine Klumpen bilden.
4. Zirka 150 Gramm Mehl zu dem Butter-Hefe-Gemisch geben und einen Vorteig herstellen.
5. Den Vorteig an einem warmen Ort etwa 30 Minuten gehen lassen.
6. Das restliche Mehl, den Zucker sowie das Salz dazugeben und alles vermengen.
7. Die Mandeln in kochendes Wasser geben. Nach einer Minute herausnehmen und in kaltem Wasser abschrecken.
8. Die Haut von den Mandeln abziehen und die Mandelkerne hacken.
9. 120 Gramm der Mandeln in den Teig einarbeiten.
10. Eine Ringform von 24 Zentimetern Durchmesser mit den restlichen zehn Gramm Butter ausstreichen und die restlichen Mandeln darin verteilen.
11. Den Teig in die Form geben und im vorgeheizten Backofen bei 170° C etwa 20 Minuten backen, bis er goldgelb ist.

Anrichten

12. Den Kuchen aus der Form nehmen und auf einem Kuchenteller servieren.

Degustationsnotiz

Der Dickkuchen duftet nach gerösteten Mandeln, hat eine leichte Kruste und ist im Innern sehr locker. Hefe, Butter und Mandeln verbinden sich zu einem Aromenakkord, der auch den bleibenden Geschmack bestimmt.

Kulinarik

Mandeln behalten in der Schale bis zu einem Jahr ihr Aroma, ohne ranzig zu werden. Wird eine Mandel nur noch von der Haut umgeben, sollte man sie aber nicht länger als sechs und ohne Haut nur vier Monate aufbewahren. Weiterverarbeitete Mandeln bleiben nur wenige Wochen frisch.

Für einen Hefeteig empfiehlt sich frische Hefe, weil sie aromatischer ist und das Gebäck im Ofen besser aufgehen lässt als Trockenhefe. Frische Hefe sollte nicht älter als eine Woche sein und keinen unangenehmen Geruch haben. Denn das Aroma der Hefe überträgt sich auf das Gebäck.

Eier von Hühnern aus artgerechter Haltung mit biologischer Fütterung sind aromatischer als solche aus konventioneller Produktion. Denn bei Eiern ist die Qualität der Tierfütterung für den Geschmack entscheidend. Die sattgelbe Farbe des Dotters garantiert eine schöne Farbe des Gebäcks.

Butter, die aus der Milch von Kühen aus regionaler biologischer Haltung hergestellt wurde, ist aromatischer. Denn bei Milch ist die Qualität der Tierfütterung für den Geschmack entscheidend.

Einfacher Biskuitboden

VORLAGE: KATZEL-BISQUIT (BAUMANN), IN: PÖTZSCH, HERRSCHAFTSKÜCHE, S. 230

Saison: Das ganze Jahr

Zubereitung

1. Die Eigelbe mit dem Zucker zirka zehn Minuten aufschlagen, bis die Masse leicht cremig wird.
2. Das Mehl und die Kartoffelstärke durch ein feines Sieb geben und anschließend vorsichtig unter die Eimasse heben.
3. Ein Blech mit zehn Gramm Butter auspinseln und dünn mit Mehl bestreuen.
4. Die Backmasse auf das ausgekleidete Blech verteilen und im vorgeheizten Backofen bei 180 °C zirka 20 Minuten backen, bis sie goldgelb ist.

Anrichten

5. Der gebackene Biskuitboden eignet sich hervorragend für einen Früchtekuchen, der beispielsweise mit Ananas belegt werden kann und weiter mit Tortenguss oder einer Vanillecreme verfeinert werden könnte.

Degustationsnotiz

Der Boden ist sehr luftig und hat eine leicht ausgeprägte Süße.

Kulinarik

Die Biskuitmasse muss sehr vorsichtig behandelt werden. Denn durch zu kräftiges Rühren oder Schlagen wird der Teig zu fest und kompakt. Er verliert dann seine Leichtigkeit.

Eier von Hühnern aus artgerechter Haltung mit biologischer Fütterung sind aromatischer als solche aus konventioneller Produktion. Denn bei Eiern ist die Qualität der Tierfütterung für den Geschmack entscheidend. Die sattgelbe Farbe des Dotters garantiert eine schöne Farbe des Biskuitbodens.

FÜR 8 PERSONEN
14 Eigelbe (Bio-Ei Größe M)
480 g Zucker
120 g Mehl (Type 405)
180 g Kartoffelstärke
10 g Butter

Brioche

VORLAGE: BRIOCHE.(LEHMANN), IN: PÖTZSCH, HERRSCHAFTSKÜCHE, S. 230

Saison: Das ganze Jahr

FÜR 14 BRIOCHES
240 g Butter
350 g Mehl (Type 405)
6 g Salz
35 g Zucker
6 Bio-Eier (Größe M)
40 g Hefe
1 Eigelb (Bio-Ei Größe M)

Zubereitung
1. 240 Gramm Butter erwärmen, bis sie flüssig wird.
2. Das Mehl in eine Schüssel geben. Das Salz und den Zucker unterrühren.
3. Danach drei Eier verquirlen und durch ein Haarsieb geben, um die Hagelschnüre zu entfernen. Anschließend unter die warme Butter rühren.
4. Die Hefe im Butter-Ei-Gemisch auflösen.
5. Alles zusammen unter das Mehl geben und zu einem Teig durcharbeiten.
6. Den Teig eine halbe Stunde an einem warmen Ort gehen lassen. Nochmals durchkneten und eine weitere halbe Stunde ruhen lassen.
7. Die restlichen drei Eier ebenfalls verquirlen und durch ein Haarsieb geben, um die Hagelschnüre zu entfernen. Die Eier mit dem Teig durchkneten.
8. Den Teig nochmals eine halbe Stunde ruhen lassen.
9. Den Teig in 16 Stücke teilen und zwei Teile davon in 14 Miniklößchen rollen.
10. 14 kleine Briocheformen mit der restlichen Butter ausstreichen und ein wenig mehlieren.
11. Die 14 Teile des Teiges zu Kugeln formen und in die Briocheformen geben.
12. Das Eigelb verquirlen, mit einem Pinsel auf die Mitte der Kugeln streichen und auf jede Kugel ein Miniklößchen setzen.
13. Die Briocheteige eine weitere halbe Stunde an einem warmen Ort ruhen lassen.
14. Den Backofen auf 180 °C vorheizen und die Teige etwa 15 bis 20 Minuten backen.

Anrichten
14. Die Brioches aus der Form nehmen und warm in einer Stoffserviette servieren.

Degustationsnotiz
Die Brioches sind luftig und leicht. Deutlich spürt man den Butterton im Gaumen. Leichte Röstaromen der Backkruste machen sich bemerkbar. Die Butter bestimmt den bleibenden Geschmack.

Kulinarik
Der Teig muss mehrmals an einem warmen Ort ruhen, damit die Hefe arbeiten kann. Briocheteig benötigt viel Zeit.
Für einen Hefeteig empfiehlt sich frische Hefe, weil sie aromatischer ist und das Gebäck im Ofen besser aufgehen lässt als Trockenhefe. Frische Hefe sollte nicht älter als eine Woche sein und keinen unangenehmen Geruch haben. Denn das Aroma der Hefe überträgt sich auf das Gebäck.
Sollte der Teig zu fest werden, kann man im ersten Arbeitsgang bei der Zugabe des Butter-Ei-Hefe-Gemischs einige Spritzer Wasser dazugeben.
Eier von Hühnern aus artgerechter Haltung mit biologischer Fütterung sind aromatischer als solche aus konventioneller Produktion. Denn bei Eiern ist die Qualität der Tierfütterung für den Geschmack entscheidend. Die sattgelbe Farbe des Dotters garantiert eine schöne Farbe des Gebäcks.
Butter, die aus der Milch von Kühen aus regionaler biologischer Haltung hergestellt wurde, ist aromatischer. Denn bei Milch ist die Qualität der Tierfütterung für den Geschmack entscheidend.

Kleine Mandelkuchen

VORLAGE: KLEINE MANDELKUCHEN (WEBER.), IN: PÖTZSCH, HERRSCHAFTSKÜCHE, S. 230

Saison: Das ganze Jahr

FÜR 20 STÜCK
250 g Mehl
70 g Zucker
125 g Butter
2 Eigelbe (Bio-Ei Größe M)
50 g Mandeln
50 g Puderzucker

Zubereitung

1. Das Mehl und den Zucker in eine Schüssel geben und miteinander vermengen.
2. Das Gemisch auf eine Arbeitsfläche sieben, damit sich beim Backen keine Klumpen bilden.
3. Die Butter in zwei Zentimeter große Stücke schneiden.
4. In die Mitte des Mehls eine Mulde drücken und die Butterwürfel hineingeben.
5. Anschließend ein Eigelb hinzufügen.
6. Mit einer Essgabel Butter, Mehl und Eigelb vermengen.
7. Das Mehl immer wieder mit einem Teigschaber vom Rand über die Zutaten zur Mitte schieben.
8. Mit einem großen glatten Messer den Teig regelrecht durchhacken, bis er krümelig wird.
9. Erst jetzt den Teig schnell mit den Händen über die Handballen kneten.
10. Daraufhin den Teig eine Stunde ruhen lassen, damit der Kleber des Mehls reagieren kann.
11. Ein Blech mit Backpapier auskleiden.
12. Danach die Arbeitsfläche leicht bemehlen und den Teig auf etwa einen halben Zentimeter Dicke ausrollen.
13. Den Teig mit einem Metallring von sieben Zentimetern Durchmesser ausstechen und auf das Backpapier legen.
14. Die Mandeln in kochendes Wasser geben. Nach einer Minute herausnehmen und in kaltem Wasser abschrecken.
15. Die Haut von den Mandeln abziehen und die Mandelkerne hacken.
16. Das zweite Eigelb verquirlen und die Plätzchen damit leicht bepinseln. Anschließend mit Mandeln und Puderzucker bestreuen.
17. Das Blech in den vorgeheizten Backofen geben und die Mandelkuchen bei 160° C etwa 15 bis 20 Minuten backen, bis sie goldgelb sind.

Anrichten

18. Die Plätzchen nach dem Backen abkühlen lassen und auf einem Teller oder einer Etagere servieren.

Degustationsnotiz

Die Plätzchen sind sehr knusprig. Als erstes Aroma nimmt man die Mandeln wahr, die durch das Backen karamellig-schokoladige Röstnoten entfaltet haben. Dann kommen Butternoten hinzu und runden den Aromenakkord sehr elegant ab. Die Mandeln bestimmen auch den bleibenden Geschmack.

Kulinarik

Süße Mandeln haben einen marzipanähnlichen Grundton. Sie behalten in der Schale bis zu einem Jahr ihr Aroma, ohne ranzig zu werden. Wird eine Mandel nur noch von der Haut umgeben, sollte man sie aber nicht länger als sechs und ohne Haut nur vier Monate aufbewahren. Weiterverarbeitete Mandeln bleiben nur wenige Wochen frisch. Eier von Hühnern aus artgerechter Haltung mit biologischer Fütterung sind aromatischer als solche aus konventioneller Produktion. Denn bei Eiern ist die Qualität der Tierfütterung für den Geschmack entscheidend. Die sattgelbe Farbe des Dotters garantiert eine schöne Farbe des Gebäcks.

Butter, die aus der Milch von Kühen aus regionaler biologischer Haltung hergestellt wurde, ist aromatischer. Denn bei Milch ist die Qualität der Tierfütterung für den Geschmack entscheidend.

Anisringe

VORLAGE: ANIS-RINGE (WEBER), IN: PÖTZSCH, HERRSCHAFTSKÜCHE, S. 231

Saison: Das ganze Jahr

Zubereitung

1. Die Anissamen auf einer Arbeitsfläche mit einem Rollholz walzen, um sie zu zerkleinern.
2. Den Zucker, die Butter, das Eigelb und den Anis vermengen.
3. Das Mehl unterkneten.
4. Den fertigen Teig zwei bis drei Stunden kühlen.
5. Ein Backblech mit Backpapier auslegen.
6. Anschließend den Teig nochmals durchkneten, ausrollen, mit einem Ring von sechs Zentimetern ausstechen und auf das Backblech legen
7. Das Ei verquirlen, die Ringe damit bestreichen und die angefeuchteten Ringe so in den groben Zucker drücken, dass dieser daran haften bleibt.
8. Die Anisringe bei 200 °C zwölf bis 15 Minuten backen.

FÜR 30 STÜCK

10 g Anissamen
80 g Zucker
80 g Butter
2 Eigelbe (Bio-Ei Größe M)
166 g Mehl (Type 405)
1 Bio-Ei (Größe M)
50 g Zucker, extra grob

Anrichten

9. Die Anisringe abkühlen lassen und servieren.

Degustationsnotiz

Das Anisaroma dominiert von Anfang an den nur zarten Eigeschmack und die mäßige Süße des weichen leicht brüchigen Kekses. Der grobe Zucker ruft krachige Krosseffekte hervor. Dennoch überlagern die Anistöne zunehmend die übrigen Aromen und bestimmen auch den bleibenden Geschmack.

Kulinarik

Frische Anissamen entfalten beim Zerkleinern nicht nur das typische Hauptaroma, sondern enthalten zusätzlich blumig-süßliche Noten, deren flüchtige Substanzen aus dem Gewürz, das gemahlen gekauft wurde, bereits entwichen sind. Luftdicht verschlossen halten Anissamen etwa zwei Jahre ihr volles Aroma.

Eier von Hühnern aus artgerechter Haltung mit biologischer Fütterung sind aromatischer als solche aus konventioneller Produktion. Denn bei Eiern ist die Qualität der Tierfütterung für den Geschmack entscheidend. Die sattgelbe Farbe des Dotters garantiert eine schöne Farbe des Gebäcks.

Anisringe sollten nicht zusammen mit anderen Keksen gelagert werden, da diese sehr schnell das Anisaroma annehmen.

Kleine Aniskuchen

VORLAGE: KLEINE ANIS-KUCHEN, IN: PÖTZSCH, HERRSCHAFTSKÜCHE, S. 231

Saison: Das ganze Jahr

Zubereitung

1. Die Anissamen auf einer Arbeitsfläche mit einem Rollholz walzen, um sie zu zerkleinern.
2. Den Zucker, die Butter, das Eigelb und den Anis vermengen.
3. Das Mehl unterkneten.
4. Den fertigen Teig zwei bis drei Stunden kühlen.
5. Ein Backblech mit Backpapier auslegen.
6. Anschließend den Teig nochmals durchkneten, daraus kleine Kuchen formen und auf das Backblech legen.
7. Das Ei verquirlen und die Kuchen damit bestreichen.
8. Die Kleinen Aniskuchen bei 200°C zwölf bis 15 Minuten backen.

Anrichten

9. Die Kleinen Aniskuchen abkühlen lassen und servieren.

Degustationsnotiz
Das Anisaroma dominiert von Anfang an den nur zarten Eigeschmack und die mäßige Süße des weichen leicht brüchigen Kekses. Die Anistöne überlagern zunehmend die übrigen Aromen und bestimmen auch den bleibenden Geschmack.

Kulinarik
Frische Anissamen entfalten beim Zerkleinern nicht nur das typische Hauptaroma, sondern enthalten zusätzlich blumig-süßliche Noten, deren flüchtige Substanzen aus dem Gewürz, das gemahlen gekauft wurde, bereits entwichen sind. Luftdicht verschlossen halten Anissamen etwa zwei Jahre ihr volles Aroma.
Eier von Hühnern aus artgerechter Haltung mit biologischer Fütterung sind aromatischer als solche aus konventioneller Produktion. Denn bei Eiern ist die Qualität der Tierfütterung für den Geschmack entscheidend. Die sattgelbe Farbe des Dotters garantiert eine schöne Farbe des Gebäcks.
Kleine Aniskuchen sollten nicht zusammen mit anderen Keksen gelagert werden, da diese sehr schnell das Anisaroma annehmen.

FÜR 10 BIS 15 STÜCK

10 g Anis
80 g Zucker
80 g Butter
2 Eigelbe (Bio-Ei Größe M)
166 g Mehl (Type 405)
1 Bio-Ei (Größe M)

Mohntörtchen

VORLAGE: MOHN-TÖRTCHEN (WEBER), IN: PÖTZSCH, HERRSCHAFTSKÜCHE, S. 231

Saison: Das ganze Jahr

FÜR 15 STÜCK
125 g Butter
3 Eigelbe (Bio-Ei Größe M)
3 g Salz
250 g Mehl (Type 405)
80 ml Milch

Füllung
500 g Mohn
180 g Butter
300 ml Wasser
1 g Ceylon-Zimt
8 Eigelbe (Bio-Ei Größe M)
250 g Zucker
60 ml Sahne (30 % Fett)
6 g Rosenwasser
3 g Salz
8 Eiweiß (Bio-Ei Größe M)
70 g Rosenwasserglasur
(Siehe S. 433)

Zubereitung

Tortelettes

1. Die Butter auf Raumtemperatur bringen und anschließend mit drei Eigelben und drei Gramm Salz verrühren.
2. Das Mehl unterkneten.
3. Die Milch hinzugießen und unterkneten, sodass ein zäher Teig entsteht.
4. Den Teig sofort ausrollen.
5. Aus dem ausgerollten Teig kreisrunde Stücke ausstechen, die etwas größer als die Förmchen sind. Die Teigstücke in die Tortelette-Förmchen hineindrücken, mit einer Gabel Löcher in den Boden stechen und bei 200 °C etwa 15 bis 18 Minuten backen.

Füllung

6. Den Mohn mahlen oder quetschen und mit kochendem Wasser überbrühen.
7. Die Butter zerlassen, ohne dass sie bräunt.
8. Den Zimt auf einer Muskatreibe oder im Mörser zerkleinern.
9. Die zerlassene Butter, die Hälfte des Zuckers, die acht Eigelbe, die Sahne, den Zimt, das Rosenwasser und das Salz zur Mohnmasse geben und verrühren.
10. Die andere Hälfte des Zuckers mit dem Eiweiß vermengen und zu Eischnee aufschlagen.
11. Anschließend den Eischnee unter die Mohnmasse heben.

Backen

12. Die Mohnmasse in die Tortelettes einfüllen und 15 Minuten bei 200° C backen.
13. Die Mohntörtchen aus dem Ofen nehmen und abkühlen lassen. Erst danach mit einem Pinsel die Rosenwasserglasur auftragen.

Anrichten

14. Die Glasur kurz trocknen lassen und die Mohntörtchen servieren.

Degustationsnotiz

Das Mohnaroma der saftigen Törtchen dominiert. Es wird von einer Note aus Rosenwasser und Zimt begleitet.

Kulinarik

Mohnsamen sollte man immer nur in kleinen Mengen kaufen, weil sie wegen ihres hohen Ölanteils leicht ranzig werden. Die Samen lassen sich allerdings ohne Aromaverluste auch durch Einfrieren haltbar machen. Holländischer Blaumohn gilt als beste Qualität.

Zimt sollte erst unmittelbar vor der Verwendung zerrieben werden, damit sich seine ätherischen Öle nicht verflüchtigen, sondern dem Gebäck zugutekommen.

Eier von Hühnern aus artgerechter Haltung mit biologischer Fütterung sind aromatischer als solche aus konventioneller Produktion. Denn bei Eiern ist die Qualität der Tierfütterung für den Geschmack entscheidend. Die sattgelbe Farbe des Dotters garantiert eine schöne Farbe der Törtchen.

Rosinenstollen nach Art des Dresdner Belvedere

VORLAGE: ROSINENSTOLLEN (BELVEDÈRE), IN: PÖTZSCH, HERRSCHAFTSKÜCHE, S.231

Saison: Das ganze Jahr

FÜR 1 STOLLEN
60 g Wasser
30 g Hefe
1 kg Mehl (Type 405)
30 g Bittermandeln
1 Muskatnuss
13 g Salz
360 g Butter
210 g Zucker
440 ml Milch
50 g Zitronat
375 g Sultaninen
25 g Puderzucker

Zubereitung

1. Das Wasser auf 30°C temperieren.
2. Die Hefe im Wasser auflösen und mit 80 Gramm des Mehls zu einem Hefestück verkneten.
3. Das Hefestück mit dem restlichen Mehl abdecken und 45 Minuten ruhen lassen.
4. Währenddessen die Bittermandeln in kochendes Wasser geben. Nach einer Minute herausnehmen und in kaltem Wasser abschrecken.
5. Die Haut von den Bittermandeln abziehen und ihre Kerne sehr fein mahlen.
6. Von einer Muskatnuss ein viertel Gramm herunterraspeln.
7. Das Hefestück in einer großen Schüssel mit dem Salz, 310 Gramm Butter, 160 Gramm Zucker, den gemahlenen Bittermandeln, der Milch, der geriebenen Muskatnuss und dem Zitronat so lange zu einem Teig verkneten, bis dessen Oberfläche einen leichten Glanz aufweist und glatt ist.
8. Die Sultaninen vorsichtig in den Teig einarbeiten. Anschließend den Teig 45-60 Minuten ruhen lassen.
9. Durch vorsichtiges Kneten und Formen aus dem Teig eine Kugel bilden und diese fünf bis zehn Minuten ruhen lassen.
10. Aus dem Teig einen länglichen Stollen formen, diesen auf ein Blech mit Backpapier setzen und 20 Minuten stehen lassen.
11. Den Stollen auf der Mitte der Oberfläche einen halben Zentimeter tief einritzen.
12. Den Stollen in den auf zirka 190°C vorgeheizten Backofen schieben.
13. Den Stollen 15 Minuten backen. Anschließend ein Unterblech unter das Stollenblech schieben, die Temperatur im Ofen auf 170°C reduzieren und weitere 35 bis 45 Minuten backen.

14. Währenddessen in einem Topf 25 Gramm Butter schmelzen, ohne dass sie bräunt.
15. Den fertig gegarten Stollen aus dem Ofen nehmen und noch im heißen Zustand mit der Butter bestreichen.
16. Den Stollen über mehrere Stunden auskühlen lassen.
17. Erneut in einem Topf 25 Gramm Butter schmelzen, ohne sie zu bräunen.
18. Den Stollen noch einmal buttern und gleich anschließend mit den restlichen 50 Gramm Zucker bestreuen. Abschließend mit einem Sieb den Puderzucker dünn überziehen.

Anrichten
19. Den Stollen aufschneiden und servieren.

Degustationsnotiz
Der weiche und lockere Stollen wird vom Aroma der Sultaninen dominiert. Neben einer angenehmen Süße entfalten sich marzipanähnliche Nuancen der Bittermandeln in Kombination mit Zitronat.

Kulinarik
Für einen Hefeteig empfiehlt sich frische Hefe, weil sie aromatischer ist und das Gebäck im Ofen besser aufgehen lässt als Trockenhefe. Frische Hefe sollte nicht älter als eine Woche sein und keinen unangenehmen Geruch haben. Denn das Aroma der Hefe überträgt sich auf das Gebäck.
Sultaninen werden aus weißen Sultana-Trauben gewonnen, sind wesentlich größer als Korinthen und hellgelb. Smyrna-Sultaninen aus der Türkei haben einen delikaten Muskatton und sind nicht sehr süß. Die Qualität von Sultaninen ist desto höher, je größer und heller sie sind, es sei denn sie sind durch Schwefel gebleicht. Bio-Rosinen werden mit Pottasche getrocknet.
Bittermandeln haben ein süßlich-marzipanartiges Aroma und einen ausgeprägt bitteren Geschmack. Schon durch kurzes Erhitzen verlieren sie ihre giftigen Bestandteile. Bittermandelaroma beziehungsweise -essenz sind die Giftstoffe bereits entzogen.
Zitronat besteht aus den kandierten Schalen von Zitronatzitronen, denen mit Zuckersirup Wasser und Bitterstoffe entzogen wurden. Biologisch hergestellte Produkte besitzen eine ausgewogene Balance zwischen Säure und Süße.
Milch von biologisch gehaltenen Kühen ist aromatischer, weil die Fütterung der Tiere für den Geschmack ihrer Milch entscheidend ist.

Mandelstollen nach Art des Dresdner Belvedere

VORLAGE: MANDELSTOLLEN. (BELVEDÈRE), IN: PÖTZSCH, HERRSCHAFTSKÜCHE, S. 231

Saison: Das ganze Jahr

FÜR 1 STOLLEN
- 60 g Wasser
- 30 g Hefe
- 1 kg Mehl (Type 405)
- 190 g Mandeln
- 31 g Bittermandeln
- ¼ g Muskat
- 1 Bio-Zitrone
- 360 g Butter
- 150 g Zucker
- 440 ml Milch
- 50 g Zitronat
- 12 g Salz
- 25 g Puderzucker

Zubereitung

1. Das Wasser auf 30° C temperieren.
2. Die Hefe im Wasser auflösen und mit 80 Gramm des Mehls zu einem Hefestück verkneten.
3. Das Hefestück mit dem restlichen Mehl abdecken und 45 Minuten ruhen lassen.
4. Währenddessen die Mandeln und Bittermandeln in kochendes Wasser geben. Nach einer Minute herausnehmen und in kaltem Wasser abschrecken.
5. Die Haut von den Mandeln und Bittermandeln abziehen und ihre Kerne sehr fein mahlen.
6. Von einer Muskatnuss ein viertel Gramm herunterraspeln.
7. Die Zitrone waschen und mit einem Zestenreißer 25 Gramm ihrer gelben Schale abschaben.
8. Das Hefestück in einer großen Schüssel mit 310 Gramm Butter, 100 Gramm Zucker, den Mandeln sowie den Bittermandeln, der Milch, dem Zitronat, dem Muskat und dem Salz so lange zu einem Teig verkneten, bis dessen Oberfläche einen leichten Glanz aufweist und glatt ist.
9. Den Teig 45-60 Minuten ruhen lassen.
10. Durch vorsichtiges Kneten und Formen aus dem Teig eine Kugel bilden und diese fünf bis zehn Minuten ruhen lassen.
11. Aus dem Teig einen länglichen Stollen formen, diesen auf ein Blech mit Backpapier setzen und 20 Minuten stehen lassen.
12. Den Stollen auf der Mitte der Oberfläche einen halben Zentimeter tief einritzen.
13. Den Stollen in den auf zirka 190° C vorgeheizten Backofen schieben.
14. Den Stollen 15 Minuten backen. Anschließend ein Unterblech unter das Stollenblech schieben, die Temperatur im Ofen auf 170° C reduzieren und weitere 35 bis 45 Minuten backen.
15. Währenddessen in einem Topf 25 Gramm Butter schmelzen, ohne dass sie bräunt.
16. Den fertig gegarten Stollen aus dem Ofen nehmen und noch im heißen Zustand mit der Butter bestreichen.
17. Den Stollen über mehrere Stunden auskühlen lassen.
18. Erneut in einem Topf 25 Gramm Butter schmelzen, ohne sie zu bräunen.
19. Den Stollen noch einmal buttern und anschließend gleich mit den restlichen 50 Gramm Zucker bestreuen. Abschließend mit einem Sieb den Puderzucker dünn überziehen.

Anrichten

20. Den Stollen aufschneiden und servieren.

Degustationsnotiz

Unter einer knackigen Zuckerschicht wird der weiche und lockere Stollen vom Aroma der Mandeln und Bittermandeln dominiert. Neben einer schwachen Süße entfalten sich allmählich Nuancen von Zitrone.

Kulinarik

Für einen Hefeteig empfiehlt sich frische Hefe, weil sie aromatischer ist und das Gebäck im Ofen besser aufgehen lässt als Trockenhefe. Frische Hefe sollte nicht älter als eine Woche sein und keinen unangenehmen Geruch haben. Denn das Aroma der Hefe überträgt sich auf das Gebäck.

Mandeln behalten in der Schale bis zu einem Jahr ihr Aroma, ohne ranzig zu werden. Wird eine Mandel nur noch von der Haut umgeben, sollte man sie aber nicht länger als sechs und ohne Haut nur vier Monate aufbewahren. Weiterverarbeitete Mandeln bleiben nur wenige Wochen frisch.

Bittermandeln haben ein süßlich-marzipanartiges Aroma und einen ausgeprägt bitteren Geschmack. Schon durch kurzes Erhitzen verlieren sie ihre giftigen Bestandteile. Bittermandelaroma beziehungsweise -essenz sind die Giftstoffe bereits entzogen. Zitronat besteht aus den kandierten Schalen von Zitronatzitronen, denen mit Zuckersirup Wasser und Bitterstoffe entzogen wurden.

Das Aroma von reifen Bio-Zitronen besitzt eine ausgewogenere Balance zwischen Säure und Süße als das von Früchten aus konventioneller Produktion. Von Bio-Zitronen lässt sich die Schale bedenkenlos verwenden, weil sie keine Rückstände von Pflanzenschutz- oder Konservierungsmitteln enthält.

Das Aroma von Muskatnüssen wird nicht von einem einzelnen Molekül bestimmt, sondern besteht aus einem breiten Spektrum duftender Stoffe, die in ätherischen Ölen enthalten sind. Da diese Duftnoten aus geriebenem Muskat rasch entweichen, sollte man ganze Nüsse kaufen und sie frisch vor dem Gebrauch reiben.

Milch von biologisch gehaltenen Kühen ist aromatischer, weil die Fütterung der Tiere für den Geschmack ihrer Milch entscheidend ist.

Leipziger Stollen

VORLAGE: LEIPZIGER STOLLE (LEHMANN), IN: PÖTZSCH, HERRSCHAFTSKÜCHE, S.232

Saison: Das ganze Jahr

FÜR 1 STOLLEN
100 g Wasser
50 g Hefe
1 kg Mehl (Type 405)
100 g Mandeln
1 Bio-Orange
1 Bio-Zitrone
5 g Zimt
350 g Butter
175 g Zucker
50 g Zitronat
1 g Kardamom
500 ml Milch
12 g Salz
125 g Korinthen
125 g Sultaninen
25 g Puderzucker

Zubereitung

1. Das Wasser auf 30°C temperieren.
2. Die Hefe im Wasser auflösen und mit 135 Gramm des Mehls zu einem Hefestück verkneten.
3. Das Hefestück mit dem restlichen Mehl abdecken und 45 Minuten ruhen lassen.
12. Währenddessen die Mandeln in kochendes Wasser geben. Nach einer Minute herausnehmen und in kaltem Wasser abschrecken.
4. Die Haut von den Mandeln abziehen und die Mandelkerne sehr fein mahlen.
5. Die Orange und die Zitrone waschen und mit einem Zestenreißer 50 Gramm der Orangen- beziehungsweise 20 Gramm der gelben Zitronenschale abschaben.
6. Den Zimt auf einer Muskatreibe oder im Mörser zerkleinern.
7. Das Hefestück in einer großen Schüssel mit den Mandeln, der Orangenschale, der Zitronenschale, 250 Gramm Butter, 125 Gramm Zucker, dem Zitronat, dem Zimt, dem Kardamom, der Milch und dem Salz so lange zu einem Teig verkneten, bis dessen Oberfläche einen leichten Glanz aufweist und glatt ist.
8. Die Korinthen und Sultaninen vorsichtig in den Teig einarbeiten. Anschließend den Teig 45-60 Minuten ruhen lassen.
9. Durch vorsichtiges Kneten und Formen aus dem Teig eine Kugel bilden und diese fünf bis zehn Minuten ruhen lassen.
10. Aus dem Teig einen länglichen Stollen formen, diesen auf ein Blech mit Backpapier setzen und 20 Minuten stehen lassen.
11. Den Stollen auf der Mitte der Oberfläche einen halben Zentimeter tief einritzen.
12. Den Stollen in den auf zirka 190°C vorgeheizten Backofen schieben.
13. Den Stollen 15 Minuten backen. Anschließend ein Unterblech unter das Stollenblech schieben, die Temperatur im Ofen auf 170°C reduzieren und weitere 45 Minuten backen.
14. Währenddessen in einem Topf 50 Gramm Butter schmelzen, ohne dass sie bräunt.
15. Den fertig gegarten Stollen aus dem Ofen nehmen und noch im heißen Zustand mit der Butter bestreichen.
16. Den Stollen über mehrere Stunden auskühlen lassen.
17. Erneut in einem Topf die restlichen 50 Gramm der Butter schmelzen, ohne sie zu bräunen.
18. Den Stollen noch einmal buttern und anschließend gleich mit den restlichen 50 Gramm Zucker bestreuen. Abschließend mit einem Sieb den Puderzucker dünn überziehen.

Anrichten

19. Den Stollen aufschneiden und servieren.

Degustationsnotiz

Zunächst nimmt man den Zimt und den Zuckerüberzug des Stollens wahr. Dann entwickelt sich aus dem lockeren und weichen Teig das marzipanähnliche Mandelaroma und bildet mit Zimt und Zucker einen Aromenakkord. Den bleibenden Geschmack bestimmen Zimt- und Mandeltöne.

Kulinarik

Für einen Hefeteig empfiehlt sich frische Hefe, weil sie aromatischer ist und das Gebäck im Ofen besser aufgehen lässt als Trockenhefe. Frische Hefe sollte nicht älter als eine Woche sein und keinen unangenehmen Geruch haben. Denn das Aroma der Hefe überträgt sich auf das Gebäck.

Zimt sollte erst unmittelbar vor der Verwendung zerrieben werden, damit sich seine ätherischen Öle nicht verflüchtigen, sondern dem Gebäck zugutekommen.

Mandeln behalten in der Schale bis zu einem Jahr ihr Aroma, ohne ranzig zu werden. Wird eine Mandel nur noch von der Haut umgeben, sollte man sie aber nicht länger als sechs und ohne Haut nur vier Monate aufbewahren. Weiterverarbeitete Mandeln bleiben nur wenige Wochen frisch.

Das Aroma von reifen Bio-Zitrusfrüchten besitzt eine ausgewogenere Balance zwischen Säure und Süße als das von Früchten aus konventioneller Produktion. Von Bio-Zitronen und Bio-Orangen lässt sich die Schale bedenkenlos verwenden, weil sie keine Rückstände von Pflanzenschutz- oder Konservierungsmitteln enthält.

Zitronat besteht aus den kandierten Schalen von Zitronatzitronen, denen mit Zuckersirup Wasser und Bitterstoffe entzogen wurden.

Korinthen sind sehr kleine, dunkelrote und kernlose getrocknete Beeren der Korinthiaki-Traube. Sultaninen werden aus weißen Sultana-Trauben gewonnen, sind wesentlich größer als Korinthen und hellgelb. Smyrna-Sultaninen aus der Türkei haben einen delikaten Muskatton und sind nicht sehr süß. Die Qualität von Sultaninen ist desto höher, je größer und heller sie sind, es sei denn sie sind durch Schwefel gebleicht. Bio-Rosinen werden mit Pottasche getrocknet.

Sandkuchen

VORLAGE: SANDKUCHEN (LEHMANN), IN: PÖTZSCH, HERRSCHAFTSKÜCHE, S. 232

Saison: Das ganze Jahr

FÜR EINE KASTENFORM VON 8 MAL 10 MAL 25 CM

185 g Butter
175 g Zucker
375 g Mehl (Type 405)
3 Bio-Eier (Größe M)
3 g Salz

Zubereitung

1. 175 Gramm Butter mit den anderen Zutaten vermengen und intensiv aufschlagen.
2. Eine Kastenform mit den restlichen zehn Gramm Butter ausstreichen.
3. Den Teig zirka 20 Minuten bei 200°C backen. Dann die Temperatur auf 160°C reduzieren und den Sandkuchen noch weiter etwa 40 Minuten backen.
4. Um zu testen, ob der Kuchen gar ist, an der obersten Stelle mit einem Holzspieß einstechen. Bleiben Teigreste daran kleben, noch einige Minuten backen.

Anrichten

5. Den Kuchen nach Wunsch mit einer Glasur aus Schokolade (Siehe S. 429) oder Zucker (Siehe S. 428) überziehen.

Degustationsnotiz

Die leicht krümelige Textur besitzt eine angenehme Süße, die von einem zarten Butteraroma begleitet wird.

Kulinarik

Eier von Hühnern aus artgerechter Haltung mit biologischer Fütterung sind aromatischer als solche aus konventioneller Produktion. Denn bei Eiern ist die Qualität der Tierfütterung für den Geschmack entscheidend. Die sattgelbe Farbe des Dotters garantiert eine schöne Farbe des Kuchens.

Kaiserkuchen

VORLAGE: KAISER-KUCHEN. (RÖSSLER), IN: PÖTZSCH, HERRSCHAFTSKÜCHE, S. 232

Saison: Das ganze Jahr

Zubereitung

1. Den Mürbeteig herstellen, bei 6°C eine Stunde ruhen lassen und dann in der Größe eines Backblechs ausrollen.
2. Das Backblech mit Backpapier auslegen, den Teig darauf legen und mit einer Essgabel kleine Löcher hineinstechen, damit er nicht aufgeht.
3. Den Mürbeteig im vorgeheizten Ofen bei 190°C etwa 15 bis 18 Minuten backen, bis der Teig goldgelb ist.
4. Den gebackenen Teig auskühlen lassen.
5. Die Zitrone waschen und ihre gelbe Schale mit einer feinen Reibe abraspeln.
6. Die Mandeln in kochendes Wasser geben. Nach einer Minute herausnehmen und in kaltem Wasser abschrecken.
7. Die Haut von den Mandeln abziehen und die Mandelkerne zerreiben.
8. Die Butter mit dem Zucker sehr schaumig schlagen.
9. Die Eigelbe mit dem Puderzucker und den Mandeln aufschlagen, bis der Schaum fest wird. Die Prise Muskat und die abgeriebene Zitronenschale dazugeben und unterrühren.
10. Alles unter die schaumige Butter rühren.
11. Die Mischung in einen Spritzbeutel mit einer Lochtülle von sieben Millimetern Durchmesser geben und auf den Mürbeteig ein Gitter spritzen.
12. Die Korinthen in die gespritzten Streifen drücken.
13. Das Ganze im Ofen bei 100°C etwa drei bis vier Stunden trocknen.

Anrichten

14. Den Kuchen in Stücke von zehn mal fünf Zentimetern schneiden und servieren.

Degustationsnotiz
Deutliche buttrige Nuancen, die von Mandel- und Zitrustönen begleitet werden, erreichen den Gaumen und bestimmen auch den bleibenden Geschmack.

Kulinarik
Der Mürbeteig muss bei einer Temperatur von 6°C ruhen, da er sonst brandig wird. Zu warmes Fett verbindet sich durch zu langes Kneten mit den Händen und nicht mit dem Mehl. In diesem Zustand lässt sich der Mürbeteig schlecht ausrollen und reißt schnell. Außerdem wird Gebäck aus falsch geknetetem Mürbeteig hart statt mürbe.
Mandeln behalten in der Schale bis zu einem Jahr ihr Aroma, ohne ranzig zu werden. Wird eine Mandel nur noch von der Haut umgeben, sollte man sie aber nicht länger als sechs und ohne Haut nur vier Monate aufbewahren. Weiterverarbeitete Mandeln bleiben nur wenige Wochen frisch.
Das Aroma von reifen Bio-Zitronen besitzt eine ausgewogenere Balance zwischen Säure und Süße als das von Früchten aus konventioneller Produktion. Von Bio-Zitronen lässt sich die Schale bedenkenlos verwenden, weil sie keine Rückstände von Pflanzenschutz- oder Konservierungsmitteln enthält.

FÜR 1 BACKBLECH
400 g Mürbeteig (Siehe S. 491)
1 Bio-Zitrone
250 g Mandeln
375 g Butter
375 g Zucker
15 Eigelbe (Bio-Ei Größe M)
125 g Puderzucker
1 Prise Muskatnuss
125 g Korinthen

Kleiner Rumkuchen

VORLAGE: PLUM-CAKE (LEHMANN), IN: PÖTZSCH, HERRSCHAFTSKÜCHE, S. 232

Saison: Das ganze Jahr

FÜR 8 PERSONEN
250 g Butter
240 g Zucker
6 Bio-Eier (Größe M)
240 g Mehl
100 g Sultaninen
50 g Zitronat
30 g braunen Rum (40 % und 7 Jahre gereift)

Zubereitung

1. Die Butter einige Minuten vor dem Verarbeiten aus dem Kühlschrank nehmen.
2. Anschließend 240 Gramm Butter und den Zucker mit einer Rührmaschine aufschlagen, bis die Butter eine leichte weiße Färbung erreicht.
3. Bei drei Eiern die Dotter vom Eiweiß trennen.
4. Drei ganze Eier und drei Eigelbe nach und nach unter die Zucker-Butter-Mischung rühren.
5. Das Mehl durch ein feines Sieb geben und nach und nach in den Teigansatz einrühren.
6. In der Zwischenzeit die Sultaninen und den Zitronat in eine Schüssel vermengen, mit dem Rum übergießen und zirka zehn Minuten ziehen lassen.
7. Die Sultaninen und das Zitronat auf den Teig geben und vorsichtig unterheben.
8. Eine Kastenform von 30 Zentimetern Länge sowie zehn Zentimetern Breite und Höhe mit den restlichen zehn Gramm Butter ausstreichen.
9. Die Masse in die Kastenform füllen, etwa eine halbe Stunde ruhen lassen und anschließend im vorgeheizten Backofen bei 160° C zirka 35 bis 40 Minuten backen.

Anrichten

10. Den Rumkuchen nach dem Backen leicht auskühlen lassen und dann vorsichtig aus der Form stürzen. Den Kuchen nach Wunsch mit Puderzucker bestäuben.

Degustationsnotiz

Den Rum nimmt man schon wahr, bevor der Kuchen gegessen wird. Bei der Verkostung entwickelt sich ein Akkord aus den Rumaromen, der Süße des Zuckers und den Sultaninen sowie der fruchtigen Frische des Zitronats. Den bleibenden Geschmack bestimmt der Rum.

Kulinarik

Der Teig muss vor dem Backen zirka 30 Minuten in der Kastenform ruhen, damit die Rosinen und das Zitronat sich nicht am Boden absetzen.

Rum gibt es in einer sehr großen Vielzahl und in unterschiedlichen Qualitäten. Es lohnt sich einen guten Rum zu verwenden, da sein Aroma den Geschmack des Kuchens bestimmt. Qualitätsvoller Rum besitzt Röst- und Gewürznoten sowie Noten von tropischen Früchten, Kakao und Tabak.

Zitronat besteht aus den kandierten Schalen von Zitronatzitronen, denen mit Zuckersirup Wasser und Bitterstoffe entzogen wurden. Biologisch hergestellte Produkte besitzen eine ausgewogene Balance zwischen Säure und Süße.

Sultaninen werden aus weißen Sultana-Trauben gewonnen. Die Qualität von Sultaninen ist desto höher, je größer und heller sie sind, es sei denn sie sind durch Schwefel gebleicht. Bio-Rosinen werden mit Pottasche getrocknet.

Königskuchen

VORLAGE: KÖNIGS-KUCHEN (LEHMANN), IN: PÖTZSCH, HERRSCHAFTSKÜCHE, S. 233

Saison: Das ganze Jahr

FÜR 12 KUCHENSTÜCKE
250 g Butter
270 g Mehl
10 Bio-Eier (Größe M)
270 g Zucker
100 ml braunen Rum
(40 % und 7 Jahre gereift)
130 g Sultaninen

Zubereitung

1. 240 Gramm Butter und das Mehl mit einer Rührmaschine aufschlagen, bis die Masse cremig und hell wird.
2. Das Eigelb und das Eiweiß der zehn Eier trennen und in jeweils eine Schüssel geben.
3. Das Eigelb mit 250 Gramm Zucker aufschlagen, bis es sehr luftig ist.
4. Separat das Eiweiß zunächst nur luftig aufschlagen. Dann den restlichen Zucker zugeben und beides gemeinsam zu Eischnee schlagen.
5. Das Eigelb und den Eischnee vorsichtig unter die Mehl-Butter-Masse heben.
6. Den Rum und die Sultaninen hinzugeben und alles vorsichtig vermengen.
7. Eine Kastenform von 30 Zentimetern Länge sowie zehn Zentimetern Breite und Höhe mit den restlichen zehn Gramm Butter ausstreichen.
8. Die Kuchenmasse in die gebutterte Form geben und im vorgeheizten Backofen bei 160 °C etwa 30 Minuten backen.
9. Den Kuchen nach dem Backen leicht abkühlen lassen und erst dann aus der Form nehmen.

Anrichten

10. Den Königskuchen auf einer Kuchenplatte oder einem Teller servieren.

Degustationsnotiz

Der Teig hat eine sehr luftige Konsistenz. Man nimmt deutlich die Butternoten und die Backaromen wahr. Der Rum entfaltet in der Aromenkombination eine prägende Dominanz. Durch die Butter und die Rosinen wird er etwas aufgefangen. Die Rosinen blenden immer wieder als kleine fruchtige Stücke durch den dominanten Aromenakkord durch.

Kulinarik

Rum gibt es in einer sehr großen Vielzahl und in unterschiedlichen Qualitäten. Es lohnt sich einen guten Rum zu verwenden, da sein Aroma den Geschmack des Kuchens bestimmt.
Eier von Hühnern aus artgerechter Haltung mit biologischer Fütterung sind aromatischer als solche aus konventioneller Produktion. Denn bei Eiern ist die Qualität der Tierfütterung für den Geschmack entscheidend. Die sattgelbe Farbe des Dotters garantiert eine schöne Farbe des Kuchens.
Butter, die aus der Milch von Kühen aus regionaler biologischer Haltung hergestellt wurde, ist aromatischer. Denn bei Milch ist die Qualität der Tierfütterung für den Geschmack entscheidend.
Sultaninen werden aus weißen Sultana-Trauben gewonnen. Die Qualität von Sultaninen ist desto höher, je größer und heller sie sind, es sei denn sie sind durch Schwefel gebleicht. Bio-Rosinen werden mit Pottasche getrocknet.

Speckkuchen

VORLAGE: SPEC[K]KUCHEN (LEHMANN), IN: PÖTZSCH, HERRSCHAFTSKÜCHE, S. 233

Saison: Das ganze Jahr

Zubereitung

1. Die Butter in einem Topf erwärmen, bis sie schmilzt.
2. Das Mehl zusammen mit zehn Gramm Salz und dem Zucker in einer Schüssel vermengen.
3. Die Hefe in die warme Butter geben und auflösen.
4. Die Mehlmischung zu der Hefe hinzugeben und vermengen.
5. Zwei Eier hinzufügen und vermengen.
6. Den Teig an einem warmen Ort 30 Minuten gehen lassen.
7. In der Zwischenzeit den Speck würfeln und anschließend anbraten, bis er leicht kross ist.
8. Ein Backblech mit Backpapier auskleiden.
9. Den Hefeteig in Größe des Bleches ausrollen.
10. Den Speck auf dem Hefeteig verteilen.
11. Die restlichen neun Eier verquirlen sowie mit den restlichen zehn Gramm des Salz, dem Kümmel und mit frisch gemahlenem Pfeffer abschmecken.
12. Die gewürzte Eimasse auf den Hefeteig gießen und verstreichen.
13. Den Speckkuchen im vorgeheizten Backofen bei 170°C etwa zehn Minuten backen.

Anrichten

14. Den Speckkuchen aus dem Ofen nehmen, in zwölf bis 16 gleich große Stücke teilen und auf einem Teller servieren.

FÜR 12 BIS 16 KUCHENSTÜCKE

125 g Butter
625 g Mehl (Type 550)
20 g Salz
8 g Zucker
30 g Hefe
11 Bio-Eier (Größe M)
400 g geräucherter Speck
10 g Kümmel
1 Prise Pfeffer

Degustationsnotiz

Zuerst nimmt man den geräucherten Speck wahr. Der Kümmel begleitet die Kombination aus Backaromen, Speck und Ei angenehm. Die leichte Süße und die rauchige Note bilden zusammen mit den Röstnoten des Bodens und dem Kümmel einen sehr harmonischen Aromenakkord. Der knusprige Boden und die krossen Speckwürfel kontrastieren mit der weichen Konsistenz des Teigkörpers und der gestockten Eimasse. Den bleibenden Geschmack bestimmen der Kümmel und der geräucherte Speck.

Kulinarik

Der Teig muss während seiner Ruhephase an einem warmen Orten gelagert werden, damit er wunschgemäß aufgeht.

Für einen Hefeteig empfiehlt sich frische Hefe, weil sie aromatischer ist und das Gebäck im Ofen besser aufgehen lässt als Trockenhefe. Frische Hefe sollte nicht älter als eine Woche sein und keinen unangenehmen Geruch haben. Denn das Aroma der Hefe überträgt sich auf das Gebäck.

Eier von Hühnern aus artgerechter Haltung mit biologischer Fütterung sind aromatischer als solche aus konventioneller Produktion. Denn bei Eiern ist die Qualität der Tierfütterung für den Geschmack entscheidend. Die sattgelbe Farbe des Dotters garantiert eine schöne Farbe des Speckkuchens.

Butter, die aus der Milch von Kühen aus regionaler biologischer Haltung hergestellt wurde, ist aromatischer. Denn bei Milch ist die Qualität der Tierfütterung für den Geschmack entscheidend.

Wespennest

VORLAGE: WESPENNEST (LEHMANN), IN: PÖTZSCH, HERRSCHAFTSKÜCHE, S. 233

Saison: Das ganze Jahr

Zubereitung
1. Das Mehl mit der Hefe vermischen.
2. 90 Gramm Butter und die Eigelbe hinzugeben und unter den Teig kneten.
3. Anschließend den Teig an einem warmen Ort etwa 30 Minuten gehen lassen.
4. Den Teig auf einer leicht bemehlten Arbeitsfläche legen und auf eine Dicke von etwa einem Zentimeter ausrollen.
5. Eine Kuchenform mit Backpapier auskleiden.
6. Zehn Gramm Butter zum Schmelzen bringen und den ausgerollten Teig damit einstreichen.
7. Die Sultaninen auf die gebutterte Fläche streuen.
8. Den Teig in Streifen von vier Zentimetern Breite schneiden und zu einem Rad aufrollen.
9. Die Rollen aufrecht und aneinander geschoben in die Form setzen. Die Berührungsflächen mit Butter abstreichen.
10. Die Wespennester im vorgeheizten Backofen bei 175° C etwa 15 Minuten backen, bis sie goldgelb sind.

Anrichten
11. Zum Servieren die Gebäckstücke aus der Form nehmen, nach Wunsch mit etwas Puderzucker bestreuen und auf einer Kuchenplatte servieren.

Degustationsnotiz
Die Kruste der Wespennester ist sehr dünn und nur kurz wahrnehmbar. Dann spürt man den leichten und fluffigen Teig. Die Sultaninen und die Butter, die durch das Backen schöne Nuancen von Röstaromen bekommen haben, sind sehr intensiv und prägnant herauszuschmecken. Sie bestimmen auch den bleibenden Geschmack.

Kulinarik
Für einen Hefeteig empfiehlt sich frische Hefe, weil sie aromatischer ist und das Gebäck im Ofen besser aufgehen lässt als Trockenhefe. Frische Hefe sollte nicht älter als eine Woche sein und keinen unangenehmen Geruch haben. Denn das Aroma der Hefe überträgt sich auf das Gebäck.
Sultaninen werden aus weißen Sultana-Trauben gewonnen. Die Qualität von Sultaninen ist desto höher, je größer und heller sie sind, es sei denn sie sind durch Schwefel gebleicht. Bio-Rosinen werden mit Pottasche getrocknet.
Eier von Hühnern aus artgerechter Haltung mit biologischer Fütterung sind aromatischer als solche aus konventioneller Produktion. Denn bei Eiern ist die Qualität der Tierfütterung für den Geschmack entscheidend. Die sattgelbe Farbe des Dotters garantiert eine schöne Farbe des Gebäcks.
Butter, die aus der Milch von Kühen aus regionaler biologischer Haltung hergestellt wurde, ist aromatischer also solche aus konventionell Herstellung. Denn bei Milch ist die Qualität der Tierfütterung für den Geschmack entscheidend.

FÜR 12 STÜCK
240 g Mehl
15 g Hefe
100 g Butter
2 Eigelbe (Bio-Ei Größe M)
70 g Sultaninen

Biskuitgugelhupf

VORLAGE: BISCUIT-KUGELHOPF (LEHMANN), IN: PÖTZSCH, HERRSCHAFTSKÜCHE, S. 233 F.

Saison: Das ganze Jahr

FÜR 6 KLEINE KUCHEN VON 14 CM DURCHMESSER UND 7 CM HÖHE

16 Bio-Eier (Größe M)
16 Eigelbe (Bio-Eier Größe M)
500 g Zucker
125 g Mandeln
500 g Mehl (Type 405)
250 g Butter
25 g Puderzucker

Zubereitung

1. Eier, Eigelb und Zucker im Wasserbad auf 40-45°C erhitzen. Währenddessen mit einem Schneebesen schlagen.
2. Die Masse aus dem Wasserbad nehmen und weiter schlagen, bis sie sich auf Zimmertemperatur (23°C) abgekühlt hat.
3. Die Mandeln in kochendes Wasser geben. Nach einer Minute herausnehmen und in kaltem Wasser abschrecken.
4. Die Haut von den Mandeln abziehen und die Mandelkerne mit einem großen Messer hacken.
5. Das Mehl in eine Schüssel sieben und mit den gehackten Mandeln vermischen.
6. Die Mandel-Mehl-Mischung vorsichtig unter die Eiermasse heben.
7. 240 Gramm Butter zerlassen, auf zirka 50°C erhitzen und anschließend ebenfalls vorsichtig unter die Masse rühren.
8. Die Formen mit den restlichen zehn Gramm Butter ausstreichen und mit Kuchenkrümel ausstreuen. Danach die Masse in die Gugelhupfformen einfüllen.
9. Den Kuchen bei 200°C etwa 45 Minuten backen.
10. Um zu testen, ob der Kuchen gar ist, an der obersten Stelle mit einem Holzspieß einstechen. Bleiben Teigreste daran kleben, noch einige Minuten backen.
11. Den Biscuitgugelhupf im noch warmen Zustand aus den Formen stürzen und nach Wunsch mit Puderzucker bestreuen.

Anrichten

12. Den Kuchen abkühlen lassen, anschneiden und servieren.

Degustationsnotiz

Sofort entfaltet sich ein deutlicher Eigeschmack auf dem Gaumen. Danach kommt eine feine Butternote mit Mandelaroma hinzu. Der Teig ist locker aber von der leicht bissigen Textur der Mandeln durchsetzt.

Kulinarik

Mandeln behalten in der Schale bis zu einem Jahr ihr Aroma, ohne ranzig zu werden. Wird eine Mandel nur noch von der Haut umgeben, sollte man sie aber nicht länger als sechs und ohne Haut nur vier Monate aufbewahren. Weiterverarbeitete Mandeln bleiben nur wenige Wochen frisch.

Eier von Hühnern aus artgerechter Haltung mit biologischer Fütterung sind aromatischer als solche aus konventioneller Produktion. Denn bei Eiern ist die Qualität der Tierfütterung für den Geschmack entscheidend. Die sattgelbe Farbe des Dotters garantiert eine schöne Farbe des Gebäcks.

Schokocremeköpfe

VORLAGE: MOHRENKÖPFE (LEHMANN), IN: PÖTZSCH, HERRSCHAFTSKÜCHE, S. 234

Saison: Das ganze Jahr

FÜR 15 BIS 18 STÜCK

5 Eigelbe (Bio-Eier Größe M)
125 g Zucker
7 Eiweiß (Bio-Eier Größe M)
125 g Mehl (Type 405)
700 g Schokoladenglasur
(Siehe S. 429)
½ Vanilleschote (Bourbon)
500 ml Sahne (30 % Fett)

Zubereitung

1. Das Eigelb mit 25 Gramm Zuckers in einer Schüssel schaumig schlagen
2. In einer zweiten Schüssel das Eiweiß mit 50 Gramm Zucker schaumig schlagen, sodass das Eiweiß nicht ganz steif aufgeschlagen, sondern noch leicht cremig ist.
3. Ein Drittel der aufgeschlagenen Eiweißmasse in das schaumig geschlagene Eigelb geben und vorsichtig unterheben.
4. Das Mehl dazugeben und ebenfalls vorsichtig unterheben.
5. Das restliche Eiweiß auch vorsichtig unter die Masse heben.
6. Ein Backblech mit Backpapier auslegen, oder ein Spezialblech mit halbkugelförmigen Ausbuchtungen von fünf bis sieben Zentimetern Durchmesser nutzen.
7. Die Masse in einen Spritzbeutel mit besonders großer Lochtülle füllen und Kugeln von zirka fünf Zentimetern Durchmesser auf das Backblech auftragen beziehungsweise in die Ausbuchtungen füllen.
8. Die Teiglinge bei 180 bis 190°C Oberhitze zirka 15 Minuten backen.
9. Die Gebäckstücke erkalten lassen. Anschließend mit einem Löffel vorsichtig die Unterseite flach drücken, damit sie nicht rollen. Die Kugeln halbieren und die beiden Hälften aushöhlen.
10. Die Schokoladenglasur zubereiten und anschließend abkühlen lassen, bis sich eine feine Haut auf der Oberfläche gebildet hat. Dann die Hälfte der Teigschalen (den Oberteile oder Deckel) auf der Außenseite mit der bereits halbfesten Glasur überziehen.
11. Die halbe Vanilleschote längs halbieren und das Mark mit einem Messerrücken herauskratzen.
12. Die Sahne mit den restlichen 50 Gramm Zucker und dem Vanillemark vermischen und aufschlagen.
13. Die aromatisierte Sahne in einen Spritzbeutel füllen und die unteren Hälften der Teigschalen so mit Sahne füllen, dass sich die Deckel später gut aufsetzen lassen.
14. Sobald der Schokoladenüberzug der Deckel erkaltet ist, die Oberteile vorsichtig auf die Unterteile aufsetzen.

Anrichten

15. Die Schokocremeköpfe auf einem Teller anrichten und servieren.

Degustationsnotiz

Wenn die Schokocremeköpfe gleich nach dem Auskühlen des Gebäcks gefüllt werden, haben sie zwei Temperaturen. Zuerst nimmt man die süße Schokoladenglasur wahr, anschließend den Biskuitteig und dann erst die kalte sahnige Füllung.

Kulinarik

Sahne, die aus Milch von biologisch gehaltenen Kühen hergestellt wird, ist aromatischer, weil die Fütterung der Tiere für den Geschmack ihrer Milch entscheidend ist. Wie eine Schokoladenglasur schmeckt, hängt im Wesentlichen von der Qualität der Kakaobohnen ab. Da diese kein dominantes Schlüsselaroma besitzen, sondern sich ihr Duft aus vielen Komponenten zusammensetzt, variiert ihr Geschmack in Nuancen von holzig-nussigen bis zu blumig-warmen und honigartigen Noten. Das Aroma von Schokoladenglasur wird nicht nur durch die unterschiedlichen Bittertöne der verschiedenen Kakaobohnensorten und deren Wachstums-, Ernte- sowie Verarbeitungsbedingungen, sondern vor allem auch durch den Röstprozess bestimmt, der weitere erdig-würzige Aromen freisetzt.

Eier von Hühnern aus artgerechter Haltung mit biologischer Fütterung sind aromatischer als solche aus konventioneller Produktion. Denn bei Eiern ist die Qualität der Tierfütterung für den Geschmack entscheidend.

Baba mit Hefe

VORLAGE: BABA ODER NAPFKUCHEN (LEHMANN), IN: PÖTZSCH, HERRSCHAFTSKÜCHE, S. 234

Saison: Das ganze Jahr

FÜR 2 KUCHENFORMEN VON 14 CM DURCHMESSER UND 7 CM HÖHE
30 ml Wasser
15 g Hefe
250 g Mehl (Type 405)
1 Bio-Zitone
350 g Butter
4 Eigelbe (Bio-Eier Größe M)
150 ml Milch
2 g Salz
200 g Zucker
75 g Sultaninen

Zubereitung
1. Das Wasser auf 30°C temperieren.
2. Die Hefe im Wasser auflösen und mit 40 Gramm des Mehls zu einem Hefestück verkneten.
3. Das Hefestück mit dem restlichen Mehl abdecken und 45 Minuten ruhen lassen
4. Währenddessen die Zitrone waschen und mit einem Zestenreißer 30 Gramm ihrer gelben Schale abschaben.
5. 200 Gramm Butter, das Eigelb, die Milch, das Salz, 150 Gramm Zucker, die Sultaninen und die Zitronenschale mit dem Hefestück und dem Mehl in eine Schüssel geben. Anschließend gut durchrühren.
6. Den weichen Teig 30 Minuten gehen lassen.
7. Zwei kleine Napfkuchenformen mit 50 Gramm Butter ausstreichen und mit Kuchenkrümel ausstreuen.
8. Den Teig auf die Napfkuchenformen aufteilen und erneut 30 Minuten gehen lassen.
9. Die Kuchen zunächst 20 Minuten bei 200°C backen. Dann die Temperatur auf 180°C reduzieren und weitere 25 Minuten backen.
10. Um zu testen, ob der Kuchen gar ist, an der obersten Stelle mit einem Holzspieß einstechen. Bleiben Teigreste daran kleben, noch einige Minuten backen.
11. Die Kuchen nach dem Backen im warmen Zustand aus der Form stürzen und auf einem Kuchenrost abkühlen lassen.
12. Inzwischen die restlichen 100 Gramm Butter in einem Topf auf dem Herd langsam flüssig werden lassen, ohne dass sie braun wird.
13. Die Kuchen mit der flüssigen Butter bestreichen und mit den restlichen 50 Gramm Zucker bestreuen.

Anrichten
14. Die Kuchen auf einem Teller anrichten und servieren.

Degustationsnotiz

Der saftige, weiche und lockere Kuchen hat nur eine geringe und angenehme Süße, die vom Aroma der Rosinen und Eier durchdrungen wird. Die Zitronenschale entfaltet nur eine dezente Nuance.

Kulinarik

Für einen Hefeteig empfiehlt sich frische Hefe, weil sie aromatischer ist und das Gebäck im Ofen besser aufgehen lässt als Trockenhefe. Frische Hefe sollte nicht älter als eine Woche sein und keinen unangenehmen Geruch haben. Denn das Aroma der Hefe überträgt sich auf das Gebäck.

Eier von Hühnern aus artgerechter Haltung mit biologischer Fütterung sind aromatischer als solche aus konventioneller Produktion. Denn bei Eiern ist die Qualität der Tierfütterung für den Geschmack entscheidend. Die sattgelbe Farbe des Dotters garantiert eine schöne Farbe des Kuchens.

Milch von biologisch gehaltenen Kühen ist aromatischer, weil die Fütterung der Tiere für den Geschmack ihrer Milch entscheidend ist.

Sultaninen werden aus weißen Sultana-Trauben gewonnen, sind wesentlich größer als Korinthen und hellgelb. Smyrna-Sultaninen aus der Türkei haben einen delikaten Muskatton und sind nicht sehr süß. Die Qualität von Sultaninen ist desto höher, je größer und heller sie sind, es sei denn sie sind durch Schwefel gebleicht. Bio-Rosinen werden mit Pottasche getrocknet.

Rosinenschnecken

VORLAGE: SCHNECKEN (LEHMANN), IN: PÖTZSCH, HERRSCHAFTSKÜCHE, S. 234 F.

Saison: Das ganze Jahr

FÜR 15 STÜCK
285 g Butter
40 ml Wasser
20 g Hefe
250 g Mehl (Type 405)
2 Eigelbe (Bio-Eier Größe M)
90 ml Milch
3 g Salz
70 g Zucker
100 g Sultaninen

Zubereitung

1. 160 Gramm Butter zwischen zwei Bögen Backpapier zu einem Quadrat von zirka 20 mal 20 Zentimetern ausrollen.
2. Das ausgerollte Quadrat in den Frost legen, bis sich die Butterplatte auf 15 bis 20°C abgekühlt hat.
3. Inzwischen das Wasser auf 30°C temperieren.
4. Die Hefe im Wasser auflösen und mit 55 Gramm des Mehls zu einem Hefestück verkneten.
5. Das Hefestück mit dem restlichen Mehl abdecken und 45 Minuten ruhen lassen.
6. Das Hefestück und das Mehl mit dem Eigelb, der Milch, dem Salz, 20 Gramm Zucker und 20 Gramm Butter zu einem Teig verkneten, bis er eine glatte Oberfläche aufweist.
7. Den Teig sofort auf 30 mal 30 Zentimeter ausrollen und die Butterplatte darin einschlagen.
8. Anschließend den Teig so falten, dass er dreifach übereinander liegt. Dazu zunächst ein Drittel auf das mittlere Drittel legen und dann das dritte Drittel darüber schlagen.
9. Den Teig auf das Format ausrollen, das er vor dem Falten hatte und in den Kühlschrank legen, bis er sich auf 15 bis 20°C abgekühlt hat.
10. Den Teig um 90° drehen, damit die Außenteigseiten nach innen kommen, und erneut touren, d.h. den Teig zu je einem Drittel übereinander falten und wie zuvor ausrollen. Anschließend auf 15 bis 20°C abkühlen.

11. Erneut den Teig um 90° drehen, zum dritten Mal falten und ausrollen, sodass man 27 Schichten (3 mal 3 mal 3 = 27) erreicht. Noch einmal auf 15 bis 20°C abkühlen.
12. Den tourierten Teig zu einem Quadrat von 30 mal 30 Zentimetern ausrollen.
13. 75 Gramm der Butter in einem Topf auf dem Herd langsam flüssig werden lassen. Die obere Seite des Quadrats mit der flüssigen Butter bestreichen und mit den Sultaninen bestreuen.
14. Den bestreuten Teig zu einer Rolle aufwickeln und von dieser zwei Zentimeter breite Scheiben schneiden, sodass sich schneckenartige Voluten ergeben.
15. Ein Backblech mit Backpapier auslegen.
16. Darauf die Schnecken legen und 45 bis 60 Minuten ruhen lassen.
17. Die Schnecken bei 230°C zirka zwölf Minuten backen.
18. Inzwischen die restlichen 30 Gramm der Butter in einem Topf auf dem Herd langsam flüssig werden lassen, ohne dass sie braun wird.
19. Die noch warmen Rosinenschnecken mit der flüssigen Butter bestreichen und mit den restlichen 50 Gramm des Zuckers bestreuen.

Anrichten

20. Die Rosinenschnecken auf einer Platte anrichten und servieren.

Degustationsnotiz

Die Schnecken haben eine knackig, knusprig Kruste und eine luftige, weiche und blättrige Krume. Das Aroma bestimmt eine buttrige Süße, die mit Rosinen durchsetzt ist.

Kulinarik

Der Kuchen wird aus Plunderteig gefertigt, der durch Wasserdampf und Hefe gelockert wird.
Es empfiehlt sich, frische Hefe zu verwenden, weil sie aromatischer ist und das Gebäck im Ofen besser aufgehen lässt als Trockenhefe. Frische Hefe sollte nicht älter als eine Woche sein und keinen unangenehmen Geruch haben. Denn das Aroma der Hefe überträgt sich auf das Gebäck.
Eier von Hühnern aus artgerechter Haltung mit biologischer Fütterung sind aromatischer als solche aus konventioneller Produktion. Denn bei Eiern ist die Qualität der Tierfütterung für den Geschmack entscheidend. Die sattgelbe Farbe des Dotters garantiert eine schöne Farbe des Gebäcks.
Milch von biologisch gehaltenen Kühen ist aromatischer, weil die Fütterung der Tiere für den Geschmack ihrer Milch entscheidend ist.
Sultaninen werden aus weißen Sultana-Trauben gewonnen, sind wesentlich größer als Korinthen und hellgelb. Smyrna-Sultaninen aus der Türkei haben einen delikaten Muskatton und sind nicht sehr süß. Die Qualität von Sultaninen ist desto höher, je größer und heller sie sind, es sei denn sie sind durch Schwefel gebleicht. Bio-Rosinen werden mit Pottasche getrocknet.

Schecke

VORLAGE: SCHECKEN. (PRINZESS LUISA), IN: PÖTZSCH, HERRSCHAFTSKÜCHE, S. 235

Saison: Das ganze Jahr

FÜR 12 STÜCK
50 g Butter
20 g Hefe
260 g Mehl (Type 405)
50 g Zucker
4 Eigelbe (Bio-Ei Größe M)

Zubereitung

1. 40 Gramm der Butter auf zirka 42°C erhitzen und zum Schmelzen bringen.
2. Die Hefe zerbröseln, zu der Butter hinzugeben und mit 80 Gramm Mehl vermengen.
3. Den Teig an einem warmen Ort etwa 30 Minuten gehen lassen.
4. Das restliche Mehl, den Zucker und die Eigelbe zum Vorteig geben und zu einem kompakten Teig kneten.
5. Nach dem Kneten den Teig nochmals 30 Minuten gehen lassen.
6. Danach den Teig auf einer leicht bemehlten Arbeitsfläche zirka einen halben Zentimeter dick ausrollen.
7. Ein Blech mit der restlichen Butter ausstreichen.
8. Den Teig auf ein Backblech legen und im vorgeheizten Backofen bei 170°C etwa zwölf bis 15 Minuten backen, bis die Schecke goldgelb ist.

Anrichten

9. Nach dem Backen die Schecke in rechteckige Stücke schneiden und auf einem Teller servieren.

Degustationsnotiz

Die frische Hefe und die Butter entfalten durch das Backen ihr volles Aroma. Die Schecke eignet sich als Unterlage für Obstkuchen.

Kulinarik

Für einen Hefeteig empfiehlt sich frische Hefe, weil sie aromatischer ist und das Gebäck im Ofen besser aufgehen lässt als Trockenhefe. Frische Hefe sollte nicht älter als eine Woche sein und keinen unangenehmen Geruch haben. Denn das Aroma der Hefe überträgt sich auf das Gebäck.
Eier von Hühnern aus artgerechter Haltung mit biologischer Fütterung sind aromatischer als solche aus konventioneller Produktion. Denn bei Eiern ist die Qualität der Tierfütterung für den Geschmack entscheidend. Die sattgelbe Farbe des Dotters garantiert eine schöne Farbe des Gebäcks.
Butter, die aus der Milch von Kühen aus regionaler biologischer Haltung hergestellt wurde, ist aromatischer. Denn bei Milch ist die Qualität der Tierfütterung für den Geschmack entscheidend.

Milchbrot

VORLAGE: MILCHBROD (LEHMANN), IN: PÖTZSCH, HERRSCHAFTSKÜCHE, S. 235

Saison: Das ganze Jahr

Zubereitung
1. Die Butter in einem kleinen Topf auf dem Herd zum Schmelzen bringen.
2. Die frische Hefe in die warme Butter geben und mit einem Schneebesen verrühren.
3. Den Ansatz etwa 30 Minuten an einem warmen Ort gehen lassen, bis er leicht Blasen wirft.
4. Das Mehl durch ein Sieb geben, damit sich im Teig keine Klumpen bilden.
5. Danach den Hefeansatz zugeben und unterrühren.
6. Anschließend zwei Eigelbe und die Sultaninen hinzugeben und alles zu einem Teig verkneten.
7. Den Teig an einem warmen Ort 30 Minuten gehen lassen.
8. In der Zwischenzeit ein Blech mit Backpapier auskleiden.
9. Den Teig auf eine leicht bemehlte Arbeitsfläche geben und erneut gut durchkneten.
10. Anschließend den Teig in drei gleich große Teile teilen.
11. Alle drei Teige zu einer 20 bis 25 Zentimeter langen Teigrolle formen.
12. Diese drei Stränge zu einem Zopf flechten.
13. Den Zopf auf das Blech legen und nochmals 30 Minuten ruhen lassen.
14. Die Eigelbe mit einem kleinen Spritzer Milch oder Wasser verrühren.
15. Mit dieser Mischung den Zopf vorsichtig einpinseln.
16. Anschließend das zum Zopf geformte Milchbrot im vorgeheizten Backofen bei 160° C etwa 25 bis 30 Minuten backen.
17. Nach dem Backen den Zopf etwas auskühlen lassen.

Anrichten
18. Das Milchbrot in Scheiben schneiden und in einem Brotkorb servieren.

FÜR EINEN ZOPF
80 g Butter
30 g Hefe
240 g Mehl
4 Eigelb (Bio-Ei Größe M)
50 g Sultaninen

Degustationsnotiz
Der Teig hat eine sehr luftige Konsistenz. Butternoten und Backaromen entfalten sich. Die Sultaninen blenden immer wieder als kleine fruchtige Stücke durch den dominanten Aromenakkord durch.

Kulinarik
Für einen Hefeteig empfiehlt sich frische Hefe, weil sie aromatischer ist und das Gebäck im Ofen besser aufgehen lässt als Trockenhefe. Frische Hefe sollte nicht älter als eine Woche sein und keinen unangenehmen Geruch haben. Denn das Aroma der Hefe überträgt sich auf das Gebäck.
Eier von Hühnern aus artgerechter Haltung mit biologischer Fütterung sind aromatischer als solche aus konventioneller Produktion. Denn bei Eiern ist die Qualität der Tierfütterung für den Geschmack entscheidend. Die sattgelbe Farbe des Dotters garantiert eine schöne Farbe des Milchbrots.
Butter, die aus der Milch von Kühen aus regionaler biologischer Haltung hergestellt wurde, ist aromatischer. Denn bei Milch ist die Qualität der Tierfütterung für den Geschmack entscheidend.
Sultaninen werden aus weißen Sultana-Trauben gewonnen. Die Qualität von Sultaninen ist desto höher, je größer und heller sie sind, es sei denn sie sind durch Schwefel gebleicht. Bio-Rosinen werden mit Pottasche getrocknet.

Schwarzenberger Brezeln

VORLAGE: SCHWARZENBERGER BRETZELN (LEHMANN), IN: PÖTZSCH, HERRSCHAFTS-
KÜCHE, S. 235

Saison: Das ganze Jahr

Zubereitung
1. Die Butter und die Sahne zusammen in einen Topf geben und auf etwa 42 °C erhitzen.
2. Das Mehl, das Salz und den Zucker in eine Schüssel geben und vermengen.
3. Die Mehl-Salz-Zucker-Mischung zusammen mit zwei der drei Eigelbe verkneten.
4. Den Teig etwa eine Stunde bei Zimmertemperatur ruhen lassen.
5. Anschließend den Teig in etwa 20 gleich große Teile schneiden.
6. Die einzelnen Teigstücke auf einer leicht bemehlten Arbeitsfläche zu dünnen Strängen ausrollen.
7. Aus jedem Teigstrang eine Brezel formen und die Enden etwas andrücken.
8. Ein Blech mit Backpapier auskleiden.
9. Die Brezeln mit etwas Abstand auf das Backblech legen und mit dem dritten Eigelb bestreichen.
10. Eine Hälfte der Brezeln mit Kümmel und die andere Hälfte mit dem Meersalz bestreuen.
11. Die Brezeln im vorgeheizten Backofen bei 180 °C etwa 20 Minuten backen, bis sie goldgelb sind.

Anrichten
12. Die Brezeln in einem Brotkorb servieren.

Degustationsnotiz
Als Erstes nimmt man das Meersalz beziehungsweise den Kümmel wahr. Die Butternoten und die Backaromen runden den Geschmack ab und nehmen dem Meersalz beziehungsweise dem Kümmel die anfängliche Intensivität. Den bleibenden Geschmack bestimmen Kümmel beziehungsweise Meersalz.

Kulinarik
Der Teig muss während seiner Ruhephase an einem warmen Orten gelagert werden, damit er wunschgemäß aufgeht.
Grobkörniges Meersalz enthält Mineralien und Spurenelemente, die modulierend auf den Geschmack einwirken.
Eier von Hühnern aus artgerechter Haltung mit biologischer Fütterung sind aromatischer als solche aus konventioneller Produktion. Denn bei Eiern ist die Qualität der Tierfütterung für den Geschmack entscheidend. Die sattgelbe Farbe des Dotters garantiert eine schöne Farbe der Brezeln.
Butter, die aus der Milch von Kühen aus regionaler biologischer Haltung hergestellt wurde, ist aromatischer. Denn bei Milch ist die Qualität der Tierfütterung für den Geschmack entscheidend.

FÜR 8 STÜCK
180 g Butter
50 ml Sahne (30 % Fett)
250 g Mehl (Type 405)
1 Prise Salz
1 Prise Zucker
3 Eigelbe (Bio-Ei Größe M)
3 g Kümmel (ganz)
5 g grobes Meersalz

Diplomatenstängel

VORLAGE: DIPLOMATENSTÄNGEL (LEHM(ANN)), IN: PÖTZSCH, HERRSCHAFTSKÜCHE, S. 236

Saison: Das ganze Jahr

FÜR 15 BIS 20 STÜCK
70 ml Milch
15 g Hefe
240 g Mehl (Type 405)
120 g Butter
1 Eigelb (Bio-Ei Größe M)
100 g grobes Meersalz
80 g Kümmel (ganz)

Zubereitung

1. Die Milch in einen Topf geben und auf zirka 42 °C erhitzen.
2. Die frische Hefe zerbröseln und in die warme Milch geben.
3. Die Milch-Hefe-Mischung an einem warmen Ort stehen lassen, bis sich ein leichter Schaum bildet.
4. In der Zwischenzeit das Mehl durch ein Sieb geben, damit sich im Teig keine Klumpen bilden.
5. Anschließend das Mehl zu der Hefemischung geben und einarbeiten.
6. Die leicht temperierte Butter ebenfalls so lange in den Teig einarbeiten, bis eine homogene Masse entsteht.
7. Dann den Teig 30 Minuten bei Zimmertemperatur ruhen lassen, damit er aufgehen kann.
8. Anschließend eine Arbeitsfläche leicht bemehlen und den Teig mit einem Nudelholz auf etwa einen halben Zentimeter Dicke ausrollen.
9. Den Teig in etwa zwei Zentimeter breite Streifen schneiden.
10. Jeweils zwei Streifen nebeneinander legen und eindrehen.
11. Das Eigelb mit einem kleinen Spritzer Wasser verdünnen und die Stängel damit leicht einpinseln.
12. Die eine Hälfte der Stängel mit grobem Salz und die andere Hälfte mit Kümmel bestreuen.
13. Ein Blech mit Backpapier auskleiden und die Stängel darauf legen.
14. Die Diplomatenstängel im vorgeheizten Backofen bei 160 °C etwa 15 bis 18 Minuten backen.
15. Nach dem Backen leicht erkalten lassen.

Anrichten

16. Die Diplomatenstängel in einen kleinen Brotkorb legen oder auf einem Teller servieren.

Degustationsnotiz
Als Erstes nimmt man das Meersalz beziehungsweise den Kümmel wahr. Beides dominiert jeweils das Gebäck. Die Butternoten und die Backaromen runden den Geschmack ab und nehmen dem Meersalz beziehungsweise dem Kümmel die anfängliche Intensität. Den bleibenden Geschmack bestimmen Meersalz beziehungsweise Kümmel.

Kulinarik
Für einen Hefeteig empfiehlt sich frische Hefe, weil sie aromatischer ist und das Gebäck im Ofen besser aufgehen lässt als Trockenhefe. Frische Hefe sollte nicht älter als eine Woche sein und keinen unangenehmen Geruch haben. Denn das Aroma der Hefe überträgt sich auf das Gebäck.
Grobkörniges Meersalz enthält Mineralien und Spurenelemente, die modulierend auf den Geschmack einwirken.
Eier von Hühnern aus artgerechter Haltung mit biologischer Fütterung sind aromatischer als solche aus konventioneller Produktion. Denn bei Eiern ist die Qualität der Tierfütterung für den Geschmack entscheidend. Die sattgelbe Farbe des Dotters garantiert eine schöne Farbe des Gebäcks.
Butter, die aus der Milch von Kühen aus regionaler biologischer Haltung hergestellt wurde, ist aromatischer. Denn bei Milch ist die Qualität der Tierfütterung für den Geschmack entscheidend.

Karlsbader Brezeln

VORLAGE: KARLSBADER BRETZELN (LEHMANN), IN: PÖTZSCH, HERRSCHAFTSKÜCHE, S. 236

Saison: Das ganze Jahr

FÜR 10 BREZELN
300 g Butter
100 ml Milch (3,5 % Fett)
450 g Mehl (Type 405)
1 Prise Salz
1 Prise Zucker
60 g Hefe
1 Eigelb (Bio-Ei Größe M)

Zubereitung
1. Die Butter mit der Milch erwärmen, bis die Butter flüssig wird.
2. Dann das Mehl in eine Schüssel geben und das Salz und den Zucker unterrühren.
3. Die Hefe in der warmen Butter-Milch-Mischung auflösen.
4. Alles zusammen unter das Mehl geben und zu einem Teig durcharbeiten.
5. Eine halbe Stunde im Kühlschrank ruhen lassen.
6. Den Teig mit einem Teigschaber in zehn Stücke teilen.
7. Die einzelnen Stücke mit beiden Händen dünn ausrollen. Dabei den Teig immer nach außen ziehen, sodass die Enden immer dünner werden.
8. Dann Brezeln formen und die übereinander geschlagenen Enden andrücken.
9. Ein Backblech mit Backpapier auslegen.
10. Die Brezeln auf ein Backblech legen und 20 bis 30 Minuten ruhen lassen.
11. Anschließend mit Eigelb bepinseln und im vorgeheizten Backofen bei 180° C je nach Stärke der Brezeln etwa 18 bis 20 Minuten backen.

Anrichten
12. Die Karlsbader Brezeln herausnehmen und in einer Serviette servieren.

Degustationsnotiz
Leichte Röstaromen der Backkruste machen sich bemerkbar. Deutlich spürt man aber auch den Butterton. Die Butter bestimmt den bleibenden Geschmack.

Kulinarik
Für einen Hefeteig empfiehlt sich frische Hefe, weil sie aromatischer ist und das Gebäck im Ofen besser aufgehen lässt als Trockenhefe. Frische Hefe sollte nicht älter als eine Woche sein und keinen unangenehmen Geruch haben, denn das Aroma der Hefe überträgt sich auf das Gebäck.
Der Teig muss während seiner Ruhephase an einem warmen Orten gelagert werden, damit er wunschgemäß aufgeht.

Süße Brezeln

VORLAGE: BRETZELN SÜSS (LEHMANN), IN: PÖTZSCH, HERRSCHAFTSKÜCHE, S. 236

Saison: Das ganze Jahr

FÜR 15 BIS 20 STÜCK
125 g Mehl (Type 405)
15 g Zucker
2 g Salz
125 g Butter
3 Eigelbe (Bio-Eier Größe M)
50 g grober Zucker

Zubereitung

1. Das Mehl auf die Arbeitsfläche sieben. Den Zucker und das Salz dazugeben.
2. In der Mitte eine Mulde drücken und die Butter in groben Stücken von zwei mal zwei Zentimetern Größe in das Mehl geben.
3. Anschließend die Eigelbe hinzufügen.
4. Mit einer Essgabel alles vermengen.
5. Das Mehl immer wieder mit einem Teigschaber vom Rand über die Zutaten zur Mitte schieben.
6. Mit einem großen glatten Messer den Teig immer wieder durchhacken, bis er krümelig wird.
7. Erst jetzt den Teig mit den Händen über die Handballen schnell kneten.
8. Daraufhin den Mürbeteig bei 6° C zwei bis drei Stunden ruhen lassen, damit der Kleber des Mehls reagieren kann.
9. Den Teig nochmals durchkneten.
10. Zirka 20 Gramm große Stücke des Teigs abwiegen, zu Strängen ausrollen und zu kleinen Brezeln formen.
11. Den groben Zucker auf einem Teller verteilen und die Brezeln hineindrücken.
12. Ein Backblech mit Backpapier auslegen.
13. Die Brezeln auf das Backblech legen und bei 200° C zirka zwölf bis 15 Minuten backen.

Anrichten

14. Die Süßen Brezeln auf einer Platte anrichten und servieren.

Degustationsnotiz

Die mürben Brezeln sind weich, locker und fast blättrig. Trotzdem macht sie der grobe Zucker leicht knackig. Der Teig ist wenig süß und vom Eiaroma bestimmt.

Kulinarik

Der Mürbeteig muss bei einer Temperatur von 6°C ruhen, da er sonst brandig wird. Zu warmes Fett verbindet sich durch zu langes Kneten mit den Händen und nicht mit dem Mehl. In diesem Zustand lässt sich der Mürbeteig schlecht ausrollen und reißt schnell. Außerdem wird Gebäck aus falsch gekneteten Mürbeteig hart statt mürbe.
Eier von Hühnern aus artgerechter Haltung mit biologischer Fütterung sind aromatischer als solche aus konventioneller Produktion. Denn bei Eiern ist die Qualität der Tierfütterung für den Geschmack entscheidend. Die sattgelbe Farbe des Dotters garantiert eine schöne Farbe der Brezeln.

Madeleines mit Cognac

VORLAGE: MADELAINES. (LEHMANN.), IN: PÖTZSCH, HERRSCHAFTSKÜCHE, S. 237

Saison: Das ganze Jahr

Zubereitung

1. Die Dotter vom Eiweiß der vier Eier trennen.
2. Das Eiweiß aufschlagen und währenddessen nach und nach den Zucker zugeben.
3. Nebenbei die Butter bei etwa 42°C in einem Topf schmelzen und anschließend abkühlen lassen.
4. Das Eigelb mit der abgekühlten Butter aufschlagen.
5. Danach vorsichtig die Eigelb-Butter-Mischung unter das Eiweiß heben.
6. Das Mehl durch ein Sieb geben, damit sich später keine Klumpen bilden.
7. Das Mehl vorsichtig unter die Eimasse heben.

FÜR 60 KLEINE MADELEINES
4 Bio-Eier (Größe M)
120 g Zucker
120 g Butter
120 g Mehl
100 ml Cognac

8. Zuletzt den Cognac hinzugeben.
9. Die Masse in Madeleines-Förmchen gießen und im vorgeheizten Backofen bei 160° C etwa zwölf bis 15 Minuten backen, bis sie goldgelb ist.
10. Danach erkalten lassen und aus den Förmchen nehmen.

Anrichten
11. Zum Servieren die Madeleines auf eine Etagere oder einen kleinen Kuchenteller legen.

Degustationsnotiz
Die Madeleines sind sehr luftig und besitzen eine zarte Konsistenz. Sie schmecken am besten, wenn man sie frisch und noch leicht erwärmt genießt. Den Duft des Cognacs nimmt man schon vor der Verkostung wahr. Beim Verzehr vereinigen sich die fruchtigen Cognac- mit den Butternoten und einem leichten Röstaroma. Den bleibenden Geschmack bestimmen der Cognac und die Butter.

Kulinarik
Die Madeleines werden anders als heute zumeist üblich ohne Backpulver hergestellt und vermeiden so den Beigeschmack von Natron.
Es lohnt sich, einen viereinhalbjährigen (V.S.O.P) oder einen sechseinhalbjährigen (Napoléon, X.O.) Cognac zu nehmen, weil ihre komplexeren Aromen die Madeleines verfeinern. Die ganz alten Spitzenprodukte des Cognacs empfehlen sich aber nicht, weil ihre feinen Nuancen im Gebäck nicht zur Geltung kommen.
Eier von Hühnern aus artgerechter Haltung mit biologischer Fütterung sind aromatischer als solche aus konventioneller Produktion. Denn bei Eiern ist die Qualität der Tierfütterung für den Geschmack entscheidend. Die sattgelbe Farbe des Dotters garantiert eine schöne Farbe der Madeleines.
Butter, die aus der Milch von Kühen aus regionaler biologischer Haltung hergestellt wurde, ist aromatischer. Denn bei Milch ist die Qualität der Tierfütterung für den Geschmack entscheidend.

Genueser Gebäck

VORLAGE: GENUESER GEBÄCK (LEHMANN.), IN: PÖTZSCH, HERRSCHAFTSKÜCHE, S. 237

Saison: Kirschen von Juli bis August

FÜR 40 STÜCK
8 Bio Eier (Größe M)
240 g Zucker
250 g Butter
240 g Mehl
1 Bio-Zitrone
80 g Puderzucker
40 Süßkirschen
40 Blatt Angelika

Zubereitung
1. Die Eier in einer Metallschüssel etwas aufschlagen.
2. In einem Topf, der so groß ist, dass die Metallschüssel ein wenig hineinpasst, Wasser zum Sieden (90° C) bringen.
3. Anschließend die Metallschüssel ins Wasserbad setzen, die Eier mit dem Zucker versetzen und etwa zehn Minuten aufschlagen, bis die Masse sehr cremig ist.
4. Eine Schale, in die die Metallschüssel hineingesetzt werden kann, mit etwas Eis und kaltem Wasser füllen.
5. Die warm geschlagene Masse in der Schale mit Eiswasser kalt schlagen.
6. Danach in einem kleinen Topf ganz langsam 240 Gramm Butter zerlassen.
7. Das Mehl sieben. Anschließend vorsichtig Mehl und die zerlassene Butter in die geschlagene Eimasse geben und vorsichtig unterheben.
8. Einen rechteckigen Backrahmen mit einer Grundfläche von 18 mal 30 Zentimetern auf ein Blech setzen und mit den restlichen zehn Gramm Butter ausstreichen.
9. Die Masse hineingeben, so dass sie zirka zwei Zentimeter dick ist.
10. Den Kuchen im vorgeheizten Backofen bei 170° C etwa 15 Minuten backen.
11. In der Zwischenzeit eine Zitrone auspressen und den Saft mit dem Puderzucker vermischen.
12. Den Kuchen nach dem Backen leicht abkühlen lassen und anschließend mit der Zitronenglasur überziehen.

13. Den Rahmen entfernen und mit einem Ausstecher 40 Halbmonde ausstechen.

Anrichten
14. Zum Servieren auf jeden Halbmond eine entsteinte Kirsche und ein Blatt Angelika legen.

Degustationsnotiz
Das Genueser Gebäck duftet nach süßen Kirschen. Die Zuckerglasur unterstützt mit ihrer Zitrusnote die Süße der Kirschen, die dem lockeren Teig das dominante Aroma verleihen. Der Zucker und die Kirschen bestimmen den bleibenden Geschmack.

Kulinarik
Getrocknete Angelika kann in Apotheken erworben werden. Man sollte die wild wachsende Pflanze nicht selbst sammeln, weil sie leicht mit dem sehr giftigen Wasserschierling verwechselt werden kann.
Das Aroma von reifen Bio-Zitronen besitzt eine ausgewogenere Balance zwischen Säure und Süße als das von Früchten aus konventioneller Produktion.
Eier von Hühnern aus artgerechter Haltung mit biologischer Fütterung sind aromatischer als solche aus konventioneller Produktion. Denn bei Eiern ist die Qualität der Tierfütterung für den Geschmack entscheidend. Die sattgelbe Farbe des Dotters garantiert eine schöne Farbe des Genueser Gebäcks.
Butter, die aus der Milch von Kühen aus regionaler biologischer Haltung hergestellt wurde, ist aromatischer. Denn bei Milch ist die Qualität der Tierfütterung für den Geschmack entscheidend.

Berlions

VORLAGE: BERLIONS. (LEHMANN), IN: PÖTZSCH, HERRSCHAFTSKÜCHE, S. 238

Saison: Das ganze Jahr

FÜR 25 BIS 30 STÜCK
8 Bio-Eier (Größe M)
240 g Butter
90 g Zucker
300 g Mehl (Type 405)
1 Eigelb (Bio-Ei Größe M)

Zubereitung

1. Die Eier kochen, bis das Eigelb hart ist.
2. Anschließend die Eier in kaltem Wasser abkühlen und schälen.
3. Die gekochten Eigelbe aus den Eiern herausnehmen und durch ein feines Sieb streichen.
4. Die Butter leicht temperieren und dann zusammen mit dem Zucker aufschlagen, bis die Masse eine leicht luftig-cremige Konsistenz bekommt.
5. Zu dieser Zucker-Butter-Creme das Mehl und das gekochte Eigelb hinzugeben.
6. Ein Blech mit Backpapier auslegen.
7. Den Teig in einen Spritzbeutel mit einer Sterntülle von 1,5 Zentimetern Durchmesser füllen und damit eine Serie der Buchstaben „O" und „S" auf das Blech dressieren.
8. Das Eigelb mit einem Spritzer Wasser verrühren und mit der Mischung die Buchstaben leicht bestreichen.
9. Die Berlions für zwölf bis 15 Minuten im vorgeheizten Ofen bei 175 C° backen, bis sie goldgelb sind.
10. Das Gebäck erst nach dem Erkalten vom Blech nehmen.

Anrichten

11. Die Berlions auf einem Teller oder einer Etagere servieren.

Degustationsnotiz

Die Kruste ist sehr knusprig und kracht beim Verkosten des Gebäcks. Ei und Butter dominieren das Aroma der Berlions. Gemeinsam mit den Backaromen geben sie den Keksen ihren charakteristischen Akkord. Den bleibenden Geschmack bestimmt das Eiaroma.

Kulinarik

Eier von Hühnern aus artgerechter Haltung mit biologischer Fütterung sind aromatischer als solche aus konventioneller Produktion. Denn bei Eiern ist die Qualität der Tierfütterung für den Geschmack entscheidend. Die sattgelbe Farbe des Dotters garantiert eine schöne Farbe der Berlions.
Butter, die aus der Milch von Kühen aus regionaler biologischer Haltung hergestellt wurde, ist aromatischer. Denn bei Milch ist die Qualität der Tierfütterung für den Geschmack entscheidend.

Ribisel-Kekse

VORLAGE: RIBISELN (LEHMANN), IN: PÖTZSCH, HERRSCHAFTSKÜCHE, S. 239

Saison: Das ganze Jahr

Zubereitung

1. Das Mehl auf die Arbeitsfläche sieben. Den Puderzucker und das Salz dazugeben.
2. In die Mitte des Mehls eine Mulde drücken und die Butter in groben Stücken von zwei mal zwei Zentimetern Größe in das Mehl geben.
3. Mit einer Essgabel die Butter mit dem Mehl vermengen.
4. Das Mehl immer wieder mit einem Teigschaber vom Rand über die Zutaten zur Mitte schieben.
5. Mit einem großen glatten Messer nun den Teig immer wieder durchhacken, bis er krümelig wird.
6. Erst jetzt den Teig mit den Händen über die Handballen schnell kneten.
7. Daraufhin den Mürbeteig bei 6°C zwei bis drei Stunden ruhen lassen, damit der Kleber des Mehls reagieren kann.
8. Anschließend den Teig nochmals durchkneten.
9. Den Teig ausrollen und beliebige Formen ausstechen.
10. Das Ei mit einer Gabel kräftig verquirlen und anschließend die ausgestochenen Teigstücke mit dem Ei bestreichen.
11. Ein Backblech mit Backpapier auslegen.
12. Die Teiglinge auf das Backblech legen und zwölf bis 15 Minuten bei 200°C backen.

Anrichten

13. Die Ribisel-Kekse auf eine Platte legen und servieren.

Degustationsnotiz
Die knusprig röschen Kekse krachen beim Reinbeißen. Sie sind sehr süß mit einer feinen Karamell- und Butternote.

Kulinarik
Der Teig muss ruhen, damit sich der Zucker lösen kann. Es empfiehlt sich sogar, den Teig einen Tag vor dem Backen zu fertigen. Mürbeteig muss bei einer Temperatur von 6°C ruhen, da er sonst brandig wird. Zu warmes Fett verbindet sich durch zu langes Kneten mit den Händen und nicht mit dem Mehl. In diesem Zustand lässt sich der Mürbeteig schlecht ausrollen und reißt schnell. Außerdem wird Gebäck aus falsch gekneteten Mürbeteig hart statt mürbe.

FÜR 30 BIS 40 KEKSE
375 g Mehl (Type 405)
250 g Puderzucker
2 g Salz
250 g Butter
1 Bio-Ei (Größe M)

Husarenkrapferln

VORLAGE: HUSAREN-KRAPFERLN. (REZEPTE VON WINDISCH-GRAETZ),
IN: PÖTZSCH, HERRSCHAFTSKÜCHE, S. 46

Saison: Das ganze Jahr

FÜR 80 KRAPFEN
½ Vanilleschote (Bourbon)
70 g Zucker
140 g Butter
170 g Mehl (Type 405)
4 Eigelbe (Bio-Ei Größe M)
20 g Mandeln
Zucker zum Bestäuben

Zubereitung

1. Die halbe Vanilleschote längs halbieren, das Vanillemark mit einem Messerrücken herauskratzen und mit dem Zucker verrühren.
2. Die Butter in kleine fünf Millimeter große Würfel schneiden und mit dem Mehl, dem Vanillezucker sowie drei Eigelben mit einer Essgabel vermengen.
3. Das Mehl immer wieder mit einem Teigschaber vom Rand über die Zutaten zur Mitte schieben.
4. Den Teig, sobald er fest wird, mit einem großen glatten Messer regelrecht durchhacken, bis er krümelig wird.
5. Den Teig mit den Händen schnell über die Handballen kneten und zu einer drei bis vier Zentimeter großen Rolle verarbeiten.
6. Diese in eine Folie wickeln und bei 6°C eine Stunde ruhen lassen, damit der Kleber des Mehles reagieren kann. Dann erst den Teig ausrollen und weiter verarbeiten.
7. Inzwischen den Backofen auf 175°C vorheizen.
8. Ein Backblech mit einem Backpapier auslegen.
9. Den Teig in ein Zentimeter starke Scheiben schneiden und daraus mit der Hand Kugeln rollen. Die Kugeln auf das mit Backpapier ausgelegte Backblech setzen.
10. Die Kugeln hinunterdrücken und mit einem bemehlten Kochlöffelstil in jedes Husarenkrapferl eine Mulde hineindrücken.
11. Das restliche Eigelb mit ein wenig Wasser verdünnen und die Husarenkrapferln damit bestreichen.
12. Die Mandeln in kochendes Wasser geben. Nach einer Minute herausnehmen und in kaltem Wasser abschrecken.
13. Die Haut von den Mandeln abziehen und die Mandelkerne halbieren.
14. Die Krapferln mit etwas Zucker bestreuen, eine halbe Mandel in die Mulde geben und im Backofen 13 bis 15 Minuten backen.
15. Das Gebäck auf ein Gitter legen und auskühlen lassen.

Anrichten

16. Die Husarenkrapferln zu einem Kaffee oder Tee reichen.

Degustationsnotiz

Die Plätzchen sind kross und knackig. Als erstes Aroma nimmt man eine intensive Süße wahr, bevor der Mandelton und das Vanillearoma den Gaumen beflügeln.

Kulinarik

Der Mürbeteig für die Husarenkrapferln muss bei einer Temperatur von 6°C ruhen, da er sonst brandig wird. Zu warmes Fett verbindet sich durch zu langes Kneten mit den Händen und nicht mit dem Mehl. In diesem Zustand lässt sich der Mürbeteig schlecht ausrollen und reißt schnell. Außerdem wird Gebäck aus falsch gekneteten Mürbeteig hart statt mürbe.
Mandeln behalten in der Schale bis zu einem Jahr ihr Aroma, ohne ranzig zu werden. Wird eine Mandel nur noch von der Haut umgeben, sollte man sie aber nicht länger als sechs und ohne Haut nur vier Monate aufbewahren.
Anstatt mit Mandeln können Krapferln auch mit Himbeer- oder Aprikosenmarmelade verfeinert werden. Bei diesen Varianten sollten die Plätzchen nach dem Backen und Abkühlen mit etwas Puderzucker bestäubt werden.

Mandelplätzchen

VORLAGE: ZUM CONFEKT: SCHNITTEN VON MANDELN. (REZEPTE VON WINDISCH-GRAETZ), IN: PÖTZSCH, HERRSCHAFTSKÜCHE, S. 46F.

Saison: Das ganze Jahr

Zubereitung
1. Die Zitrone entsaften.
2. Die Gelatine in kaltem Wasser einweichen.
3. Die Mandeln in kochendes Wasser geben. Nach einer Minute herausnehmen und in kaltem Wasser abschrecken.
4. Die Haut von den Mandeln abziehen und die Mandelkerne fein mahlen.
5. Die Mandeln mit dem Zitronensaft und dem Zucker zu einem Teig vermengen und auf einem Brett verkneten.
6. Die Gelatine erwärmen und unter den Zucker-Mandel-Teig arbeiten, sodass immer mehr von dem Zucker sich mit dem Teig verbindet.
7. Zwei Drittel des Zucker-Mandel-Teiges mit dem Alchermes vermengen, sodass dieser Teil des Teiges sich leicht rot färbt.
8. Den restlichen hellen Teig zu einer Rolle von ein bis anderthalb Zentimetern Stärke rollen.
9. Den roten Teig mit einem Rollholz auf eine Stärke von etwa fünf Millimetern ausrollen. Dabei immer wieder etwas Zucker einarbeiten.
10. Die Rolle aus weißem Teig auf den roten Teiges legen und in den roten Teig wickeln.
11. Ein Backblech mit Backpapier auslegen.
12. Mit einem scharfen Messer zwei bis drei Millimeter dünne Scheiben schneiden und diese auf das mit Backpapier ausgelegte Backblech legen.
13. Die Scheiben in einem 35 bis 40 °C warmen Ofen oder Wärmeschrank (Tellerrechaud) zwölf Stunden trocknen lassen.

Anrichten
14. Die Mandelplätzchen als Garnitur von Desserts, Eissorten oder Torten nutzen.

Degustationsnotiz
Eine deutliche Süße mit leichten Mandelnuancen taucht zuerst auf dem Gaumen auf, bevor die Gewürze des Alchermes Noten von Vanille, Zimt, Kardamom, Koriander, Muskatblüte, Gewürznelken, Anisblüte, Orangenschale und Rosenwasser anklingen lassen. Die Aromen des Kräuterlikörs prägen auch den bleibenden Geschmack.

Kulinarik
Alchermes hat knapp 25 % Alkohol und besitzt eine karmesinrote Farbe. Er wird in der Patisserie vorwiegend zum Färben genutzt.
Mandeln behalten in der Schale bis zu einem Jahr ihr Aroma, ohne ranzig zu werden. Wird eine Mandel nur noch von der Haut umgeben, sollte man sie aber nicht länger als sechs und ohne Haut nur vier Monate aufbewahren. Weiterverarbeitete Mandeln bleiben nur wenige Wochen frisch.
Mandelplätzchen sollten an einem warmen und trockenen Ort lagern, da sie sonst Feuchtigkeit aufnehmen, biegsam werden und auch etwas von ihrer Farbe verlieren. Der Zucker konserviert die Mandelplätzchen. Sie lassen sich daher vier bis sechs Wochen als Garnitur für Torten oder Süßspeisen verwenden.

FÜR 50 PLÄTZCHEN
1 Bio-Zitrone
3 Blatt Gelatine
250 g Mandeln
250 g Zucker
40 ml Alchermes (Kräuterlikör)
Zucker zum Bearbeiten

Bittere Makronen

VORLAGE: MAKRONENMASSE. (WEBER) BITTERE, IN: PÖTZSCH, HERRSCHAFTSKÜCHE, S. 327

Saison: Das ganze Jahr

FÜR 1 L
375 g Mandeln
62 g Bittermandel
2 Bio-Eiweiß (Größe M)
375 g Zucker

Zubereitung

1. Die Mandeln und die Bittermandeln in kochendes Wasser geben. Nach einer Minute herausnehmen und in kaltem Wasser abschrecken.
2. Die Haut von den Mandeln und Bittermandeln abziehen und die Kerne mahlen.
3. Das Eiweiß aufschlagen.
4. Den Zucker nach und nach dazugeben.
5. Die gemahlenen Mandeln und Bittermandeln mit einem Küchenlöffel unterheben.
6. Ein Backblech mit Backpapier auslegen und mit einem Esslöffel runde Plätzchen formen, die etwa drei Zentimeter hoch sind.
7. Die Makronen sofort im vorgeheizten Backofen bei 150°C etwa 15 bis 20 Minuten backen.

Anrichten

8. Die Makronen zu einem gesüßten Kaffee servieren.

Degustationsnotiz

Zunächst bestimmen Bitterstoffe die Wahrnehmung des Gebäcks. Dann setzt sich die Süße durch. Den bleibenden Geschmack dominieren wieder Bitterstoffe.

Kulinarik

Süße Mandeln haben ein mandeltypisches und marzipanartiges Aroma. Die Bittermandeln erweitern das Geschmacksspektrum um bittere Noten. Mandeln behalten in der Schale bis zu einem Jahr ihr Aroma, ohne ranzig zu werden. Wird eine Mandel nur noch von der Haut umgeben, sollte man sie aber nicht länger als sechs und ohne Haut nur vier Monate aufbewahren. Weiterverarbeitete Mandeln bleiben nur wenige Wochen frisch.
Makronen ziehen sehr stark die Feuchtigkeit an. Daher müssen sie trocken und verschlossen gelagert werden, damit sie nicht zäh werden.

Süße Makronen

VORLAGE: MAKRONENMASSE. (SÜSSE) WEBER, IN: PÖTZSCH, HERRSCHAFTSKÜCHE, S. 327

Saison: Das ganze Jahr

Zubereitung

1. Die Mandeln in kochendes Wasser geben. Nach einer Minute herausnehmen und in kaltem Wasser abschrecken.
2. Die Haut von den Mandeln abziehen und die Mandelkerne mahlen.
3. Das Eiweiß aufschlagen.
4. Den Zucker nach und nach dazugeben.
5. Die gemahlenen Mandeln mit einem Küchenlöffel unterheben.
6. Ein Backblech mit Backpapier auslegen und mit einem Esslöffel runde Plätzchen formen, die etwa drei Zentimeter hoch sind.
7. Die Makronen sofort im vorgeheizten Backofen bei 150° C etwa 15 bis 20 Minuten backen.

Anrichten

8. Die Makronen zu einem Mokka oder einem Türkischen Kaffee servieren.

Degustationsnotiz
Die Süße des Zuckers und der Mandelgeschmack harmonieren miteinander.

Kulinarik
Süße Mandeln haben ein mandeltypisches und marzipanartiges Aroma. Mandeln behalten in der Schale bis zu einem Jahr ihr Aroma, ohne ranzig zu werden. Wird eine Mandel nur noch von der Haut umgeben, sollte man sie aber nicht länger als sechs und ohne Haut nur vier Monate aufbewahren. Weiterverarbeitete Mandeln bleiben nur wenige Wochen frisch.
Makronen ziehen sehr stark die Feuchtigkeit an. Daher müssen sie trocken und verschlossen gelagert werden, damit sie nicht zäh werden.

FÜR 1 L
500 g Mandeln
3 Bio-Eiweiß (Größe M)
500 g Zucker

Dessertstücke aus Mürbeteig

VORLAGE: DESSERTSTÜCKCHEN (RÖSLER) (ZU SÜSSEN BÜFFETS BEI FEINEN HAUSBÄLLEN; BELVÉDERE), IN: PÖTZSCH, HERRSCHAFTSKÜCHE, S. 239

Saison: Das ganze Jahr

FÜR 20 BIS 30 STÜCK
480 g Mehl
240 g Zucker
360 g Butter
30 ml Sahne (30 % Fett)
3 Eigelbe (Bio-Ei Größe M)

Zum Verzieren beispielsweise
Johannisbeergelee
(Siehe S. 424 f.)
Mandeln
Kristallzucker
Streusel
Glasuren (Für Zitronenglasur siehe S. 435; für Aprikotur siehe S. 430; für Schokoladenglasur siehe S. 429)
Früchte der Saison

Zubereitung

1. Das Mehl und den Zucker in einer Schüssel vermengen.
2. Das Gemisch auf eine Arbeitsfläche sieben, damit sich beim Backen keine Klumpen bilden.
3. Die Butter in zwei Zentimeter große Stücke schneiden.
4. In die Mitte des Mehls eine Mulde drücken und die Butterwürfel hineingeben.
5. Anschließend die Sahne und die Eigelbe hinzufügen und alles durchkneten.
6. Den Teig in Klarsichtfolie einwickeln und für etwa eine Stunde in den Kühlschrank legen.
7. Danach den Teig auf eine Stärke von zirka fünf Millimetern ausrollen.
8. Aus dem Teig verschiedene Formen herstellen:
    a. Halbmonde, Rauten oder Sterne und Stern mit Loch ausstechen.
    b. Ringe mit Mandeln bestreuen.
    c. Ringe mit Kristallzucker bestreuen.
    d. Blättchen, in die mit einem Korken eine Vertiefung gedrückt wurde, mit Kristallzucker oder Streusel bestreuen.
9. Ein Backblech mit Backpapier belegen.

10. Die Mürbeteigrohlinge auf das Blech legen und etwa zwölf Minuten im vorgeheizten Ofen bei 170° C backen, bis sie goldgelb sind.
11. Die Plätzchen erkalten lassen und garnieren:

    a. Die Halbmonde und Rauten glasieren und mit Früchten der Saison verzieren.

    b. Die Sterne mit Johannisbeergelee bestreichen, darauf einen Stern mit Loch setzen und mit Puderzucker bestreuen.

Anrichten

12. Die Plätzchen auf einer Etagere anrichten und servieren.

Degustationsnotiz

Der Mürbeteig ist sehr knusprig. Die Butternote dominiert und begleitet das Gebäck bis zum Schluss. Je nach Verzierung variiert das Aromenspektrum der Dessertstücke und bietet dem Gaumen Abwechslung.

Kulinarik

Um Varianz zu erzielen, bietet es sich an, Beeren oder Früchte nach der jeweiligen Saison frisch und in optimalem Reifegrad zu nehmen.

Der Mürbeteig muss bei einer Temperatur von 6° C ruhen, da er sonst brandig wird. Zu warmes Fett verbindet sich durch zu langes Kneten mit den Händen und nicht mit dem Mehl. In diesem Zustand lässt sich der Mürbeteig schlecht ausrollen und reißt schnell. Außerdem wird Gebäck aus falsch geknetetem Mürbeteig hart statt mürbe.

Eier von Hühnern aus artgerechter Haltung mit biologischer Fütterung sind aromatischer als solche aus konventioneller Produktion. Denn bei Eiern ist die Qualität der Tierfütterung für den Geschmack entscheidend. Die sattgelbe Farbe des Dotters garantiert eine schöne Farbe des Gebäcks.

Butter, die aus der Milch von Kühen aus regionaler biologischer Haltung hergestellt wurde, ist aromatischer. Denn bei Milch ist die Qualität der Tierfütterung für den Geschmack entscheidend.

Dessertstücke aus Blätterteig

VORLAGE: DESSERTSTÜCKCHEN (RÖSLER) (ZU SÜSSEN BÜFFETS BEI FEINEN HAUS-BÄLLEN; BELVÈDERE), IN: PÖTZSCH, HERRSCHAFTSKÜCHE, S. 239

Saison: Das ganze Jahr

FÜR 15 BIS 20 STÜCK
300 g Blätterteig (Siehe S. 392)
200 g Kristallzucker
250 g Streusel (Siehe S. 450)
250 g Johannisbeergelee
(Siehe S. 424 f.)
150 g Puderzucker
Früchte der Saison zum Verzieren

Zubereitung

1. Den Blätterteig zubereiten.
2. Daraus verschiedene Formen herstellen:
   a. Aus dem Blätterteig Streifen schneiden. Die Streifen mit Kristallzucker oder mit Streusel bestreuen.
   b. Sterne in vier verschiedenen Größen ausstechen, die aufeinander als Pyramide stapelbar sind.
3. Anschließend die Blätterteigformen auf ein befeuchtetes Backblech geben und im vorgeheizten Ofen bei 210° C etwa 15 bis 20 Minuten backen, bis sie goldgelb sind.
4. Nach dem Backen auf den größten Stern das Johannisbeergelee streichen und den nächst größeren darauf setzen. Die nächsten beiden Sterne auf die gleiche Weise aufeinander stapeln. Über die aufgetürmten Sterne Puderzucker streuen.
5. Die fertigen Desserts mit Früchten der Saison verzieren.

Anrichten

6. Die Plätzchen auf einem Teller anrichten und servieren.

Degustationsnotiz
Der Blätterteig ist betont buttrig. Durch seine vielen Schichten wird er locker und leicht.

Kulinarik
Um Varianz zu erzielen, bietet es sich an, Beeren oder Früchte nach der jeweiligen Saison frisch und in optimalem Reifegrad zu nehmen.

Biskuittorte einfach

VORLAGE: BISQUITTORTE EINFACHE. (LEHMANN), IN: PÖTZSCH, HERRSCHAFTSKÜCHE, S. 239

Saison: Das ganze Jahr

Zubereitung

1. Von neun Eiern den Dotter und das Eigelb trennen und in verschiedene Schüsseln geben.
2. Das Eigelb zusammen mit 180 Gramm Zucker aufschlagen, bis es cremig wird.
3. Danach das Eiweiß aufschlagen und währenddessen nach und nach 200 Gramm Zucker zugeben.
4. Eine runde Backform oder eine Charlottenform von 16 Zentimetern Durchmesser und sechs Zentimetern Höhe mit zehn Gramm Butter ausstreichen.
5. Den Eischnee zum Eigelb geben und vorsichtig unterheben.
6. Das Mehl mit dem Vanillezucker vermischen, durch ein Sieb auf die Eimasse geben und vorsichtig unterheben.
7. Die Masse in die Backform füllen und im vorgeheizten Ofen bei 180° C etwa 20 Minuten backen.
8. Nach dem Backen den Kuchen umgedreht auf ein Gitterblech setzen und leicht abkühlen lassen.
9. In der Zwischenzeit aus dem Puderzucker, dem Saft der Zitronen und einem Spritzer Wasser eine Glasur herstellen und über den Kuchen gießen.
10. Aus dem restlichen Zucker und dem Eiweiß nochmals ein Eiweißschaum herstellen. Diesen in einen Spritzbeutel mit einer Sterntülle von 1,5 Zentimetern Durchmesser füllen und den Kuchen damit garnieren.

FÜR EINE BACKFORM
9 Bio-Eier (Größe M)
400 g Zucker
10 g Butter
180 g Mehl
20 g Vanillezucker
160 g Puderzucker
2 Bio-Zitronen
1 Eiweiß (Bio-Ei Größe M)

Anrichten

11. Den Kuchen auf einen Teller setzen und servieren.

Degustationsnotiz

Die Süße des Eiweißes und der Glasur verbreitet sich zunächst im Mund, bis die Backaromen der luftigen Biskuitmasse die Süße in einen sehr angenehmen Aromenakkord überführen. Die Vanille und die Zitronen bilden nur einen dezenten Hintergrund. Den bleibenden Geschmack bestimmt die Süße des Zuckers mit einem leichten Zirtonenton.

Kulinarik

Das Aroma von reifen Bio-Zitronen besitzt eine ausgewogenere Balance zwischen Säure und Süße als das von Früchten aus konventioneller Produktion.
Eier von Hühnern aus artgerechter Haltung mit biologischer Fütterung sind aromatischer als solche aus konventioneller Produktion. Denn bei Eiern ist die Qualität der Tierfütterung für den Geschmack entscheidend. Die sattgelbe Farbe des Dotters garantiert eine schöne Farbe des Gebäcks.

Kolatschen

VORLAGE: COLLATSCHEN (FÜR FRAU PRINZESS), IN: PÖTZSCH, HERRSCHAFTSKÜCHE, S. 240

Saison: Das ganze Jahr

Zubereitung

1. Die Hefe im handwarmen Wasser auflösen und mit 120 Gramm des Mehls zu einem Hefestück verkneten.
2. Das Hefestück mit dem restlichen Mehl abdecken und 45 Minuten ruhen lassen.
3. Das Hefestück mit dem Mehl, 150 Gramm Butter, dem Eigelb, dem Öl, 44 Gramm Zucker, der Milch und dem Salz zu einem Teig verkneten.
4. Den Teig zirka 35 bis 45 Minuten ruhen lassen, bis er sein Volumen deutlich vergrößert hat.
5. Anschließend den Teig vorsichtig kneten, um einen Teil der Gase auszudrücken und die Struktur zu straffen.
6. Den Teig auf eine Stärke von zirka acht Millimetern ausrollen.
7. Aus der Teigplatte Stücke von zehn mal zehn Zentimetern ausschneiden.
8. Pro Stück etwa 30 Gramm Pflaumenmus in der Mitte der Teigplatte auftragen.
9. Die Ecken der Teigplatten mit Ei bestreichen und zur Mitte zusammenklappen.
10. Den Teig erneut 20 bis 30 Minuten gehen lassen.
11. Ein Backblech mit Backpapier auslegen.
12. Die Kolatschen auf das Backblech legen und bei 230°C etwa 20 bis 30 Minuten backen.
13. Die restlichen 70 Gramm der Butter in einem Topf auf dem Herd langsam flüssig werden lassen, ohne dass sie braun wird.
14. Die noch warmen Kolatschen mit der flüssigen Butter bestreichen und danach mit dem restlichen Zucker überstreuen.

Anrichten

15. Die Kolatschen auf einer vorgewärmten Platte anrichten und noch warm servieren.

Degustationsnotiz

Unter einer knackigen Zuckerschicht besitzen die Kolatschen eine saftig weiche Konsistenz. Im süßen Teig stößt man bei der Verkostung auf die fruchtig feine Säure des Pflaumenmuses.

Kulinarik

Für einen Hefeteig empfiehlt sich frische Hefe, weil sie aromatischer ist und das Gebäck im Ofen besser aufgehen lässt als Trockenhefe. Frische Hefe sollte nicht älter als eine Woche sein und keinen unangenehmen Geruch haben. Denn das Aroma der Hefe überträgt sich auf das Gebäck.

Eier von Hühnern aus artgerechter Haltung mit biologischer Fütterung sind aromatischer als solche aus konventioneller Produktion. Denn bei Eiern ist die Qualität der Tierfütterung für den Geschmack entscheidend. Die sattgelbe Farbe des Dotters garantiert eine schöne Farbe des Gebäcks.

FÜR 12 BIS 15 STÜCK

44 g Hefe
88 ml Wasser
500 g Mehl (Type 405)
220 g Butter
6 Eigelbe (Bio-Eier Größe M)
30 ml Sonnenblumenöl
74 g Zucker
90 ml Milch
6 Salz
600 g Pflaumenmus
(Siehe S. 446)
1 Bio-Ei (Größe M)

Hefeteigroulade

VORLAGE: ROULADE VON HEFENTEICH. (NACH EINER KÖCHIN), IN: PÖTZSCH, HERRSCHAFTSKÜCHE, S. 240

Saison: Das ganze Jahr

FÜR 1 ROULADE
44 g Hefe
88 ml Wasser
500 g Mehl (Type 405)
150 g Butter
6 Eigelbe (Bio-Eier Größe M)
30 g Sonnenblumenöl
44 g Zucker
90 ml Milch
6 Salz
300 g Pflaumenmus
(Siehe S. 446)

Zubereitung

1. Die Hefe im handwarmen Wasser auflösen und mit 120 Gramm des Mehls zu einem Hefestück verkneten.
2. Das Hefestück mit dem restlichen Mehl abdecken und 45 Minuten ruhen lassen.
3. Das Hefestück mit dem Mehl, der Butter, dem Eigelb, dem Öl, dem Zucker, der Milch und dem Salz zu einem Teig verkneten.
4. Den Teig zirka 35 bis 45 Minuten ruhen lassen, bis er sein Volumen deutlich vergrößert hat.
5. Anschließend den Teig vorsichtig kneten, um einen Teil der Gase auszudrücken und die Struktur zu straffen.
6. Den Teig auf eine Stärke von zirka acht Millimetern ausrollen, mit dem Pflaumenmus bestreichen und so zusammenrollen, dass das Ende unten liegt.
7. Den Teig erneut 20 bis 30 Minuten gehen lassen.
8. Die Rolle bei 200° C etwa 25 bis 30 Minuten backen.
9. Die Hefeteigroulade aus dem Ofen nehmen und noch warm in Scheiben schneiden.

Anrichten

10. Die Scheiben der Hefeteigroulade auf einer Platte anrichten und servieren.

Degustationsnotiz
Unter der Zuckerschicht der Roulade kommt eine saftig weiche Konsistenz zum Vorschein. Im süßen Teig stößt man bei der Verkostung auf die fruchtig feine Säure des Pflaumenmuses.

Kulinarik
Für einen Hefeteig empfiehlt sich frische Hefe, weil sie aromatischer ist und das Gebäck im Ofen besser aufgehen lässt als Trockenhefe. Frische Hefe sollte nicht älter als eine Woche sein und keinen unangenehmen Geruch haben. Denn das Aroma der Hefe überträgt sich auf das Gebäck.
Eier von Hühnern aus artgerechter Haltung mit biologischer Fütterung sind aromatischer als solche aus konventioneller Produktion. Denn bei Eiern ist die Qualität der Tierfütterung für den Geschmack entscheidend. Die sattgelbe Farbe des Dotters garantiert eine schöne Farbe des Gebäcks.

Salziger und süßer Teig

Rosinenbrot

VORLAGE: HEFENTEIG. (LEHMANN) IST HALTBARER ALS BAUMANN, IN: PÖTZSCH, HERRSCHAFTSKÜCHE, S. 317

Saison: Das ganze Jahr

FÜR 1 KG ROSINENBROT
30 g Hefe
300 ml Milch (30 % Fett)
500 g Mehl (Type 505)
190 g Butter
2 Bio-Eier (Größe M)
3 Eigelbe (Bio-Ei Größe M)
1 Prise Salz
10 g Zucker
100 g Sultaninen
20 g Hagelzucker

Zubereitung

1. Die Hefe mit der Milch ein wenig erwärmen, 50 Gramm Mehl hineinrühren und etwa 15 Minuten an einem warmen Ort gehen lassen.
2. Währenddessen 180 Gramm Butter etwas erwärmen. Das restliche Mehl dazugeben, aber noch nicht verrühren.
3. Dann die Hefe-Milch-Mehl-Mischung und die Butter mit den beiden Eiern, zwei Eigelben, dem Mehl sowie Salz, Zucker und Sultaninen zu einem Teig verarbeiten und mit dem Handballen durchkneten.
4. Den Teig mit einem Tuch abdecken und eine halbe Stunde an einem warmen Ort gehen lassen. Nochmals durchkneten und wiederum eine halbe Stunde ruhen lassen.
5. Danach den Teig erneut durchkneten.
6. Eine weitere halbe Stunde ruhen lassen.
7. Eine Kastenform von 25 Zentimetern Länge, elf Zentimetern Breite und sieben Zentimetern Höhe mit zehn Gramm Butter ausstreichen.
8. Anschließend den Teig ausrollen und in die Form geben. Darin weitere zehn Minuten an einem warmen Ort gehen lassen.
9. Das letzte Eigelb mit einer Gabel verquirlen und dann mit einem Pinsel auf das Rosinenbrot streichen.
10. Darauf den Hagelzucker verteilen.
11. Den Ofen auf 180° C vorheizen und etwa 40 bis 45 Minuten backen.

Anrichten

12. Das Rosinenbrot aus der Form nehmen, schneiden und lauwarm servieren.

Degustationsnotiz

Das Rosinenbrot hat eine deutliche Butternote und leichte Röstaromen der Backkruste, die von den süßen Rosinen kontrastiert werden. Die Butter dominiert den bleibenden Geschmack.

Kulinarik

Die Qualität von Sultaninen ist desto höher, je größer und heller sie sind, es sei denn sie sind durch Schwefel gebleicht. Bio-Rosinen dagegen werden mit Pottasche getrocknet.

Für einen Hefeteig empfiehlt sich frische Hefe, weil sie aromatischer ist und das Gebäck im Ofen besser aufgehen lässt als Trockenhefe. Frische Hefe sollte nicht älter als eine Woche sein und keinen unangenehmen Geruch haben. Denn das Aroma der Hefe überträgt sich auf das Gebäck.

Die Eier sollten aus regionaler biologischer Produktion sein, weil diese frischer und aromatischer sind.

Löffelbiskuit

VORLAGE: LÖFFELBISQUITT. (FRAU PRINZESS LUISA), IN: PÖTZSCH, HERRSCHAFTSKÜCHE, S. 316

Saison: Das ganze Jahr

FÜR 30 LÖFFELBISKUIT
7 Eiweiß (Bio-Ei Größe M)
4 Eigelbe (Bio-Ei Größe M)
180 g Zucker
1 Prise Salz
100 g Mehl (Type 405)
30 g Staubzucker

Zubereitung

1. Das Eiweiß und die Eigelbe in einer größeren Schüssel kalt stellen.
2. Anschließend die Eimasse etwa zehn Minuten schaumig schlagen. Dabei nach und nach den Zucker und eine Prise Salz dazugeben.
3. Das Mehl darüber sieben und langsam immer wieder mit einem Teiglöffel vermischen.
4. Ein Backblech mit Backpapier auslegen und mit dem Staubzucker bestreuen.
5. Die Löffelbiskuitmasse in einen Spritzbeutel mit einer 15 Millimeter großen Tülle füllen.
6. 30 Streifen von etwa zehn Zentimetern Länge spritzen und im vorgeheizten Backofen bei
200° C etwa 15 bis 20 Minuten backen, bis sie goldbraun sind.
7. Um zu testen, ob das Biskuit gar ist, an der obersten Stelle mit einem Holzspieß einstechen. Bleiben Teigreste daran kleben, noch einige Minuten backen.
8. Die fertigen Löffelbiskuits aus dem Ofen holen und abkühlen lassen.

Anrichten

9. Die Löffelbiskuits zum Kaffee reichen.

Degustationsnotiz

Die zarten Backaromen der goldgelben Biskuits machen sich bemerkbar. Der Staubzucker spielt mit den Aromen des Löffelbiskuits. Seine Konsistenz ist locker und luftig leicht.

Kulinarik

Es empfiehlt sich, Löffelbiskuits in einem geschlossenen Behälter zu lagern.
Eier von Hühnern aus artgerechter Haltung mit biologischer Fütterung sind aromatischer als solche aus konventioneller Produktion. Denn bei Eiern ist die Qualität der Tierfütterung für den Geschmack entscheidend. Die sattgelbe Farbe des Dotters garantiert eine schöne Farbe der Biskuits.

Löffelbiskuit anders

VORLAGE: LÖFFELBISQUITT. (LEHMANN), IN: PÖTZSCH, HERRSCHAFTSKÜCHE, S. 316

Saison: Das ganze Jahr

FÜR 30 LÖFFELBISKUIT

8 Eigelbe (Bio-Ei Größe M)
250 g Zucker
1 Prise Salz
250 g Mehl (Type 405)
50 ml Sahne (30 % Fett)
30 g Staubzucker

Zubereitung

1. Die Eigelbe etwa zehn Minuten schaumig schlagen. Währenddessen nach und nach den Zucker und die Prise Salz dazugeben.
2. Das Mehl darüber sieben und dabei langsam mit einem Teiglöffel vermischen.
3. Die Sahne unterheben.
4. Ein Backblech mit Backpapier auslegen und mit dem Staubzucker bestreuen.
5. Anschließend die Löffelbiskuitmasse in einen Spritzbeutel mit einer 15 Millimeter großen Tülle füllen.
6. 30 Streifen von etwa zehn Zentimetern Länge spritzen und im vorgeheizten Backofen bei 200 °C etwa 15 bis 20 Minuten backen, bis sie goldbraun sind.
7. Um zu testen, ob das Löffelbiskuit gar ist, an der obersten Stelle mit einem Holzspieß einstechen. Bleiben Teigreste daran kleben, noch einige Minuten backen.
8. Die fertigen Biskuits aus dem Ofen holen und abkühlen lassen.

Anrichten

9. Die Löffelbiskuits zum Kaffee reichen.

Degustationsnotiz

Es zeigen sich leichte Backaromen, die durch die zugegebene Sahne auch Nuancen von Butter aufweisen. Der Staubzucker spielt mit den Aromen des Löffelbiskuits. Seine Konsistenz ist locker und luftig leicht.

Kulinarik

Es empfiehlt sich, Löffelbiskuits in einem geschlossenen Behälter zu lagern.
Eier von Hühnern aus artgerechter Haltung mit biologischer Fütterung sind aromatischer als solche aus konventioneller Produktion. Denn bei Eiern ist die Qualität der Tierfütterung für den Geschmack entscheidend. Die sattgelbe Farbe des Dotters garantiert eine schöne Farbe der Biskuits.

Krokantes Löffelbiskuit

VORLAGE: LÖFFELBISQUITT CROQUANT. (BELVEDERE ZUM EIS GEGEBEN), IN: PÖTZSCH, HERRSCHAFTSKÜCHE, S. 238

Saison: Das ganze Jahr

FÜR 100 STÜCK
250 g Zucker
12 Eigelbe (Bio-Eier Größe M)
6 Eiweiß (Bio-Eier Größe M)
250 g Mehl (Type 405)
2 g Salz
100 g Puderzucker

Zubereitung
1. Ein Drittel des Zuckers mit dem Eigelb aufschlagen.
2. Das Eiweiß mit dem restlichen Zucker aufschlagen, bis die Masse noch ein wenig cremig ist. So lässt es sich leichter unter die Masse heben und es entstehen keine Eiweißnester im Biskuit.
3. Ein Drittel des Eiweiß in das aufgeschlagene Eigelb einrühren.
4. Das Mehl vorsichtig unterheben.
5. Das restliche Eiweiß und das Salz dazugeben und untermischen.
6. Ein Backblech mit Backpapier auslegen.
7. Die Masse in einen Spritzbeutel mit einer großen Lochtülle geben.
8. Rasch Streifen von etwa zehn Zentimetern auf das Blech aufspritzen.
9. Den Puderzucker mit einem Sieb über die Teigstreifen sieben.
10. Die Löffelbiskuits bei 200° C Oberhitze und 180° C Unterhitze zirka zwölf bis 15 Minuten backen.
11. Nach dem Backen erkalten lassen.

Anrichten
12. Auf einer Platte anrichten und servieren.

Degustationsnotiz
Die frischen Biskuits sind rösch und knusprig. Die sehr süßen vom Eiaroma bestimmten Gebäcke zergehen fast auf der Zunge.

Kulinarik
In einem Ofen, dessen Ober- und Unterhitze nicht separat zu steuern sind, lässt sich zunächst die höhere Temperatur ansteuern. Sobald diese erreicht ist und das Backgut eingeschoben wird, kann ein zweites Blech unterhalb der Backebene hinzugefügt werden, um die Hitzezufuhr von unten abzumildern.
Eier von Hühnern aus artgerechter Haltung mit biologischer Fütterung sind aromatischer als solche aus konventioneller Produktion. Denn bei Eiern ist die Qualität der Tierfütterung für den Geschmack entscheidend. Die sattgelbe Farbe des Dotters garantiert eine schöne Farbe der Biskuits.

Knusperbiskuits

VORLAGE: CROQUANT-BISQUITS. (BAUMANN), IN: PÖTZSCH, HERRSCHAFTSKÜCHE, S. 229 F.

Saison: Das ganze Jahr

Zubereitung
1. Ein Drittel des Zuckers mit dem Eigelb schaumig schlagen.
2. Den restlichen Zucker und das Salz mit dem Eiweiß aufschlagen.
3. Ein Drittel des aufgeschlagenen Eiweiß in das aufgeschlagene Eigelb geben und mit einem Holzlöffel vorsichtig unterheben.
4. Das Mehl dazugeben und vorsichtig unterheben.
5. Das restliche Eiweiß mit einem Holzlöffel vorsichtig unter die Masse heben.
6. Ein Backblech mit einem Backpapier auslegen.
7. Die Masse in einen Spritzbeutel mit großer Lochtülle (zirka 14 Millimeter Durchmesser) füllen und ähnlich wie Löffelbiskuits schnell auf das Backblech aufspritzen.
8. Mit einem Sieb den Puderzucker darüber streuen.
9. Bei 200°C Oberhitze und 180°C Unterhitze etwa zwölf bis 15 Minuten backen, bis die Krokantbiskuits eine goldgelbe Farbe bekommen.

Anrichten
10. Die Krokantbiskuits abkühlen lassen und servieren.

Degustationsnotiz
Die zart knusprigen und knackigen Krokantbiskuits sind sehr süß und werden von einem intensiven Eigeschmack begleitet.

Kulinarik
Die Biskuits sind nur knusprig, wenn sie unmittelbar nach dem Abkühlen verkostet, oder in einer luftdichten Dose aufbewahrt werden. Unverpackt und bei längerer Lagerung werden sie weich und soft.
Eier von Hühnern aus artgerechter Haltung mit biologischer Fütterung sind aromatischer als solche aus konventioneller Produktion. Denn bei Eiern ist die Qualität der Tierfütterung für den Geschmack entscheidend. Die sattgelbe Farbe des Dotters garantiert eine schöne Farbe der Biskuits.

FÜR 100 STÜCK
500 g Zucker
4 Eigelbe (Bio-Ei Größe M)
7 Eiweiß (Bio-Ei Größe M)
2 Salz
292 g Mehl (Type 405)
100 g Puderzucker

Biskuitmasse

VORLAGE: BISCUITMASSEN. (LEHMANN), IN: PÖTZSCH, HERRSCHAFTSKÜCHE, S. 313

Saison: Das ganze Jahr

FÜR EINEN BISKUITBODEN
5 Bio-Eier (Größe M)
120 g Zucker
1 Prise Salz
80 g Mehl (Type 405)

Zubereitung

1. Die Dotter und das Eiweiß der fünf Eier trennen.
2. Das Eigelb in einer größeren Schüssel etwa zehn Minuten schaumig schlagen. Dabei nach und nach die Hälfte des Zuckers dazugeben.
3. Das Eiweiß und die Prise Salz in eine andere Schüssel geben, schaumig schlagen und den restlichen Zucker nach und nach beim Schlagen dazugeben.
4. Den Eischnee auf die Eigelbmasse setzen. Anschließend das Mehl darüber sieben und langsam mit einem Teiglöffel vermischen.
5. Die Biskuitmasse auf eine mit Backpapier ausgelegte runde Backform von 26 Zentimetern Durchmesser und acht Zentimetern Höhe geben und mit Hilfe einer Winkelpalette die Masse gleichmäßig verstreichen.
6. Die ausgestrichene Biskuitmasse im vorgeheizten Backofen bei 200° C etwa 15 bis 20 Minuten backen, bis sie goldbraun ist.
7. Um zu testen, ob die Biskuitmasse gar ist, an der obersten Stelle mit einem Holzspieß einstechen. Bleiben Teigreste daran kleben, noch einige Minuten backen.
8. Den zubereiteten Biskuitboden sofort aus der Form nehmen und zum Abkühlen auf ein Gitter stürzen.

Anrichten

9. Der Biskuitboden kann für verschiedene Torten verwendet werden, so zum Beispiel für eine Sahnetorte oder für einen mit Glasur überzogenen Früchtekuchen.

Degustationsnotiz
Leichte Backaromen des goldgelben Biskuitbodens machen sich bemerkbar. Dessen Konsistenz ist locker und luftig leicht.

Kulinarik
Steif geschlagenes Eiweiß darf nicht mit einem Schneebesen untergerührt werden, da es sonst zusammenfällt.
Ein Biskuitboden eignet sich als Tortenboden oder geschnitten als Kleingebäck. Man kann ihn auch mit Cremes oder Marmeladen füllen und zur Roulade rollen.
Die Eier in der Rezeptur können nach Belieben auch verdoppelt oder gar verdreifacht verwendet werden, um den Teig noch leichter und luftiger zu machen. Eier von Hühnern aus artgerechter Haltung mit biologischer Fütterung sind aromatischer als solche aus konventioneller Produktion. Denn bei Eiern ist die Qualität der Tierfütterung für den Geschmack entscheidend. Die sattgelbe Farbe des Dotters garantiert eine schöne Farbe des Biskuitbodens.

Genueser Masse

VORLAGE: GENOISE MASSE. (LEHMANN), IN: PÖTZSCH, HERRSCHAFTSKÜCHE, S. 313

Saison: Das ganze Jahr

Zubereitung
1. Die Eier durch ein Sieb passieren.
2. Anschließend die Eier in einer größeren Metallschüssel im Wasserbad bei 40° C warm aufschlagen. Dabei nach und nach den Zucker dazugeben.
3. Die Prise Salz hineinstreuen.
4. Nebenbei 250 Gramm Butter schmelzen lassen, danach wieder leicht herunterkühlen.
5. Ein Backblech mit zehn Gramm Butter ausstreichen und mit Semmelbröseln bestreuen.
6. Die Eimasse etwa zehn bis 15 Minuten kalt schlagen. Dann das Mehl darüber sieben und langsam mit einem Teiglöffel vermischen.
7. Anschließend langsam die noch leicht flüssige Butter unterheben.
8. Die Biskuitmasse auf das Backblech geben und mit Hilfe einer Winkelpalette die Masse gleichmäßig verstreichen.
9. Die Biskuitmasse im vorgeheizten Backofen bei 200° C etwa 15 bis 20 Minuten backen, bis sie goldbraun ist.
10. Um zu testen, ob die Genueser Masse gar ist, an der obersten Stelle mit einem Holzspieß einstechen. Bleiben Teigreste daran kleben, noch einige Minuten backen.
11. Den fertigen Teig sofort aus der Form nehmen und zum Abkühlen auf ein Gitter stürzen.

Anrichten
12. Den Biskuitboden mit Butter-, Schokoladen- oder Spritzglasur überziehen, in Stücke schneiden und zum Kaffee reichen.

Degustationsnotiz
Leichte Backaromen der goldgelben Genueser Masse machen sich bemerkbar. Deren Konsistenz ist locker und luftig leicht. Die Glasur erweitert je nach Wahl das Aromenspektrum.

Kulinarik
Die Eimasse darf nicht mit einem Schneebesen untergerührt werden, da sie sonst zusammenfällt.
Ein Boden aus Genueser Masse eignet sich wie Biskuit klein geschnitten als Kleingebäck oder als Tortenboden. Man kann ihn auch mit Cremes oder Marmeladen füllen und zur Roulade rollen.
Eier von Hühnern aus artgerechter Haltung mit biologischer Fütterung sind aromatischer als solche aus konventioneller Produktion. Denn bei Eiern ist die Qualität der Tierfütterung für den Geschmack entscheidend. Die sattgelbe Farbe des Dotters garantiert eine schöne Farbe des Biskuitbodens.

FÜR EIN BACKBLECH

8 Bio-Eier (Größe M)
250 g Zucker
1 Prise Salz
260 g Butter
40 g Semmelbrösel
250 g Mehl (Type 405)

1 Rezept Butter-, Schokoladen- oder Spritzglasur
(Siehe S. 430, 429 bzw. 431)

Brandteig

VORLAGE: BRANDTEIG. (LEHMANN), IN: PÖTZSCH, HERRSCHAFTSKÜCHE, S. 314

Saison: Das ganze Jahr

FÜR 1 KG BRANDTEIG
250 ml Wasser
1 Prise Salz
5 g Zucker
250 g Butter
250 g Mehl (Type 405)
8 Bio-Eier (Größe M)

Zubereitung

1. Das Wasser mit dem Salz, dem Zucker und der Butter in einem Dreilitertopf vermischen und zum Kochen bringen.
2. Das Mehl mit einem Holzlöffel einrühren und unterheben.
3. Den Topf vom Herd nehmen und die Masse so lange rühren, bis sich ein Kloß bildet und am Boden ein Belag entsteht.
4. Den Teig abkühlen lassen, bis er lauwarm ist. Dann nach und nach sämtliche Eier unterheben.
5. Ein Backblech mit Backpapier auslegen.
6. Vorab einen kleinen Teil im Backofen bei 175°C etwa zehn Minuten zur Probe backen, um zu sehen, ob er richtig aufgeht.
7. Den restlichen Brandteig, falls er zu fest ist mit etwas Eigelb, oder falls er zu weich ist, mit etwas Mehl nachbessern und auf die gleiche Weise wie das Probestück backen.

Anrichten

8. Brandteig wird zu Käseauflauf (Siehe Bd. 1, S. 247) oder Spritzkuchen (Siehe S. 226) verwendet.

Degustationsnotiz

Brandteig zeigt deutlich seine Buttertöne und Backaromen.

Kulinarik

Das Abbrennen ist der wichtigste Schritt bei der Herstellung des Teiges. Bei diesem Vorgang gerinnt das Klebereiweiß des Mehls und seine Stärke verkleistert. Beim Backen bildet sich daher eine dampfundurchlässige Kruste, sodass Wasserdampf den Teig aufgehen lässt.
Der Brandteig darf nicht zu weich und nicht zu fest werden. Wenn der Teig zu fest ist, geht er beim Backen nicht auf. Zu weicher Brandteig fließt beim Backen auseinander und geht ebenfalls nicht richtig auf. Deshalb empfiehlt es sich, zunächst einen kleinen Teil des Brandteiges zur Probe zu backen.
Wenn der Teig zu fest ist, kann er mit etwas Eigelb geschmeidiger gemacht werden, sofern er noch etwa 40°C warm ist; denn bei dieser Temperatur kann das Eigelb eine Bindung eingehen. Bei zu weichem Teig kann durch ein feines Sieb noch ein wenig Mehl auf den Teig gestreut und mit einem Holzlöffel untergezogen werden. Dabei muss der Teig erneut etwa fünf Minuten im Topf und auf dem heißen Ofen abgebrannt werden, damit das hinzugefügte Mehl eine Bindung mit dem Teig eingeht.
Soll ein Brandteig frittiert werden, muss der Butteranteil um die Hälfte reduziert werden.
Brandteig wird nicht nur für Süßspeisen, etwa für Windbeutel, verwendet, sondern ist auch in der würzigen Küche ein interessanter Begleiter für Aufläufe und Kartoffelgerichte.

Mürbeteig

VORLAGE: MÜRBTEIG. (LEHMANN), IN: PÖTZSCH, HERRSCHAFTSKÜCHE, S. 314 F.

Saison: Das ganze Jahr

Zubereitung
1. Die Butter auf Zimmertemperatur bringen.
2. Das Mehl auf die Arbeitsfläche sieben und das Salz dazugeben.
3. In die Mitte des Mehls eine Mulde drücken, die Butter in grobe Stücke von zwei Mal zwei Zentimeter Größe schneiden und hineinlegen.
4. Anschließend die Eigelbe und die Milch dazugeben.
5. Mit einer Essgabel die Butter, das Mehl, das Eigelb und die Milch vermengen.
6. Das Mehl immer wieder mit einem Teigschaber vom Rand über die Zutaten zur Mitte schieben.
7. Den Teig mit einem großen glatten Messer durchhacken, bis er krümelig wird.
8. Erst anschließend mit den Händen über die Handballen schnell kneten.
9. Dann den Mürbeteig bei 6°C eine Stunde ruhen lassen, damit der Kleber des Mehls reagieren kann.
10. Den Teig ausrollen und verarbeiten.

Anrichten
11. Mürbeteig kann zu Torteletts und Krustaden genutzt werden. Man kann ihn auch mit Gemüse oder Farce füllen.

Degustationsnotiz
Mürbeteig hat deutliche mehlige Nuancen, die von Buttertönen begleitet werden.

Kulinarik
Der Mürbeteig muss bei einer Temperatur von 6°C ruhen, da er sonst brandig wird. Zu warmes Fett verbindet sich durch zu langes Kneten mit den Händen und nicht mit dem Mehl. In diesem Zustand lässt sich der Mürbeteig schlecht ausrollen und reißt schnell. Außerdem wird Gebäck aus falsch geknetetem Mürbeteig hart statt mürbe.

FÜR 500 G MÜRBETEIG
125 g Butter
250 g Mehl (Type 405)
1 Prise Salz
3 Eigelbe (Bio-Ei Größe M)
30 ml Milch (3,5 % Fett)

Blätterteig

VORLAGE: BLÄTTERTEIG. (LEHMANN), IN: PÖTZSCH, HERRSCHAFTSKÜCHE, S. 315

Saison: Das ganze Jahr

FÜR 16 KLEINE PASTETEN ODER 750 G BLÄTTERTEIG

250 g Mehl (Type 405)
250 ml Wasser
12 g Salz
250 g Butter
1 Eigelb (Bio-Ei Größe M)

Zubereitung

1. Auf einer großen kalten Marmorplatte mit dem Handballen das Mehl, das Wasser, das Salz und 50 Gramm der Butter zu einem samtweichen Teig verarbeiten, bis er sich kneten lässt. Dann in eine Folie einschlagen und etwa 30 Minuten ruhen lassen.
2. Danach die restliche Butter ebenfalls auf der kalten Marmorplatte mit einer Backrolle zu einer viereckigen Form von etwa 15 mal 15 Zentimeter ausrollen.
3. Dann den ruhenden Grundteig aus Mehl, Wasser, etwas Butter und Salz auf eine Stärke von fünf Millimetern zu einem 30 mal 30 Zentimeter großen Rechteck (doppelt so groß wie die Butter) ausrollen.
4. Die ausgerollte Butter auf den Grundteig legen und die Ränder des Teigs dünn mit etwas zusätzlichem Wasser bepinseln.
5. Die Butterplatte in den Grundteig einschlagen, sodass die Butter komplett bedeckt ist und die feuchten Ränder des Teigs aneinander haften.
6. Den Teig mit einer Backrolle kräftig zu einer vergrößerten rechteckigen Platte von acht Millimetern Dicke ausrollen.
7. Die Enden nun touren, d.h. dass ein Ende zu einem Drittel auf den Teig in der Mitte und dann das andere Ende des Teigs auf diese beiden Drittel gelegt wird, sodass nun der Teig dreifach übereinander liegt. Dann den Teig wiederum auf acht Millimeter ausrollen.
8. Den Teig um 90° drehen, damit die Außenteigseiten nach innen kommen, und die einfache Tour, das dreifache Übereinanderlegen, noch einmal wiederholen.
9. Anschließend den Teig erneut um 90° drehen und ein weiteres Mal falten, sodass er diesmal vierfach übereinander liegt, und wieder ausrollen.
10. Den Teig um 90° drehen und diese so genannte doppelte Tour mit vier Teiglagen übereinander noch einmal wiederholen.
11. Danach den Teig mit einem Tuch abgedecken und 30 Minuten im Kühlschrank lagern.
12. Anschließend den Teig erneut um 90° drehen und noch einmal eine doppelte Tour durchführen. Auch danach den Teig wiederum 30 Minuten im Kühlschrank ruhen lassen.
13. Im Anschluss daran den Teig noch einmal um 90° drehen und eine weitere einfache Tour durchführen, nach der der Teig erneut 30 Minuten im Kühlschrank ruht.
14. Zum Abschluss den Teig ein letztes Mal um 90° drehen, noch einmal eine doppelte Tour gehen, sodass insgesamt 6912 Schichten (3 mal 3 mal 4 mal 4 mal 4 mal 3 mal 4 = 6912) entstanden sind. Den Teig erneut für 30 Minuten in den Kühlschrank legen.
15. Das Eigelb verquirlen.
16. Anschließend den Blätterteig in verschiedene Formen ausstechen, mit Eigelb bestreichen, auf ein befeuchtetes Backblech geben und im vorgeheizten Ofen bei 210° C etwa 15 bis 20 Minuten backen, bis er goldgelb ist.

Anrichten

Blätterteig kann für Fleurons, Schillerlocken sowie Torteletts genutzt, oder auch für Pasteten verwenden werden, die mit Geflügel-, Kalbs- oder Fischragout gefüllt sind.

Degustationsnotiz

Blätterteig ist betont buttrig. Durch seine vielen Schichten wird er locker und leicht. Er heißt im Französischen nicht umsonst millefeuille (Tausend Blätter).

Kulinarik

Blätterteig sollte entweder eingefroren, oder am Tag seiner Fertigung verarbeitet und verzehrt werden, da auch gebackener Blätterteig rasch ranzige Töne aufweisen kann.

Blitzblätterteig

VORLAGE: BLÄTTERTEIG AUF ANDERE ART. (LEHMANN), IN: PÖTZSCH, HERRSCHAFTS-KÜCHE, S. 316 UND KUCHEN VON BLÄTTERTEICH, IN: PÖTZSCH, HERRSCHAFTSKÜCHE, S. 328

Saison: Das ganze Jahr

Zubereitung

1. Auf einer großen kalten Marmorplatte das Mehl mit dem Wasser, dem Salz und 75 Gramm Butter, die in zwei Zentimeter große Würfel geschnitten wurde, mit den Händen zu einem zähen Teig vermischen.
2. Den Teig nicht kneten, damit die Butterwürfel erhalten bleiben und sich daraus beim Tournieren Fettschichten bilden können.
3. Anschließend den Teig in einen Folie packen und 30 Minuten ruhen lassen.
4. Nach dem Ruhen den Grundteig auf einer Marmorplatte auf eine Stärke von fünf Millimetern und auf eine Größe von 15 mal 40 Zentimeter ausrollen.
5. Ein Drittel der restlichen Butter auf den ausgerollten Grundteig legen und diesen rechts und links einschlagen.
6. Nun den Teig mit einem Teigroller kräftig zu einer vergrößerten rechteckigen Platte von acht Millimeter Höhe ausrollen.
7. Die Enden nun einfach touren, d.h. dass ein Ende zu einem Drittel auf den Teig in der Mitte und dann das andere Ende des Teigs auf diese beiden Drittel gelegt wird, sodass der Teig dreifach übereinander liegt. Dann den Teig wiederum auf acht Millimeter ausrollen.
8. Nun den Teig um 90° drehen, damit die Außenteigseiten nach innen kommen, und eine doppelte Tour durchführen, d.h. die beiden Enden des Teigs soweit zusammengeschlagen, dass sie aneinanderstoßen. Anschließend den Teig noch einmal so falten, dass vier Schichten übereinander liegen. Nun den Teig wiederum auf acht Millimeter ausrollen.
9. Den Teig um 90° drehen und noch einmal einfach touren.
10. Erneut um 90° drehen und wieder doppelt touren, sodass insgesamt 144 Schichten (3 mal 4 mal 3 mal 4 = 144 Schichten) zustande kommen.
11. Den fertigen Blitzblätterteig 30 Minuten vor der Verwendung gekühlt entspannen lassen.
12. Das Eigelb verquirlen.
13. Anschließend den Blätterteig in verschiedene Formen ausstechen, mit Eigelb bestreichen, auf ein befeuchtetes Backblech geben und im vorgeheizten Ofen bei 210°C etwa 15 bis 20 Minuten backen, bis er goldgelb ist.

Anrichten

14. Blitzblätterteig wird zu vielen Gerichten gereicht und kann für Fleurons, Schillerlocken sowie Toreletts genutzt werden. Er geht nicht so gut auf wie ein Blätterteig, der mehr Ruhezeiten hatte und bei dem die Schichten gleichmäßig gearbeitet wurden.

Degustationsnotiz

Blitzblätterteig ist betont buttrig. Durch seine vielen Schichten wird er locker und leicht.

Kulinarik

Der Teig sollte vor jeder Tour um 90 Grad gedreht werden, damit die Außenteigseiten immer wieder nach innen kommen.
Blätterteig kann man einfrieren und so den hohen Aufwand für seine Herstellung schon vor der Zubereitung eines großen Menüs erledigen. Ansonsten sollte Blätterteig immer noch am Tag seiner Fertigung verarbeitet und verzehrt werden. Denn auch gebackener Blätterteig kann schon nach einem Tag ranzige Töne aufweisen.

FÜR 700 G BLITZBLÄTTERTEIG

Blätterteig
250 g Mehl (Type 405 oder 550)
130 ml Wasser
6 g Salz
250 g Butter
1 Eigelb (Bio-Ei Größe M)

Dauphinmasse

VORLAGE: DAUPHINMASSE. (LEHMANN), IN: PÖTZSCH, HERRSCHAFTSKÜCHE, S. 316 F.

Saison: Das ganze Jahr

FÜR 8 KLEINE AUFLÄUFE
8 Bio-Eier (Größe M)
120 g Zucker
1 Prise Salz
120 g Butter
30 g Kartoffelstärke
6 g süße Semmelbrösel
50 ml Sahne (30 % Fett)
10 g Puderzucker

Zubereitung

1. Die Eier in einer größeren Metallschüssel, die im Wasserbad auf 40°C erwärmt ist, aufschlagen. Währenddessen nach und nach den Zucker dazugeben.
2. Die Prise Salz hineinstreuen.
3. Die Butter ganz leicht erwärmen, sodass sie halbflüssig wird.
4. Die Eimasse etwa zehn bis 15 Minuten kalt schlagen.
5. Die Kartoffelstärke darüber sieben und dabei langsam mit einem Teiglöffel vermischen.
6. Mit einem Pinsel die kleinen Auflaufformen acht Zentimetern Durchmesser und fünf Zentimetern Höhe aus dem Vorrat der halbflüssigen Butter ausstreichen.
7. Die Semmelbrösel in die Formen geben. Diese seitlich drehen, sodass einige Brösel an den Wänden haften.
8. Unter die Eimasse die kalte Sahne und die weiche, aber flüssige Butter vorsichtig unterheben. Alles so in die Auflaufformen verteilen, dass diese nur zu zwei Dritteln gefüllt sind.
9. Die Auflaufformen im vorgeheizten Backofen in ein 45°C heißes Wasserbad geben und dann je nach Größe der Formen bei 140°C etwa 55 bis 65 Minuten garen.
10. Um zu testen, ob die Dauphinmasse gar ist, an der obersten Stelle mit einem Holzspieß einstechen. Bleiben Teigreste daran kleben, noch einige Minuten backen.
11. Die fertigen Aufläufe aus den Formen nehmen. Die Aufläufe fallen ein wenig zusammen.

Anrichten

12. Jeweils zwei Aufläufe auf einen vorgewärmten Teller geben. Ein wenig mit Puderzucker bestäuben, garnieren und warm servieren.
13. Es können Marmeladen oder süße Kompotte dazu gereicht werden.

Degustationsnotiz
Die goldgelben Aufläufe von Dauphinmasse haben leichte buttrige Eiaromen.

Kulinarik
Eier von Hühnern aus artgerechter Haltung mit biologischer Fütterung sind aromatischer als solche aus konventioneller Produktion. Denn bei Eiern ist die Qualität der Tierfütterung für den Geschmack entscheidend. Die sattgelbe Farbe des Dotters garantiert eine schöne Farbe der Dauphinmasse.

Hefeblechkuchen mit Äpfeln

VORLAGE: GEWÖHNLICHER HEFENTEIG ZUM KUCHEN. (LEHMANN), IN: PÖTZSCH, HERRSCHAFTSKÜCHE, S. 318

Saison: Das ganze Jahr

FÜR EIN BACKBLECH
45 g Hefe
20 ml Wasser
180 g Butter
750 g Mehl (Type 505)
2 Bio-Eier (Größe M)
2 Eigelbe (Bio-Ei Größe M)
1 Prise Salz
10 g Zucker

BELAG FÜR EINEN APFELKUCHEN
½ Bio-Zitrone
2 l Wasser
750 g feste Äpfel (Borsdorfer Apfel)
1 Eigelb (Bio-Ei Größe M)
20 g Hagelzucker

Zubereitung

Teig
1. Die Hefe mit etwas Butter und dem Wasser erwärmen.
2. Währenddessen die übrige Butter leicht erwärmen. Das Mehl dazugeben, aber noch nicht verrühren.
3. Zwei Eier, die beiden Eigelbe, Salz und Zucker dazugeben, zu einem Teig verarbeiten und mit dem Handballen durchkneten.
4. Den Teig mit einem Tuch abdecken, damit er keine trockene Kruste bekommt, und eine halbe Stunde an einem warmen Ort gehen lassen.
5. Den Teig nochmals durchkneten und wiederum eine halbe Stunde ruhen lassen.
6. Nun ein weiteres Mal durchkneten und erneut eine halbe Stunde ruhen lassen.
7. Den Teig ausrollen und auf ein Backblech legen. Weitere zehn Minuten an einem warmen Ort ruhen lassen.

Belag für den Apfelkuchen
8. Die Zitrone auspressen, in eine Dreiliterschüssel geben und zwei Liter kaltes Wasser dazugeben.
9. Die Äpfel schälen, entkernen und in ein Zentimeter große Spalten schneiden. Anschließend in das Zitronenwasser geben, damit sie nicht braun werden.
10. Die Apfelspalten aus dem Wasser nehmen und auf ein Küchenpapier oder Tuch legen, damit sie etwas abtrocknen.
11. Anschließend die Apfelspalten auf dem Teig verteilen.
12. Das Eigelb verquirlen und mit einem Pinsel über den Kuchen streichen.
13. Den Hagelzucker auf dem Apfelbelag verteilen.
14. Den Ofen auf 180°C vorheizen und den Hefeblechkuchen etwa 40 bis 45 Minuten backen.

Anrichten
15. Den Apfelkuchen vom Backblech nehmen, schneiden und lauwarm servieren.

Degustationsnotiz
Der Apfelkuchen hat deutliche Spuren einer Butternote. Leichte Röstaromen der Backkruste machen sich bemerkbar, bevor die Säure der Äpfel vehement hervortritt. Die Backaromen und die Apfeltöne bestimmen den bleibenden Geschmack.

Kulinarik
Für einen Hefeteig empfiehlt sich frische Hefe, weil sie aromatischer ist und das Gebäck im Ofen besser aufgehen lässt als Trockenhefe. Frische Hefe sollte nicht älter als eine Woche sein und keinen unangenehmen Geruch haben. Denn das Aroma der Hefe überträgt sich auf das Gebäck.
Eier von Hühnern aus artgerechter Haltung mit biologischer Fütterung sind aromatischer als solche aus konventioneller Produktion. Denn bei Eiern ist die Qualität der Tierfütterung für den Geschmack entscheidend. Die sattgelbe Farbe des Dotters garantiert eine schöne Farbe des Gebäcks.

Hefegebäck

VORLAGE: HEFENTEIG ZU JEDER BELIEBIGEN FORM. (BAUMANN), IN: PÖTZSCH, HERRSCHAFTSKÜCHE, S. 318

Saison: Das ganze Jahr

FÜR 30 TEILE GEBÄCK
30 g Hefe
135 g Butter
250 ml Wasser
625 g Mehl (Type 505)
1 Bio-Ei (Größe M)
3 Eigelbe (Bio-Ei Größe M)
1 Prise Salz
10 g Zucker
20 g Hagelzucker
20 g Puderzucker

Zubereitung

1. Die Hefe mit 125 Gramm Butter und ein wenig Wasser erwärmen.
2. Das Mehl dazugeben, aber noch nicht verrühren.
3. Das übrige Wasser auf eine Temperatur von etwa 40° C erwärmen.
4. Dann das ganze Ei, zwei Eigelbe, Salz und Zucker zugeben. Alles mit dem lauwarmen Wasser zu einem Teig verarbeiten und mit dem Handballen durchkneten.
5. Eine halbe Stunde an einem warmen Ort gehen lassen.
6. Inzwischen 30 Formen von zehn Zentimetern Durchmesser mit der restlichen Butter ausstreichen und auf die Innenwände ein wenig Mehl streuen, um später die gebackenen Hefestücke leicht herausnehmen zu können.
7. Den Teig in 30 gleichgroße Stücke teilen. Einzeln mit dem Handballen durchkneten und in die Backformen geben.
8. Die gefüllten Backformen mit einem Tuch abdecken und den Teig nochmals 20 Minuten an einem warmen Ort ruhen lassen.
9. Das dritte Eigelb verquirlen und mit einem Pinsel über die Hefestücke streichen. Dann die Teiglinge mit ein wenig Hagelzucker bestreuen.
10. Wieder zehn Minuten an einem warmen Ort ruhen lassen.
11. Den Backofen auf 200° C vorheizen und je nach Größe der Formen etwa 35 bis 45 Minuten backen.

Anrichten

12. Das Hefegebäck warm mit ein wenig Puderzucker garnieren und zum Kaffee reichen.

Degustationsnotiz

Deutliche Backaromen werden als Erstes wahrgenommen, bevor die Süße der Hefestücke die Dominanz übernimmt. Die Süße bestimmt auch den bleibenden Geschmack.

Kulinarik

Für einen Hefeteig empfiehlt sich frische Hefe, weil sie aromatischer ist und das Gebäck im Ofen besser aufgehen lässt als Trockenhefe. Frische Hefe sollte nicht älter als eine Woche sein und keinen unangenehmen Geruch haben. Denn das Aroma der Hefe überträgt sich auf das Gebäck.
Eier von Hühnern aus artgerechter Haltung mit biologischer Fütterung sind aromatischer als solche aus konventioneller Produktion. Denn bei Eiern ist die Qualität der Tierfütterung für den Geschmack entscheidend. Die sattgelbe Farbe des Dotters garantiert eine schöne Farbe des Gebäcks.

Hefeteig für Krustaden

VORLAGE: HEFENTEIG ZU CRUSTADEN. (BAUMANN), IN: PÖTZSCH, HERRSCHAFTSKÜCHE, S. 318

Saison: Das ganze Jahr

Zubereitung

1. 125 Gramm Butter erwärmen, bis sie flüssig wird.
2. Das Mehl in eine Schüssel geben und mit dem Salz und dem Zucker vermischen.
3. Danach das Ei und die Eigelbe durch ein Haarsieb passieren, um die Hagelschnüre zu entfernen, unter die Butter rühren und auch die Hefe in der warmen Butter auflösen. Alles zusammen unter das Mehl geben und mit dem Wasser zu einem Teig durcharbeiten.
4. Den Teig eine halbe Stunde an einem warmen Ort gehen lassen, nochmals durchkneten und wiederum eine halbe Stunde ruhen lassen.
5. Noch einmal den Teig durchkneten und eine halbe Stunde ruhen lassen.
6. Nach Bedarf eine Pastetenform von 26 Zentimetern Länge, elf Zentimetern Breite und sieben Zentimetern Höhe oder mehrere kleine runde Formen von acht Zentimetern Durchmesser und fünf Zentimetern Höhe mit zehn Gramm Butter ausstreichen.
7. Den Teig ausrollen und in die gewünschte Form beziehungsweise die Formen geben. Dabei die glatt gerollte Seite nach unten legen. Weitere zehn Minuten an einem warmen Ort ruhen lassen.
8. Anschließend den Teig mit der gewünschten Füllung versehen.
9. Den Ofen auf 180° C vorheizen und je nach Größe und Füllung etwa 30 bis 40 Minuten backen.

Anrichten

10. Die Krustade herausnehmen und in der Serviette servieren.

Degustationsnotiz
Der Hefeteig ist luftig und leicht. Deutlich spürt man den Butterton am Gaumen und die leichten Röstaromen der Backkruste machen sich bemerkbar. Der Teig saugt zudem die Aromen der Füllung auf. Die Butter des Hefegebäcks macht sich im bleibenden Geschmack bemerkbar.

Kulinarik
Für einen Hefeteig empfiehlt sich frische Hefe, weil sie aromatischer ist und das Gebäck im Ofen besser aufgehen lässt als Trockenhefe. Frische Hefe sollte nicht älter als eine Woche sein und keinen unangenehmen Geruch haben. Denn das Aroma der Hefe überträgt sich auf das Gebäck.
Eier von Hühnern aus artgerechter Haltung mit biologischer Fütterung sind aromatischer als solche aus konventioneller Produktion. Denn bei Eiern ist die Qualität der Tierfütterung für den Geschmack entscheidend. Die sattgelbe Farbe des Dotters garantiert eine schöne Farbe des Gebäcks.

FÜR 900 G

135 g Butter
625 g Mehl (Type 405)
8 g Salz
10 g Zucker
1 Bio-Ei (Größe M)
2 Eigelbe (Bio-Ei Größe M)
30 g Hefe
¼ l Wasser

Mögliche Füllungen
Reisschmarrn (Siehe S. 139)
Grießschmarrn (Siehe S. 140)

Semmelbrot

VORLAGE: SEMMELBROT. (LEHMANN), IN: PÖTZSCH, HERRSCHAFTSKÜCHE, S. 318

Saison: Das ganze Jahr

FÜR 1,2 KG
300 ml Sahne (30 % Fett)
1 kg Mehl (Type 505)
20 g Salz
5 g Zucker
40 g Hefe
Salz

Zubereitung

1. Die Sahne auf etwa 40°C erwärmen.
2. Das Mehl in eine Schüssel geben und mit dem Salz und dem Zucker vermischen.
3. Die Hefe in der warmen Sahne auflösen.
4. Die Hefe-Sahne-Mischung in die Mitte des Mehles geben. Etwas Mehl über die Flüssigkeit streuen und eine halbe Stunde an einem warmen Ort ruhen lassen.
5. Danach alles zu einem Teig durcharbeiten und erneut eine halbe Stunde an einem warmen Ort gehen lassen.
6. Den Teig nochmals durchkneten und wiederum eine halbe Stunde ruhen lassen.
7. Nochmals den Teig durchkneten und eine halbe Stunde ruhen lassen.
8. Ein Backbleck mit Backpapier belegen.
9. Den Teig ausrollen zu einem Brotlaib formen und weitere zehn Minuten an einem warmen Ort ruhen lassen.
10. Den Ofen auf 180°C vorheizen und etwa 40 bis 45 Minuten backen.

Anrichten

11. Das Semmelbrot herausnehmen und lauwarm geschnitten servieren.

Degustationsnotiz

Das Semmelbrot hat eine deutliche Butternote, die mit den leichten Röstaromen der Backkruste harmoniert. Durch ihren Fettgehalt bestimmt die Sahne den bleibenden Geschmack.

Kulinarik

Für einen Hefeteig empfiehlt sich frische Hefe, weil sie aromatischer ist und das Gebäck im Ofen besser aufgehen lässt als Trockenhefe. Frische Hefe sollte nicht älter als eine Woche sein und keinen unangenehmen Geruch haben. Denn das Aroma der Hefe überträgt sich auf das Gebäck.

Kulebjak

VORLAGE: COULIBIACTEIG. (LEHMANN), IN: PÖTZSCH, HERRSCHAFTSKÜCHE, S. 319

Saison: Das ganze Jahr

Zubereitung
1. Die Butter erwärmen, bis sie flüssig wird.
2. Das Mehl in eine Schüssel geben. Das Salz und den Zucker unterrühren.
3. Drei Eier mit der Milch verquirlen und durch ein Haarsieb geben, um die Hagelschnüre zu entfernen. Anschließend unter die Butter rühren.
4. Die Hefe in der warmen Butter auflösen.
5. Alles zusammen unter das Mehl geben und zu einem Teig durcharbeiten.
6. Eine halbe Stunde an einem warmen Ort gehen lassen.
7. Nochmals durchkneten und wiederum eine halbe Stunde ruhen lassen.
8. Die restlichen zwei Eier aufschlagen, verquirlen und durch ein Haarsieb geben.
9. Dann die Eier mit dem Teig verkneten und diesen nochmals eine halbe Stunde ruhen lassen.
10. Anschließend den Teig zu einem Brot formen.
11. Das Eigelb mit ein wenig Wasser vermischen, den Kulebjak damit bestreichen und nochmals zehn Minuten ruhen lassen.
12. Ein Backblech mit Backpapier auslegen.
13. Im vorgezizten Backofen bei 175 bis 180 °C etwa 20 bis 25 Minuten backen.
14. Danach die Temperatur abschalten und das Kulebjakbrot noch weitere fünf Minuten im Ofen ruhen lassen.

Anrichten
15. Kulebjak als Brot beispielsweise zu Lachs reichen.

Degustationsnotiz
Kulebjakbrot ist luftig und leicht. Deutlich spürt man den Butterton. Leichte Röstaromen der Backkruste machen sich bemerkbar. Den bleibenden Geschmack bestimmt die Butter.

FÜR 4 PERSONEN
200 g Butter
500 g Mehl (Type 405)
5 g Salz
35 g Zucker
5 Bio-Eier (Größe M)
10 ml Milch (3,5 % Fett)
30 g Hefe
1 Eigelb (Bio-Ei Größe M)

Kulinarik

Kulebjakteig benötigt viel Zeit. Beim ersten Ruhen sollte der Teig das doppelte Volumen erreichen. Sollte der Teig zu fest werden, kann man im ersten Arbeitsgang bei der Zugabe des Butter-Ei-Hefe-Gemischs einige Spritzer Wasser dazugeben.

Für einen Hefeteig empfiehlt sich frische Hefe, weil sie aromatischer ist und das Gebäck im Ofen besser aufgehen lässt als Trockenhefe. Frische Hefe sollte nicht älter als eine Woche sein und keinen unangenehmen Geruch haben. Denn das Aroma der Hefe überträgt sich auf das Gebäck.

Kulebjak eignet sich auch, um Lachs darin einzubacken.

Eier von Hühnern aus artgerechter Haltung mit biologischer Fütterung sind aromatischer als solche aus konventioneller Produktion. Denn bei Eiern ist die Qualität der Tierfütterung für den Geschmack entscheidend. Die sattgelbe Farbe des Dotters garantiert eine schöne Farbe des Gebäcks.

Zwieback

VORLAGE: HEFEN- ODER ZWIEBACKTEICH. (LEHMANN), IN: PÖTZSCH, HERRSCHAFTS-KÜCHE, S. 319

Saison: Das ganze Jahr

FÜR 900 G
75 g Butter
500 g Mehl (Type 550)
6 g Salz
65 g Zucker
1 Bio-Zitrone
6 Bio-Eier (Größe M)
50 g Hefe
100 ml Milch

Zubereitung

1. 65 Gramm Butter erwärmen, bis sie flüssig wird.
2. Das Mehl in eine Schüssel geben. Das Salz und den Zucker unterrühren.
3. Die Zitrone auspressen.
4. Danach die Eier durch ein Haarsieb passieren, um die Hagelschnüre zu entfernen, und mit dem Zitronensaft unter die Butter rühren.
5. Die Hefe in der warmen Butter auflösen.
6. Die Milch und die übrigen Zutaten unter das Mehl geben und zu einem Teig durcharbeiten.
7. Eine halbe Stunde an einem warmen Ort gehen lassen.
8. Nochmals durchkneten und wiederum eine halbe Stunde ruhen lassen.
9. Erneut durchkneten und eine weitere halbe Stunde ruhen lassen.
10. Eine Kastenform von 25 Zentimetern Länge, elf Zentimetern Breite und sieben Zentimetern Höhe mit den restlichen zehn Gramm Butter ausstreichen.
11. Den Teig für eine Kastenform vorbereiten, in diese hineinlegen und wiederum eine halbe Stunde ruhen lassen.
12. Den Ofen auf 180°C vorheizen und den Teig etwa 30 bis 40 Minuten backen, bis er goldgelb ist.
13. Das Brot in der Backform erkalten lassen.
14. Nach dem Erkalten das Brot herausnehmen, in sieben bis acht Millimeter starke Scheiben schneiden und diese auf ein Gitter legen. Anschließend die Scheiben zum zweiten Mal bei
170°C etwa 15 bis 20 Minuten backen.

Anrichten

15. Die Zwiebackscheiben beispielsweise zu Schokoladensuppe (Siehe Produktküche, Bd. 1, S. 93) reichen.

Degustationsnotiz
Mit einer knackigen Textur, mehlig und leicht nussig präsentiert sich der Zwieback, dessen Kruste klare Backaromen aufweist, die von den Zitrusaromen unterstützt werden.

Kulinarik
Für einen Hefeteig empfiehlt sich frische Hefe, weil sie aromatischer ist und das Gebäck im Ofen besser aufgehen lässt als Trockenhefe. Frische Hefe sollte nicht älter als eine Woche sein und keinen unangenehmen Geruch haben. Denn das Aroma der Hefe überträgt sich auf das Gebäck.
Eier von Hühnern aus artgerechter Haltung mit biologischer Fütterung sind aromatischer als solche aus konventioneller Produktion. Denn bei Eiern ist die Qualität der Tierfütterung für den Geschmack entscheidend. Die sattgelbe Farbe des Dotters garantiert eine schöne Farbe des Gebäcks.
Reife Bio-Zitronen besitzen eine ausgewogenere Balance zwischen Säure und Süße als Früchte aus konventionellem Anbau.

Englischer Teig für Weißbrot

VORLAGE: ENGLISCHER TEIG. (LEHMANN), IN: PÖTZSCH, HERRSCHAFTSKÜCHE, S. 319

Saison: Das ganze Jahr

FÜR 900 G
200 ml Milch
500 g Mehl (Type 550)
15 g Salz
3 g Zucker
1 Bio-Ei (Größe M)
40 g Hefe
10 g Butter

Zubereitung
1. Die Milch auf etwa 40° C erwärmen.
2. Das Mehl in eine Schüssel geben. Das Salz und den Zucker unterrühren.
3. Danach das Ei aufschlagen, durch ein Haarsieb passieren, um die Hagelschnüre zu entfernen und unter die Milch rühren.
4. Die Hefe in der warmen Milch auflösen.
5. Ei, Milch und Hefe unter das Mehl geben und zu einem Teig durcharbeiten.
6. Eine halbe Stunde an einem warmen Ort gehen lassen.
7. Nochmals durchkneten und wiederum eine halbe Stunde ruhen lassen.
8. Erneut durchkneten und eine weitere halbe Stunde ruhen lassen.
9. Eine Kastenform von 25 Zentimetern Länge, elf Zentimetern Breite und sieben Zentimetern Höhe mit zehn Gramm Butter ausstreichen.
10. Den Ofen auf 180° C vorheizen und den Teig etwa 40 bis 45 Minuten backen, bis er goldgelb ist.
11. Das Brot in der Backform erkalten lassen.

Anrichten
12. Das Englische Weißbrot sollte erst geschnitten werden, wenn es erkaltet ist, da es sonst leicht bricht.

Degustationsnotiz
Die knackige Kruste ist mehlig, doch leicht nussig. Die Kruste des Englischen Weißbrots weist klare Backaromen auf.

Kulinarik
Weißbrot, das nicht aus dem Standardmehl der Supermarktketten (405), sondern aus Mehl der Typen 505 oder 1050 hergestellt wird, schmeckt aromatischer. Es ist aber noch nicht körnig, wie dies beim Vollkornmehl fast immer der Fall ist.
Für einen Hefeteig empfiehlt sich frische Hefe, weil sie aromatischer ist und das Gebäck im Ofen besser aufgehen lässt als Trockenhefe. Frische Hefe sollte nicht älter als eine Woche sein und keinen unangenehmen Geruch haben. Denn das Aroma der Hefe überträgt sich auf das Gebäck.

Savarinteig

VORLAGE: SAVARINTEIG. (LEHMANN), IN: PÖTZSCH, HERRSCHAFTSKÜCHE, S. 319

Saison: Das ganze Jahr

JE NACH GRÖSSE DER SAVARIN-
FORMEN 10 BIS 16 STÜCK

385 g Butter
30 g Hefe
500 g Mehl (Type 505)
1 Bio-Zitrone
10 Bio-Eier (Größe M)
1 Prise Salz
20 g Zucker
1 l Läuterzucker (Siehe S. 420)
50 ml Rum oder Cognac

Zubereitung

1. Von der Butter 375 Gramm erwärmen. Die Hefe zerbröckeln, zur Butter geben und durchrühren.
2. Das Mehl in eine Schüssel geben, in die Mitte eine Mulde drücken und die Hefe mit der Butter hineingießen.
3. Die Butter mit etwas Mehl abdecken und 20 Minuten an einem warmen Ort ruhen lassen, bis größere Risse in dem Mehl auftauchen.
4. Währenddessen die Zitrone waschen und ihre gelbe Schale mit einer feinen Reibe abraspeln.
5. Die Eier mit einem Schneebesen verquirlen.
6. Die verquirlten Eier, die Hefe-Butter-Mehl-Mischung, das Salz, zehn Gramm Zucker und die geriebene Zitronenschale zu einem Teig verarbeiten.
7. Den Teig mit einem Tuch abdecken, damit er keine Kruste bildet, und eine halbe Stunde an einem warmen Ort ruhen lassen.
8. Die Savarinformen mit der restlichen Butter ausstreichen und auf die Innenwände mit dem restlichen Zucker streuen, um die gebackenen Savarins später leicht herausnehmen zu können.
9. Portionsweise mit zwei Löffeln den Teig in die Backformen geben.
10. Den Teig nochmals 30 Minuten an einem warmen Ort ruhen lassen.
11. Den Backofen auf 190° C vorheizen und je nach Größe der Formen etwa 13 bis 15 Minuten backen.
12. Währenddessen den Läuterzucker zubereiten, auf 70° C abkühlen lassen und mit dem Rum oder dem Cognac aromatisieren.
13. Die fertig gebackenen Savarins auf ein Gitter stürzen und anschließend 15 Minuten kalt stellen.
14. Danach mit einem Holzspieß kleine Löcher hineinstechen.

Anrichten

15. Die Savarins in den warmen, mit Rum oder Cognac parfümierten Läuterzucker tauchen, bis sie mit der Flüssigkeit vollgesogen sind.
16. Anschließend auf einem Teller anrichten und den Ring der Savarins mit einem Kompott oder mit Beerensalat füllen.

Degustationsnotiz

Die Savarins duften nach dem Rum bzw. Cognac des Läuterzuckers. Erst im Verlauf der Verkostung tauchen auch feine Spuren des Gebäcks auf.

Kulinarik

Savarinteig ist ein wenig weicher als üblicher Hefeteig. Es empfiehlt sich frische Hefe zu verwenden, weil sie aromatischer ist und das Gebäck im Ofen besser aufgehen lässt als Trockenhefe. Frische Hefe sollte nicht älter als eine Woche sein und keinen unangenehmen Geruch haben. Denn das Aroma der Hefe überträgt sich auf das Gebäck.
Rum und Cognac gibt es in einer sehr großen Vielzahl und in unterschiedlichen Qualitäten. Es lohnt sich einen guten Brandwein zu verwenden, da sein Aroma den Geschmack des Savarins wesentlich bestimmt.
Eier von Hühnern aus artgerechter Haltung mit biologischer Fütterung sind aromatischer als solche aus konventioneller Produktion. Denn bei Eiern ist die Qualität der Tierfütterung für den Geschmack entscheidend. Die sattgelbe Farbe des Dotters garantiert eine schöne Farbe des Gebäcks.

Savarinteig mit noch mehr Eiern

VORLAGE: SAVARINTEIG. (BAUMANN, MAX REZEPT), IN: PÖTZSCH, HERRSCHAFTSKÜCHE, S. 320

Saison: Das ganze Jahr

JE NACH GRÖSSE DER SAVARIN-FORMEN 16 BIS 20 STÜCK
260 g Butter
45 g Hefe
750 g Mehl (Type 505)
1 Bio-Zitrone
6 Bio-Eier (Größe M)
12 Bio-Eigelbe (Größe M)
1 Prise Salz
90 g Zucker
1 l Läuterzucker (Siehe S. 420)
50 ml Rum oder Cognac

Zubereitung

1. Von der Butter 250 Gramm erwärmen. Die Hefe zerbröckeln, zur Butter dazugeben und durchrühren.
2. Danach das Mehl in eine Schüssel geben, in die Mitte eine Mulde drücken und die Hefe mit der Butter hineingießen.
3. Die Butter mit etwas Mehl abdecken und 20 Minuten an einem warmen Ort ruhen lassen, bis größere Risse in dem Mehl auftauchen.
4. Währenddessen die Zitrone waschen und ihre gelbe Schale mit einer feinen Reibe abraspeln.
5. Die Eigelbe und die Eier zusammen mit einem Schneebesen verquirlen.
6. Die verquirlten Eier, die Hefe-Butter-Mehl-Mischung, das Salz, den Zucker und die fein geriebene Zitronenschale zu einem Teig verarbeiten.
7. Den Teig mit einem Tuch abdecken, damit er keine Kruste bildet, und eine halbe Stunde an einem warmen Ort ruhen lassen.
8. Die Savarinformen mit der restlichen Butter ausstreichen und auf die Innenwände ein wenig Zucker streuen, um die gebackenen Savarins später leicht herausnehmen zu können.
9. Portionsweise mit zwei Löffeln den Teig in die Backformen geben.
10. Den Teig nochmals 30 Minuten an einem warmen Ort ruhen lassen.
11. Den Backofen auf 190° C vorheizen und je nach Größe der Formen etwa 13 bis 15 Minuten backen.
12. Währenddessen den Läuterzucker zubereiten, auf 70° C abkühlen lassen und mit dem Rum oder dem Cognac aromatisieren.
13. Die fertig gebackenen Savarins auf ein Gitter stürzen und anschließend 15 Minuten kalt stellen.
14. Danach mit einem Holzspieß kleine Löcher hineinstechen.

Anrichten

15. Die Savarins in den warmen, mit Rum oder Cognac parfümierten Läuterzucker tauchen, bis sie mit der Flüssigkeit vollgesogen sind.
16. Anschließend auf einem Teller anrichten und den Ring der Savarins mit einem Kompott oder mit Beerensalat füllen.

Degustationsnotiz
Die Savarins duften nach dem Rum bzw. Cognac des Läuterzuckers. Erst im Verlauf der Verkostung tauchen auch feine Spuren des Gebäcks auf.

Kulinarik
Savarinteig ist ein wenig weicher als üblicher Hefeteig. Es empfiehlt sich frische Hefe zu verwenden, weil sie aromatischer ist und das Gebäck im Ofen besser aufgehen lässt als Trockenhefe. Frische Hefe sollte nicht älter als eine Woche sein und keinen unangenehmen Geruch haben. Denn das Aroma der Hefe überträgt sich auf das Gebäck.
Rum und Cognac gibt es in einer sehr großen Vielzahl und in unterschiedlichen Qualitäten. Es lohnt sich einen guten Brandwein zu verwenden, da sein Aroma den Geschmack des Savarins wesentlich bestimmt.
Eier von Hühnern aus artgerechter Haltung mit biologischer Fütterung sind aromatischer als solche aus konventioneller Produktion. Denn bei Eiern ist die Qualität der Tierfütterung für den Geschmack entscheidend. Die sattgelbe Farbe des Dotters garantiert eine schöne Farbe des Gebäcks.

Biskuitmasse für Kuchenböden mit Rand

VORLAGE: GESCHLAGENES BISCUIT ZU RÄNDERN. (BAUMANN), IN: PÖTZSCH, HERRSCHAFTSKÜCHE, S. 320

Saison: Das ganze Jahr

Zubereitung

1. Die Eier durch ein Haarsieb geben, um die Hagelschnüre zu entfernen.
2. Anschließend die Eier in einer größeren Metallschüssel im Wasserbad bei 40° C warm aufschlagen. Dabei nach und nach den Zucker zugeben.
3. Die Prise Salz hineinstreuen.
4. Nebenbei 250 Gramm Butter schmelzen und anschließend wieder leicht herunterkühlen.
5. Die Tortenformen von 28 Zentimetern Durchmesser und zehn Zentimetern Höhe mit der restlichen Buttern ausstreichen und diese mit den süßen Semmelbröseln bestreuen.
6. Die Eimasse etwa zehn bis 15 Minuten kalt schlagen. Anschließend das Mehl darüber sieben und langsam mit einem Teiglöffel vermischen.
7. Danach langsam die noch leicht flüssige Butter unterheben.
8. Die Biskuitmasse in die Tortenformen geben und mit Hilfe einer Winkelpalette die Masse gleichmäßig verstreichen.
9. Die Biskuitmasse im vorgeheizten Backofen bei 200° C etwa 15 bis 20 Minuten goldbraun backen.
10. Um zu testen, ob die Biskuitmasse gar ist, an der obersten Stelle mit einem Holzspieß einstechen. Bleiben Teigreste daran kleben, noch einige Minuten backen.
11. Den durchgebackenen Teig sofort aus den Formen nehmen und zum Abkühlen auf ein Gitter stürzen.

FÜR ZWEI TORTENBÖDEN
8 Bio-Eier (Größe M)
250 g Zucker
1 Prise Salz
250 g Butter
30 g süße Semmelbrösel
250 g Mehl (Type 405)

Anrichten

12. Den Biskuitboden beispielsweise mit Vanillepudding bestreichen, mit Früchten belegen und anschließend mit einem Tortenguss versehen.

Degustationsnotiz

Ein goldgelb gebackener Biskuitboden hat leichte Backaromen und eine weiche Konsistenz. Belegt mit Vanillepudding, weichen Früchten und überzogen mit Tortenglasur ergeben sich schmelzende Aromenakkorde.

Kulinarik

Die Eimasse darf nicht mit einem Schneebesen untergerührt werden, da sie sonst zusammenfällt.
Eier von Hühnern aus artgerechter Haltung mit biologischer Fütterung sind aromatischer als solche aus konventioneller Produktion. Denn bei Eiern ist die Qualität der Tierfütterung für den Geschmack entscheidend. Die sattgelbe Farbe des Dotters garantiert eine schöne Farbe des Biskuitbodens.

Mürbeteig für Krustaden

VORLAGE: CRUSTADEN VON MÜRBTEIG IM OFEN GEBACKEN. (LEHMANN), IN: PÖTZSCH, HERRSCHAFTSKÜCHE, S. 320

Saison: Das ganze Jahr

FÜR 650 G MÜRBETEIG

160 g Butter
350 g Mehl (Type 405)
1 Prise Salz
1 Prise Zucker
3 Eigelbe (Bio-Ei Größe M)
30 ml Milch (3,5 % Fett)
500 g getrocknete Linsen

Zubereitung

1. Die Butter auf Zimmertemperatur bringen.
2. Das Mehl auf die Arbeitsfläche sieben und das Salz und den Zucker dazugeben.
3. In die Mitte eine Mulde drücken und 150 Gramm Butter in grobe Stücke von zwei Mal zwei Zentimetern schneiden und in das Mehl geben.
4. Anschließend die Eigelbe und die Milch hinzufügen.
5. Mit einer Essgabel die Butter mit dem Mehl, mit den Eigelben und mit der Milch vermengen.
6. Das Mehl immer wieder mit einem Teigschaber vom Rand über die Zutaten zur Mitte schieben.
7. Mit einem großen glatten Messer den Teig regelrecht durchhacken, bis er krümelig wird.
8. Erst jetzt den Teig mit den Händen schnell über die Handballen kneten.
9. Daraufhin den Mürbeteig bei 6° C eine Stunde ruhen lassen, damit der Kleber des Mehls reagieren kann.
10. In der Zwischenzeit 20 Backformen von zehn Zentimetern Länge, viereinhalb Zentimetern Breite und eineinhalb Zentimetern Höhe mit der restlichen Butter ausstreichen.
11. Dann den ruhenden Teig auf fünf Millimeter ausrollen und daraus Stücke in Größe der Backformen ausstechen oder mit einem Messer ausschneiden. Den Rest des Teiges an den Rand der Förmchen andrücken.
12. Mit dem Rücken eines Messers oder einer Palette den Rand gerade abstreichen.
13. Den Teig, damit er nicht aufgeht, mit einer Essgabel mehrfach einstechen und mit einem Backpapier auslegen.
14. Die Linsen auf das Backpapier geben und gleichmäßig verteilen.
15. Die Schiffchen bei 180° C im vorgeheizten Ofen etwa zwölf bis 14 Minuten backen.
16. Die Kirschkerne herausnehmen und den Teig nochmals fünf Minuten backen, bis er goldgelb ist.

Anrichten

17. Die Mürbeteigböden nach Belieben mit Gemüse oder mit Farcen füllen und servieren.

Degustationsnotiz
Mürbeteig hat deutlich mehlige Nuancen, die von Buttertönen begleitet werden.

Kulinarik
Der Mürbeteig muss bei einer Temperatur von 6° C ruhen, da er sonst brandig wird. Zu warmes Fett verbindet sich durch zu langes Kneten mit den Händen und nicht mit dem Mehl. In diesem Zustand lässt sich der Mürbeteig schlecht ausrollen und reißt schnell. Außerdem werden Torteletts oder Krustaden aus falsch geknetetem Mürbeteig hart statt mürbe.
Die Eier, die Butter und die Milch sollten aus regionaler biologischer Produktion sein, weil sie frischer und aromatischer sind.

Mürbeteig für Aprikosenbeignets

VORLAGE: MÜRBTEIG ZU BEIGNETS, IN FETT AUSZUBACKEN. (LEHMANN), IN: PÖTZSCH, HERRSCHAFTSKÜCHE, S. 320

Saison: Das ganze Jahr

FÜR ETWA 20 BEIGNETS
375 g Mehl (Type 405)
1 Prise Salz
60 g Zucker
210 g Butter
5 Eigelbe (Bio-Ei Größe M)
50 ml Milch (3,5 % Fett)
300 g Aprikosenmarmelade (Siehe S. 422)
1,5 l Rapsöl zum Ausbacken
20 g Puderzucker

Zubereitung

1. Das Mehl auf die Arbeitsfläche sieben und das Salz und den Zucker dazugeben.
2. In die Mitte des Mehls eine Mulde drücken und die Butter in groben Stücken von zwei Mal zwei Zentimetern hineingeben.
3. Anschließend vier Eigelbe und die Milch hinzufügen.
4. Mit einer Essgabel die Butter, das Mehl, das Eigelb und die Milch vermengen.
5. Das Mehl immer wieder mit einem Teigschaber vom Rand über die Zutaten zur Mitte schieben.
6. Mit einem großen glatten Messer nun den Teig regelrecht durchhacken, bis er krümelig wird.
7. Erst jetzt den Teig mit den Händen schnell über die Handballen kneten.
8. Daraufhin den Mürbeteig bei 6° C eine Stunde ruhen lassen, damit der Kleber des Mehls reagieren kann.
9. Dann erst den Teig auf vier bis fünf Millimeter Stärke ausrollen.
10. Mit einem zehn Zentimeter breiten Ring Kreise ausstechen.
11. Das letzte Ei verquirlen und damit die Ränder bestreichen.
12. Auf die Mitte der Teigplatten jeweils 15 Gramm Aprikosenmarmelade geben. Anschließend den Teig zu einem Halbmond zusammenklappen und mit den Fingern fest schließen.
13. Zwischenzeitlich das Rapsöl auf 160 bis 165° C erhitzen und die Beignets im heißen Fett ausbacken, bis sie goldbraun sind.

Anrichten

14. Die Beignets mit Puderzucker bestreuen und warm auf einem vorgewärmten Teller anrichten. Anschließend garnieren und servieren. Dazu passt eine Vanillesauce (Siehe S. 441).

Degustationsnotiz
Zunächst nimmt man die Backaromen wahr. Dann bildet sich ein Aromenakkord mit der Aprikosenmarmelade. Die Backaromen bestimmen den bleibenden Geschmack.

Kulinarik
Der Mürbeteig muss bei einer Temperatur von 6° C ruhen, da er sonst brandig wird. Zu warmes Fett verbindet sich durch zu langes Kneten mit den Händen und nicht mit dem Mehl. In diesem Zustand lässt sich der Mürbeteig schlecht ausrollen und reißt schnell. Außerdem wird Gebäck aus falsch gekneteten Mürbeteig hart statt mürbe.
Die Eier, die Butter und die Milch sollten aus regionaler biologischer Produktion sein, weil sie frischer und aromatischer sind.

Schmankerl

VORLAGE: SCHMANKERLMASSE.(LEHMANN), IN: PÖTZSCH, HERRSCHAFTSKÜCHE, S. 321

Saison: Das ganze Jahr

Zubereitung

1. Die Eier mit einem Schneebesen aufquirlen und den Zucker nach und nach dazugeben.
2. Nun 75 Gramm Mehl durch ein feines Sieb in die Eimasse einstreuen und locker mit einem Teiglöffel unterheben.
3. Den Backofen auf 180°C aufheizen. Ein flaches Backblech mit einem Pinsel und etwas Butter einfetten und das restliche Mehl darauf streuen.
4. In eine Pappe, die eine Kantenlänge von je 20 Zentimetern hat und die etwa drei Millimeter stark ist, ein kreisrundes Loch mit einem Durchmesser von etwa 14 Zentimetern schneiden.
5. Die Schablone auf das Backblech legen, mit etwas Eimasse füllen und mit einer Palette in der Stärke der Pappe glatt streichen.
6. Den Vorgang wiederholen, bis 18 Kreise aus Teig auf dem Backblech liegen.
7. Die Kreise aus der Teigmasse im Ofen backen, bis sie goldgelb sind. Anschließend herausholen und gleich in Gläser von einem Durchmesser von sechs bis acht Zentimetern drücken, sodass kleine Körbchen oder Tüten entstehen.
8. Nach dem Erkalten die Körbchen oder Tüten aus dem Glas nehmen.

Anrichten

9. Die Schmankerl mit Sahne und Zimt oder auch mit verschiedenen Eissorten füllen und servieren.

Degustationsnotiz
Die Schmankerl haben eine knackig krosse Textur und deutliche Backaromen.

Kulinarik
Jedes goldgelb gebackene Schmankerl muss sofort, nachdem es gebacken wurde, in eine Form gegeben werden, da es sonst beim Formen zerbricht. Schmankerl müssen frisch gebacken serviert werden, da sie sonst an Aroma verlieren.

FÜR ETWA 18 KLEINE KÖRBCHEN

4 Bio-Eier (Größe M)
150 g Zucker
85 g Mehl (Type 550)
20 g Butter zum Einfetten des Bleches

Ausbackteig für kleine Pasteten

VORLAGE: RÖMISCHER BECHERTEIG. (LEHMANN), IN: PÖTZSCH, HERRSCHAFTSKÜCHE, S. 321

Saison: Das ganze Jahr

FÜR 4 PERSONEN
200 g Mehl (Type 405)
4 Bio-Eier (Größe M)
100 ml Milch (3,5 % Fett)
wenige Tropfen Sonnenblumenöl
1 Prise Salz
1 Spritzer Orangenblütenwasser
2 l Pflanzenöl
Salz

Zubereitung

1. Das Mehl mit den Eiern, der Milch, dem Sonnenblumenöl und dem Salz verrühren, bis der Teig leicht sämig wird.
2. Den Teig durch ein feines Sieb geben, um mögliche Mehlklumpen zu entfernen.
3. Das Orangenblütenwasser unter den Teig rühren.
4. Das Pflanzenöl in einem Topf auf 160 °C erhitzen.
5. Das Pasteteneisen kurze Zeit in das heiße Öl halten, dann in den Teig eintauchen und anschließend den anhaftenden Teig im Öl ausbacken, ohne das Pasteteneisen im Topf auf den Boden zu setzen.
6. Sobald die Pastete eine goldbraune Farbe angenommen hat, das Eisen herausnehmen und die Pastete vom Pasteteneisen abziehen.

Anrichten

7. Nach Wunsch die Pasteten mit Sahne, Pudding oder reifen Früchten füllen.

Degustationsnotiz

Der Pastetenteig nimmt die Aromen und Gewürze der jeweiligen Füllungen an und verbindet damit einen Hauch von Orangenblüten.

Kulinarik

Es empfiehlt sich, die Pasteten nicht in altem oder gehärtetem Fett auszubacken, weil dessen Aroma in die Pasteten übergeht. Beim Ausbacken sollte das Fett nicht über 160 °C erhitzt werden, damit der Teig kein Brandaroma bekommt.

Vanillesoufflee

VORLAGE: SOUFFLÉEMASSE. (BAUMANN), IN: PÖTZSCH, HERRSCHAFTSKÜCHE, S. 322

Saison: Das ganze Jahr

FÜR EIN SOUFFLEE VON 1,2 L
70 g Butter
90 g Zucker
1 Vanilleschote
250 ml Sahne (30 % Fett)
60 g Mehl (Type 405)
6 Bio-Eiweiß (Größe M)
4 Bio-Eigelbe (Größe M)
5 g Puderzucker

Zubereitung

1. Eine Souffleeform von 20 Zentimetern Durchmesser und neun Zentimetern Höhe mit zehn Gramm Butter auspinseln und dann mit Zucker ausstreuen, bis alle Wände und der Boden bedeckt sind. Den Zucker, der nicht anhaftet, aus der Form herauskippen und beiseite stellen.
2. Die Vanillestange längs halbieren und das Vanillemark herauskratzen. Das Mark und die Stange in die Sahne geben und aufkochen. Anschließend die Vanillestange herausnehmen.
3. Die restliche Butter zerlassen und das Mehl unterrühren.
4. Die Mehlbutter nach und nach in die heiße Sahne hineinrühren. Drei Eiweiße, ohne sie aufzuschlagen, unterheben, um die Souffleemasse zu stabilisieren.
5. Die Masse kräftig mit einem Schneebesen durchschlagen.
6. Alles in eine Schüssel geben und die Eigelbe einzeln unterrühren.

7. Den Backofen auf 160° C aufheizen. Einen flachen Topf mit Wasser, in den später die Auflaufform mit dem Soufflee hineingesetzt wird, in den Backofen stellen.
8. Das restliche Eiweiß mit dem beiseite gestellten Zucker zunächst langsam aufschlagen. Mit der Zeit die Geschwindigkeit des Aufschlagens steigern.
9. Anschließend mit einem Teiglöffel das sehr feste Eiweiß nach und nach unter die Souffleemasse heben.
10. Die Souffleemasse in die Auflaufform geben, sodass sie die Form nicht ganz, sondern nur bis zu einer Höhe von ein bis zwei Zentimetern unterhalb des Randes füllt.
11. Die Auflaufform in den Backofen ins Wasserbad stellen und etwa 40 bis 45 Minuten backen.
12. Das Soufflee aus dem Backofen nehmen und mit Puderzucker bestreuen.

Anrichten
13. Das Soufflee in der Auflaufform servieren. Mit einem Esslöffel Portionen herausnehmen und jeweils auf vorgewärmte Teller geben.

Degustationsnotiz
Luftig und locker entfalten Vanille, Ei und Butter einen Aromenakkord. Zart kommen die leichten Backaromen zu Tage. Die Vanille dominiert den bleibenden Geschmack.

Kulinarik
Ein Soufflee kann mit verschiedenen Produkten zubereitet werden. Neben Vanille eignen sich Orange, Reis, Grieß, Karamell oder Kaffee. Das Aroma von frischen Vanilleschoten ist wesentlich komplexer als das von Vanillezucker oder das von synthetisch hergestelltem Vanillin, das lediglich den zentralen Aromastoff der Vanille nachahmt. Vanilleschoten gibt es in drei aromatisch deutlich differierenden Varianten: Bourbon-, Mexiko- und Tahiti-Vanille.

Bierteig zum Ausbacken von Gemüse

VORLAGE: AUSBACKTEIG. (BRUNFAUT), IN: PÖTZSCH, HERRSCHAFTSKÜCHE, S. 322

Saison: Das ganze Jahr

FÜR 4 PERSONEN BZW. FÜR 400 G GEMÜSE
400 g Mehl (Type 550)
400 ml Weizenbier
1520 ml Rapsöl
1 Prise Salz
400 g Gemüse
4 Bio-Eiweiß (Größe M)

Zubereitung
1. Das Mehl mit dem Weizenbier und 20 Millilitern Rapsöl zu einem Teig verrühren.
2. Das Salz dazugeben und den Teig durch ein feines Haarsieb passieren.
3. Anschließend den Teig etwa zehn Minuten ruhen lassen.
4. Zwischenzeitlich die Gemüse säubern und in fünf bis acht Millimeter dicke Scheiben schneiden.
5. Das Eiweiß steif schlagen und mit einem Holzlöffel unter den Teig heben.
6. In einem Topf die restlichen eineinhalb Liter Rapsöl auf 160°C erhitzen.
7. Die Gemüsescheiben kurz im Teig wenden und im heißen Rapsöl etwa drei bis vier Minuten backen. Die Gemüsescheiben einmal wenden, damit sie von beiden Seiten gleichmäßig bräunen.

Anrichten
8. Die Gemüsescheiben mit einem Schaumlöffel aus dem Öl nehmen und auf Küchenpapier trocken legen.
9. Das in Bierteig ausgebackene Gemüse auf einem vorgewärmten Teller anrichten und servieren.

Degustationsnotiz
Trotz seiner krossen Textur wirkt der Backteig sehr saftig, da er die Aromen der Gemüse aufgenommen hat. Die heißen Gemüse im Innern des Teigs bleiben al dente und entfalten erst ihr Aroma, wenn der Teig zerkaut wird. Sie bestimmen auch den bleibenden Geschmack.

Kulinarik
Statt mit Weizenbier kann der Teig auch mit Wasser oder mit halb Wein und halb Wasser oder für süße Speisen mit Orangenblütenwasser zubereitet werden. Das verändert selbstverständlich den Geschmack des Teigs. Durch Weizenbier wirkt das Gemüse aromatischer. Ein Teig mit Weißwein und Wasser lässt das Gemüse würziger erscheinen, da durch den Wein eine leichte Säure hinzukommt. Orangenblütenwasser passt, wenn im Teig süße Speisen oder Früchte ausgebacken werden sollen.

Omelettmasse

VORLAGE: OMELETTE-MASSE. (WEBER), IN: PÖTZSCH, HERRSCHAFTSKÜCHE, S. 322

Saison: Das ganze Jahr

Zubereitung

1. Die Eier mit einem Schneebesen einige Sekunden aufschlagen und durch ein feines Sieb geben.
2. Danach die Milch unterrühren.
3. Die Eimasse in vier Teile teilen.
4. 15 Gramm Butter und etwas Rapsöl in eine Pfanne geben und erhitzen.
5. Das erste Viertel der Eimasse in die Pfanne geben. Mit einer Hand die Pfanne hin und her bewegen und zugleich mit einem Küchenlöffel in der anderen Hand die Eimasse rühren.
6. Zwischendurch rasch eine Prise Salz dazugeben.
7. Die Pfanne zum Schluss schräg halten, sodass die Eimasse langsam an den Pfannenrand gedrängt wird.

Anrichten

8. Die Eimasse zum Omelett formen und sofort auf einen vorgewärmten Teller kippen.
9. Das Omelett mit der restlichen Butter bestreichen, damit es Glanz bekommt.
10. Das Omelett garnieren und servieren.

Degustationsnotiz
Buttrige Töne beleben den Gaumen, bis die Eimasse deutlich die Dominanz übernimmt. Das Omelett bestimmt auch den bleibenden Geschmack.

Kulinarik
Die Eier, die Butter und die Milch sollten aus regionaler biologischer Produktion sein, weil sie frischer und aromatischer sind. Eine sattgelbe Farbe des Dotters garantiert eine schöne Farbe des Omeletts.
Mit etwas Rapsöl kann Butter höher erhitzt werden, ohne rasch zu bräunen.

FÜR 4 PERSONEN
16 Bio-Eier (Größe M)
120 ml Milch (3,5 % Fett)
25 g Butter
20 ml Rapsöl
Salz

Eierkuchenmasse

VORLAGE: EIERKUCHENMASSE. (WEBER), IN: PÖTZSCH, HERRSCHAFTSKÜCHE, S. 322

Saison: Das ganze Jahr

FÜR 4 PERSONEN
16 Bio-Eier (Größe M)
240 g Mehl (Type 405)
1 l Milch (3,5 % Fett)
Salz
80 g Butter
20 ml Rapsöl
40 g Puderzucker

Zubereitung

1. Die Dotter und das Eiweiß trennen. Anschließend das Eiweiß fünf Minuten kalt stellen.
2. Das Mehl mit der Milch und den Eigelben verrühren, ein wenig salzen und anschließend durch ein feines Sieb geben.
3. Die Masse etwa fünf Minuten im Kühlschrank ruhen lassen.
4. Das Eiweiß währenddessen sehr steif schlagen.
5. Dann das Eiweiß mit einem Löffel unter die Mehl-Milch-Eigelb-Masse unterheben.
6. Etwas Butter mit einem Spritzer Rapsöl in einer Pfanne erhitzen.
7. Mit einer Kelle die Eierkuchenmasse in die Pfanne geben und die Hitze ein wenig reduzieren.
8. Nach etwa zwei bis drei Minuten den Eierkuchen in der Pfanne wenden.
9. Den Eierkuchen bei geringerer Hitze langsam gar werden lassen.

Anrichten

10. Die Eierkuchen auf einen vorgewärmten Teller geben, mit Puderzucker bestäuben und servieren.

Degustationsnotiz

Leichte, gesüßte Buttertöne begleiten den warmen sehr lockeren Eierkuchen. Die Zuckertöne beflügeln die Eiaromen, die auch den bleibenden Geschmack bestimmen.

Kulinarik

Mit etwas Rapsöl kann Butter höher erhitzt werden, ohne rasch zu bräunen.
Eier von Hühnern aus artgerechter Haltung mit biologischer Fütterung sind aromatischer als solche aus konventioneller Produktion. Denn bei Eiern ist die Qualität der Tierfütterung für den Geschmack entscheidend. Die sattgelbe Farbe des Dotters garantiert eine schöne Farbe der Eierkuchen.

Pastetenteig

VORLAGE: PASTETENTEIG. (BRUNFAUT), IN: PÖTZSCH, HERRSCHAFTSKÜCHE, S. 323

Saison: Das ganze Jahr

FÜR 750 G PASTETENTEIG
500 g Mehl (Type 405)
1 Prise Salz
1 Prise Zucker
150 g Butter
4 Eigelbe (Bio-Ei Größe M)
10 ml Wasser

mögliche Füllung
5 Rezepturen Kalbfleischfarce
(Siehe Produktküche, Bd. 1,
S. 553)

Zubereitung
1. Das Mehl auf die Arbeitsfläche sieben und das Salz und den Zucker dazugeben.
2. In die Mitte eine Mulde drücken und die Butter in zwei Mal zwei Zentimeter Stücken in das Mehl geben.
3. Die Eigelbe und das Wasser hineingeben.
4. Mit einer Essgabel die Butter mit dem Mehl, dem Eigelb und dem Wasser vermengen.
5. Das Mehl immer wieder mit einem Teigschaber vom Rand über die Zutaten zur Mitte schieben.
6. Mit einem großen glatten Messer nun den Teig regelrecht durchhacken, bis er krümelig wird.
7. Erst jetzt mit den Händen schnell über die Handballen kneten.
8. Den Pastetenteig eine Stunde ruhen lassen, damit der Kleber des Mehls reagieren kann.
9. Dann erst den Teig auf eine Stärke von etwa drei bis vier Millimetern ausrollen.
10. Nach Bedarf eine Pastetenform oder mehrere kleine Formen mit zehn Gramm Butter ausstreichen und die Form bzw. die Förmchen mit dem Teig auskleiden.
11. Den Pastetenteig mit einer Masse aus Wild, Geflügel oder Kalbfleisch füllen und bei 160° C etwa 40 bis 45 Minuten backen.

Anrichten
12. Die Pastete aus der Form nehmen, auf eine Platte setzen und warm servieren.

Degustationsnotiz
Der Pastetenteig nimmt die Aromen und Gewürze der jeweiligen Füllungen an. Darüber hinaus zeigen sich deutlich mehlige Nuancen, die von Buttertönen begleitet werden.

Kulinarik
Die Pastetenform kann als Schablone dienen, um den Teig passend auszurollen. Nach dem Ausrollen werden die Wandstücke auf das mittlere Teigstück gelegt, das als Boden dienen soll. Anschließend gibt man den Teig auf den Boden der Pastetenform und kleidet die Wände aus, indem die aufgeklappten Teigstücke mit einem Tuch an die Wände angedrückt werden.
Der Pastetenteig muss genau nach den Vorgaben hergestellt werden, da er sonst brandig wird. Denn das Fett verbindet sich durch zu langes Kneten mit den Händen und nicht mit dem Mehl. In diesem Zustand lässt sich der Pastetenteig schlecht ausrollen, er reißt schnell und die Pasteten lassen sich nicht ordentlich auslegen.

Baiser

VORLAGE: MÉRENQUÈMASSE, (LEHMANN), IN: PÖTZSCH, HERRSCHAFTSKÜCHE, S. 323

Saison: Das ganze Jahr

FÜR 14 BAISERS
5 Bio-Eiweiß (Größe M)
250 g Zucker
50 g Puderzucker

Zubereitung

1. Das Eiweiß in eine große, fettfreie Schüssel geben, da sonst das Eiweiß nicht auf geschlagen werden kann, und mit einem Schneebesen leicht schaumig schlagen.
2. Nachdem das Eiweiß schon weiß wird, den Zucker nach und nach beim Weiterschlagen einrieseln lassen.
3. Das Eiweiß so lange schlagen, bis sich der Zucker aufgelöst hat und das Eiweiß Spitzen bildet, die nicht mehr in die Masse zurücksinken.
4. Ein Backblech mit Backpapier auslegen.
5. Die feste Eiweißmasse in einen Spritzbeutel mit einer Sterntülle von zwölf Millimetern Durchmesser geben.
6. Auf das Backpapier im Abstand von vier bis fünf Zentimetern 14 Rosetten spritzen.
7. Den Puderzucker in ein feines Haarsieb geben und die Rosetten damit bestreuen.
8. Die Baiserrosetten im Backofen bei 130°C drei bis vier Stunden trocknen. Falls das Baiser dunkel zu werden droht, die Temperatur auf 90 bis 95°C reduzieren und die Trocknung entsprechend um eine Stunde verlängern.
9. Anschließend den Backofen öffnen und das Baiser im Backofen eine Stunde lang abkühlen lassen.

Anrichten

10. Die Baisers auf eine Platte legen und mit Sahne oder Eis servieren.

Degustationsnotiz

Baiser verbindet eine krosse Textur mit dem Genuss reiner Süße. Es verlangt geradezu danach, dieses Aromenspektrum mit anderen Produkten von cremiger Konsistenz, wie Sahne oder Eis, zu erweitern.

Kulinarik

Das Eiweiß muss, nachdem es sehr fest aufgeschlagen wurde, sofort verarbeitet werden. Denn nach etwa zehn Minuten Ruhe beginnt es, sich wieder zu verflüssigen.

Mürbeteig für einen Tortenboden

VORLAGE: KUCHEN VON MÜRBTEICH., IN: PÖTZSCH, HERRSCHAFTSKÜCHE, S. 328

Saison: Das ganze Jahr

Zubereitung

1. Das Mehl auf die Arbeitsfläche sieben und das Salz dazugeben.
2. In die Mitte des Mehls eine Mulde drücken und 150 Gramm Butter in groben Stücken von zwei mal zwei Zentimetern in das Mehl hineingeben.
3. Die Eigelbe und die Milch dazugeben.
4. Mit einer Essgabel die Butter, das Mehl, das Eigelb und die Milch vermengen.
5. Das Mehl immer wieder mit einem Teigschaber vom Rand über die Zutaten zur Mitte schieben.
6. Mit einem großen glatten Messer nun den Teig regelrecht durchhacken, bis er krümelig wird.
7. Erst jetzt den Teig mit den Händen schnell über die Handballen kneten.
8. Daraufhin den Mürbeteig bei 6°C eine Stunde ruhen lassen, damit der Kleber des Mehls reagieren kann.
9. In der Zwischenzeit eine Tortenform von 26 Zentimetern Durchmesser und fünf Zentimetern Höhe mit der restlichen Butter ausstreichen.
10. Den Teig auf fünf Millimeter Dicke ausrollen. Anschließend den Teig auf ein Rollholz aufrollen und damit auf die ausgebutterte Backform legen.
11. Mit Hilfe eines Tortenringes oder einer Pappschablone einen Kreis von 30 Zentimetern Durchmesser mit einem Teigroller oder Messer ausschneiden.
12. Den Teig von außen um vier Zentimeter nach innen schlagen. Dann mit einem Teigkneifer in einem gleichmäßigen Muster die Randhöhe rundum zusammendrücken.
13. Einen Backpapierstreifen von einer Breite von drei Zentimetern und einer Länge von mindestens 86 Zentimetern zuschneiden, um den Teig legen und mit etwas Eiweiß die überlappenden Enden zusammenkleben.
14. Den Papierstreifen rund um den Teig und auf anderthalb Zentimetern Höhe mit einem Naturbindfaden zusammenbinden.
15. Anschließend den Teigboden mit einer Gabel mehrfach einstechen, damit er nicht aufgeht.
16. Den Teigboden mit einem Backpapier auslegen und darauf Kirschkerne füllen, bis sie den oberen Rand erreichen
17. Den Tortenboden im vorgeheizten Ofen bei 180°C etwa 15 bis 20 Minuten backen. Dann die Temperatur auf 160°C reduzieren und den Mürbeteig noch etwa weitere 15 Minuten im Ofen lassen, bis er goldgelb wird.
18. Die Kirschkerne aus dem Tortenboden entfernen und den Mürbeteig nochmals fünf Minuten backen.

Anrichten

19. Den Tortenboden, nachdem er abgekühlt ist, nach Wunsch mit Schokolade, Pudding oder Früchten füllen.

Degustationsnotiz
Den Tortenboden prägen Butter- und Backaromen mit leichten Nusstönen.

Kulinarik
Der Mürbeteig muss bei einer Temperatur von 6°C ruhen, da er sonst brandig wird. Zu warmes Fett verbindet sich durch zu langes Kneten mit den Händen und nicht mit dem Mehl. In diesem Zustand lässt sich der Mürbeteig schlecht ausrollen und reißt schnell. Außerdem wird Gebäck aus falsch geknetetem Mürbeteig hart statt mürbe.

FÜR EINEN TORTENBODEN

250 g Mehl (Type 405)
1 Prise Salz
160 g Butter
5 Eigelbe (Bio-Ei Größe M)
30 ml Milch (3,5 % Fett)
1 Eiweiß (Bio-Ei Größe M)
1 kg Kirschkerne

Glasur – Füllung – Zutat

Läuterzucker

VORLAGE: LÄUTER-ZUCKER. (MINNE), IN: PÖTZSCH, HERRSCHAFTSKÜCHE, S. 326

Saison: Das ganze Jahr

FÜR 4 PERSONEN
750 g Zucker
1 l Wasser

Zubereitung
1. Den Zucker mit dem Wasser verquirlen und fünf Minuten kochen. Anschließend kalt stellen.

Anrichten
2. Läuterzucker wird beispielsweise zu Cocktails, Gelees, Bowlen oder Punsch benötigt.

Degustationsnotiz
Läuterzucker gibt vielen Speisen oder Getränken eine Süße, um etwa die Säure von Zitronen oder Orangen aufzuwiegen. Zudem verleiht Läuterzucker einem Sorbet eine gewisse Cremigkeit.

Kulinarik
Läuterzucker lässt sich wegen seines hohen Zuckergehalts sehr lange im Kühlschrank aufbewahren. Er kann auch mit Cognac oder Rum parfümiert werden.
Rum und Cognac gibt es in einer sehr großen Vielzahl und in unterschiedlichen Qualitäten. Es lohnt sich einen guten Brandwein zu verwenden, da sein Aroma den Geschmack des Läuterzuckers wesentlich bestimmt.

Läuterzucker zum Einkochen

VORLAGE: ZUCKER ZUM DÜNSTOBST. (REZEPTE VON WINDISCH-GRAETZ), IN: PÖTZSCH, HERRSCHAFTSKÜCHE, S. 45

Saison: Das ganze Jahr

Zubereitung
1. Das Wasser mit dem Zucker zum Kochen bringen.
2. Bis zu einer Menge von einem Dreiviertelliter einkochen.

Anrichten
3. In sterilisierte Schraubgläser umfüllen. Mit dem Schraubdeckel schließen, auf den Kopf stellen und erkalten lassen.

Degustationsnotiz
Läuterzucker aus Raffinade ist lediglich süß. Nicht raffinierte Zuckersorten bringen zusätzliche Töne von Karamell, Malz und Lakritze ein.

Kulinarik
Neben dem weißen raffinierten Zucker, der rein süß schmeckt, findet sich im Handel Brauner Zucker, der entweder ebenfalls ein auskristallisierter weißer Zucker ist, der mit Rohrzuckersirup braun gefärbt ist, oder durch Erhitzen karamellisiert wurde. Rohrohrzucker (Muscovade) wird aus dem Saft des Zuckerrohrs durch Filtern, Eindicken, Trocknen und Mahlen gewonnen. Er enthält außer Zucker noch weitere Aromastoffe der Pflanzen, aus denen er hergestellt wurde.

Läuterzucker kann zum Dünsten von Äpfeln, Birnen, Pflaumen oder gar Quitten verwendet werden, wenn die Früchte nicht die nötige Reife und Süße aufweisen. Er kann auch wie Zucker zum Konservieren benutzt werden.

FÜR EINE ¾ LITER LÄUTERZUCKER
1 ½ l Wasser
1 kg Zucker

Aprikosenmarmelade / Marillenmarmelade

VORLAGE: MARMELADEN. (REZEPTE VON WINDISCH-GRAETZ), IN: PÖTZSCH, HERRSCHAFTSKÜCHE, S. 45

Saison: August bis September

FÜR 2 GLÄSER MIT 200 ML
400 g Marillen/Aprikosen
400 g Zucker

Zubereitung

1. Die reifen Marillen waschen, in heißem Wasser ganz kurz blanchieren und in kaltem Wasser abschrecken.
2. Den Früchten die Haut abziehen, dann die Marillen halbieren und entkernen.
3. Den Zucker mit den Marillen vermengen und eine Stunde ziehen lassen.
4. Die halben Marillen in einem Topf mit einem Holzlöffel unter ständigem Rühren zehn bis fünfzehn Minuten köcheln lassen.
5. Den aufsteigenden Schaum mit einem Löffel abschöpfen.
6. Etwas Marillenmarmelade auf einen Teller geben, um die Konsistenz zu testen. Sollte sie nicht fest genug sein, nochmals leicht nachkochen lassen.
7. Zwei sterilisierte Schraubdeckelgläser, die 0,2 Liter fassen, vorbereiten.

Anrichten

8. Die Gläser bis zum Rand mit heißer Marillenmarmelade füllen. Den Schraubdeckel fest zudrehen, die Gläser auf den Kopf stellen und erkalten lassen.
9. Die Marillenmarmelade dunkel und bei 15 bis 18°C lagern.

Degustationsnotiz

Marillenmarmelade weist eine schöne Süße und Frucht auf, die mit ihrer eigenen Säure zu einer Harmonie verschmilzt.

Kulinarik

Es empfiehlt sich, sehr reife Marillen/Aprikosen zu verwenden, da sie der Marmelade ein intensiveres Aroma verleihen. Wenn die Kerne der Früchte mitgekocht werden, geben sie leichte Bitterstoffe ab. Die Kerne werden vor dem Befüllen der Gläser aus der Marmelade herausgenommen.

Sollten die typischen Fruchtaromen der Marillen/Aprikosen in der Marmelade nicht wie erwünscht zur Geltung kommen, weil die Früchte nicht hinreichend Süße besitzen, kann etwas Zitronensaft durch seine Säure einen Hintergrund liefern, vor dem die Süße und Fruchtigkeit mehr hervortritt.

Man sollte keine Marillen/Aprikosen in Folien kaufen, weil dadurch ihre Haltbarkeit künstlich verlängert wird.

Erdbeermarmelade

VORLAGE: MARMELADEN. (REZEPTE VON WINDISCH-GRAETZ), IN: PÖTZSCH, HERRSCHAFTSKÜCHE, S. 45

Saison: Juni bis Oktober

Zubereitung

1. Die reifen Erdbeeren waschen und den Strunk mit Hilfe eines Messers entfernen.
2. Die Früchte halbieren, mit dem Zucker vermengen und 20 Minuten ziehen lassen.
3. Die gezuckerten Erdbeeren mit ihrer Flüssigkeit in einem Topf geben und unter ständigem Rühren mit einem Holzlöffel zehn bis fünfzehn Minuten köcheln lassen.
4. Den aufsteigenden Schaum mit einem Löffel abschöpfen.
5. Anschließend die Erdbeermarmelade mit einem Holzlöffel durch ein feines Sieb streichen.
6. Nochmals aufkochen. Etwas Erdbeermarmelade auf einen Teller geben, um die Konsistenz zu testen. Sollte sie nicht fest genug sein, nochmals leicht nachkochen lassen.
7. Zwei sterilisierte Schraubdeckelgläser, die 0,2 Liter fassen, vorbereiten.

Anrichten

8. Die Gläser bis zum Rand mit heißer Erdbeermarmelade füllen. Den Schraubdeckel fest zudrehen, die Gläser auf den Kopf stellen und erkalten lassen.
9. Die Erdbeermarmelade dunkel und bei 15 bis 18°C lagern.

Degustationsnotiz
Erdbeermarmelade besitzt eine schöne Süße und Fruchtigkeit.

Kulinarik
Erdbeersorten sind sehr unterschiedlich aromatisch. Die Sorten „Mara des Bois" und „Mieze Schindler" besitzen ein fruchtiges Walderdbeeraroma. Grundsätzlich empfiehlt sich, saisonale Früchte aus regionalem biologischen Anbau zu verwenden, weil sie frischer und aromatischer sind als andere. Erdbeeren aus Freilandhaltung entwickeln aufgrund der UV-Bestrahlung wesentlich mehr Aroma als Früchte, die nicht unter einer Folie bzw. im Gewächshaus gezogen wurden. Weil Erdbeeren nicht nachreifen, sollte man nur vollreife Früchte verwenden. Falls man genötigt ist, Erdbeeren zu verarbeiten, die nicht ausgereift sind, sollte man sie nicht nur mit Zucker süßen, sondern auch etwas Zitronensaft hinzufügen, weil die Früchte durch den Kontrast zur Säure süßer wahrgenommen werden als ohne diesen Hintergrund. Nach dem gleichen Rezept lassen sich auch Johannisbeer- oder Himbeermarmelade herstellen.

FÜR 2 GLÄSER MIT 200 ML
400 g Erdbeeren
400 g Zucker

Quittenmarmelade

VORLAGE: QUITTEN=MARMELADEN, IN: UNIVERSAL=LEXIKON DER KOCHKUNST, S. 322

Saison: Juni bis Oktober

FÜR ZWEI GLÄSER VON 200 ML
500 g Quitten
375 g Zucker
1 Bio-Zitrone

Zubereitung

1. Die reifen Quitten waschen und den Strunk mit Hilfe eines Messers entfernen.
2. Die Früchte halbieren, mit dem Zucker vermengen und zwanzig Minuten ziehen lassen.
3. Die gezuckerten Quitten mit der Flüssigkeit in einen Topf geben und unter ständigem Rühren mit einem Holzlöffel zehn bis fünfzehn Minuten köcheln lassen.
4. Den aufsteigenden Schaum mit einem Löffel abschöpfen.
5. Anschließend die Quittenmarmelade mit einem Holzlöffel durch ein feines Sieb streichen.
6. Die Zitrone auspressen und den Saft mit der Marmelade vermischen.
7. Alles nochmals aufkochen. Etwas Quittenmarmelade auf einen Teller geben, um die Konsistenz zu testen. Sollte sie nicht fest genug sein, nochmals leicht nachkochen lassen.
8. Zwei sterilisierte Schraubdeckelgläser, die 200 Milliliter fassen, vorbereiten.

Anrichten

9. Die Gläser bis zum Rand mit heißer Quittenmarmelade füllen. Den Schraubdeckel fest zudrehen, die Gläser auf den Kopf stellen und erkalten lassen.
10. Die Quittenmarmelade dunkel und bei 15 bis 18°C lagern.

Degustationsnotiz
Quittenmarmelade besitzt eine schöne Süße und Fruchtigkeit.

Kulinarik
Quitten sollten, wenn sie zur Marmelade eingekocht werden, reif sein und aromatisch duften. Es empfiehlt sich, sie nach dem Pflücken einige Tage zu lagern.
Um die typischen Fruchtaromen der Quitten in der Marmelade besser zur Geltung kommen zu lassen, wird etwas Zitronensaft hinzugegeben, der durch seine Säure einen Hintergrund liefert, vor dem die Süße und Fruchtigkeit mehr hervortritt. Das Aroma von reifen Bio-Zitronen besitzt eine ausgewogenere Balance zwischen Säure und Süße als das von Früchten aus konventioneller Produktion.

Johannisbeergelee

VORLAGE: JOHANNISBEEREN, IN: PÖTZSCH, HERRSCHAFTSKÜCHE, S. 282

Saison: Juli bis August

FÜR 500 ML JOHANNISBEERGELEE
350 g Johannisbeeren
350 g Zucker
100 ml Wasser

Zubereitung

1. Die Johannisbeeren waschen und mit einer Gabel die Beeren vom Stil lösen.
2. Den Zucker, das Wasser und die Beeren in einem Topf zehn bis 15 Minuten kochen.
3. Anschließend durch ein Tuch oder ein sehr feines Sieb geben.
4. Die von den Johannisbeeren abgesiebte Flüssigkeit durch Kochen so lange reduzieren, bis sie sämig ist. Einige Tropfen auf einen Teller geben und prüfen, ob das Johannisbeergelee fest genug ist, ansonsten weiterköcheln lassen.
5. Das Johannisbeergelee fünfzehn bis zwanzig Minuten einkochen

Anrichten

6. In eine Schale oder ein Schraubglas füllen.

Degustationsnotiz

Die Johannisbeeren betonen am Anfang der Verkostung sehr stark die Säure. Rasch stellt der Zucker jedoch eine Balance her.

Kulinarik

Johannisbeeren sollten in idealem Reifezustand verarbeitet werden, um die optimale Süße und Säure zu bekommen. Es empfiehlt sich, Johannisbeeren aus regionalem biologischem Anbau zu verwenden, da sie frischer und aromatischer sind. Gefrorene Johannisbeeren sollte man nicht verwenden, da diese meist aromatisiert worden sind. Johannisbeergelee ist ein guter Begleiter zu Torten mit sehr viel Sahne, weil seine Säure deren Süße neutralisiert.

Schnittfestes Gelee von Fruchtsäften

VORLAGE: GELLÉE VON FRUCHTSÄFTEN MIT GELATINE. (LEHMANN), IN: PÖTZSCH, HERRSCHAFTSKÜCHE, S. 326

Saison: Das ganze Jahr

Zubereitung

1. Die Gelatine in kaltem Wasser einweichen.
2. Den Fruchtsaft erhitzen.
3. Die Gelatine auspressen und in dem erhitzten Fruchtsaft auflösen.
4. Das Gelee etwa 20 Minuten kalt stellen.

Anrichten

5. Das schnittfeste Gelee von Fruchtsäften wird zu Garnituren genutzt, als Hauptbestandteil von Dessert verwendet oder als Konfekt in Zucker gewälzt und serviert.

Degustationsnotiz

Gelee macht einen Saft bissfest. Je nach Saft, der verwendet wurde, bestimmen schön ausgewogene Säure und Süße das Aroma des Gelees.

Kulinarik

Es empfiehlt sich für ein Gelee Fruchtsäfte von einer ausgewogenen Süße und Säure zu verwenden.
Dieses Gelee kann gestürzt werden. Wird es im Glas serviert, kann der Gelatineanteil auf 16 Gramm pro Liter Fruchtsaft reduziert werden.

FÜR 1 L
25 g Gelatine
1 l Fruchtsaft (Johannisbeere oder Passionsfrucht)

Orangenzucker

VORLAGE: APFELSINEN=ZUCKER, IN: UNIVERSAL-LEXIKON DER KOCHKUNST, LEIPZIG 1878, S. 37

Saison: Das ganze Jahr

FÜR 1 L PUNSCHESSENZ
2 Bio-Orangen (entspricht 30 g Bio-Orangenschale)
150 g Zucker

Zubereitung

1. Die Orangen waschen und mit einem Tuch abtrocknen.
2. Mit einer feinen Reibe die Schale abraspeln und diese einen Tag trocknen.
3. Danach den Zucker mit der abgeriebenen und getrockneten Orangenschale vermischen und sehr fein in einem Mörser stoßen.

Anrichten

4. Den Orangenzucker in einem geschlossenen Gefäß aufbewahren.

Degustationsnotiz

Die Orangenaromen dringen sofort zum Gaumen durch, bevor die Bitterstoffe versuchen, die Oberhand zu gewinnen.

Kulinarik

Das Aroma von reifen Bio-Orangen besitzt eine ausgewogenere Balance zwischen Säure und Süße als das von Früchten aus konventioneller Produktion. Von Bio-Orangen lässt sich die Schale bedenkenlos verwenden, weil sie keine Rückstände von Pflanzenschutz- oder Konservierungsmitteln enthält.

Punschessenz

VORLAGE: PUNCH-ESSENZ, IN: UNIVERSAL-LEXIKON DER KOCHKUNST, LEIPZIG 1878 S. 308

Saison: Das ganze Jahr

FÜR 1 L PUNSCHESSENZ
5 Bio-Zitronen
0,5 l AOC Rhum Agricole Martinique, blanc
500 g Zucker
0,2 l Wasser

Zubereitung

1. Anderthalb Zitronen waschen, hauchdünn mit einem Sparschäler schälen und die Schale in sehr feine Streifen schneiden.
2. Den Rum mit den Streifen vermischen und zwei Tage an einem kühlen Ort ziehen lassen.
3. Den Zucker mit dem Wasser zu Läuterzucker aufkochen und erkalten lassen.
4. Drei Zitronen auspressen und den Saft durch ein Küchenpapier filtern, damit der Saft klar wird.
5. Den Zitronensaft mit dem inzwischen erkalteten Läuterzucker vermischen.
6. Den mit Zitronenschale durchgezogenen Rum ebenfalls durch ein Küchenpapier passieren und mit dem Läuterzucker vermischen.

Anrichten

7. Die Punschessenz in Flaschen abfüllen und kühl und dunkel aufbewahren.

Degustationsnotiz

Zunächst bestimmt eine starke Süße den Geschmack, bevor die Zitrusaromen und der Rum mit seinem Aroma sich bemerkbar machen.

Kulinarik

Es gibt Rum in einer sehr großen Vielzahl und in unterschiedlichen Qualitäten. Für eine Punschessenz empfiehlt sich ein weißer Rum aus Martinique, der aus frisch gepressten Zuckerrohrstangen hergestellt wurde und Noten von Zuckerrohr, Orangenblüte sowie von Zitrusfrüchten aufweist. Dieser AOC Rhum Agricole Martinique ist von der Europäischen Union mit einer regionalen Herkunftsbezeichnung geschützt. Er hat 40 bis 55 % Alkohol. Als Rhum blanc Martinique muss dieser Brand mindestens drei Monate in Holzfässern gereift sein. Durch das Ausgangsprodukt und die Lagerung erreicht Rum aus Martinique seinen charakteristischen Geschmack.
Durch den hohen Zuckergehalt und den Alkohol im Rum wird die Punschessenz langfristig haltbar gemacht. Sie muss daher nicht besonders kühl lagern.
Das Aroma von reifen Bio-Zitronen besitzt eine ausgewogenere Balance zwischen Säure und Süße als das von Früchten aus konventioneller Produktion.

Zuckerglasur

VORLAGE: GEWÖHNLICHE TORTENGLASSUR, IN: PÖTZSCH, HERRSCHAFTSKÜCHE, S. 323

Saison: Das ganze Jahr

FÜR EINE TORTE
3 Bio-Eiweiß (Größe M)
200 g Puderzucker

Zubereitung

1. Das Eiweiß durch ein feines Sieb geben, damit die Hagelschnüre entfernt werden.
2. Den Puderzucker sieben und nach und nach unter das Eiweiß rühren.
3. Das gewünschte Gebäck glasieren (überziehen) und sofort bei 40°C in den Ofen schieben. Etwa zehn bis 15 Minuten antrocknen lassen.

Anrichten

4. Das Gebäck anrichten und servieren.

Degustationsnotiz

Der Zucker spielt sofort mit dem Gebäck. Anschließend vereint sich die Süße der Glasur mit dem Gebäck zu einem kleinen Schmelz.

Kulinarik

Zuckerglasur kann mit verschiedenen Aromen parfümiert werden, wie Rosenwasser, Vanille oder stark reduziertem Saft von Bio-Orangen bzw. Bio-Zitronen.

Weiße Zuckerglasur

VORLAGE: WASSERGLASUR ODER LÄUTERZUCKERGLASUR, IN: GRUBER, CARL: DIE CONDITOREI IN WORT UND BILD, FRANKFURT A.M., S. 166

Saison: Das ganze Jahr

FÜR 250 G
250 g Puderzucker
40 ml Wasser

Zubereitung

1. Den Puderzucker durch ein feines Sieb in einen Schüssel sieben.
2. Das Wasser nach und nach mit einem groben Schneebesen unterrühren.

Anrichten

3. Die Zuckerglasur etwas erwärmen und dann mit einem Pinsel einen gebackenen und bereits erkalteten Biskuit-, Hefe- oder Rührteig bestreichen.

Degustationsnotiz

Reine Süße macht sich am Gaumen breit. Sie bestimmt auch den bleibenden Geschmack.

Kulinarik

Zuckerglasur lässt sich durch Zusatz von Zitronen- oder Orangensaft, Rosenöl oder Veilchenwasser variieren. Sie lässt sich auch sehr gut mit natürlichen Farbstoffen wie Rote Bete, Spinatfarbe, Safran, Erdbeermark oder Kakao färben.
Sollte eine Zuckerglasur zu fest werden, kann sie erwärmt und mit einigen Tropfen Wasser wieder verflüssigt werden.

Schokoladenglasur

VORLAGE: GEKOCHTE CHOKOLADENGLASUR. (MARLOTI), IN: PÖTZSCH, HERRSCHAFTS-KÜCHE, S. 324

Saison: Das ganze Jahr

Zubereitung

1. Die Schokolade mit einem großen Messer kleinschneiden.
2. Danach die Schokolade mit dem Zucker und dem Wasser in einen Topf geben und unter ständigem leichten Rühren mit einem Küchenlöffel aufkochen.
3. Während des Rührens immer wieder testen, ob man die Schokolade zwischen zwei Fingern zu einem Faden ziehen kann. Sobald dies möglich ist, kann die Schokolade weiterverarbeitet werden.
4. Die Schokolade vom Herd nehmen, aber weiterrühren.
5. Sobald sich die gesamte Schokolade aufgelöst hat, die Glasur erkalten lassen.
6. Die Glasur noch einmal erhitzen.
7. Anschließend das gewünschte Backwerk in einem Arbeitsgang mit der Schokolade überziehen.
8. Den Schokoladenüberzug antrocknen lassen.

Anrichten

9. Das Gebäck anrichten und servieren.

Degustationsnotiz
Das Aroma des Gebäcks wird ein wenig durch die Dominanz der Schokolade überrollt, die aber einen schönen Schmelz am Gaumen hervorruft.

Kulinarik
Die Schokoladenglasur muss nach ihrer Herstellung erkalten und dann wieder auf die Temperatur von 31 bis 32°C erwärmt werden, um cremig und glatt zu werden. Nur einmal erhitzte Schokoladenglasur erstarrt, wirkt matt, streifig und grau. Mit einem Haushaltsthermometer lässt sich das Erhitzen der Schokolade steuern. Sie darf auf gar keinen Fall über 45°C erwärmt werden, da sich sonst Klümpchen bilden und die zarten Schokoladenaromen verloren gehen könnten.
Damit eine Schokoladenglasur nicht schnell abkühlt, kann man sie in einem Wasserbad auf konstant streichfähiger Temperatur halten. Sollte die Glasur dennoch zu kalt werden, kann sie wieder erwärmt werden.
Das Aroma der Glasur hängt vor allem von der Qualität der Schokolade ab. Da Kakaobohnen kein dominantes Schlüsselaroma besitzen, sondern sich ihr Duft aus vielen Komponenten zusammensetzt, variiert ihr Geschmack in Nuancen von holzig-nussigen bis zu blumig-warmen und honigartigen Noten. Das Aroma von Schokolade wird nicht nur durch die unterschiedlichen Bittertöne der verschiedenen Kakaobohnensorten und deren Wachstums-, Ernte- sowie Verarbeitungsbedingungen, sondern vor allem auch durch den Röstprozess bestimmt, der weitere erdig-würzige Aromen freisetzt.

FÜR EINE TORTE
250 g Schokolade (55 % Kakaoanteil)
250 g Zucker
30 ml Wasser

Butterglasur

VORLAGE: BUTTERGLASUR. (MARLOTI), IN: PÖTZSCH, HERRSCHAFTSKÜCHE, S. 324

Saison: Das ganze Jahr

FÜR EINE TORTE
50 g Butter
100 g Puderzucker
20 ml Orangenlikör

Zubereitung
1. Die Butter schaumig schlagen.
2. Den Puderzucker durch ein feines Sieb in die Butter streuen und beides kräftig durchschlagen.
3. Die Mischung mit dem Orangenlikör parfümieren und nochmals mit einem Schneebesen durchrühren.
4. Die Butterglasur in einen Spritzbeutel mit einer Spritz- oder Sterntülle von drei oder vier Millimetern Durchmesser geben. Damit eine bereits hergestellte Torte dekorieren.

Anrichten
5. Die Torte anrichten und servieren.

Degustationsnotiz
Aus der cremigen Konsistenz der Butterglasur nimmt man zuerst die Süße des Zuckers und die fetten Buttertöne wahr, die bald durch die Orangenaromen ergänzt werden.

Kulinarik
Mit welchem Likör eine Butterglasur parfümiert wird, sollte sich danach richten, für welches Gebäck sie verwendet wird.

Aprikotur

VORLAGE: GEWÖHNLICHE TORTENGLASUR, IN: PÖTZSCH, HERRSCHAFTSKÜCHE, S. 323
UND GLASUREN, IN: BIERBAUM, CONDITOREI=LEXIKON, S. 228

Saison für Aprikosen: Juli bis August

FÜR 600 G
Aprikosenmarmelade
(Siehe S. 422)
50 g Zucker
50 g Wasser

Zubereitung
1. Die Zutaten in einem Topf unter Rühren aufkochen.
2. Im heißen Zustand auf einem Gebäck verstreichen.

Anrichten
3. Als Grundlage für eine Glasur auf einen Kuchen, beispielsweise einen Kranzkuchen, streichen. (Siehe S. 286)

Degustationsnotiz
Süße und fruchtige Aprikosenaromen mit einer leichten Säure entfalten sich auf dem Gaumen.

Kulinarik
Frische und reife Aprikosen mit einer schönen Säure und Süße bekommt man nur während der Saison. Es empfiehlt sich, Aprikosen aus regionalem biologischem Anbau zu verwenden, da sie frischer und aromatischer sind.

Spritzglasur

VORLAGE: SPRITZGLASSUR. (MARLOTI) U[ND] KITTEN, IN: PÖTZSCH, HERRSCHAFTSKÜCHE, S. 324

Saison: Das ganze Jahr

Zubereitung

1. Das Eiweiß in eine große fettfreie Schüssel geben, da sonst das Eiweiß nicht aufgeschlagen werden kann, und mit einem Schneebesen leicht schaumig schlagen.
2. Nachdem das Eiweiß schon weiß wird, den Puderzucker beim Weiterschlagen nach und nach einrieseln lassen.
3. Das Eiweiß so lange schlagen, bis sich der Zucker aufgelöst hat und das Eiweiß Spitzen bildet, die nicht mehr in die Masse zurücksinken.
4. Den Spritzer Zitronensaft dazugeben und unterrühren.
5. Die feste Eiweißmasse in einen Spritzbeutel mit einer Loch- oder Sterntülle von zwei Millimetern Durchmesser geben.
6. Mit dem Spritzbeutel eine bereits hergestellte Torte dekorieren. Anschließend die Verzierung 20 Minuten antrocknen lassen.

Anrichten

7. Die Torte anrichten und servieren.

Degustationsnotiz
In der Spritzglasur harmonieren die Süße des Zuckers und die Säure der Zitrone.

Kulinarik
Spritzglasur kann mit Spinatmatte oder Rote Bete-Saft eingefärbt werden. Während das Chlorophyll des Spinats den Geschmack nicht beeinflusst, bringt Rote Bete-Saft etwas Süße und eine leichte erdige Nuance hinzu.
Das Aroma von reifen Bio-Zitronen besitzt eine ausgewogenere Balance zwischen Säure und Süße als das von Früchten aus konventioneller Produktion.

FÜR EINE TORTE
2 Bio-Eiweiß (Größe M)
200 g Puderzucker
1 Spritzer Bio-Zitronensaft

Vanilleglasur

VORLAGE: VANILLEGLASUR, IN: BIERBAUM, CONDITOREI=LEXIKON, S. 230

Saison: Das ganze Jahr

FÜR 230 G
150 g Puderzucker
½ Vanilleschote (Bourbon)
80 ml Wasser

Zubereitung

1. Den Puderzucker und das Wasser in einen Topf geben, auf 36 °C erhitzen und mit einem Löffel zu einer Wasserglasur verrühren.
2. Die halbe Vanilleschote längs halbieren und das Mark mit einem Messerrücken herauskratzen. Anschließend das Vanillemark in die Wasserglasur geben und erneut verrühren.

Anrichten

3. Die Vanilleglasur etwa messerdick auf einen Kuchen, beispielsweise einen Haselnusskranz, streichen. (Siehe S. 288 f.)

Degustationsnotiz
Die Glasur weist eine starke Süße auf, die von feinen Vanillearomen begleitet wird.

Kulinarik
Das Aroma von frischen Vanilleschoten ist wesentlich komplexer als das von Vanillezucker oder das von synthetisch hergestelltem Vanillin, das lediglich den zentralen Aromastoff der Vanille nachahmt. Vanilleschoten gibt es in drei aromatisch deutlich differierenden Varianten: Bourbon-, Mexiko- und Tahiti-Vanille.

Himbeerglasur

VORLAGE: GEWÖHNLICHE TORTENGLASSUR, IN: PÖTZSCH, HERRSCHAFTSKÜCHE, S. 323

Saison: frische Himbeeren von Juni bis August

FÜR 200 MILLILITER
50 g frische Himbeeren
200 g Puderzucker
1 Spritzer Bio-Zitronensaft

Zubereitung

1. Die Himbeeren durch ein feinmaschiges Passiersieb streichen.
2. Den Saft mit dem Spritzer Zitronensaft und dem Puderzucker vermischen und bei etwa 35 bis 40 °C warm stellen.
3. Etwas Wasser hinzugeben, damit die Himbeerglasur nicht trocken wird.

Anrichten

4. Die Himbeerglasur warm mit einem Butterpinsel auf das gewünschte Gebäck streichen.

Degustationsnotiz
Die Süße der dünnflüssigen Glasur wird von der leichten Zitronensäure sowie der feinen Frucht der Himbeere aufgefangen und begleitet.

Kulinarik
Gebäck mit Glasuren sollte frisch zubereitet werden, da sich der Überzug durch Luftfeuchtigkeit schnell wieder verflüssigt.
Von Juni bis August kann man frische Himbeeren kaufen. Früchte aus regionalem biologischem Anbau sind aromatischer und frischer.
Das Aroma von reifen Bio-Zitronen besitzt eine ausgewogenere Balance zwischen Säure und Süße als das von Früchten aus konventioneller Produktion.

Rosenwasserglasur

VORLAGE: ROSENWASSERGLASUR, IN: BIERBAUM, CONDITOREI=LEXIKON, S. 229

Saison: Das ganze Jahr

Zubereitung
1. Den Puderzucker und das Eiweiß mit einem Löffel einige Minuten verrühren und auf 36 C° erhitzen.
2. Anschließend das Rosenwasser zugeben und alles noch einmal verrühren.

Anrichten
3. Auf einen Kuchen oder ein Gebäck, beispielsweise Mohntörtchen, streichen. (Siehe S. 335 f.)

Degustationsnotiz
Die dünnflüssige Glasur weist eine starke Süße auf, die von feinen Rosenwasseraromen begleitet wird.

Kulinarik
Die fruchtig-floralen Aromen des Rosenwassers sind leicht flüchtig und sollten möglichst keiner zu hohen Temperatur ausgesetzt werden. Deshalb wird das Aroma erst zugesetzt, wenn die erforderliche 36°C bereits erreicht sind.

FÜR 300 G
200 g Puderzucker
2-3 Eiweiß (Bio-Eier Größe M)
10 g Rosenwasser

Kirschzuckerglasur

VORLAGE: OBST-GLASUR, IN: BIERBAUM, CONDITOREI-LEXIKON, S. 227-229

Saison: Das ganze Jahr

FÜR 250 G
250 ml Bio-Kirschsaft
250 g Puderzucker

Zubereitung

1. Den Kirschsaft auf 80 ml Flüssigkeit einkochen.
2. Den Puderzucker durch ein feines Sieb in einen Schüssel sieben.
3. Den Kirschsaft in die Schüssel geben und mit dem Puderzucker verrühren.

Anrichten

4. Die Kirschzuckerglasur etwas erwärmen und dann mit einem Pinsel einen Biskuit-, Hefe- und Rührteig bestreichen.

Degustationsnotiz

Zunächst nimmt man die reine Süße wahr, bevor die schöne Säure der Kirsche sich bemerkbar macht und trotz des intensiven Zuckergeschmacks Kirscharomen hervortreten.

Kulinarik

Sollte die Kirschglasur zu fest werden, kann sie erwärmt und mit einigen Tropfen Wasser wieder verflüssigt werden.

Orangenzuckerglasur

VORLAGE: ORANGEN-GLASUR, IN: GRUBER, CARL: DIE CONDITOREI IN WORT UND BILD, FRANKFURT A.M., S. 171

Saison: Das ganze Jahr

FÜR 250 G
2 Bio-Orangen
250 g Puderzucker

Zubereitung

1. Die Orangen waschen und ihre orange Schale mit einer feinen Reibe abraspeln.
2. Anschließend die Orangen auspressen und den Saft durch ein feines Sieb filtern.
3. Den Puderzucker durch ein feines Sieb in einen Schüssel sieben.
4. Den Orangensaft und die abgeriebenen Orangenschale in die Schüssel geben und mit dem Puderzucker verrühren.

Anrichten

5. Die Orangenzuckerglasur etwas erwärmen und dann mit einem Pinsel einen gebackenen und bereits erkalteten Biskuit-, Hefe- oder Rührteig bestreichen.

Degustationsnotiz

Reine Süße mit Nuancen von Orangensäure nimmt den Gaumen ein. Die Süße bestimmt den bleibenden Geschmack.

Kulinarik

Sollte eine Orangenzuckerglasur zu fest werden, kann sie erwärmt und mit einigen Tropfen Wasser wieder verflüssigt werden.
Das Aroma von reifen Bio-Orangen besitzt eine ausgewogenere Balance zwischen Säure und Süße als das von Früchten aus konventioneller Produktion. Von Bio-Orangen lässt sich die Schale bedenkenlos verwenden, weil sie keine Rückstände von Pflanzenschutz- oder Konservierungsmitteln enthält.

Zitronenglasur

VORLAGE: CITRONEN-GLASUR, IN: BIERBAUM, CONDITOREI=LEXIKON, S. 228

Saison: Das ganze Jahr

Zubereitung
1. Die Zitronen auspressen.
2. Den Saft mit dem Puderzucker vermischen und bei etwa 35 bis 40°C warm stellen.
3. Etwas Wasser darauf geben, damit die Glasur nicht trocken wird.

Degustationsnotiz
Die Süße der dünnflüssigen Glasur wird von der Säure der Zitrone aufgefangen und von duftend fruchtigem Zitrusaroma begleitet.

Kulinarik
Das Aroma von reifen Bio-Zitronen besitzt eine ausgewogenere Balance zwischen Säure und Süße als das von Früchten aus konventioneller Produktion. Von Bio-Zitronen lässt sich die Schale bedenkenlos verwenden, weil sie keine Rückstände von Pflanzenschutz- oder Konservierungsmitteln enthält.

FÜR 400 G
3 Bio-Zitronen
200 g Puderzucker

Maraschino-Zuckerglasur

VORLAGE: ORANGEN-GLASUR, IN: GRUBER, CARL: DIE CONDITOREI IN WORT UND BILD, FRANKFURT A.M., S. 171

Saison: Das ganze Jahr

FÜR 250 G
250 g Puderzucker
80 ml Maraschino
Wasser

Zubereitung
1. Den Puderzucker durch ein feines Sieb in einen Schüssel sieben.
2. Den Maraschino dazugeben und mit dem Puderzucker verrühren.
3. Wenn es nötig ist, mit ein wenig Wasser verdünnen.

Anrichten
4. Die Maraschino-Zuckerglasur etwas erwärmen und dann mit einem Pinsel einen Biskuit-, Hefe- und Rührteig bestreichen.

Degustationsnotiz
Zunächst nimmt man die reine Süße wahr, bevor die Kisrcharomen des Maraschinos sich bemerkbar machen. Die Süße bleibt aber dominant.

Kulinarik
Sollte die Kirschglasur zu fest werden, kann sie erwärmt und mit einigen Tropfen Wasser wieder verflüssigt werden.

Vanilleextrakt

VORLAGE: VANILLE-EXTRACKT. (RÖSSLER), IN: PÖTZSCH, HERRSCHAFTSKÜCHE, S. 325

Saison: Das ganze Jahr

FÜR ½ L
8 Vanilleschoten
500 ml Alkohol (90 %)

Zubereitung
1. Die Vanilleschoten halbieren und mit einer Messerspitze das Mark herauskratzen.
2. Das Vanillemark in eine Dreiviertelliterflasche geben, den Alkohol hineingießen und mit einem Korken verschließen.
3. Die Flasche mehrere Tage an einen warmen Ort stellen und mehrmals schütteln, damit sich die Aromen des Vanillemarks gut im Alkohol verteilen.

Anrichten
4. Vanilleextrakt ist ideal, um Glasuren für Torten und Gebäcke zu aromatisieren.

Degustationsnotiz
Die Aromen von echten Vanilleschoten sind betörend und wesentlich komplexer als das von Vanillin. Denn neben dem charakteristischen Duft, den auch synthetisch erzeugtes Vanillin bietet, weisen sie über hundert Aromastoffe auf.

Kulinarik
Vanillearomen sind alkohollöslich. Da sie sich auch in der Ofenhitze nur geringfügig verflüchtigen, können sie gut eingesetzt werden, um Gebäck zu parfümieren. Vanille-schoten gibt es in drei aromatisch deutlich differierenden Varianten: Bourbon-, Mexiko- und Tahiti-Vanille. Alle drei Sorten eignen sich zur Herstellung von Vanilleextrakt.
Es empfiehlt sich, die Vanillestangen nach der Nutzung zu trocknen. Sie können später mit Zucker in einem schnellen Mixer zu Vanillezucker verarbeitet werden.

Kaffeeextrakt

VORLAGE: KAFFEE-EXTRACKT. (RÖSSLER), IN: PÖTZSCH, HERRSCHAFTSKÜCHE, S. 325

Saison: Das ganze Jahr

FÜR 1/8 L
60 g Kaffeebohnen (schonend geröstet)
125 ml Wasser

Zubereitung
1. Die Kaffeebohnen fein mahlen.
2. Das Wasser aufkochen und zwei bis drei Minuten abkühlen lassen.
3. Den Kaffee in eine Cafetière (Pressstempelkanne) geben und das etwas abgekühlte Wasser dazu gießen.
4. Den Pressstempel aufsetzen und den Kaffeesud fünf bis sechs Minuten ziehen lassen.
5. Anschließend den Pressstempel nach unten drücken.

Anrichten
6. Kaffeeextrakt kann sehr gut für Glasuren oder ein Kaffeeeis genutzt werden.

Degustationsnotiz
Guter Kaffee entfaltet ein ganzes Aromenspektrum. Er besitzt nicht nur nussige Rösttöne und erdige Noten, sondern entfaltet auch karamellartige, süßliche Aromen. Darüber hinaus spielen Vanillinkomponenten eine Rolle und es machen sich würzig nelkenartige und rauchig sojasaucenartige Aromen sowie buttrige Noten und blumige, süßlich-honigartige Töne bemerkbar.

Kulinarik
Da Kaffee aufgrund seiner Bohnen und der Verarbeitung unterschiedlich mild oder bitter sein kann, muss bedacht werden, für welches Rezept welcher Extrakt am besten geeignet ist. Um das komplexe Aroma eines guten Kaffees zur Geltung kommen zu lassen, sollte man jedenfalls immer einen Qualitätskaffee verwenden, der schonend geröstet wurde. Auch dürfen die Kaffeebohnen nicht zu lange gelagert sein, weil sie sonst an Aroma verlieren.
Damit kein Nebengeschmack durch Filterpapier in Kauf genommen werden muss, empfiehlt sich die Zubereitung mit einer Pressstempelkanne. Die besten Extraktionsergebnisse erzielt man bei Kaffee mit Wasser, das auf knapp über 90°C erhitzt ist. Bei kochendem Wasser schmeckt der Kaffee bitter bis verbrannt und ein Teil seines Aromas geht verloren. Deshalb sollte man kochendes Wasser zwei bis drei Minuten stehen lassen, bevor man damit Kaffee brüht.

Aprikosensauce

VORLAGE: FRUCHT-SAUCE; WARM ODER KALT, IN: PÖTZSCH, HERRSCHAFTSKÜCHE, S. 207
UND APRIKOSENKOMPOT, EBD., S. 279

Saison: Juli bis August

FÜR 750 ML
600 g reife Bio-Aprikosen (ergibt etwa 420 g entkernte Aprikosen)
200 g Zucker
150 ml Weißwein
10 ml Maraschino (oder Rum)

Zubereitung
1. Die Aprikosen halbieren und entkernen.
2. Den Zucker mit dem Weißwein aufkochen.
3. Die Aprikosen dazugeben und etwa fünf Minuten kochen.
4. Alles fein pürieren und mit dem Maraschino (oder Rum) parfümieren.

Anrichten
5. Die Aprikosensauce abkühlen lassen und servieren.

Degustationsnotiz
Fruchtige Aprikosensäure mit einem Hauch von Kirscharoma (oder Rumaromen).

Kulinarik
Frische und reife Aprikosen bekommt man nur während der Saison. Sie sind etwa zwischen vier und acht Zentimeter groß, haben ein orangefarbiges Fruchtfleisch und besitzen eine schöne Balance von Säure und Süße. Besonders die Sorte „Bergeron" ist für dieses Rezept geeignet. Es empfiehlt sich, Aprikosen aus regionalem biologischem Anbau zu verwenden, da sie frischer und aromatischer sind.

Aprikosensauce mit Zimt

VORLAGE: APRIKOSEN-SAUCE II, IN: BIERBAUM, CONDITOREI=LEXIKON, S. 32

Saison für Aprikosen: Juli bis August

FÜR 1 L
12 Aprikosen
½ Zitrone
1 Stange Ceylon-Zimt
500 ml Wasser
300 g Zucker
125 ml Wein
2 g Salz
4 g Kartoffelmehl
4 Eigelbe

Zubereitung
1. Die Aprikosen entkernen, klein schneiden und in einen Topf geben.
2. Die Aprikosenkerne aufschlagen, zerstoßen und ebenfalls in den Topf füllen.
3. Die Zitrone waschen und mit einer feinen Reibe die Hälfte ihre gelbe Schale abraspeln.
4. Die Zimtstange, die Zitronenschale und das Wasser zu den Aprikosenstücken in den Topf geben und alles kochen, bis die Aprikosen weich sind.
5. Die Aprikosenmasse durch ein Haarsieb streichen.
6. Den Zucker, den Wein und das Salz hinzufügen. Erneut aufkochen.
7. Die Masse mit dem Kartoffelmehl und dem Eigelb verquirlen.

Anrichten
8. Als Beilage zu einem Gebäck, beispielsweise Fastnachtskrapfen, servieren. (Siehe S. 324 f.)

Degustationsnotiz
Die fruchtige Aprikosensäure mit Zimtton wird durch die Süße des Zuckers abgerundet.

Kulinarik
Frische und reife Aprikosen mit einer schönen Säure und Süße bekommt man nur während der Saison. Es empfiehlt sich, Aprikosen aus regionalem biologischem Anbau zu verwenden, da sie frischer und aromatischer sind.
Für Aprikosensauce empfiehlt sich der süß-aromatische Ceylon-Zimt, weil er weniger herb ist als der adstringierendere Cassia-Zimt.

Himbeersauce

VORLAGE: HIMBEER-SAUCE , IN: BIERBAUM, CONDITOREI=LEXIKON, S. 268

Saison: Das ganze Jahr

FÜR 1 L
370 g Himbeeren ohne Stängel
370 ml Johannisbeeren ohne Stängel
170 ml Wasser
140 g Zucker

Zubereitung
1. Die Himbeeren und die Johannisbeeren zerdrücken.
2. Die Beeren zusammen mit dem Wasser in einem Topf 15 Minuten kochen.
3. Anschließend den Saft durch ein Haarsieb abgießen.
4. Den Zucker zum Saft hinzugeben und erneut aufkochen lassen.
5. Den Schaum mit einem Schaumlöffel abschöpfen.
6. Sobald der Saft zu gelieren anfängt, den Topf vom Herd nehmen und die Sauce abkühlen lassen.

Anrichten
7. Als Beilage zu einem Gebäck, beispielsweise Plinsen, servieren. (Siehe S. 180)

Degustationsnotiz
Die wenig süße Sauce besitzt ein intensives Himbeeraroma, bei dem die Säurenote überwiegt.

Kulinarik
Himbeeren oder Waldhimbeeren, die noch aromatischer sind als die aus dem Garten, sollten in idealem Reifezustand verarbeitet werden, um die richtige Süße und Säure zu bekommen. Es empfiehlt sich, Himbeeren aus regionalem biologischem Anbau zu verwenden, da sie frischer und aromatischer sind. Gefrorene Himbeeren sollte man nicht verwenden, da diese meist aromatisiert worden sind.

Kirschsauce

VORLAGE: KIRSCHSAUCE; WARM. (BAUMANN), IN: PÖTZSCH, HERRSCHAFTSKÜCHE, S. 208

Saison: Juli bis August

FÜR ½ L
80 g Schwarzbrot
400 g Weichselkirschen
200 ml fruchtiger Rotwein (Spätburgunder)
100 ml Kirschsaft
Salz

Zubereitung

1. Das Schwarzbrot zu Krumen zerbröseln.
2. Die Kirschen entkernen und mit dem Rotwein und Schwarzbrotkrumen kräftig kochen.
3. Anschließend die Kirschen aus der Flüssigkeit nehmen und durch ein Haarsieb streichen.
4. Die im Topf zurückgebliebene Flüssigkeit erneut aufkochen.
5. Die passierten Kirschen dazugeben und alles noch einmal kurz aufkochen.

Anrichten

6. Die Kirschsauce zum Servieren in eine Schale oder zum Aufbewahren in ein Schraubglas geben.

Degustationsnotiz
Der Rotwein und der Kirschgeschmack bilden einen sehr intensiven Akkord.

Kulinarik
Das Schwarzbrot saugt die Bitterstoffe auf und bindet die Sauce. Es empfiehlt sich, fast überreife Kirschen zu verwenden. Kirschen sollte man nur während der Saison nutzen und dabei auf regional und biologisch angebaute Kirschen zurückgreifen, da diese frischer und aromatischer sind.
Kirschsauce kann auf Vorrat gekocht werden. Um sie haltbar zu machen, füllt man die noch kochende Sauce in ein Glas mit Schraubverschluss und setzt den Deckel fest auf. Zum Abkühlen dreht man das Glas um. Die Konserve muss gekühlt gelagert werden.

Schokoladensauce

VORLAGE: CHOCOLADEN-SAUCE. (LEHMANN), IN: PÖTZSCH, HERRSCHAFTSKÜCHE, S. 209

Saison: Das ganze Jahr

FÜR 4 PERSONEN
250 ml Wasser
250 g Zucker
250 g Schokolade (70 % Kakao)

Zubereitung

1. Das Wasser mit dem Zucker zum Kochen bringen und um ein Drittel einkochen.
2. Die Schokolade grob in fünf Millimeter große Stücke schneiden.
3. Die Schokolade in das Wasser geben und die Sauce so lange unter ständigem Rühren mit einem Saucenschneebesen einkochen, bis die Schokolade „einen Faden zieht": Etwas Schokolade zwischen zwei Finger nehmen und auseinanderziehen, sodass ein Faden entsteht.
4. Anschließend die Schokoladensauce am Herdrand warm stellen.

Anrichten

5. Die Schokoladensauce in eine vorgewärmte Sauciere geben und servieren.

Degustationsnotiz
Zunächst nimmt man deutlich süße Schokoladentöne wahr, bevor leichte Bittertöne diese Aromen ergänzen.

Kulinarik

Wie eine Schokoladensauce schmeckt, hängt im Wesentlichen von der Qualität der Schokolade ab. Bitterschokolade mit einem Kakaoanteil von 70 Prozent enthält in der Regel nur entölte Kakaomasse und Zucker. Da Kakaobohnen kein dominantes Schlüsselaroma besitzen, sondern sich ihr Duft aus vielen Komponenten zusammensetzt, variiert ihr Geschmack in Nuancen von holzig-nussigen bis zu blumig-warmen und honigartigen Noten. Das Aroma von Schokolade wird nicht nur durch die unterschiedlichen Bittertöne der verschiedenen Kakaobohnensorten und deren Wachstums-, Ernte- sowie Verarbeitungsbedingungen, sondern vor allem auch durch den Röstprozess bestimmt, der weitere erdig-würzige Aromen freisetzt.

Vanillesauce

VORLAGE: VANILLE-SAUCE; WARM, IN: PÖTZSCH, HERRSCHAFTSKÜCHE, S. 207

Saison: Das ganze Jahr

Zubereitung
1. Die Vanilleschote längs halbieren und mit einem Messerrücken das Vanillemark herauskratzen.
2. Die Sahne mit dem Zucker, der ausgekratzten Vanilleschote und dem Vanillemark in einen Zweilitertopf geben und unter ständigem leichtem Rühren mit einem Saucenschneebesen erwärmen.
3. Die Eigelbe und ein Drittel der erwärmten Sahne in einer Schüssel verrühren.
4. Die restliche Sahne im Topf aufkochen. Anschließend vom Herd ziehen, die ausgekochte Vanilleschote herausnehmen und unter ständigem Schlagen in die Ei-Sahne-Masse einrühren.
5. Nochmals leicht rühren, bis die Vanillesauce andickt.

Anrichten
6. Die Vanillesauce in einer vorgewärmten Sauciere servieren.

Degustationsnotiz

Zuerst erreichen süße Vanillearomen den Gaumen, bevor sie sich mit den sahnigen Tönen zu einem Aromenakkord vereinen. Die Vanille bestimmt den bleibenden Geschmack.

Kulinarik

Das Aroma von frischen Vanilleschoten ist wesentlich komplexer als das von Vanillezucker oder das von synthetisch hergestelltem Vanillin, das lediglich den zentralen Aromastoff der Vanille nachahmt. Vanilleschoten gibt es in drei aromatisch deutlich differierenden Varianten: Bourbon-, Mexiko- und Tahiti-Vanille. Alle drei Sorten eignen sich zur Herstellung von Vanillesaucen.
Eier von Hühnern aus artgerechter Haltung mit biologischer Fütterung sind aromatischer als solche aus konventioneller Produktion. Denn bei Eiern ist die Qualität der Tierfütterung für den Geschmack entscheidend. Die sattgelbe Farbe des Dotters garantiert eine schöne Farbe der Vanillesauce.

FÜR EINEN ½ L
1 Vanilleschote (Bourbon)
500 ml Sahne (30 % Fett)
150 g Zucker
6 Eigelbe (Bio-Ei Größe M)

Vanillesauce anders

VORLAGE: VANILLE-SAUCE; WARM, IN: PÖTZSCH, HERRSCHAFTSKÜCHE, S. 207

Saison: Das ganze Jahr

FÜR ½ L
1 Vanilleschote (Bourbon)
500 ml Sahne (30 % Fett)
60 g Zucker
4 Bio-Eier (Größe M)

Zubereitung

1. Die Vanilleschote längs aufschneiden, mit einem Messerrücken das Mark herauskratzen.
2. Das Mark, die Eier, den Zucker und die Sahne in eine Metallschüssel geben und verquirlen.
3. Die Vanillecreme in ein 90°C heißes Wasserbad setzen und zur Rose abziehen. Dabei wird die Creme unter ständigem Rühren erhitzt, bis sie leicht andickt und auf einem Kochlöffel liegen bleibt. Beim Pusten auf den Löffel entstehen Wellen, die an eine Rose erinnern.

Anrichten

4. Die Vanillesauce beispielsweise zu Buchteln (Siehe S. 174) oder Gebackenen Reisbirnen (Siehe S. 162) servieren.

Degustationsnotiz
Cremige süße Vanilletöne dominieren den Geschmack.

Kulinarik
Das Aroma von frischen Vanilleschoten ist wesentlich komplexer als das von Vanillezucker oder das von synthetisch hergestelltem Vanillin, das lediglich den zentralen Aromastoff der Vanille nachahmt. Vanilleschoten gibt es in drei aromatisch deutlich differierenden Varianten: Bourbon-, Mexiko- und Tahiti-Vanille.
Eier von Hühnern aus artgerechter Haltung mit biologischer Fütterung sind aromatischer als solche aus konventioneller Produktion. Denn bei Eiern ist die Qualität der Tierfütterung für den Geschmack entscheidend. Die sattgelbe Farbe des Dotters garantiert eine schöne Farbe der Vanillesauce.

Vanillecreme zum Füllen

VORLAGE: VANILLECRÈME ZUM FÜLLEN. (WEBER) OHNE GELATINE, IN: PÖTZSCH, HERRSCHAFTSKÜCHE, S. 325

Saison: Das ganze Jahr

FÜR 1 KG
10 Eigelbe (Bio-Ei Größe M)
125 g Zucker
20 g Mehl (Type 405)
1 Vanillestange
500 ml Sahne (30 % Fett)
6 Bio-Eiweiß (Größe M)

Zubereitung

1. Die Eigelbe mit dem Zucker und dem Mehl stark verrühren.
2. Die Vanillestange halbieren und das Mark herauskratzen.
3. Mit der Sahne die Vanillestange und das Mark aufkochen.
4. Die Vanillesahne durch ein Sieb in die Eigelb-Zucker-Mehl-Mischung kräftig hineinrühren.
5. Jetzt das Eiweiß aufschlagen, bis es fest ist.
6. Dann das fest geschlagene Eiweiß langsam mit einem Küchenlöffel unter die Eigelb-Vanillemasse ziehen.

Anrichten

7. Vanillecreme dient zum Füllen von Windbeuteln, Torten oder Cremeschnitten.

Degustationsnotiz

Die wunderschöne, locker-luftige Vanillecreme macht sich am Gaumen breit und zeigt deutlich ihre Cremigkeit. Die Süße ist harmonisch mit den Aromen von Ei und Sahne abgestimmt.

Kulinarik

Vanillecreme muss für die Nutzung frisch zubereitet werden, da sie nach mehreren Stunden zusammenfallen könnte.

Eier von Hühnern aus artgerechter Haltung mit biologischer Fütterung sind aromatischer als solche aus konventioneller Produktion. Denn bei Eiern ist die Qualität der Tierfütterung für den Geschmack entscheidend. Die sattgelbe Farbe des Dotters garantiert eine schöne Farbe der Creme.

Apfelsinencreme zum Füllen

VORLAGE: APFELSINENCRÈME ZUM FÜLLEN. (WEBER) OHNE GELATINE, IN: PÖTZSCH, HERRSCHAFTSKÜCHE, S. 326

Saison: Das ganze Jahr

Zubereitung

1. Die Orangen auspressen.
2. Die Eigelbe mit dem Zucker, dem Mehl und dem Orangensaft stark verrühren.
3. Den Weißwein aufkochen.
4. Den Weißwein in die Eigelb-Zucker-Mehl-Orangensaft-Mischung kräftig hineinrühren.
5. Das Eiweiß aufschlagen, bis es fest ist.
6. Das fest geschlagene Eiweiß langsam mit einem Küchenlöffel unter die Eigelb-Zucker-Mehl-Orangesaftmasse ziehen und so die Apfelsinencreme fertig stellen.
7. Die Apfelsinencreme als Füllung verarbeiten.

Anrichten

8. Apfelsinencreme dient zum Füllen von Windbeuteln, Torten oder Cremeschnitten.

Degustationsnotiz

Das Aroma von Apfelsinencreme ist sehr ausgewogen. Die Süße und Säure sowie ein Hauch von Bittertönen spielen miteinander am Gaumen.

Kulinarik

Die Apfelsinencreme muss frisch zubereitet werden, da sie nur etwa fünf bis sieben Stunden ihre Lockerheit behält.

Das Aroma von reifen Bio-Orangen besitzt eine ausgewogenere Balance zwischen Säure und Süße als das von Früchten aus konventioneller Produktion.

FÜR 1 KG

3 Bio-Orangen
8 Eigelbe (Bio-Ei Größe M)
250 g Zucker
20 g Mehl (Type 405)
500 ml Weißwein (Riesling halbtrocken)
6 Bio-Eiweiß (Größe M)

Weinschaumcreme mit Rum

VORLAGE: WEINSCHAUMSAUCE ODER CHAUDEAU, IN: PÖTZSCH, HERRSCHAFTSKÜCHE, S. 208

Saison: Das ganze Jahr

FÜR 4 PERSONEN
1 Bio-Ei (Größe M)
3 Eigelbe (Bio –Ei Größe M)
100 g Zucker
200 ml Weißwein (Riesling trocken)
20 ml brauner Rum

Zubereitung

1. Das Ei mit den drei Eigelben, dem Zucker und dem Weißwein in einer Zweilitermetallschüssel vermischen.
2. In einem Topf, der so groß ist, dass die Metallschüssel ein wenig hineinpasst, Wasser zum Kochen bringen.
3. Anschließend die Weinschaumcreme mit einem Schneebesen aufschlagen, bis sie fest wird.
4. Den Rum zur Creme gießen und mit einem Schneebesen unterheben.

Anrichten

5. Die Weinschaumcreme in einer vorgewärmten Sauciere servieren

Degustationsnotiz

Leichte süße Rumaromen nimmt man bereits wahr, bevor die Säure des Rieslings durchdringt und sich alle Aromen zu einem Akkord vereinigen, während die Creme im Mund schmilzt. Den bleibenden Geschmack bestimmt der Rum.

Kulinarik

Um das Aroma der Weinschaumcreme anzureichern, kann man statt Raffinadezucker und Rum auch Rapadura verwenden, der als Vollrohrzucker lediglich von der Melasse getrennt wurde und noch nach Karamell, Malz und Lakritz schmeckt. Farinzucker (karamellisierter Raffinadezucker) ist ebenfalls braun, aber nur aufgrund des Karamellisierens etwas würziger als Raffinadezucker.

Rum gibt es in einer sehr großen Vielzahl und in unterschiedlichen Qualitäten. Es lohnt sich einen guten Rum zu verwenden, da sein Aroma den Geschmack der Weinschaumcreme wesentlich mitbestimmt. Qualitätsvoller Rum besitzt Röst- und Gewürznoten sowie Noten von tropischen Früchten, Kakao und Tabak.

Eier von Hühnern aus artgerechter Haltung mit biologischer Fütterung sind aromatischer als solche aus konventioneller Produktion. Denn bei Eiern ist die Qualität der Tierfütterung für den Geschmack entscheidend. Die sattgelbe Farbe des Dotters garantiert eine schöne Farbe der Weinschaumcreme.

Schlagsahne für Torten

VORLAGE: SCHLAGSAHNE-CRÈME VON GELATINE. (BAUMANN), IN: PÖTZSCH, HERRSCHAFTSKÜCHE, S. 326

Saison: Das ganze Jahr

Zubereitung
1. Die Gelatine in kaltem Wasser einweichen.
2. Die Gelatine auspressen und mit 30 Millilitern Sahne leicht erwärmen, bis sie sich aufgelöst hat.
3. Anschließend die restliche Sahne steif schlagen.
4. Die aufgelöste Gelatine unter die Sahne heben.

Anrichten
5. Mit Gelatine stabilisierte Schlagsahne dient zum Füllen von Windbeuteln, Torten oder Cremeschnitten.

Degustationsnotiz
Sahne entfaltet buttrige und cremige Töne.

Kulinarik
Die Gelatine festigt die Sahne für längere Zeit, sodass ein Gebäck nicht sogleich verzehrt werden muss.

FÜR 1 L
8 Blatt weiße Gelatine
1 l frische Sahne (30 % Fett)

Eierguss für Kuchen

VORLAGE: GIESSE VON EIERN ÜBER EINEN KUCHEN, IN: PÖTZSCH, HERRSCHAFTSKÜCHE, S. 328

Saison: Das ganze Jahr

Zubereitung
1. Die Eier aufschlagen und durch ein feines Sieb passieren, damit die Hagelschnüre entfernt werden.
2. Die Milch und den Vanillezucker unterrühren.

Anrichten
3. Auf einen Kuchen beispielsweise einen Apfelkuchen streichen (Siehe S. 186 f.). Den Kuchen bei 120° C fertig garen, sodass die Eimasse anzieht.

Degustationsnotiz
Der Eierguss ist sehr schön locker und leicht und verströmt seine Vanillearomen.

Kulinarik
Milch von Kühen und Eier von Hühnern aus regionaler biologischer Haltung sind frischer und aromatischer. Denn Eier von Hühnern aus artgerechter Haltung mit traditioneller Fütterung garantieren dem Kuchenguss eine satte gelbe Farbe. Auch für Milch ist die Qualität der Tierfütterung für den Geschmack entscheidend.

FÜR EINEN TORTENBODEN
6 Bio-Eier (Größe M)
1/8 l Milch (3,5 % Fett)
25 g Vanillezucker

Apfelmus

VORLAGE: APFELMUSS, IN: PÖTZSCH, HERRSCHAFTSKÜCHE, S. 277

Saison: September bis November

FÜR 4 PERSONEN
600 g Borsdorfer Apfel (ergibt etwa 240 g geschälte und entkernte Äpfel)
20 g Zucker
200 ml Weißwein (Riesling trocken)

Zubereitung
1. Die Äpfel schälen, entkernen und kleinschneiden.
2. Sofort mit Zucker und Weißwein in eine Kasserolle geben, mit einem Deckel schließen und leicht kochen, bis die Äpfel sehr weich sind.
3. Durch ein Haarsieb streichen.

Anrichten
4. In einer Schale servieren

Degustationsnotiz
Die Säure der Äpfel ist dominant. Die Apfelaromen werden begleitet von Süße und Säure.

Kulinarik
Den Borsdorfer oder Weinborsdorfer Apfel sollte man nur während der Saison verwenden. Diese Apfelsorte lässt sich sehr gut einkochen. Um sie haltbar zu machen, füllt man sie noch heiß in ein Glas mit Schraubverschluss und setzt den Deckel fest auf. Zum Abkühlen dreht man das Glas um. Die Konserve muss gekühlt gelagert werden. Als Alternative zum Borsdorfer oder Weinborsdorfer kann ein Gravensteiner Apfel oder eine Rubinette verwendet werden. Man sollte keine Äpfel in Folien kaufen, weil dadurch ihre Haltbarkeit künstlich verlängert wird. Es empfiehlt sich, Äpfel aus regionalem biologischem Anbau zu verwenden, da sie frischer und aromatischer sind.

Pflaumenmus

VORLAGE: PFLAUMENKOMPOT, IN: PÖTZSCH, HERRSCHAFTSKÜCHE, S. 278

Saison: Das ganze Jahr

FÜR 750 G
500 g Pflaumen, sehr reif
70 g Zucker
300 ml Weißwein

Zubereitung
1. Die Pflaumen in heißem Wasser ganz kurz blanchieren und in kaltem Wasser abschrecken.
2. Das Obst pellen und entkernen.
3. Den Weißwein mit dem Zucker aufkochen, die Pflaumen dazugeben und vorsichtig weichgaren. Die Pflaumen herausnehmen.
4. Anschließend das Pflaumenwasser zur leichten Sämigkeit reduzieren.
5. Die Pflaumen in eine Schale geben und mit ihrem reduzierten Sud übergießen.

Anrichten
6. Zum Füllen von Gebäck, beispielsweise von Kolatschen, nutzen. (Siehe S. 379)

Degustationsnotiz
Die Pflaume hat ein schönes Spiel zwischen Süße und Säure, welches durch den Weißwein noch unterstützt wird.

Kulinarik
Pflaumen sollten im idealen Reifezustand verarbeitet werden, um dem Mus die optimale Süße und Säure zu geben. Deshalb sollte man Pflaumen vor dem Kauf probieren. Es empfiehlt sich, Pflaumen aus regionalem biologischem Anbau zu verwenden, da sie frischer und aromatischer sind.

Weichselkirschkompott

VORLAGE: WEICHSELKIRSCHEN, IN: PÖTZSCH, HERRSCHAFTSKÜCHE, S. 280

Saison: Juli bis August

Zubereitung
1. Die Sauerkirschen waschen und entsteinen.
2. Die Sauerkirschen mit dem Zucker in einen Topf geben und so lange köcheln lassen, bis keine Flüssigkeit mehr vorhanden ist. Dies kann bis zu fünfzehn Minuten dauern.

Anrichten
3. In kleinen Schalen anrichten und servieren.

Degustationsnotiz
Sofort ist die außergewöhnliche Säure der Kirschen zu spüren. Der Zucker fängt diese Säure auf.

Kulinarik
Die Sauerkirschensorte „Tschernokorka" ist besonders gut für Kompott geeignet. Sauerkirschen sollten im idealen Reifezustand verarbeitet werden, um eine optimale Balance von Süße und Säure zu erreichen. Es empfiehlt sich, Kirschen aus regionalem biologischem Anbau zu verwenden, da sie frischer und aromatischer sind. Gefrorene Sauerkirschen sollte man nicht verwenden, da diese meist aromatisiert worden sind.

FÜR 4 PERSONEN
500 g Sauerkirschen (ergibt 375 g entsteinte Kirschen)
50 g Zucker

Reineclaudenkompott

VORLAGE: . REINECLAUDENCOMPOT, IN: PÖTZSCH, HERRSCHAFTSKÜCHE, S. 278

Saison: August bis September

FÜR 4 PERSONEN
400 g Reineclauden
100 g Zucker

Zubereitung

1. Die Reineclauden in heißem Wasser ganz kurz blanchieren und anschließend in kaltem Wasser abschrecken.
2. Die Haut von den Früchten abziehen.
3. Eineinhalb Liter Wasser zusammen mit dem Zucker aufkochen. Die Reineclauden in das kochende Wasser geben und wiederum kurz aufkochen lassen. Die Reineclauden herausnehmen.
4. Das Wasser, das nun mit Flüssigkeit aus den Reineclauden versetzt ist, bis zur leichten Sämigkeit reduzieren.
5. Die Reineclauden in eine Schale geben und mit dem reduzierten Sud übergießen.

Anrichten

6. In kleinen Schalen anrichten und servieren.

Degustationsnotiz
Reineclaudekompott schmeckt nach der Süße des Zuckers und der Edelpflaume selbst. Die Frucht verleiht dem Kompott aber zudem Nuancen von Pfirsich und Aprikose sowie ein schönes Spiel von Süße und Säure.

Kulinarik
Reineclauden bekommt man nur während der Saison. Sie müssen zeitig verarbeitet werden, da sie beim Lagern schnell dunkle Stellen bekommen. Reineclauden eignen sich hervorragend zu Konfitüren und Kompott.

Aprikosenkompott

VORLAGE: APRIKOSENKOMPOT, IN: PÖTZSCH, HERRSCHAFTSKÜCHE, S. 279

Saison: Juli bis August

FÜR 4 PERSONEN
600 g nicht zu reife Aprikosen (ergibt etwa 420 g halbe Aprikosen)
100 g Zucker

Zubereitung

1. Die Aprikosen halbieren, entkernen, in heißem Wasser ganz kurz blanchieren und in kaltem Wasser abschrecken. Anschließend die Haut der Früchte abziehen.
2. Einen Liter Wasser mit dem Zucker aufkochen. Die Aprikosen in das Wasser geben und gar köcheln. Danach das Obst aus dem Sud herausnehmen.
3. Das Aprikosenwasser bis zur leichten Sämigkeit reduzieren.
4. Die Aprikosen in eine Schale geben und mit dem reduzierten Sud übergießen.

Anrichten

5. In kleinen Schalen anrichten und servieren.

Degustationsnotiz
Fruchtige Aprikosensäure wird von der Süße des Zuckers harmonisiert.

Kulinarik
Frische und reife Aprikosen bekommt man nur während der Saison. Sie sind etwa zwischen vier und acht Zentimeter groß, haben ein orangefarbiges Fruchtfleisch und besitzen eine schöne Balance von Säure und Süße. Besonders die Sorte „Bergeron" ist für dieses Rezept geeignet. Es empfiehlt sich, Aprikosen aus regionalem biologischem Anbau zu verwenden, da sie frischer und aromatischer sind.

Ananaskompott

VORLAGE: ANNANASKOMPOT, IN: PÖTZSCH, HERRSCHAFTSKÜCHE, S. 277 F.

Saison: Juli bis August

Zubereitung

1. Die Ananas in mundgerechte Stücke schneiden.
2. Den Zucker mit dem Weißwein aufkochen. Dann die Ananasstücke dazugeben und weichkochen.
3. Die Ananasstücke aus dem Sud nehmen und die Flüssigkeit bis zur leichten Sämigkeit reduzieren.

Anrichten

4. Die Ananasstücke in einer Schale anrichten und mit dem reduzierten Sud übergießen.

Degustationsnotiz

Die Ananas verliert beim Kochen etwas an Süße. Dies wird mit dem Zucker ausgeglichen. Der Weißwein verleiht der gekochten Ananas die nötige Säure.

Kulinarik

Man sollte nur wirklich reife Ananas verwenden, um das ausgereifte Aroma für das Kompott zu nutzen. Wenn man die mittleren Blätter der Frucht leicht herausziehen kann, ist die Ananas im richtigen Reifezustand. Reife Ananas besitzen eine hohe Menge an Fruchtzucker.

FÜR 4 PERSONEN
300 g Ananasstücke
100 g Zucker
200 ml Weißwein (Riesling trocken)

Birnenkompott

VORLAGE: BIRNENKOMPOT, IN: PÖTZSCH, HERRSCHAFTSKÜCHE, S. 278

Saison: August bis September

Zubereitung

1. Die Zitrone waschen, ein vier Gramm schweres Stück gelbe Schale von der Zitrone herausschneiden und fein schneiden.
2. Die Birnen schälen, in Spalten schneiden, entkernen und ein wenig mit der Zitrone einreiben, damit sie nicht braun werden (oxydieren).
3. Anschließend die Birnen mit dem Zucker, den vier Gramm von einer Zimtstange und dem Weißwein in eine Kasserolle geben, den Deckel schließen und leicht kochen, bis die Birnen weich sind.
4. Die Birnen herausnehmen und den Sud zur leichten Sämigkeit einkochen.

Anrichten

5. Die Birnen einschneiden und hoch anrichten. Mit dem reduzierten Sud übergießen.

Degustationsnotiz

Die Birnenaromen stechen hervor. Sie werden begleitet von Süße und Säure. Der Zimt und die Zitronenschale bilden für das Birnenaroma einen Hintergrund.

Kulinarik

Birnen sollte man während der Saison verwenden. Es empfiehlt sich, Birnen aus regionalem biologischem Anbau zu erwerben, da sie frischer und aromatischer sind. Man sollte kein Obst in Folien kaufen, weil dadurch seine Haltbarkeit künstlich verlängert wird. „Williams Christ", „Gute Luise" oder „Abate Fetel" sind für Kompott gut geeignet, weil sie sowohl Süße als auch hinreichend Säure haben.

FÜR 4 PERSONEN
1 Bio-Zitrone
600 g Birnen (ergibt etwa 240 g geschälte und entkernte Birnen)
10 g Zucker
4 g Zimtstange
200 ml Weißwein (Riesling trocken)

Streusel

VORLAGE: DESSERTSTÜCKCHEN (RÖSLER) (ZU SÜSSEN BÜFFETS BEI FEINEN HAUSBÄLLEN; BELVÉDERE), IN: PÖTZSCH, HERRSCHAFTSKÜCHE, S. 239

Saison: Das ganze Jahr

FÜR 250 G
126 g Mehl
42 g Zucker
84 g Butter

Zubereitung
1. Das Mehl und den Zucker in einer Schüssel vermengen.
2. Das Gemisch auf eine Arbeitsfläche sieben, damit sich beim Backen keine Klumpen bilden.
3. Die Butter in zwei Zentimeter große Stücke schneiden.
4. In die Mitte des Mehls eine Mulde drücken und die Butterwürfel hineingeben.
5. Anschließend alles durchkneten.
6. Den Teig in Klarsichtfolie einwickeln und für etwa eine Stunde in den Kühlschrank legen.
7. Ein Backblech mit einem Backpapier auslegen und den Teig darauf mit den Fingern zerbröseln.
8. Die Streusel im vorgeheizten Ofen bei 170°C zehn bis 15 Minuten backen, bis sie goldgelb sind.

Anrichten
9. Die Streusel als Verzierung für Kuchen oder Gebäck verwenden.

Degustationsnotiz
Die Streusel sind sehr knusprig. Die Butternote dominiert und begleitet die Streusel bis zum Schluss.

Kulinarik
Butter, die aus der Milch von Kühen aus regionaler biologischer Haltung hergestellt wurde, ist aromatischer. Denn bei Milch ist die Qualität der Tierfütterung für den Geschmack entscheidend.

Rinderschmalz

VORLAGE: SACHER TORTE. (REZEPTE VON WINDISCH-GRAETZ), IN: PÖTZSCH, HERRSCHAFTSKÜCHE, S. 42

Saison: Das ganze Jahr

Zubereitung

1. Den Rindertalg kleinhacken oder durch einen Fleischwolf drehen.
2. Den Rindertalg danach in einen Topf geben, das Wasser dazu gießen und das Fett bei niedriger Hitze auslassen.
3. Sobald die Flüssigkeit herausgekocht ist und sich am Topfboden Grieben absetzen, den Talg vom Ofen nehmen und abkühlen lassen.
4. Das abgekühlte Fett durch ein feines Sieb gießen und erkalten lassen.

Degustationsnotiz

Im kalten Zustand ist Rindertalg relativ geschmacksneutral. Erst beim Erwärmen machen sich leicht nussige Töne bemerkbar, die auch den bleibenden Geschmack bestimmen.

Kulinarik

Rinderschmalz wird aus dem Schlachtfett (Talg) von Rindern zubereitet. Es hat nur dann das besondere Aroma, das beispielsweise für eine Sachertorte oder einen Plum-Pudding benötigt wird, wenn sich die Tiere auf der Weide mit Gras ernährt haben. Talg von Rindern, die mit eiweißreichem Kraftfutter ernährt worden sind, hat zumeist einen enttäuschenden Geschmack.

FÜR 350 G RINDERSCHMALZ

500 g Rindertalg
200 ml Wasser

Register

Eis – Sorbet – Parfait

Apfel-Aprikosen-Kirscheis à la parisienne 46
Aprikoseneis 27
Aprikoseneis in der Mandelkruste 83
Arlequino mit Safran 62
Baiser mit Erdbeereis 41
Biscuit glacé 81
Charlotte à la sicilienne 72
Crème plombière à l'orientale 70
Croquenbouche 84
Eispudding 67
Eispudding à la Nesselrode 66
Eisteesorbet 59
Eistorte mit Meringueböden 69
Erdbeereis 40
Fruchteis 48
Fürst-Pückler Halbgefrorenes mit Makronen 34
Fürst-Pückler-Eis 31
Gâteau à la Dame blanche 88
Gâteau breton mit Eis 86
Gâteau de Compiègne à l'orange 90
Gebackenes Eis 64
Geeister Mokkaschaum 29
Gefrorene Vanille-Sahne-Creme mit Aprikosenmarmelade 71
Gefüllte Eisbaisers 42
Gelee à la russe au Frontignan 78
Gelée moscovite 77
Glace Chantilly mit Kaffee 30
Granité von Johannisbeeren 58
Halbgefrorenes von Erdbeeren 39
Halbgefrorenes von Früchten 32
Haselnusseis 24
Himbeereis 15
Kaffeeeis bavaroise 61
Krokanteisbombe 92
Mandeleisbombe 45
Maraschinoeis 21
Maroneneis 20
Meringue à l'ancienne mit Erdbeereis gefüllt 74
Nesselrodeeis – Maroneneis mit kandierten Früchten 22
Orangeneis 17
Pálffy von Erdbeeren 36
Pistazieneis 26
Plombiere mit Himbeercreme 50
Plombière mit Quitten und Mandeln 60
Riz glace 76
Sabayon glacé 75
Sahneeis 49
Sahneeis aus Aprikosenmus 93
Sahneeisbombe mit Beeren 50
Sahneeisbombe mit Schwarzen Johannisbeeren 52
Schmankerleis in Tüten 42
Schokoladeneis 25
Schwedisches Punscheis 28
Sorbet 55
Soufflé glacé à la Pálffy 38
Soufflé glacé mit Erdbeeren 37
Spongada mit Pfirsich 56
Terrine von Pistazien- und Johannisbeereis 47
Timbale à la sicilienne mit Mürbeteig 79
Tuttifrutti (Eiscreme) 53
Tuttifrutti (Sorbet) 54
Vanilleeis 18
Vanilleeisbombe 44
Walderdbeereis 16
Weißes Kaffeeeis 19
Zitroneneis 14

Kaffee-Punsch-Bowlen

Ananasbowle 121
Aufgeschlagener Weinschaum 109
Champager mit Walderdbeeren 119
Curaçaopunsch 108
Einfacher Kaffee 96
Eiskaffee 100
Geeister Arak-Maraschino-Punsch mit Champagner 105
Geeister Kirschpunsch mit Champagner 107
Geeister Zitronenpunsch mit Marschino und Champagner 104
Glühwein 116
Heiße Schokolade 101
Heißer Grog 115
Jagdpunsch 112
Kakao 103
Königspunsch 111
Mandelmilch 120
Rotweinpunsch 117
Schwarzer chinesischer Tee mit Sahne 102
Starker Kaffee zum Diner 97
Starker Mokka nach Art der Großherzogin Alicia von Toscana 98
Türkischer Kaffee 98
Waldmeistersekt 118
Warmer Teepunsch 110
Zitronenlimonade 113
Zitronenlimonade mit Weißwein 114

Dessert

Apfel im Schlafrock 152
Apfelringe im Teigmantel 132
Armer Ritter 161
Beignets Soufflés mit Weinschaum 158
Birnenkuchen mit Aprikosensauce 172
Böhmische Plinsen 181
Buchteln mit Vanillesauce 174
Charlotte à la Russe 124
Charlotte à la russe mit Vanilleeis 183
Charlotte des pommes à la Jahnishausen 143
Charlotte russe au café 125
Eierkränze 182
Gebackene Reisbirnen mit Vanillesauce 162
Gestürzte Vanillecreme 165
Grießbeignets 135
Grießschmarrn 140
Kaiserschmarrn 133
Kartoffelpolenta 131
Kartoffelschmarrn mir Ramschen 137
Kirschröster 141
Kleine Apfelkuchen 153
Kleine Pfannkuchen 169
Kleine Savarins mit Äpfeln 159
Mandel-Blancmanger 184
Milchtrauben 144

Orangenblütenauflauf 151
Pain à l'Espagnole 146
Pfirsich à la Montmorency 128
Pfirsiche im Blätterteig 147
Plumpudding 163
Pommes à la Philip 126
Pudding á la reine 178
Puddingauflauf 168
Reis mit Früchten 148
Reisauflauf 136
Reiskrusteln mit Aprikosen 179
Reisschmarrn 139
Reisterrine mit Fruchtgelee 164
Reistörtchen 156
Rühreipudding 130
Sächsischer Pudding 175
Savarin mit Früchten 170
Schokoladenauflauf 150
Souffliertes Omelett 177
Tipsy-Cake 145
Walderdbeercreme 166
Warme Reistörtchen 154
Zitronenauflauf 167

Gebäck-Kuchen-Torten
Anisringe 331
Apfelauflauf 235
Apfelkuchen 186
Apfelkuchen mit Gelee 188
Apfelstrudel 236
Aprikosenbeignets 240
Aprikosentorte mit Kirschen und Baiser 237
Baba mit Backpulver 211
Baba mit Hefe 354
Baiser mit Schlagsahne 239
Ballons mit Kümmel und Salz 194
Bayerischer Kirschkuchen 241
Berliner Waffeln 292
Berlions 368
Biskuit in Papierkästchen 316
Biskuit mit Erdbeercreme 224
Biskuitgugelhupf 350
Biskuittorte einfach 377
Bittere Makronen 372
Bleikuchen 252
Brandteignocken 218
Braunschweiger Kuchen 275
Brioche 328
Brioche mit Aprikosenmarmelade und Pistazien 221
Brioche mit Parmesan 306
Brottorte 247
Buchweizenkuchen 213
Bund 294
Butterbrioche 305
Butterkuchen 273
Compiègner Kuchen. 302
Dessertstücke aus Blätterteig 376
Dessertstücke aus Mürbeteig 374
Diplomatenstängel 362
Einfacher Biskuitboden 327
Einfacher Dickkuchen 326
Englische Brezeln 278
Englische Kolatschen 319
Fastnachtskrapfen 324
Feiner Gugelhupf 207

Feiner Sandkuchen 202
Frascatibiskuit 318
Friedländer Kuchen 256
Gâteaux d'évêque 312
Genueser Gebäck 366
Gorenflot 297
Hanauer Brezeln 277
Haselnuskuchen 193
Haselnusskranz 288
Hefeteigroulade 380
Hohlhippen 264
Hohlküchel mit Schokoladensauce 233
Holländischer Kuchen. 304
Holländischer Zwieback 268
Husarenkrapferln 370
Kaffeekuchen mit Rosenwasserglasur 272
Kaiserkuchen 343
Kaisernudeln 320
Karlsbader Brezeln 363
Käsegebäck mit Cayennepfeffer 267
Käsestangen 265
Kirschkuchen 227
Kirschkuchen bayerischer Art 195
Kleine Aniskuchen 333
Kleine Frühlingskuchen 243
Kleine Kirschkuchen 228
Kleine Leckereien 196
Kleine Mandelkuchen 330
Kleiner Rumkuchen 345
Kneipptorte 208
Kolatschen 379
Königskuchen 346
Krachkuchen 255
Kranzkuchen 286
Kranzkuchen aus Butterteig 284
Krapfen 206
Krapfen von Vanillecreme 242
Kümmel- und Speckkuchen 254
Leipziger Stollen 340
Linzer Brezeln 201
Linzer Torte 192
Macarons 217
Madeleines mit Cognac 365
Mailänder Kuchen 1 257
Mailänder Kuchen 2 258
Mandelbögen 308
Mandelplätzchen 371
Mandelstollen nach Art des Dresdner Belvedere 338
Mandelstreuselkuchen 270
Mazarinen Kuchen 314
Milchbrot 359
Mirlitons mit Haselnüssen 219
Mohntörtchen 334
Moussing 266
Münchner Kuchen 300
Natronkuchen 214
Nusskipferl 190
Ochsengurgel 249
Orangenkuchen 209
Pariser Kuchen 313
Pariser Teegebäck 290
Plunderbrezeln 280
Plunderkranz 282
Quarkkuchen 230
Quarkkuchen mit Mandeln 250
Regenwürmer (Süße Nudeln) 317

453

Ribisel-Kekse 369
Rolly-Dolly 223
Rosinenschnecken 356
Rosinenstollen nach Art des Dresdner Belvedere 336
Rumtorte 212
Russischer Kuchen 303
Sachertorte 198
Sandkolatschen 293
Sandkuchen 342
Schecken 358
Schillerlocken mit Vanillecreme 245
Schokocremeköpfe 352
Schokoladenbusserl 197
Schokoladenkränze 310
Schokoladentorte 204
Schokoladentorte 248
Schwarzenberger Brezeln 361
Sonnenkuchen 298
Speckkuchen 347
Spritzkuchen mit Weinschaum 226
Striezel – Hefezopf mit Mandeln 262
Süße Brezeln 364
Süße Makronen 373
Süster 296
Ulmer Brezeln 261
Ulmer Speise 322
Weißer Kirschkuchen 200
Wespennest 349
Windbeutel mit Schlagsahne 232
Zimtblättchen 260
Zöpfe aus Mürbeteig 259
Zuckersalami 215

Salzige und süße Teige
Ausbackteig für kleine Pasteten 410
Baiser 416
Bierteig zum Ausbacken von Gemüse 412
Biskuitmasse 388
Biskuitmasse für Kuchenböden mit Rand 405
Blätterteig 392
Blitzblätterteig 393
Brandteig 390
Dauphinmasse 394
Eierkuchenmasse 414
Englischer Teig für Weißbrot 402
Genueser Masse 389
Hefeblechkuchen mit Äpfeln 395
Hefegebäck 396
Hefeteig für Krustaden 397
Knusperbiskuits 387
Krokantes Löffelbiskuit 386
Kulebjak 399
Löffelbiskuit 384
Löffelbiskuit anders 385
Mürbeteig 391
Mürbeteig für Aprikosenbeignets 408
Mürbeteig für einen Tortenboden 417

Mürbeteig für Krustaden 406
Omelettmasse 413
Pastetenteig 415
Rosinenbrot 382
Savarinteig 403
Savarinteig mit noch mehr Eiern 404
Schmankerl 409
Semmelbrot 398
Vanillesoufflee 410
Zwieback 400

Glasuren - Füllungen - Zutaten
Ananaskompott 449
Apfelmus 446
Apfelsinencreme zum Füllen 443
Aprikosenkompott 448
Aprikosenmarmelade / Marillenmarmelade 422
Aprikosensauce 438
Aprikosensauce mit Zimt 438
Aprikotur 430
Birnenkompott 449
Butterglasur 430
Eierguss für Kuchen 445
Erdbeermarmelade 423
Himbeerglasur 432
Himbeersauce 439
Johannisbeergelee 424
Kaffeeextrakt 437
Kirschsauce 440
Kirschzuckerglasur 434
Läuterzucker 420
Läuterzucker zum Einkochen 421
Maraschino-Zuckerglasur 436
Orangenzucker 426
Orangenzuckerglasur 434
Pflaumenmus 446
Punschessenz 427
Quittenmarmelade 424
Reineclaudenkompott 448
Rinderschmalz 451
Rosenwasserglasur 433
Schlagsahne für Torten 445
Schnittfestes Gelee von Fruchtsäften 425
Schokoladenglasur 429
Schokoladensauce 440
Spritzglasur 431
Streusel 450
Vanillecreme zum Füllen 442
Vanilleextrakt 436
Vanilleglasur 432
Vanillesauce 441
Vanillesauce anders 442
Weichselkirschen einkochen 447
Weinschaumcreme mit Rum 444
Weiße Zuckerglasur 428
Zitronenglasur 435
Zuckerglasur 428

Literatur

Bierbaum, Otto: Conditorei-Lexikon. Alphabetisches Hand= und Nachschlagewerk über alle Erzeugnisse der Conditorei und der verwandten Branchen für Conditoren, Fein- und Pastetenbäcker, Lebküchler und Hausfrauen, Straßburg 1898

Bisier, Louis: Der geschulte Konditor, Berlin o. J. (1907)

Blüher, Paul Martin/Petermann, Paul: Meisterwerk der Speisen und Getränke. Französisch – Deutsch – Englisch (und andere Sprachen), Leipzig 1893

Brunfaut, Gustav: Handbuch der modernen Kochkunst. Nach eigenen Erfahrungen und unter Benutzung der besten deutschen und französischen Quellen zusammengestellt, Berlin 1891

Fachvokabular Sensorik. Praxisleitfaden zur Beschreibung von Lebensmitteln mit allen Sinnen, Frankfurt a. M. 2015

Evers, Carl: Die deutsche Bäckerei der Gegenwart in Theorie und Praxis. Mit 30 farbigen und schwarzen Tafeln und 216 Abbildungen im Text, Nordhausen 1908

Gruber, Carl: Die Conditorei in Wort und Bild. Neuestes Spezialwerk als praktisches Hilfs- und Nachschlagebuch, in Illustration und Text den modernsten Anforderungen entsprechend bearbeitet. Ein unentbehrliches Werk für Conditoren, Pâtissiers, Köche, Hoteliers, Cafetiers, Conserven-Fabrikanten, sowie für jeden Haushalt, 4. bedeutend vermehrte und vergrößerte Auflage, Frankfurt a. M. 1897

Hampel, Friedrich: Der Saucier. Eine Anleitung zur Bereitung von Saucen und einschlägigen Artikeln für Herrschafts-, Hotel- und bürgerliche Küchen, sowie für Kochinstitute, Wien Pest Leipzig [1897], Nachdruck Bremen 2011

Gouffé, Julius: Die feine Küche. Vollständiges Lehr- und Handbuch der Kochkunst, Küchenbäckerei und Einmachkunst in ihrem ganzen Umfang, 2. Bd., 2. Auflage, Leipzig 1880–1883, Faksimile Hildesheim 2009

Huber, Anna: Die Einmachkunst. Original-Recepte zum Einmachen der Früchte; zur Bereitung der Früchtensäfte, Cremen, Kompote und Sulzn, dann zur Herstellung des Gefrornen und der feineren kalten und warmen Getränke, in: Schandri, Marie: Regensburger Kochbuch. 1932 Original-Rezepte auf Grund vierzigjähriger Erfahrung, Sechsunddreißigste Auflage, Regensburg 1898, S. 729-830

Huber, Anna: Die vollständige Fastenküche. Praktische Anleitung zur Bereitung von Fastenspeisen, in: Schandri, Marie: Regensburger Kochbuch. 1932 Original-Rezepte auf Grund vierzigjähriger Erfahrung, Sechsunddreißigste Auflage, Regensburg 1898, S. 599–728

Kliewer, Mario: Geschmacksgaranten. Sächsische Hoflieferanten für exquisite Nahrungsmittel um 1900, (Land kulinarischer Tradition. Ernährungsgeschichte in Sachsen. Reihe C – Historische Forschungen zur exquisiten Küche 2), Ostfildern 2015

Krackhart, Carl: Conditorei-Buch. Ein praktisches Hand= und Nachschlagewerk für Conditoren, Fein-, Marcipan-, und Pastetenbäcker, Zubereiter von Gefrorenem, Lebküchner, Chocolade- und Liqueurfabrikanten, Köche, Gasthofbesitzer, sowie auch für jede Hausfrau, Nachdruck der dritten vermehrten Auflage München 1898, Augsburg 1996

Krüger, Benedikt: Gehobene und exquisite Küche in der Konsumgesellschaft. Dresden um 1900, (Land kulinarischer Tradition. Ernährungsgeschichte in Sachsen. Reihe C – Historische Forschungen zur exquisiten Küche 3) Ostfildern 2015

von Malortie, Ernst: Das Menu, 2 Bde., 3. Auflage, Hannover 1887/88

Matzerath, Josef: Sächsischer Pudding. Europäische Kochkunst und ihre Transmissionsriemen. In: Brunetti, Simona/Klingebeil-Schieke, Josephine/ Pedron, Chiara Maria/ Piotrowski, Marie-Christin/Ruggeri, Antonella/Schreiber, Rebecca (Hg.): Versprachlichung von Welt – Il mondo in parole. Festschrift zum 60. Geburtstag von Maria Lieber, Tübingen 2016, S. 475–496

Matzerath, Josef/Niering, Annemarie (Hg.): Tafelkultur – Dresden um 1900, (Reihe: Land kulinarischer Tradition. Ernährungsgeschichte in Sachsen. Reihe A – Tradition für die Zukunft, Bd. 3) Ostfildern 2013

Möhring, Maren: Fremdes Essen. Die Geschichte der ausländischen Gastronomie in der Bundesrepublik Deutschland, München 2012

Pötzsch, Ernst Max: Vollständige Herrschaftsküche des Kronprinzen von Sachsen, Herausgegeben von Josef Matzerath unter Mitarbeit von Georg Jänecke, Mechthild Herzog und Hanna Aehle, Ostfildern 2013

Roth, Klaus: Chemische Delikatessen, Weinheim 2007

Schandri, Marie: Marie Schandri's berühmtes Regensburger Kochbuch. 1932 Original-Kochrezepte auf Grund vierzigjähriger Erfahrung zunächst für die bürgerliche Küche gänzlich umgearbeitet und herausgegeben von Auguste Eser, geb. Coppenrath. Mit Anhang: I. Die vollständige Fastenküche, oder praktische Anleitung zur Zubereitung von Fastenspeisen. II. Die Einmachkunst, Sechsunddreißigste einzig rechtmäßig, illustrierte Auflage, Regensburg 1898

Universal-Lexikon der Kochkunst. 6. verbesserte und vermehrte Auflage, Verlagsbuchhandlung J. J. Weber, Leipzig 1897

Vierich, Thomas A./Vilgs, Thomas A.: Aroma. Die Kunst des Würzens, Berlin 2012

Vilgis, Thomas: Kochuniversität Geschmack, Wiesbaden 2010

Weber, J. M. Erich: Praktische Konditoreikunst, Dresden 1913

Eine ausführliche Einführung zur Rezeptsammlung des Ernst Max Pötzsch findet sich: Matzerath, Josef: Küche und Kochkunst des Dresdner Hofes um 1900. In: Ernst Max Pötzsch: Vollständige Herrschaftsküche des Kronprinzen von Sachsen, Herausgegeben von Josef Matzerath unter Mitarbeit von Georg Jänecke, Mechthild Herzog und Hannah Aehle, Ostfildern 2013, S. 9–33